코딩은 처음이라

김동주 지음

with

웹 퍼블리싱

YoungJin.com Y.
영진닷컴

코딩은 처음이라
with
웹 퍼블리싱

ISBN : 978-89-314-6732-1

독자님의 의견을 받습니다.

이 책을 구입한 독자님은 영진닷컴의 가장 중요한 비평가이자 조언가입니다. 저희 책의 장점과 문제점이 무엇인지, 어떤 책이 출판되기를 바라는지, 책을 더욱 알차게 꾸밀 수 있는 아이디어가 있으면 팩스나 이메일, 또는 우편으로 연락주시기 바랍니다. 의견을 주실 때에는 책 제목 및 독자님의 성함과 연락처(전화번호나 이메일)을 꼭 남겨 주시기 바랍니다. 독자님의 의견에 대해 바로 답변을 드리고, 또 독자님의 의견을 다음 책에 충분히 반영하도록 늘 노력하겠습니다.

파본이나 잘못된 도서는 구입처에서 교환 및 환불해 드립니다.

이메일 : support@youngjin.com

주 소 : (우)08507 서울시 금천구 가산디지털1로 128 STX-V타워 4층 영진닷컴 기획1팀

등 록 : 2007. 4. 27. 제16-4189호

STAFF

저자 김동주 | **총괄** 김태경 | **기획** 김용기 | **표지디자인** 강민정 | **내지디자인** 박지은 | **편집** 김소연
영업 박준용, 임용수, 김도현 | **마케팅** 이승희, 김근주, 조민영, 채승희, 김민지, 임해나, 김도연, 이다은
제작 황장협 | **인쇄** 제이엠

▶▶ 지은이의 글

사실 한권으로 총 3파트의 내용을 심도 있게 다루는 것은 힘들다고 생각합니다. 하지만 수년간의 강의를 통해서 쌓은 노하우를 바탕으로 학생들이 자주 실수하고 어려워하는 개념들을 위주로 쉽고 간결하게 설명하고, 실무에 필요한 필수 예제를 학습하면서 각 파트의 기본기를 확실하게 숙지하고 사용할 수 있도록 구성하였습니다.

본서는 기초 파트에서는 기본기를 다루지만, 특히 CSS, javascript에서는 IE11에서 구현되지 않는 CSS3의 새로운 속성들과 ECMAScript 2016이상의 문법을 일부 소개합니다. 인터넷 익스플로러는 2021년 8월 이후로는 기술지원을 단계적으로 종료하겠다고 발표한 상태입니다. 인터넷 익스플로러는 HTML5 새 태그 및 CSS3 신속성, javascript의 새 기능들을 지원하지 못하기 때문에 사용을 자제하고 다른 모던 브라우저인 크롬, 파이어폭스, Micosoft Edge의 사용을 권장합니다. 이 책에서도 기본 브라우저로는 크롬을 사용합니다. 또한 코드를 작성하는 프로그램은 Microsoft Visual Studio Code를 사용합니다. 초심자 및 중급자에게도 사용하기 편하여 최근에 많은 인기를 얻고 있는 에디터입니다.

2022년 08월

김동주

▶▶ 이 책의 특징

이 책의 구성

이 책의 구성을 설명하겠습니다. 본서는 HTML, CSS, javascript 크게 3파트로 구성되어 있습니다. 각 파트는 해당 파트의 기본 문법을 설명하는 부분과 기초 부분에서 학습한 내용을 복습할 수 있는 실전 프로젝트로 구성되어 있습니다. 특히 javascript 파트에서는 기초 문법뿐만 아니라 웹페이지 구현에서 자주 사용하는 UI/UX 효과를 구현할 수 있는 간단한 실전 예제와 실전 프로젝트로 구성되어 있습니다.

이 책은 다음과 같이 구성되어 있습니다.

Part 1 HTML5
– HTML 기초
– HTML 연습 문제
– 실전 예제

Part 2 CSS 기초
– CSS 기초
– 연습 문제

Part 3 CSS 중급
– CSS 중급
– 연습 문제
– 실전 예제

Part4 javascript 기초
– javascript 기초
– 연습 문제

Part5 javascript 응용
– javascript 응용
– 연습 문제
– 실전 예제

Part6 실전 프로젝트

- 디자인 참고 웹페이지 구현하기

- 스타벅스 코리아 메뉴

학습 순서는 Part 1부터 순서대로 학습하면 되겠습니다. 처음부터 모든 것을 외워버리겠다고 너무 큰 욕심을 가지고 시작하면 금방 지칠 수 있습니다. 우선 학습을 진행하면서 이렇게 했더니 화면에 이렇게 출력이 되는 구나 하나씩 확인해가면서 일부 이해가 되지 않는 부분들은 다음 과정으로 넘어가면서 일단 진행해봅니다. 그렇게 진행하다 보면 앞부분에서 이해하지 못했던 내용들이 뒷부분의 CSS에서 또는 javascript에서 이해되는 부분들도 많이 있습니다. 그러니 처음부터 과욕을 버리고 차근차근 천천히 학습하시기 바랍니다.

대상 독자

이 책은 코딩에 대한 기초가 전혀 없는 분들이 학습할 수 있는 수준으로 기초부터 차근차근 설명하지만 장황하지 않게 필요한 부분만 간결하게 정리하려고 노력했습니다. 필자가 강의할 때 주로 학생들 대상으로 하는 말이 있습니다. 코딩은 눈으로 하는 것이 아니라 손가락으로 한다는 것입니다. 직접 한 글자 한 글자 타이핑해보면서 실제 화면에서 어떻게 구현이 되는지 확인하고 다양한 방법으로 시도해보면서 이렇게 하면 어떻게 될까 변경해보는 것입니다. 그러면서 해당 코드의 특징을 정확하게 이해해가는 것입니다.

트렌드

간단히 웹 언어들의 트렌드를 살펴보겠습니다. HTML 태그는 본연의 목적은 웹페이지를 구성하는 내용들의 의미를 전달하는 것입니다. DIV 태그와 SPAN 태그 등 해당 태그의 내용이 어떤 의미를 가지는지 전혀 알 수 없는 태그에서 header, section, aside, footer 등 태그 명으로도 그 내용을 알 수 있도록 변화하고 있습니다. 이를 시멘틱 태그라고 합니다. CSS에서는 레이아웃을 구성하는 파트의 변화를 보면 약 15년 전 table로 레이아웃을 설정하던 시절에서 시작하여 float를 이용한 방식으로 변화했고, 플렉서블 레이아웃이 가능한 flex 방식으로 발전했습니다. 아직 float 방식의 웹사이트가 주류를 이루고 있지만 현재는 flex 방식의 웹사이트도 많이 보이고 있습니다. 최근에는 flex 방식에서 더 나아가 기존의 틀에 박힌 레이아웃에서 벗어나 비정형의 일명 탈 그리드 레이아웃이 가능한 display:grid 방식까지 발전했습니다. javascript 파트에서는 jQuery의 사용 빈도가 꾸준히 줄어드는 추세이고 순수 자바스크립트와 react, vue.js, angular 등의 프레임워크 언어들이 그 자리를 대신하고 있습니다. 가장 최근에는 그동안 jQuery를 기반으로 모든 효과를 구현했던 bootstrap이라는 반응형 프레임워크도 버전 5로 업그레이드되면서 드디어 jQuery 대신에 순수 자바스크립트를 사용하고 있습니다.

앞에서 설명한 각각의 언어와 트렌드들은 현 단계에서는 충분히 이해하지 못해도 괜찮습니다. 변화의 방향을 요약하면 더 의미에 맞도록 HTML을 작성하고, 유연하고 다양한 레이아웃을 지원하도록 CSS 스타일을 설정하고, 더 가볍고 효율적으로 동적 효과들을 구현하는 데 있습니다. 이 책을 통해 대략의 흐름을 이해하고 각각의 언어의 특징과 사용법을 차근차근 학습해보시면 좋겠습니다.

학습 전 준비사항
원활한 학습을 위해 필요한 필수 프로그램은 아래 목록과 같습니다.

필수 프로그램
– Microsoft Visual Studio Code
– Chrome Browser
– Adobe Photoshop CC

HTML, CSS, javascript 등의 웹 언어들을 마크업(markup) 언어라고 합니다. 마크업이라 함은 한 글자 한 글자 타이핑을 하여 브라우저가 인식할 수 있는 코드들을 생성한다는 말입니다. 그러므로 에디터 즉 코딩 프로그램은 메모장으로도 할 수 있고, notepad++, atom, bracket, Microsoft visual studio code 등 다양한 프로그램을 할 수 있습니다. 본서에는 최근에 가장 많은 인기를 누리고 있는 Microsoft visual studio code로 작업을 하겠습니다.

❶ Microsoft Visual Studio Code는 https://code.visualstudio.com/에서 다운로드하여 설치합니다.

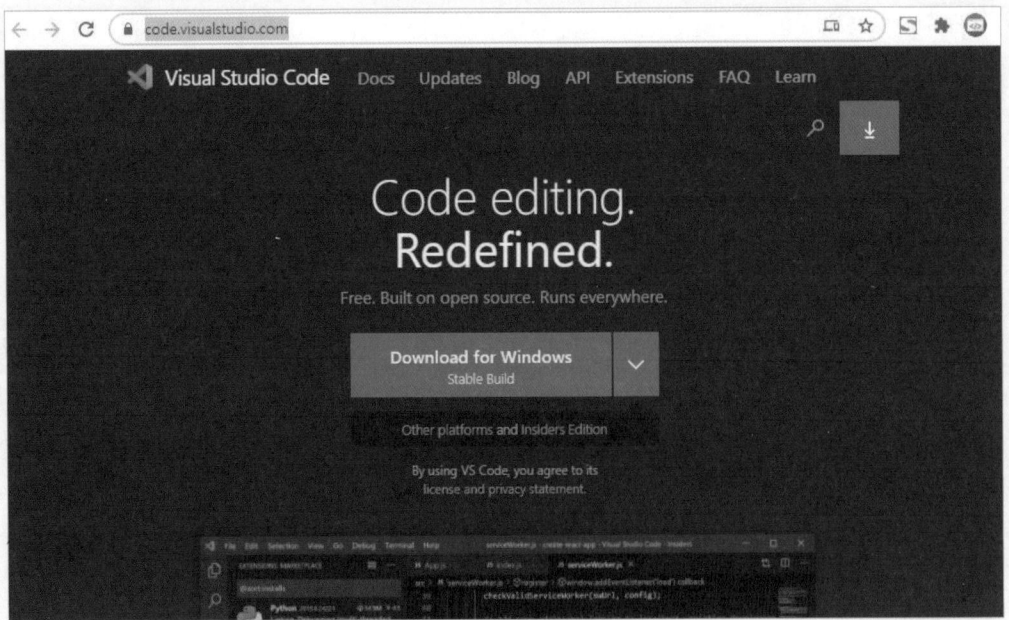

[그림 0-1] Microsoft Visual Studio Code 설치

❷ 다운로드 후 설치를 진행합니다. 설치 중간에 옵션에서 Code(으)로 열기 부분을 체크하고 설치를 진행하면 이후 작업 폴더에서 마우스 우클릭 후 code로 열기를 통해 프로젝트 폴더를 열고 live server 상태로 작업하기가 쉬워집니다. live server는 바로 다음에 설명하겠습니다.

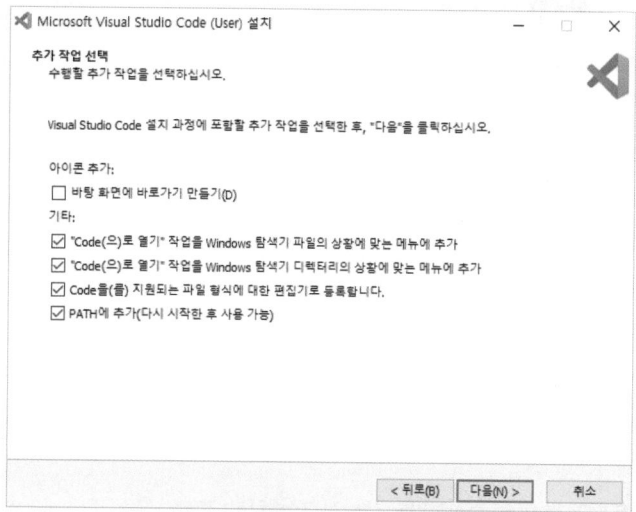

[그림 0-2] 탐색기 메뉴에 추가 옵션 체크하기

❸ 실행한 후에는 더 편한 작업을 위해 확장 프로그램을 2개 정도 설치합니다.

그림과 같이 프로그램 왼쪽 하단 톱니바퀴 모양의 설정 아이콘을 클릭하고 extensions 메뉴를 클릭합니다.

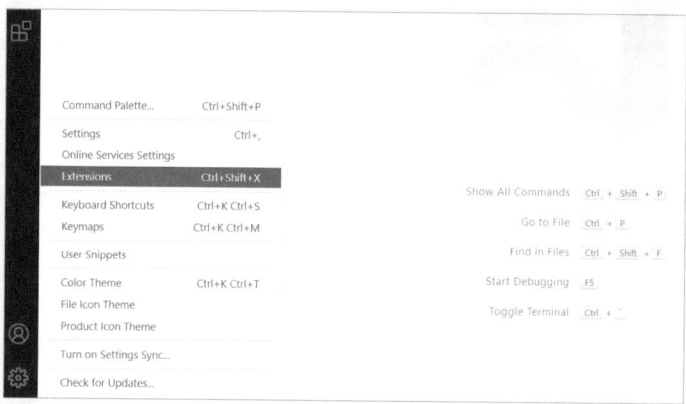

[그림 0-3] extension 설치

❹ 검색창에 Open in browser를 입력하고 검색결과에서 TecnER에서 제작한 확장프로그램을 install 버튼을 클릭하여 설치합니다.

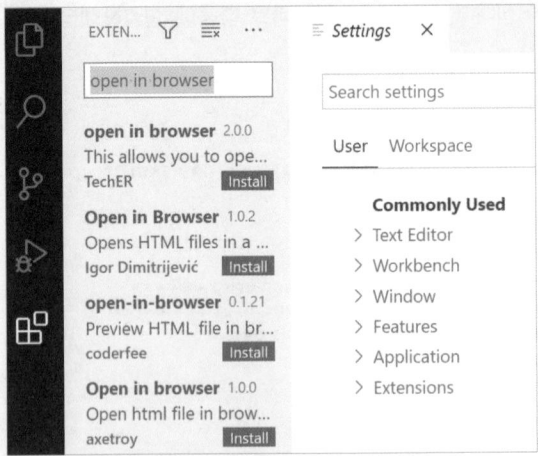

[그림 0-4] open in browser 설치하기

❺ 같은 방법으로 검색창에서 live server를 검색하고 설치합니다.

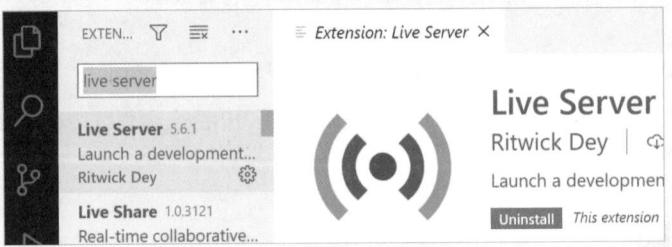

[그림 0-5] live server 설치

예제 소스 다운로드

예제는 영진닷컴 홈페이지 또는 저자 GitHub 주소에서 다운로드하실 수 있습니다.

홈페이지 주소 : https://www.youngjin.com/

깃허브 주소 : https://github.com/ezwebpublishing/with_coding_web

저자 동영상 강의

 **영진닷컴 유튜브 채널**(https://www.youtube.com/channel/UCi7L8rROh6lUePhwr WcCR8A)에서 저자의 동영상 강의(PART 1, PART 2)를 제공합니다. QR코드를 통해 접속하시면 더 쉽게 확인할 수 있습니다.

 **저자 유튜브 채널**(https://www.youtube.com/c/EasywebPublishing)을 통해서도 동영상 강의(PART 3, PART 4, PART 5, PART 6)를 제공합니다. QR코드로 접속하시면 더 쉽게 확인할 수 있습니다.

코딩 플랫폼 강의 제공

온라인 코딩 교육 플랫폼 구름EDU(https://edu.goorm.io/)에서 '코딩은 처음이라 with 웹 퍼블리싱' 강의 수강 후 코딩 연습과 결과를 바로 확인해 볼 수 있습니다. 책의 내용을 완벽히 따라하려면 개인 PC에 프로그램을 설치해서 진행하기를 권장합니다.

스터디 카페

네이버 카페(개프로-개발자 되기 프로젝트): http://cafe.naver.com/codingbeginner 개프로 카페에서 다양한 코딩 꿀팁과 스터디 정보를 빠르게 얻을 수 있습니다.

▶▶ 베타 리더

임용비

이 책은 웹 퍼블리싱의 기초부터 단계별로 알려주어, 틈틈이 시간을 내서 공부하기에 적합합니다. 선생님에게 과외를 받는 것처럼 차근차근 진도를 따라가면 웹 퍼블리싱에 필요한 기본 지식을 충분히 학습할 수 있습니다. 따라서 평소 웹 퍼블리싱에 관심은 많았지만 바쁜 일상으로 인해 엄두를 내지 못했던 분들이 공부하기에 적합한 책이라고 생각합니다.

박예솔

취업을 준비하며 가볍게 CSS 지식을 훑고 지나갈 수 있는 정도의 수준으로 프론트엔드를 준비하는 분들도 필수로 읽으시면 큰 도움을 받을 수 있습니다. CSS 프레임워크에 대한 공부를 하기 전 기본 지식을 쌓을 수 있고, 헷갈렸던 부분에서 정확하게 확인하고 넘어갈 수 있어서 큰 도움을 받았습니다.

신명진

파이썬으로 코딩에 입문한 이후 시간이 갈수록 웹 개발의 필요성을 더욱 느끼게 되었습니다. 하지만 HTML이나 CSS는 기존에 공부해 왔던 "코딩"과는 결이 확연히 달랐고, 단순하고 쉬운 듯 하면서도 방대한 양의 코드와 컨벤션 때문에 배우면 금세 잊고, 다시 기초부터 공부하다 지치는 과정을 반복하기 일쑤였습니다. 웹 퍼블리싱 입문자를 위해 정성껏 축약하여 집대성한 이 책을 조금만 일찍 만났더라면 그 긴 시간을 낭비하지 않았을 거라는 아쉬움 반과, 짜임새 있게 군더더기를 최대한 덜어내고 흥미롭게 핵심만 추려낸 이 책의 저자와 편집자에 감사한 마음 반을 담아, 저처럼 수차례 HTML과 CSS 입문에 실패를 맛본 여러분에게 이 책을 강력하게 추천합니다. 적잖은 입문 서적과 강의를 구매해서 배워본 입장에서, 감히 웹 퍼블리싱 입문을 위한 현존 최고의 책이라 말씀드리고 싶습니다.

주다빈

어디서부터 공부해야 할지 막막할 때 길잡이가 되어 줄 책, 기초부터 중급 내용까지 다루면서 초보자도 쉽게 이해할 수 있게 되었습니다. 예제와 연습 문제들로 놓치기 쉬운 부분을 자연스럽게 복습하게 되어 이 책으로 웹 퍼블리싱을 정복할 수 있습니다.

▶▶ 목차

memo

PART

HTML
기초

이 장의 내용

1 HTML 기초

다양한 태그의 사용법을 학습하여 웹페이지 제작의 가장 큰 목표인 내용을 정확하게 전달하고, 웹 표준을 준수하여 태그를 작성하도록 합니다.

1. HTML의 구조

1-1 웹 언어의 구분

웹페이지를 구성하는 언어에 대해 먼저 알아보겠습니다. 웹페이지는 크게 프론트엔드 언어와 백엔드 언어로 구분되어 있습니다. 사용자가 마지막에 보는 최종화면의 모든 구성요소를 구현하는 프론트엔드 언어와, 서버측에서 데이터베이스와 연동하여 로그인, 회원가입, 검색, 글 등록, 조회, 삭제가 가능하도록 구현하는 백엔드 언어입니다.

구분	프론트엔드	백엔드
목적	웹사이트의 최종 사용자 즉 일반 사용자가 보는 최종화면의 필요한 모든 것을 개발	일반 사용자가 볼 수 없는 서버측에서 작동하는 언어로 데이터베이스를 개발 및 관리
언어	HTML, CSS, javascript	• PHP, JSP, ASP: 서버측 스크립트 언어 • Node.js: 프로그래밍 언어는 아니지만 모바일과 웹사이트의 API와 같은 백엔드 서비스를 개발 • Javascript: 프론트엔드와 백엔드 스크립트를 모두 개발 가능 • JAVA, Python
기술	• Bootstrap: HTML, CSS, SCRIPT의 틀을 제공하고 반응형 웹사이트를 쉽게 구현하는 프레임워크 • React, AngularJS, Vue.js: 오픈소스 자바스크립트 프레임워크	

[표 1-1] 웹 언어의 구분

이 책에서는 프론트엔드 언어중 HTML, CSS, javascript를 주로 다루게 되겠습니다. 우선, 웹페이지에서 가장 기초가 되고 핵심이 되는 HTML에 대해 먼저 말씀드리겠습니다. 웹페이지는 크게 아래 표와 같이 3개의 언어로 구성됩니다. 이 3가지 언어가 크롬, 인터넷익스플로러, 파이어폭스 같은 웹 브라우저가 해석할 수 있는 유일한 언어이기도 합니다.

구분	목적
HTML	웹사이트의 내용을 전달하기 위해서 작성한다.
CSS	웹사이트의 모양 즉, 스타일을 담당한다.
JAVASCRIPT	웹사이트의 동적 요소를 담당한다.

[표 1-2] 프론트엔드 언어

웹페이지에 내용이 나타나도록 하려면 HTML을 작성해야 합니다. 우선 HTML이 무엇인지 살펴보겠습니다. HTML은 HyperText Markup Language의 약자입니다. HyperText는 링크를 의미하고 마크업은 한 글자 한 글자 타이핑하여 완성하는 언어라는 뜻입니다. 즉 문서를 링크로 연결하는 것을 목적으로 만들어진 언어라는 것입니다. 더 자세히 살펴보겠습니다.

1-2 마크업 이란?

문서의 일부를 '태그(Tag)'라 불리는 특별한 문자열로 내용을 포함시켜 문장의 구조(제목, 목차, 문단, 링크 등), 수식 정보(문자의 크기, 색상, 위치 등)를 문장 안에 기술하는 모든 것을 말합니다.

마크업은 문서 및 데이터의 구조를 표현하는 것입니다. 웹 문서의 콘텐츠를 기술하는 언어로써, 흔히 문서 표현을 위한 언어로 오해하고 있지만, 문서의 구조를 기술하는 언어입니다.

1-3 HTML 태그의 구조

앞에서 HTML은 마크업 언어라고 설명드렸습니다. 마크업 언어는 '태그'(tag)라는 특별한 문자열로 문장의 구조, 내용을 기술한다고 했습니다. 그러면 HTML 문서 구조에 앞서 HTML 태그의 구조와 용어에 대해서 살펴보겠습니다.

HTML 태그는 시작 태그, 콘텐츠, 종료 태그로 구성됩니다. 시작 태그 안에는 다양한 속성(attribute)와 값(value)을 통해 해당 태그의 기능을 추가하고 이름 및 제목 등의 부가정보를 추가할 수 있습니다. 종료 태그에는 태그명 앞에 슬래시(/)가 있습니다. 대부분의 태그가 이런 식으로 시작과 종료 태그가 있습니다. 예외도 있지만 몇 개 되지 않으니 나오는 대로 언급해드리겠습니다.

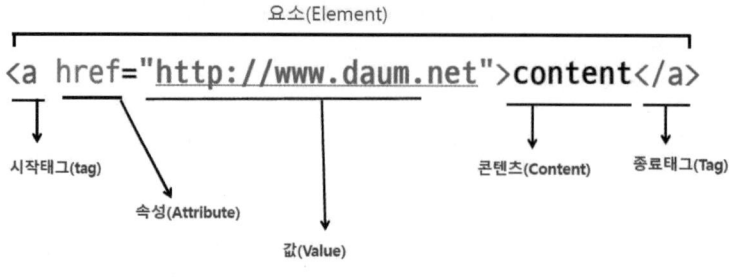

[그림 1-1] HTML 문서 구조

[그림 1-1] 태그의 의미는 content라는 글씨를 클릭하면 www.daum.net사이트로 이동하는 링크를 작성한 것입니다. 시작 태그와 종료 태그까지 전체를 요소(element)라고 부릅니다. 앞으로 다양한 태그와 각 태그의 의미, 또한 해당 태그에 추가되는 다양한 속성과 값을 학습하게 되겠습니다. 태그의 종류는 굉장히 많지만 웹페이지를 작성할 때 쓰이는 태그는 그리 많지 않으니 걱정하지 않으셔도 됩니다.

1-4 HTML 문서의 구조

태그 하나의 구조를 파악했습니다. 그러면 웹페이지 전체는 어떤 구조를 가지고 있는지 살펴보겠습니다. HTML 문서는 크게 3가지 영역으로 구성되어 있습니다. 최상단의 버전정보, 헤더 영역, 본문 영역으로 나뉩니다.

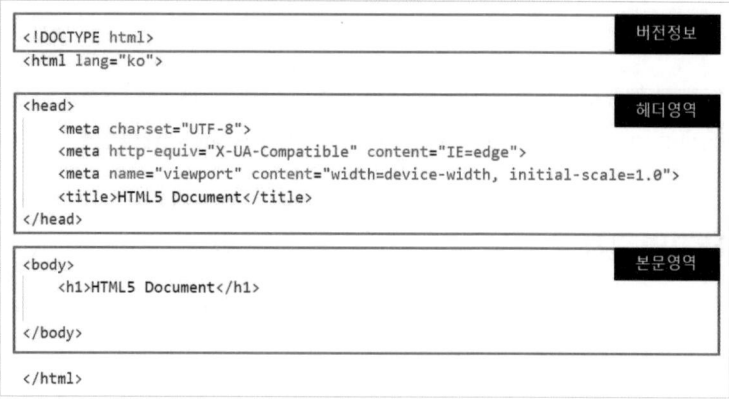

[그림 1-2] HTML 문서 구조

버전정보 영역	헤더 영역	본문 영역
DTD 선언 (Document Type Declaration)	1. head 요소로 정의 2. 화면에 표시되지 않음 3. 문서의 제목과 메타 정보 포함	1. body 요소로 정의 2. 문서 콘텐츠를 담은 영역 (브라우저에 표시되는 영역)

[표 1-3] HTML 문서의 구조

[표 1-3]에서 구분한 순서대로 버전정보 영역의 내용부터, 헤더 영역, 본문 영역의 순서대로 내용을 설명 하겠습니다.

1-5 DTD 선언

우선 버전정보 영역에 DTD 선언을 보겠습니다. DTD(Document Type Declaration)란 HTML 문서를 해석하여 화면에 출력하는 브라우저에 해당 웹페이지 문서 종류를 알려주는 선언문으로 작성한 태그의 내용을 브라우저에서 올바르게 화면에 표시(rendering)하기 위해 꼭 필요한 부분입니다. DTD가 선언하지 않거나 잘못 선언된다면 브라우저는 호환 모드(Quirks mode)로 웹페이지를 해석해서 표시를 합니다. 호환 모드로 해석하면 웹 브라우저들마다 화면을 표시하는 방식이 달라서 브라우저 호환성을 확보하기 어렵습니다. 브라우저 호환성이란 하나의 HTML 문서를 해석하여 화면에 표시할 때 그 모양과 기능이 모두 동일해야 한다는 것입니다. 즉, DTD 선언이 제대로 되지 않으면 브라우저별로 화면이 다르게 표현 될 수 있다는 말입니다.

DTD 종류

DTD 종류를 살펴보겠습니다. DTD는 대략 [표 1-4]와 같이 크게 HTML4, XHTML, HTML5 로 나눌 수 있고, 타입별로 사용할 수 있는 태그들의 종류와 규칙 등을 구분하여 선언할 수 있습니다. 최근의 거의 모든 문서의 DTD는 HTML5의 DOCTYPE이므로 이 책에서의 DTD 선언은 모두 〈!DOCTYPE html〉로 작성하시면 되겠습니다.

HTML 4의 DOCTYPE	Strict 타입: iframe, font, center 불가 〈!DOCTYPE HTML PUBLIC "-//W3C//DTD HTML 4.01//EN" "http://www.w3.org/TR/html4/strict.dtd"〉
	Transitional 타입: 다소 유연 폐지된 요소도 사용가능 〈!DOCTYPE HTML PUBLIC "-//W3C//DTD HTML 4.01 Transitional//EN" "http://www.w3.org/TR/html4/loose.dtd"〉
XHTML 1.0의 DOCTYPE	Strict 타입: center, u, strike, applet 등 폐지된 요소 사용불가 〈!DOCTYPE html PUBLIC "-//W3C//DTD XHTML 1.0 Strict//EN" "http://www.w3.org/TR/xhtml1/DTD/xhtml1-strict.dtd"〉
	Transitional 타입: 다소 유연 폐지된 요소도 사용가능 〈!DOCTYPE html PUBLIC "-//W3C//DTD XHTML 1.0 Transitional//EN" "http://www.w3.org/TR/xhtml1/DTD/xhtml1-transitional.dtd"〉
HTML5의 DOCTYPE	〈!DOCTYPE html〉

[표 1-4] 대표적인 DTD

1-6 언어 설정

앞에 [그림 1-2]를 보면 DTD 선언 다음으로 기술하는 정보는 언어입니다. <html lang="ko">와 같이 기술되어 있습니다. 해당 태그의 의미는 본문의 주 언어가 한국어라는 것을 의미합니다. 주요 언어 설정을 보면 아래 표와 같습니다. lang 속성의 값으로는 각 언어의 ISO 코드를 작성합니다. 아래 참조 주소에서 전체 언어 코드를 확인할 수 있습니다.

한국어	〈html lang="ko"〉
영어	〈html lang="en"〉
중국어	〈html lang="zh"〉
일본어	〈html lang="ja"〉

[표 1-5] 대표적인 lang 속성의 값

참조: https://www.w3schools.com/tags/ref_language_codes.asp

본문의 주 언어는 html 최상단에서 위와 같이 작성하는 것이 바람직하고, 본문 중에서도 일부 내용이 언어가 다른 부분이 있다면 해당 부분에도 태그로 구분하여 언어를 설정해야 합니다.

언어 설정 예시

```
<ul>
<li>한국: <span>안녕하세요</span></li>
<li>중국: <span lang="zh">你好</span></li>
</ul>
```

만약 위와 같은 목록이 있다고 할 때 lang이라는 속성의 값을 언어에 맞도록 작성하지 않으면 본 페이지의 내용을 읽어주는 스크린리더 같은 프로그램에서 의도치 않게 읽어주는 경우가 생기기 때문에 시각장애가 있는 사용자에게 잘못된 정보를 전달하게 됩니다. 특히 중국어의 한자 같은 경우 위에 **你好**(이호) 부분에 언어 설정이 없으면 '니하오'라고 읽어주지 않고 '이호'라고 읽어주게 됩니다.

1-7 문자 캐릭터셋

문자 캐릭터셋 지정

캐릭터셋(charset) 속성은 해당 HTML 문서의 문자 인코딩 방식을 브라우저에게 알려줍니다. 문자 캐릭터셋이 문서의 인코딩 방식과 다르게 지정되어 있으면 브라우저 화면에서 글자들이 깨져 나오는 상황이 발생합니다. 헤더 영역의 설명부터는 직접 코드를 작성해가면서 설명하겠습니다.

Microsoft visual studio code(이하 VS Code라고 하겠습니다)에서 새 문서를 만들어 보겠습니다. 다운로드한 샘플에서 part1의 예제 폴더 위치로 이동합니다. VS Code에서 새 문서를 생성하는 방법은 두 가지가 있습니다. 첫 번째는 폴더를 선택하고 마우스 우클릭 후 Code(으)로 열기를 하는 것이고, 두 번째는 VS Code를 먼저 실행하고 Open Folder 메뉴를 이용하는 것입니다. [그림 1-3]과 같이 폴더에서 우클릭 후 Code(으)로 열기를 클릭합니다. 해당 메뉴가 나타나도록 설치하는 방법은 앞서 학습 준비하기에서 설치할 때 안내했습니다.

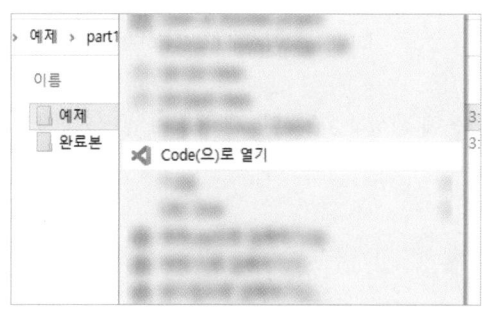

[그림 1-3] 폴더지정

또는 VS Code에서 Open Folder 메뉴를 클릭하여 만들 수도 있겠습니다.

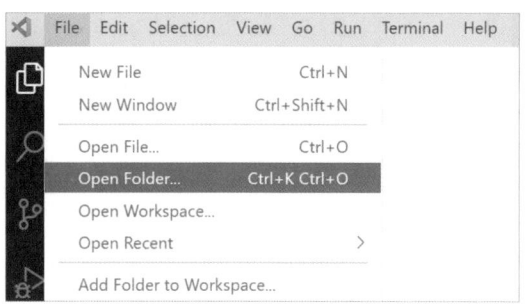

[그림 1-4] Open Folder

예제 폴더를 오픈한 다음 File 〉 New File를 클릭하여 새 문서를 생성합니다.

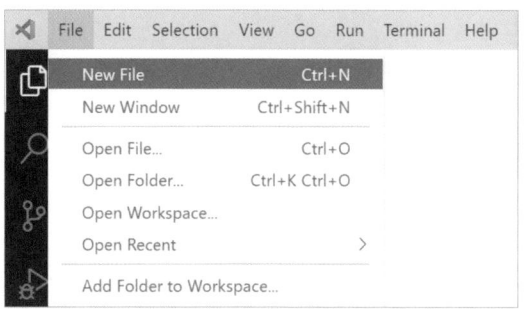

[그림 1-5] File 〉 New File

또는 [그림 1-6]처럼 새 문서 아이콘을 클릭하여 생성할 수도 있습니다. 해당 아이콘을 클릭하면 생성하려는 파일의 이름을 입력하면 됩니다.

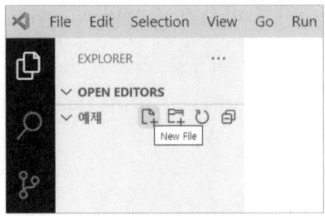

[그림 1-6] New File 생성하기

저는 File 〉 New File 메뉴를 통해 생성하겠습니다. 새 문서가 생성되면 Untitled-1로 해서 파일 제목이 저장됩니다.

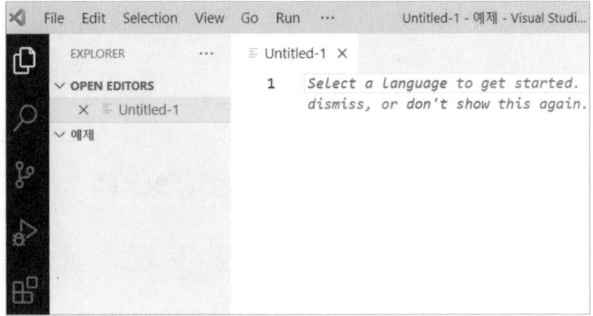

[그림 1-7] Untitled-1

생성된 문서에서 Select a language 링크를 클릭하면 만들고자 하는 언어 종류를 선택할 수 있습니다. 목록에서 html을 선택해 보겠습니다.

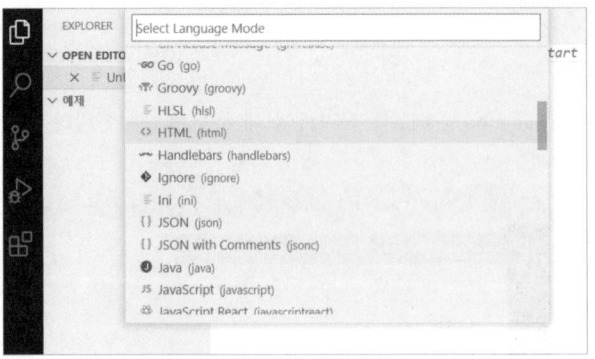

[그림 1-8] select a language 링크

이제 화면에 커서가 깜박거리고 있습니다.

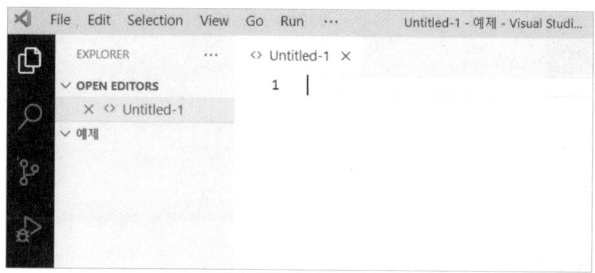

[그림 1-9] 내용 작성하기

바로 HTML로 저장하겠습니다. file 〉 save 또는 단축키 Ctrl+S를 누릅니다.

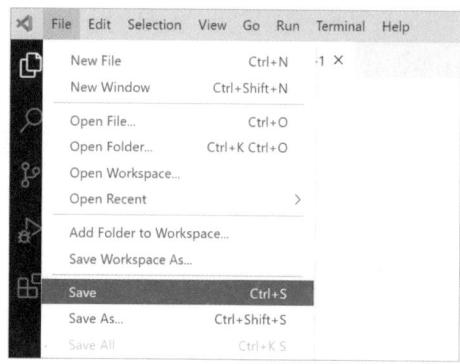

[그림 1-10] 저장하기

파일 이름은 index.html로 합니다. 참고로 홈페이지를 접속했을 때 처음으로 열리는 문서의 이름은 index.html입니다. 이때 주의할 점은 확장자까지 정확하게 입력해야 한다는 것입니다. 저장하면 [그림 1-11]과 같이 파일이 생성되어 있겠습니다.

[그림 1-11] 저장하기

VS Code 화면을 보면 [그림 1-12]와 같이 파일 이름이 나타나고 커서가 깜박거리고 있습니다.

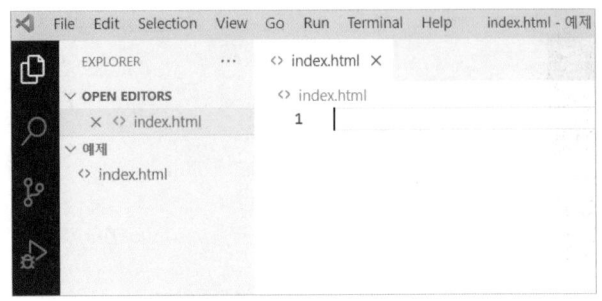

[그림 1-12] index.html 저장

먼저 현재 문서의 문자 인코딩 방식을 확인하려고 합니다. VS Code 화면에서 우측 하단에 보면 현재 문서의 인코딩 방식 즉 캐릭터셋을 확인할 수 있습니다. UTF-8으로 되어있습니다. UTF-8은 유니코드입니다. 유니코드는 전세계의 모든 문자를 표현할 수 있는 인코딩 방식입니다.

Ln 1, Col 1   Spaces: 4   UTF-8   CRLF   HTML

[그림 1-13] 인코딩 방식 확인하기

앞서 확인한 DTD 선언, 언어 설정을 포함하여 간단히 코드를 작성해보고 캐릭터셋이 맞지 않으면 어떤 현상이 나타나는지 확인해 보겠습니다. 지금 작성하고자 하는 코드의 예시는 아래와 같습니다.

```html
<!DOCTYPE html>
<html lang="ko">
<head>
  <meta charset="UTF-8">
  <title>HTML 구조</title>
</head>
<body>
  <h1>HTML 구조</h1>
</body>
</html>
```

제시한 샘플 코드를 작성할 때 위에서부터 아래로 마치 한글 문서나, 워드 문서를 작성하듯이 작성하면 안 됩니다. 앞서 HTML 태그들은 시작 태그와 종료 태그로 나뉘어 있다고 했습니다. 즉, 반드시 시작 태그 작성 후 종료 태그를 작성하고 그 후 태그 안의 내용을 작성하는 순서로 작성해야 합니다.

앞의 코드를 작성할 때는 다음과 같은 순서로 작성하는 것이 바람직합니다.

DTD를 선언합니다.

```
<!DOCTYPE html>
```

Html 태그를 시작하고 닫습니다.

코드 1-2

```
<!DOCTYPE html>
<html>

</html>
```

언어 속성과 값을 추가합니다.

코드 1-3

```
<!DOCTYPE html>
<html lang="ko">

</html>
```

VS Code의 경우 head라고 입력하고 [Tab⇆]을 누르면 뒤에 태그가 자동으로 생성됩니다. 헤드 태그를 생성합니다.

코드 1-4

```
<!DOCTYPE html>
<html lang="ko">
<head></head>
</html>
```

본문 영역을 추가하기위해 body 태그를 생성합니다.

코드 1-5

```
<!DOCTYPE html>
<html lang="ko">
<head></head>
<body>

</body>
</html>
```

브라우저 상단 탭 부분에 나타날 제목을 title 태그로 작성합니다. 완성 후 브라우저에서 확인할 때 다시
말씀드리겠습니다.

코드 1-6

```
<!DOCTYPE html>
<html lang="ko">
<head>
   <meta charset="UTF-8">
   <title></title>
</head>
<body>

</body>
</html>
```

문서의 제목을 입력합니다.

코드 1-7

```
<!DOCTYPE html>
<html lang="ko">
<head>
   <meta charset="UTF-8">
   <title>HTML 구조</title>
</head>
<body>
   <h1>HTML 구조</h1>
```

```
</body>
</html>
```

완성된 코드는 다음과 같습니다.

코드 1-8

```html
<!DOCTYPE html>
<html lang="ko">
<head>
    <meta charset="UTF-8">
    <title>HTML 구조</title>
</head>
<body>
    <h1>HTML 구조</h1>
</body>
</html>
```

위와 같이 입력하고 저장합니다. 저장한 파일을 브라우저에서 확인해보겠습니다. 기본적으로 VS Code 프로그램에서 작성한 파일을 브라우저 화면으로 바로 확인할 방법은 없습니다. 하지만 학습 준비과정에서 설치한 확장 프로그램이 있기 때문에 확인할 수 있겠습니다.

index.html 화면에서 마우스 우클릭하고 'Open In Default Browser' 메뉴를 클릭하여 기본 브라우저로 설정되어 있는 브라우저에서 index.html 파일을 열도록 합니다.

[그림 1-14] 완성 코드 예시

그러면 해당 운영체제의 기본 브라우저로 등록된 브라우저가 자동으로 실행됩니다. 필자는 chrome이 기본 브라우저입니다. 브라우저 화면을 확인하면 [그림 1-15]와 같이 화면에 내용이 이상 없이 출력되고 있습니다.

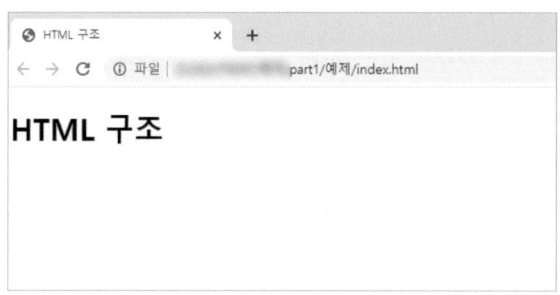

[그림 1-15] index.html 브라우저 화면

우선 앞서 title 태그 안에 작성한 제목이 브라우저 상단에 표시되는 것을 확인할 수 있습니다. 또한 브라우저 본문에 HTML 구조라는 글씨가 깨지지 않고 잘 표현되고 있습니다.

[그림 1-16] 브라우저 제목 위치

자, 이제 다시 캐릭터셋으로 돌아와보겠습니다. 현재 VS Code 프로그램의 글자를 입력하는 방식이 utf-8이고 head 태그에 작성한 meta 태그에도 utf-8으로 되어 있습니다. 이 말을 다시 설명하면 현재 코드를 작성하고 있는 프로그램에서 글씨를 표현하는 방식이 utf-8으로 하고 있으니 이 파일을 해석해서 브라우저 화면에 보여줄 크롬 브라우저에게도 그 형식대로 화면에 표시를 해라 라는 뜻입니다.

그러면 meta 태그에서 설정을 한국어 전용으로 다음과 같이 변경해보겠습니다.

코드 1-9 **PART_1/예제/index.html**

```
<head>
  <meta charset="euc-kr">
  <title>HTML 구조</title>
</head>
```

브라우저 화면을 보면 구조라는 글씨가 깨져서 나오고 있습니다. VS Code의 캐릭터셋 설정은 utf-8이었는데 브라우저에게 euc-kr 형식으로 해석하라고 잘못된 정보를 전달했기 때문입니다.

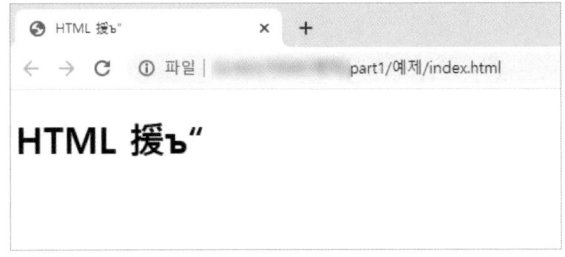

[그림 1-17] 캐릭터셋이 맞지 않는 화면

다시 원래대로 변경합니다.

코드 1-10 PART_1/예제/index.html

```
<head>
   <meta charset="UTF-8">
   <title>HTML 구조</title>
</head>
```

1-8 태그 작성 규칙

대소문자 구분

HTML 태그는 소문자로 작성합니다. 대문자가 오류는 아니지만, 모두 대문자로 작성시 코드를 해독하는 가독성이 떨어지고, 관례상(HTML Convention) 소문자를 사용합니다. 참고로 브라우저 화면에는 표시되는 않는 주석을 만드는 방법은 〈!-- 주석 내용 --〉 입니다.

코드 1-11 PART_1/예제/index.html

```
<body>
   <h1>HTML 구조</h1>

   <!-- 잘못된 표현 -->
   <P CLASS="DESC">문단을 작성합니다.</P>

   <!-- 올바른 표현 -->
   <p class="desc">문단을 작성합니다.</p>

</body>
</html>
```

들여쓰기

태그들은 부모 자식 관계가 있습니다. 자식 요소들은 들여쓰기(indentation)가 되어 있어야 합니다. 들여쓰기는 space bar가 아니라 키보드의 Tab⇆을 눌러 만듭니다. 참고로 Tab⇆ 키를 눌렀을 때 생성되는 탭의 크기는 기본적으로 space 4개입니다. 해당 값은 설정에서 변경할 수 있습니다. 실무에서는 다른 팀원들과 설정을 동일하게 맞추는 것이 좋습니다.

코드 1-12 PART_1/예제/index.html

```html
<!-- 잘못된 표현 -->
<table>
<tr>
<td>data</td>
</tr>
</table>


<!-- 올바른 표현 -->
<table>
  <tr>
    <td>data</td>
  </tr>
</table>
```

특수문자 표기

특수문자는 그대로 사용하면 안되고 엔터티 코드로 입력해야 합니다. 예제 코드와 같이 저작권 표시 문자를 그대로 사용해도 브라우저 화면에 이상없이 출력되지만 올바른 방법이 아닙니다.

코드 1-13 PART_1/예제/index.html

```html
<!-- 잘못된 표현 -->
<p>Copyright © Company all rights reserved. </p>

<!-- 올바른 표현 -->
<p>Copyright &copy; Company all rights reserved. </p>
```

엔터티 코드는 아래 사이트에 접속하시면 전체적으로 파악할 수 있습니다.

엔터티 코드 사이트: https://entitycode.com/#featured-content

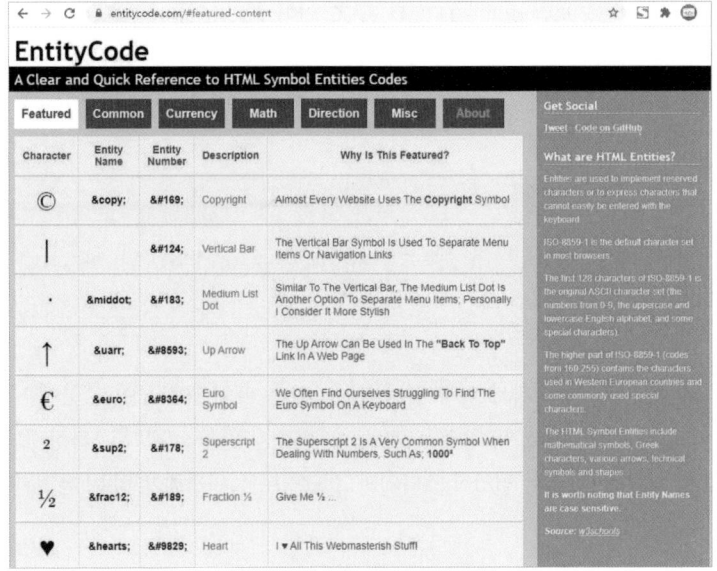

[그림 1-18] 엔터티 코드 참조 사이트

글자	엔터티 코드	설명
©	&copy;	Copyright Symbol 저작권 표시
&	&amp;	Ampersand 앰퍼샌드
→	&rarr;	Right Arrow 오른쪽 화살표
〈	&lt;	Less Than 왼쪽 부등호
〉	&gt;	Greater Than 오른쪽 부등호
·	&middot;	Medium List Dot 중간 목록 표시 점

[표 1-6] 자주 사용하는 Entity code 속성의 값

웹 표준 마크업이란

웹 표준 마크업이란 각 태그의 쓰임새에 맞도록 태그를 선택하고, 퇴출된 태그의 사용은 자제하며, 각각의 태그가 가지고 있는 특징에 맞춰 부모 자식 관계의 구조를 정확하게 기술하는 것입니다. 또한 HTML, CSS, javascript를 태그에 혼합하여 작성하지 않고 분리하는 것입니다. 다시 말해서 구조 언어, 표현 언어, 동작 언어가 태그에 섞여 있으면 안됩니다.

구분	특징
구조 언어	HTML, XHTML, XML 등
표현 언어	CSS, XSL 등
동작 언어	Javascript(ECMAscript), jquery 등

[표 1-7] 역할에 따른 언어 구분

다음 태그에 들어있는 내용을 보면 p라는 HTML 구조 언어에 style이라는 표현 언어와 window.open이라는 동작 언어까지 모두 하나의 태그에 기술되어 있습니다. 일단 뜻을 보면 open popup을 클릭하면 새 창을 띄운다는 것으로 작동하는 데는 전혀 이상이 없는 코드입니다.

잘못된 예시

```
<p style="font-weight:bold" onclick="window.open('new.html', 'newwin', 'width'=400, height='500')" >open popup</p>
```

하지만, 이런 태그가 한 페이지 내에서 여러 곳에, 또는 다른 페이지에도 여러 곳에 있다고 가정해봅니다. 그리고 해당 태그의 스타일이나 새 창의 크기 등을 변경할 일이 생겼다고 가정해보면, 코드를 수정하려면 모든 파일 및 내용을 열어서 일일이 스타일과 스크립트를 변경해야 하는 유지관리가 힘들고 번거로운 웹사이트가 되는 것입니다.

만약 표현을 설정하는 CSS가 별도의 파일로 구분되어 있고, 동작을 설정하는 스크립트 파일도 별도의 파일로 제작되어 있었다면 해당 파일을 수정하면 그 파일과 연결되어 있는 모든 파일들의 스타일과 동적 효과를 한 번에 수정할 수 있게 되는 것입니다.

다음과 같이 head 태그 사이에서 스타일을 설정할 main.css를 연결하고, 동적 요소를 설정할 main.js를 연결합니다. 각각의 파일에서 스타일과 스크립트를 작성하면 해당 main.css와 main.js에 연결되어 있는 어떤 페이지든 간에 원하는 스타일과 설정으로 한 번에 수정할 수 있습니다. 현 단계에서 다음 예시 코드의 특히 CSS와 script 코드는 이해할 필요는 없습니다. 뒤 파트에서 상세히 학습하실 겁니다. 지금은 '파일로 분리를 하는 것이 효율적이고 웹 표준을 준수하는 것이구나'라고 이해하면 되겠습니다. 다만, script 파일의 경우는 로드 하는 파일이 많아질 때 웹페이지 로딩 속도에 영향을 주기 때문에 head 태그 내부 보다는 body 태그가 닫히기 바로 전에 배치하는 것이 바람직합니다.

각 언어를 분리한 구조 HTML

```
<head>
    <meta charset="UTF-8">
    <title>HTML 구조</title>
    <link rel="stylesheet" href="main.css">
    <script src="main.js"></script>
</head>
중략…
<p class="open_new">open popup</p>
중략…
```

```
EXPLORER        ...      <> index.html       # main.css       ×
> OPEN EDITORS                  # main.css > ...
∨ HTML                      1    .open_new{
    <> index.html          2        font-weight: bold;
    #  main.css            3    }
    JS main.js             4
                           5
```

[그림 1-19] 각 언어를 분리한 구조 main.css

```
             <> index.html      # main.css        JS main.js       ×
             JS main.js > ...
         1 ∨ document.addEventListener('DOMContentLoaded', function(){
         2 ∨     document.querySelector('.open_new').addEventListener('click', function(){
         3           window.open('new.html', 'newwin', 'width'=400, height='500');
         4       });
         5   });
```

[그림 1-20] 각 언어를 분리한 구조 main.js

유효성 검사

앞서 HTML 작성 규칙과 웹 표준 마크업에 대해 알아보았습니다. 그러면 작성한 모든 코드가 W3C 국제 컨소시엄에서 정한 표준에 맞게 작성되었는지 검사를 할 필요가 있습니다. 유효성 검사는 https://validator.w3.org/에서 가능합니다.

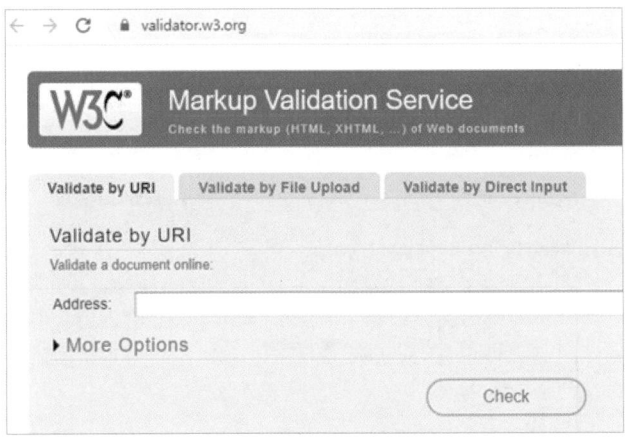

[그림 1-21] 웹 표준 유효성 검사 서비스

마크업 유효성 검사 방법은 아래의 3가지 방법으로 할 수 있습니다.

> **Validate by URI** : 홈페이지 주소를 입력하여 검사
> **Validate by File Upload** : 검사할 파일을 업로드하여 진행
> **Validate by Direct Input** : html 코드 전체를 직접 붙여넣기하여 진행.

앞서 작성했던 index.html에서 h1 태그 작성을 일부러 문법에 맞지 않도록 작성하겠습니다. 닫는 태그에 슬래시를 넣지 않았습니다.

코드 1-14 PART_1/예제/index.html

```html
<!DOCTYPE html>
<html lang="ko">
<head>
    <meta charset="UTF-8">
    <title>HTML 구조</title>
    <link rel="stylesheet" href="main.css">
    <script src="main.js"></script>
</head>
<body>
    <h1>HTML 구조<h1>


</body>
</html>
```

해당 코드 전체를 복사해서 Validate by Direct Input를 클릭하여 붙여넣기한 후 check 버튼을 클릭해 봅니다.

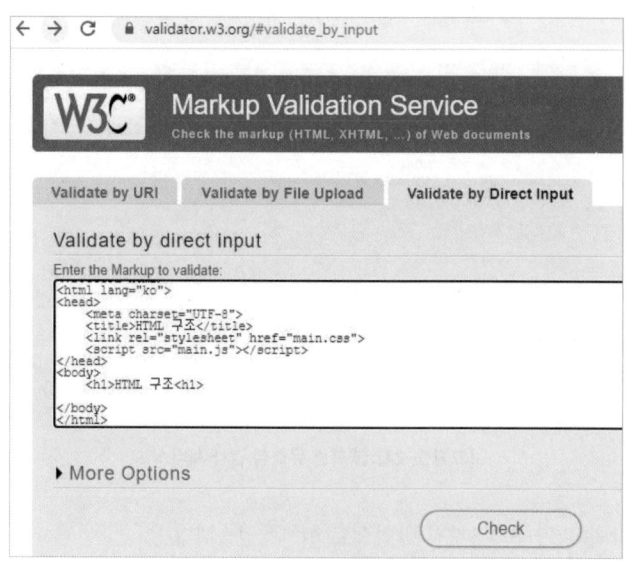

[그림 1-22] 코드입력을 통한 웹 표준 검사

결과 페이지를 보면 h1 태그를 제대로 닫지 않아서 에러가 3개, 경고가 1개 출력되었습니다.

[그림 1-23] 웹 표준 검사 결과

다시 제대로 종료 태그를 정확히 슬래시를 추가하여 입력 후 유효성 검사 페이지에서 기존의 코드를 지우고 다시 현재 코드를 복사하여 넣은 후 검사해봅니다.

코드 1-15 PART_1/예제/index.html

```
<!DOCTYPE html>
<html lang="ko">
<head>
    <meta charset="UTF-8">
    <title>HTML 구조</title>
    <link rel="stylesheet" href="main.css">
    <script src="main.js"></script>
</head>
<body>
    <h1>HTML 구조</h1>


</body>
</html>
```

그러면 다음과 같이 어떤 에러나 경고 표시 없이 잘 작성되었다고 알려줍니다.

결과 페이지

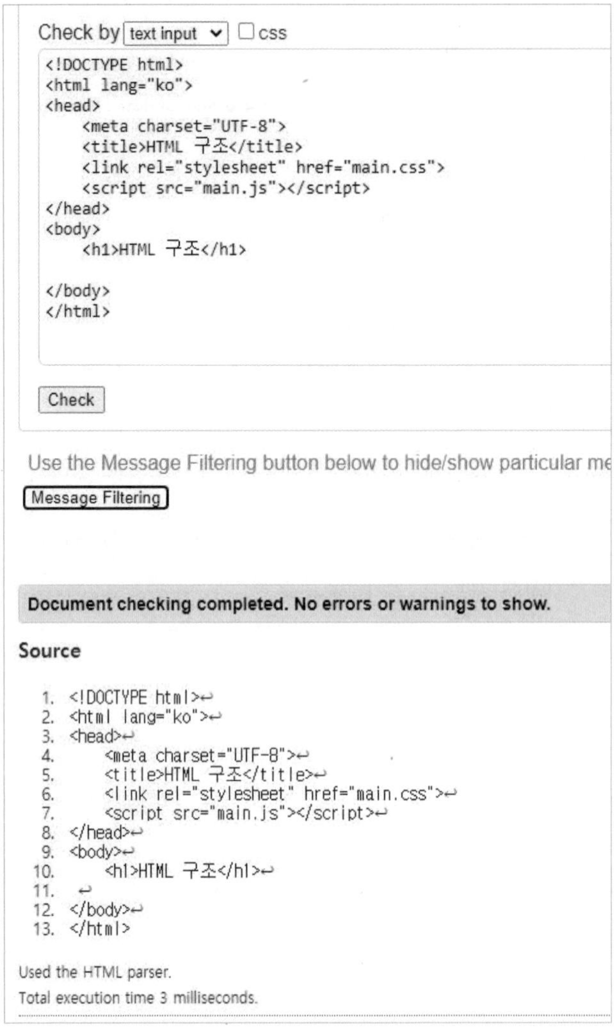

[그림 1-24] 웹 표준 검사 결과

2. 블록 및 인라인 레벨 요소

태그는 그 의미에 따라서도 다양하게 분류하지만 브라우저 화면에 표현되는 방식만 보면 크게 블록 레벨 요소와 인라인 레벨 요소 두 가지로 나눌 수 있습니다.

2-1 블록 레벨 요소

블록 레벨은 기본적으로 브라우저 화면의 가로 한 블록을 모두 차지합니다. 또한 이후 CSS에서 스타일을 설정할 때 너비와 높이를 지정할 수 있습니다. 대표적인 블록 레벨 요소들의 종류는 아래 [표 1-8]과 같습니다. 아래 표의 태그들을 모두 외울 필요는 없습니다. 많이 사용하는 것들은 정해져 있고 특징들을 자연스럽게 익히게 됩니다.

```
h1, h2, h3, h4, h5, h6, header, section, address, article, aside, audio, blockquote,
canvas, dd, div, dl, fieldset, figcaption, figure, footer, form, hr, noscript, ol,
output, p, pre, section, table, tfoot, ul, video
```

[표 1-8] 블록 레벨 요소들

간단히 html을 작성하고 대표적인 블록 레벨 요소인 h1 태그와 p 태그의 특징을 브라우저 화면으로 확인해보도록 하겠습니다. Part1 예제 폴더에 파일명 01_block_element.html을 생성합니다.

코드 1-16 PART_1/예제/A/01_block_element.html

```
<!DOCTYPE html>
<html lang="ko">
<head>
   <meta charset="UTF-8">
   <title>블록 요소 인라인요소</title>
</head>
<body>
   <h1>블록 레벨 요소</h1>
   <p>블록 레벨 요소의 특징은... </p>

</body>
</html>
```

제목 태그와 p 태그를 작성했습니다. 브라우저 화면을 확인해보겠습니다. 이때 현재 코드에서 마우스 우클릭한 후 Open with Live Server를 클릭하여 서버상태에서 html 문서의 변동사항을 새로고침 필요없이 실시간으로 보도록 하겠습니다.

P 태그

P 태그는 paragraph를 의미합니다. P 태그는 말 그대로 문단을 의미하며, 이후 inline 요소들 즉 글자 속성이 있는 요소들을 그룹화할 때도 사용합니다.

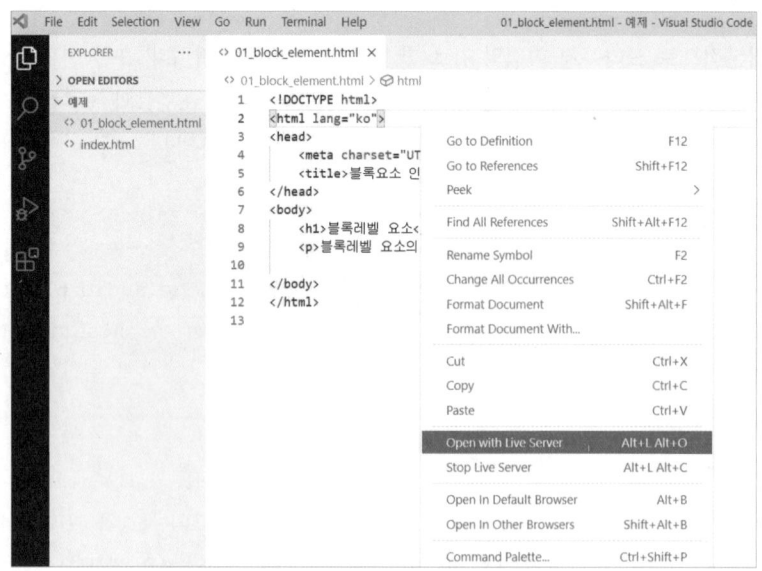

[그림 1-25] Open with Live Server

브라우저의 주소 표시줄을 보면 이전의 주소와 다르게 127로 시작하는 ip 번호로 나오는 것을 볼 수 있습니다. 이 주소가 VS Code의 live server 확장 프로그램이 설치한 서버의 주소입니다. 해당 주소는 크롬뿐만 아니라 현재 코드를 작성중인 컴퓨터의 어떤 브라우저로 접속하든지 같은 화면을 확인할 수 있습니다. 다만, 외부에서는 접속할 수 없는 임시주소라고 보시면 됩니다.

[그림 1-26] 블록 레벨 요소 브라우저 화면

크롬 브라우저에서 F12를 눌러서 개발자 도구를 열어보겠습니다. 개발자 도구에서 element 부분에서 h1 태그에 마우스를 올려 봅니다. 그러면 파란색으로 하이라이트 되는 부분이 해당 태그가 차지하는 공간입니다.

[그림 1-27] 개발자 도구에서 h1 요소 확인하기

p 태그에도 마우스를 올려봅니다. 그러면 파란색으로 하이라이트가 브라우저 화면의 가로 한 블록을 차지하고 있습니다. 이렇듯 블록 레벨 요소 태그들은 해당 태그가 브라우저의 가로 한 블록의 공간을 차지합니다.

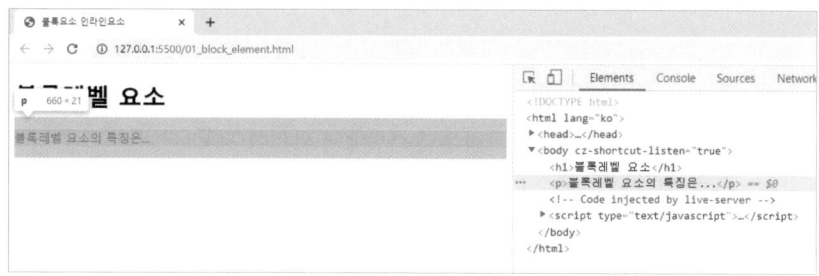

[그림 1-28] 개발자 도구에서 p 요소 확인하기

2-2 인라인 레벨 요소

인라인 레벨 요소들은 기본적으로 글씨의 속성을 가지고 있습니다. 즉, 워드나 한글과 같은 문서 편집 프로그램에서 글씨를 한 글자 한 글자 입력하면 해당 글자가 가로로 배열되는 것처럼 브라우저 화면에 표현됩니다. 대표적인 인라인 레벨 요소들은 다음 [표 1-9]와 같습니다.

b, big, i, small, tt, abbr, acronym, cite, code, dfn, em, kdb, strong, samp, var, a, dbo, br, img, map, object, q, script, span, sub, sup, button, input, label, select, textarea

[표 1-9] 인라인 레벨 요소들

간단히 html을 작성하고 특징을 알아보도록 하겠습니다. 예제 폴더에 파일명 02_inline_element.html을 생성하겠습니다.

```html
<!DOCTYPE html>
<html lang="ko">
<head>
    <meta charset="UTF-8">
    <title>블록 요소 인라인요소</title>
</head>
<body>
    <h1>인라인 레벨 요소</h1>
    <a href="">구글</a>
    <a href="">다음</a>
    <em>강조</em>
</body>
</html>
```

a, em 태그를 작성해보았습니다. 저장하고 브라우저 화면에서 확인합니다.

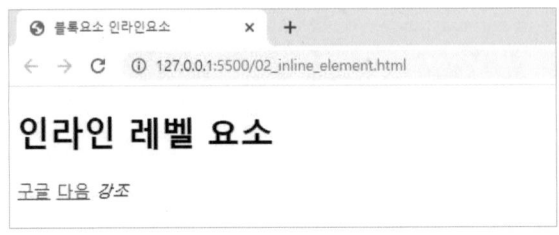

[그림 1-29] 인라인 레벨 요소 브라우저 화면

개발자 도구에서 a 태그에 마우스를 올려봅니다. 그러면 해당 태그의 내용(content)만큼만 하이라이트가 됩니다. 즉 해당 요소는 한 블록을 차지하지 않고 있습니다. 브라우저 화면을 보면 내용들이 모두 글씨가 가로로 배치되듯이 가로로 배치되어 있습니다. 이처럼 인라인 레벨 요소들은 글씨들처럼 옆으로 이어지는 특징을 가지고 있습니다.

[그림 1-30] 개발자 도구에서 em 요소 확인하기

다음 표는 대표적인 인라인 레벨 요소와 블록 레벨 요소, 또 두 가지 속성을 모두 가지고 있는 요소를 보여주고 있습니다. 두 가지 속성을 모두 가지는 요소는 이후 CSS 파트에서 그 특징이 나타나기 때문에 현재는 종류만 기술하겠습니다.

인라인 레벨 요소	블록 레벨 요소	인라인 블록 레벨 요소
a, span, img, input, i, em	h1, h2, h3, h4, h5, h6 div, form, table, p, ul, ol, li header, section, aside, article, footer, address	img, video

[표 1-10] 대표 태그들의 구분

2-3 블록 레벨과 인라인 레벨 요소의 그룹화

해당 태그가 브라우저의 한 블록을 모두 사용하는지 여부로 구분되는 기본적인 특징 외에 두 번째 특징으로는 블록 요소는 인라인 요소 또는 블록 요소를 그룹으로 묶어줄 수 있고, 인라인 요소는 인라인 요소외에 블록 요소는 그룹으로 묶어줄 수 없다는 것입니다. 다음 코드를 보면 인라인 요소인 span 태그가 블록 요소인 h2 태그를 감싸고 있습니다. 이는 태그를 잘못 사용한 것으로 이후 웹 표준 검사를 실시하면 오류로 출력됩니다.

잘못된 그룹화

```
<span><h2>heading</h2></span>
```

올바른 문법은 아래와 같이 블록 요소 안에 인라인 요소가 있는 상태입니다.

올바른 그룹화

```
<h2><span>heading</span></h2>
```

다음 코드를 보면 인라인 요소인 a 태그가 블록 요소인 h1을 감싸고 있습니다. 앞서 언급한 규칙을 생각하면 오류이지만 태그의 의미를 생각하면 오류가 아닙니다. 이렇게 의미에 맞게 태그를 사용하는 것을 시맨틱 마크업이라고 합니다.

시맨틱 태그의 올바른 그룹화

```
<h1><a href="">Logo</a></h1>
<a href=""><h1>logo</h1></a>
```

3. 텍스트 정의 요소

이번에는 글자나 문단과 관련된 대표적인 태그들의 쓰임새를 알아보겠습니다.

3-1 내용 강조

문장 중 일부 구문을 강조할 때 사용하는 태그를 설명하겠습니다. HTML 폴더에 03.text_tag.html을 생성하고 다음과 같이 작성합니다.

코드 1-18 PART_1/예제/A/03.text _ tag.html

```html
<!DOCTYPE html>
<html lang="ko">

<head>
    <meta charset="UTF-8">
    <title>텍스트 정의 요소들</title>
</head>

<body>
    <h1>텍스트 정의 요소들</h1>
    <p>문단 중 일부를 <b>강조</b>하고자 할 때 사용하는 <i>태그들</i></p>
</body>

</html>
```

태그를 작성하고 브라우저 화면을 확인해봅니다. 그러면 '강조' 부분이 굵은 글씨체로 나오고 '태그들' 부분은 이탤릭으로 보이고 있습니다. 화면으로 보았을 때 해당 글들이 다른 글자들과 구분되어 강조의 의미가 있어 보입니다. 하지만 코드에서 사용한 b, i 태그는 강조의 의미 없이 단순히 굵고 이탤릭으로만 보이게 하는 태그입니다.

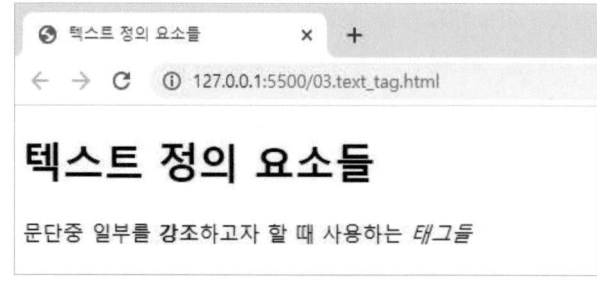

[그림 1-31] 강조의 의미가 없는 태그들

이번에는 아래와 같이 strong, em 태그를 사용하고 브라우저 화면을 확인해봅니다.

코드 1-19 PART_1/예제/A/03.text_tag.html

```
<!DOCTYPE html>
<html lang="ko">

<head>
    <meta charset="UTF-8">
    <title>텍스트 정의 요소들</title>
</head>

<body>
    <h1>텍스트 정의 요소들</h1>
    <p>문단중 일부를 <b>강조</b>하고자 할 때 사용하는 <i>태그들</i></p>
    <p>문단중 일부를 <strong>강조</strong>하고자 할 때 사용하는 <em>태그들</em></p>
</body>

</html>
```

브라우저를 확인하면 좀 전에 b, i 태그를 사용했을 때와 똑같이 보여지고 있습니다. 하지만 strong, em 태그는 실제로 강조의 의미를 전달하는 태그입니다. 실제로 강조의 의미가 있다는 것은 해당 페이지가 검색엔진에 검색될 확률이 더 높아진다는 것을 말합니다.

◀ 혼자 정리하는 웹 퍼블리싱 ▶

웹사이트의 원칙

잠깐 검색과 관련된 내용을 말씀드리면, 웹사이트의 원칙은 첫째 검색이 잘 되는 사이트, 둘째 빠르게 로딩되는 페이지, 셋째는 유지관리가 편한 사이트입니다. 그 중에 검색이 잘되는 사이트가 되려면 태그의 쓰임새에 맞도록 작성하고 의미에 맞도록 작성하는 것이 필수입니다. 태그를 잘 사용하여 만들어진 사이트와 태그를 의미에 맞춰 작성하지 않고 화면에 보여지는 것에만 초점을 맞춘 사이트가 있다면 태그를 잘 사용한 사이트가 더 검색이 잘 되는 사이트가 되는 것입니다.

[그림 1-32] 강조의 의미가 있는 태그들

3-2 약어

약어를 기술할 때는 abbr 태그를 사용합니다. 어떤 글의 약어 인지의 내용은 title 속성의 값으로 입력합니다. 이때 위의 코드와 구분하기 위해 hr 태그를 입력했습니다. hr 태그는 horizontal rule의 약자로 말 그대로 수평선을 나타내는 의미로 위 내용과 구분한다는 뜻입니다. 한 가지 더 hr 태그는 스스로 열고 닫는 태그로서 슬래시(/)를 끝부분에 입력합니다.

코드 1-20 PART_1/예제/A/03.text _ tag.html

```
<hr/>
<p><abbr title="HyperText Markup Language">HTML</abbr>은 제목, 단락, 목록 등과 같은
본문을 위한 구조적 의미를 나타내는 것뿐만 아니라 링크, 인용과 그 밖의 항목으로 구조적 문서를 만들 수
있는 방법을 제공한다. </p>
```

브라우저를 확인해보면 abbr 태그의 title 속성의 값으로 입력한 내용은 기본적으로 화면에 출력되지 않습니다. 하지만 HTML 글자 부분에 마우스를 올리면 'HyperText Markup Language'라는 문구가 나타납니다.

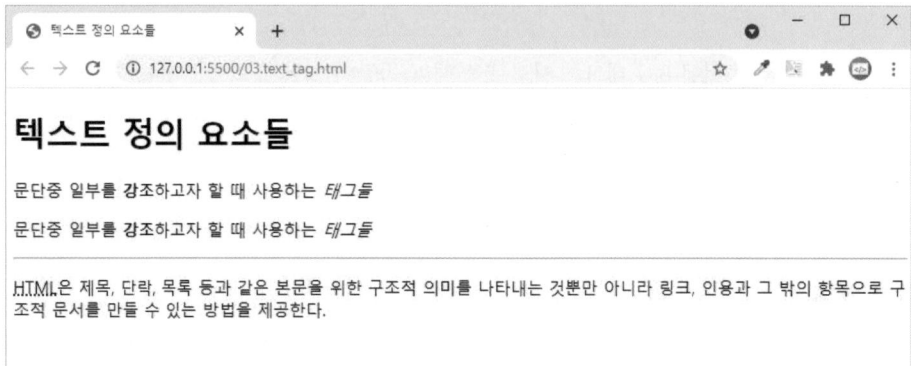

[그림 1-33] 약어를 표현하는 abbr 태그

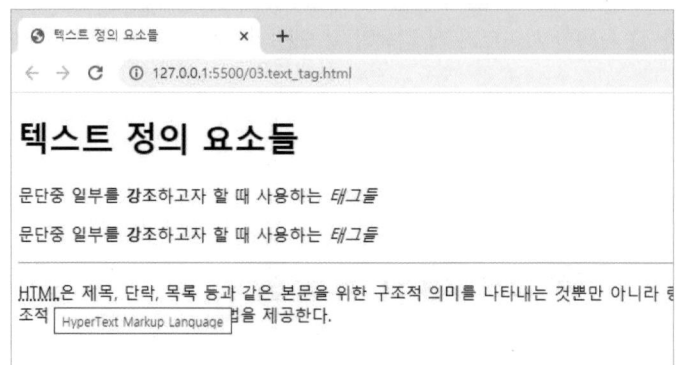

[그림 1-34] 마우스를 호버(hover)하면 나타나는 문구

화면에 보이지도 않을 태그를 왜 HTML 태그에 작성 했을까요? 그 이유는 검색에 있습니다. 만약에 html이라는 키워드로 검색하는 유저와, hypertext라는 키워드로 검색하는 유저가 있다고 가정해봅니다. abbr 태그로 약어를 기술하지 않은 웹 페이지는 hypertext로 검색하는 유저를 놓치게 되는 것입니다.다시 말해, hypertext 키워드로 검색하는 사람은 현재 페이지를 검색할 확률이 0%인 것입니다. HTML을 작성할 때는 항상 어떻게 하면 검색이 잘 될까를 고려해야 합니다.

3-3 용어의 정의

전문 용어를 풀어서 설명할 때 dfn 태그를 사용하고 해당 용어의 설명은 title 속성의 값으로 작성합니다. dfn 태그도 검색에 용이하도록 title 속성의 내용으로도 검색이 될 수 있도록 하는 것입니다.

코드 1-21 PART_1/예제/A/03.text_tag.html

```
<p><dfn title="텍스트 대신에 그 자리에 이미지를 보여지도록 하는 기법">IR 기법</dfn>을 사용하면
검색에 용이합니다. </p>
```

Abbr 태그와 마찬가지로 기본적으로 설명이 노출되지 않고 마우스를 글자 위에 올렸을 때 설명 문구가 보여집니다.

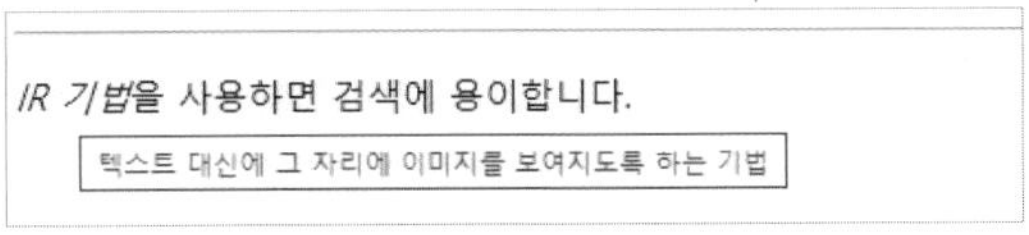

[그림 1-35] dfn 태그의 브라우저 화면

3-4 인용문

내가 직접 작성한 것이 아니라 타 사이트 또는 외부의 소스에서 가져온 내용이나 남의 한 말들을 가져올 경우에 사용하는 태그가 blockquote입니다. blockquote는 인용문의 내용이 긴 경우에 주로 사용합니다. blockquote에는 cite 속성에 출처를 기술합니다. 그리고 cite 태그는 사람의 이름, 작품명, 예술 작품등에 사용합니다.

코드 1-22 PART_1/예제/A/03.text_tag.html

```
<blockquote cite="https://www.wah.or.kr:444/Accessibility/define.asp">
    <p>월드 와이드 웹 (World Wide Web)을 창시한 팀 버너스 리(Tim Berners-Lee)는 웹이란'
장애에 구애 없이 모든 사람들이 손쉽게 정보를 공유할 수 있는 공간'이라고 정의하였으며, 웹 콘텐츠를
제작할 때에는 장애에 구애됨이 없이 누구나 접근할 수 있도록 제작하여야 한다고 하였다. </p>
    <cite>팀 버너스 리</cite>
</blockquote>
```

짧은 문장을 인용하는 경우에는 q 태그를 사용하고 출처는 cite 속성을 사용합니다.

코드 1-23 `PART_1/예제/A/03.text_tag.html`

```
<q cite="https://www.wah.or.kr">장애에 구애 없이 모든 사람들이 손쉽게 정보를 공유할 수 있는 공간
</q>
```

4. div 요소로 작성하는 문서의 그룹화

HTML을 작성할 때 요소들을 그룹으로 묶어줄 일이 많이 생깁니다. 네이버의 화면으로 간략하게 필요성을 설명 드리겠습니다. 네이버 첫 페이지에는 내용이 많이 있지만 지면상 상단의 구조만 확인해보겠습니다. 다음 [그림 1-36]을 보면 네이버 로고와 검색창을 묶어주는 요소가 있어야 해당 요소의 위치를 CSS에서 설정할 수 있고, 네이버를 시작페이지로 부분도 묶어주는 요소가 있어야 우측상단에 배치할 수 있습니다.

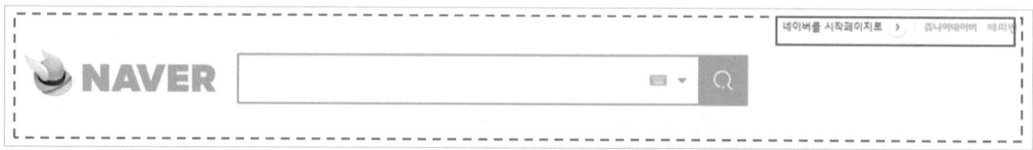

[그림 1-36] 네이버 메인화면의 그룹화

네이버에 접속하고 개발자 도구에서 해당 요소를 찾아보겠습니다. '네이버를 시작페이지로'에서 마우스 우클릭하고 '검사'를 선택하여 로고 요소를 찾습니다. 해당 요소를 감싸고 있는 부모 요소를 찾기 위해서 마우스를 해당 요소의 상위 요소로 옮겨보다가 브라우저 화면에서 파란색으로 표시되는 부분을 확인합니다.

[그림 1-37] 그룹화 요소 찾기

그러면 div 태그의 클래스 명 service_area라는 요소가 a 태그들을 감싸고 있는 것을 확인할 수 있습니다.

더 상위 요소로 이동하여 [그림 1-36]의 점선 부분은 어느 요소가 감싸고 있는지를 찾아봅니다.

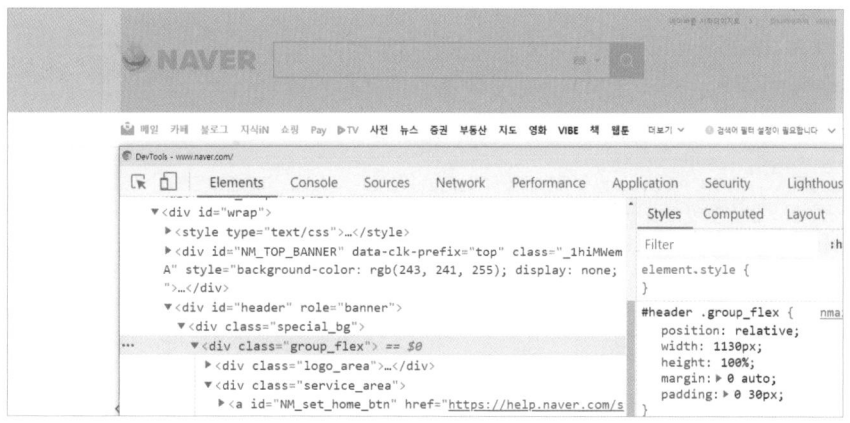

[그림 1-38] 그룹화 요소 찾기

찾아보면 클래스 명 group_flex라는 요소가 내부의 로고, 검색, 우측 상단 링크들까지 모두를 감싸고 있는 것을 확인할 수 있습니다. 이렇든 HTML을 작성할 때는 내용에 따라 태그를 나열만 하면 되는 것이 아니라, 디자인상에서 표현한 대로 요소들을 배치하려면 그룹화 요소를 이용하여 태그들을 묶어 주어야 합니다. 그룹화 요소들의 종류는 대표적으로 두 가지가 있습니다. div 태그와 span 태그가 대표적인 그룹화 요소입니다. 그럼 두 요소의 사용법을 보도록 하겠습니다.

4-1 그룹화 요소 div

그룹화 요소인 div를 이용하여 [그림 1-39]와 같은 웹페이지를 구현하겠습니다. 우선 아직 태그들을 많이 학습하지 않았기 때문에 제목 태그만 이용하여 구현해보겠습니다.

[그림 1-39] div 태그를 이용한 그룹화

새 문서를 만들고 이름을 04.div_sectioning.html로 지정합니다.

코드 1-24 PART_1/예제/A/04.div _ sectioning.html

```
<!DOCTYPE html>
<html lang="ko">
<head>
    <meta charset="UTF-8">
    <title>div 그룹화</title>
</head>
<body>
</body>
</html>
```

[그림 1-39]를 보면 가운데 컨텐츠 부분을 제외하고 나머지 공간은 브라우저 빈 공간입니다. 브라우저에서 콘텐츠들이 일정 너비 안에 갇혀 있습니다. 모든 요소를 묶어줄 div 태그를 생성합니다.

코드 1-25 PART_1/예제/A/04.div _ sectioning.html

```
<body>
    <div></div>
</body>
```

그리고 [그림 1-40] 다시 보면 div 요소 안에 크게 3개의 요소로 구분됩니다.

[그림 1-40] div 태그를 이용한 그룹화 – 콘텐츠 구분

그래서 전에 작성한 div 요소의 자식 요소로 div 3개를 생성합니다.

코드 1-26 PART_1/예제/A/04.div _ sectioning.html

```
<body>
   <div>
      <div></div>
      <div></div>
      <div></div>
   </div>
</body>
```

본문 내용을 크게 구분했으니 이제 각 파트의 세부 내용을 위한 그룹화 요소를 작성하겠습니다. 가장 상단 영역을 보면 크게 두 개로 나뉘어 있습니다.

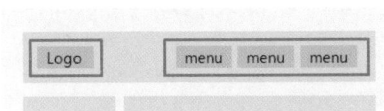

[그림 1-41] 상단 영역 그룹화

두 개로 나뉘는 부분도 제목으로 일단 정리해보겠습니다. 이후 태그를 더 학습한 후 내용에 맞게 모두 수정하겠습니다.

코드 1-27 PART_1/예제/A/04.div _ sectioning.html

```
<body>
  <div>
    <div>
      <h1>Logo</h1>
      <h2>Menu</h2>
    </div>
    <div></div>
    <div></div>
  </div>
</body>
```

이렇게 하면 상단의 HTML 구조는 완성된 것입니다. 다음으로 본문 영역을 보겠습니다. 본문 영역도 크게 두 개로 구분되어 있습니다.

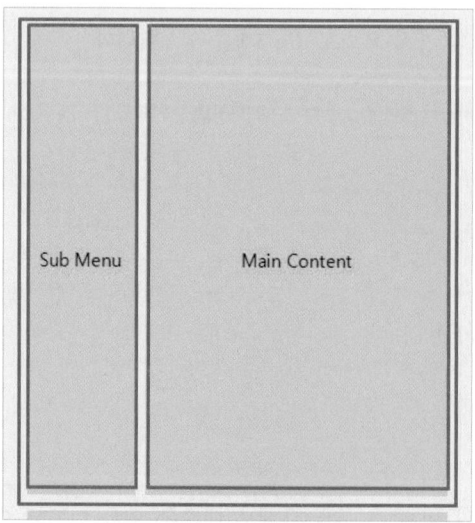

[그림 1-42] 본문 영역 그룹화

다음 코드와 같이 두 번째 div 요소 안에 또 다시 제목만 입력해서 내용 구분을 해 보겠습니다.

코드 1-28 PART_1/예제/A/04.div _ sectioning.html

```html
<body>
  <div>
    <div>
      <h1>Logo</h1>
      <h2>Menu</h2>
    </div>
    <div>
      <h2>Sub Menu</h2>
      <h2>Main content</h2>
    </div>
    <div></div>
  </div>
</body>
```

마지막 푸터(footer) 영역도 제목만 입력하여 구분해보겠습니다.

코드 1-29 PART_1/예제/A/04.div _ sectioning.html

```html
<!DOCTYPE html>
<html lang="ko">

<head>
  <meta charset="UTF-8">
  <title>div 그룹화</title>
</head>

<body>
  <div>
    <div>
      <h1>Logo</h1>
      <h2>Menu</h2>
    </div>
    <div>
      <h2>Sub Menu</h2>
      <h2>Main content</h2>
    </div>
    <div>
```

```
        <h2>Footer</h2>
      </div>
    </div>
  </body>

</html>
```

모두 작성한 후 브라우저 화면에서 확인해봅니다. 그러면 다음과 같이 제목들이 화면에 출력되는 것을 볼 수 있습니다. 일단 제목 태그들은 이후 다시 설명할 예정이니 현재는 내용 출력이 되는 것만 확인하면 되겠습니다.

[그림 1-43] 브라우저 화면 확인

[그림 1-43]과 같이 HTML을 작성하면 그룹화 관점에서는 이상 없이 작성한 것입니다. 하지만 이 상태의 태그를 보고 이후 CSS에서 각 요소의 너비를 지정하고 배치를 하려면 각 태그들의 적절한 이름이 필요합니다. 특히 현재 작성한 태그에서 div가 난무하고 있기 때문에 나중에 CSS에서 해당 요소들을 특정하려면 더더욱 이름이 필요합니다. HTML 태그에서 이름을 지정할 때는 두 가지 방법이 있습니다.

첫째 id가 있습니다. id는 identity의 약자로 본 문서에서 중복되지 않는 유일한 이름을 말합니다. 두 번째로는 class가 있습니다. class 명은 이후 css에서 중점적으로 설명하지만 하나 또는 하나 이상의 요소의 동일한 스타일을 적용하고자 할 때 추가합니다.

현재는 id로만 구분하여 섹셔닝을 설명하겠습니다.

코드 1-30-a PART_1/예제/A/04.div_sectioning.html

```
<body>
  <div id="wrapper">
    <div id="header">
      <h1>Logo</h1>
      <h2>Menu</h2>
    </div>
```

```
    <div id="content">
      <h2>Sub Menu</h2>
      <h2>Main content</h2>
    </div>
    <div id="footer">
      <h2>Footer</h2>
    </div>
  </div>
</body>
```

위와 같이 각각의 div에 wrapper, header, content, footer라는 이름을 추가했습니다. 이렇게 이름을 추가하면 이후 CSS에서 해당 요소를 선택하여 다양한 스타일을 적용할 수 있게 됩니다.

4-2 그룹화 요소 span

span 태그는 인라인 컨테이너로서 div와 마찬가지로 태그 자체의 의미는 전혀 없이 인라인 요소들을 그룹으로 묶어주거나 문장 중 일부를 구분하는 용도로 쓰입니다. 앞서 작성했던 footer 부분에 태그를 작성해보겠습니다.

코드 1-30-b PART_1/예제/**A**/04.div_sectioning.html

```
<div id="footer">
  <h2>Footer</h2>
  <p>
    <span><em>www.abc.com</em> <i>copyright</i></span> All rights re-
serverd.
  </p>
</div>
```

코드를 살펴보면 인라인 요소인 em과 i 태그를 span 태그로 묶어주고 있습니다. 이렇게 묶어주면 해당 요소의 색상이나 다른 요소와의 거리를 설정할 수 있어 스타일 설정에 용이합니다.

5. HTML5 섹셔닝

앞부분에서 div에 이름을 추가했을 때 이 코드를 읽는 사람은 전체를 감싸는 div가 wrapper구나, 아이디 header가 이 페이지의 상단에 있는 정보구나라는 식으로 id의 이름을 보고 해당 div 태그 안의 내용을 이해할 수 있습니다. 하지만, 해당 웹페이지의 정보를 수집하여 목록으로 작성하는 검색엔진들의 로봇(여기에서 로봇은 소프트웨어를 말합니다)들은 id의 이름들을 이해하지 못합니다. 그래서 해당 웹페이지에서 어느 부분이 상단의 정보이고 하단 정보를 담고 있는지 구분하지 않게 됩니다. 해당 웹페이지는 내용에 따라 태그를 제대로 작성하지 못한 상태가 됩니다. 그러면 검색엔진의 로봇들은 같은 내용을 다루는 다른 페이지보다 내용이 충실하지 않다고 보고 검색결과 페이지에서 뒤에 나오는 결과가 나타나게 됩니다. 따라서 HTML 태그를 작성하는 단계에서부터 내용의 구분에 따라 제대로 할 필요가 있고 이를 시맨틱 태그들로 해결할 수 있습니다. 대표적인 시맨틱 태그들은 아래 [표 1-11]과 같습니다.

태그	설명
header	소개 및 탐색에 도움을 주는 콘텐츠. 제목, 로고, 검색 폼, 작성자 이름 등의 요소도 포함
main	〈body〉의 주요 콘텐츠
section	주요 내용의 한 단위 절을 의미
article	독립적으로 구분해 배포하거나 재사용할 수 있는 구획, 게시판 글, 기사 등
aside	본문 외에, 좌우 배치되는 부가정보들, 보통 사이드메뉴, 위젯 등에 사용
footer	내용의 하단, 주로 사이트 하단의 정보를 그룹화
nav	사이트의 페이지를 이동하는 주 네비게이션 역할을 하는 메뉴
figure	독립적인 콘텐츠를 표현 이미지와 설명을 그룹화
address	연락처 기술 담당자, 담당자 이름, 홈페이지 링크, 주소, 전화번호 등

[표 1-11] 대표적 시맨틱 태그들

[표 1-11]에서 언급한 태그의 사용법을 간단히 보겠습니다. 새 문서를 만들고 이름을 05.semantic_tag.html로 저장하고 다음 코드와 같이 작성합니다.

```
<!DOCTYPE html>
<html lang="ko">

<head>
  <meta charset="UTF-8">
  <title>시맨틱 태그</title>
</head>

<body>
  <header>
    <h1>Main Page Title</h1>
    <img src="sample.png" alt="sample logo">
  </header>
</body>

</html>
```

header 태그를 사용하여 제목과 로고가 이 페이지의 상단영역이라는 것을 표현하고 있습니다. img 태그의 자세한 사용법은 10. 이미지와 관련된 요소들에서 다루겠습니다.

다음 main 태그의 예시입니다. body 태그 외에 태그를 생략하고 표시하겠습니다. 앞서 작성한 header 태그 아래에 기술했습니다.

코드 1-32 PART_1/예제/A/05.semantic _ tag.html

```
<main>
  <h2>main content</h2>
  <p>주요 내용입니다. </p>
</main>
```

main 태그는 해당 내용의 이 웹페이지의 가장 주요한 본문이라는 뜻입니다.

코드 1-33 PART_1/예제/A/05.semantic _ tag.html

```
<section>
  <h2>section title</h2>
  <p>
    section description
  </p>
</section>
```

다음으로 section 태그를 작성했습니다. section 태그는 내용의 한 단위 절, 장을 의미하고 반드시 제목을 수반해야 합니다.

코드 1-34 PART_1/예제/A/05.semantic _ tag.html

```
<article>
  <h1>List title</h1>
  <article class="item">
    <h2>item title</h2>
    <p>item description</p>
  </article>
  <article class="item">
    <h2>item title</h2>
    <p>item description</p>
  </article>
  <article class="item">
    <h2>item title</h2>
    <p>item description</p>
  </article>
</article>
```

article 태그도 section과 비슷하게 내용의 한 단위 절을 의미하지만 더 나아가 article의 내용만 독립적으로 분리해도 내용에 문제가 없는 내용을 구분할 때 사용합니다. 말그대로 신문이나 뉴스의 기사라고 보시면 되겠습니다.

PART_1/예제/A/05.semantic _ tag.html

```
<figure>
  <img src="pic_trulli.jpg" alt="Trulli" style="width:100%">
  <figcaption>Fig.1 - Trulli, Puglia, Italy. </figcaption>
</figure>
```

figure 태그도 하나의 독립적인 요소를 구분할 때 사용하는데 주로 이미지, 삽화, 도표, 코드 등을 구분합니다. 위 예시 코드처럼 figcaption 태그로 대당 이미지, 삽화, 도표, 코드 등의 설명을 추가합니다.

코드 1-36 PART_1/예제/A/05.semantic _ tag.html

```
<nav>
  <ul>
    <li><a href="">menu1</a></li>
    <li><a href="">menu2</a></li>
    <li><a href="">menu3</a></li>
    <li><a href="">menu4</a></li>
  </ul>
</nav>
```

nav 태그는 주로 해당 페이지에서 주네비게이션 역할 즉, 사이트의 메뉴 역할을 하는 리스트에 사용합니다.

코드 1-37 PART1/예제/A/05.semantic _ tag.html

```
<footer>
  <h3>Posted by: ezweb</h3>
  <p>Contact information: <a href=mailto:someone@example.com>
  someone@example.com</a>.</p>
</footer>
```

footer 태그는 한 구획 또는 전체 사이트에서 하단의 정보 즉, 저작권, 주소, 연락처, 작성자 등을 표현할 때 사용합니다. section, main, article등 구획을 표현하는 다양한 태그의 자식 요소로 올 수 있지만, address, header의 자식 요소로는 올 수 없습니다.

```
<footer>
<address>
    <p>주소: 서울시 양천구 목1동 123-123</p>
    <p>전화번호: 02-1234-1234</p>
    <p>이메일: <a href=mailto:example@example.com>example@example.com</p>
 </address>
</footer>
```

address는 웹페이지에서 주소와 연락처 정보를 표현할 때 사용하고 보통 footer 태그의 자식 요소로 기술합니다.

앞서 언급한 태그들을 종합하면 아래 코드와 같이 되겠습니다.

코드 1-39 PART _ 1/예제/A/05.semantic _ tag.html

```
<!DOCTYPE html>
<html lang="ko">

<head>
   <meta charset="UTF-8">
   <title>시맨틱 태그</title>
</head>

<body>
   <header>
     <h1>Main Page Title</h1>
     <img src="sample.png" alt="sample logo">
     <nav>
       <ul>
         <li><a href="">menu1</a></li>
         <li><a href="">menu2</a></li>
         <li><a href="">menu3</a></li>
         <li><a href="">menu4</a></li>
       </ul>
     </nav>
   </header>
   <main>
     <h2>main content</h2>
```

```html
    <p>주요 내용입니다. </p>
    <section>
      <h2>section title</h2>
      <p>
        sectio description
      </p>
    </section>
    <article>
      <h1>List title</h1>
      <article class="item">
        <h2>item title</h2>
        <p>item description</p>
      </article>
      <article class="item">
        <h2>item title</h2>
        <p>item description</p>
      </article>
      <article class="item">
        <h2>item title</h2>
        <p>item description</p>
      </article>
    </article>
    <figure>
      <img src="pic_trulli.jpg" alt="Trulli" style="width:100%">
      <figcaption>Fig.1 - Trulli, Puglia, Italy. </figcaption>
    </figure>

  </main>
  <footer>
    <h3>Posted by: ezweb</h3>
    <address>
      <p>주소: 서울시 양천구 목1동 123-123</p>
      <p>전화번호: 02-1234-1234</p>
      <p>이메일: <a href=mailto:example@example.com>example@example.com</p>
    </address>
  </footer>
</body>

</html>
```

앞과 같이 시맨틱 태그들을 알아보았습니다. 그러면 div를 작성했던 태그를 시맨틱 태그를 사용하여 더 의미에 맞도록 작성해보겠습니다. 기존의 04.div_sectioning.html을 다른 이름으로 저장하여 06.semantic_section.html을 생성하고 아래 코드를 참조하여 작성합니다.

시맨틱 태그 섹셔닝

코드 1-40 PART_1/예제/A/04.div_sectioning.html

```html
<body>
  <div id="wrapper">
    <div id="header">
      <h1>Logo</h1>
      <h2>Menu</h2>
    </div>
    <div id="content">
      <h2>Sub Menu</h2>
      <h2>Main content</h2>
    </div>
    <div id="footer">
      <h2>Footer</h2>
    </div>
  </div>
</body>
```

코드 1-41 PART_1/예제/A/06.semantic_sectioning.html

```html
<body>
  <div id="wrapper">
    <header>
      <h1>Logo</h1>
      <nav>
        <h2>Menu</h2>
      </nav>
    </header>
    <main>
      <aside>
        <h2>Sub Menu</h2>
      </aside>
      <section>
        <h2>Main content</h2>
      </section>
    </main>
    <footer>
      <h2>Footer</h2>
      <address>
      </address>
    </footer>
  </div>
</body>
```

main 태그 안에서 좌측 서브 메뉴를 구분할 때 aside 태그를 사용했습니다. aside 태그는 본문의 사이드에서 부가정보를 기술할 때 사용합니다. 주로 본문의 서브 메뉴, 고정 메뉴 등에 사용합니다. 또 한 가지위 코드에서 주목할 점은 id로 이름을 지정했던 부분들이 이제 태그로 구분이 되기 때문에 대부분 제거했다는 것입니다. 그만큼 해당 파일은 코드의 양이 줄어서 가벼워지고, 의미에 부합되도록 작성된 웹페이지로 검색도 잘되고 빠르게 로딩되는 페이지가 되겠습니다.

6. 제목, 문단, 구분선, 정형화된 텍스트

6-1 제목

이제 큰 내용의 구분은 시맨틱 태그를 사용하여 기술한다는 점을 학습했으니 세부적인 태그들의 사용법을 보도록 하겠습니다. 제목부터 학습하겠습니다. 새 문서 07.heading.html을 만들고 아래와 같이 기본 코드를 작성합니다.

코드 1-42 PART_1/예제/A/07.heading.html

```
<!DOCTYPE html>
<html lang="ko">
<head>
   <meta charset="UTF-8">
   <title>heading tag</title>
</head>
<body>


</body>
</html>
```

문서에서 가장 중요한 제목에 h1 태그를 작성하고 그 다음으로 중요한 순서에 따라 h2, h3, h4, h5, h6으로 작성합니다. 이때 주의점은 절대 브라우저 화면에 보이는 제목의 크기로 구분하면 안 된다는 것입니다. 제목의 크기는 언제든 상황에 따라 CSS에서 달리 표현할 수 있습니다.

코드 1-43 PART_1/예제/A/07.heading.html

```
<body>
   <h1>heading 1</h1>
   <h2>heading 2</h2>
   <h3>heading 3</h3>
   <h4>heading 4</h4>
   <h5>heading 5</h5>
   <h6>heading 6</h6>
</body>
```

제목 태그를 사용할 때 주의사항이 있습니다. 중요도의 순서에 따라 작성해야 한다는 것입니다.

잘못된 표현	올바른 표현
<h1>heading 1</h1> <h3>heading 3</h3>	<h1>heading 1</h1> <h2>heading 2</h2>

[표 1-12] 제목의 올바른 사용법

h1 태그 다음으로는 그 다음 중요한 제목으로 h2 태그를 사용해야합니다. 다음과 같이 동일한 중요도를 가지는 제목은 나열될 수 있습니다.

올바른 표현
<h1>heading 1</h1>
<h2>heading 2</h2>
<h2>heading 2</h2>
<h2>heading 2</h2>
<h2>heading 2</h2>

[표 1-13] 동일한 중요도의 제목들

6-2 문단

문단을 작성할 때는 p 태그를 사용합니다. 〈p〉 태그는 paragraph를 의미하는 블록 레벨 요소로서, 긴 문장을 하나의 문단으로 표현하거나, 인라인 요소들을 묶어 주는 역할도 합니다.

VS Code에서 p를 입력하고 ⌨Tab 키를 눌러 p 태그를 생성합니다. 그리고 lorem이라고 입력 후 ⌨Tab 키를 누르면 더미 텍스트 즉 아무 의미 없는 텍스트가 생성됩니다. 참고로 더미 텍스트는 디자인과 코딩에서 아직 컨텐츠가 완벽히 정리되지 않은 시점에 미리 텍스트를 배치하여 디자인하거나 코딩하여 표현해야 할 때 많이 사용합니다. 새 문서 08.paragraph_text.html을 만들고 문단을 생성합니다.

코드 1-44 **PART_1/예제/A/08.paragraph _ text.html**

```
<p>
Lorem ipsum dolor sit amet consectetur adipisicing elit. Ut ipsum reiciendis
accusantium? Optio, qui. Exercitationem possimus ab libero dignissimos
facilis minima earum debitis? Autem, fuga ratione consequuntur itaque nemo
quaerat.
</p>
```

PART_1/예제/A/08.paragraph _ text.html

```
<p>
  <a href="">naver</a>
  <a href="">daum</a>
</p>
```

또한 위 코드 1-45 와 같이 인라인 요소들을 그룹화 할 때도 사용할 수 있습니다.

6-3 글자 형태를 변경하는 태그들

글자에서 일부의 형태를 변경하고자 할 때 [표 1-14]와 같은 태그를 사용합니다. 태그들 중 b, i 태그는 앞에서 강조의 의미가 없다고 말씀드렸습니다. 실제 강조의 의미가 있다면 strong, em 태그를 사용해야 합니다.

태그	설명
b	굵은 글자 태그
i	기울어진 글자 태그
strong	굵은 글자 태그 (강조의 의미를 포함)
em	기울어진 글자 태그(강조의 의미를 포함)
small	작은 글자 태그
sub	아래에 달라붙는 글자 태그
sup	위에 달라붙는 글자 태그
ins	글자 아래쪽에 추가하는 선 태그
del	글자를 가로지르는 선 태그

[표 1-14] 형태를 변경하는 태그들

08.paragraph_text.html에서 p 태그 안에 〈b〉, 〈i〉, 〈small〉, 〈sub〉, 〈sup〉, 〈ins〉, 〈del〉 태그를 작성하고 브라우저에서 확인해봅니다.

```html
<!DOCTYPE html>
<html lang="ko">
<head>
    <meta charset="UTF-8">
    <title>text tag</title>
</head>
<body>
  <p>
      Lorem ipsum dolor sit amet consectetur adipisicing elit. Ut ipsum
      reiciendis accusantium? Optio, qui. Exercitationem possimus ab libero
      dignissimos facilis minima earum debitis? Autem, fuga ratione
      consequuntur itaque nemo quaerat.
  </p>

  <p>
    <a href="">naver</a>
    <a href="">daum</a>
  </p>

  <p>Lorem ipsum dolor <b>bbb</b></p>
  <p>Lorem ipsum dolor <i>iii</i></p>
  <p>Lorem ipsum dolor <small>small</small></p>
  <p>Lorem ipsum dolor <sub>sub</sub></p>
  <p>Lorem ipsum dolor <sup>sup</sup></p>
  <p>Lorem ipsum dolor <ins>ins</ins></p>
  <p>Lorem ipsum dolor <del>del</del></p>

</body>
</html>
```

브라우저 화면을 확인하면 글자 형태를 변경하는 태그들이 [표 1-14]에서 설명한대로 굵게, 이탤릭으로, 작게, 아래에, 위에, 글자 아래쪽에 추가하는 선, 글자를 가로지르는 선이 만들어졌습니다.

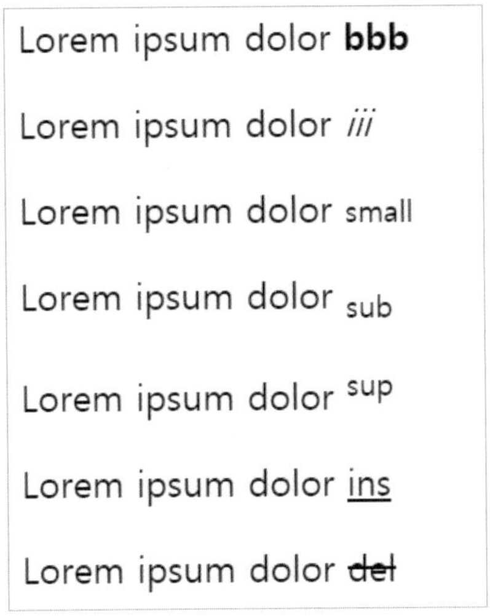

Lorem ipsum dolor **bbb**

Lorem ipsum dolor *iii*

Lorem ipsum dolor small

Lorem ipsum dolor sub

Lorem ipsum dolor sup

Lorem ipsum dolor <u>ins</u>

Lorem ipsum dolor ~~del~~

[그림 1-44] 텍스트 형태 관련 태그

6-4 내용의 구분선

주제를 분리하고자 할 때 사용하는 태그가 hr입니다. hr(horizontal rule)의 역할은 주제의 분리, 화제의
전환입니다. 웹페이지의 경우 문서의 헤더, 본문, 푸터를 구분하는 데 사용하고 본문의 주제가 바뀌는
부분에 적용하게 됩니다.

새 문서를 09.semantic_hr.html <mark>코드 1-47</mark> 과 같이 작성 후 브라우저 화면에서 확인해봅니다.

<mark>코드 1-47</mark> **PART＿1/예제/A/09.semantic ＿ hr.html**

```html
<div id="wrapper">
  <header>
    <h1>Logo</h1>
    <nav>
      <h2>Menu</h2>
    </nav>
  </header>
  <hr>
  <main>
    <aside>
      <h2>Sub Menu</h2>
    </aside>
    <hr>
    <section>
      <h2>Main content</h2>
```

```
        </section>
    </main>
    <hr>
    <footer>
       <h2>Footer</h2>
       <address>
       </address>
    </footer>
 </div>
```

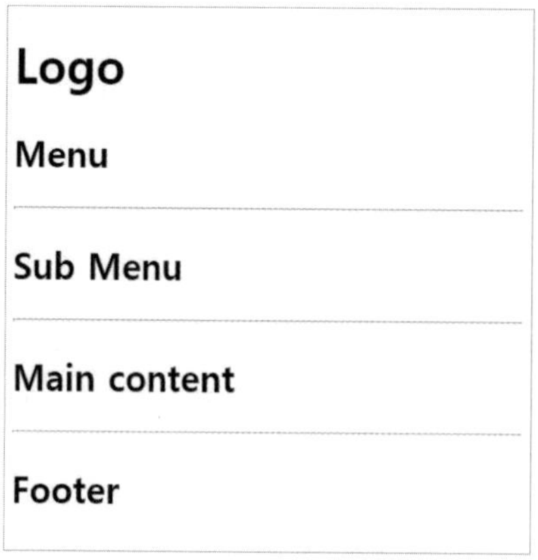

Logo

Menu

Sub Menu

Main content

Footer

[그림 1-45] 내용 구분선 hr

6-5 정형화된 텍스트

HTML 태그를 작성할 때 공백이나 들여쓰기 하는 부분은 브라우저에 반영이 되지 않습니다. 아래와 같이 새 문서 10.pre.html을 생성하고 브라우저 화면을 확인해보겠습니다.

코드 1-48 PART_1/예제/A/10.pre.html

```
<!DOCTYPE html>
<html lang="ko">

<head>
   <meta charset="UTF-8">
   <title>정형화된 텍스트</title>
</head>

<body>
```

```
<h1>정형화된 텍스트</h1>
<p>
    Lorem ipsum dolor sit amet consectetur adipisicing elit. Esse accusantium
quisquam cupiditate velit commodi aliquid praesentium dolor consequuntur,
itaque aut repudiandae amet repellat, quia dolores enim deserunt,
laborum ipsam sit!
    </p>
</body>

</html>
```

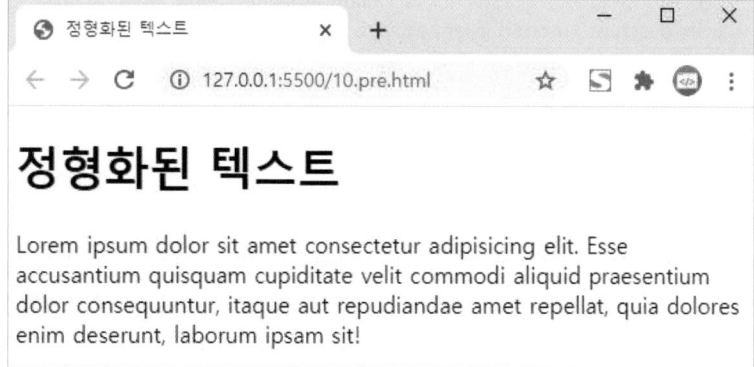

[그림 1-46] 정형화된 텍스트

브라우저를 확인하면 제목과 설명이 이상 없이 출력되고 있습니다. 다시 다음과 같이 제목의 글자 간격을 추가하고 문단에서 Enter를 입력하고 스페이스를 이용하여 글자 사이의 간격도 추가해보겠습니다.

코드 1-49 PART_1/예제/A/10.pre.html

```
중략…

<body>
    <h1>정형화된 텍스트</h1>
    <p>
        Lorem ipsum dolor sit amet

        consectetur adipisicing elit.

        Esse accusantium quisquam cupiditate velit commodi aliquid
praesentium dolor consequuntur, itaque aut repudiandae amet repellat,
quia dolores enim deserunt, laborum ipsam sit!
```

```
      </p>
  </body>
중략…
```

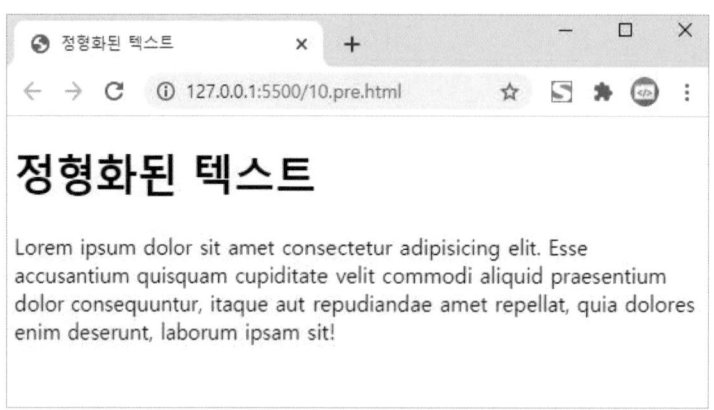

[그림 1-47] 변화가 없는 브라우저 화면

브라우저 화면을 확인해보면 스페이스와 엔터를 입력하기 전과 동일한 화면으로 나오고 있습니다. 이렇듯 HTML에서는 스페이스 하나 이상의 공간은 모두 무시하고 표현을 합니다. 하지만 상황에 따라서는 스페이스와 엔터로 작성한 내용이 그대로 표현되어야 하는 경우도 있습니다. 다시 코드를 다음과 같이 pre 태그로 변경하고 브라우저 화면을 확인해봅니다.

코드 1-50 PART_1/예제/A/10.pre.html

```
중략…
<body>
  <h1>정형화된 텍스트</h1>
  <pre>
      Lorem ipsum dolor sit amet

      consectetur adipisicing elit.

      Esse accusantium quisquam cupiditate velit commodi aliquid praesentium
dolor consequuntur, itaque aut repudiandae amet repellat, quia dolores enim
deserunt, laborum ipsam sit!
  </pre>
</body>

중략…
```

[그림 1-48] 공간을 그대로 표현하는 pre

다음과 같이 코드가 그대로 화면에 출력하고자 할 때는 pre 태그와 code 태그를 사용합니다. 그리고 code 태그 안에서 부등호 표시를 표시할 때 엔터키 코드인 <와 >를 사용해야 합니다.

〈	<	less than
〉	>	greater than

[표 1-15] 부등호 표시할 때 코드

코드 1-51 PART _1/예제/A/10.pre.html

```
중략…
<body>
중략…
  <pre>
    <code>
      &lt;script src="" &gt;&lt;script&gt;
    </code>
  </pre>

</body>

중략…
```

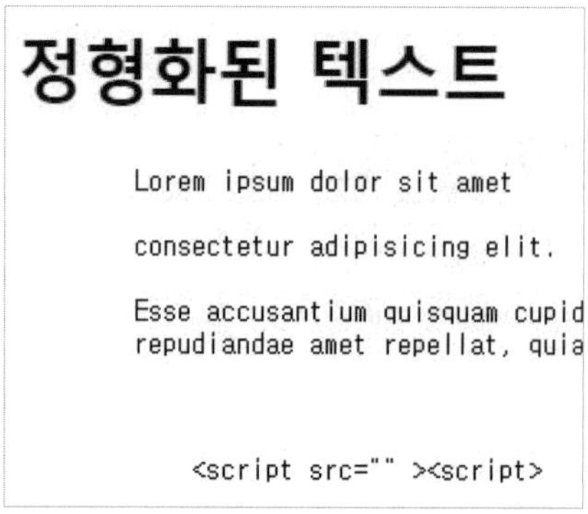

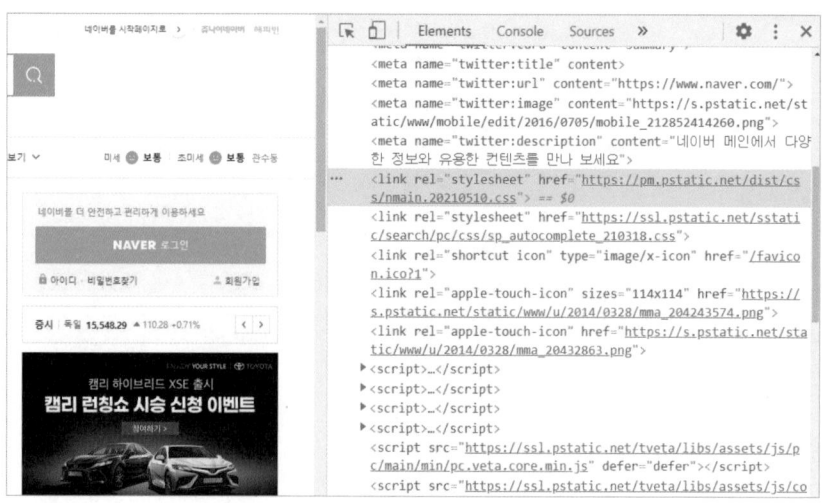

정형화된 텍스트

Lorem ipsum dolor sit amet

consectetur adipisicing elit.

Esse accusantium quisquam cupid
repudiandae amet repellat, quia

<script src="" ><script>

[그림 1-49] 코드를 그대로 보여주는 code 태그

7. 목록을 표현하는 요소

HTML에서 단연코 가장 많은 빈도로 사용하게 되는 태그는 리스트, 목록 태그입니다. 네이버에 접속후 네이버 화면의 스타일을 설정하는 CSS를 임시로 삭제해보면 네이버에서 사용하고 있는 태그의 실체를 살펴볼 수 있습니다.

네이버에서 F12를 눌러 개발자 도구를 열고 element 부분에서 head와 head 태그 사이에서 최근 날짜가 반영되어있는 nmain으로 시작하는 CSS를 찾습니다. 해당 위치에서 마우스 우클릭 후 Delete element를 클릭하여 임시로 스타일시트 CSS 파일 로드하는 코드를 삭제합니다.

[그림 1-50] 네이버의 스타일시트 찾기

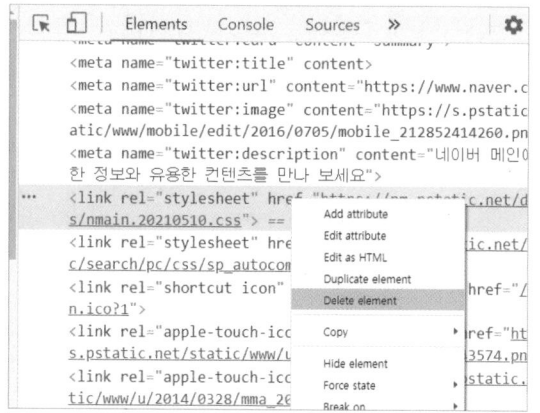

[그림 1-51] 네이버의 스타일시트 삭제하기

[그림 1-52] 스타일시트가 삭제된 네이버 화면

브라우저를 확인하면 [그림 1-52]와 같이 검은색 동그라미 목록 표시가 있는 부분이 굉장히 많은 것을 볼 수 있습니다. 지면상 일부만 그림으로 표현했지만 여러분의 화면을 보면 아래로 목록이 많은 것을 확인할 수 있을 것입니다. 동그라미 목록 표시와 숫자 부분이 모두 리스트 태그로 구현된 부분입니다.

리스트 태그에는 크게 3가지가 있습니다. 각 태그들의 쓰임새를 살펴보도록 하겠습니다. 리스트는 다양하게 활용되고 대부분 비슷한 중요도를 가지는 요소들이 나열된다고 하면 리스트 태그로 작성하면 됩니다.

새 문서를 만들고 이름을 11.list.html로 저장합니다.

```
<!DOCTYPE html>
<html lang="ko">

<head>
   <meta charset="UTF-8">
   <title>목록 태그</title>
</head>

<body>
   <h1>목록 태그</h1>

</body>

</html>
```

7-1 비순차 목록 (Unordered List)

비순차 목록은 순서가 매겨지지 않는 리스트를 말합니다. 조금 전에 네이버에서 CSS를 삭제했을 때 가장 많이 보였던 태그입니다. 아래와 같이 태그를 작성하고 브라우저 화면을 확인해보겠습니다.

코드 1-53 PART _ 1/예제/A/11.list.html

```
중략…
<body>
   <h1>목록 태그</h1>
   <h2>Unordered List</h2>
   <ul>
     <li>List item</li>
     <li>List item</li>
     <li>List item</li>
     <li>List item</li>
   </ul>
</body>

중략…
```

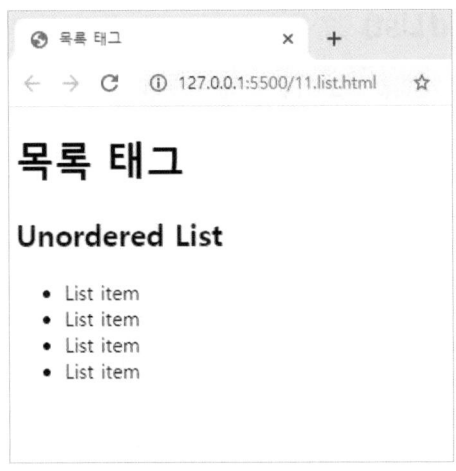

[그림 1-53] 비순차 목록 태그 ul

태그를 작성하면 화면과 같이 목록이 생성되고 목록 앞에는 검은색 점 목록 표시(bullet)가 있는 것을 확인할 수 있습니다. 코드 1-53 을 작성할 때 다음과 같이 단축키를 사용하면 더욱 쉽게 태그를 작성할 수 있습니다. VS Code에는 기본적으로 Emmet이라는 단축키 프로그램이 내장되어 있어 빠르게 코드를 완성할 수 있게 됩니다.

다음 표에서 단축키와 똑같이 입력 후 Tab⇥ 키를 누르면 코드가 자동으로 생성됩니다.

단축키	생성된 코드
ul>li*4	``` <ul> <li></li> <li></li> <li></li> <li></li> </ul> ```

[표 1-16] VS Code Emmet 약어 표기법

이때 마지막 글자 4를 입력했을 때 [그림 1-54]와 같이 Emmet Abbreviation이라는 문구가 나올 때 탭 키를 누르면 코드가 생성됩니다.

[그림 1-54] VS Code Emmet 단축키

7-2 순차 목록 (Ordered List)

순차 목록은 순서에 의미가 있는 요소들을 나열할 때 사용하게 됩니다. 앞서 작성했던 문서에 이어서 작성하겠습니다. 〈ol〉 태그를 이용하여 작성합니다. 화면을 확인하면 ul 태그와 달리 목록 앞에 숫자가 표시되는 것을 확인할 수 있습니다.

코드 1-53 　PART_1/예제/A/11.list.html

```
중략..
  <h2>Ordered list</h2>
  <ol>
    <li>List item</li>
    <li>List item</li>
    <li>List item</li>
    <li>List item</li>
  </ol>

중략..
```

[그림 1-55] 순차 목록 태그 ol

7-3 정의 목록 (Definition list)

정의 목록은 용어의 정의와 그 용어에 대한 설명을 리스트 형식으로 기술할 때 사용합니다. 아래와 같이 작성하고 화면을 확인해봅니다.

코드 1-55 PART_1/예제/A/11.list.html

```
중략…
    <h2>Definition List</h2>
    <dl>
        <dt>Definition term</dt>
        <dd>Definition description</dd>
        <dd>Definition description</dd>
        <dd>Definition description</dd>
    </dl>
중략…
```

Definition List

Definition term
    Definition description
    Definition description
    Definition description

[그림 1-56] 정의 목록 태그 dl

정의 목록은 목록 중 제목의 성격이 있는 것을 dt 태그에 작성하고 그 설명을 dd 태그로 작성합니다. 정의 목록을 가장 잘 활용한 사례는 다음 사이트에 있습니다. daum.net 에 접속하고 [그림 1-57]과 같이 더보기를 클릭하여 메뉴를 펼쳐봅니다.

카페 메일 뉴스 지도 증권 쇼핑 카카오TV 웹툰 블로그 브런치 사전 게임 같이가치 더보기 ∧
커뮤니케이션 **미디어** **쇼핑/생활** **문화/엔터** **사전/지식** **지도**

커뮤니케이션	미디어	쇼핑/생활	문화/엔터	사전/지식	지도
메일	뉴스	쇼핑하우	멜론	어학사전	검색
카페	스포츠	금융	영화	번역	길찾기
블로그	연예	부동산	다음웹툰	단어장	로드뷰
티스토리		자동차	카카오TV	백과사전	버스정보
브런치		카카오헤어샵			지하철노선도
아지트					
카카오스토리			**소셜임팩트**	**게임 >**	**카카오 소식 >**
			같이가치	배틀그라운드	카카오 AI
			메이커스	패스 오브 엑자일	
			프로젝트100		

서비스 전체보기 ›   닫기

[그림 1-57] 다음 메뉴 – 더보기

그리고 커뮤니케이션 부분에서 마우스 우클릭 후 element 부분에서 HTML 태그를 확인해봅니다. 그러면 아래 그림과 같이 해당 부분이 dl 정의 목록 태그로 작성된 것을 볼 수 있습니다.

[그림 1-58] dl 정의 목록 태그로 구현된 메뉴

◀ 혼자 정리하는 웹 퍼블리싱 ▶

리스트 태그 주의점

ul, ol, dt 태그의 자식 요소로 li, dt, dd 태그 외에 다른 태그가 올 수 없습니다. 잘못 작성한 예를 살펴 보겠습니다. 이 부분은 HTML 태그를 처음 접하는 분들이 많이 하는 실수입니다.

제목의 잘못된 예시

```
<ul>
  <h3>title</h3>
  <li>List item</li>
  <li>List item</li>
  <li>List item</li>
</ul>
```

ul의 첫 번째 자식 요소로는 li 태그만 가능합니다.

제목의 올바른 예시

```
<h3>title</h3>
<ul>
  <li>List item</li>
  <li>List item</li>
  <li>List item</li>
</ul>
```

리스트의 전체 제목이라면 ul 태그 이전에 작성합니다.

```
<ul>
   <li><h3>title</h3></li>
   <li>List item</li>
   <li>List item</li>
</ul>
```

li 목록 태그의 자식 요소로는 제목 태그 및 다양한 태그가 올 수 있습니다.

정의 목록 사용시에도 주의할 사항이 있습니다. 잘못된 예시를 보겠습니다.

정의 목록의 잘못된 예시

```
<dl>
   <h3>title</h3>
   <dt>Definition term</dt>
   <dd>Definition description</dd>
   <dd>Definition description</dd>
   <dd>Definition description</dd>
</dl>
```

dl 태그의 첫 번째 자식으로 다른 dt, dl 태그 외에 다른 태그가 올 수 없습니다.

정의 목록의 잘못된 예시

```
<dl>
   <dt>Definition term</dt>
   <dt>Definition term</dt>
   <dt>Definition term</dt>
   <dd>Definition description</dd>
</dl>
```

제목 성격의 dt 태그가 설명 성격의 dd 태그 보다 많을 수 없습니다. 즉, 용어는 3개인데 그 설명을 1개만 작성하여 설명이 부족한 상태입니다.

정의 목록의 올바른 예시

```
<h3>title</h3>
<dl>
   <dt>Definition term</dt>
   <dd>Definition description</dd>
   <dt>Definition term</dt>
   <dd>Definition description</dd>
   <dt>Definition term</dt>
   <dd>Definition description</dd>
</dl>
```

용어명 dt, 설명 dd가 하나의 세트로 반복되는 코드도 올바르게 작성한 예시입니다.

7-4 서브 메뉴 구조

목록 태그가 가장 많이 사용되는 부분이 사이트의 주 메뉴를 기술할 때입니다. 메뉴에 마우스를 올렸을 때 [그림 1-59]와 같이 서브 메뉴가 나타나도록 해야 한다면 HTML에서 목록 태그를 어떻게 작성하는 지 알아보겠습니다.

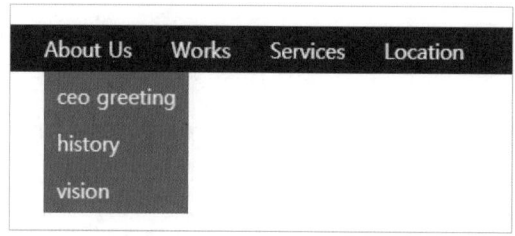

[그림 1-59] 서브 메뉴 구조작성하기

우선 1 depth 메뉴를 작성해야 합니다. 메뉴 구조에서 마우스 올리기 전에 보이는 주 메뉴를 1 depth 메뉴라고 부릅니다. 해당 메뉴에서 한 칸씩 하위 메뉴로 내려가면 2 depth, 3 depth식으로 명명합니다.

코드 1-56 PART_1/예제/A/11.list.html

```
<ul>
  <li>About us</li>
  <li>Works</li>
  <li>Services</li>
  <li>Location</li>
</ul>
```

Sub menu

- About us
- Works
- Services
- Location

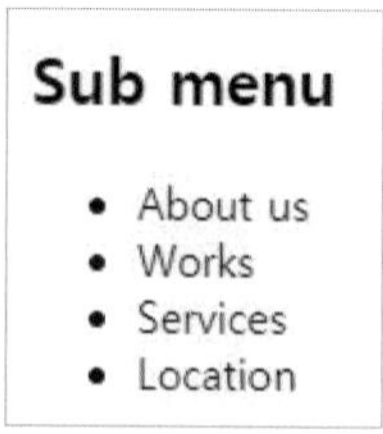

[그림 1-60] 1 depth 메뉴

마우스 올리기 전에 보여질 메뉴를 먼저 생성한 후에 About us의 서브 메뉴를 생성합니다. 이때 About us ⟨li⟩ 태그가 닫히기 전에 새로운 리스트를 생성해야 한다는 것이 중요합니다.

```html
<ul>
  <li>About us
    <ul>
      <li>ceo greeting</li>
      <li>history</li>
      <li>vision</li>
    </ul>
  </li>
  <li>Works</li>
  <li>Services</li>
  <li>Location</li>
</ul>
```

Sub menu

- About us
    - ceo greeting
    - history
    - vision
- Works
- Services
- Location

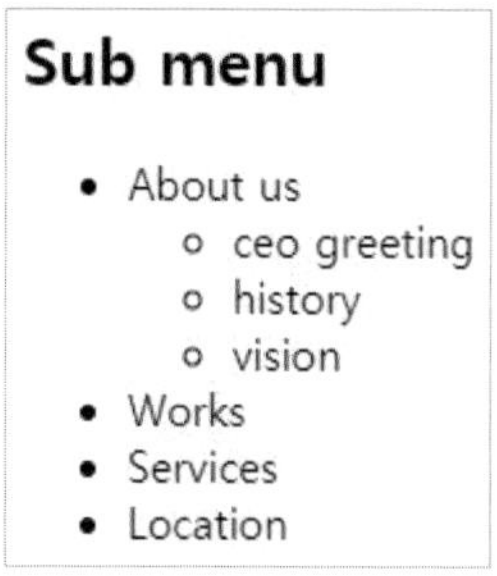

[그림 1-61] 2 depth 서브 메뉴

작성하고 브라우저를 확인하면 화면과 같이 About us의 하위 메뉴로 새로운 메뉴가 생성된 것을 확인할 수 있습니다. 이런 구조로 목록 태그가 작성되어 있어야 이후 CSS에서 서브 메뉴를 안보이도록 했다가 1 depth 메뉴에 마우스를 올렸을 때 그 자식 요소로 있는 서브 메뉴를 보이도록 할 수 있습니다.

8. 표를 만드는 테이블 요소

표를 생성하는 테이블 태그에 대해 학습해 보겠습니다. 약 15년전만 하더라도 웹페이지의 큰 레이아웃을 구성할 때 테이블 태그를 사용하던 시절이 있었습니다. 지금은 홈페이지 레이아웃을 div, 또는 HTML5의 시맨틱 태그를 사용해서 작성하고 있습니다. 테이블은 말그대로 표입니다. 일정표, 달력, 차트 등에 사용해야하고 게시판이나 복잡한 폼 양식에서도 사용합니다.

그러면 테이블 태그를 작성해보겠습니다.

8-1 기본 테이블 작성하기

새 문서 12.table.html를 생성하고 코드 1-58 과 같이 기본적인 코드를 작성합니다.

코드 1-58 PART_1/예제/A/12.table.html

```
<!DOCTYPE html>
<html lang="ko">

<head>
    <meta charset="UTF-8">
    <title>테이블 태그</title>
</head>

<body>
    <h1>테이블 태그</h1>

</body>
</html>
```

테이블 태그를 사용하여 다음 그림과 같은 표를 생성해보겠습니다.

구분	제목 1	제목 2	제목 3
1	data11	data12	data13
2	data21	data22	data23
3	data31	data32	data33
4	data41	data42	data43
합계	total1	total2	total3

[그림 1-62] 구현할 테이블의 모습

단계별로 작성하겠습니다. 테이블은 〈table〉 태그로 시작합니다.

코드 1-59 **PART _ 1/예제/A/12.table.html**

```
<table>
</table>
```

표 작성은 가로 행 단위로 작성합니다. 가로 행을 생성하는 태그는 tr(table row)입니다. tr 태그를 생성합니다.

구분	제목 1	제목 2	제목 3
1	data11	data12	data13
2	data21	data22	data23
3	data31	data32	data33
4	data41	data42	data43
합계	total1	total2	total3

[그림 1-63] 가로행 단위

우선 해당 표에서 어느 부분이 표의 머리, 몸통, 발 부분인지 구분해보겠습니다. 표의 머리는 〈thead〉태그를 사용합니다. 〈thead〉 태그를 사용하여 첫 번째 〈tr〉 태그를 묶어줍니다.

코드 1-60 **PART _ 1/예제/A/12.table.html**

```
중략…
  <h1>테이블 태그</h1>
  <table>
    <thead>
      <tr>
        <td>구분</td>
        <td>제목 1</td>
        <td>제목 2</td>
        <td>제목 3</td>
      </tr>
    </thead>
    <tr>
      <td>1</td>
      <td>data11</td>
      <td>data12</td>
      <td>data13</td>
    </tr>
    <tr>
```

```
      <td>2</td>
      <td>data21</td>
      <td>data22</td>
      <td>data23</td>
    </tr>
    <tr>
      <td>3</td>
      <td>data31</td>
      <td>data32</td>
      <td>data33</td>
    </tr>
    <tr>
      <td>4</td>
      <td>data41</td>
      <td>data42</td>
      <td>data43</td>
    </tr>
    <tr>
      <td>합계</td>
      <td>total1</td>
      <td>total2</td>
      <td>total3</td>
    </tr>
```

중략...

8-2 제목 방향 설정

이제 thead 태그 안의 td들은 단순한 표의 데이터가 아니라 이 표에서 머리를 담당하고 제목의 성격을
가지고 있습니다. 그래서 td 태그를 th(table heading)로 변경합니다.

코드 1-61 PART_1/예제/A/12.table.html

```
중략...
  <table>
    <thead>
      <tr>
        <th>구분</th>
        <th>제목 1</th>
```

```
            <th>제목 2</th>
            <th>제목 3</th>
        </tr>
    </thead>

중략…
```

구분	제목 1	제목 2	제목 3
1	data11	data11	data11
2	data21	data21	data21
3	data31	data31	data31
4	data41	data41	data41
합계	total1	total2	total3

[그림 1-64] th 태그의 화면

브라우저 화면을 확인하면 첫 번째 행의 글자들이 두껍게 나오고 해당 칸에서 가운데 정렬되어 있는 것을 확인할 수 있습니다. th 한 칸도 테두리가 적용되도록 head 태그의 style에서 다음과 같이 th 태그도 추가합니다.

코드 1-62 PART _ 1/예제/A/12.table.html

```
중략…
    <style>
        table,
        td,
        th {
            border: 1px solid #000;
            border-collapse: collapse;
        }
    </style>

중략…
```

구분	제목 1	제목 2	제목 3
1	data11	data11	data11
2	data21	data21	data21
3	data31	data31	data31
4	data41	data41	data41
합계	total1	total2	total3

[그림 1-65] th 태그의 스타일 설정

다음으로 표의 몸통을 구분하여 ⟨tbody⟩ 태그를 묶어줍니다. 몸통 부분은 두 번째 행부터 다섯 번째 행까지입니다.

구분	제목 1	제목 2	제목 3
1	data11	data12	data13
2	data21	data22	data23
3	data31	data32	data33
4	data41	data42	data43
합계	total1	total2	total3

[그림 1-66] 테이블의 몸통 부분

코드 1-63 PART_1/예제/A/12.table.html

```html
<table>
  <thead>
    <tr>
      <th>구분</th>
      <th>제목 1</th>
      <th>제목 2</th>
      <th>제목 3</th>
    </tr>
  </thead>
  <tbody>
    <tr>
      <td>1</td>
      <td>data11</td>
      <td>data12</td>
      <td>data13</td>
    </tr>
    <tr>
      <td>2</td>
      <td>data21</td>
      <td>data22</td>
      <td>data23</td>
    </tr>
    <tr>
      <td>3</td>
      <td>data31</td>
      <td>data32</td>
      <td>data33</td>
    </tr>
```

```
      <tr>
        <td>4</td>
        <td>data41</td>
        <td>data42</td>
        <td>data43</td>
      </tr>
    </tbody>
      <tr>
        <td>합계</td>
        <td>total1</td>
        <td>total2</td>
        <td>total3</td>
      </tr>

  </table>
```

다음으로 표의 발 부분을 〈tfoot〉 태그로 감싸줍니다.

코드 1-64 **PART_1/예제/A/12.table.html**

```
 중략…
        <td>4</td>
        <td>data41</td>
        <td>data41</td>
        <td>data41</td>
      </tr>
    </tbody>
    <tfoot>
      <tr>
        <td>합계</td>
        <td>total1</td>
        <td>total2</td>
        <td>total3</td>
      </tr>
    </tfoot>

 중략…
```

현재까지의 테이블 코드와 브라우저 화면을 확인하겠습니다.

```html
<table>
  <thead>
    <tr>
      <th>구분</th>
      <th>제목 1</th>
      <th>제목 2</th>
      <th>제목 3</th>
    </tr>
  </thead>
  <tbody>
    <tr>
      <td>1</td>
      <td>data11</td>
      <td>data12</td>
      <td>data13</td>
    </tr>
    <tr>
      <td>2</td>
      <td>data21</td>
      <td>data21</td>
      <td>data21</td>
    </tr>
    <tr>
      <td>3</td>
      <td>data31</td>
      <td>data31</td>
      <td>data31</td>
    </tr>
    <tr>
      <td>4</td>
      <td>data41</td>
      <td>data41</td>
      <td>data41</td>
    </tr>
  </tbody>
  <tfoot>
    <tr>
      <td>합계</td>
      <td>total1</td>
```

```
            <td>total2</td>
            <td>total3</td>
        </tr>
    </tfoot>
</table>
```

구분	제목 1	제목 2	제목 3
1	data11	data12	data13
2	data21	data21	data21
3	data31	data31	data31
4	data41	data41	data41
합계	total1	total2	total3

[그림 1-67] 현재 테이블 화면

다시 처음에 예상했던 표와 비교해보겠습니다. 테이블의 가장 왼쪽 열을 확인하면 예상 테이블은 글씨체 볼드와 가운데 정렬이 되어 있습니다. 즉, 테이블 상단 첫 번째 행의 내용과 같이 제목처럼 나타나고 있습니다. 하지만 현재 테이블 화면은 일반 데이터와 같은 모양을 보여주고 있습니다

구분	제목 1	제목 2	제목 3
1	data11	data12	data13
2	data21	data22	data23
3	data31	data32	data33
4	data41	data42	data43
합계	total1	total2	total3

[그림 1-68] 예상 테이블 모양

구분	제목 1	제목 2	제목 3
1	data11	data12	data13
2	data21	data21	data21
3	data31	data31	data31
4	data41	data41	data41
합계	total1	total2	total3

[그림 1-69] 현재 테이블 화면

구분	제목 1	제목 2	제목 3
1	data11	data12	data13
2	data21	data21	data21
3	data31	data31	data31
4	data41	data41	data41
합계	total1	total2	total3

[그림 1-70] th로 변경 해야 할 셀

각 행의 첫 번째 칸은 제목으로 변경하기 위해 tbody 태그와 tfoot 태그의 자식 요소 tr 태그의 첫 번째 td를 모두 th 태그로 변경합니다.

```
중략…
    <tbody>
      <tr>
        <th>1</th>
        <td>data11</td>
        <td>data12</td>
        <td>data13</td>
      </tr>
      <tr>
        <th>2</th>
        <td>data21</td>
        <td>data21</td>
        <td>data21</td>
      </tr>
      <tr>
        <th>3</th>
        <td>data31</td>
        <td>data31</td>
        <td>data31</td>
      </tr>
      <tr>
        <th>4</th>
        <td>data41</td>
        <td>data41</td>
        <td>data41</td>
      </tr>
    </tbody>
    <tfoot>
      <tr>
        <th>합계</th>
        <td>total1</td>
        <td>total2</td>
        <td>total3</td>
      </tr>
    </tfoot>
  </table>
중략…
```

브라우저에서 확인하면 [그림 1-71]과 같이 이제 제목과 같은 형식으로 나타나는 것을 볼 수 있습니다.

구분	제목 1	제목 2	제목 3
1	data11	data12	data13
2	data21	data21	data21
3	data31	data31	data31
4	data41	data41	data41
합계	total1	total2	total3

[그림 1-71] th로 변경 후 화면

제목의 성격이 있는 칸은 th를 사용했습니다. 이제 th 태그가 어느 방향의 제목을 대표하는지 표시해야 합니다. 방향은 scope라는 속성의 값으로 지정합니다. 방향이 가로면 row, 세로면 col을 입력합니다. 첫 번째 행부터 작성하겠습니다. 첫 번째 행의 th는 세로 줄을 대표하는 제목들입니다. 〈thead〉 안의 th에는 scope="col"을 입력합니다.

구분	제목 1	제목 2	제목 3
1	data11	data12	data13
2	data21	data22	data23
3	data31	data32	data33
4	data41	data42	data43
합계	total1	total2	total3

[그림 1-72] 제목의 방향 설정하기

코드 1-67 PART_1/예제/A/12.table.html

```
중략…
    <thead>
      <tr>
        <th scope="col">구분</th>
        <th scope="col">제목 1</th>
        <th scope="col">제목 2</th>
        <th scope="col">제목 3</th>
      </tr>
    </thead>
중략…
```

그리고 각 행의 가장 왼쪽 열은 각 행의 제목이며 가로줄을 대표하기 때문에 scope 속성의 값을 row로 입력합니다.

```
중략…
    <tbody>
      <tr>
        <th scope="row">1</th>
        <td>data11</td>
        <td>data12</td>
        <td>data13</td>
      </tr>
      <tr>
        <th scope="row">2</th>
        <td>data21</td>
        <td>data21</td>
        <td>data21</td>
      </tr>
      <tr>
        <th scope="row">3</th>
        <td>data31</td>
        <td>data31</td>
        <td>data31</td>
      </tr>
      <tr>
        <th scope="row">4</th>
        <td>data41</td>
        <td>data41</td>
        <td>data41</td>
      </tr>
    </tbody>
    <tfoot>
      <tr>
        <th scope="row">합계</th>
        <td>total1</td>
        <td>total2</td>
        <td>total3</td>
      </tr>
    </tfoot>
  </table>
중략…
```

모두 완료하고 브라우저 화면을 확인하면 제목의 방향을 설정하기 전과 다르게 표현되는 것은 없습니다. 다만 처음에 작성했던 표보다 훨씬 의미에 맞도록 작성되어 검색에 유리한 표가 되었습니다.

8-3 테이블 설명 추가

테이블의 설명을 추가하겠습니다. 표의 제목과 설명을 추가하려면 caption 태그를 사용합니다. 아래 코드와 같이 작성합니다. 이때 주의점은 caption 태그는 반드시 table 태그 바로 밑 자식 요소로 작성해야 한다는 것입니다. caption 태그도 그룹화 요소로서 해당 태그의 자식 요소로 다양한 태그가 올 수 있습니다. 이번 예제에서는 제목과 설명을 추가했습니다.

코드 1-69 PART_1/예제/A/12.table.html

```
<h1>테이블 태그</h1>
<table>
  <caption>
    <h2>테이블 제목</h2>
    <p>테이블 설명을 기술합니다. </p>
  </caption>
  <thead>
중략…
```

브라우저 화면을 확인하면 [그림 1-73]과 같이 기본적으로 가운데 정렬되어 표시됩니다.

[그림 1-73] 테이블의 caption

8-4 테이블 셀의 병합

테이블의 셀을 가로 또는 세로로 합쳐보도록 하겠습니다. 실행을 해보면 [그림 1-74]와 같은 화면을 보게됩니다.

구분	제목 1	제목 2	제목 3
1	data11	data12	
2	data21		data23
3	data31	data22	data33
4	data41		data43
합계	total1	total2	total3

[그림 1-74] 셀 병합 예시화면

첫 번째 행에서 세 번째 셀과 네 번째 셀을 합쳐 보겠습니다. 그렇게 하려면 세 번째 셀의 data12가 두 셀을 사용하고 네 번째 값을 제거해야 합니다. 가로 방향의 컬럼을 합칠 때는 rowspan 속성의 값을 지정합니다. colspan="2" 라고 입력하면 컬럼 2셀을 사용한다는 것입니다. data12의 td 태그에 속성을 추가하고 브라우저 화면을 확인합니다.

코드 1-70 PART_1/예제/A/12.table.html

```
중략…
<tr>
  <th scope="row">1</th>
  <td>data11</td>
  <td colspan="2">data12</td>
</tr>
중략…
```

구분	제목 1	제목 2	제목 3
1	data11	data12	
2	data21	data22	data23
3	data31	data32	data33
4	data41	data42	data43
합계	total1	total2	total3

[그림 1-75] 가로 컬럼 병합

다음으로 세로 칸을 합쳐 보도록 하겠습니다. [그림 1-75]에서 data22가 세로 행을 3칸을 사용해야 합니다. data22칸에서 rowspan="3" 을 추가합니다. 이때 3번행과 4번행의 data32, data42칸은 제거해야 표가 틀어지지 않습니다.

```
중략…
    <tbody>
      <tr>
        <th scope="row">1</th>
        <td>data11</td>
        <td colspan="2">data12</td>
      </tr>
      <tr>
        <th scope="row">2</th>
        <td>data21</td>
        <td rowspan="3">data22</td>
        <td>data23</td>
      </tr>
      <tr>
        <th scope="row">3</th>
        <td>data31</td>
        <td>data33</td>
      </tr>
      <tr>
        <th scope="row">4</th>
        <td>data41</td>
        <td>data43</td>
      </tr>
    </tbody>
중략…
```

구분	제목 1	제목 2	제목 3
1	data11	data12	
2	data21		data23
3	data31	data22	data33
4	data41		data43
합계	total1	total2	total3

[그림 1-76] 가로 컬럼 병합 화면

9. 앵커(Anchor)의 표현

HTML 태그에서 중요한 부분 중 하나가 바로 앵커(anchor) 태그입니다. anchor 태그는 〈a〉 태그로 작성하고 페이지에서 링크를 표현할 때 사용합니다. 〈a〉 태그에 링크를 적용하려면 href이라는 속성을 추가해야 합니다. href는 hypertext reference의 약자로 풀어서 설명하면 링크의 참조를 말하는 것으로 즉 링크를 어디로 적용할지 경로를 적게 됩니다. 〈a〉 태그를 제대로 작성하려면 타겟 파일의 경로를 정확히 입력해야 합니다. 경로는 크게 절대 경로와 상대 경로로 구분하여 작성할 수 있습니다.

9-1 절대 경로

절대 경로는 말그대로 절대 변하지 않는 경로라고 기억하면 쉽습니다. 또한 반드시 http:// 또는 https:// 로 주소가 시작합니다. 우선 링크의 기본을 확인하기 위해 간단한 예제를 만들겠습니다. 새 문서 13.anchor.html를 생성하고 다음 코드와 같이 작성합니다.

코드 1-72 　PART＿1/예제/A/13.anchor.html

```html
<!DOCTYPE html>
<html lang="ko">

<head>
    <meta charset="UTF-8">
    <title>앵커 태그</title>
</head>

<body>
    <h1>Anchor Tags</h1>

</body>

</html>
```

우선 절대 경로를 생성해보겠습니다. 코드 1-73 과 같이 작성해봅니다.

코드 1-73 　PART＿1/예제/A/13.anchor.html

```html
<body>
    <h1>Anchor Tags</h1>
    <a href="">네이버</a>
    <a href="">다음</a>
</body>
```

href 속성의 값으로 각각 네이버와 다음의 주소를 입력합니다.

코드 1-74 PART_1/예제/A/13.anchor.html

```
<body>
    <h1>Anchor Tags</h1>
    <a href="http://www.naver.com">네이버</a>
    <a href="http://www.daum.net">다음</a>
</body>
```

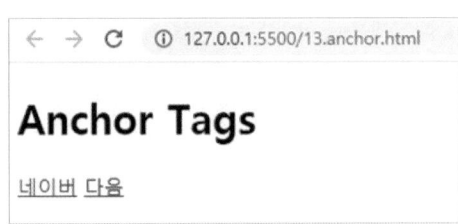

[그림 1-77] 절대 경로 화면

저장하고 브라우저 화면을 확인하면 파란색 밑줄로 링크로 표현되어 있습니다. 네이버, 다음 링크를 클릭하면 해당 페이지로 이동합니다. 해당 a 태그가 지금 작성하고 있는 html 뿐만 아니라 어느 페이지에서도 네이버와 다음 사이트로 이동하려면 주소를 반드시 http://로 시작하는 절대 경로를 입력해야 하는 것입니다.

9-2 상대 경로

현재 문서에서 링크를 적용하려는 상대 파일의 위치를 지정하는 것이 상대 경로입니다. 현재 문서 13.anchor.html 문서와 같은 폴더에 있는 12.table.html을 연결해보겠습니다. 같은 폴더에 있기 때문에 타겟 파일의 이름만 작성하면 링크가 적용됩니다.

코드 1-75 PART_1/예제/A/13.anchor.html

```
<a href="http://www.naver.com">네이버</a>
<a href="http://www.daum.net">다음</a>

<a href="12.table.html">테이블 사용법</a>
```

[그림 1-78] 상대경로 화면

[그림 1-78] 화면에서 링크를 클릭하면 타겟 페이지가 잘 열리고 있습니다. 그런데 자세히 보면 13.anchor.html 화면은 사라지고 타겟 페이지로 변경된 것을 볼 수 있습니다. 만약에 타겟 페이지가 새 탭으로 열리도록 하고 싶다면 a 태그에 target이라는 속성을 추가해야 합니다. 새 탭으로 열리는 타겟 속성의 값은 _blank 입니다.

코드 1-76 PART_1/예제/A/13.anchor.html

```
<a href="http://www.naver.com" target="_blank">네이버</a>
<a href="http://www.daum.net" target="_blank">다음</a>

<a href="12.table.html">테이블 사용법</a>
```

코드 1-76 과 같이 작성 후 브라우저 화면에서 네이버를 클릭해봅니다. 그러면 기존의 앵커 태그 페이지는 그대로 있고 새 탭으로 네이버 페이지가 열린 것을 확인할 수 있습니다.

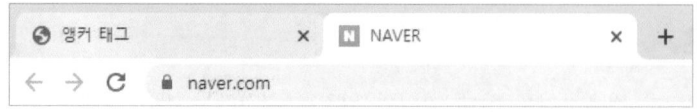

[그림 1-79] 새 탭으로 열리는 네이버

방금 작성한 **코드 1-76** 에서 추가로 확인할 부분은 테이블 사용법의 링크에서 새 탭으로 열리는 속성을 추가하지 않았다는 것입니다. 자신의 홈페이지에서 내부의 페이지로 링크를 지정할 때는 새 탭으로 지정하면 오히려 불편합니다. 외부의 페이지만 새 탭으로 열리도록 하여 새 탭을 닫아도 원래 보고 있던 홈페이지 탭을 볼 수 있도록 하는 것이 좋습니다.

target 값의 종류

값	설명
_self	기본값으로 현재 창에서 타겟 사이트를 오픈
_blank	타겟 사이트를 새 탭(창)으로 오픈
_parent	부모 프레임으로 오픈합니다. (페이지를 프레임으로 구분하여 구성하던 시절의 값입니다. 현재는 사용하지 않습니다.)
_top	가장 최상위 부모 창으로 오픈합니다. (페이지를 프레임으로 구분하여 구성하던 시절의 값입니다. 현재는 사용하지 않습니다.)
framename	지정한 iframe에서 타겟 페이지를 오픈합니다. (자주 사용하지 않습니다.)

9-3 경로 리뷰

실제 웹페이지와 유사한 구조의 샘플에서 각 페이지를 a 태그로 연결하면서 더 자세히 링크에 대해 학습하겠습니다. 다운로드한 샘플 파일에서 PART_1/예제/A/폴더의 anchor_ex_base 폴더를 확인합니다.

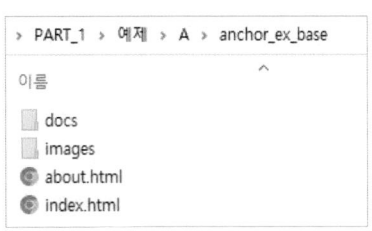

[그림 1-80] 링크 리뷰 예제 폴더

VS Code에서 폴더 열기로 anchor_ex_base 폴더를 오픈합니다. 물론 탐색기에서 anchor_ex_base 폴더에서 우클릭 후 Code(으)로 열기 해도 됩니다. 폴더 열기로 오픈을 해야 각 파일들의 경로를 확인하면서 링크 연결하기가 쉽습니다.

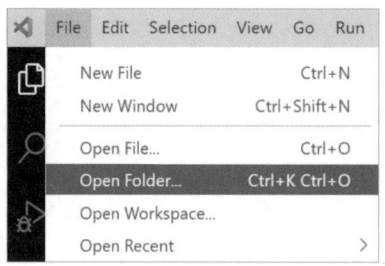

[그림 1-81] VS Code Open Folder

폴더로 오픈한 다음 index.html을 클릭합니다. 그러면 [그림 1-82] 화면과 같이 나타날 것입니다.

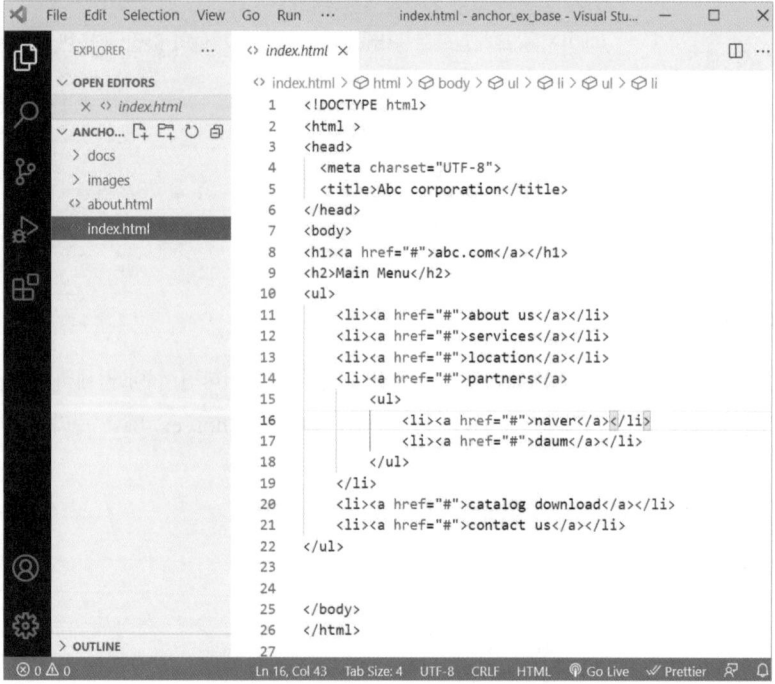

[그림 1-82] anchor_ex_base 예제 화면

ABC coporation이라는 가상의 홈페이지를 구성한 것입니다. 첫 페이지에는 로고와 각 페이지로 갈수 있는 링크가 생성되어 있습니다. 현재 index.html 화면에서 마우스 우클릭 후 Live Server로 오픈합니다.

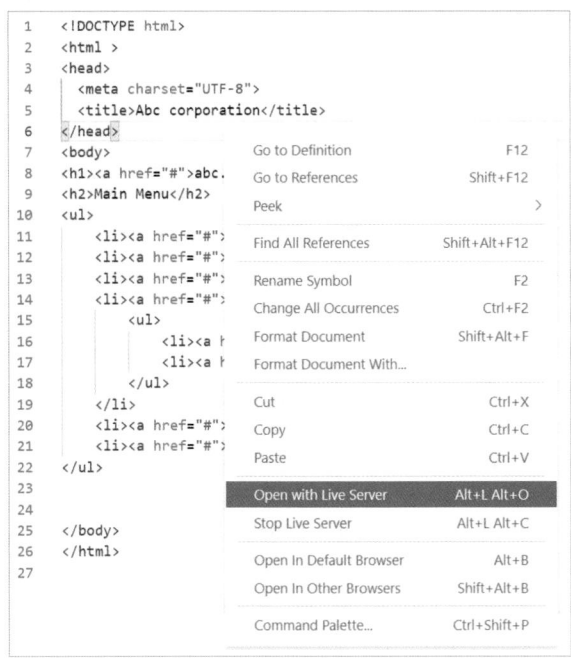

[그림 1-83] index.html 라이브 서버로 오픈하기

라이브 서버로 오픈하면 [그림 1-84]와 같이 목록으로 메뉴들이 나타나는 것을 확인할 수 있습니다.

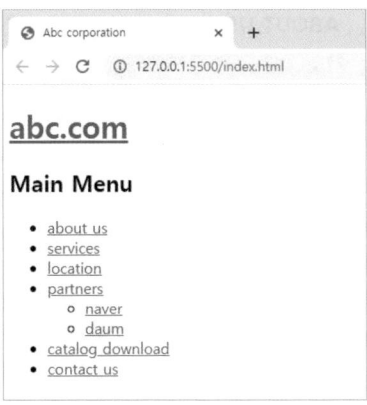

[그림 1-84] index.html 브라우저 화면

자 이제 index.html에서 각각의 파일로 링크를 적용해보도록 하겠습니다. index.html과 같은 폴더에 있는 about.html과 연결해보겠습니다. 같은 폴더에 있으면 연결하고자 하는 대상 파일의 이름을 적어주면 링크가 적용됩니다. VS Code에서 폴더 열기로 하면 [그림 1-85]와 같이 폴더 구조와 파일들을 확인할 수 있어 링크를 적용하기 편합니다. 그러면 about us가 있는 a 태그의 href 속성의 값으로 about.html을 입력합니다.

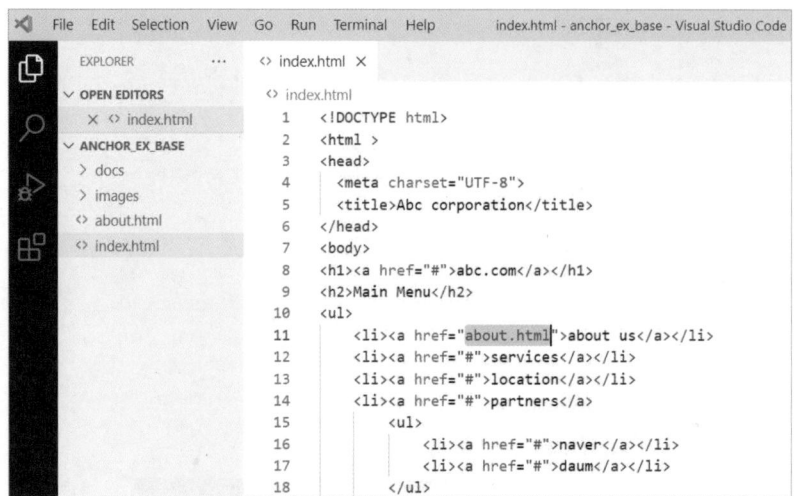

[그림 1-85] about.html 링크 작성하기

저장 후 브라우저에서 about us 링크를 클릭해봅니다. 그러면 about.html 페이지로 이동하게 됩니다.

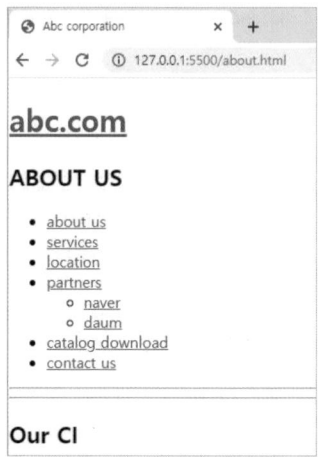

[그림 1-86] about 페이지로 연결되는 화면

이번에는 VS Code에서 about.html을 오픈합니다. about.html에서 상단의 로고 abc.com을 클릭하면 다시 index.html 페이지로 이동해야 합니다. about.html 로고 부분의 경로도 작성해야 합니다. 같은 폴더에 있으니 상대 파일의 이름을 적어줍니다.

```
중략…
<body>
    <h1><a href="index.html">abc.com</a></h1>
    <h2>ABOUT US</h2>
    <ul>
중략…
```

저장하고 브라우저 화면을 확인합니다. 이제 index.html에서 about us 링크를 클릭하면 about.html 페이지로 이동하고 about.html 페이지에서도 abc.com 로고를 클릭하면 다시 index.html 페이지로 이동합니다.

다시 index.html 페이지를 오픈합니다. 해당 페이지에서 services 페이지로 링크를 적용하겠습니다. 연결하려는 services.html 파일은 index.html이 있는 폴더에서 docs라는 폴더 안에 있습니다. 해당 파일로 링크를 적용하려면 docs 폴더로 들어가서 services.html을 찾아 연결해줘야합니다.

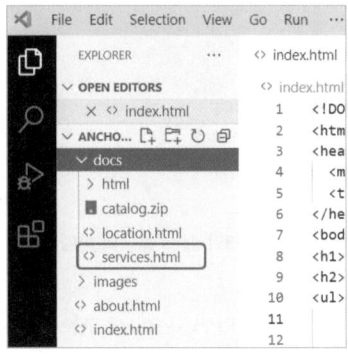

[그림 1-87] services 페이지 위치 확인

services 링크를 적용하기 위해 href의 속성으로 docs/services.html을 입력합니다.

```
중략…
    <ul>
        <li><a href="about.html">about us</a></li>
        <li><a href="docs/services.html">services</a></li>
        <li><a href="#">location</a></li>
        <li><a href="#">partners</a>
```

저장하고 index 페이지 화면에서 services 링크를 클릭합니다. 그러면 services 페이지로 이동합니다.

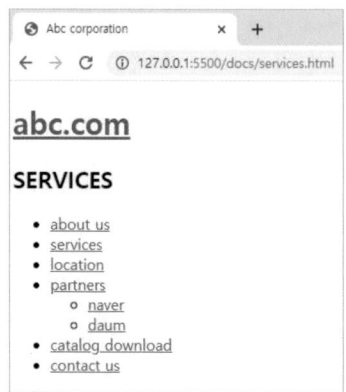

[그림 1-88] services 페이지 이동 확인

services.html 페이지에서도 로고 abc.com을 클릭하면 다시 index.html로 페이지가 이동해야 합니다. services.html 파일을 VS Code에서 오픈합니다. 현재 작성중인 services.html의 폴더에는 index.html이 없습니다.

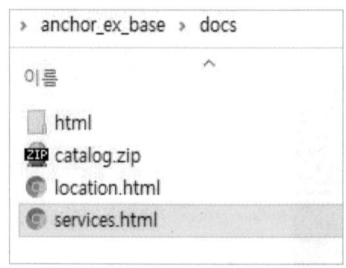

[그림 1-89] docs 폴더의 파일들

만약 다음 코드처럼 index.html이라고 입력한다면 services 페이지에서 로고를 클릭했을 때 페이지를 찾을 수 없다고 할 것입니다.

코드 1-79 **PART_1/예제/A/anchor _ ex _ base/services.html**

```
중략…
<h1><a href="index.html">abc.com</a></h1>
<h2>SERVICES</h2>
<ul>
중략…
```

지금 작성하고 있는 services.html에서 상위 폴더로 이동해야 index.html이 있기 때문에 주소를 ../index.html 이라고 입력해야 합니다. 이때 ../는 현재 파일에서 한 단계 상위 경로로 이동하는 것을 의미합니다.

코드 1-80 PART_1/예제/A/anchor_ex_base/services.html

```
중략…
<h1><a href="./index.html">abc.com</a></h1>
<h2>SERVICES</h2>
<ul>
중략…
```

저장 후 링크를 확인하면 각 페이지의 링크가 잘 적용되는 것을 확인할 수 있습니다. 이번에는 index.html에서 partners 페이지로 링크를 적용합니다. 폴더 구조를 보면 partners.html 파일은 docs 폴더의 html 폴더 안에 있습니다.

[그림 1-90] partners.html 위치 확인

다음과 같이 작성하고 링크를 확인합니다. index.html 페이지에서 partners.html 페이지로 링크를 작성했습니다.

코드 1-81 PART_1/예제/A/anchor_ex_base/index.html

```
중략…
  <h2>Main Menu</h2>
  <ul>
    <li><a href="about.html">about us</a></li>
    <li><a href="docs/services.html">services</a></li>
    <li><a href="#">location</a></li>
    <li><a href="docs/html/partners.html">partners</a>
      <ul>
        <li><a href="#">naver</a></li>
        <li><a href="#">daum</a></li>
      </ul>
    </li>
중략…
```

이제 partners.html에서 abc.com 로고를 클릭하면 다시 홈으로 이동해야 합니다. 상위 폴더 한 칸 올라가는 것이 ../ 였는데, partners.html에서 index.html이 있는 위치까지 가려면 상위로 두 번 올라가야 하기 때문에 코드 1-82 와 같이 작성합니다.

코드 1-82 **PART _ 1/예제/A/anchor _ ex _ base/partners.html**

```html
<body>
<h1><a href="../../index.html">abc.com</a></h1>
<h2>PARTNERS</h2>
<ul>
```

partners.html에도 네이버와 다음 링크가 있습니다. 여기에서도 해당 사이트로 링크를 적용한다면 절대경로로 입력하면 되겠습니다.

코드 1-83 **PART _ 1/예제/A/anchor _ ex _ base/partners.html**

```html
<h2>PARTNERS</h2>
<ul>
    <li><a href="#">about us</a></li>
    <li><a href="#">services</a></li>
    <li><a href="#">location</a></li>
    <li><a href="#">partners</a>
      <ul>
        <li><a href="http://www.naver.com">naver</a></li>
        <li><a href="http://www.daum.net">daum</a></li>
      </ul>
    </li>
```

이렇게 현 샘플에서도 네이버와 다음으로 링크를 적용할 때는 http://로 시작하는 절대경로로 작성하면 되는 것입니다.

9-4 그 외 링크

파일 다운로드

다시 index.html 페이지를 오픈합니다. catalog download 링크를 클릭하면 docs 폴더 안의 catalog.zip 파일이 다운로드 되도록 작성하겠습니다.

```html
<h2>Main Menu</h2>
<ul>
   <li><a href="about.html">about us</a></li>
   <li><a href="docs/services.html">services</a></li>
   <li><a href="#">location</a></li>
   <li><a href="docs/html/partners.html">partners</a>
      <ul>
         <li><a href="#">naver</a></li>
         <li><a href="#">daum</a></li>
      </ul>
   </li>
   <li><a href="docs/catalog.zip">catalog download</a></li>
   <li><a href="#">contact us</a></li>
</ul>
```

웹페이지에 링크를 적용하듯이 링크를 적용하고자 하는 상대 파일의 이름을 입력했습니다. 저장 후 브라우저에서 해당 링크를 클릭해봅니다. 그러면 [그림 1-91]과 같이 파일이 다운로드됩니다.

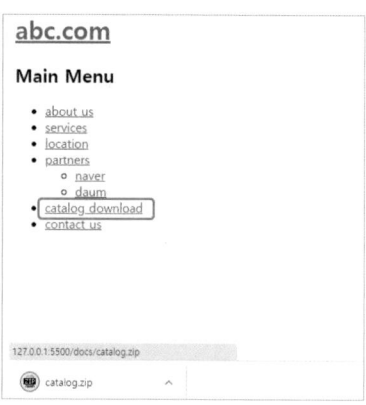

[그림 1-91] 다운로드 되는 catalog.zip

이렇게 a 태그의 href의 속성의 값으로 연결하고자 하는 파일을 입력하면 링크가 적용되는데, 해당 파일이 브라우저가 해석하고 처리할 수 없는 파일은 다운로드가 되는 것입니다. 웹 브라우저가 처리할 수 있는 파일은 html, css, js, jpg, gif, png, wav, mp4, mp3등이 있습니다. 반대로 처리하지 못하는 파일들은 압축파일, 프로그램 실행파일(exe)들입니다.

이메일 링크

첫 페이지에서 이번에는 contact us를 누르면 바로 메일을 보낼 수 있는 프로그램이 실행되도록 하고 싶다면 아래와 같이 입력합니다.

코드 1-85   PART_1/예제/A/anchor_ex_base/index.html

```
<li><a href="mailto:infor@abc.com">contact us</a></li>
```

저장하고 해당 링크를 클릭하면 윈도우의 경우 mail 프로그램이 실행됩니다.

[그림 1-92] 실행되는 메일 프로그램

이렇게 하여 샘플 사이트의 구조에서 링크의 사용법을 학습해보았습니다.

내부 링크

다운로드한 샘플에서 about.html 페이지를 보면 내용이 많아 세로로 긴 상태입니다. 페이지가 길기 때문에 내부에 링크를 통해 편하게 각 내용 위치로 이동하도록 하겠습니다. about.html 페이지 중앙에 hr 태그 사이에 코드 1-86 과 같이 anchor 태그를 작성합니다.

PART _ 1/예제/A/anchor _ ex _ base/about.html

```
중략…
    </ul>
    <hr/>
    <p>
        <a href="">Our CI</a> /
        <a href="">Our Vision</a> /
        <a href="">Our History</a>
    </p>
    <hr/>
    <h2>Our CI</h2>

중략…
```

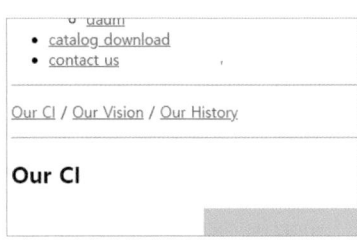

[그림 1-93] 링크 작성 후 화면

브라우저 화면을 확인하면 링크 3개가 표시되고 있습니다. 링크를 클릭하면 각 내용 위치로 이동해야 합니다. 예를 들어 our vision을 클릭하면 our vision 제목 위치로 이동해야 합니다. 그렇게 하려면 our vision 제목을 구분할 수 있는 고유의 이름 즉, id가 있어야 합니다. 코드 1-87 과 같이 각 제목에 id를 추가합니다.

코드 1-87 PART _ 1/예제/A/anchor _ ex _ base/about.html - 링크와 연결될 ID 입력

```
중략…
<h2 id="ci">Our CI</h2>
중략…
<h2 id="vision">Our Vision</h2>
중략…
<h2 id="history">Our History</h2>
```

제목에 고유의 이름을 입력했으면 다시 링크로 돌아와서 링크에도 다음과 같이 입력합니다. href의 값을 작성할 때 #(샵)뒤에 이동하고자 하는 곳의 id 명을 입력하면 해당위치로 이동하게 됩니다.

PART _ 1/예제/A/anchor _ ex _ base/about.html – 링크와 ID연결

```
<p>
  <a href="#ci">Our CI</a> /
  <a href="#vision">Our Vision</a> /
  <a href="#history">Our History</a>
</p>
```

해당 방법이 한 페이지내에서 링크를 이용하여 세로로 이동하는 방법입니다. 이 방법은 이후 메뉴를 클릭했을 때 부드럽게 세로로 이동하는 효과를 javascript로 구현할 때도 사용됩니다.

10. 이미지와 관련된 요소들

웹페이지에 이미지를 표현하려면 〈img〉 태그를 사용합니다. 〈img〉 태그에는 다음과 같은 속성을 사용할 수 있습니다.

속성이름	설명
src	이미지의 경로 지정
alt	이미지가 없을 때 나오는 글자 지정
width	이미지의 너비 지정
height	이미지의 높이 지정

[표 1-17] img 태그의 속성들

앞서 anchor 태그 연습할 때 작성했던 anchor_ex_base 폴더로 다시 가보겠습니다. about.html에서 h2 제목 아래에 로고 이미지를 구현하겠습니다. 이미지는 images 폴더 안에 있습니다.

[그림 1-94] 이미지 파일의 위치

About.html 파일에서 h2 제목 밑에 이미지를 하기 위해 img 태그에 src, alt 속성의 값을 다음 코드와 같이 작성합니다.

```
중략…
   <hr/>
   <h2>Our CI</h2>
   <img src="images/ABC_com.gif" alt="Abc logo">
   <p>
      Lorem Ipsum is simply dummy text of the printing and typesetting
industry. Lorem Ipsum has been the industry's stand

중략…
```

저장 후 브라우저 화면에서 확인합니다. 그러면 다음과 같이 이미지가 표시된 것을 확인할 수 있습니다.

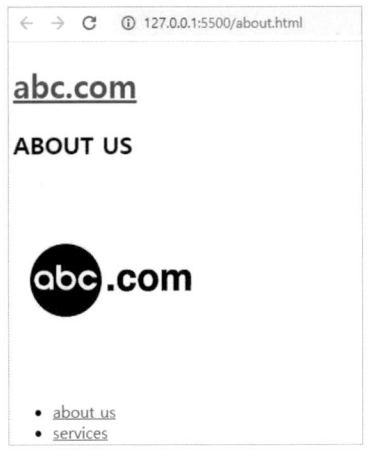

[그림 1-95] 로고 추가 후 브라우저 화면

앞서 소개했던 속성에 대한 설명을 다시 하겠습니다. src 속성의 값으로는 이미지의 경로를 작성했습니다. 현재 파일을 기준으로 해당 파일의 경로를 상대경로로 작성했습니다. alt 속성은 다음의 3가지 이유로 반드시 작성해야 합니다.

속성이름	설명
alt	이미지가 없을 때 나오는 글자 지정
	검색엔진에 검색되는 키워드 역할
	웹 접근성 차원에서 시각장애인을 위한 스크린리더 프로그램이 읽어주는 문구

[표 1-18] alt 속성의 의미

앞서 작성했던 태그에서 일부러 이미지 경로를 변경해서 이미지가 표시되지 않도록 해보겠습니다. 그러면 이미지 대신에 alt 속성에 작성했던 문구가 화면에 대신 표시됩니다. alt는 alternative 즉, 대체라는 뜻입니다.

코드 1-90 PART _ 1/예제/A/anchor _ ex _ base/about.html

```
<img src="images/ABC_com1.gif" alt="Abc logo">
```

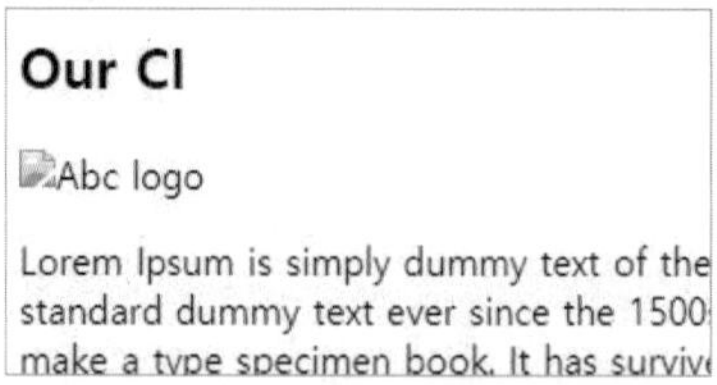

[그림 1-96] 경로가 잘못되었을 때 화면

코드 1-91 PART _ 1/예제/A/anchor _ ex _ base/about.html

```
<img src="images/ABC_com.gif" alt="Abc logo" width="200" height="100">
```

이미지의 너비를 200px, 높이를 100px로 지정해보았습니다. 브라우저 화면에서 확인하면 이미지가 찌그러져 있는 것을 확인할 수 있습니다. 저는 일부러 이미지의 너비를 원본 이미지 크기와 다르게 입력해본 것입니다. 결론부터 말하면 html 태그 작성이 이미지의 너비와 높이를 지정하지 않는 것이 좋습니다. 이미지의 크기는 이후 CSS에서 스타일로 지정하는 것입니다.

[그림 1-97] 원본비율과 다르게 표현된 이미지

다시 너비와 높이 속성을 삭제하겠습니다.

코드 1-92 PART _ 1/예제/A/anchor _ ex _ base/about.html

```
<img src="images/ABC_com.gif" alt="Abc logo">
```

10-1 더미 이미지 구현

상황에 따라서는 실제 사용할 이미지를 배치하기 전에 아무 의미 없는 더미 이미지를 만들기도 합니다. 다음 코드와 같이 작성해봅니다.

코드 1-93 PART_1/예제/A/anchor _ ex _ base/about.html

```
<img src="http://place-hold.it/300x300" alt="dummy image">
```

저장 후 브라우저 화면을 확인하면 src의 값으로 입력했던 부분의 수치대로 가로 300px, 세로 300px 크기의 이미지가 생성된 것을 확인할 수 있습니다.

[그림 1-98] 더미 이미지 브라우저 화면

11. 폼 요소의 종류

폼 요소는 회원가입, 로그인, 검색창, 게시판 등에서 사용자의 입력을 받아 처리하는 화면을 구현할 때 사용합니다. 폼 요소는 데이터베이스, 백엔드 언어인 php, jsp, asp와 같은 프로그램과 연동이 필요해 실무 작업 시에는 백엔드 개발자와 협의하면서 작성해야 합니다. 이 책에는 HTML차원에서 설명할 수 있는 부분까지만 접근하도록 하겠습니다.

11-1 기본 폼 구조

가장 기본적인 태그에서 조금씩 살을 붙여 복잡한 회원가입 형식의 페이지를 만들어보겠습니다.

HTML 폴더내에 14.form.html을 생성하고 제목 밑에 input 태그를 작성해봅니다.

```
<!DOCTYPE html>
<html lang="ko">

<head>
    <meta charset="UTF-8">
    <title>form</title>
</head>

<body>
    <h1>Join form</h1>
    <input type="text">
</body>
</html>
```

브라우저 화면을 확인하면 입력 창이 하나 생겨 있습니다. 글씨를 입력하면 글씨가 입력됩니다.

[그림 1-99] input 태그

현재 화면을 보면 해당 입력 창은 사용자에게 무엇을 입력하라는 것인지 안내가 없습니다. label 태그를 이용하여 input 태그와 연결해보겠습니다. 이때 input에는 id 명을 추가하고 label 태그는 for 속성의 값으로 연결할 input 태그의 id 명을 입력합니다.

코드 1-95   PART _ 1/예제/A/14.form.html

```
<body>
    <h1>Join form</h1>
    <label for="username">Name :</label>
    <input type="text" id="username">
</body>
```

name 글씨 부분 즉 라벨 태그를 클릭하면 연결되어 있는 input 태그에 커서가 깜박거리게 됩니다.

[그림 1-100] Name 라벨 클릭 전

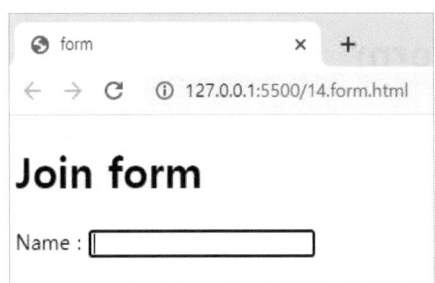

[그림 1-101] Name 라벨 클릭 후

11-2 비밀번호

이번에는 비밀번호를 입력하는 폼을 추가해 보겠습니다. input 태그를 만들고 type을 password로 지정합니다.

코드 1-96 PART_1/예제/A/14.form.html

```
<body>
  <h1>Join form</h1>
  <label for="username">Name :</label>
  <input type="text" id="username">
  <label for="userpw">Password :</label>
  <input type="password" id="userpw">
</body>
```

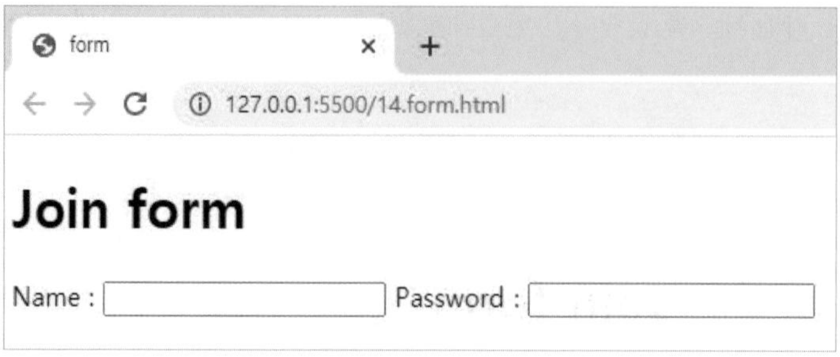

[그림 1-102] 비밀번호 입력 창 브라우저 화면

type을 password로 지정하고 브라우저 화면에서 입력을 해보면 암호처럼 표시해줍니다.

[그림 1-103] 비밀번호 입력 후 화면

만약 여러분이 이름을 입력하는 칸 밑으로 비밀번호 입력 칸이 나오도록 하고 싶다면, 글씨 여러 개를 묶어주는 p 태그로 묶어줍니다. label, input 둘 다 인라인 레벨 요소로 글씨 성격이 있습니다. 브라우저 화면을 보면 이제 세로로 배치되어 있습니다.

코드 1-97 PART_1/예제/A/14.form.html

```
<body>
  <h1>Join form</h1>
  <p>
    <label for="username">Name :</label>
    <input type="text" id="username">
  </p>
  <p>
    <label for="userpw">Password :</label>
    <input type="password" id="userpw">
  </p>
</body>
```

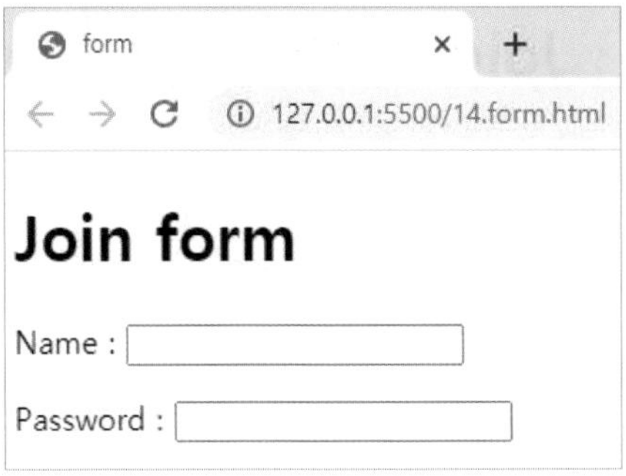

[그림 1-104] 세로로 배열되는 입력 창

11-3 전송 버튼 – input

이름과 비밀번호를 입력하는 폼을 작성했습니다. 이제 사용자가 입력한 내용을 전송하는 버튼을 생성해 보겠습니다. 버튼 역할을 할 태그는 두 가지가 있습니다. button, input 태그로 가능하겠습니다. input 태그의 사용법부터 보겠습니다.

코드 1-98 PART_1/예제/A/14.form.html

```
<body>
  <h1>Join form</h1>
  <p>
    <label for="username">Name : </label>
    <input type="text" id="username">
  </p>
  <p>
    <label for="userpw">Password : </label>
    <input type="password" id="userpw">
  </p>
  <p>
    <input type="submit" value="가입하기">
  </p>
</body>
```

input 태그의 속성 중 type의 값을 submit, 즉 전송이라는 뜻으로 입력하고 나타날 문구는 value 속성에 입력합니다. 브라우저 화면을 보면 전송 버튼이 생성되었습니다.

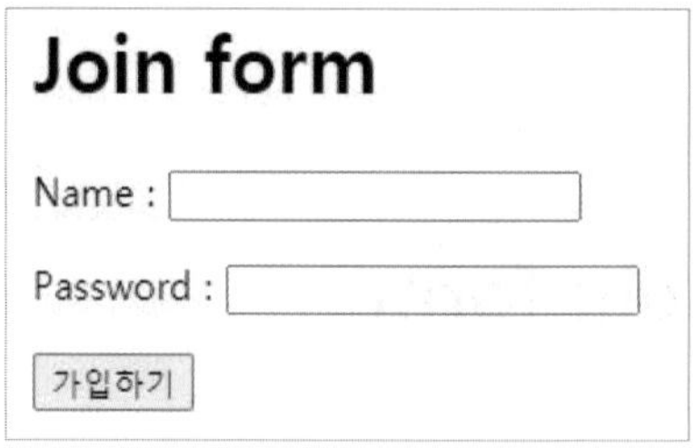

[그림 1-105] 전송 버튼 화면

전송 버튼을 클릭해봅니다. 그러면 아무 변화도 일어나지 않을 것입니다. 왜냐면 사용자가 입력한 내용을 전송하는 태그가 없기 때문입니다. 그 역할을 하는 태그는 form 입니다. 아래와 같이 앞서 작성한 p 태그를 포함하도록 작성합니다.

코드 1-99 PART _1/예제/A/14.form.html

```html
<form action="">
  <p>
    <label for="username">Name :</label>
    <input type="text" id="username">
  </p>
  <p>
    <label for="userpw">Password :</label>
    <input type="password" id="userpw">
  </p>
  <p>
    <input type="submit" value="가입하기">
  </p>
</form>
```

저장하고 브라우저 화면에서 가입하기 버튼을 클릭해봅니다. 클릭하면 주소표시줄 끝부분에 ?(물음표)가 있고, 누르는 순간 페이지가 새로고침되는 것처럼 보입니다.

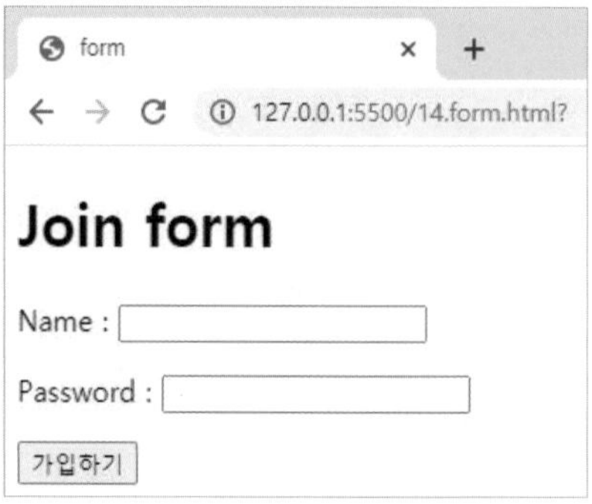

[그림 1-106] 주소 표시줄의 파라미터

앞서 작성한 form 태그를 다시 설명하겠습니다. VS Code에서 form만 입력하고 [Tab⇆] 키를 누르면 자동으로 action 속성까지 생성되었을 것입니다. action 속성의 값으로는 사용자가 입력한 데이터를 처리할 파일의 경로를 넣는 것입니다. 보통 action에 입력하는 파일은 php, asp, jsp와 같은 백엔드 언어로 작성되어 사용자가 입력한 데이터의 유효성을 검사하고 데이터베이스에 저장하거나 데이터베이스의 기존 값과 비교해서 결과를 도출하는 역할을 합니다. 현 단계에서는 action 속성의 값은 비워놓겠습니다. 하지만 값이 없는 상태에서 웹 표준 검사를 하면 에러로 출력이 됩니다. 그래서 지금은 빈 링크를 의미하는 #을 추가하겠습니다.

다음으로 form 태그에 반드시 추가 해야 할 속성으로 method가 있습니다. method는 방법이란 뜻입니다. 즉, 사용자가 입력한 데이터를 action의 기술된 파일로 method 속성의 값으로 지정한 방법으로 전송을 한다는 의미입니다. method의 값은 대표적으로 2가지가 있습니다.

Method	설명
get	주소 표시줄에 경로 끝에 '?'뒤쪽으로 전송되는 값이 노출
	전송 시 길이의 제한이 있다.
	서버에 저장된 값을 보여주는 용도로 사용
	현재 페이지의 링크를 전송하려면 get을 사용
	주로 검색이나 게시판의 목록 등에 적합
post	body에 포함되어 전송.
	get에 비해 많은 데이터를 전송.
	서버에 저장된 값을 변경해야 하는 경우 사용.
	현재 페이지의 링크를 제외하고 내부의 텍스트만 전송.
	주로 로그인, 회원가입 등에 적합

[표 1-19] method 값의 특징

현재 우리가 작성하는 파일에서는 get과 post의 차이를 확인할 수가 없습니다. 서버 환경도 아니고 데이터베이스와 연동되는 백엔드 언어로 유저의 입력값을 처리할 파일도 작성하지 않았기 때문입니다. 대신에 네이버에서 get과 post 방식을 확인할 수 있습니다. 네이버 페이지에 접속합니다. 검색창에 키워드를 입력하고 검색버튼을 클릭해봅니다.

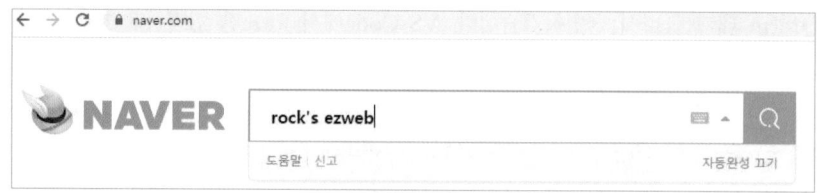

[그림 1-107] 네이버 검색 창 키워드 입력

검색결과 페이지에서 상단에 주소 창을 보면 입력한 키워드가 노출되어 있습니다.

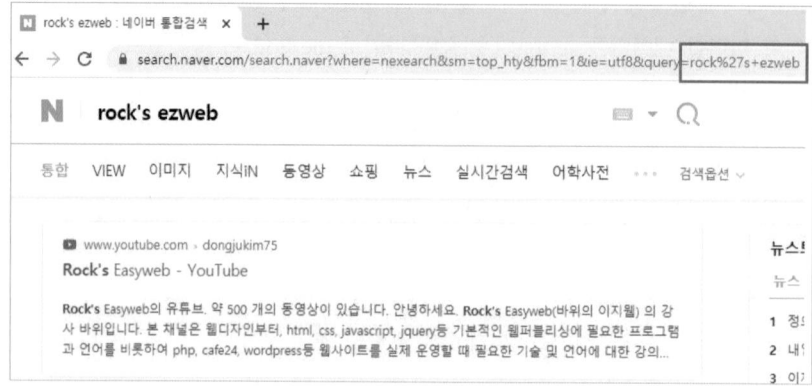

[그림 1-108] 주소표시줄에 노출되는 키워드

지금처럼 키워드가 주소 창에 노출되는 방식이 get 방식입니다. 개발자 도구에서 네이버의 검색창에서 method 속성을 확인합니다.

[그림 1-109] 검색창 method 속성의 값

이번에는 네이버 로그인 페이지로 이동하고 개발자 도구에서 아이디 비밀번호를 입력하는 폼의 전송 방식을 확인해봅니다. 로그인 폼은 method가 POST 방식으로 되어 있습니다. 로그인 화면이 검색 창처럼 사용자가 입력한 데이터가 주소표시줄에 노출되면 안되기 때문에 POST 방식으로 전송하는 것입니다.

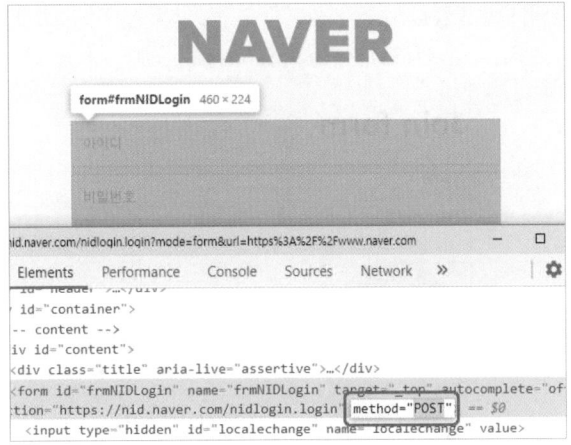

[그림 1-110] 로그인 method 속성의 값

11-4 기타 전송 버튼

input 태그의 이미지를 활용하고, button 태그를 활용해도 폼의 전송을 구현할 수 있습니다. 문법은 [표 1-20]과 같습니다.

method	설명
input	`<input type="image" src="이미지경로" alt="submit">`
button	`<button type="submit">가입하기</button>`
	`<button><img src="이미지경로" alt="submit"></button>`

[표 1-20] 기타 전송 버튼

뒤에 나오는 [그림 1-113]과 같이 버튼을 생성해보겠습니다. 활용한 이미지는 iconfinder.com에서 submit 키워드로 검색하면 찾을 수 있습니다.

Join form

Name :

Password :

가입하기

[그림 1-111] button 태그로 구현한 가입하기 버튼

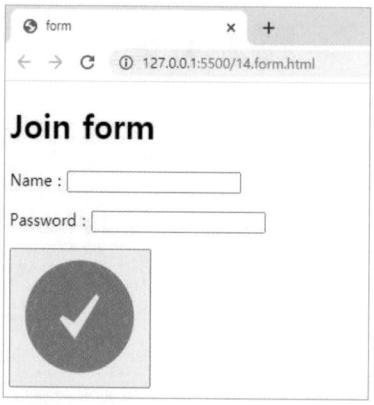

[그림 1-112] button 태그에 이미지 적용

Join form

Name :

Password :

[그림 1-113] input 태그에 이미지 적용

11-5 필수 입력 적용

입력 양식에서 반드시 입력 해야할 부분에 required 속성을 추가합니다.

코드 1-100 PART_1/예제/A/14.form.html

```
<p>
  <label for="username">Name : </label>
  <input type="text" id="username" required>
</p>
<p>
  <label for="useremail">Email: </label>
  <input type="email" id="useremail" required>
</p>
<p>
  <label for="userpw">Password : </label>
  <input type="password" id="userpw" required>
</p>
```

저장 후 [그림 1-114]와 같이 입력하고 가입하기를 클릭하면 email 항목은 필수 요소라고 경고 문구가
나오고, 이메일 형식을 지키지 않고 입력하는 경우에는 [그림 1-115]와 같이 이메일 형식에 맞춰 입력하
라는 문구가 출력됩니다.

[그림 1-114] 이메일 항목을 입력하지 않고 전송

[그림 1-115] 이메일 형식 경고 문구

11-6 부가입력 사항들

\<select\>

이제 필수로 입력할 내용 외에 회원가입 시 입력하지 않아도 되는 옵션사항들을 만들어 보고자 합니다.
앞서 작성했던 이름, 이메일, 비밀번호를 하나의 그룹으로 지정하겠습니다. 입력항목들을 그룹으로 지정
할 때 사용하는 태그는 fieldset입니다.

코드 1-101   PART_1/예제/A/14.form.html

```html
<form action="#" method="get">
  <fieldset>
    <legend>필수 사항</legend>
    <p>
      <label for="username">Name : </label>
      <input type="text" id="username" required>
    </p>
    <p>
      <label for="useremail">Email: </label>
```

```
      <input type="email" id="useremail" required>
    </p>
    <p>
      <label for="userpw">Password : </label>
      <input type="password" id="userpw" required>
    </p>
  </fieldset>
중략…
```

fieldset 태그는 제목 성격의 legend가 필요합니다.

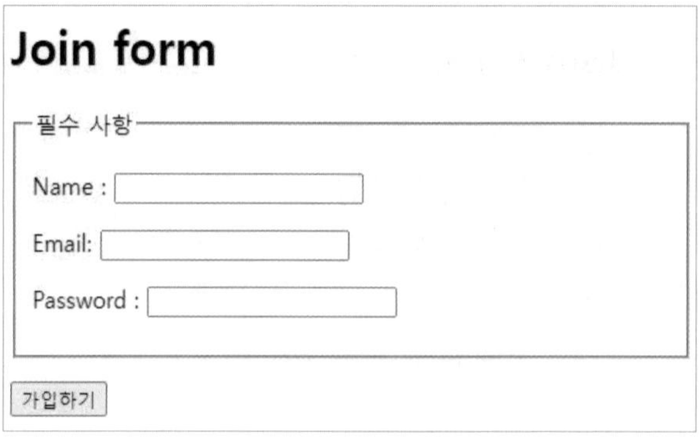

[그림 1-116] legend 화면

옵션 입력으로는 주소, 성별, 관심 사항, 메시지, 파일 업로드 양식을 만들어보겠습니다. 주소는 select
와 option 태그를 사용하여 작성합니다.

코드 1-102   PART_1/예제/A/14.form.html

```
중략…
      <p>
      <label for="userpw">Password : </label>
      <input type="password" id="userpw" required>
    </p>
  </fieldset>
  <fieldset>
    <legend>옵션 사항</legend>
    <p>
      <label for="address">주소</label>
      <select name="address" id="address">
        <option value="서울시">서울시</option>
```

```
                    <option value="경기도">경기도</option>
                    <option value="제주도">제주도</option>
            </select>
        </p>
    </fieldset>

중략…
```

VS Code에서 select 태그를 입력하고 Tab⇥ 키를 누르면 자동으로 태그를 생성해줍니다. 이때 name이라는 속성이 생성됩니다. name 속성은 데이터베이스의 테이블에서 각 항목이 저장될 field의 이름을 말합니다. 이 부분은 회원가입에 필요한 데이터베이스를 설계한 프로그래머와 협의를 통해 작성해야 할 부분입니다. 현 단계에서는 id 명과 동일하게 입력했습니다.

[그림 1-117] select 화면

[그림 1-118] select option 화면

브라우저 화면에서 서울시 부분을 클릭하면 옵션 목록에서 값을 선택할 수 있게 됩니다. 사용자가 옵션에서 값을 선택하면 해당 옵션의 value 속성의 값이 이후 회원가입용 데이터베이스의 address라는 field의 값으로 저장되는 것입니다.

<input type="radio">

사용자에게 여러 항목 중 하나만 선택하도록 할 때는 type을 radio로 설정합니다. 다음과 같이 입력 후 브라우저를 확인해봅니다.

코드 1-103 PART_1/예제/A/14.form.html

```
<p>
  <span>성별</span>
  <label for="male">남성</label>
  <input type="radio" id="male" value="남성">

  <label for="female">여성</label>
  <input type="radio" id="female" value="여성">
</p>
```

브라우저를 확인해보면 radio 버튼이 생긴 것을 확인할 수 있습니다.

[그림 1-119] radio 버튼 화면

그러면 현 상태에서 두 개 버튼 모두 클릭해봅니다. 우리는 성별을 하나만 갖고 있기에 하나만 선택이 되어야 합니다. 하지만 예상과 달리 두 개 옵션이 모두 선택됩니다.

[그림 1-120] 두 개의 옵션이 모두 체크되는 오류

input type이 radio일때는 반드시 name 속성의 값이 있어야 하고 그 값은 동일해야 합니다. 즉 이후 데이터베이스에 name의 속성에 입력한 그 field에는 사용자가 선택한 하나의 값만 저장되어야 하기 때문입니다. 다음과 같이 입력하고 브라우저 화면에서 다시 옵션을 클릭해봅니다.

코드 1-104 **PART _1/예제/A/14.form.html**

```
<p>
  <span>성별</span>
  <label for="male">남성</label>
  <input type="radio" id="male" name="gender" value="남성">
  <label for="female">여성</label>
  <input type="radio" id="female" name="gender" value="여성">
</p>
```

브라우저를 확인하면 이제 하나의 성별만 선택이 되는 것을 확인할 수 있습니다.

[그림 1-121] 하나만 선택되는 radio 버튼

<input type="checkbox">

여러 옵션 중에서 다중으로 선택할 수 있는 양식은 select 타입입니다. **코드 1-105** 와 같이 작성합니다.

코드 1-105 **PART _1/예제/A/14.form.html**

```
<p>
  <span>관심 사항</span>
  <label for="HTML">HTML</label>
  <input type="checkbox" id="HTML" name="interest" value="HTML">

  <label for="CSS">CSS</label>
  <input type="checkbox" id="CSS" name="interest" value="CSS">

  <label for="Javascript">Javascript</label>
  <input type="checkbox" id="Javascript" name="interest" value="Javascript">
</p>
```

브라우저 화면에서 옵션을 선택해 보면 다중으로 선택할 수 있습니다. 그리고 type을 radio로 할 때는 name의 값이 반드시 같아야 하지만 select의 경우는 프로그래머와 협의하여 이름을 동일하게 할 수도 있고 다르게 할 수도 있습니다.

[그림 1-122] 다중 선택이 되는 checkbox type

<textarea>

앞서 만든 양식들은 모두 텍스트 한 줄을 입력하는 것이었습니다. 이번에는 여러 줄을 입력할 수 있는 양식을 만들어보겠습니다. VS Code에서 textarea를 입력하고 Tab️키를 눌러봅니다. 그러면 자동으로 name, id, cols, rows 속성들이 생성됩니다. cols는 기본적으로 가로 30글자를 입력할 수 있는 칸이 만들어진다는 것이고, rows는 기본 10줄이 만들어진다는 것입니다.

코드 1-106   PART_1/예제/A/14.form.html

```
<p>
    <label for="message">인사말</label>
    <textarea name="" id="" cols="30" rows="10"></textarea>
</p>
```

name, id를 작성하고 브라우저 화면을 확인합니다.

코드 1-107   PART_1/예제/A/14.form.html

```
<p>
    <label for="message">인사말</label>
    <textarea name="message" id="message" cols="30" rows="10"></textarea>
</p>
```

브라우저를 확인하면 30글자 10줄을 입력할 수 있는 양식이 생성되었습니다.

[그림 1-123] textarea 브라우저 화면

내용을 작성해보면 지정한 30글자 이상 입력하면 아래로 내려오는 것을 확인할 수 있습니다.

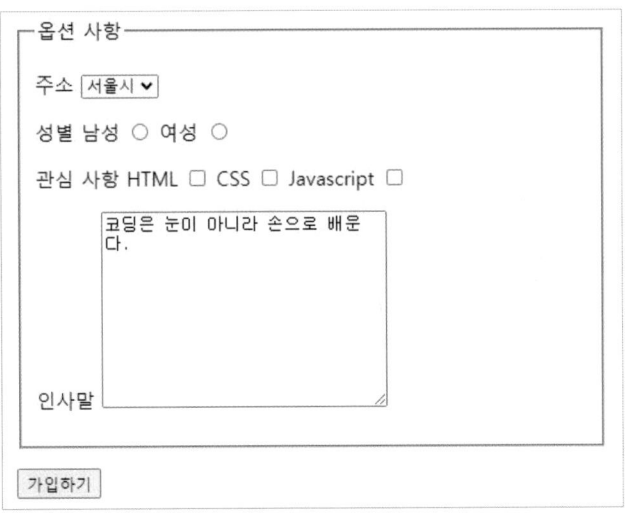

[그림 1-124] 여러 줄을 입력하는 textarea

textarea 태그를 작성할 때 주의사항이 있습니다. textarea 태그 사이에 엔터를 입력한 상태입니다. 다음과 같이 작성 후 브라우저를 확인해봅니다.

```
<p>
  <label for="message">인사말</label>
  <textarea name="message" id="message" cols="30" rows="10">

  </textarea>
</p>
```

내용을 입력하기 위해 클릭을 해보면 아래와 같이 커서가 중간에서 시작하는 것을 볼 수 있습니다. 그래서 textarea 태그 사이에는 공백이 있으면 안 됩니다. 확인했으면 다시 원래대로 공백이 없도록 수정합니다.

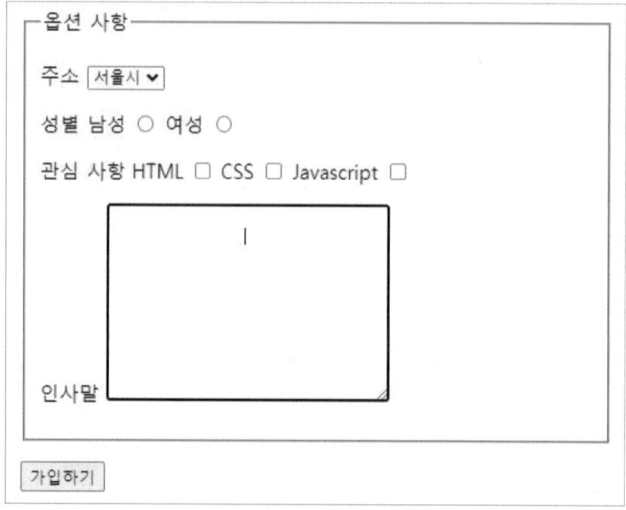

[그림 1-125] 미리 입력된 공백 이후에 위치한 커서

<input type="file">

파일을 업로드 하는 양식은 type을 file로 지정합니다. 코드 1-109 와 같이 작성 후 브라우저를 확인합니다.

코드 1-109 PART_1/예제/A/14.form.html - file type

```
<p>
  <label for="profile">이미지 등록</label>
  <input type="file" id="profile" name="profile">
</p>
```

브라우저를 확인하면 파일 선택이라는 버튼이 생성되어 있습니다. 해당 버튼을 클릭하면 파일을 찾아서 업로드 할 수 있는 화면이 뜨게 됩니다.

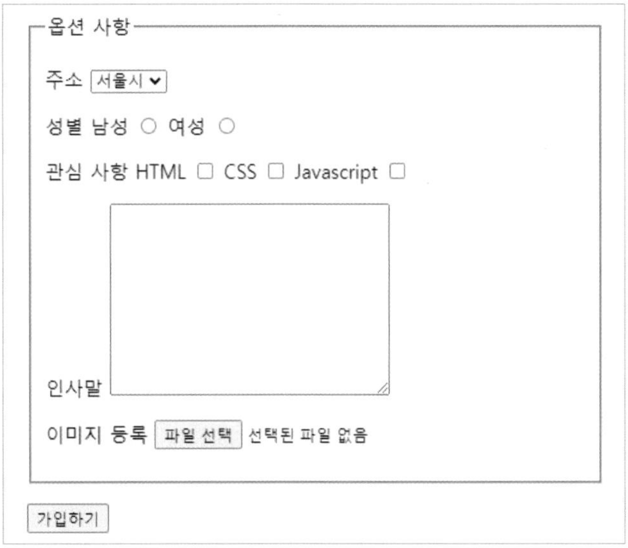

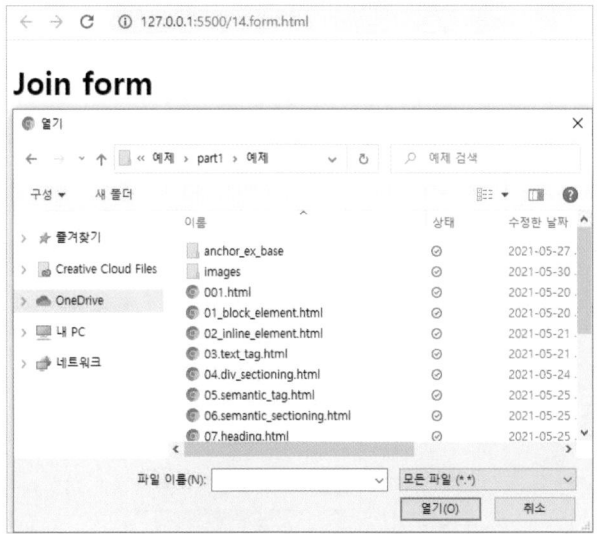

[그림 1-126] 파일 선택 type file

[그림 1-127] 파일 선택

이미지 파일을 선택해보았습니다. 그러면 화면과 같이 선택한 파일의 이름이 표시됩니다.

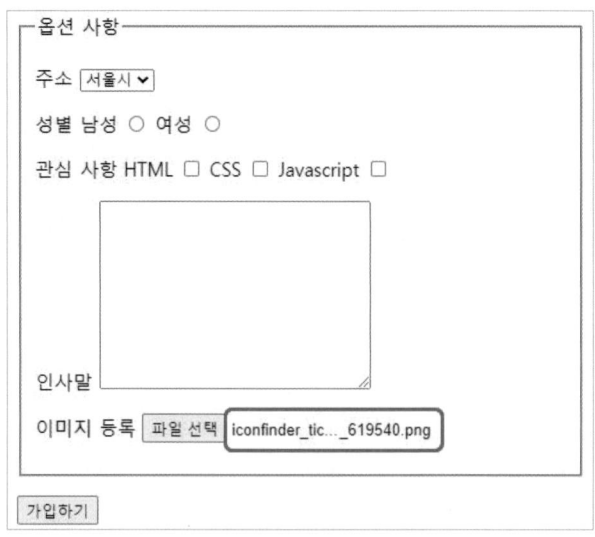

[그림 1-128] 선택한 파일이 표시됨

이렇게 대표적으로 많이 사용하는 폼 양식에 대해 살펴보았습니다. 다음으로는 HTML5에서 새롭게 정의된 타입들을 한번에 정리하여 보겠습니다.

<input type="url">

url 타입에는 반드시 http://나 https://로 시작하는 절대주소를 입력해야 합니다. 그렇지 않고 가입하기 전송 버튼을 클릭하면 유효성 검사 후 경고를 표시합니다.

코드 1-110 PART_1/예제/A/14.form.html

```html
<fieldset>
  <legend>HTML5 type</legend>
  <p>
    <label for="website">웹사이트: </label>
    <input type="url" id="website" name="website">
  </p>
</fieldset>
```

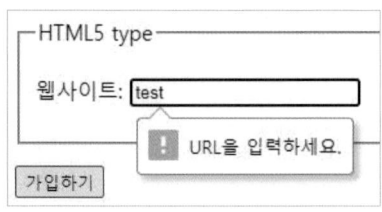

[그림 1-129] url 타입의 유효성 검사 후 화면

<input type="date">

date 타입을 추가하면 달력 화면을 표시해줍니다.

코드 1-111 PART_1/예제/A/14.form.html

```
<p>
  <label for="birth">생년월일: </label>
  <input type="date" id="birth" name="birth">
</p>
```

그러면 다음 그림과 같이 달력 양식이 나타납니다. 이는 브라우저 차원에서 구현해주는 기능으로 브라우저마다 다르게 표현을 해줍니다. 하지만 중요한 것은 Internet Explorer에서는 구현되지 않는다는 것입니다. 이렇듯 HTML5에서 새롭게 정의된 속성들은 일부 브라우저에서 지원을 하지 않고 특히 Internet Explorer에서 구현되지 않는 경우가 많으니 모든 브라우저를 확인하고 주의를 기울여 적용합니다. 물론 자바스크립트를 통해 모양을 통일할 수는 있습니다.

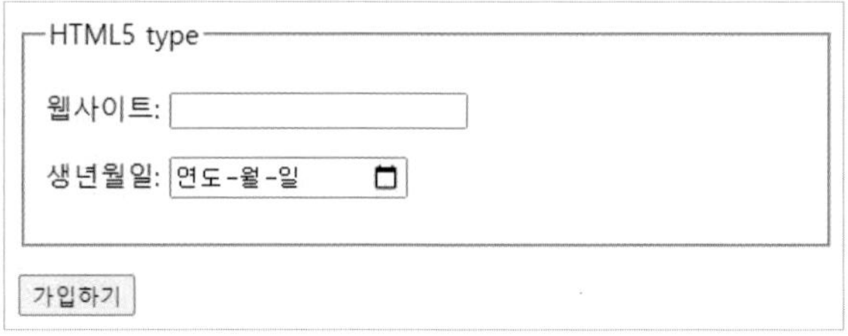

[그림 1-130] 크롬의 date type

[그림 1-131] 크롬의 달력화면

<datalist>

select 태그의 옵션은 사용자가 선택할 수 있는 항목이 옵션에서 지정한 값으로 제한되어 있지만, datalist 태그를 작성하면 사용자는 목록 중에서 선택할 수도 있고 원하는 항목이 없으면 직접 입력할 수도 있습니다.

코드 1-112 PART_1/예제/A/14.form.html

```html
<p>
  <label for="langs">학습할 언어 선택</label>
  <input id="langs" name="langs" list="mylist">
  <datalist id="mylist">
    <option value="html">
    <option value="css">
    <option value="javascript">
    <option value="jQuery">
  </datalist>
</p>
```

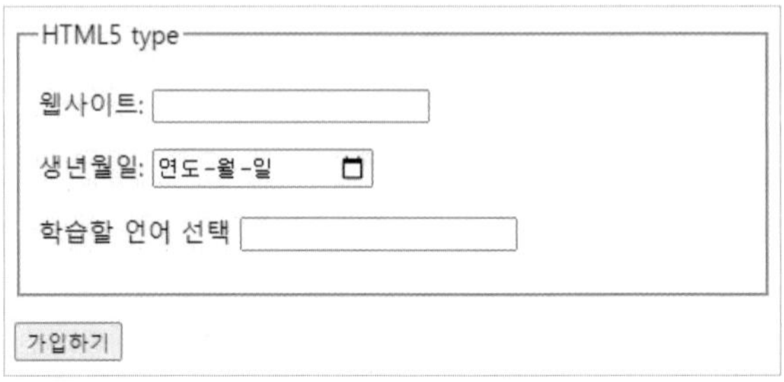

[그림 1-132] datalist 태그의 입력 창 화면

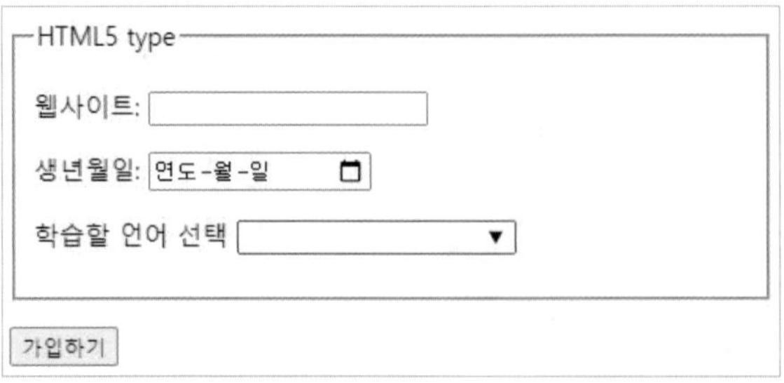

[그림 1-133] datalist 입력 창에 마우스를 올린 상태

클릭하면 화면과 같이 목록이 나타납니다. 해당 목록을 선택할 수도 있고, 사용자가 원하는 텍스트를 직접 입력할 수도 있습니다.

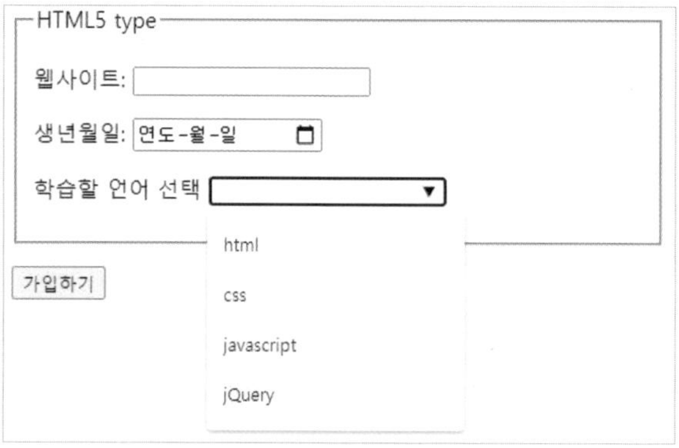

[그림 1-134] datalist 입력 창을 클릭했을 때 화면

datalist 태그는 현재 크롬과 마이크로소프트 엣지에서만 표현이 되고 있습니다. 다음 사이트 caniuse.com에서 키워드로 datalist를 입력하면 브라우저별, 브라우저의 버전별로 해당 태그가 작동하는지를 알려줍니다.

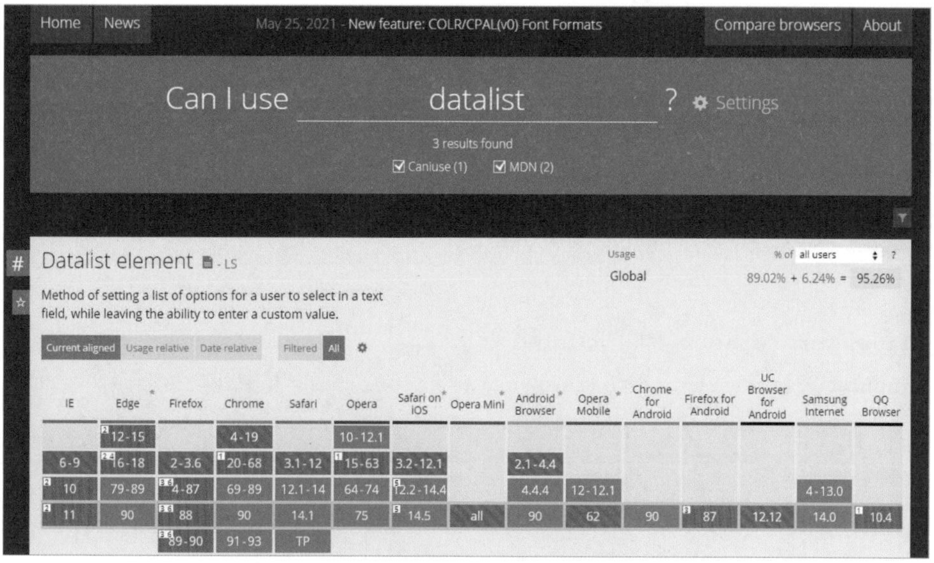

[그림 1-135] datalist 태그 지원 현황

2021.5.25 시점에서 IE, firefox, android 등에서는 작동하지 않습니다.

<input type="number">

숫자만 입력할 수 있는 양식을 만들어 주고 자동으로 숫자를 올리고 내릴 수 있는 버튼도 생성됩니다. Internet Explorer에서는 작동하지 않습니다.

코드 1-113 PART_1/예제/A/14.form.html

```
<p>
  <label for="career">경력기간</label>
  <input type="number" id="career" name="career">
</p>
```

[그림 1-136] number 타입의 크롬 브라우저 화면

브라우저에서 마우스를 올리면 위, 아래 버튼이 나타나고 클릭하면 숫자가 변경됩니다.

경력기간 -2
[그림 1-137] 음수도 표현되는 number type

경력기간이 마이너스 일수는 없으니 최솟값, 최댓값, 상하 버튼을 클릭했을 때 오르내리는 값의 양을 지정하는 스텝도 지정해봅니다.

코드 1-114 PART_1/예제/A/14.form.html

```
<p>
  <label for="career">경력기간</label>
  <input type="number" id="career" name="career" min="0" max="20" step="2">
</p>
```

이렇게 하면 0이하로 내려가지 않고 최대는 20까지이면 클릭할 때마다 2씩 변경되겠습니다.

<optgroup>

select 태그의 옵션에 종류가 있다면 optgroup으로 구분을 할 수 있습니다. 모든 브라우저에서 정상 작동합니다.

```html
<p>
  <label for="language">학습할 언어 선택</label>
  <select name="language" id="language">
    <optgroup label="frontend">
      <option value="html">html</option>
      <option value="css">css</option>
      <option value="javascript">javascript</option>
    </optgroup>
    <optgroup label="backend">
      <option value="php">php</option>
      <option value="asp">asp</option>
      <option value="jsp">jsp</option>
    </optgroup>
  </select>
</p>
```

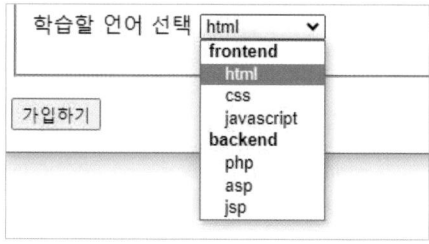

[그림 1-138] 옵션을 그룹으로 분리하는 optgroup

12. 오디오, 비디오 활용

마지막으로 웹페이지에 오디오와 비디오를 구현해보겠습니다.

12-1 비디오 구현

우선 컴퓨터에서 재생되는 동영상의 종류부터 확인해보겠습니다.

파일형식	확장자	설명
AVI	.avi	"Audio Video Interleave"의 약자로 MS에서 처음 만든 포맷. 윈도 기반 컴퓨터에서 재생.
WMV	.wmv	"Windows Media Video" 실시간 전송 비디오에 적합
MPEG	.mpg, mpeg (.mp4)	"Moving Picture Experts Group"의 약자. 가장 평범하고 호환성이 좋아 사양이 낮은 컴퓨터에서도 원활히 재생.
Quick Time	.mov	애플에서 개발한 Mac에서 사용. QuickTime Player에서 재생

[표 1-21] 컴퓨터에서 재생 가능한 비디오 포맷

[표 1-21]과 같이 다양한 동영상의 종류가 있지만, 웹에서 재생 가능한 비디오 포맷은 [표 1-22]와 같습니다.

파일형식	확장자	마임타입(MIME-type)
MP4	.mp4	video/mp4
OGG	.ogg	video/ogg
WEBM	.webm	video/webm

[표 1-22] 웹 브라우저에서 재생가능한 비디오 포맷

하지만 [표 1-23]과 같이 웹 브라우저별로 지원하는 비디오 포맷이 모두 다릅니다.

지원 브라우저	mp4	WebM	OGG
인터넷 익스플로러 11 이상	○	—	—
마이크로소프트 엣지 17-87	○	○	○
파이어폭스 3.5-84	○	○	○
크롬 4-87	○	○	○
사파리6 이상	○	—	—
오페라	○	○	○

[표 1-23] 웹 브라우저 비디오 포맷 지원 현황

다음 참조 주소에서 현재의 브라우저 호환성을 확인할 수 있습니다.

참조 : https://caniuse.com/?search=video

그러면 예제 파일을 통해 video 태그의 사용법을 확인해 보겠습니다. Part1예제 폴더에서 Audio_video_base 폴더를 VS Code에서 오픈합니다.

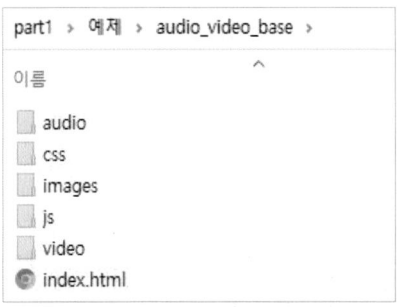

[그림 1-139] 오디오 비디오 예제

\<video>

비디오의 경우도 이미지와 같이 src라는 속성의 값으로 해당 파일의 경로를 지정하면 됩니다.

video 태그

```
<video src="파일명"></video>
```

샘플 파일에서 audio_video_base 폴더를 VS Code에서 폴더 열기로 오픈합니다. index.html의 본문에서 다음과 같이 입력하고 브라우저를 확인합니다.

코드 1-116 PART_1/예제/A/audio _ video _ base/index.html

```
<!DOCTYPE html>
<html lang="ko">

<head>
  <meta charset="utf-8">
  <meta name="viewport" content="width=device-width, initial-scale=1">
  <meta name="description" content="">
  <meta name="robots" content="index, follow">
  <title>오디오 비디오 구현</title>
</head>

<body>
  <h1>멀티미디어</h1>
```

```
    <h2>video</h2>
    <video src="video/vivaldi.mp4"></video>
</body>

</html>
```

[그림 1-140] 비디오 태그의 브라우저 화면

controls

브라우저 화면을 보면 비디오가 나왔지만 재생할 방법이 없습니다. 다음과 같이 재생 버튼이 나오도록
controls 속성을 추가합니다.

코드 1-117   PART_1/예제/A/audio _ video _ base/index.html

```
<video src="video/vivaldi.mp4" controls></video>
```

[그림 1-141] 컨트롤러가 표시되는 크롬 브라우저

autoplay

브라우저가 실행되면 자동으로 비디오가 재생되도록 하고 싶습니다. 최근의 웹사이트는 동영상을 웹페이지 전면에 배치하고 자동으로 재생되는 것을 종종 볼 수 있습니다. 다음과 같이 autoplay라는 속성을 추가하고 브라우저에서 확인합니다.

코드 1-118 PART＿1/예제/A/audio＿video＿base/index.html

```
<video src="video/vivaldi.mp4" controls autoplay></video>
```

[그림 1-142] 자동 재생되는 비디오

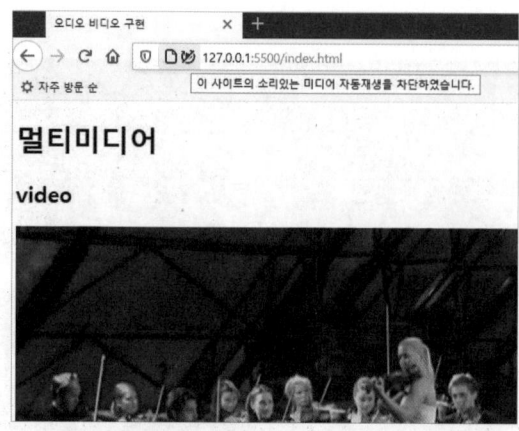

[그림 1-143] 자동 재생이 차단되는 파이어폭스 브라우저

브라우저를 확인해보면 파이어폭스만 제외하고 모든 브라우저에서 자동재생이 되고 있습니다. 파이어폭스의 경우 상단의 경고 표시에 마우스를 올리면 "이 사이트의 소리 있는 미디어 자동재생을 차단하였습니다."라는 문구가 나오고 있습니다.

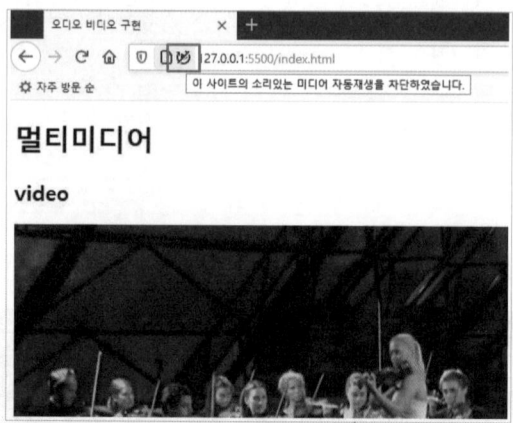

[그림 1-144] 자동 재생을 차단하는 파이어폭스

웹 접근성 차원에서 소리가 있는 영상은 자동재생이 되면 안되는 것이 맞습니다. 그 이유는 웹사이트를 소리로 듣는 시각장애인은 해당 사이트에 접속했을 때 영상의 소리가 재생되면 웹사이트의 다른 내용을 듣고 이해할 수 없기 때문입니다. 파이어폭스에서도 자동재생이 되도록 하기 위해서 음소거 속성인 muted로 추가합니다.

코드 1-119 PART_1/예제/A/audio _ video _ base/index.html

```
<video src="video/vivaldi.mp4" controls autoplay muted></video>
```

이제 파이어폭스에서도 자동재생이 되고 있습니다.

[그림 1-145] 자동 재생되는 파이어폭스

비디오 태그에서 재생이 되기 전에 대표 이미지를 보여줄 수도 있습니다. 코드 1-120 과 같이 poster 속성의 값으로 이미지 경로를 지정합니다.

[그림 1-146] 재생 전에 정지화면을 보여주는 브라우저

poster를 적용했던 코드는 주석처리하고 다음 사항을 보겠습니다. 앞서 웹에서 비디오 포맷이 다양하게 있다고 했었습니다. 만약 mp4 포맷을 지원하지 않는 브라우저가 있다면 메시지가 출력되도록 할 수 있습니다. 해당 비디오 포맷을 지원하는 경우에는 span 태그의 내용은 화면에 출력되지 않습니다.

PART_1/예제/A/audio _ video _ base/index.html

```html
<body>
  <h1>멀티미디어</h1>
  <h2>video</h2>
  <!-- <video src="video/vivaldi.mp4" controls poster="images/vivaldi.jpg"></
video> -->

  <video controls>
    <source src="video/vivaldi.mp4" type="video/mp4">
    <span>이 브라우저는 video요소를 지원하지 않습니다.</span>
  </video>

</body>
```

[그림 1-147] 영상을 지원하는 브라우저에서 이상 없이 재생되는 비디오

다음 코드와 같이 다른 포맷 등을 기술하는 것도 가능합니다. 참고로 media 폴더에 해당 비디오 샘플은 없습니다.

코드 1-121 PART_1/예제/A/audio _ video _ base/index.html

```html
<video controls>
  <source src="media/sample.ogg" type="video/ogg">
  <source src="media/sample.mp4" type="video/mp4">
  <source src="media/sample.webm" type="video/webm">
  <span>이 브라우저는 video요소를 지원하지 않습니다. </span>
</video>
```

audio

웹페이지에서 재생 가능한 오디오 포맷은 아래 표와 같습니다.

파일 형식	확장자	마임타입(MIME-type)
MP3	.mp3	audio/mp3
WAV	.wav	audio/wav
OGG	.ogg	audio/ogg

[표 1-24] 웹 브라우저에서 재생가능한 오디오 포맷
참조 : https://developer.mozilla.org/en-US/docs/Web/HTML/Supported_media_formats

샘플의 index.html에서 아래와 같이 작성합니다.

코드 1-122 PART_1/예제/A/audio _ video _ base/index.html

```
<body>
    <h1>멀티미디어</h1>
    <h2>video</h2>
    <!-- <video src="video/vivaldi.mp4" controls poster="images/vivaldi.jpg"></
video> -->

    <video controls>
        <source src="video/vivaldi.mp4" type="video/mp4">
        <span>이 브라우저는 video요소를 지원하지 않습니다</span>
    </video>

    <audio src="audio/Honey_Bee_01_web.mp3" controls></audio>

</body>
```

브라우저의 화면을 보면 오디오를 컨트롤할 수 있는 UI가 나타납니다.

[그림 1-148] 오디오를 컨트롤할 수 있는 UI 나타나는 브라우저

오디오 파일이 표현되는 방식도 브라우저별도 모두 다릅니다. 비디오 포맷과 마찬가지로 다음과 같이 다양한 포맷을 source 태그로 구분하여 작성할 수 있습니다.

코드 1-123 PART _1/예제/A/audio _ video _ base/index.html

```
<audio controls>
    <source src="media/song.ogg" type="audio/ogg">
    <source src="media/song.mp3" type="audio/mpeg">
    <span>이 브라우저는 audio 요소를 지원하지 않습니다. </span>
</audio>
```

이번 장의 마무리

HTML의 DOCTYPE부터 내용에 성격에 맞춰 적절한 태그를 작성하는 방법을 학습했습니다. HTML 에서 가장 신경써야 할 부분은 CSS와 javascript의 도움이 없어도 충분히 내용을 전달할 수 있는가 입니다. 다음 파트에서는 간단한 미니프로젝트와 포토샵 디자인을 참조하여 웹페이지를 구현할 때 학습한 내용이 어떻게 종합적으로 응용되는지 학습하겠습니다.

연습 문제

1. HTML의 구조

01 다음 예문에서 HTML 5의 DOCTYPE을 체크하세요.

① <!DOCTYPE HTML PUBLIC "-//W3C//DTD HTML 5.0//EN"

"http://www.w3.org/TR/html5/strict.dtd">

② <!DOCTYPE html>

③ <!DOCTYPE HTML5>

02 웹사이트를 태블릿, 모바일에서 접속하였을 때 화면 크기를 사용자 디바이스 크기에 맞추고 초기 비율을 100%로 설정하는 meta 속성을 head태그 사이에 입력합니다. 다음 예시를 참조하여 태그를 완성해주세요.

예시 : <meta name=" " content=" ">

03 다음 보기 중 검색엔진 최적화와 크게 관련이 없는 속성은 무엇인가요?

① name="keywords"　　　　　② name="description"

③ name="viewport"　　　　　④ name="robots"

04 문서 중 가장 중요한 제목에 사용하는 html 태그는 무엇인가요?

①<heading>　　　　　②<h1>

③<h6>　　　　　④<head>

2. 블록/인라인 레벨 요소 ~ HTML5 섹셔닝

01 h1, div, p 등 브라우저의 가로 너비를 모두 사용하는 요소는 [　] 레벨 요소이다.

02 a, span, b, em 등 의 태그는 글자처럼 옆으로 연이어 표현되는 [　　] 레벨 요소이다.

03 다음의 태그에서 강조의 의미를 내포하고 있는 태그를 모두 선택해주세요.

①⟨b⟩　　　　　②⟨i⟩

③⟨em⟩　　　　　④⟨strong⟩

04 다음 태그에서 올바른 코드를 모두 선택해주세요.

①<div><h1><a href="#">about us</a></h1></div>

②<h1><a href="#">about us</a></h1>

③<a href="#"><h1>about us</h1></a>

④<span><h1>about us</h1></span>

05 다음 중 html5에 새로 정의된 태그의 설명이 <u>잘못된</u> 것을 무엇인가요?

① header : 컨텐츠들의 상단 부분

② aticle : 포스트, 뉴스, 사이트의 기사처럼 그 자신이 독립된 하나의 컨텐츠를 나타낼 때

③ aside : 추가설명이 필요할 때 활용. 보통 사이드바 영역

④ nav : 본문 내용을 나타낼 때

⑤ footer : 홈페이지에 하단에 연락처 및 저작권 표시

3. 목록을 표현하는 요소

01 순서가 중요하지 않은(순번이 나오지 않는) 목록을 작성할 때 사용하는 태그로서 웹에서 가장 많이 사용하는 목록 태그(element)는 무엇인가요?

① 〈ol〉　　　　　　　　　　② 〈dl〉

③ 〈dt〉　　　　　　　　　　④ 〈ul〉

02 네이버와 다음의 주메뉴에서 우측의 더보기에서 활용되는 태그로서 용어와 그 용어의 설명을 나열할 때 사용하는 태그는 〈　　〉, 〈　　〉, 〈　　〉입니다.

03 〈ul〉, 〈ol〉의 바로 아래 자식 요소로 입력할 수 없는 태그는 모두 고르세요.

①〈h2〉   ②〈div〉

③〈li〉   ④〈dl〉

4. 표를 만드는 테이블 요소

원활한 학습을 위해서는 https://codepen.io/ 에 가입하시는 것을 추천합니다. 무료 계정도 충분히 활용하실 수 있습니다.

아래 코드펜 주소로 들어가서 코드를 작성하여 테이블 화면을 만들어보세요.

테이블 활용 문제 1

코드펜 주소	https://codepen.io/alikerock/pen/QyYMgq
완성 후 화면 예시	

번호	제목	글쓴이	등록일	조회수
1	Lorem ipsum, dolor sit amet consectetur adipisicing elit.	홍길동	2100.07.29	2
2	Lorem ipsum, dolor sit amet consectetur adipisicing elit.	홍길동	2100.07.29	2
3	Lorem ipsum, dolor sit amet consectetur adipisicing elit.	홍길동	2100.07.29	2
4	Lorem ipsum, dolor sit amet consectetur adipisicing elit.	홍길동	2100.07.29	2
5	Lorem ipsum, dolor sit amet consectetur adipisicing elit.	홍길동	2100.07.29	2

[그림 1-149] 테이블 리뷰 정답 화면

테이블 활용 문제 2

코드펜 주소	https://codepen.io/alikerock/pen/LNXENe
완성 후 화면 예시	

Lorem ipsum dolor sit amet.		
title heading		
data	data	data
	data	data
	data	data

[그림 1-150] 테이블 리뷰 정답 화면

코드펜 예제를 내 계정으로 가져오기

다른 계정의 코드펜 주소를 자신의 계정으로 가져오기하는 방법은 코드펜 주소 우측 하단에 버튼
중 Fork(가지치기)클릭하는 것입니다.

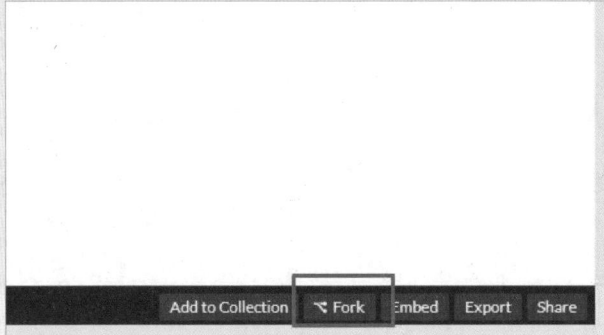

[그림 1-151]코드펜 Fork(가지치기)

클릭하면 화면 중앙 상단에 Pen Forked! 라는 메시지가 나타납니다. 이때 Save 버튼을 클릭하여
자신의 계정에 저장합니다.

[그림 1-152] Pen Forked 메시지

저장 후 가장 우측 상단 화면 자신의 계정 아이콘을 클릭하고 Your Work 메뉴를 클릭하면 가지치
기 된 pen을 확인할 수 있습니다.

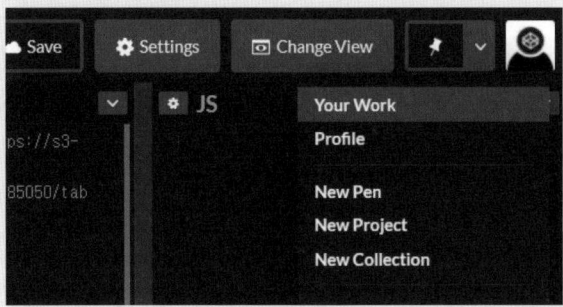

[그림 1-153] 코드펜 Your work

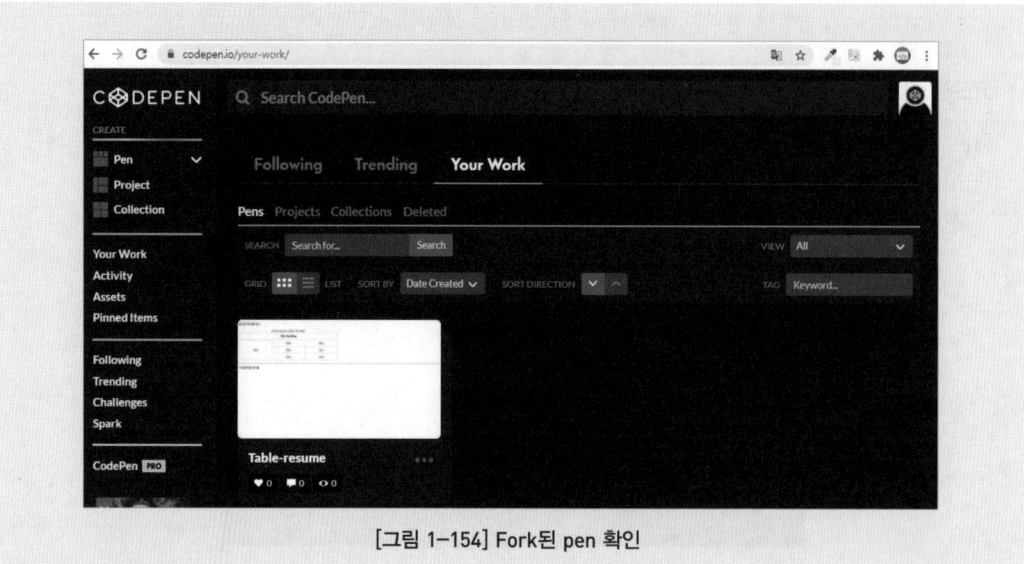

[그림 1-154] Fork된 pen 확인

5. 앵커(Anchor)의 표현

01 클릭하면 구글 웹사이트로 이동하는 링크를 작성하려합니다. 빈칸을 완성해주세요.

⟨a href="   "⟩구글사이트 바로가기⟨/a⟩

02 index.html과 같은 폴더에 있는 about_us.html로 링크를 적용하려합니다. 빈칸을 완성해주세요.

⟨a href="   "⟩About us⟨/a⟩

03 다음 중 새창(탭)으로 링크 주소를 여는 것은 무엇인가요?

① 〈a href="url" target="_blank"〉

② 〈a href="url" target="_self"〉

③ 〈a href="url" target="_top"〉

④ 〈a href="url" target="_parent"〉

04 링크를 클릭하면 바로 메일을 보낼 수 있는 프로그램이 실행되도록 하고자 합니다. 빈칸을 완성해 주세요.

〈a href="   "〉master@abc.com〈/a〉

05 링크를 클릭하면 해당 페이지에서 id명top으로 이동하고 합니다. 빈칸을 완성해주세요.

〈a href="   "〉back to top〈/a〉

6. 이미지와 관련된 요소들, 폼 요소의 종류

01 이미지 대신에 대체 텍스트를 표현하거나 이미지 검색에 필요한 속성은 [   ]이다.

02 회원가입 폼을 작성할 때 비밀번호 등 민감한 정보를 전송하려 합니다. 다음 빈칸의 코드에 들어갈
내용을 선택하세요.〈form action="join.php" method="　"〉

① get

② post

③ dialog

03 아래와 같이 회원 아이디를 입력하는 폼 양식을 작성했습니다. Label을 클릭했을 때 input이 활성
화되도록 하려고 합니다. id속성의 값을 입력해주세요.

```
<form>
  <p>
    <label for="userId">회원아이디</label>
    <input type="text" name="userid" id="    ">
  </p>
</form>
```

04 폼 양식중 여러 옵션에서 한가지만 선택할 때 사용할 수 있는 양식은 무엇인지 type 속성의 값을
입력하세요.

```
<p>
  <span>약관에 동의해 주세요. </span>
  <label for="agree">동의함</label>
  <input type="    " id="agree">
  <label for="disagree">동의안함</label>
  <input type="    " id="disagree">
</p>
```

05 회원가입 폼에서 내용을 모두 입력하고 마지막 가입 버튼을 생성하고자 합니다. '회원가입' 이라는 문구가 나타나도록 속성과 값을 작성해주세요.

```
<input type="submit"          >
```

실전 예제

1. 네이버 메인 페이지 섹셔닝

간단한 예제를 통해 앞서 학습한 부분에서 핵심 사항을 복습하도록 하겠습니다. 첫 번째로 네이버 메인 페이지가 어떻게 구성되어 있는지 간단한 제목과 설명으로 섹셔닝 즉 레이아웃을 작성해보겠습니다. 우선 현재 네이버 메인 페이지를 분석해보겠습니다.

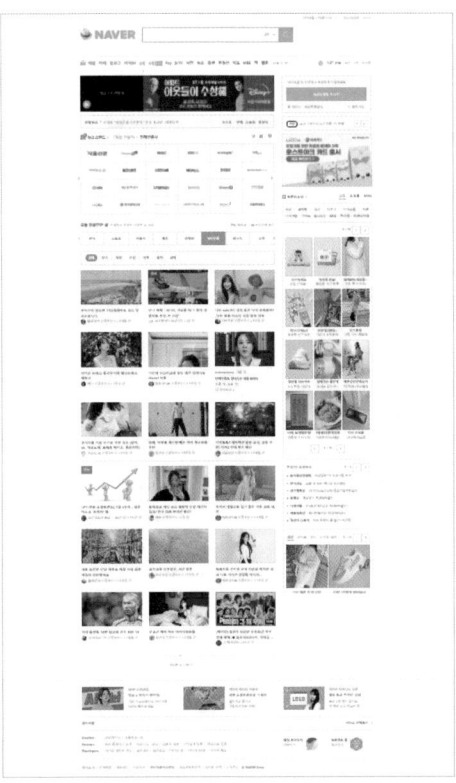

[그림 1-155] 네이버 메인 페이지

네이버의 메인 페이지는 크게 3파트로 구성되어 있다고 보면 됩니다. 상단은 헤더, 가운데가 본문, 하단이 푸터입니다.

[그림 1-156] 네이버 메인 페이지 구성

헤더, 본문, 푸터는 각각 브라우저의 가로 너비를 모두 사용합니다. 개발자 도구 F12를 열고 elements 부분에서 아이디 header 부분에 마우스를 올려보면 헤더가 너비를 모두 사용하는 것을 확인할 수 있습니다.

[그림 1-157] 브라우저 너비를 모두 사용하는 각 섹션

그리고, 헤더, 본문, 푸터 각 섹션의 내용들을 일정한 너비를 유지하고 있습니다. 해당 부분도 개발자 도구에서 확인해봅니다. Elements 부분에서 아이디 gnb 부분을 확인하면 너비 1130px에 좌우 여백이 30px이 있는 것을 확인할 수 있습니다.

[그림 1-158] 1130px의 너비를 유지하고 있는 메뉴

다른 부분도 확인하면 각 내용들의 너비가 동일한 것을 확인할 수 있습니다.

[그림 1-159] 1130px의 너비를 유지하고 있는 각 섹션의 내용

여기서 한 가지 염두에 둘 것은 네이버의 경우 HTML5의 섹셔닝 태그 대신에 div 태그와 role 속성을 이용하여 의미없는 div 태그의 역할을 보완해주고 있다는 것입니다.

[그림 1-160] div 태그와 role로 의미를 보완하고 있는 네이버

div 태그를 사용하는 것보다는 의미에 맞게 HTML5의 섹셔닝 태그로 사용하는 header, main, section, nav, footer 등을 사용하여 섹셔닝을 하겠습니다. 예제 폴더 PART_1/예제/B/1_naver 폴더를 VS Code 에서 폴더 열기로 오픈하고 index.html을 생성합니다.

코드 1-124 PART_1/예제/B/1 _ naver/index.html

```html
<!DOCTYPE html>
<html lang="en">
<head>
    <meta charset="UTF-8">
    <meta http-equiv="X-UA-Compatible" content="IE=edge">
    <meta name="viewport" content="width=, initial-scale=1.0">
    <title>Naver</title>
</head>
<body>

</body>
</html>
```

우선 크게 3개 파트를 먼저 작성합니다.

코드 1-125 PART_1/예제/B/1 _ naver/index.html

```html
<body>
    <header></header>
    <main></main>
    <footer></footer>
</body>
```

그 후 각 1130px의 동일한 너비를 지정할 div 요소를 생성하고 공통의 클래스 명 container를 추가하여 이후 CSS에서 동일한 너비를 가운데 배치할 수 있도록 합니다.

코드 1-126 PART_1/예제/B/1 _ naver/index.html

```html
<body>
  <header>
    <div class="container"></div>
  </header>
  <main class="container"></main>
  <footer>
    <div class="container"></div>
  </footer>
</body>
```

본문은 또 좌우로 분리되어 있기 때문에 section 태그를 생성하고 각 내용에 맞는 적절한 클래스 명 또는 id 명을 추가합니다.

코드 1-127 PART_1/예제/B/1 _ naver/index.html

```html
<body>
  <header>
    <div class="container"></div>
  </header>
  <main class="container">
    <section class="column-left"></section>
    <aside class="column-right"></aside>
  </main>
  <footer>
    <div class="container"></div>
  </footer>
</body>
```

큰 구조는 작성했습니다. 추가적으로 각 파트의 제목을 입력하고 섹셔닝을 마무리하겠습니다. 유의할 점은 section 태그 및 article 태그를 사용할 때는 반드시 제목을 작성해야 한다는 것입니다.

코드 1-128 **PART _ 1/예제/B/1 _ naver/index.html**

```html
<body>
  <header>
    <div class="container">
      <h1>naver</h1>
    </div>
  </header>
  <main class="container">
    <section class="column-left">
      <h2>Main content</h2>
    </section>
    <aside class="column-right">
      <h2>Aside Content</h2>
    </aside>
  </main>
  <footer>
    <div class="container">
      <h2>footer</h2>
    </div>
  </footer>
</body>
```

위와 같이 큰 구조를 먼저 작성하고 각 파트에 세부적으로 필요한 내용들을 의미에 맞도록 작성하면 이후 아무리 내용이 많더라도 크게 어려움없이 HTML 구조를 작성하실 수 있습니다.

2. 스타벅스 코리아 메뉴 만들기

[그림 1-161] 스타벅스 코리아 메인 페이지

스타벅스 코리아 메인 페이지 상단의 메뉴를 구현해보도록 하겠습니다. 스타벅스 코리아 메뉴는 첫 번째 메뉴에 마우스를 올리면 해당 메뉴의 서브 메뉴가 아래로 펼쳐지는 애니메이션이 작동합니다. 해당 애니메이션은 javascript 파트에서 완성하도록 하겠습니다. 본 파트에서는 HTML 구조에 중점을 두고 작성하겠습니다. 기존의 스타벅스 코리아의 코드는 참조하지 않고 조금 더 HTML 내용에 포커스를 두고 효율적으로 작성해보도록 하겠습니다.

우선 구조를 파악해보면 로고가 왼쪽 메뉴가 오른쪽에 있습니다. 그리고 로고와 메뉴를 묶어주는 부모 요소가 있어서 너비 1100px를 유지하고 있습니다. 예제 폴더 PART_1/예제/B/2_starbucks/ 를 오픈하고 HTML 구조를 작성합니다.

[그림 1-162] 스타벅스 코리아 구조

```html
<!DOCTYPE html>
<html lang="en">

<head>
  <meta charset="UTF-8">
  <meta http-equiv="X-UA-Compatible" content="IE=edge">
  <meta name="viewport" content="width=device-width, initial-scale=1.0">
  <title>Starbucks Korea</title>
</head>

<body>
  <header>
    <div class="container">
      <h1></h1>
      <nav></nav>
    </div>
  </header>
</body>

</html>
```

큰 구조를 파악했으니 HTML을 작성해보도록 하겠습니다. header 태그 내부에 스타벅스 코리아의 본문의 너비인 1100px을 공통으로 적용할 container 클래스 명을 추가하고 로고를 h1, 메뉴를 nav 태그로 나누어 작성합니다.

메뉴는 상단의 로그인으로 시작하는 메뉴와 coffee로 시작하는 본 메뉴가 있습니다. 로그인으로 시작하는 메뉴는 끝 부분에 검색창이 있습니다.

코드 1-130 **PART_1/예제/B/2 _ starbucks/index.html**

```html
중략…
<nav>
  <ul class="top_menu">
    <li><a href="">Sign in</a></li>
    <li><a href="">My Starbucks</a></li>
    <li><a href="">Customer Service & Ideas</a></li>
    <li><a href="">Find a Store</a></li>
    <li>
      <form action=""></form>
    </li>
  </ul>
  <ul class="main_menu">
    <li><a href="">coffee</a></li>
    <li><a href="">menu</a></li>
    <li><a href="">store</a></li>
    <li><a href="">responsibility</a></li>
    <li><a href="">starbucks rewars</a></li>
    <li><a href="">what's new</a></li>
  </ul>
</nav>
중략…
```

메뉴는 ul 태그에 top_menu와 main_menu로 클래스 명으로 구분하고 각 메뉴를 작성했습니다. 다음으로 폼 부분을 작성하겠습니다. 폼 부분에는 통합검색이라는 힌트 문구가 있고 검색 버튼이 있습니다.

코드 1-131 **PART_1/예제/B/2 _ starbucks/index.html**

```html
중략…
<form action="" id="search_form">
  <label for="search">Search</label>
  <input type="text" id="search" placeholder="통합검색">
  <button>
    <img src="images/search_icon.png" alt="검색">
  </button>
</form>
중략…
```

form 태그안에 label, input을 작성하고 for 속성의 값과 input 태그의 id의 값을 동일하게 작성하여 label과 input을 연결합니다. 비록 브라우저 화면에서 label은 나타나지 않지만 작성해주는 것이 웹 표준과 웹 접근성을 준수하는 것입니다. 검색 버튼은 button 태그로 작성했습니다. 현재 상태에서 브라우저 화면을 확인해봅니다.

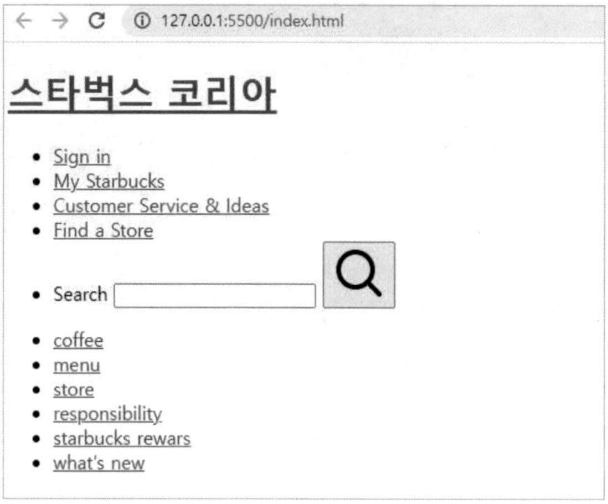

[그림 1-163] 스타벅스 코리아 html 화면

이제 coffee로 시작하는 메인 메뉴의 서브 메뉴를 작성합니다. 서브 메뉴는 첫 번째 메뉴에 마우스를 올렸을 때 나타나야하고, 그렇게 하려면 첫 번째 1 depth 메뉴(상위 메뉴)인 coffee로 시작하는 li 태그가 닫히기 전에 새로운 메뉴를 작성해야 합니다.

코드 1-132 **PART_1/예제/B/2 _ starbucks/index.html**

```
중략…
<form action="" id="search_form">
  <label for="search">Search</label>
  <input type="text" id="search" placeholder="통합검색">
  <button>
    <img src="images/search_icon.png" alt="검색">
  </button>
</form>
중략…
```

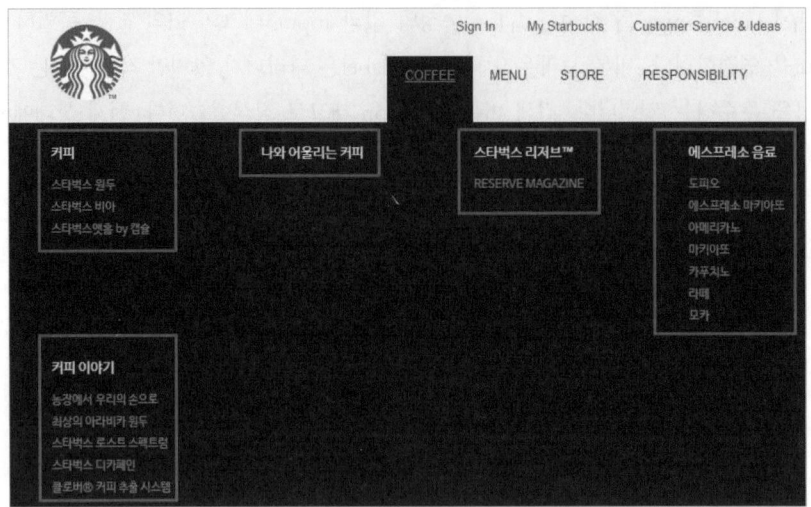

[그림 1-164] 스타벅스 코리아 서브 메뉴 구조

일단 스타벅스 코리아의 서브 메뉴를 다시 살펴봅니다. 메뉴에 마우스를 올리면 서브 메뉴가 나타나고, 나타나는 서브 메뉴를 보면 커피, 나와 어울리는 커피, 스타벅스 리저브등 제목 성격의 메뉴가 있고 그 하위로 메뉴가 있습니다. 스타벅스 코리아는 모두 ul 태그로 작성했지만 더 의미에 부합하는 태그는 dl, dt, dd입니다. 메뉴가 많기 때문에 간략하게 작성해보겠습니다.

코드 1-133 PART_1/예제/B/2 _ starbucks/index.html

```
중략…
<ul class="main_menu">
  <li><a href="">coffee</a>
    <div class="sub_memu">
      <dl>
        <dt><a href="">커피</a></dt>
        <dd><a href="">스타벅스 원두</a></dd>
        <dd><a href="">스타벅스 비아</a></dd>
        <dd><a href="">스타벅스앳홈 by 캡슐</a></dd>
      </dl>
      <dl>
        <dt><a href="">에스프레소 음료</a></dt>
        <dd><a href="">도피오</a></dd>
        <dd><a href="">에스프레소 마키아또</a></dd>
        <dd><a href="">마키아또</a></dd>
        <dd><a href="">카푸치노</a></dd>
        <dd><a href="">라떼</a></dd>
```

```
            <dd><a href="">모카</a></dd>
        </dl>
    </div>
  </li>
  <li><a href="">menu</a>
    <div class="sub_memu">
        <dl>
            <dt><a href="">음료</a></dt>
            <dd><a href="">콜드 브루</a></dd>
            <dd><a href="">브루드 커피</a></dd>
            <dd><a href="">에스프레소</a></dd>
            <dd><a href="">프라푸치노</a></dd>
        </dl>
        <dl>
            <dt><a href="">푸드</a></dt>
            <dd><a href="">브레드</a></dd>
            <dd><a href="">샌드위치 &amp; 샐러드</a></dd>
            <dd><a href="">과일 &amp; 요거트</a></dd>
            <dd><a href="">스낵 &amp; 미니 디저트</a></dd>
            <dd><a href="">아이스크림</a></dd>
        </dl>
        <dl>
            <dt><a href="">상품</a></dt>
            <dd><a href="">머그</a></dd>
            <dd><a href="">글라스</a></dd>
            <dd><a href="">스테인리스 텀블러</a></dd>
            <dd><a href="">보온병</a></dd>
        </dl>
    </div>
  </li>
  <li><a href="">store</a></li>
  <li><a href="">responsibility</a></li>
  <li><a href="">starbucks rewars</a></li>
  <li><a href="">what's new</a></li>
</ul>
중략…
```

작성한 코드에서 주목할 부분은 서브 메뉴인 dl들을 클래스 명 sub_menu로 묶어준 부분입니다. 이렇게 묶어주면 클래스 명 sub_menu에서 자식 요소인 dl들을 가로로 배치할 수 있기 때문입니다. 작성 후 브라우저 화면을 확인해봅니다.

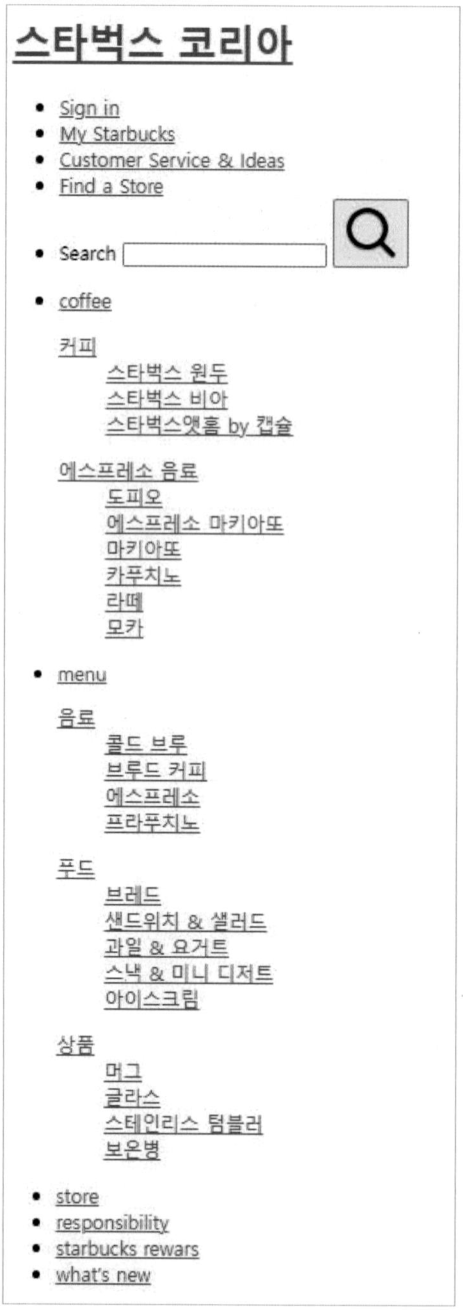

스타벅스 코리아

- Sign in
- My Starbucks
- Customer Service & Ideas
- Find a Store

- Search [   ] 🔍

- coffee

커피
스타벅스 원두
스타벅스 비아
스타벅스앳홈 by 캡슐

에스프레소 음료
도피오
에스프레소 마키아또
마키아또
카푸치노
라떼
모카

- menu

음료
콜드 브루
브루드 커피
에스프레소
프라푸치노

푸드
브레드
샌드위치 & 샐러드
과일 & 요거트
스낵 & 미니 디저트
아이스크림

상품
머그
글라스
스테인리스 텀블러
보온병

- store
- responsibility
- starbucks rewars
- what's new

[그림 1-165] 스타벅스 코리아 서브 메뉴 적용 화면

이로써 HTML 파트에서 할 부분은 완성했습니다.

CSS 기초편

이 장의 내용

2 CSS 기초편

본 파트에서는 기초 부분으로 기본적인 CSS 문법을 학습하고, 색상부터 레이아웃 배치하는 방법까지 학습합니다. 학습한 내용을 토대로 연습 문제를 풀어보는 순서로 진행합니다.

1. CSS 문법

작성된 HTML에 CSS를 통해 스타일을 설정하는 방법은 크게 3가지로 구분됩니다. 각 방법의 특징을 살펴보겠습니다.

1-1 인라인 스타일

인라인 스타일은 HTML 태그에 직접 스타일을 설정하는 방법입니다. 다음과 같이 새 문서를 작성해보겠습니다. 필자는 PART_2 폴더에 예제 폴더를 생성하고 01_syntax.html를 생성했습니다. 여러분도 다운로드한 샘플에서 해당 폴더에 파일을 생성해주세요. 참고로 VS Code에서 새 문서를 작성하고 느낌표 입력 후 Tab↹ 키를 누르면 기본 문서가 자동으로 작성됩니다.

코드 2-1 PART_2/예제/A/01_syntax.html

```
<!DOCTYPE html>
<html lang="en">
<head>
    <meta charset="UTF-8">
    <meta http-equiv="X-UA-Compatible" content="IE=edge">
    <meta name="viewport" content="width=device-width, initial-scale=1.0">
    <title>CSS 문법</title>
</head>
<body>


</body>
</html>
```

```
×           File  Edit  Selection  View  Go  Run  Terminal  Help                    01_syntax.html - 예제 - Visual Studio Code
      EXPLORER                    ···        ◇ 01_syntax.html ×
 ◠                                           ◇ 01_syntax.html › ⟨⟩ html
      ∨ OPEN EDITORS                           1   <!DOCTYPE html>
 ◯        ×  ◇ 01_syntax.html                   2   <html lang="en">
      ∨ 예제                                     3   <head>
 ⌥        ◇ 01_syntax.html                       4       <meta charset="UTF-8">
                                                5       <meta http-equiv="X-UA-Compatible" content="IE=edge">
                                                6       <meta name="viewport" content="width=device-width, initial-scale=1.0">
 ◿                                              7       <title>CSS 문법</title>
                                                8   </head>
                                                9   <body>
                                               10
 ◳                                             11   </body>
                                               12   </html>
```

[그림 2-1] 01_syntax.html 파일 생성

다음과 같이 제목 태그를 생성하고 색상을 파란색, 글자 크기를 12px이 되도록 작성합니다.

코드 2-2 PART _2/예제/A/01 _ syntax.html

```
중략…
<body>
    <h1 style="color:blue; font-size:12px">CSS 문법</h1>
</body>
</html>
```

저장 후 브라우저 화면을 확인합니다.

```
← → C  ⓘ 127.0.0.1:5500/01_syntax.html

CSS 문법
```

[그림 2-2] 인라인 스타일로 스타일 적용하기

브라우저를 확인해보면 지정한 스타일대로 화면에 이상 없이 표현되는 것을 확인할 수 있습니다. 하지만 이 방식으로 모든 CSS를 작성하면 당장은 화면에 의도대로 스타일이 표현되겠지만, 이후 해당 스타일을 수정할 때는 반드시 스타일이 지정된 태그를 찾아서 일일이 스타일을 변경해야만 합니다. 또한 현재 작성 중인 페이지 외에도 다른 많은 페이지에서 같은 방식으로 작성했다면 해당 사이트의 스타일을 수정하는 작업을 계속해서 반복해야 하기 때문에 유지 보수가 불편한 비효율적인 사이트가 되어 버립니다.

1-2 **<style> 태그에 CSS 적용하기**

CSS를 적용하는 다른 방법은 〈head〉 태그 내에 〈style〉 태그를 작성하고 그 안에 CSS 스타일을 지정하는 방법입니다. **코드 2-3** 과 같이 앞서 작성한 h1 태그는 주석 처리하고 h1과 h2 태그를 작성합니다.

코드 2-3 PART _ 2/예제/A/01 _ syntax.html

```
중략…
<body>
  <!-- <h1 style="color:blue; font-size:12px">CSS 기본문법</h1> -->
  <h1>CSS 기본문법</h1>
  <p>cascade style sheet 스타일을 지정한다. </p>
  <h2>heading</h2>
</body>
</html>
```

코드 2-4 와 같이 style 태그에 스타일을 작성합니다.

코드 2-4 PART _ 2/예제/A/01 _ syntax.html

```
중략…
  <title>CSS 기본문법</title>
  <style>
    h1 {
      color: blue;
      font-size: 12px;
    }
    h2 {
      color: blue;
      font-size: 12px;
    }
  </style>
</head>
<body>
  <!-- <h1 style="color:blue; font-size:12px">CSS 기본문법</h1> -->
  <h1>CSS 기본문법</h1>
  <p>cascade style sheet 스타일을 지정한다. </p>
  <h2>heading</h2>
  <!-- <h2 style="color:blue; font-size:12px">heading</h2> -->
</body>
</html>
```

스타일 작성 후 브라우저 화면을 확인해보면 지정한 색상과 크기가 제대로 표현되는 것을 확인할 수 있습니다.

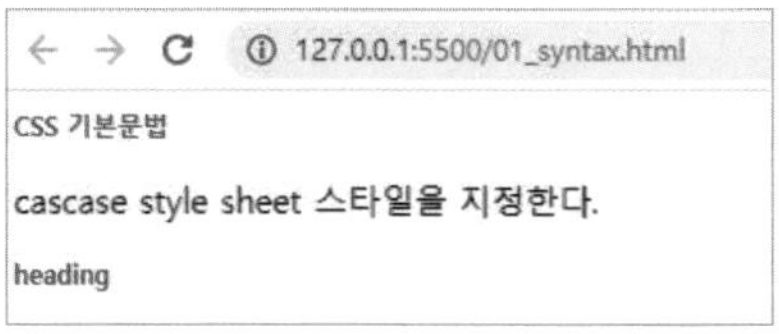

[그림 2–3] 인라인 스타일로 스타일 적용하기

style 태그에 작성한 CSS는 현재 작성 중인 HTML 파일에만 영향을 주게 됩니다. 즉, 현재 파일에서 h1과 h2는 몇 개가 있든 모두 동일한 스타일을 지정할 수 있고 이후 한꺼번에 스타일을 변경할 수 있게 됩니다. 하지만 다른 파일에도 같은 스타일이 적용할 필요가 있다면 그 파일에도 똑같은 스타일을 다시 작성해야하는 불편함이 있습니다.

1-3 별도의 CSS 파일과 연결하기

마지막으로 스타일을 적용하는 방법은 별도의 CSS 파일을 생성하고 해당 파일을 HTML과 연결하는 방법입니다. 코드 2-5 와 같이 head 태그 내에 link 태그를 작성합니다.

코드 2-5 ┃ PART _ 2/예제/A/01 _ syntax.html

```html
<!DOCTYPE html>
<html lang="en">
<head>
    <meta charset="UTF-8">
    <meta http-equiv="X-UA-Compatible" content="IE=edge">
    <meta name="viewport" content="width=device-width, initial-scale=1.0">
    <title>CSS 기본문법</title>
    <link rel="stylesheet" href="01.css">
    <style>
      /*
      h1 {
        color:blue;
        font-size:12px;
      }
      h2 {
        color:blue;
        font-size:12px;
      }
      */
    </style>
</head>
```

```
<body>
  <!-- <h1 style="color:blue; font-size:12px">CSS 기본문법</h1> -->
  <h1>CSS 기본문법</h1>
  <p>cascade style sheet 스타일을 지정한다. </p>
  <h2>heading</h2>


</body>
</html>
```

〈title〉 태그 아래에 link 태그를 작성하고 rel 속성의 값으로 stylesheet, href 속성의 값으로 01.css를 작성했습니다. 풀이를 하면 현재 HTML의 모양을 표현하는 css는 같은 폴더에 있는 01.css가 담당한다는 뜻입니다. 직역하면 rel(relationship)은 연결하려는 파일과의 관계는 stylesheet이고 그 참조 주소 href(hypertext reference)는 01.css라는 것입니다. 코드를 보면 기존 style 태그의 내용을 주석 처리했습니다. HTML 태그를 작성했으면 같은 폴더에 01.css 파일을 생성하고 **코드 2-6** 과 같이 작성합니다.

코드 2-6 PART _ 2/예제/A/01.css

```
h1 {
  color: blue;
  font-size: 12px;
}
h2 {
  color: blue;
  font-size: 12px;
}
```

01.css까지 작성 후 브라우저 화면에서 확인해보면 스타일이 정확히 표현된 것을 확인할 수 있습니다.

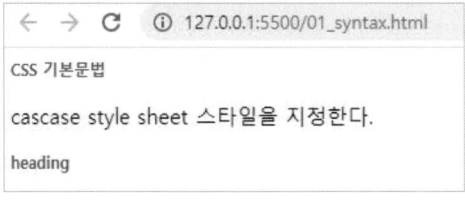

[그림 2-5] 01.css생성후 스타일 작성하기

위와 같이 별도의 css 파일을 생성하고 해당 CSS 파일과 여러 개의 HTML을 연결하면 하나의 CSS만 수정하면 연결된 수십 수백 개의 HTML 파일의 스타일을 모두 한꺼번에 변경할 수 있기 때문에 웹사이트 유지 관리가 훨씬 수월해지는 것입니다. 그래서 실무의 웹사이트에서는 별도의 CSS 파일을 만들고 연결하는 방식을 가장 많이 사용합니다. 하지만, 이후 설명할 CSS의 문법과 속성을 설명할 때는 편의상 해당 파일에만 적용될 CSS를 〈style〉 태그에 작성하도록 하겠습니다. 그러면 이제 본격적으로 CSS 문법을 학습해 보겠습니다.

1-4 CSS 문법 구조

스타일을 지정하는 기본 문법부터 알아보겠습니다. CSS는 [그림 2-6]과 같은 구조를 가지고 있습니다.

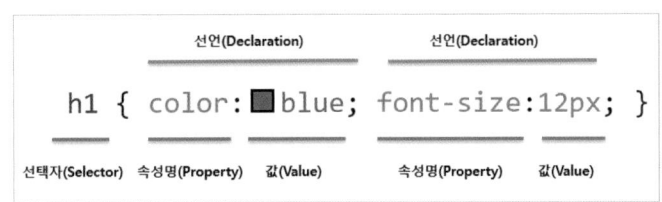

[그림 2-6] CSS 문법 구조

가장 먼저 h1은 선택자를 작성하는 부분입니다. 선택자는 HTML에서 스타일을 지정하고자 하는 요소를 선택하는 것입니다. HTML에서 원하는 요소를 선택하는 방법은 굉장히 다양하게 있습니다. 이 부분은 선택자의 종류에서 설명하겠습니다. 선택자 다음으로는 선언을 작성하게 됩니다. 선언은 중괄호로 감싸주게 됩니다. 선언에는 속성과 그 속성에 값을 지정합니다. 하나의 선언이 끝나면 세미콜론(;)으로 마무리합니다. 선택자에는 다수의 선언을 기술할 수 있습니다. 마지막 선언에는 세미콜론을 생략할 수 있습니다. 앞서 학습한 CSS 문법에 따라 색상 표현, 단위, 텍스트, 디스플레이, 배경, 박스 모델, 레이아웃 설정과 관련된 속성들을 살펴보겠습니다.

2. 색상과 단위

2-1 색상

CSS에서 색상을 표현하는 방법을 알아보겠습니다. Part 2 예제 폴더에 02_color.html를 생성하고 코드 2-7 과 같이 작성합니다. body 태그 안에 h1부터 h6까지 heading 태그를 작성했습니다.

코드 2-7 PART _ 2/예제/A/02 _ color.html

```
<!DOCTYPE html>
<html lang="ko">

<head>
  <meta charset="UTF-8">
```

```
    <meta name="viewport" content="width=device-width, initial-scale=1.0">
    <title>color</title>
    <style>

    </style>
  </head>

  <body>
    <h1>color</h1>
    <h2>color name</h2>
    <h3>RGB color</h3>
    <h4>rgba color</h4>
    <h5># hexa 코드</h5>
    <h6>hls color</h6>
  </body>

</html>
```

색상 이름

이제 〈style〉 태그에서 h2 요소를 선택하고 해당 요소의 글자 색상을 navy로 변경하기 위해 color 속성의 값으로 navy를 입력합니다. 저장 후 브라우저 화면을 확인하면 h2 요소의 색상이 변경된 것을 확인할 수 있습니다.

코드 2-8 PART _ 2/예제/A/02 _ color.html

```
중략…
  <title>color</title>
  <style>
    h2{
      color: navy;
    }
  </style>
</head>

<body>
  <h1>color</h1>
  <h2>color name</h2>
```

```
      <h3>hex 코드</h3>
      <h4>RGB color</h4>
      <h5>rgba color</h5>
      <h6>hls color</h6>
  </body>
</html>
```

[그림 2-7] 색상 이름으로 적용하기

hex 값

다음으로 헥스(hex) 값으로 색상을 변경할 수 있습니다. 헥스는 16진수를 뜻하는 것으로 색상으로 6자리의 숫자로 표현합니다. 숫자는 두 자리씩 끊어서 각각 'R', 'G', 'B'값을 나타내며, 각각의 값은 Red, Green, Blue를 의미하며 00이 해당 컬러가 없는 것이고, FF는 해당 값의 최댓값을 표현합니다.

style 태그 사이에 h3을 선택하고 color 속성의 값으로 #0000ff를 입력하고 브라우저에서 확인합니다.

코드 2-9   PART _ 2/예제/A/02 _ color.html

```
중략…
  <style>
    h2 {
      color: navy;
    }

    h3 {
      color: #0000ff;
    }
  </style>
</head>
```

```
<body>
    <h1>color</h1>
    <h2>color name</h2>
    <h3>hex 코드 </h3>
    <h4>RGB color</h4>
    <h5>rgba color</h5>
    <h6>hls color</h6>
</body>
```

[그림 2-8] 헥스 값으로 색상 표현하기

이때 RGB 값을 표현할 때 값이 2개씩 같은 경우는 하나를 줄일 수 있습니다. 즉 #0000ff의 경우 #00f 로 축약할 수 있습니다.

RGB 값

이번에는 색상을 RGB 값으로 표현하겠습니다. 앞서 헥스 값으로 표현했던 파란색을 RGB 값으로 표현 해보겠습니다. RGB 값을 정확하게 확인하는 가장 확실한 방법은 디자인을 완성한 프로그램의 컬러 차 트에서 확인하는 것입니다. 저는 포토샵의 컬러 피커에서 색상을 확인하겠습니다.

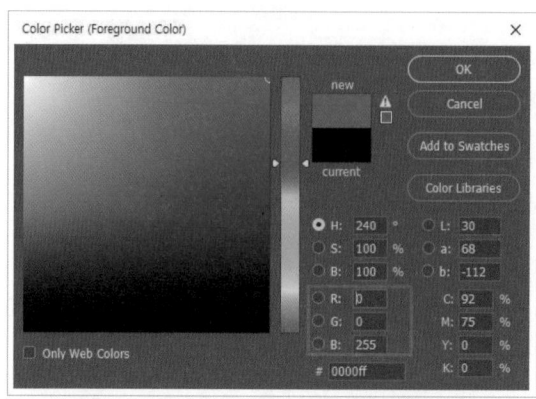

[그림 2-9] 포토샵의 컬러 피커에서 블루색상 설정하기

포토샵 없이 포토샵 파일 확인하기

www.photopea.com 사이트에 접속하면 온라인 프로그램을 이용하여 포토샵 파일을 포토샵과 거의 동일한 UI와 메뉴를 통해 확인할 수 있습니다.

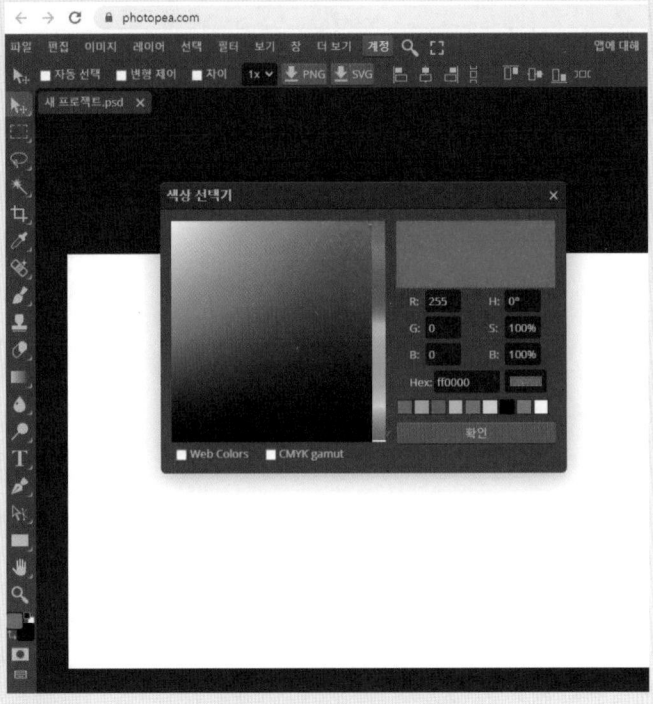

[그림 2-10] www.photopea.com

포토샵의 컬러 피커에서 가장 우측 상단의 컬러 값을 클릭하고 RGB 값을 확인하면 값이 0, 0, 255입니다. 해당 값을 스타일 태그에 적용합니다.

```
중략…
  <style>
    h2 {
      color: navy;
    }

    h3 {
      color: #0000ff;
    }

    h4 {
      color: RGB(0, 0, 255);
    }
  </style>
중략…
```

[그림 2-11] RGB 값으로 색상 표현

RGB에 alpha 값

RGB 값에는 alpha 값을 통해 투명도를 설정할 수 있습니다. 포토샵에서 사각형을 생성하고 배경색을 블루에 투명도 50%를 적용해보겠습니다. 참고로 배경 이미지 위에 사각형을 두 개 생성했습니다. 하나는 RGB 값으로 파란색으로 만들었고, 오른쪽 사각형은 같은 색상에 투명도를 50% 추가했습니다.

[그림 2-12] 투명도 확인하기

투명도 값이 적용된 요소의 색상을 CSS로 표현할 때는 RGB 값으로는 투명도를 구현할 수 없습니다. 이때는 반드시 해당 요소의 레이어에서 투명도가 몇으로 적용되었는지 확인해야 합니다. style 태그에 rgba 값을 적용하고 브라우저에서 확인해봅니다.

코드 2-11 PART _ 2/예제/A/02 _ color.html

```
중략…
    h5 {
        background-color: rgba(0, 0, 255, 0.5);
    }
중략…
```

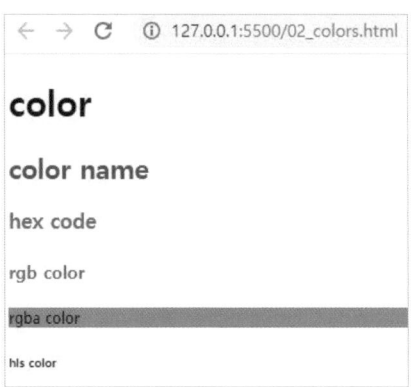
[그림 2-13] RGBA값으로 배경 색상 표현

색조, 채도, 명도 값

색상을 표현하는 마지막 방법은 색조 hue, 채도 saturation, 명도 lightness 값을 확인하여 적용하는 것입니다. 포토샵에서 파란색을 다시 hsl(색조, 채도, 명도) 값을 확인하고 적용해보겠습니다.

[그림 2-14] HSL값 확인

포토샵에는 H, S, B 값으로 표현되어 있습니다. 이때 B는 brightness(밝기)입니다. CSS에서는 lightness 로 표현합니다. 하지만 주의사항으로는 B 값을 100%으로 하면 모든 색상은 무조건 흰색으로 표현됩니다. 즉 어떤 컬러이든 빛을 최대로 표현하면 흰색이 되기 때문입니다. 그래서 100%의 B 값은 50%로 표현해야 디자인과 같은 색상을 표현할 수 있습니다. Style 태그에 hsl 값으로 배경색으로 적용합니다.

코드 2-12 PART _ 2/예제/A/02 _ color.html

```
중략…
    h6 {
        background-color: hsl(240, 100%, 50%);
        padding: 20px;
        color: #fff;
    }
중략…
```

이번에는 스타일에서 h6 요소의 내부의 여백도 추가하여 해당 요소의 크기를 크게 표현했습니다. padding이라는 속성은 이후 box-model을 설명할 때 자세히 설명하겠습니다. 브라우저 화면을 확인해 봅니다.

[그림 2-15] HSL값으로 배경색 지정하기

색조, 채도, 명도 값, 알파 값

hsl 값도 투명도를 적용할 수 있습니다. h6 요소에 다시 배경색을 지정하는데 기존 hsl 값에 alpha 값을
추가했습니다.

코드 2-13 PART _ 2/예제/A/02 _ color.html

```
중략…
    h6 {
        background-color: hsla(240, 100%, 50%, 0.5);
        padding: 20px;
        color: #fff;
    }
중략…
```

[그림 2-16] HSLA 값으로 배경색 지정하기

2-2 단위

CSS에서 너비, 높이, 간격 등을 지정할 때 사용하는 단위에 대해 알아보겠습니다. 우선, CSS에서 사용
가능한 단위의 종류를 대략 나열해 보겠습니다. pixel(px), percent(%), em, rem, vw, vh 등이 있겠습니
다. 예제 파일을 생성하겠습니다. 03_unit.html을 생성하고 Tab⇥+느낌표(!) 키를 이용하여 기본 코드를
생성합니다.

코드 2-14 PART _ 2/예제/A/03 _ unit.html

```
<!DOCTYPE html>
<html lang="en">

<head>
  <meta charset="UTF-8">
```

```
    <meta http-equiv="X-UA-Compatible" content="IE=edge">
    <meta name="viewport" content="width=device-width, initial-scale=1.0">
    <title>Unit</title>
</head>

<body>
    <h1>단위</h1>
    <h2>px</h2>
</body>

</html>
```

px 단위

HTML에서 div 요소를 생성하고 style 태그에서 너비를 px 단위로 입력하고 배경을 지정합니다. 이때 너비를 지정할 때 width라는 속성을 사용합니다.

코드 2-15 PART _ 2/예제/A/03 _ unit.html

```
중략…
    <style>
      .px {
          width: 200px;
          background-color: silver;
      }
    </style>
</head>

<body>
    <h1>단위</h1>
    <h2>px</h2>
    <div class="px">pixel</div>
</body>
```

브라우저 화면을 확인해보면 class 명 px인 div 요소의 너비가 지정한 만큼 공간을 차지하는 것을 볼 수 있습니다.

[그림 2-17] px로 너비 지정하기

px 단위는 디자인할 때 가장 기본적인 크기의 단위로서, CSS 스타일에서는 요소의 크기를 지정하는 가장 기본적인 단위입니다.

percent 단위

다음으로 퍼센트(%)의 사용법을 알아보겠습니다. 코드 2-16 과 같이 div 요소를 생성하고 스타일을 작성합니다.

코드 2-16 PART _ 2/예제/A/03 _ unit.html

```
중략…
  <style>
    .px {
       width: 200px;
       background-color: silver;
    }

    .child {
       width: 50%;
       background-color: silver;
    }
  </style>
</head>

<body>
  <h1>단위</h1>
  <h2>px</h2>
  <div class="px">pixel</div>
  <hr>
  <div class="parent">
    <div class="child">Child Element</div>
  </div>
</body>
```

div 요소를 두 개 생성했습니다. 자식 요소인 클래스 명 child에 너비 50%를 지정했습니다. 브라우저 화면을 확인해보면 브라우저 전체 화면에서 50%, 즉 화면의 절반을 차지하고 있습니다.

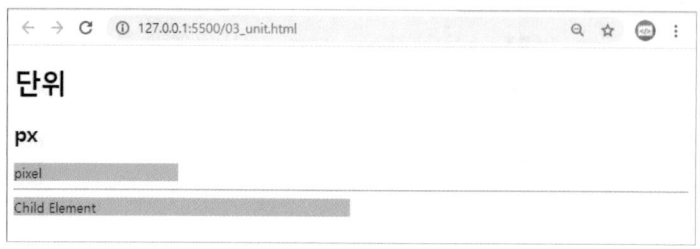

[그림 2-18] 퍼센트로 너비 지정하기

퍼센트 단위는 이렇듯 전체 너비에서 지정한 크기만큼 공간을 차지합니다. 이때 주의할 점은 퍼센트는 부모 요소가 지정한 너비에서의 비율이라는 것입니다. 무조건 화면 전체에서의 비율이 아닙니다. style 태그에서 코드 2-17 처럼 부모 요소의 너비에도 크기를 지정하고 브라우저를 확인합니다.

코드 2-17 PART _ 2/예제/A/03 _ unit.html

```
.child {
    width: 50%;
    background-color: silver;
}


.parent {
    width: 600px;
}
```

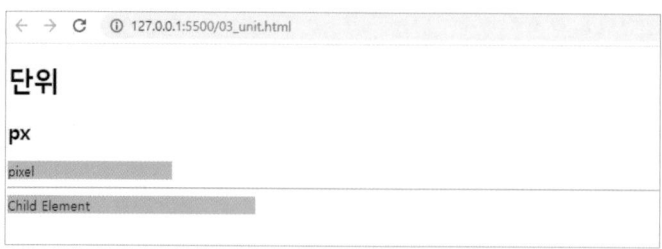

[그림 2-19] 부모 요소에 퍼센트로 너비 지정하기

브라우저를 확인해보면, 자식 요소는 너비를 변경하지 않았지만, 부모 요소의 너비 600px의 50% 즉 300px의 너비가 된 것을 확인할 수 있습니다. 보다 정확히 너비를 파악하는 방법은 개발자 도구에서 자식 요소를 클릭해보면 확인할 수 있습니다. F12 개발자 도구를 실행하고 Elements에서 class 명 child인 div 요소를 선택합니다. 그리고 Computed 항목을 보면 해당 요소의 크기를 확인할 수 있습니다.

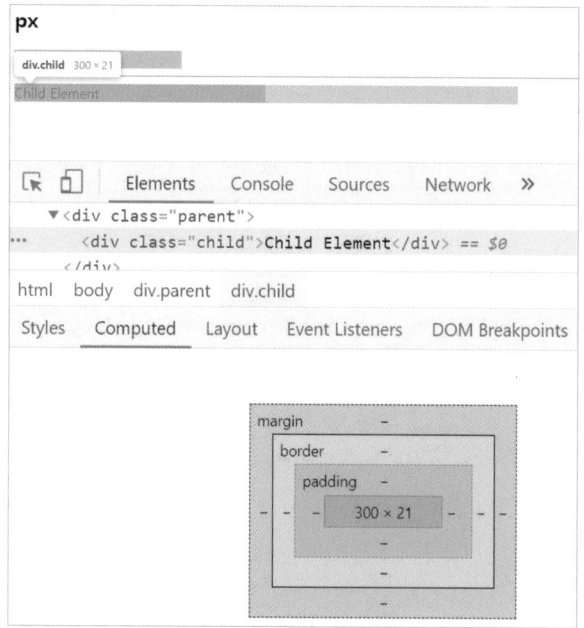

[그림 2-20] 요소의 너비 확인하기

em, rem 단위

다음으로 em(엠) 단위에 대해서 살펴보겠습니다. em, rem 단위는 앞서의 px, %와 달리 폰트 사이즈를 기준으로 크기를 배율로 반영해줍니다.

단위	설명
em	em 단위가 쓰여진 곳의 폰트 사이즈의 배수
rem	문서의 기본값인 16px의 배수

[표 2-1] em, rem

em

em 단위는 해당 단위가 쓰여진 곳의 폰트의 사이즈의 배수입니다. 코드 2-18 과 같이 p 태그, section 태그, h2 태그, p 태그, strong 태그를 생성합니다.

```
중략…
  <div class="parent">
    <div class="child">Child Element</div>
  </div>
  <hr>
  <p>
    Lorem ipsum dolor, sit amet consectetur adipisicing elit. Quo tenetur
reprehenderit quam dolores rerum incidunt fugiat beatae deserunt doloremque
temporibus esse nobis nihil similique possimus porro quasi exercitationem,
officia obcaecati.
  </p>
  <section>
    <h2>section title</h2>
    <p>
      Lorem ipsum dolor sit amet <strong>consectetur</strong>, adipisicing
elit. Laboriosam esse eius harum vel praesentium, laborum quasi, tenetur
sapiente velit repudiandae, excepturi odit itaque suscipit et quidem
consequuntur odio consectetur. Soluta!
    </p>
  </section>
</body>
중략…
```

코드 2-19 와 같이 CSS에서 section 태그 안의 p 태그를 선택하고 폰트 사이즈를 1.5em을 입력하고 브라우저에서 확인합니다. 이 때 section의 자식 요소를 선택하는 선택자 문법은 바로 다음 파트인 선택자에서 자세히 설명하겠습니다.

코드 2-19　PART _ 2/예제/A/03 _ unit.html

```
중략…
    .parent {
      width: 600px;
    }
    section p{
      font-size: 1.5em;
    }
  </style>
중략…
```

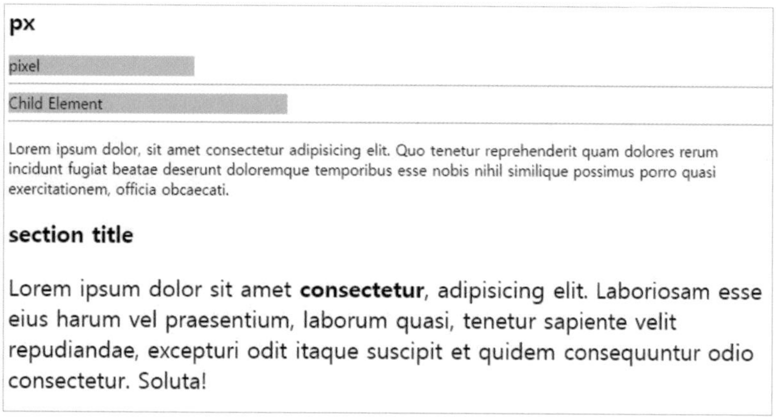

px

pixel

Child Element

Lorem ipsum dolor, sit amet consectetur adipisicing elit. Quo tenetur reprehenderit quam dolores rerum incidunt fugiat beatae deserunt doloremque temporibus esse nobis nihil similique possimus porro quasi exercitationem, officia obcaecati.

section title

Lorem ipsum dolor sit amet **consectetur**, adipisicing elit. Laboriosam esse eius harum vel praesentium, laborum quasi, tenetur sapiente velit repudiandae, excepturi odit itaque suscipit et quidem consequuntur odio consectetur. Soluta!

[그림 2-21] em 단위로 폰트 사이즈 지정하기

브라우저를 확인해보면 hr 내용의 구분선 뒤에 폰트 사이즈를 지정하지 않은 p 태그 보다 section 태그의 자식 요소인 p 태그의 폰트 사이즈가 1.5배 큰 것을 확인할 수 있습니다. 1.5em을 수치로 환산하면 다음과 같습니다.

1.5em = p태그의 원래 폰트 사이즈 16px X 1.5 = 24px

[표 2-2] EM 계산식

이 때 section의 자식 요소인 p 태그에 폰트 사이즈를 지정하지 않았을 때 기본 폰트 사이즈는 문서의 기본값을 상속받아서 16px입니다. 이번에는 body의 폰트 사이즈를 12px로 변경해보겠습니다.

코드 2-20 PART _ 2/예제/A/03 _ unit.html

```
중략…
    section p{
        font-size: 1.5em;
    }
    body{
        font-size: 12px;
    }
</style>
중략…
```

브라우저 화면을 확인해보면 제목을 제외한 텍스트들의 폰트 사이즈는 12px로 변경되었고, section의 자식 요소인 p 태그는 18px 크기로 변경된 것을 확인할 수 있습니다.

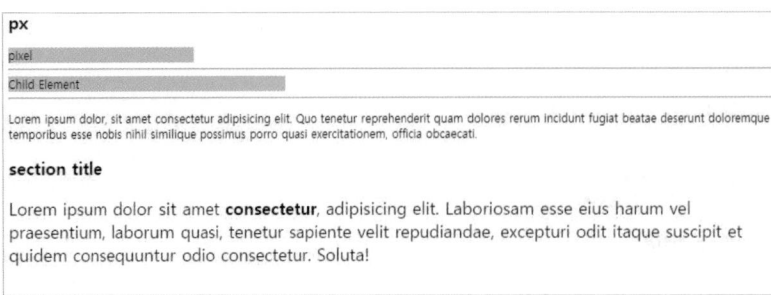

[그림 2-22] em 단위로 폰트 사이즈 지정하기

section의 자식 요소인 p 태그에서 강조의 의미를 나타내는 strong 태그에도 폰트 사이즈를 em 단위로
해보겠습니다.

코드 2-21   PART _ 2/예제/A/03 _ unit.html

```
section p{
    font-size: 1.5em;
}
body{
    font-size: 12px;
}
strong{
    font-size: 1.5em;
}
</style>
```

브라우저를 확인해봅니다. 그러면 strong 태그의 폰트 사이즈가 문단보다 큰 것을 확인할 수 있습니다.
이것은 strong 태그에 폰트 사이즈를 지정하기 전에 이미 18px로 변경되어 있기 때문에 이번에는 18px
에 1.5배 크기가 반영되는 것입니다.

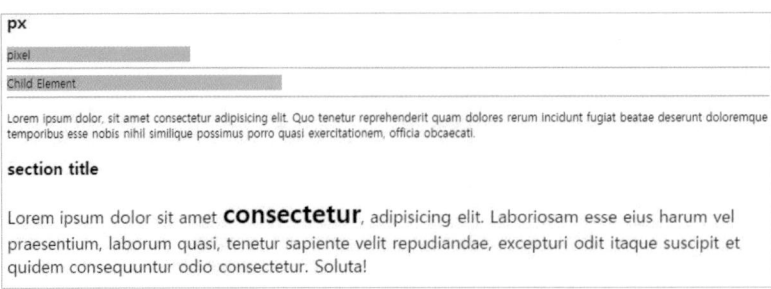

[그림 2-23] em 단위로 strong 태그 크기 지정

앞에서 확인한 것과 같이 em 단위는 해당 단위가 쓰여진 곳의 폰트 사이즈에 배수로 크기가 만들어집니다. 이렇게 크기를 작성하면 사이트의 전체적인 크기를 body의 폰트 사이즈를 변경함으로써 편하게 비율대로 조절할 수 있게 됩니다. 심지어 폰트 사이즈뿐만 아니라 요소의 크기도 em 단위로 변경할 수 있습니다. 코드 2-22 와 같이 section의 자식 요소인 p 태그의 너비를 지정하고 브라우저에서 확인해봅니다.

코드 2-22 PART _ 2/예제/A/03 _ unit.html

```
section p{
   font-size: 1.5em;
   width: 30em;
}
```

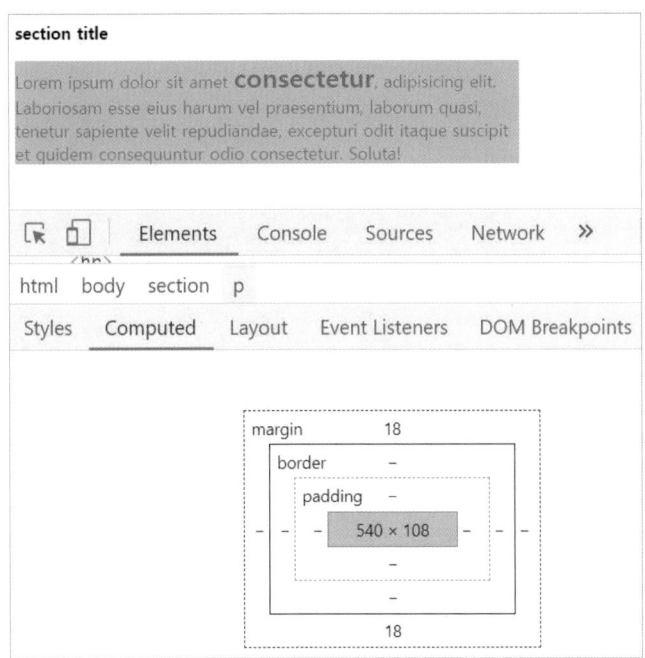

[그림 2-24] em 단위로 너비 지정

개발자 도구에서 section의 자식 요소 p 태그의 크기를 확인해보면 540px로 나온 것을 확인할 수 있습니다. 풀어서 계산해보면 [표 2-3]과 같습니다.

30em = body font-size(12px) X section p font-size(1.5em) X 30em = 540px

[표 2-3] em 너비 계산식

rem

rem은 em과 같이 해당 단위가 쓰여진 곳의 폰트 사이즈를 확인할 필요가 없습니다. 무조건 문서의 기본값인 16px의 배수로 계산합니다. 코드 2-23 과 같이 aside, h2, p 태그를 생성합니다.

코드 2-23 PART _ 2/예제/A/03 _ unit.html

```
중략…
  <hr>
  <aside>
    <h2>Aside title</h2>
    <p>
        Lorem ipsum dolor sit amet consectetur adipisicing elit. Ipsa facilis
quos sed minus temporibus ratione soluta officia repellendus fugit ad. Similique
illum dolor expedita debitis quos delectus nihil quas fuga.
    </p>
  </aside>
</body>
```

CSS에서 aside의 자식 요소인 p의 폰트 사이즈를 1.5rem으로 입력하고 브라우저에서 확인해봅니다.

코드 2-24 PART _ 2/예제/A/03 _ unit.html

```
aside p{
    font-size: 1.5rem;
}
```

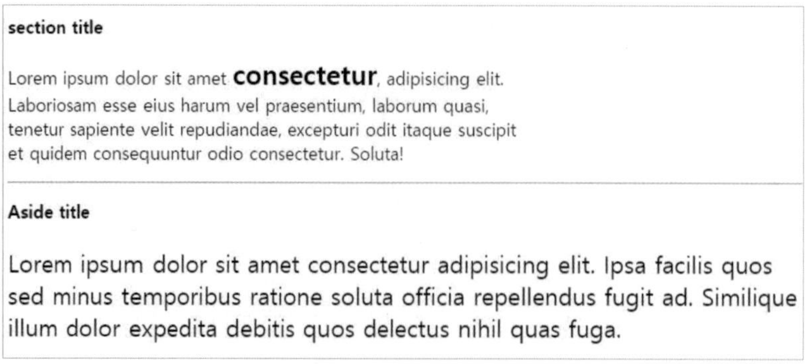

section title

Lorem ipsum dolor sit amet **consectetur**, adipisicing elit.
Laboriosam esse eius harum vel praesentium, laborum quasi,
tenetur sapiente velit repudiandae, excepturi odit itaque suscipit
et quidem consequuntur odio consectetur. Soluta!

Aside title

Lorem ipsum dolor sit amet consectetur adipisicing elit. Ipsa facilis quos
sed minus temporibus ratione soluta officia repellendus fugit ad. Similique
illum dolor expedita debitis quos delectus nihil quas fuga.

[그림 2-25] rem 단위로 폰트 사이즈 지정

브라우저에서 확인해보면 section의 자식 요소 p 태그(1.5em) 보다 aside의 자식 요소 p(1.5rem)의 폰트 사이즈가 큰 것을 확인할 수 있습니다. 계산식을 다시 보면 [표 2-4]와 같습니다.

구분	계산식
section p 1.5em	18px = body font-size(12px) X 1.5
aside p 1.5rem	24px = 문서의 기본값(16px) X 1.5

[표 2-4] em rem 너비 계산식

rem 단위에서 r은 root를 의미하고 즉 문서의 근원, 즉 초깃값을 기반으로 크기가 계산된다는 것입니다. rem 단위를 작성한 요소의 크기도 기준이 되는 root의 폰트 사이즈를 변경함으로써 비율대로 축소 확대할 수 있습니다. 코드 2-25 와 같이 root 선택자를 이용하여 문서의 기본 폰트 사이즈를 12px로 변경하고 브라우저에서 확인해봅니다.

코드 2-25 **PART _ 2/예제/A/03 _ unit.html**

```
:root{
    font-size: 12px;
}
```

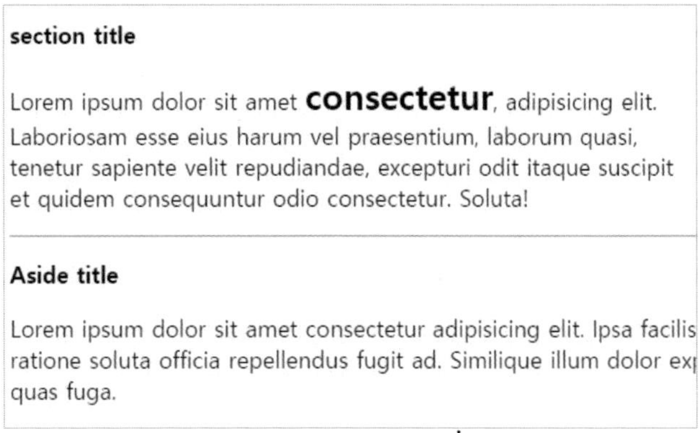

section title

Lorem ipsum dolor sit amet **consectetur**, adipisicing elit. Laboriosam esse eius harum vel praesentium, laborum quasi, tenetur sapiente velit repudiandae, excepturi odit itaque suscipit et quidem consequuntur odio consectetur. Soluta!

Aside title

Lorem ipsum dolor sit amet consectetur adipisicing elit. Ipsa facilis ratione soluta officia repellendus fugit ad. Similique illum dolor ex[quas fuga.

[그림 2-26] rem 단위의 기준 변경

브라우저 화면을 확인해보면, 이제 section의 p 요소와 aside의 p 요소 모두 같은 사이즈로 화면에 표현됩니다.

em, rem의 장단점

px 기반으로 구현된 웹사이트는 상황에 따라 전체적으로 웹사이트의 크기를 확대 축소하기가 까다롭습니다. 모든 px 기반의 단위를 일일이 수정해야 하기 때문입니다. 하지만 em, rem 단위로 작성했다면 기준이 되는 요소의 크기만 조절하면 전체적으로 확대 축소하기가 용이합니다. 다만 px 기반으로 되어 있는 디자인을 참조하여 코딩할 때 em, rem 단위로 변환을 해야하는 초반이 번거로울 수 있습니다. 이런 번거로움은 http://pxtoem.com/ 과 같은 사이트의 도움을 받아 해결할 수 있습니다.

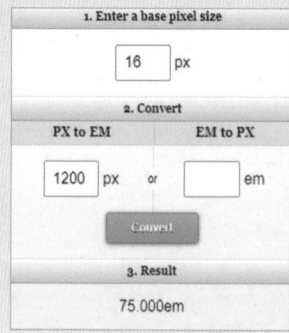

[그림 2-27] http://pxtoem.com

vw, vh 단위

마지막으로 CSS 단위 중 vw, vh를 살펴보겠습니다. 앞서 PART1의 HTML 파트에서 viewport 설정에 대해 학습했습니다. vw=viewport width, vh=viewport height 즉 vw, vh는 웹페이지의 viewport 너비와 높이에서의 비율을 말합니다. 예를들면, 50vw라면 viewport전체 가로 너비에서 50%의 너비를 차지한다는 것입니다.

새 문서 04_unit_vw_vh.html을 생성하고 해당 단위의 사용법을 알아보겠습니다.

PART _ 2/예제/A/04 _ unit _ vw _ vh.html

```
<!DOCTYPE html>
<html lang="en">
<head>
    <meta charset="UTF-8">
    <meta http-equiv="X-UA-Compatible" content="IE=edge">
    <meta name="viewport" content="width=device-width, initial-scale=1.0">
    <title>viewport unit</title>
</head>
<body>
    <header>
        <h1>Logo</h1>
    </header>
</body>
</html>
```

문서를 생성했으면 header 요소의 너비를 지정하고 배경색을 지정합니다. 우선 vw 단위를 사용해 보고자 합니다. 퍼센트와 비교를 위해서 header 요소의 너비를 100%로 지정하고 화면을 확인하겠습니다.

코드 2-27 과 같이 style 태그 안에 CSS를 작성하고 브라우저를 확인합니다.

코드 2-27 PART _ 2/예제/A/04 _ unit _ vw _ vh.html

```
header{
    width: 100%;
    background-color: silver;
}
```

[그림 2-28] header 너비를 %로 지정

이번에는 너비의 단위를 100vw로 지정하고 브라우저를 확인해봅니다.

```
header{
    width: 100vw;
    background-color: silver;
}
```

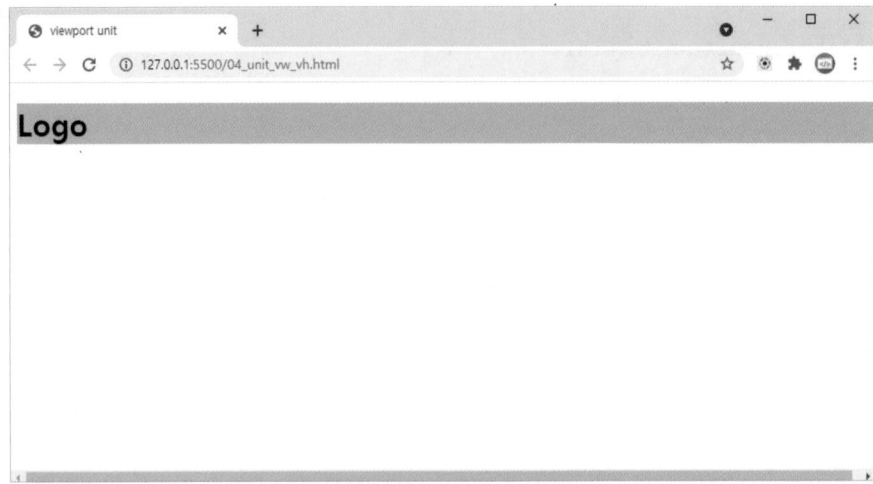

[그림 2-29] header 너비를 vw로 지정

너비를 지정하고 확인해보면 header 요소의 너비가 %로 지정한 것보다 넓은 것을 확인할 수 있습니다. %는 부모 요소가 만들어 준 공간 안에서의 비율이기 때문에 부모 요소인 body 태그가 만들어준 공간 안에서 100%를 사용한 것입니다. 하지만 vw는 viewport 너비 대비 비율로서 html이나 body가 만들어 준 공간이 아니라 브라우저 전체 너비를 기준으로 크기를 지정하는 것입니다. 그래서 viewport로 지정한 너비가 더 크게 잡히는 것입니다. 물론 CSS reset을 통해 모든 요소의 여백을 초기화 했다면 기본적으로 header의 너비는 %로 지정한 것과 vw로 지정한 값은 동일하게 표현됩니다. 비교를 위해서 코드를 더 작성하고 확인해보겠습니다. 코드 2-29 와 같이 div 요소를 만들고 크기를 지정합니다.

코드 2-29 PART _ 2/예제/A/04 _ unit _ vw _ vh.html

```
<style>
  header{
    width: 100vw;
    background-color: silver;
  }
  .parent{
    width: 600px;
    background-color: silver;
```

```
        }
        .child{
            width: 50%;
            background-color: green;
        }
        .child2{
            width: 50vw;
            background-color: green;
        }
    </style>
</head>
<body>
    <header>
        <h1>Logo</h1>
    </header>
    <hr>
    <div class="parent">
        <div class="child">Percent</div>
        <div class="child2">vw</div>
    </div>
</body>
</html>
```

브라우저를 확인해보면 클래스 명 child의 너비는 부모가 만들어 준 600px의 50%를 차지하지만, 클래스 명 child2는 viewport 화면 전체를 기준으로 50%이기 때문에 다르게 나타납니다. 만약 브라우저 화면에서 내용이 길어 스크롤바가 생긴다면 vw는 스크롤바 영역까지 포함한 전체 너비를 기준으로 크기를 계산합니다.

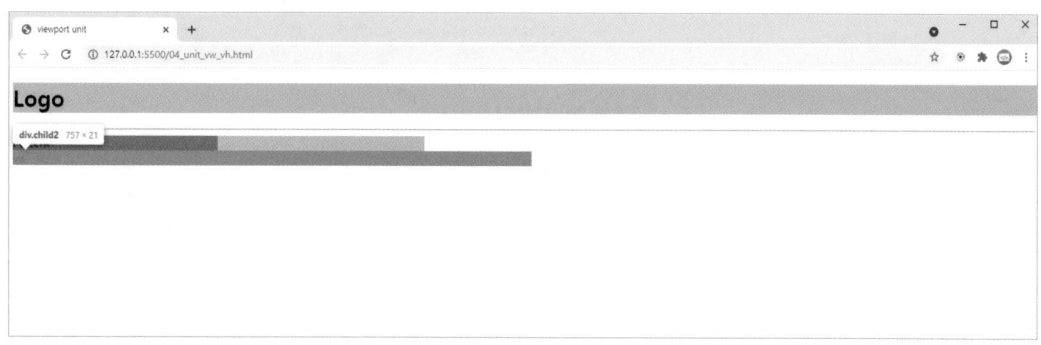

[그림 2-30] %, vw 비교

다음으로 vh 단위를 이용하여 높이를 구현해보겠습니다. 다음 코드 2-30 과 같이 05_unit_vw_vh.html 새 문서를 생성하고 div 요소의 높이를 지정합니다.

코드 2-30 PART _ 2/예제/A/05 _ unit _ vh.html

```html
<!DOCTYPE html>
<html lang="en">
<head>
    <meta charset="UTF-8">
    <meta http-equiv="X-UA-Compatible" content="IE=edge">
    <meta name="viewport" content="width=device-width, initial-scale=1.0">
    <title>viewport unit</title>
    <style>
        .child{
            height: 50%;
            background: green;
        }
    </style>
</head>
<body>
    <div class="parent">
        <div class="child">child</div>
    </div>
</body>
</html>
```

[그림 2-31] 높이 %로 지정

클래스 명 child에 높이 50%를 지정하고 브라우저에서 확인해보면 [그림 2-31]과 같이 높이가 제대로 반영되어 나타나지 않고 있습니다. 앞서 %의 정의를 부모가 만들어 준 공간 안에서의 비율이라고 했습니다. 현재 child 요소의 높이가 브라우저 세로 전체 높이의 50%가 나타나려면 child의 부모인 클래스 명 parent가 브라우저 전체 화면을 모두 사용하고 있어야 합니다. 하지만 개발자 도구에서 클래스 명 child 요소의 높이를 확인해보면 [그림 2-32]와 같이 높이가 화면 전체를 사용하지 않는 것을 볼 수 있습니다.

[그림 2-32] 부모 요소의 높이 확인

클래스 명 parent가 높이를 모두 사용하려면, 해당 요소의 부모인 body, 또 더 나아가 html 요소의 높이도 100% 여야 합니다. 코드 2-31 과 같이 parent, body, html에 모두 height 값을 100%를 지정하고 브라우저를 확인합니다.

코드 2-31 PART _ 2/예제/A/05 _ unit _ vh.html

```
중략…
  <style>
    html, body, .parent{
       height: 100%;
    }
    .child{
       height: 50%;
       background: green;
    }
  </style>

중략…
```

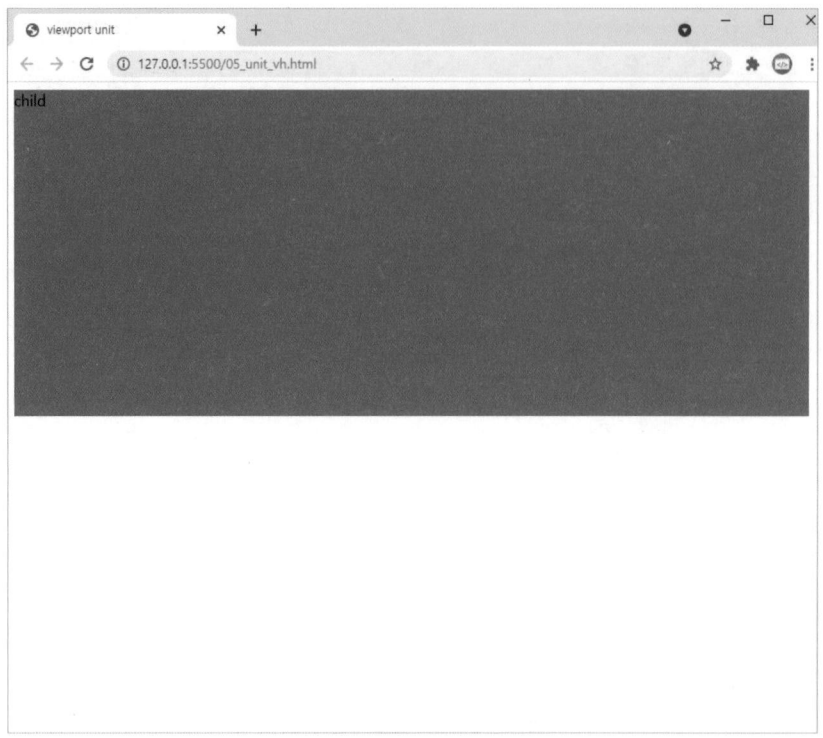

[그림 2-33] % 높이 확인

브라우저를 확인하면 이제 class 명 child의 높이가 의도대로 전체 높이에서 50%를 차지하고 있는 것을 확인할 수 있습니다. 하지만, 높이를 50vh를 주면 브라우저의 세로면이 기준이기 때문에 부모 요소의 높이와 상관없이 브라우저 화면 세로 높이의 50%를 지정할 수 있습니다. 이상으로 CSS에서 자주 사용하는 단위에 대해 살펴보았습니다.

◀ 혼자 정리하는 웹 퍼블리싱 ▶

font-size: 150%, font-size: 5vw

%, vw 단위는 font-size에도 종종 사용합니다. 글씨의 크기를 변경할 때 font-size: 150%는 문서의 기본값 16px에 1.5배수로 24px입니다. 하지만 Font-size: 5vw는 고정값이 아니라 viewport즉 브라우저 화면의 전체 너비를 기준으로 하기 때문에 만약 viewport 너비가 1000px이면 1000 x 0.05 = 50px과 같이 계산하여 글씨의 크기가 50px이 됩니다. 이는 브라우저 너비가 변경될 때마다 글씨 크기는 유동적으로 바뀌는 것입니다. 그래서 font-size에 vw 단위는 반응형 웹사이트를 제작할 때 주로 사용됩니다.

3. 선택자

다음으로 CSS에서 단연코 가장 중요하다고 볼 수 있는 선택자에 대해서 학습하겠습니다. 선택자가 중요한 이유는 HTML 태그에서 스타일을 지정하고자 하는 요소를 정확하게 선택할 수 있어야 HTML을 최대한 간결하게 유지하면서 원하는 스타일을 적용할 수 있기 때문입니다. 다양한 방법의 선택자를 숙지하고 있으면 그만큼 HTML에 별도의 이름을 지정하지 않고도 요소들을 선택할 수 있기 때문에 HTML이 훨씬 가독성이 좋아지고 파일 용량 또한 줄일 수 있습니다. 선택자는 많은 종류가 있지만 실제 코딩에서 많이 사용하는 유용한 것들만 모아서 총 15개로 정리하여 설명하겠습니다.

3-1 전체 선택자 – universal selector

전체 선택자는 모든 요소를 선택합니다. 선택자로 *(별표)를 사용합니다.

```
* {속성: 값; }
```

예제에서 06_universal_selector.html을 오픈합니다.

코드 2-32 PART _ 2/예제/A/06 _ universal _ selector.html

```
<!DOCTYPE html>
<html lang="en">

<head>
    <meta charset="UTF-8">
    <meta http-equiv="X-UA-Compatible" content="IE=edge">
    <meta name="viewport" content="width=device-width, initial-scale=1.0">
    <title>Universal Selector</title>
    <style>

    </style>
</head>

<body>
    <h1>Heading 1</h1>
    <h2>Heading 2</h2>
    <p>Lorem, ipsum dolor sit amet consectetur adipisicing elit. Magnam
    quisquam repellendus, velit impedit eaque adipisci eligendi! Doloribus
    enim eius architecto a earum non nisi tempora cupiditate esse, blanditiis
    dolore. Facilis.</p>
```

```
</body>

</html>
```

전체 선택자를 이용하여 모든 요소들의 색상을 blue로 적용하고 브라우저 화면을 확인해보면 모든 요소들의 글자 색상이 green으로 적용된 것을 확인할 수 있습니다.

코드 2-33

```
<style>
  *{
  color: green
  }
</style>
```

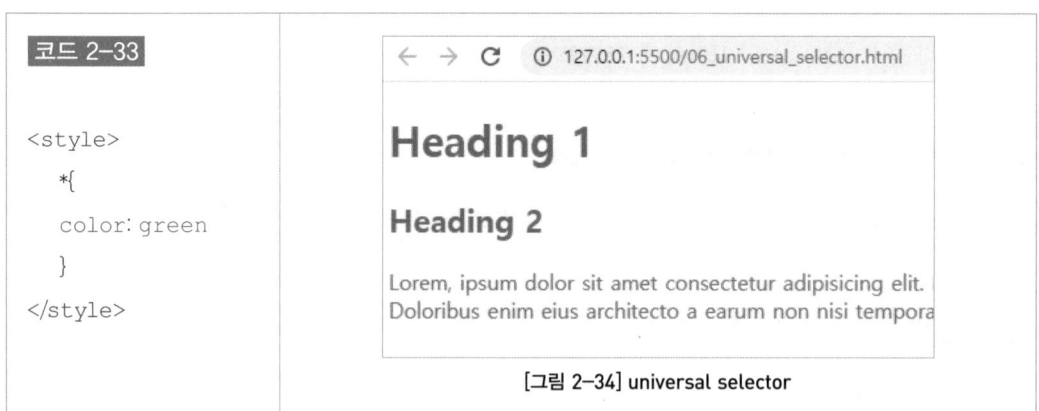

[그림 2-34] universal selector

3-2 태그 선택자 – tag selector

태그 선택자는 요소를 선택하는 가장 기본적인 방법으로 HTML에서 태그 이름으로 원하는 요소를 선택하는 것입니다. 코드 2-34 와 같이 예제 파일 07_tag_selector.html을 오픈합니다.

태그 명 {속성: 값; }

코드 2-34 PART _ 2/예제/A/07 _ tag _ selector.html

```
<!DOCTYPE html>
<html lang="en">
<head>
  <meta charset="UTF-8">
  <meta http-equiv="X-UA-Compatible" content="IE=edge">
  <meta name="viewport" content="width=device-width, initial-scale=1.0">
  <title>Tag Selector</title>
</head>
<body>
  <h1>Heading 1</h1>
```

```
    <h2>Heading 2</h2>
    <p>Lorem, ipsum dolor sit amet consectetur adipisicing elit. Magnam
    quisquam repellendus, velit impedit eaque adipisci eligendi! Doloribus
    enim eius architecto a earum non nisi tempora cupiditate esse, blanditiis
    dolore. Facilis.</p>
</body>
</html>
```

앞서 예제와 마찬가지로 CSS는 해당 파일의 head 영역에 작성하겠습니다. style 태그를 생성하고 h1 요소를 선택하여 글자 색상을 파란색으로 지정해보겠습니다.

코드 2-35 PART _ 2/예제/A/07 _ tag _ selector.html

```
중략…
    <title>Tag Selector</title>
    <style>
        h1 {
            color: blue;
        }
    </style>
</head>

중략…
```

선택자로 h1 태그 이름을 사용하고 중괄호 안에 속성 명 color의 값으로 blue를 입력하여 색상을 변경했습니다. 이렇게 HTML에서 태그로 원하는 요소를 선택하는 방법이 태그 선택자입니다.

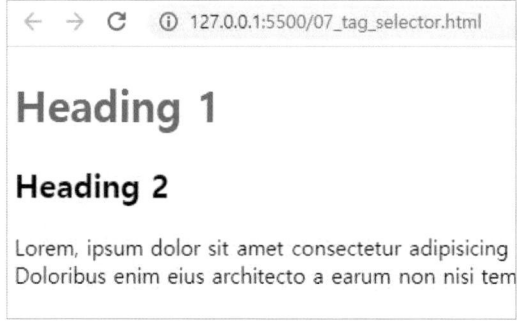

[그림 2-35] 태그 선택자로 색상 변경

3-3 아이디 선택자 – id selector

HTML 태그에서 유일무이한 요소에 지정한 id 값을 이용하여 요소를 선택하는 방법입니다. 코드 2-36 과 같이 08_id_selector.html을 오픈합니다. id 명으로 선택할 때는 아이디명 앞에 #을 입력합니다. 배경 색을 silver로 지정했습니다.

문법

#아이디 명 { 속성: 값; }

코드 2-36 PART _ 2/예제/A/08 _ id _ selector.html

```html
<!DOCTYPE html>
<html lang="en">
<head>
   <meta charset="UTF-8">
   <meta http-equiv="X-UA-Compatible" content="IE=edge">
   <meta name="viewport" content="width=device-width, initial-scale=1.0">
   <title>ID Selector</title>
   <style>
      #logo {
         background-color: silver;
      }
   </style>
</head>
<body>
   <h1 id="logo">Heading 1</h1>
   <h2>Heading 2</h2>
   <p>Lorem, ipsum dolor sit amet consectetur adipisicing elit. Magnam
   quisquam repellendus, velit impedit eaque adipisci eligendi! Doloribus
   enim eius architecto a earum non nisi tempora cupiditate esse, blanditiis
   dolore. Facilis.</p>
</body>
</html>
```

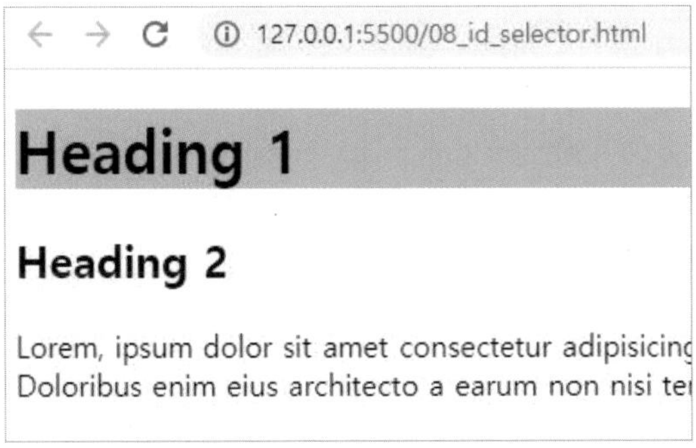

[그림 2-36] 아이디 선택자로 배경색 변경

3-4 클래스 선택자 – class selector

앞서 언급한 태그 선택자와 아이디 선택자 보다는 조금 난이도가 있는 클래스 선택자에 대해 살펴보겠습니다. id는 HTML에서 하나의 요소에만 적용되는 스타일이기 때문에 고민할 여지가 거의 없습니다. 하지만 클래스 명은 하나 또는 하나 이상의 요소에 동일할 이름을 지정하여 동일한 스타일을 적용하고자 할 때 사용합니다. 코드 2-37 과 같이 09_class_selector.html를 오픈합니다.

문법

.클래스 명 {속성: 값; }

코드 2-37 PART _ 2/예제/A/09 _ class _ selector.html

```
<!DOCTYPE html>
<html lang="en">
<head>
  <meta charset="UTF-8">
  <meta http-equiv="X-UA-Compatible" content="IE=edge">
  <meta name="viewport" content="width=device-width, initial-scale=1.0">
  <title>Class Selector</title>
  <style>

  </style>
</head>
<body>
  <p>Lorem, ipsum dolor sit amet consectetur adipisicing elit. Magnam
  quisquam repellendus, velit impedit eaque adipisci eligendi! Doloribus
  enim eius architecto a earum non nisi tempora cupiditate esse, blanditiis
  dolore. Facilis.</p>
```

```
    <p>Lorem, ipsum dolor sit amet consectetur adipisicing elit. Magnam
    quisquam repellendus, velit impedit eaque adipisci eligendi! Doloribus
    enim eius architecto a earum non nisi tempora cupiditate esse, blanditiis
    dolore. Facilis.</p>
    <p>Lorem, ipsum dolor sit amet consectetur adipisicing elit. Magnam
    quisquam repellendus, velit impedit eaque adipisci eligendi! Doloribus
    enim eius architecto a earum non nisi tempora cupiditate esse, blanditiis
    dolore. Facilis.</p>
</body>
</html>
```

이제 3개의 문단에 모두 small이라는 클래스 명을 추가합니다. 클래스 명을 선택할 때는 클래스 명 앞에 .(점)을 입력합니다. 폰트 사이즈를 14px로 적용합니다.

코드 2-38 PART _ 2/예제/A/09 _ class _ selector.html

```
중략…
  <style>
    .small{
       font-size: 14px;
    }
  </style>
</head>
<body>
    <p class="small">Lorem, ipsum dolor sit amet consectetur adipisicing
elit. Magnam quisquam repellendus, velit impedit eaque adipisci eligendi!
Doloribus enim eius architecto a earum non nisi tempora cupiditate esse,
blanditiis dolore. Facilis.</p>
    <p class="small">Lorem, ipsum dolor sit amet consectetur adipisicing
elit. Magnam quisquam repellendus, velit impedit eaque adipisci eligendi!
Doloribus enim eius architecto a earum non nisi tempora cupiditate esse,
blanditiis dolore. Facilis.</p>
    <p class="small">Lorem, ipsum dolor sit amet consectetur adipisicing
elit. Magnam quisquam repellendus, velit impedit eaque adipisci eligendi!
Doloribus enim eius architecto a earum non nisi tempora cupiditate esse,
blanditiis dolore. Facilis.</p>
</body>
```

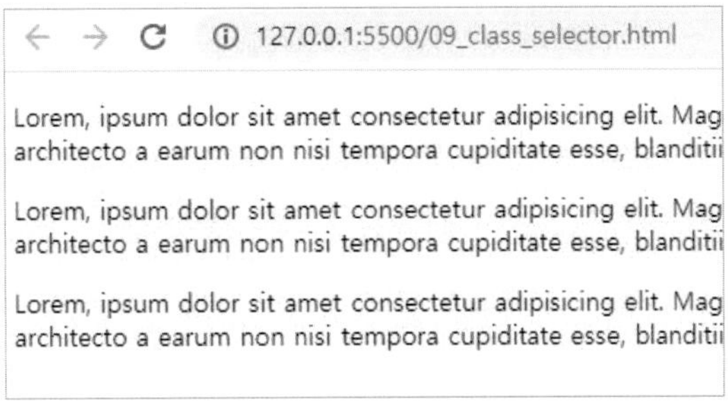

[그림 2-37] 클래스 명 small 스타일 변경

브라우저를 확인해보면 3개의 문단이 모두 폰트 사이즈 14px로 변경된 것을 확인할 수 있습니다. 이제 두 번째와 세 번째 문단에는 highlight-color라는 클래스 명을 추가하고 해당 클래스의 글자 색상을 blue로 변경합니다.

코드 2-39 PART _ 2/예제/A/09 _ class _ selector.html

```
중략…
  <style>
    .small{
      font-size: 14px;
    }
    .highlight-color{
      color: blue;
    }
  </style>
</head>
<body>
  <p class="small">Lorem, ipsum dolor sit amet consectetur adipisicing elit.
  Magnam quisquam repellendus, velit impedit eaque adipisci eligendi!
  Doloribus enim eius architecto a earum non nisi tempora cupiditate esse,
  blanditiis dolore. Facilis.</p>
  <p class="small highlight-color">Lorem, ipsum dolor sit amet consectetur
  adipisicing elit. Magnam quisquam repellendus, velit impedit eaque adipisci
  eligendi! Doloribus enim eius architecto a earum non nisi tempora cupiditate
  esse, blanditiis dolore. Facilis.</p>
  <p class="small highlight-color">Lorem, ipsum dolor sit amet consectetur
  adipisicing elit. Magnam quisquam repellendus, velit impedit eaque adipisci
  eligendi! Doloribus enim eius architecto a earum non nisi tempora cupiditate
  esse, blanditiis dolore. Facilis.</p>
중략…
```

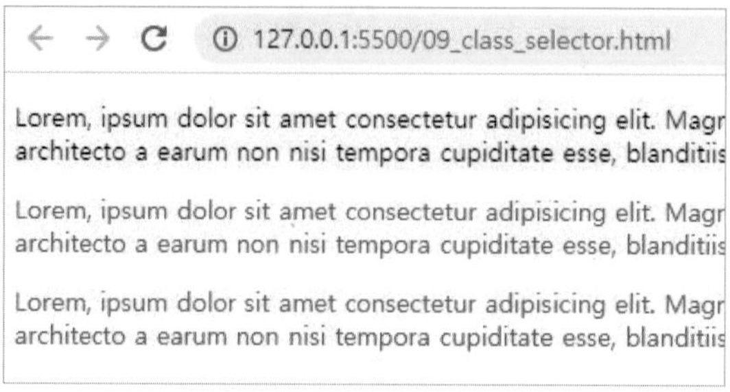

[그림 2-38] 클래스 명으로 색상 변경

브라우저를 확인해보면, 같은 클래스 명이 있는 두 번째, 세 번째 요소의 색상이 변경된 것을 확인할 수 있습니다. 마지막으로 마지막 문단에 클래스 명 bold를 추가하고 해당 요소의 font-weight를 bold로 지정합니다.

코드 2-40 PART _ 2/예제/A/09 _ class _ selector.html

```
중략…
  <style>
    .small{
        font-size: 14px;
    }
    .highlight-color{
        color: blue;
    }
    .bold{
        font-weight: bold;
    }
  </style>
</head>
<body>
  <p class="small">Lorem, ipsum dolor sit amet consectetur adipisicing elit.
  Magnam quisquam repellendus, velit impedit eaque adipisci eligendi!
  Doloribus enim eius architecto a earum non nisi tempora cupiditate esse,
  blanditiis dolore. Facilis.</p>
  <p class="small highlight-color">Lorem, ipsum dolor sit amet consectetur
  adipisicing elit. Magnam quisquam repellendus, velit impedit eaque adipisci
  eligendi! Doloribus enim eius architecto a earum non nisi tempora cupiditate
  esse, blanditiis dolore. Facilis.</p>
  <p class="small highlight-color bold">Lorem, ipsum dolor sit amet consectetur
  adipisicing elit. Magnam quisquam repellendus, velit impedit eaque adipisci
  eligendi! Doloribus enim eius architecto a earum non nisi tempora cupiditate
```

```
esse, blanditiis dolore. Facilis.</p>
중략…
```

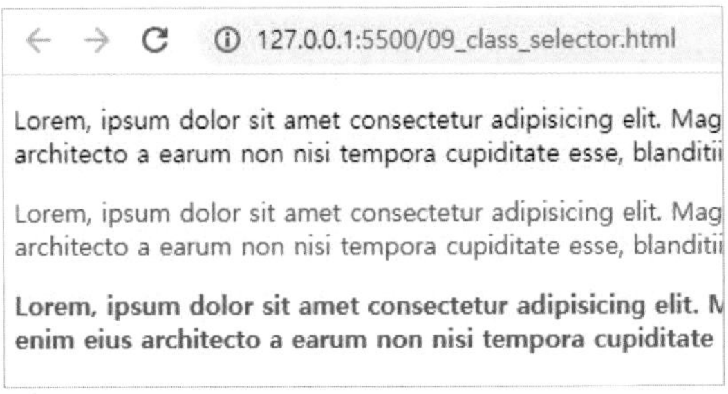

[그림 2-39] 클래스 명으로 font-weight 변경

브라우저를 확인해보면 마지막 문단만 font-weight가 적용된 것을 확인할 수 있습니다. 이렇듯 클래스 명은 하나 또는 하나 이상의 동일한 요소에게 같은 스타일을 적용하고자 할 때 사용합니다. 그러면 현재 코드를 클래스 명이 아닌 id를 이용하여 작성했다면 어떻게 다른 지도 예제를 만들고 확인해보도록 하겠습니다. **코드 2-41** 과 같이 10_id_selector.html를 오픈하고 p 태그에는 각각 effect1에서 effect3까지 이름을 지정하고, 각 요소의 스타일을 지정했습니다.

코드 2-41 PART _ 2/예제/A/10 _ id _ selector.html

```
중략…
    <style>
        #effect1 {
            font-size: 14px;
        }


        #effect2 {
            font-size: 14px;
            color: blue;
        }


        #effect3 {
            font-size: 14px;
            color: blue;
            font-weight: bold;
        }
    </style>
</head>
```

```
<body>
    <p id="effect1">Lorem, ipsum dolor sit amet consectetur adipisicing elit.
    Magnam quisquam repellendus, velit impedit
        eaque adipisci eligendi! Doloribus enim eius architecto a earum non nisi
        tempora cupiditate esse, blanditiis dolore. Facilis.</p>
    <p id="effect2">Lorem, ipsum dolor sit amet consectetur adipisicing elit.
    Magnam quisquam repellendus, velit impedit
        eaque adipisci eligendi! Doloribus enim eius architecto a earum non nisi
        tempora cupiditate esse, blanditiis dolore. Facilis.</p>
    <p id="effect3">Lorem, ipsum dolor sit amet consectetur adipisicing elit.
    Magnam quisquam repellendus, velit impedit
        eaque adipisci eligendi! Doloribus enim eius architecto a earum non nisi
        tempora cupiditate esse, blanditiis dolore. Facilis.</p>
    중략…
```

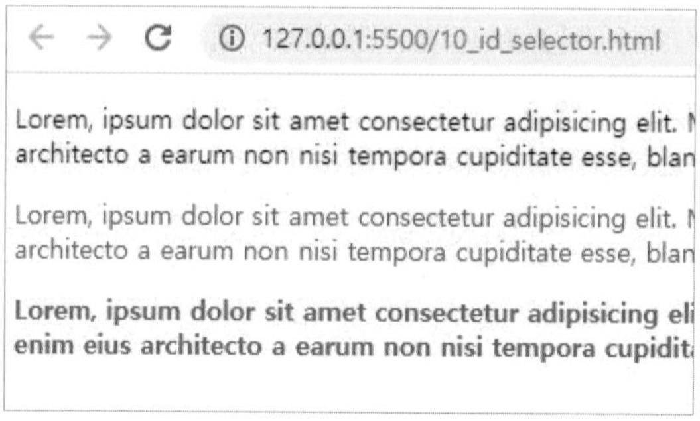

[그림 2-40] id 선택자로 스타일 지정하기

브라우저 화면을 보면 앞서 클래스 명을 선택자로 지정하여 스타일 지정한 것과 동일한 화면을 보여주고 있습니다. 하지만 id 선택자로 요소들의 스타일을 지정하면 대부분의 경우 유지 보수할 때 번거로운 상황이 일어날 수 있습니다. 앞서 코드 2-41 에서 문단 3개의 폰트 사이즈를 모두 동일하게 변경해야 한다고 가정해봅니다. 그러면 코드 2-40 에서는 클래스 명 small의 값만 변경하면 한꺼번에 수정할 수 있습니다. 하지만 코드 2-41 의 경우에는 id 선택자를 사용한 effect1에서 effect3까지 모두의 폰트 사이즈를 변경해야 합니다. 이렇듯 동일한 스타일이 차후에도 계속 동일하게 변경이 되고, 현재 페이지뿐만 아니라 다른 서브페이지에도 동일하게 유지되어야 할 스타일이라면 id 선택자 보다는 클래스 명으로 선택을 하는 것이 효율적입니다.

3-5 자손 선택자 – descendant selector

자손 선택자는 문서 구조에서 앞서 선택한 선택자의 자손을 선택합니다. 문법을 먼저 확인하면 선택자 사이에 공백을 두고 선택하고자 하는 요소를 입력합니다.

A B {속성: 값; }

다음 코드 2-42 와 같이 11_desc_selector.html을 오픈합니다.

코드 2-42 PART _ 2/예제/A/11 _ desc _ selector.html

```
<!DOCTYPE html>
<html lang="en">

<head>
  <meta charset="UTF-8">
  <meta http-equiv="X-UA-Compatible" content="IE=edge">
  <meta name="viewport" content="width=device-width, initial-scale=1.0">
  <title>Descendent Selector</title>
</head>

<body>
  <header>
    <h1>Logo</h1>
    <nav>
      <ul>
        <li><a href="">menu</a>
          <ul>
            <li><a href="">sub menu</a></li>
            <li><a href="">sub menu</a></li>
          </ul>
        </li>
        <li><a href="">menu</a></li>
        <li><a href="">menu</a></li>
      </ul>
    </nav>
  </header>
  <section>
    <h1>Main section</h1>
```

```
        </section>

    </body>

    </html>
```

현재 브라우저 화면을 확인하면 로고와 메뉴구조가 나타나 있습니다.

[그림 2-41] 자손 선택자

현 상태에서 상단의 logo라는 제목을 선택하여 배경색을 지정하고 싶습니다. 이때 만약에 h1 선택자를
사용한다면 header 뿐만 아니라 section 태그의 자식 요소인 h1도 같이 선택이 될 것입니다. logo라는
제목만 하려면 header 태그의 자손 중 h1을 선택합니다. 코드 2-43 과 같이 선택자를 입력하고 배경색
을 변경해봅니다.

코드 2-43 PART _ 2/예제/A/11 _ desc _ selector.html

```
중략…
    <title> Descendent and child Selector</title>
    <style>
        header h1 {
            background: silver;
        }
    </style>
</head>

<body>
중략…
```

[그림 2-42] 자손 선택자 h1 선택

브라우저를 확인해보면 header 태그의 자손 중 h1 태그만 배경색이 변경된 것을 확인할 수 있습니다. 이번에는 코드 2-44와 같이 h1들에게 클래스 명 title을 추가했습니다.

코드 2-44 PART _ 2/예제/A/11 _ desc _ selector.html

```
중략…
  <header>
   <h1 class="title">Logo</h1>
   <nav>
     <ul>
       <li><a href="">menu</a>
         <ul>
           <li><a href="">sub menu</a></li>
           <li><a href="">sub menu</a></li>
         </ul>
       </li>
       <li><a href="">menu</a></li>
       <li><a href="">menu</a></li>
     </ul>
   </nav>
  </header>
  <section>
    <h1 class="title">Main section</h1>
  </section>
중략…
```

이 상태에서 header 요소의 자손 중 h1 태그를 선택하는 것은 다음과 같습니다. 즉, header 태그의 자손 중 클래스 명이 title인 요소를 선택한 것입니다.

```
중략…
    header .title {
        background: silver;
    }
중략…
```

3-6 자식 선택자 – child selector

자식 선택자는 문법을 먼저 확인하면 다음과 같이 〉(부등호)를 이용하여 선택합니다.

문법

A 〉 B {속성: 값; }

앞서 작성했던 11_desc_selector.html을 이용하여 자식 선택자를 설명하겠습니다. 이번에는 메뉴를 선택하고자 합니다. 서브메뉴를 제외하고 첫 번째 메뉴들을 선택하여 배경을 표시하고 싶습니다. 우선 코드 2-46 과 같이 자손 선택자를 이용하여 배경과 밑줄을 구현해봅니다.

코드 2-46 PART _ 2/예제/A/11 _ desc _ selector.html

```
중략…
    nav ul li a {
        background: silver;
        text-decoration: underline;
    }
중략…
```

브라우저 화면을 확인하면 의도와 다르게 모든 메뉴에 배경과 밑줄이 나타난 것을 확인할 수 있습니다.

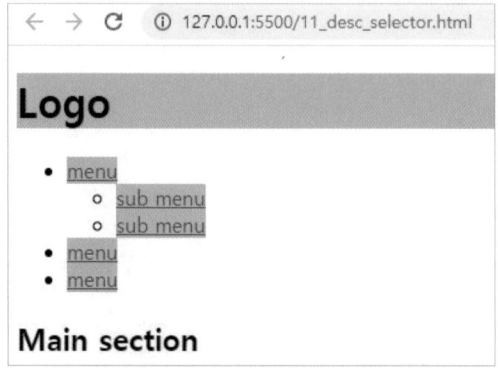

[그림 2-43] 자손 선택자 메뉴 선택

첫 번째 메뉴들만 선택하기 위해 다시 코드 2-47 과 같이 작성하고 확인해보면 이제 정확히 첫 번째 메뉴 들에만 배경이 표현된 것을 확인할 수 있습니다. 이때 nav ul이라고 했다면 서브메뉴의 ul까지 선택되고, nav 〉 ul li라고 선택하면 서브메뉴의 li 태그 모두가 선택되는 것입니다. 그래서 코드 2-47 과 같이 작성하여 첫 번째 메뉴안에 a 태그만 선택한 것입니다.

코드 2-47 PART _ 2/예제/A/11 _ desc _ selector.html

```
중략…
    nav>ul>li>a {
        background: silver;
        text-decoration: underline;
    }
중략…
```

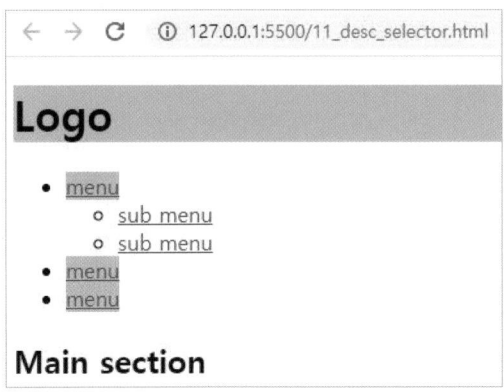

[그림 2-44] 자식 선택자 메뉴 선택

3-7 인접 형제 선택자 – adjacent siblings selector

인접 형제 선택자는 다음 문법과 같이 작성합니다. 앞 선택자의 형제 요소 중 앞 선택자 바로 다음에 따라오는 요소를 선택합니다.

문법

A + B {속성: 값; }

코드 2-48 과 같이 12_siblings.html를 생성합니다. 작성한 HTML 태그에서 h2 요소 바로 뒤 형제 요소인 ul을 선택하기 위해 h1 + ul 로 선택하고 배경색을 silver로 지정합니다.

```html
<!DOCTYPE html>
<html lang="en">

<head>
    <meta charset="UTF-8">
    <meta http-equiv="X-UA-Compatible" content="IE=edge">
    <meta name="viewport" content="width=device-width, initial-scale=1.0">
    <title>Siblings - CSS Selector</title>
    <style>
        h1+ul {
            background-color: silver;
        }
    </style>
</head>

<body>
    <h1>Siblings 형제선택자</h1>
    <ul>
        <li>menu1</li>
        <li>menu2</li>
        <li>menu3</li>
    </ul>
    <h2>Main title</h2>
    <ul>
        <li>menu1</li>
        <li>menu2</li>
        <li>menu3</li>
    </ul>
    <h3>Sub title</h3>
    <ul>
        <li>menu1</li>
        <li>menu2</li>
        <li>menu3</li>
    </ul>
</body>

</html>
```

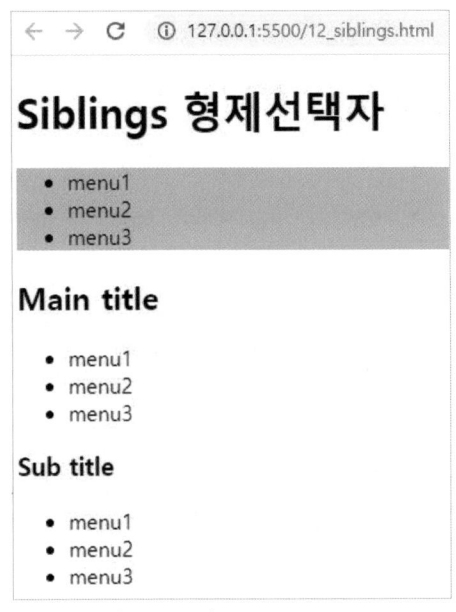

[그림 2-45] 인접형제 선택자

브라우저를 확인하면 h1 태그 바로 뒤에 따라오는 ul 요소의 배경색만 silver로 표현된 것을 확인할 수 있습니다.

3-8 일반 형제 선택자 – general siblings selector

일반 형제 선택자는 앞 선택자 뒤에 따라오는 형제 요소들 모두를 선택하는 것입니다. 문법은 다음과 같습니다.

문법

A ~ B {속성: 값; }

앞서 작성했던 12_siblings.html에서 이번에는 h2 태그 뒤에 따라오는 형제 요소 중 ul 태그 모두를 선택하여 배경색을 green으로 표현해봅니다.

코드 2-49 PART _ 2/예제/A/12 _ siblings.html

```
h1+ul {
    background-color: silver;
}

h2~ul {
    background-color: green;
}
```

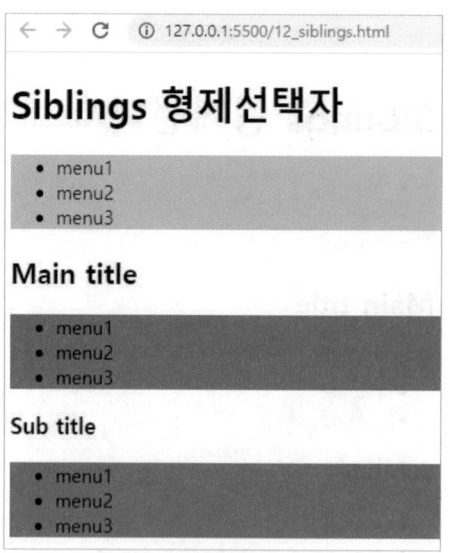

[그림 2-46] 일반 형제 선택자

브라우저를 확인해보면 h2 태그의 형제 요소인 ul, h3, ul 중에서 ul 태그들만 선택되어 스타일이 적용된 것을 확인할 수 있습니다.

◀ 혼자 정리하는 웹 퍼블리싱 ▶

그룹 선택자

여러 속성에 동일한 스타일을 지정하고자 할 때는 선택자를 콤마로 구분하여 나열합니다.
h1, h2, .btn { color: red; }

3-9 속성 선택자 – attribute selector

속성 선택자는 HTML의 태그의 속성들을 통해 원하는 요소를 선택할 때 사용합니다. 문법은 다음과 같이 속성 명으로 선택합니다. 속성 명을 활용한 방법은 다양하게 있지만 대표적으로 많이 사용되는 것만 소개하겠습니다.

문법

[속성 명] {속성: 값; }
[속성 명="값"] {속성: 값; }
[속성 명^="값"] {속성: 값; }

 과 같이 13_attr_selector.html 파일을 오픈합니다. 코드를 살펴보면 p 태그 안에 a 태그를 4개 생성했습니다.

PART _ 2/예제/A/13 _ attr _ selector.html

```html
<!DOCTYPE html>
<html lang="en">

<head>
    <meta charset="UTF-8">
    <meta http-equiv="X-UA-Compatible" content="IE=edge">
    <meta name="viewport" content="width=device-width, initial-scale=1.0">
    <title>Attribute - CSS Selector</title>
    <style>

    </style>
</head>

<body>
    <p>
        <a href="" class="inner_sm">link</a>
        <a href="" target="_blank">naver</a>
        <a href="" target="_blank">daum</a>
        <a href="" target="_self" class="inner_big">google</a>
    </p>
</body>

</html>
```

우선 현재 브라우저 화면을 확인하면 모두 밑줄에 파란색으로 나오는 것을 확인할 수 있습니다.

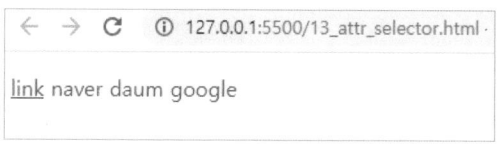

[그림 2-47] 속성 선택자 링크 선택하기

현재 링크에서 naver, daum, google의 링크만 선택하고 싶습니다. 자세히 보면 해당 링크에만 속성 명 target이 있습니다. 그래서 다음과 같이 선택자를 사용하여 밑줄을 제거할 수 있습니다.

PART _ 2/예제/A/13 _ attr _ selector.html

```
중략…
  <style>
    [target]{
        text-decoration: none;
    }
  </style>

  중략…
```

대괄호 안에 target을 입력하여 target 속성이 있는 요소만 선택한 것입니다. 브라우저 화면을 확인합니다.

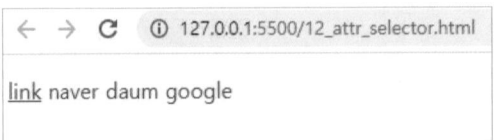

[그림 2-48] 속성 선택자 target 속성

이번에는 새 창으로 열리는 링크들은 배경색을 silver로 표현하고 싶습니다. 코드 2-52 와 같이 작성하고 브라우저 화면을 확인합니다. 그러면 새 창(탭)으로 열리는 링크에만 배경색이 적용된 것을 확인할 수 있습니다.

코드 2-52 PART _ 2/예제/A/13 _ attr _ selector.html

```
  <style>
    [target]{
        text-decoration: none;
    }

    [target="_blank"]{
        background: silver;
    }
  </style>
```

[그림 2-49] 속성 선택자 target 속성

마지막으로 첫 번째 링크와 마지막 링크를 선택하여 글자 속성을 두껍게 표시하고 싶습니다. 자세히 보면 둘다 클래스 명이 inner로 시작하고 있습니다. 그러면 해당 요소를 선택할 때 코드 2-53과 같이 작성하면 됩니다.

코드 2-53 PART _ 2/예제/A/13 _ attr _ selector.html

```
[target]{
    text-decoration: none;
}


[target="_blank"]{
    background: silver;
}
[class^="inner"]{
    font-weight: bold;
}
```

선택자를 보면 삿갓(^)을 이용하여 HTML에서 클래스라는 속성의 값이 inner로 시작하는 요소를 선택하고 있습니다. 브라우저 화면을 확인해봅니다.

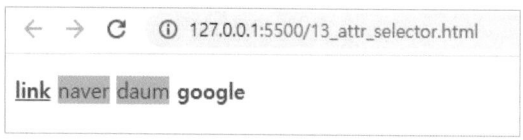

[그림 2-50] 속성 선택자 ^

속성 선택자를 활용하여 요소를 선택하는 방법은 위에서 언급한 것 외에도 원하는 문구로 끝나는 것과, 문구를 포함하는 등 다양한 방법이 있으니 다음 링크를 참조하여 확인해주세요.

참조 : https://www.w3schools.com/css/css_attribute_selectors.asp

3-10 의사 클래스 선택자 – pseudo-class selector

의사 클래스 선택자의 대표적인 것은 :hover가 있습니다. 기본 문법은 아래와 같습니다.

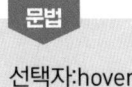

선택자:hover

코드 2-54 와 같이 14_pseudo-class.html을 오픈합니다.

코드 2-54 PART _ 2/예제/A/14 _ pseudo-class.html

```html
<!DOCTYPE html>
<html lang="en">

<head>
  <meta charset="UTF-8">
  <meta http-equiv="X-UA-Compatible" content="IE=edge">
  <meta name="viewport" content="width=device-width, initial-scale=1.0">
  <title>Pseudo-class Selector</title>
  <style>

  </style>
</head>

<body>
  <h1>Pseudo-class Selector</h1>
  <p>
    <a href="">link</a>
  </p>
  <form action="">
    <input type="text">
    <button>send</button>
  </form>
</body>

</html>
```

현재 브라우저 화면은 [그림 2-51]과 같습니다.

[그림 2-51] 의사클래스 선택자

이제 style 태그에 제목 h1에 마우스를 올렸을 때 배경색을 sliver로 표현해보겠습니다. 코드 2-55 와 같이 작성하고 브라우저 화면에서 제목에 마우스를 올려봅니다.

코드 2-55 PART _ 2/예제/A/14 _ pseudo-class.html

```
h1:hover {
    background: silver;
}
```

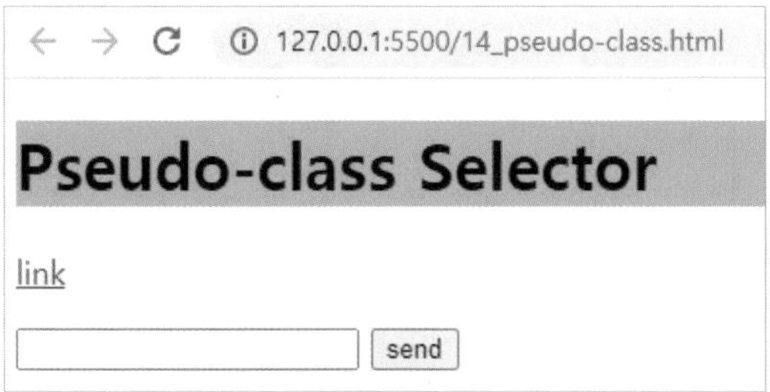

[그림 2-52] 의사클래스 선택자 :hover

:hover 외에 대표적인 의사 클래스 선택자의 종류와 설명은 다음 표와 같습니다.

선택자	설명
:hover	요소에 마우스를 올렸을 때
:link	a 태그 모두를 선택
:visited	이미 방문한 링크를 선택
:active	a, input, button 등의 요소를 누르는 순간
:focus	Tab ↹ 키를 통해 a, input, button 등의 요소에 포커스가 적용되었을 때
:focus-within	자식 요소 중 포커스가 적용되었을 때

[표 2-5] 의사 클래스 선택자

:link 선택자를 이용하여 모든 링크요소에 밑줄을 없애 보겠습니다. 그리고 해당 링크를 클릭해서 방문한 사이트가 되도록 하고 :visited 클래스를 이용하여 글자 색상을 green으로 설정합니다.

코드 2-56 **PART _ 2/예제/A/14 _ pseudo-class.html**

```css
:link {
    font-size: 20px;
    text-decoration: none;
    font-weight: bold;
}


:visited {
    color: green;
}
```

브라우저를 확인하면 링크의 밑줄이 없고 색상이 green으로 적용된 것을 확인할 수 있습니다.

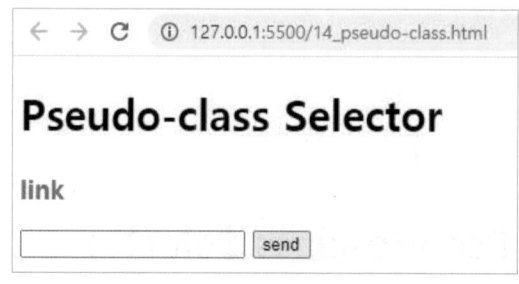

[그림 2-53] 의사클래스 선택자 :link, :visited

다음으로 :focus와 :active를 확인해보겠습니다. 코드 2-57 과 같이 작성하여 a 태그에는 키보드 Tab ⇥ 키를 통해 포커스가 적용되면 파란색 배경에 흰색 글씨가 나타나고 누르는 순간은 블랙 배경에 빨간색으로 표현되도록 합니다.

코드 2-57 **PART _ 2/예제/A/14 _ pseudo-class.html**

```css
a:focus {
    background: blue;
    color: #fff;
}

a:active {
    background: #000;
    color: #f00;
}
```

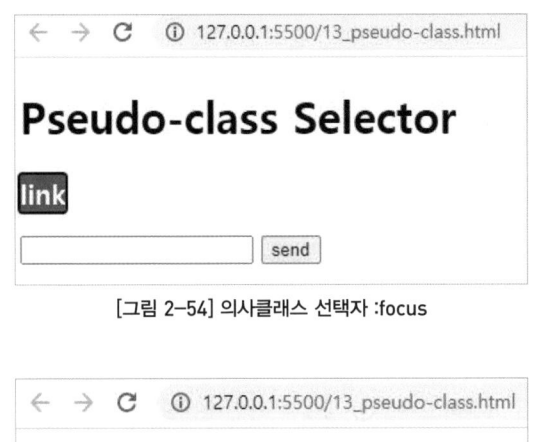
[그림 2-54] 의사클래스 선택자 :focus

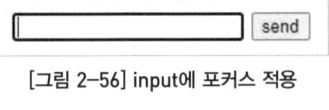
[그림 2-55] 의사클래스 선택자 :active

다음으로 :focus와 :focus-within을 비교해보겠습니다. 우선 스타일을 지정하지 않고 브라우저 화면에서 Tab 키를 눌러서 input과 button 위치에 포커스가 적용되도록 합니다.

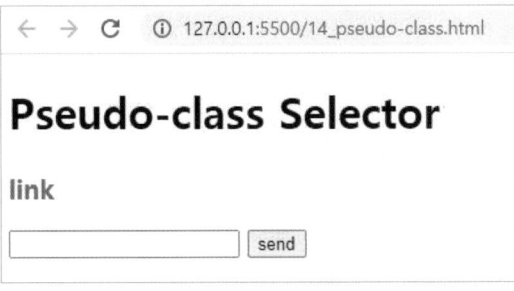
[그림 2-56] input에 포커스 적용

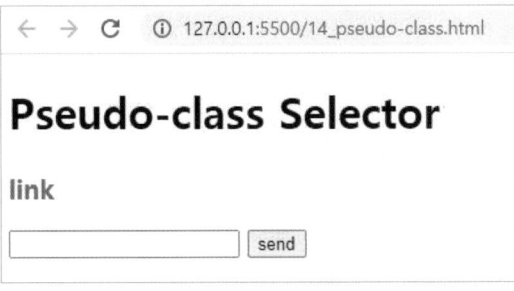
[그림 2-57] button에 포커스 적용

브라우저 화면을 확인해보면 별도의 스타일을 지정하진 않았지만 테두리가 나타난 것을 볼 수 있습니다. 이는 웹 접근성 차원에서 Tab 키를 이용하여 웹페이지의 요소를 구분하고 선택할 수 있어야 하기 때문입니다. 해당 속성을 없애는 것은 outline:none입니다. 코드 2-58 과 같이 input과 button 요소의 outline 속성을 제거합니다. 이때 선택자 사이에 콤마는 앞 선택자와 뒤 선택자 모두를 선택한다는 것입니다.

```
input, button {
    outline: none;
}
```

outline 속성을 제거한 다음 브라우저 화면에서 Tab⇆ 키를 눌러도 이제 어떤 요소들에 현재 포커스가 적용되었는지 알 수가 없습니다. 그렇기 때문에 outline 속성을 없애는 것은 바람직하지 않습니다. 보완책으로는 :focus를 이용하여 테두리, 배경, 색상, 또는 밑줄 속성을 변경하여 반드시 구분되도록 해야 합니다. 코드 2-59와 같이 작성하고 브라우저에서 확인해봅니다.

코드 2-59   PART _ 2/예제/A/14 _ pseudo-class.html

```
input, button{
    outline: none;
}

input:focus,
button:focus {
    background: green;
    color: #fff;
}
```

브라우저를 확인해보면 이제 검은색 테두리는 사라지고 배경색과 글자색상만 변경된 것을 확인할 수 있습니다.

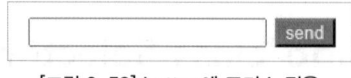

[그림 2-58] button에 포커스 적용

마지막으로 :focus-within 선택자를 살펴보겠습니다. 해당 선택자는 자식 요소 중 포커스가 적용되면 :focus-within이 적용된 부모 요소에 스타일을 변경할 수 있습니다. 코드 2-60과 같이 작성하고 브라우저 화면에서 input 요소에 포커스가 적용되도록 합니다.

코드 2-60   PART _ 2/예제/A/14 _ pseudo-class.html

```
form:focus-within {
    background: silver;
}
```

브라우저 화면을 확인하고 인풋에 포커스가 적용되도록 하면 인풋의 부모인 form 요소의 배경색이 변경된 것을 확인할 수 있습니다.

[그림 2-59] form:focus-within

3-11 의사 요소 선택자 – pseudo-element selector

의사 요소 선택자는 가상으로 만들어진 요소를 선택하는 것입니다. 대표적으로 ::before, ::after가 있습니다. 문법은 아래와 같습니다.

문법

```
/* CSS3 syntax */
::before

/* CSS2 syntax */
:before
```

앞서 설명한 의사 클래스와 의사 요소를 구분하기 위해 CSS3부터는 :: 와 같이 콜론을 두 개 연이어 사용합니다. 하지만 브라우저는 CSS2 구문인 :before 도 허용하여 사용 가능합니다. 코드 2-61 과 같이 코드를 생성하고 15_pseudo-element.html로 저장합니다.

코드 2-61 PART _ 2/예제/A/15 _ pseudo-element.html

```
<!DOCTYPE html>
<html lang="en">

<head>
  <meta charset="UTF-8">
  <meta http-equiv="X-UA-Compatible" content="IE=edge">
  <meta name="viewport" content="width=device-width, initial-scale=1.0">
  <title>Pseudo-element Selector</title>
  <style>

  </style>
</head>

<body>
  <h1>Pseudo-element Selector</h1>
```

```
    <h2>content</h2>
</body>

</html>
```

이제 의사 요소 선택자를 이용하여 제목의 앞과 뒤로 하이픈을 추가해보겠습니다. 이때 h1 태그의 콘텐
츠의 앞 공간을 선택하는 것은 ::before, 콘텐츠의 뒤 공간을 선택하는 것은 ::after입니다.

코드 2-62 PART _ 2/예제/A/15 _ pseudo-element.html

```
h1::before {
    content: '– ';
    color: blue;
}

h1::after {
    content: ' –';
    color: blue;
}
```

[그림 2-60] h1::before h1::after

다음으로 16진수의 유니코드를 이용하여 화살표를 구현해보겠습니다. 화살표는 unicodelookup.com에
서 arrow로 검색했습니다.

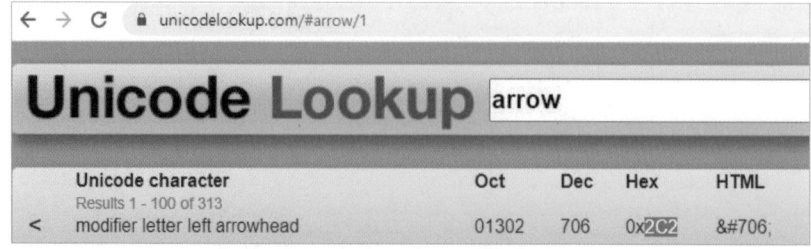

[그림 2-61] 화살표 Unicode 확인

화살표의 유니코드를 확인한 결과 0x2C2입니다. 그러면 코드 2-63 과 같이 작성 후 브라우저 화면을 확인합니다.

코드 2-63 PART _ 2/예제/A/15 _ pseudo-element.html

```
h2::before {
    content: '₩2C2';
}
```

[그림 2-62] 화살표 Unicode 적용

이때 주의할 점은 ::before, ::after 요소로 생성하는 모든 콘텐츠는 인라인 요소의 성격이 있어서 기본 적으로 글씨처럼 작동한다는 것입니다. 그래서 너비 또는 높이를 반영하려면 display 속성을 block 또는 inline-block으로 변경해야 합니다.

3-12 일반 구조 선택자 – pseudo-class selector

일반 구조 선택자는 형제 요소에서 인덱스 번호를 이용하여 요소를 선택합니다.

문법

선택자:nth-child

선택자	설명
:first-child	선택자 중 첫 번째 요소를 선택
:last-child	선택자 중 마지막 요소를 선택
:nth-child(수열)	선택자 중 수열 번째의 요소를 선택
:nth-last-child(수열)	선택자 중 마지막에서 수열 번째의 요소를 선택

[표 2- 6] 일반 구조 선택자

우선 코드 2-64 와 같이 예제 파일 16_nth-child.html을 오픈합니다.

코드 2-64 PART _ 2/예제/A/16 _ nth-child.html

```html
<!DOCTYPE html>
<html lang="en">

<head>
    <meta charset="UTF-8">
    <meta http-equiv="X-UA-Compatible" content="IE=edge">
    <meta name="viewport" content="width=device-width, initial-scale=1.0">
    <title>nth-child Selector</title>
    <style>

    </style>
</head>

<body>
    <ul>
        <li>list item</li>
        <li>list item</li>
        <li>list item</li>
        <li>list item</li>
        <li>list item</li>
    </ul>
</body>
</html>
```

style 태그에 코드 2-65 와 같이 작성합니다. 리스트 요소 중 첫 번째와 마지막 요소에 밑줄을 표현합니다. :nth-child에는 수열을 입력할 수 있습니다. 수열을 이용하여 세 번째 요소를 선택하여 밑줄을 표현합니다.

코드 2-65 PART _ 2/예제/A/16 _ nth-child.html

```html
<style>
    li:first-child,
    li:last-child,
    li:nth-child(3) {
        text-decoration: underline;
    }
</style>
```

[그림 2-63] first-child, last-child, nth-child

브라우저를 확인하면 첫번째, 마지막, 세 번째 요소에 밑줄이 표현된 것을 확인할 수 있습니다. 이번에는 nth-child의 수열을 이용하여 짝수 번째를 선택하여 배경색을 silver로 표현합니다.

문법

:nth-child(An+B)

An+B의 형태로 나타내며,
    A는 정수 인덱스 증감량,
    B는 정수 오프셋,
    n은 0부터 시작하는 모든 양의 정수를 나타냅니다.
목록의 An+B 번째 요소라고 해석할 수 있습니다.

코드 2-66 PART _ 2/예제/A/16 _ nth-child.html

```
li:nth-child(2n){
    background: silver;
}
```

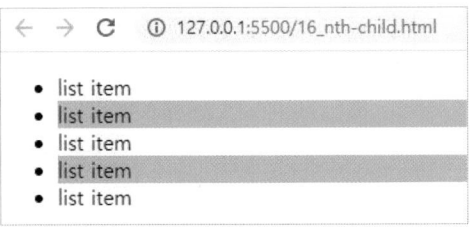

[그림 2-64] nth-child(2n)

브라우저 화면을 보면 짝수 번째 요소들에 스타일이 적용된 것을 확인할 수 있습니다. :nth-child(2n)에서 n은 0부터 시작하고 2n은 2×1로 해석할 수 있습니다. 그래서 2n+1이라고 하면 2n은 n이 0일 때는 0+1이므로 1, 그 다음은 n이 1일때는 2+1이 되어 결과적으로 1, 3, 5 식으로 홀수 번째를 선택하게 됩니다. 다시 스타일을 **코드 2-66** 과 같이 변경 후 브라우저를 확인합니다.

PART _ 2/예제/A/16 _ nth-child.html

```
li:nth-child(2n+1){
    background: silver;
}
```

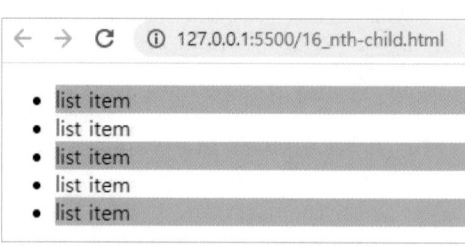

[그림 2-65] nth-child(2n+1)

앞서 설명한 2n은 even, 2n+1은 odd로도 표현할 수 있어서 코드 2-68 과 같이 작성할 수 있습니다. 브
라우저를 확인하면 2n과 동일한 결과를 확인할 수 있습니다.

코드 2-68 PART _ 2/예제/A/16 _ nth-child.html

```
<style>
    li:first-child,
    li:last-child,
    li:nth-child(3){
        text-decoration: underline;
    }

    li:nth-child(even){
        background: silver;
    }
</style>
```

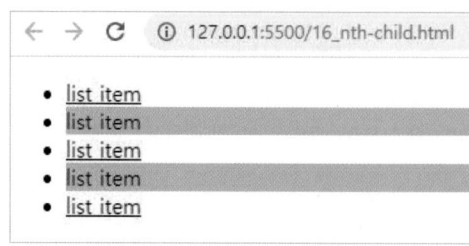

[그림 2-66] nth-child(even)

이외에서 아래와 같은 방법으로 요소들을 선택할 수도 있습니다.

선택자	설명
:nth-child(n+3)	세 번째 이상의 모든 요소를 선택
:nth-child(-n+3)	세 번째 이하의 모든 요소를 선택
:nth-child(n+3):nth-child(-n+6)	세 번째 이상 여섯번째 이하의 요소를 선택

[표 2-7] 일반 구조 선택자(수열)

3-13 형태 구조 선택자 – pseudo-class selector

형태 구조 선택자는 같은 종류들 중 인덱스 번호를 이용하여 요소를 선택합니다.

```
:nth-of-type
```

코드 2-69 와 같이 16_nth-of-type.html을 오픈합니다. 코드에서 h2 태그 중 첫 번째 요소를 선택하여 배경색을 silver로 표현하고 싶습니다. style에서 h2:first-child라고 선택자를 작성하고 브라우저를 확인합니다.

코드 2-69 PART _ 2/예제/A/17 _ nth-of-type.html

```
<!DOCTYPE html>
<html lang="en">

<head>
  <meta charset="UTF-8">
  <meta http-equiv="X-UA-Compatible" content="IE=edge">
  <meta name="viewport" content="width=device-width, initial-scale=1.0">
  <title>nth-child Selector</title>
  <style>
    h2:first-child {
      background: silver;
    }
  </style>
</head>

<body>
  <h1>nth-of-type</h1>
```

```
    <h2>heading 2</h2>
    <h2>heading 2</h2>
    <h2>heading 2</h2>
</body>

</html>
```

[그림 2-67] h2:first-child

브라우저를 확인하면 h2 태그의 첫 번째 요소의 스타일이 적용되지 않은 것을 확인할 수 있습니다. 그 이유는 h2:first-child라고 입력하면 첫 번째 자식 요소 중 h2 태그를 찾기 때문입니다. 코드 2-70 과 같이 작성하고 브라우저를 확인합니다.

코드 2-70 PART _ 2/예제/A/17 _ nth-of-type.html

```
h2:first-of-type {
    background: silver;
}
```

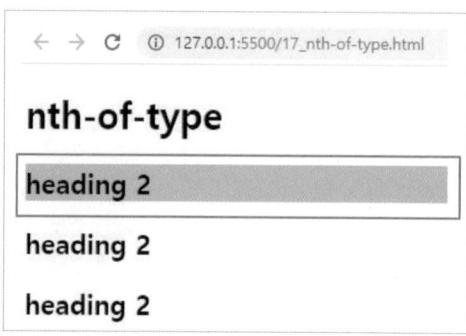

[그림 2-68] h2:first-of-type

선택자	설명
:first-of-type	형제 요소에서 같은 종류 중 첫 번째 요소
:last-of-type	형제 요소에서 같은 종류 중 마지막 요소
:nth-of-type(수열)	형제 요소에서 같은 종류 중 수열 번째 요소

[표 2-8] 형태 구조 선택자

3-14 상태 선택자 - pseudo-class selector

상태 선택자는 주로 input, button 태그에 많이 사용하며 종류와 설명은 아래 [표 2-9]와 같습니다.

선택자	설명
input:disabled	사용불가 상태인 input 요소를 선택
Input:checked	체크된 input 요소를 선택
:target	클릭된 링크의 타겟을 받은 요소를 선택

[표 2-9] 상태 선택자

코드 2-71 과 같이 예제 파일 18_checked.html을 오픈합니다.

코드 2-71   PART _ 2/예제/A/18 _ checked.html

```
<!DOCTYPE html>
<html lang="en">

<head>
    <meta charset="UTF-8">
    <meta http-equiv="X-UA-Compatible" content="IE=edge">
    <meta name="viewport" content="width=device-width, initial-scale=1.0">
    <title>checked Selector</title>
    <style>

    </style>
</head>

<body>
    <a href="#policy">약관보기</a>
    <form action="">
```

```
        <input type="radio" name="newsletter" id="yes">
        <label for="yes">Yes</label>
        <input type="radio" name="newsletter" id="no">
        <label for="no">no</label>
        <hr>
        <input type="checkbox" id="agree">
        <label for="agree">동의</label>
        <hr>
        <button disabled>전송</button>

    </form>
    <div id="policy">
        <h2>약관안내</h2>
    </div>


</body>

</html>
```

브라우저 화면을 확인하며 yes와 no의 여부를 선택하는 라디오 버튼과 동의를 체크하는 버튼이 있습니다.

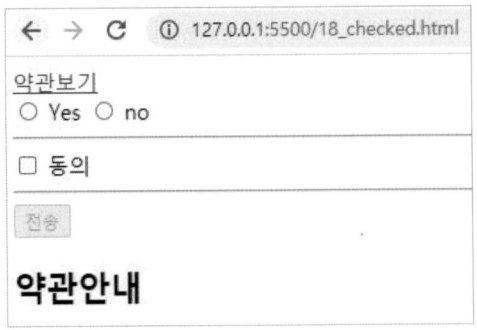

[그림 2-69] :checked

우선 radio 버튼에서 둘 중 하나를 선택했을 때 label의 스타일을 변경해보고, 동의를 클릭하여 checkbox가 체크되면 뒤 따라오는 label의 배경색을 변경해보겠습니다. 이때 인접 형제 선택자를 사용하여 체크된 input 요소 뒤의 label을 선택합니다.

코드 2-72 PART _ 2/예제/A/18 _ checked.html

```
input:checked+label {
    background: silver;
}
```

[그림 2-70] :checked + label

브라우저 화면을 확인하면 스타일대로 배경이 변경된 것을 확인할 수 있습니다. 이번에는 상단에 약관보기를 클릭하면 id 명 policy가 target을 받게 됩니다. target을 받은 요소의 배경색을 green으로 설정합니다.

코드 2-73 PART _ 2/예제/A/18 _ checked.html

```
input:checked+label {
    background: silver;
}
#policy:target {
    background: green;
    color: #fff;
}
```

브라우저 화면을 확인하면 주소표시줄에 링크가 적용된 것을 확인할 수 있고, 설정한 스타일대로 제목의 스타일이 변경된 것을 확인할 수 있습니다.

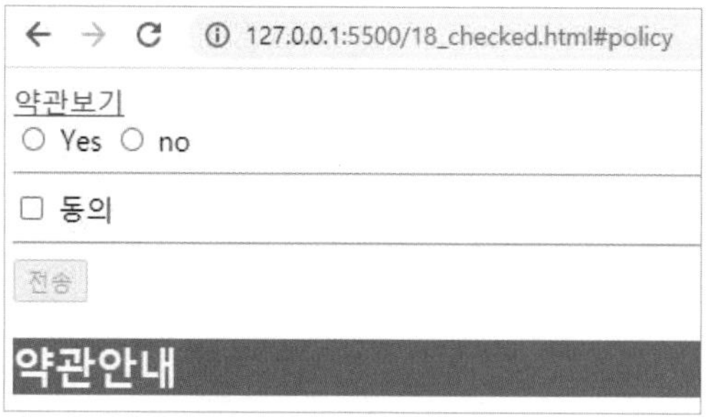

[그림 2-71] #policy:target

마지막으로 현재 button 태그의 경우 disabled라는 속성이 추가되어 비활성화된 상태입니다. 비활성화된 button 태그를 선택하여 스타일을 변경하고 브라우저를 확인합니다.

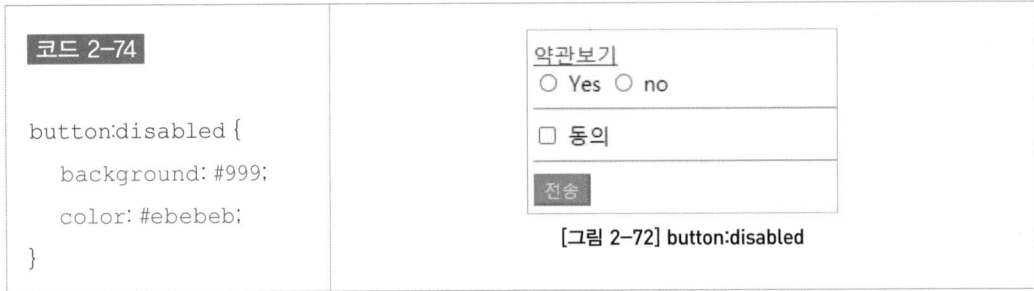

코드 2-74

```css
button:disabled {
    background: #999;
    color: #ebebeb;
}
```

약관보기
○ Yes ○ no

□ 동의

전송

[그림 2-72] button:disabled

3-15 부정 선택자 – pseudo-class selector

선택자 중 마지막으로 부정 선택자를 보겠습니다. 부정 선택자는 :not으로 선택하고 괄호 안에 선택자의 반대 요소를 선택합니다.

문법

:not(선택자)

예제 파일 19_not_selector.html을 오픈하고 header 요소 내에서 h1 태그를 제외한 모든 요소의 색상을 green으로 표현합니다.

코드 2-75 PART _ 2/예제/A/19 _ not _ selector.html

```html
<!DOCTYPE html>
<html lang="en">

<head>
  <meta charset="UTF-8">
  <meta http-equiv="X-UA-Compatible" content="IE=edge">
  <meta name="viewport" content="width=device-width, initial-scale=1.0">
  <title>부정 선택자</title>
  <style>
    header *:not (h1) {
        color: green;
      }
  </style>
</head>

<body>
```

```
    <h1>부정 선택자</h1>
    <header>
      <h1>logo</h1>
      <h2>main title</h2>
      <p>Brief Description</p>
      <a href="">read more</a>
    </header>
    <ul>
      <li>list item</li>
      <li>list item</li>
      <li>list item</li>
      <li>list item</li>
    </ul>
  </body>

</html>
```

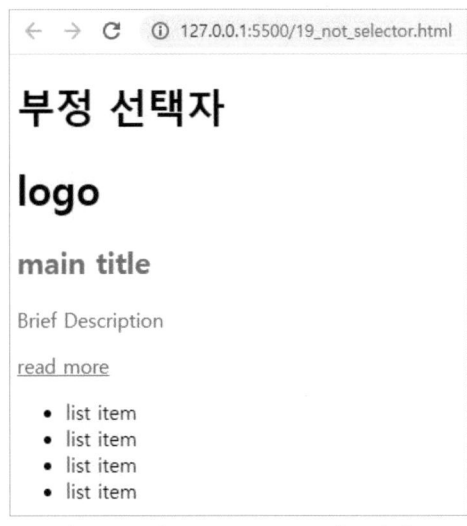

[그림 2-73] 부정선택자 header *:not(h1)

브라우저를 확인해보면 header 요소 안에서 h1 태그를 제외한 모든 요소들이 색상이 초록 색상으로 표현된 것을 확인할 수 있습니다.

```
<header>
    <h1>logo</h1>
    <h2>main title</h2>
    <p>Brief Description</p>
    <a href="">read more</a>
</header>
```

[그림 2-74] 부정선택자 header *:not(h1)

이번에는 부정 선택자를 이용하여 리스트 중 마지막 요소를 제외한 요소들의 배경색을 silver로 구현합니다.

코드 2-76 PART _ 2/예제/A/19 _ not _ selector.html

```
li:not (:last-child) {
    background-color: silver;
}
```

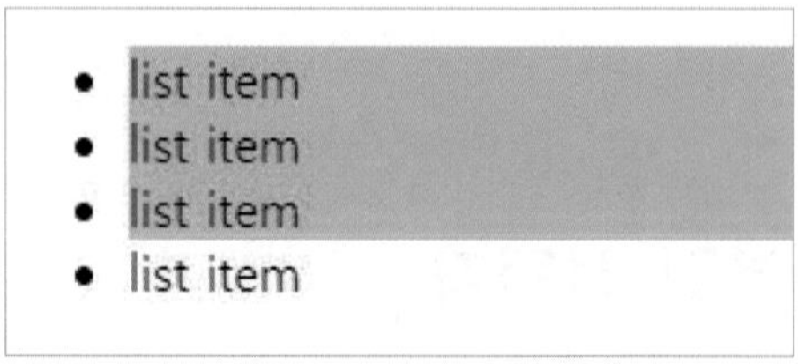

- list item
- list item
- list item
- list item

[그림 2-75] 부정 선택자 li:not(:last-child)

4. 선택자 우선순위

선택자는 우선순위가 있습니다. 우선 CSS는 cascading style sheet의 약어입니다. 이때 cascading이라는 뜻이 아래로 나열한다는 뜻이 있고 이 의미는 다시 말해 아래에 작성한 선택자가 일단 우선순위가 높다는 것입니다. 가장 기본적인 원칙을 먼저 살펴보고 규칙을 표로 구분하여 설명하겠습니다. 예제는 20_css_priority.html을 오픈합니다.

코드 2-77 PART _ 2/예제/A/20 _ css _ priority.html

```html
<!DOCTYPE html>
<html lang="en">
<head>
    <meta charset="UTF-8">
    <meta http-equiv="X-UA-Compatible" content="IE=edge">
    <meta name="viewport" content="width=device-width, initial-scale=1.0">
    <title>css priority</title>
    <style>


    </style>
</head>
<body>
    <h1>CSS 우선순위</h1>
    <section class="main-content">
        <h2>section title</h2>
        <p id="desc">
            Lorem ipsum dolor sit amet consectetur adipisicing elit. Officia quas
            perspiciatis, nobis hic quo tempore, iusto esse culpa consequuntur
            exercitationem, officiis enim iure. Excepturi voluptate, expedita dolor
            eaque quidem cumque.
        </p>
        <p>
            Lorem ipsum dolor sit amet consectetur adipisicing elit. Officia quas
            perspiciatis, nobis hic quo tempore, iusto esse culpa consequuntur
            exercitationem, officiis enim iure. Excepturi voluptate, expedita dolor
            eaque quidem cumque.
        </p>
    </section>
    <section>
```

```
      <p>Lorem ipsum dolor sit amet consectetur adipisicing elit. Architecto,
      illum. Totam corrupti, eum esse inventore accusantium illo ab enim,
      delectus exercitationem doloribus nesciunt amet! Aliquid, facere rerum.
      Blanditiis, laudantium ex.</p>
    </section>
  </body>
</html>
```

코드 2-78 에서 우선 p 요소를 선택하여 색상을 blue로 변경합니다. 이때 같은 선택자로 다시 p 요소를 선택하여 green으로 작성해봅니다.

코드 2-78 ｜ PART _ 2/예제/A/20 _ css _ priority.html

```
<style>
  p{
    color: blue;
  }
  p{
    color: green;
  }
</style>
```

[그림 2-76] CSS 우선순위 p

브라우저를 확인해보면 마지막에 기술한 green 색상으로 표현되는 것을 확인할 수 있습니다. 이번에는 클래스 명 main-content의 자식 요소인 p 태그만 선택하여 색상을 red로 지정해보겠습니다. 이때 눈여겨 볼 것은 main-content 안에 p 요소를 선택하는 부분을 기존 선택자 보다 위에 작성했다는 것입니다.

코드 2-79 PART _ 2/예제/A/20 _ css _ priority.html

```
.main-content p{
    color: red;
}
p{
    color: blue;
}
p{
    color: green;
}
```

브라우저 화면을 확인해보면 클래스 명 main-content의 자식 요소 중 p 태그의 색상이 red로 변경된 것을 확인할 수 있습니다. 앞서 설명한 규칙을 따르면 마지막에 기술한 green 색상으로 표현이 될 것으로 예상했지만 다르게 표현되고 있습니다.

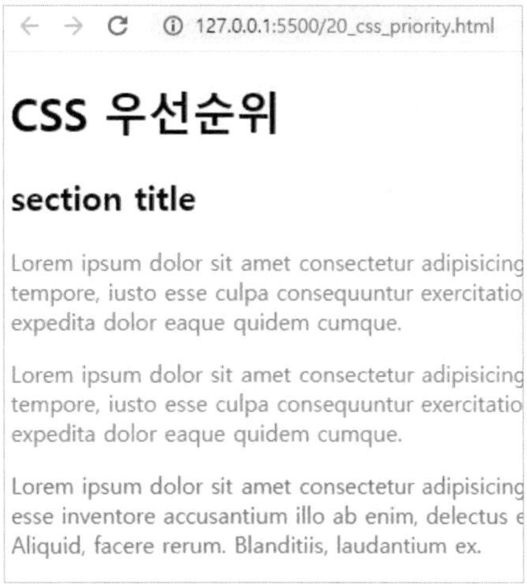

[그림 2-77] CSS 우선순위

CSS 우선순위의 원칙을 설명하겠습니다.

1. 동일한 선택자는 하단에 있는 선택자가 우선순위가 높다.
2. 구체적으로 선택할수록 우선순위가 높다.

위 원칙을 염두에 두고 main-content의 자식 요소에는 두 개의 p 요소가 있는데 첫 번째 요소 즉 아이디 명 desc의 색상은 silver로 표현하고 싶습니다. 코드 2-80과 같이 작성하고 브라우저 화면을 확인합니다.

코드 2-80 PART _ 2/예제/A/20 _ css _ priority.html

```
#desc {
   color: silver;
}
.main-content p{
   color: red;
}
p{
   color: blue;
}
p{
   color: green;
}
```

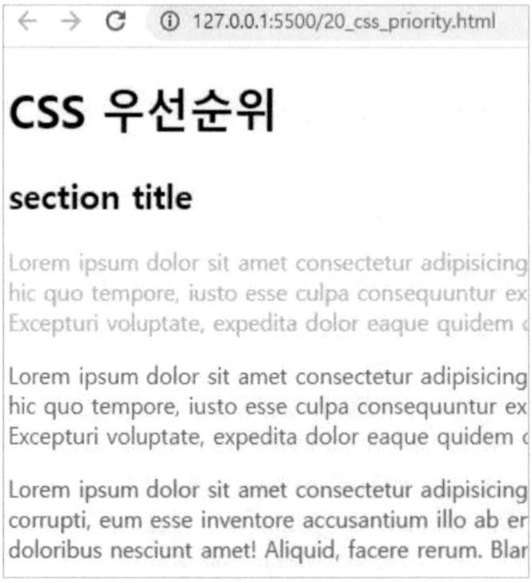

[그림 2-78] CSS 우선순위 - 아이디

브라우저를 확인해보면 아이디 명 desc를 선택하는 선택자를 기존 선택자보다 이전에 작성했지만 설정한대로 화면에 표현된 것을 확인할 수 있습니다. 여기에서 구체적인 우선순위 점수를 파악할 수 있도록 [표 2-10] 우선순위 점수를 확인해주세요.

선택자	*	Tag	Class	Id	Inline style	! important
점수	0	1	10	100	1,000	10,000

[표 2 - 10] 우선 순위 점수표

우선순위 점수표를 기반으로 앞서 작성한 선택자의 점수를 확인하면 다음과 같습니다.

선택자	점수
p	1
.main-content p	10 + 1 = 11
#desc	100

[표 2-11] 우선순위 계산

우선순위 점수에서 1,000점의 점수를 가지고 있는 inline style을 적용해 보겠습니다. p 요소에 style 속성의 값으로 스타일을 지정했습니다. 브라우저를 확인합니다.

코드 2-81 PART _ 2/예제/A/20 _ css _ priority.html

```
중략…
    <p id="desc">
        Lorem ipsum dolor sit amet consectetur adipisicing elit. Officia quas
        perspiciatis, nobis hic quo tempore, iusto esse culpa consequuntur
        exercitationem, officiis enim iure. Excepturi voluptate, expedita dolor
        eaque quidem cumque.
    </p>
    <p style="color:red">
        Lorem ipsum dolor sit amet consectetur adipisicing elit. Officia quas
        perspiciatis, nobis hic quo tempore, iusto esse culpa consequuntur
        exercitationem, officiis enim iure. Excepturi voluptate, expedita dolor
        eaque quidem cumque.
    </p>
중략…
```

[그림 2-79] CSS 우선순위 - 인라인 스타일

태그에 직접 스타일을 지정하는 것은 웹 표준을 어기는 것입니다. 웹 표준은 HTML, CSS, script를 완벽히 분리하여 작성해야 합니다. 인라인 스타일로 작성한 스타일은 이후 수정하려면 반드시 해당 코드에 직접 수정을 해야 하기 때문에 유지관리가 힘든 사이트가 되어 버립니다.

마지막으로 !important를 살펴보겠습니다.

코드 2-82 PART _ 2/예제/A/20 _ css _ priority.html

```
#desc {
    color: silver;
}


.main-content p {
    color: red !important;
}


p {
    color: blue;
}


중략…
```

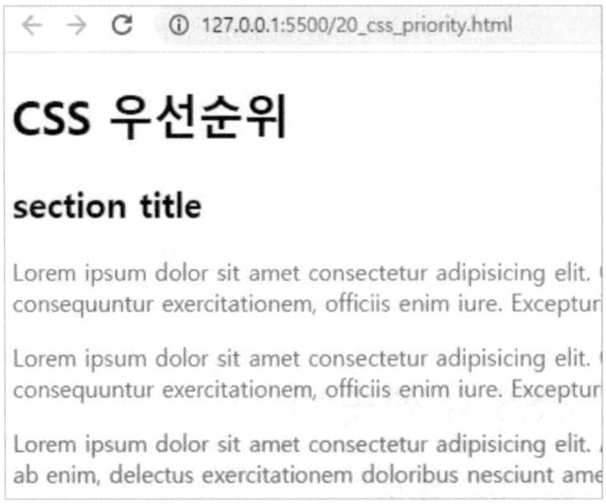

[그림 2-80] CSS 우선순위 – !important

브라우저를 확인해보면 .main-content p에 !important가 적용되어 우선순위 점수표에 따라 #desc보다도 높은 우선순위 점수를 가지기 때문에 silver가 아닌 red로 표현됩니다.

5. 서체, 글 스타일

5-1 서체

서체를 지정하는 방법은 쉼표를 통해 여러 개의 후보 서체를 지정하고 마지막에는 서체의 타입을 지정합니다. 서체의 타입에는 sans-serif(고딕체), serif(명조체), cursive(필기체), monospace(동일공간 글꼴)이 있습니다.

문법

```
body {
    font-family: '돋움', dotum, helvetica, sans-serif;
              ①        ②         ③            ④
}
```

[그림 2-81] 서체 지정

❶ 가장 우선순위가 높은 폰트를 지정합니다. 이때 글꼴명이 두 단어 이상이거나 영어가 아닌 경우에는 따옴표로 감싸줍니다.
❷ 영문 윈도우용 폰트를 지정합니다.
❸ 맥OS기반 대비 기본 폰트를 지정합니다.
❹ 돋움체는 고딕체 계열이므로 서체의 타입을 sans-serif로 지정합니다.

앞서 서체를 지정하는 방법을 살펴보았습니다. 이번에는 폰트를 로드하는 방법을 알아보겠습니다. 폰트를 로드하는 방법은 서버에 직접 파일을 업로드하고 로드는 @font-face로 업로드한 폰트의 경로를 지정하는 방식과 외부 CDN 서버의 웹 폰트를 로드하는 방법이 있습니다. 우선 font-face 방식부터 살펴보겠습니다.

@font-face 폰트 로드

문법

@font-face {font-family: 폰트명; src:url(폰트파일); }

예제 파일에서 21_ font-face.html 를 오픈합니다.

 코드 2-83 PART _ 2/예제/A/21 _ font-face.html

```
<!DOCTYPE html>
<html lang="en">

<head>
```

```
    <meta charset="UTF-8">
    <meta http-equiv="X-UA-Compatible" content="IE=edge">
    <meta name="viewport" content="width=device-width, initial-scale=1.0">
    <title>font-face</title>
    <style>

    </style>
</head>

<body>
    <h1>폰트 적용하기</h1>
    <p>
        Lorem ipsum dolor sit amet consectetur adipisicing elit. Praesentium
        optio corporis ex repellendus impedit ipsa debitis quo, velit officia nemo
        eveniet quam magnam labore consequatur minus voluptatum perspiciatis.
        Vero,
        magni.
    </p>
    <p class="target">
        Lorem ipsum dolor sit amet consectetur adipisicing elit. Praesentium
        optio corporis ex repellendus impedit ipsa debitis quo, velit officia nemo
        eveniet quam magnam labore consequatur minus voluptatum perspiciatis.
        Vero, magni.
    </p>

</body>

</html>
```

예제 폴더를 확인하면 fonts 폴더 안에 나눔고딕 폰트 파일이 2개 있습니다.

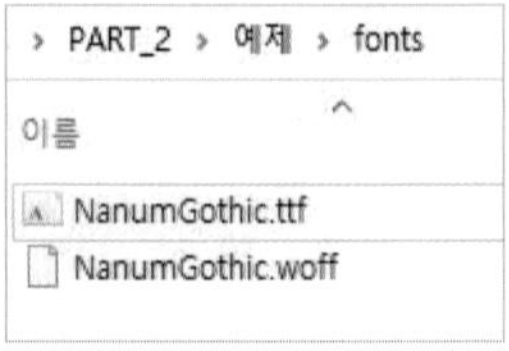

[그림 2-82] 나눔고딕 웹 폰트

나눔고딕 웹 폰트를 웹페이지에 구현하려면 확장자가 ttf, woff 파일인 2개의 파일이 모두 필요합니다. 그 이유는 브라우저의 종류와 버전에 따라 지원하는 파일 확장자가 다르기 때문입니다.

파일 확장자	IE/Edge	Chrome	Firefox	Safari
TTF/OTF	9이상	4.0	3.5	3.1
WOFF	9 이상	5.0	3.6	5.1
WOFF2	14 이상	36.0	39.0	10.0
EOT	6이상	—	—	—

[표 2-12] 브라우저별 웹폰트 지원현황

style 태그에 다음과 같이 작성합니다.

코드 2-84 PART _ 2/예제/A/21 _ font-face.html

```
@font-face {
    font-family: 'Nanum Gothic';
    src: url(fonts/NanumGothic.woff) format('woff');
    src: url(fonts/NanumGothic.ttf) format('truetype');
}

body {
    font-family: '돋움', dotum, helvetica, sans-serif;
}

.target {
    font-family: 'Nanum Gothic', sans-serif;
}
```

body 선택자에는 윈도우의 시스템 폰트인 돋움체를, class 명 target에는 나눔고딕 폰트를 적용한 것입니다. 브라우저 화면을 확인해봅니다.

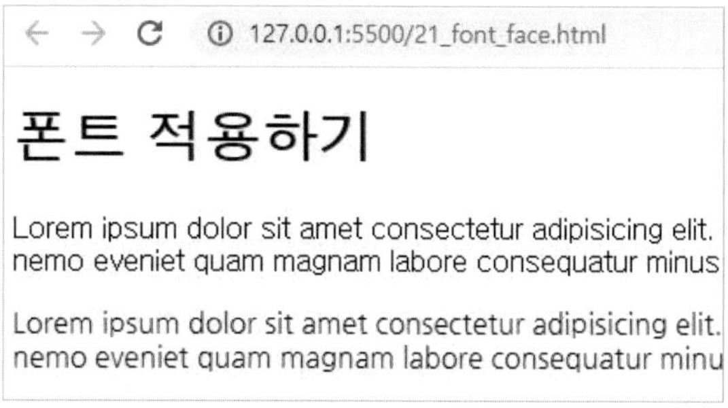

[그림 2-83] font-face 서체 로드

CDN 방식 폰트 로드

CDN 방식으로는 대표적으로 구글의 웹 폰트와 어도비의 웹 폰트 방식이 있습니다. 여기에서는 지면관계상 구글의 웹 폰트 사용법만 설명하겠습니다. https://fonts.google.com/에 접속하여 nanum gothic을 검색합니다.

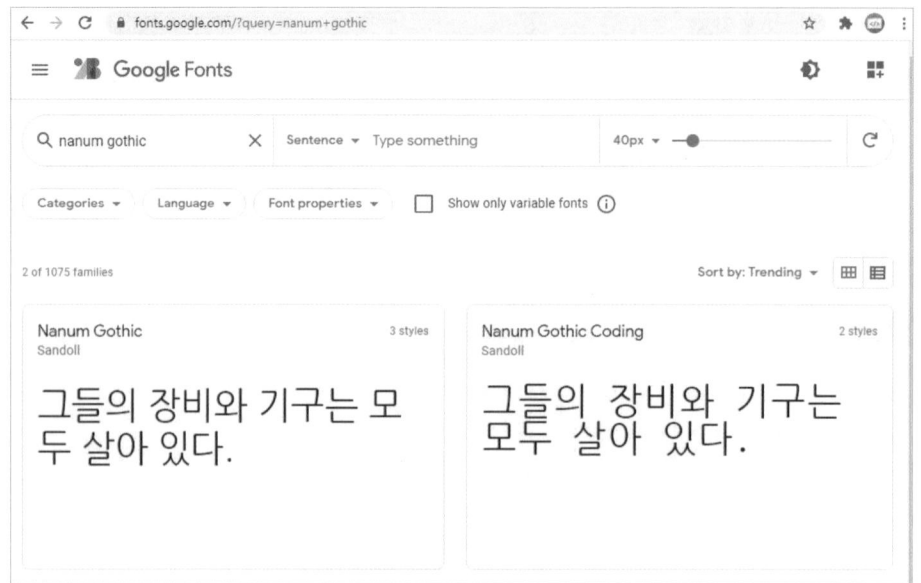

[그림 2-84] 구글 웹 폰트 나눔고딕 검색

검색된 폰트에서 Nanum Gothic을 클릭합니다.

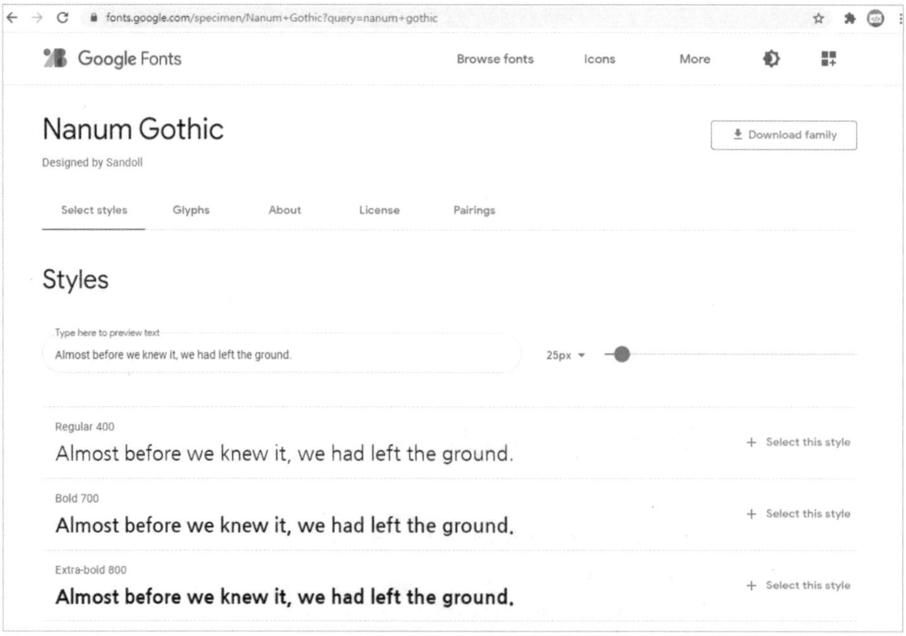

[그림 2-85] 나눔고딕의 font-weight 선택

선택한 폰트에서 Regular 400 항목 오른쪽 끝 부분에 +Select this Style 버튼을 클릭합니다.

[그림 2-86] 웹페이지 폰트 적용 코드 확인

그러면 브라우저 우측에서 웹 페이지에서 사용할 수 있는 코드를 안내하는 화면이 나타납니다. [그림 2-86]을 보면 기본적으로 Link 태그에 체크되어 있는 것을 확인할 수 있습니다. 체크되어 있는 버튼 아래 코드 모두를 복사해서 예제 파일 22_google_font.html에 코드 2-85 와 같이 head 태그 사이에 붙여넣기 합니다.

코드 2-85 PART _ 2/예제/A/22 _ google _ font.html

```
<!DOCTYPE html>
<html lang="en">

<head>
  <meta charset="UTF-8">
  <meta http-equiv="X-UA-Compatible" content="IE=edge">
  <meta name="viewport" content="width=device-width, initial-scale=1.0">
  <title>구글 웹 폰트</title>

  <link rel="preconnect" href="https://fonts.googleapis.com">
  <link rel="preconnect" href="https://fonts.gstatic.com" crossorigin>
```

```
    <link href="https://fonts.googleapis.com/css2?family=Nanum+Gothic&display=
swap" rel="stylesheet">

    <style>



    </style>
</head>

<body>
    <h1>폰트 적용하기</h1>
    <p>
        Lorem ipsum dolor sit amet consectetur adipisicing elit. Praesentium
        optio corporis ex repellendus impedit ipsa debitis quo, velit officia
        nemo eveniet quam magnam labore consequatur minus voluptatum
        perspiciatis. Vero, magni.
    </p>

</body>

</html>
```

이제 구글 웹 폰트를 적용할 준비가 된 것입니다. style 태그에 코드 2-84 와 같이 작성하고 브라우저 화면을 확인합니다. 이때 구글 웹 폰트 웹사이트에서 [그림 2-87]과 같이 구글 웹 폰트가 안내해준 font-family 코드를 복사해서 사용합니다.

[그림 2-87] 서체 속성과 값 복사

스타일 태그에 서체를 지정하고 브라우저 화면을 확인하면 나눔 고딕 서체가 제대로 표현된 것을 확인할 수 있습니다.

코드 2-86 PART _ 2/예제/A/22 _ google _ font.html

```
<style>
  body {
    font-family: 'Nanum Gothic', sans-serif;
  }
</style>
```

[그림 2-88] 나눔 고딕 서체가 적용된 화면

이번에는 @import 코드를 이용하여 구글 웹 폰트를 구현해보겠습니다. @import로 서체를 로드하는 방식은 HTML 태그 작성하는 부분이 아니라 CSS 파일 또는 CSS 영역에서 작성해야 합니다.

[그림 2-89] @import 소스 코드 복사

예제 파일에서 기존의 link 태그로 작성한 부분은 주석 처리하고 style 태그 내에 복사한 태그를 붙여넣기 합니다.

코드 2-87 PART _ 2/예제/A/22 _ google _ font.html

```
중략…
  <title>구글 웹 폰트</title>
    <!--
    <link rel="preconnect" href="https://fonts.googleapis.com">
    <link rel="preconnect" href="https://fonts.gstatic.com" crossorigin>
    <link href="https://fonts.googleapis.com/css2?family=Nanum+Gothic&display=
swap" rel="stylesheet"> -->
    <style>
      @import url('https://fonts.googleapis.com/css2?family=Nanum+Gothic&display
=swap');

      body {
        font-family: 'Nanum Gothic', sans-serif;
      }
    </style>
</head>
중략…
```

브라우저 화면을 확인하면 서체가 역시 잘 적용되고 있는 것을 확인할 수 있습니다.

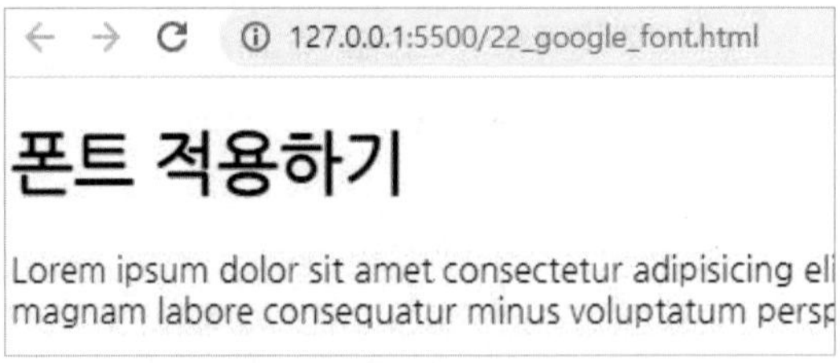

[그림 2-90] 서체가 적용된 화면

구분	장점	단점
@font-face	외부 서버의 영향 없이 폰트를 안정적으로 표현할 수 있다.	파일을 로드 할 때 자체 서버의 트래픽을 소모한다.
CDN 방식	트래픽 소모없이 서체를 로드 할 수 있다.	외부 서버의 문제가 생기는 경우 서체가 로드되지 않는다.

[표 2-13] 서체 로드 방식에 따른 장단점 비교

웹 폰트 로더 동기방식

CSS import 방식보다 더 세밀한 설정이 필요하다면 웹 폰트 로더인 webfont.js를 로드하는 방법이 있습니다.

사용법은 https://github.com/typekit/webfontloader에서 확인할수 있으며 사용예시는 다음과 같이 스크립트를 작성하고, css에서 원하는 요소에 글꼴을 지정하면 되겠습니다.

```
<script src="https://ajax.googleapis.com/ajax/libs/webfont/1.6.26/webfont.js"
></script>
<script>
  WebFont.load({
    google: {
      families: ["Nanum Gothic:400,700", "Open Sans:300"]
    }
  });
</script>
```

5-2 글 스타일

글자 크기 font-size

글자 크기는 font-size 속성으로 지정합니다. 단위로는 px, %, em, rem, vw 등을 사용할 수 있습니다. 기본적으로 font-size를 지정하지 않았을 때 h1, h2, h3, h4, h5, h6 등 heading 태그를 제외하고는 16px의 크기가 됩니다. 첫 번째 글자 크기는 7단계의 절댓값을 가지고 있습니다. medium은 기본값으로 16px과 같습니다. 해당 크기에서 작게 또는 크게 [표 2-14]와 같이 작성할 수 있습니다.

```
font-size: xx-small;
font-size: x-small;
font-size: small;
font-size: medium;
font-size: larger;
font-size: x-large;
font-size: xx-large;
```

[표 2 - 14] font-size medium

예제 폴더에서 23_font-size.html을 오픈하면 클래스 명으로 p 태그가 구분되어 있고 해당 클래스 명에 폰트 사이즈가 지정되어 있습니다. 브라우저에서 해당 파일을 열어 확인해봅니다.

```html
<!DOCTYPE html>
<html lang="en">

<head>
    <meta charset="UTF-8">
    <meta http-equiv="X-UA-Compatible" content="IE=edge">
    <meta name="viewport" content="width=device-width, initial-scale=1.0">
    <title>글자 크기</title>
    <style>
        .xx-small {
            font-size: xx-small;
        }

        .x-small {
            font-size: x-small;
        }

        .small {
            font-size: small;
        }

        .medium {
            font-size: medium;
        }

        .large {
            font-size: large;
        }

        .x-large {
            font-size: x-large;
        }

        .xx-large {
            font-size: xx-large;
        }
    </style>
```

```
</head>

<body>
    <h1>글자 크기</h1>

    <p class="xx-small">font-size:xx-small;</p>
    <p class="x-small">font-size:x-small;</p>
    <p class="small">font-size:small;</p>
    <p class="medium">font-size:medium;</p>
    <p class="large">font-size:large;</p>
    <p class="x-large">font-size:x-large;</p>
    <p class="xx-large">font-size:xx-large;</p>

</body>
</html>
```

[그림 2-91] medium

브라우저 화면을 확인하면 medium을 기본으로 조금씩 크기가 작거나 크게 표현된 것을 확인할 수 있습니다. 이렇듯 글자의 크기를 medium으로 설정할 수도 있지만 정확하게 크기를 px 단위로 반영할 수 없기 때문에 자주 사용하지 않습니다. 글자 크기를 지정할 때 가장 많이 사용하는 것은 단연코 px입니다. px, em, percent의 변환표는 [표 2-15]와 같습니다.

pixel	EM	Percent	Points
10px	0.625em	62.5%	8pt
11px	0.688em	68.8%	8pt
12px	0.750em	75.0%	9pt
13pc	0.813em	81.3%	10pt
14px	0.875em	87.5%	11pt
15px	0.938em	93.8%	11pt
16px	1.000em	100.0%	12pt
17px	1.063em	106.3%	13pt
18px	1.125em	112.5%	14pt
19px	1.188em	118.8%	14pt
20px	1.250em	125.0%	15pt

[표 2 - 15] font-size conversion

글자 두께 font-weight

글자의 두께는 다음과 같이 수치로 지정하거나 문자 값으로 지정할 수도 있습니다.

값	설명
normal	기본값
bold	글자의 두께를 두껍게 표현
bolder	글자의 두께를 bold보다 두껍게 표현
lighter	글자의 두께를 기본값보다 가늘게 표현
100 200 300 … 900	숫자의 크기로 두께를 조절합니다. 400은 normal과 같은 값이며, 700은 bold와 같은 값입니다.
initial	기본값으로 되돌린다.
inherit	부모 요소의 값을 상속받는다.

[표 2 - 16] font-weight

예제 폴더에서 24_font-weight.html을 오픈합니다. 코드 2-88 을 확인하면 상단에 구글 웹 폰트가 로드되어 있고, Roboto 폰트의 100, 500, 700 두께의 폰트가 로드되어 있고 body의 폰트로 지정되어 있습니다. 글자의 두께는 해당폰트가 지원하지 않는 두께를 설정하면 반영이 되지 않습니다.

PART _ 2/예제/A/24 _ font-weight.html

```html
<!DOCTYPE html>
<html lang="en">

<head>
    <meta charset="UTF-8">
    <meta http-equiv="X-UA-Compatible" content="IE=edge">
    <meta name="viewport" content="width=device-width, initial-scale=1.0">
    <title>글자 두께</title>
    <style>
        @import url('https://fonts.googleapis.com/css2?family=Roboto:wght@100;500;700&display=swap');

        body {
            font-family: 'Roboto', sans-serif;
        }
    </style>
</head>

<body>
    <h1>글자 두께</h1>

    <p class="weight1">font-weight:100;</p>
    <p class="weight2">font-weight:500;</p>
    <p class="weight3">font-weight:700;</p>
    <p class="thin">font-weight:100;</p>
    <p class="normal">font-weight:normal;</p>
    <p class="medium">font-weight:medium;</p>
    <p class="bold">font-weight:bold;</p>

</body>
</html>
```

이제 style 부분에 다음과 같이 입력하고 브라우저 화면을 확인해봅니다.

```
<style>
    @import url('https://fonts.googleapis.com/css2?family=Roboto:w-
ght@100;500;700&display=swap');

    body {font-family: 'Roboto', sans-serif;}
    body p {font-size: 30px;}
    .weight1 {font-weight: 100;}
    .weight2 {font-weight: 500;}
    .weight3 {font-weight: 700;}
    .thin {font-weight: 100;}
    .medium {font-weight: medium;}
    .bold {font-weight: bold; }
</style>
```

[그림 2-92] font-weight

글자 장식 text-decoration

글자의 밑줄 속성을 지정합니다. 속성 명과 값은 다음 문법과 같습니다.

text-decoration: text-decoration-line text-decoration-color text-decoration-
style|initial|inherit;

text-decoration 속성의 값은 [표 2-17]과 같습니다.

값	설명
text-decoration-line	underline, overline, line-through로 밑줄, 윗줄, 가로줄을 지정
text-decoration-color	선의 색상을 지정
text-decoration-style	solid, wavy, dotted, dashed, double선의 종류를 지정
initial	기본값
inherit	부모의 속성을 상속받는다.

[표 2 - 17] text-decoration

우선 text-decoration-line의 종류에 따른 화면을 확인해봅니다. 예제 파일 25_text-decoration.html을
열고 브라우저를 확인합니다.

코드 2-90 **PART _ 2/예제/A/25 _ text-decoration.html**

```
<!DOCTYPE html>
<html lang="en">

<head>
   <meta charset="UTF-8">
   <meta http-equiv="X-UA-Compatible" content="IE=edge">
   <meta name="viewport" content="width=device-width, initial-scale=1.0">
   <title>글자 장식</title>
   <style>

   </style>
</head>

<body>
   <h1>글자 장식</h1>
```

```
    <p class="none"><a href="">text-decoration:none</a></p>
    <p class="underline">text-decoration:underline</p>
    <p class="overline">text-decoration:overline</p>
    <p class="linethrough">text-decoration:line-through</p>
    <hr>
    <p class="dotted">underline dotted</p>
    <p class="dashed">underline dashed</p>
    <p class="wavy">underline wavy</p>
    <p class="both">underline overline</p>

</body>
</html>
```

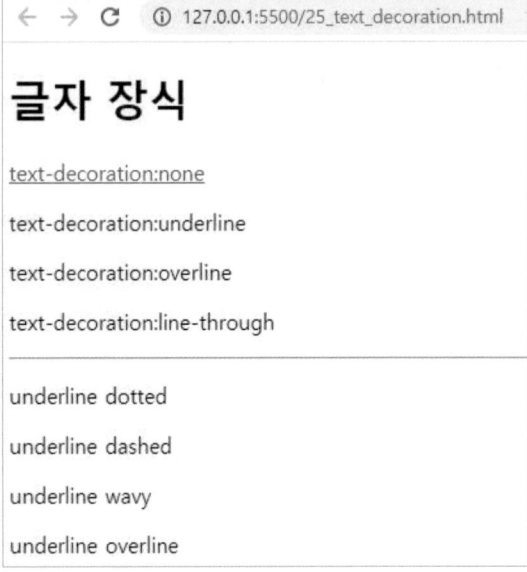

[그림 2-93] text-decoration

코드 2-91 과 같이 style 태그에 스타일을 작성하고 브라우저를 확인합니다.

```
<style>
    .none a {text-decoration: none;}
    .underline {text-decoration: underline;}
    .overline {text-decoration: overline;}
    .linethrough {text-decoration: line-through;}

    .dotted {text-decoration: underline dotted red;}
    .dashed {text-decoration: underline dashed red;}
    .wavy {text-decoration: underline wavy red;}
    .both {text-decoration: overline underline solid red;}
</style>
```

anchor 태그는 기본적으로 밑줄이 생성되어 있습니다. anchor 태그의 밑줄을 없애기 위해 text-decoration:none을 지정합니다. 그리고 밑줄은 underline, 윗줄은 overline, 글자로 가로지르는 선은 line-through로 지정합니다. 추가적으로 선의 종류, 선의 색상을 지정합니다.

[그림 2-94] text-decoration

글자 스타일 font-style

폰트 스타일은 글자를 기울이는 것을 표현합니다. 내용이 짧으니 바로 예제에서 스타일을 지정해보겠습니다. 예제 파일 26_font-style.html을 오픈합니다.

코드 2-92 PART _ 2/예제/A/26 _ font-style.html

```
<!DOCTYPE html>
<html lang="en">

<head>
  <meta charset="UTF-8">
  <meta http-equiv="X-UA-Compatible" content="IE=edge">
  <meta name="viewport" content="width=device-width, initial-scale=1.0">
  <title>글자 스타일</title>
  <style>

  </style>
</head>

<body>
  <h1>글자 스타일</h1>
  <h2>font-style</h2>
  <p> .
    <em>Lorem ipsum dolor</em> sit amet, consectetur adipisicing elit,
Ullam laboriosam enim maiores consequatur tenetur aspernatur
  </p>
  <address>
    <p>Lorem ipsum dolor sit amet consectetur adipisicing elit. Vel porro
numquam provident omnis quos delectus architecto nam molestias laboriosam
sunt odit, maiores eum. Soluta optio ab repellendus reprehenderit eum
nesciunt.</p>
  </address>

</body>

</html>
```

[그림 2-95] font—style

브라우저 화면을 확인하면 em 태그와 address 태그로 작성한 부분이 이탤릭체로 나오는 것을 확인할 수 있습니다. 해당 폰트의 스타일을 바로 세워보겠습니다. style 부분에 코드 2-93과 같이 작성하고 브라우저 화면을 확인합니다.

코드 2-93 PART _ 2/예제/A/26 _ font-style.html

```
<style>
  em,
  address {
    font-style: normal;
  }

  h2 {
    font-style: italic;
  }

  h1 {
    font-style: oblique;
  }
</style>
```

작성한 태그를 확인하면 em, address 태그는 font—style을 다시 정상적으로 되돌리고, h2, h1 태그에서는 각각 italic과 oblique로 작성했습니다. italic은 말 그대로 이탤릭체로, oblique는 기울인체라는 뜻입니다.

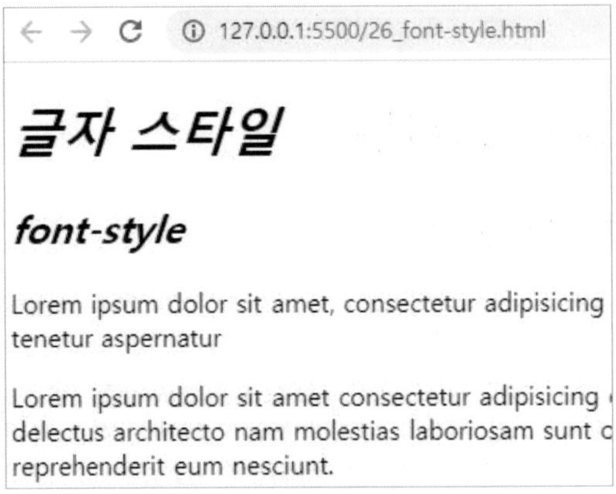

[그림 2-96] font-style

글자 정렬

글자를 정렬하는 속성은 text-align입니다.

문법

text-align: left|right|center|justify|initial|inherit;

값	설명
left	텍스트를 왼쪽으로 정렬
right	텍스트를 오른쪽으로 정렬
center	텍스트를 가운데로 정렬
initial	기본값으로 변경
inherit	부모 요소의 글자 정렬을 상속받음.

[표 2-18] text-align

예제에서 27_text-align.html을 오픈합니다.

코드 2-94 PART _ 2/예제/A/27 _ text-align.html

```
<!DOCTYPE html>
<html lang="en">

<head>
    <meta charset="UTF-8">
    <meta http-equiv="X-UA-Compatible" content="IE=edge">
    <meta name="viewport" content="width=device-width, initial-scale=1.0">
```

```
<title>글자 정렬</title>
<style>

</style>
</head>

<body>
    <h1>글자 정렬</h1>
    <p class="right">text align right</p>
    <p class="left">text align right</p>
    <p class="center">text align right</p>
    <p>Lorem ipsum dolor sit amet consectetur adipisicing elit. Officia
    praesentium in saepe cupiditate modi voluptates explicabo, excepturi sint?
    Vel autem, optio natus labore officia dignissimos eaque dolore assumenda
    nisi beatae?</p>
    <p class="justify">Lorem ipsum dolor sit amet consectetur adipisicing elit.
    Officia praesentium in saepe cupiditate modi voluptates explicabo, excepturi
    sint? Vel autem, optio natus labore officia dignissimos eaque dolore assumenda
    nisi beatae?</p>

</body>
</html>
```

[그림 2-97] text-align

현재 브라우저를 확인해보면 p 태그 안의 텍스트들은 모두 왼쪽으로 정렬되어 있습니다. 또한 문단 태그들도 기본적으로 왼쪽 정렬이 되어 있습니다. 이제 style에서 코드 2-95와 같이 작성하고 브라우저를 확인합니다.

코드 2-95　PART _ 2/예제/A/27 _ text-align.html

```html
<style>
  body {
    width: 600px;
    margin: 0 auto;
    border: 1px solid;
  }

  .right {
    text-align: right;
  }

  .left {
    text-align: left;
  }

  .center {
    text-align: center;
  }

  .justify {
    text-align: justify;
  }
</style>
```

브라우저를 확인해보면 지정한 방향으로 텍스트들이 오른쪽, 왼쪽, 가운데로 정렬된 것을 확인할 수 있습니다. 또한 justify를 지정한 문단은 텍스트들이 양쪽 끝에 맞춰 단어의 간격을 늘려서 맞춰줍니다. 텍스트들을 좌우 양쪽 끝에 맞춰 배치합니다. 이때 단어와 단어사이가 불규칙하게 됩니다. 단어사이의 공간을 균일하게 하려면 줄바꿈시 단어를 깨는 속성으로 word-break:break-all을 추가하면 됩니다.

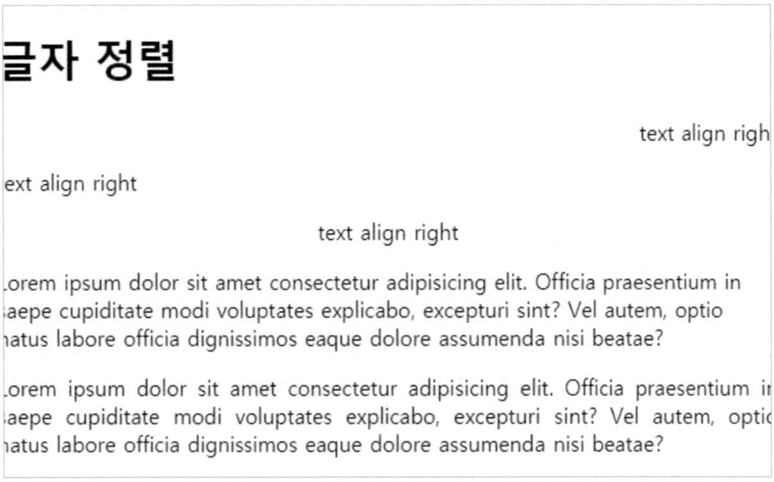

글자 정렬

text align righ

ext align right

text align right

Lorem ipsum dolor sit amet consectetur adipisicing elit. Officia praesentium in saepe cupiditate modi voluptates explicabo, excepturi sint? Vel autem, optio natus labore officia dignissimos eaque dolore assumenda nisi beatae?

Lorem ipsum dolor sit amet consectetur adipisicing elit. Officia praesentium in saepe cupiditate modi voluptates explicabo, excepturi sint? Vel autem, optio natus labore officia dignissimos eaque dolore assumenda nisi beatae?

[그림 2-98] text-align

글자, 단어, 문단의 간격을 조절해보겠습니다. 예제 파일에서 28_spacing.html을 오픈합니다.

코드 2-96 PART _ 2/예제/A/28 _ spacing.html

```
<!DOCTYPE html>
<html lang="en">

<head>
    <meta charset="UTF-8">
    <meta http-equiv="X-UA-Compatible" content="IE=edge">
    <meta name="viewport" content="width=device-width, initial-scale=1.0">
    <title>글의 간격</title>
    <style>

    </style>
</head>

<body>
    <h1>글의 간격</h1>
    <h2>letter spacing</h2>
    <h3>word spacing</h3>
    <p>Lorem ipsum dolor sit amet consectetur, adipisicing elit. Repellendus
    voluptatum exercitationem voluptatibus ratione corporis atque odit
    deserunt fuga repellat obcaecati veritatis quo aut illum officiis rerum,
    earum
```

```
        similique molestias reprehenderit!</p>

    </body>

    </html>
```

현재 브라우저 화면을 확인하면 글자의 간격, 단어 사이의 간격, 문단도 고유의 행높이를 유지하고 있습니다.

[그림 2-99] spacing

글자의 간격과 단어 사이의 간격을 조절하는 속성은 letter-spacing, word-spacing입니다. 각 속성의 설명은 [표 2-19]와 같습니다.

속성	설명
letter-spacing	글자 한글자 한글자 사이의 간격을 지정
word-spacing	단어와 단어사이의 간격을 지정

[표 2-19] 글자의 간격

style에서 h2 요소의 letter-spacing을 지정합니다. 이때 단위는 크기의 단위 px, %, em, rem, vw 등 모두를 사용할 수 있습니다. px 단위를 사용하여 h2의 letter-spacing, h3 요소의 word-spacing을 적용하고 브라우저를 확인합니다.

PART _ 2/예제/A/28 _ spacing.html

```
<style>
  h2 {
    letter-spacing: 10px;
  }

  h3 {
    word-spacing: 20px;
  }
</style>
```

[그림 2-100] letter-spacing, word-spacing

브라우저를 확인하면 글자 사이와 단어 사이의 공간이 지정한 수치만큼 넓어진 것을 확인할 수 있습니다.

◀ 혼자 정리하는 웹 퍼블리싱 ▶

포토샵의 tracking 단위가 무엇일까?

포토샵에서 자간을 지정하는 tracking에 100의 값이 있습니다. 이부분을 CSS의 letter-spacing으로 구현하고자 합니다. tracking 값 1,000은 약 1em입니다. 즉 100이면 0.1em으로 지정할 수 있습니다.

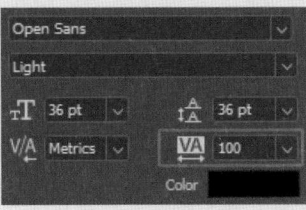

[그림 2-101] tracking

다음으로 문단에서 행의 높이를 지정하겠습니다.

속성	설명
line-height	행의 높이를 지정

[표 2-20] line-height

style 태그에 line-height를 34px을 지정하고 브라우저를 확인합니다.

코드 2-98 PART _ 2/예제/A/28 _ spacing.html

```
중략…

  p {
     line-height: 34px;
  }
</style>
```

[그림 2-102] line-height

line-height에서 주의할 점은 34px의 크기가 행과 행사이의 간격이 아니라 행 자체의 높이라는 것입니다.

글자 들여쓰기

예제 파일에서 29_text-indent.html 파일을 오픈합니다. 예제 파일을 보면 제목에 테두리가 있는 상태입니다.

PART _ 2/예제/A/29 _ text-indent.html

```html
<!DOCTYPE html>
<html lang="en">

<head>
    <meta charset="UTF-8">
    <meta http-equiv="X-UA-Compatible" content="IE=edge">
    <meta name="viewport" content="width=device-width, initial-scale=1.0">
    <title>text indent</title>
    <style>
        h1,
        h2 {
            border: 1px solid;
            width: 80%;
            margin: 10px auto;
        }

    </style>
</head>

<body>
    <h1>Main title</h1>
    <h2>Content title</h2>
</body>

</html>
```

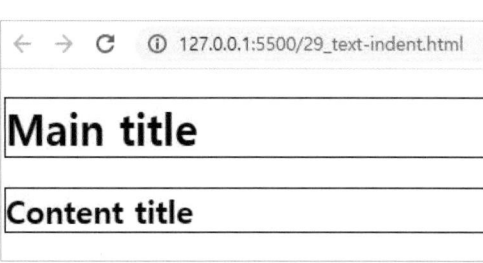

[그림 2-103] text-indent

스타일을 작성하여 h1 요소의 글자들이 들여쓰기 되도록 하겠습니다. 코드 2-100 과 같이 작성하고 브라우저를 확인합니다.

```
<style>
  h1,
  h2 {
    border: 1px solid;
    width: 80%;
    margin: 10px auto;
  }

  h1 {
    text-indent: 20px;
  }

  h2 {
    text-indent: -20px;
  }
</style>
```

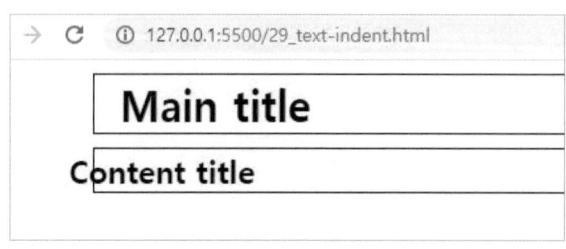

[그림 2-104] text-indent

브라우저를 확인하면 text-indent 값을 양수로 입력한 것은 들여쓰기가 되어 있고 음수로 작성한 것은 내어쓰기가 되어 있는 것을 확인할 수 있습니다.

◀ 혼자 정리하는 웹 퍼블리싱 ▶

IR 기법이란

Text-indent 속성은 IR(image replacement) 기법에 자주 사용됩니다. 검색엔진 최적화의 일환으로 HTML 태그에는 텍스트를 사용하고 CSS를 이용하여 해당 텍스트 대신에 이미지를 배경으로 처리하는 방법입니다. 주로 웹사이트의 로고에서 많이 활용하며, 최근에는 text-indent 외에도 clip 속성으로 가리는 방법을 쓰기도 합니다.

참조 : https://codepen.io/alikerock/pen/GRymXoE

글자의 변형

예제 파일에서 30_text-transform.html을 오픈하고 현재 코드의 화면을 확인합니다.

코드 2-101 PART _ 2/예제/A/30 _ text-transform.html

```html
<!DOCTYPE html>
<html lang="en">

<head>
    <meta charset="UTF-8">
    <meta http-equiv="X-UA-Compatible" content="IE=edge">
    <meta name="viewport" content="width=device-width, initial-scale=1.0">
    <title>text_transform</title>
    <style>
    </style>
</head>

<body>
    <h1>Text transform</h1>
    <h2>uppercase</h2>
    <h3>LOWERCASE</h3>
    <h4>capitalize </h4>

</body>

</html>
```

[그림 2-105] text-transform

브라우저를 확인하면 입력한 글자 모양 그대로 대소문자가 표현되어 보여지고 있습니다. 스타일을 코드 2-102 와 같이 작성하고 브라우저를 확인합니다.

코드 2-102 PART _ 2/예제/A/30 _ `text-transform.html`

```
<style>
  h2 {
    text-transform: uppercase;
  }

  h3 {
    text-transform: lowercase;
  }

  h4 {
    text-transform: capitalize;
  }
</style>
```

[그림 2-106] text-transform

브라우저를 확인해보면 소문자였던 h2가 모두 대문자로 변경되어 있고, 원래 대문자였던 h3 요소가 소문자로, h4 요소처럼 모두 소문자였던 제목이 글자의 첫 글자(두 문자)가 대문자로 변경되어 표현되고 있습니다.

글자의 수직 정렬

글자의 수직 정렬은 인라인 요소들이 연이어 나열될 때 뒤따라오는 인라인 요소의 높이를 조절할 때 주로 사용합니다. 예제에서 31_vertical-align.html을 오픈합니다.

```html
<!DOCTYPE html>
<html lang="en">

<head>
    <meta charset="UTF-8">
    <meta http-equiv="X-UA-Compatible" content="IE=edge">
    <meta name="viewport" content="width=device-width, initial-scale=1.0">
    <title>vertical-align</title>
    <style>
        h2 span{
            color: #fff;
            background: #3498db;
        }
        h2 span:first-child{
            font-size: 25px;
        }
        h2 span:last-child{
            font-size: 12px;
        }
        .line{
            border: 1px solid #000;
        }
    </style>
</head>

<body>
    <h1>Vertical align</h1>
    <h2><span>vertical-align</span> <span class="base">baseline</span></h2>
    <h2><span>vertical-align</span> <span class="sub">sub</span></h2>
    <h2><span>vertical-align</span> <span class="super">super</span></h2>
    <h2><span>vertical-align</span> <span class="top">top</span></h2>
    <h2><span>vertical-align</span> <span class="text-top">text-top</span></h2>
    <h2><span>vertical-align</span> <span class="middle">middle</span></h2>
    <h2><span>vertical-align</span> <span class="bottom">bottom</span></h2>
    <h2><span>vertical-align</span> <span class="text-bottom">text-bottom</
span></h2>
```

```
    <h2><span>vertical-align</span> <span class="pixel">pixel</span></h2>

    <p class="line">
        <img src="http://placehold.it/200x200" alt="">
    </p>
</body>

</html>
```

브라우저 화면을 확인하면 제목에 span 태그로 구분된 두 개의 요소가 있고, 이미지를 감싸는 부모에는
테두리가 있습니다.

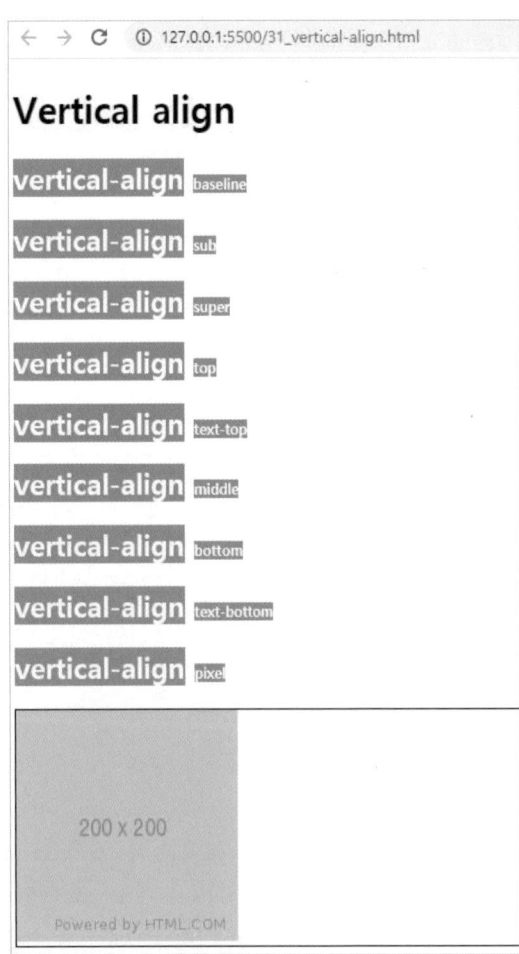

[그림 2-107] vertical-align

vertical-align의 값으로는 표와 같은 값을 지정할 수 있습니다.

속성	값
vertical—align	baseline(기본값) sub, super, top, text—top, middle, bottom, text—bottom

[표 2 – 21] vertical—align

예제에서 style 영역에 코드 2–104 와 같이 작성하고 브라우저 화면을 확인합니다.

코드 2–104   PART _ 2/예제/A/31 _ vertical-align.html

```
.base{vertical—align: baseline;}
.sub{vertical—align: sub;}
.super{vertical—align: super;}
.top{vertical—align: top;}
.text—top{vertical—align: text—top;}
.middle{vertical—align: middle;}
.bottom{vertical—align: bottom;}
.text—bottom{vertical—align: text—bottom;}
.pixel{vertical—align: 20px;}
```

[그림 2–108] vertical—align

브라우저 화면을 확인합니다. 기본값은 vertical—align 속성의 값을 지정하지 않아도 baseline입니다.
다른 부분은 브라우저 화면을 보면 바로 확인할 수 있어서 설명을 생략하고 baseline과 pixel만 추가 설명하겠습니다.

[그림 2-109] baseline

[그림 2-109]와 같이 baseline은 앞 요소 글씨의 베이스라인 즉 g, y, q와 같이 글자의 몸통 아래부분을 제외한 라인을 기준으로 위치를 잡는 것입니다.

[그림 2-110] vertical-align:20px

vertical-align의 값으로 수치를 직접 넣으면 베이스 라인을 기준으로 해당 수치만큼 양수면 위로, 음수면 아래로 배치됩니다. [그림 2-111]을 보면 그림 밑에 공백이 있는 것을 확인할 수 있습니다.

[그림 2-111] 이미지 밑의 공백

해당 공백을 없애는 방법으로도 vertical-align을 활용할 수 있습니다. 값을 top 또는 bottom으로 지정하고 브라우저 화면을 확인합니다.

코드 2-105   PART _ 2/예제/A/31 _ vertical-align.html

```
.line img{vertical-align: top;}
```

[그림 2-112] 이미지 밑의 공백 제거

브라우저를 확인하면 공백이 사라진 것을 확인할 수 있습니다. 이 현상은 인라인 블록 요소인 video 요소에도 동일하게 나타납니다.

6. 목록 스타일

목록 스타일 예제 파일 32_list-style.html을 오픈하고 브라우저를 확인합니다.

코드 2-106 PART _ 2/예제/A/32 _ list-style.html

```html
<!DOCTYPE html>
<html lang="en">
<head>
   <meta charset="UTF-8">
   <meta http-equiv="X-UA-Compatible" content="IE=edge">
   <meta name="viewport" content="width=device-width, initial-scale=1.0">
   <title>List Style</title>
   <style>

   </style>
</head>
<body>
   <h1>list style</h1>
   <nav>
     <ul>
        <li>menu</li>
        <li>menu
          <ul>
             <li>sub menu</li>
             <li>sub menu
               <ul>
                  <li>sub menu2</li>
                  <li>sub menu2</li>
               </ul>
             </li>
          </ul>
        </li>
        <li>menu</li>
        <li>menu</li>
     </ul>
   </nav>
   <hr>
   <ol>
     <li>menu</li>
```

```
        <li>menu</li>
        <li>menu</li>
        <li>menu</li>
    </ol>
    <hr>
    <ul class="menu">
        <li>menu</li>
        <li>menu</li>
        <li>menu</li>
        <li>menu</li>
    </ul>
</body>
</html>
```

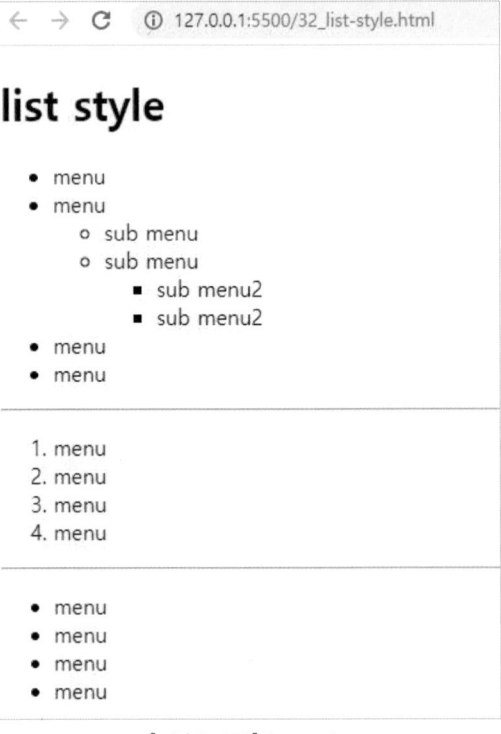

[그림 2-113] list-style

브라우저를 확인해보면 목록 표시(bullet)의 모양이 메뉴의 깊이(depth)에 따라서 disc, circle, square로 다르게 표현되고 있습니다. 목록 표시(bullet)의 스타일은 list-style-type으로 변경할 수 있습니다. 값으로 지정할 수 있는 목록은 [표 2-22]와 같습니다.

속성	값
list-style-type	disc, circle, square, decimal, Georgian, trad-chinese-informal, kannada
	'-' 문자열
	custom-counter-style
	None, inherit, initial, revert, unset

[표 2-22] list-style-type

이번 예제는 지면 관계상 가장 많이 사용하는 값인 disc, circle, square, decimal, none 등을 확인해보도록 하겠습니다. 우선 1 depth 깊이의 첫 메뉴의 list-style-type을 disc에서 square로 변경해보겠습니다.

코드 2-107 **PART _ 2/예제/A/32 _ list-style.html**

```
nav > ul > li {list-style-type: square;}
```

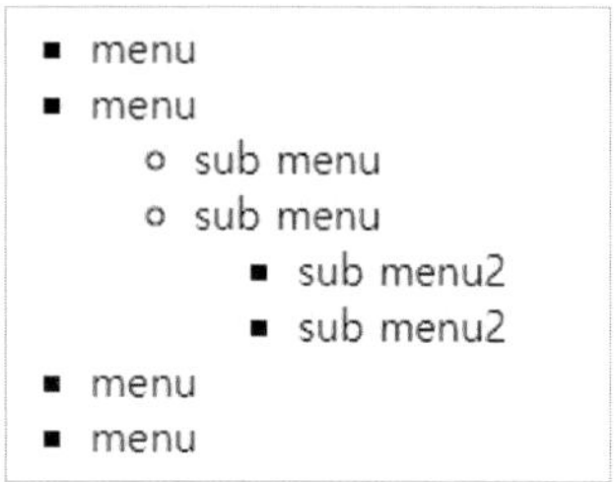

[그림 2-114] list-style-type:square

2 depth의 li에는 목록 표시를 없애 보도록 하겠습니다.

코드 2-108 **PART _ 2/예제/A/32 _ list-style.html**

```
nav > ul > li > ul > li {list-style: none;}
```

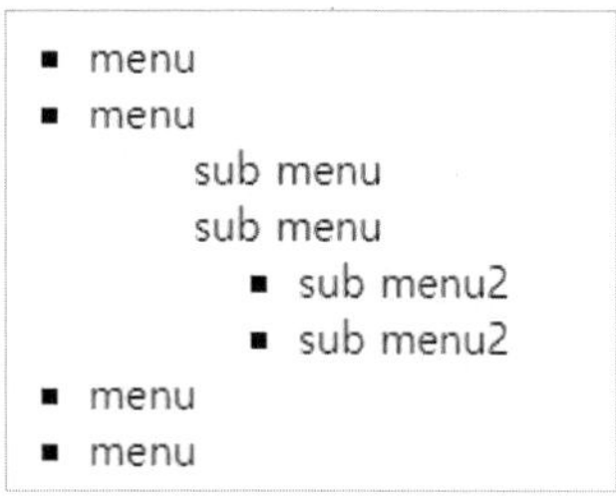

[그림 2-115] list-style:none

마지막 3 depth의 리스트는 숫자가 나오도록 하겠습니다.

PART _ 2/예제/A/32 _ list-style.html

```
nav li li li{list-style-type: decimal;}
```

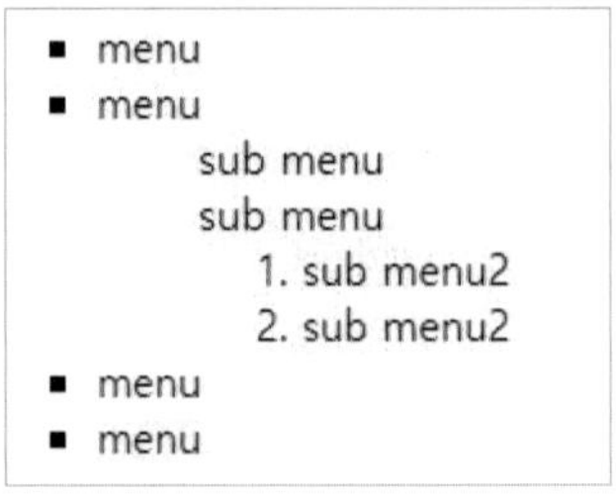

[그림 2-116] list-style:decimal

다음으로 ol 태그 목록의 스타일을 문자열로 변경해봅니다.

코드 2-110 PART _ 2/예제/A/32 _ list-style.html

```
ol li{list-style-type: '- ';}
```

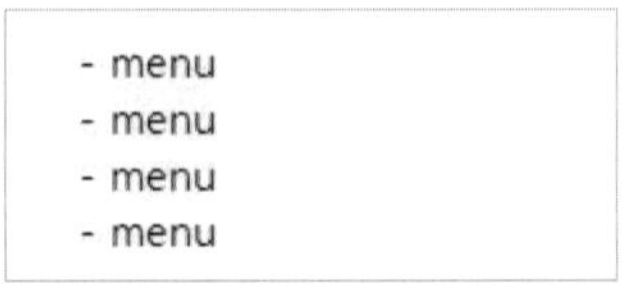

[그림 2-117] list-style-type:'-'

마지막 메뉴는 emoji 아이콘이 나오도록 하겠습니다.

코드 2-111 PART _ 2/예제/A/32 _ list-style.html

```
.menu li{list-style-type: '\1F44D';}
```

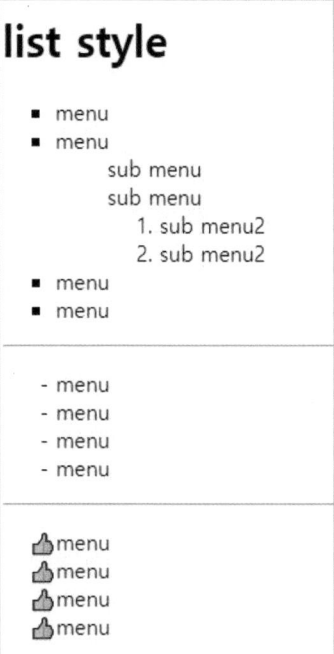

[그림 2-118] emoji 아이콘

이모지(emoji) 아이콘은 https://unicode-table.com/kr/emoji/의 사이트에서 참조하여 사용했습니다.

list-style-image 속성을 이용하여 이미지를 목록 표시로 사용할 수도 있지만, 해당 이미지의 위치를 정교하게 조절하기 불편해서 주로 배경 이미지로 사용합니다. li 태그의 배경 이미지로 지정하는 방법은 배경 속성을 학습하면 되겠습니다.

7. display 디스플레이

디스플레이 속성을 확인하고 그 특징을 살펴보도록 하겠습니다. 예제에서 33_display.html을 오픈합니다.

코드 2-112 PART _ 2/예제/A/33 _ display.html

```
<!DOCTYPE html>
<html lang="en">
<head>
    <meta charset="UTF-8">
    <meta http-equiv="X-UA-Compatible" content="IE=edge">
    <meta name="viewport" content="width=device-width, initial-scale=1.0">
    <title>Display</title>
    <style>

    </style>
</head>
<body>
    <header>
        <h1>Display</h1>
        <h2>Heading</h2>
        <h3>Visibility</h3>
        <h4>Opacity</h4>
    </header>
    <div class="box">block level element</div>
    <div class="box">block level element</div>
    <span>inline level element</span>
    <span>inline level element</span>
    <hr>
    <img src="http://placehold.it/100x100" alt="">
    <img src="http://placehold.it/100x100" alt="">
    <hr>
    <ul class="menu">
        <li>menu1</li>
        <li>menu2</li>
        <li>menu3</li>
    </ul>
    <ul class="portfolio">
        <li>portfolio item1</li>
        <li>portfolio item2</li>
        <li>portfolio item3</li>
```

```
    </ul>
  </body>
</html>
```

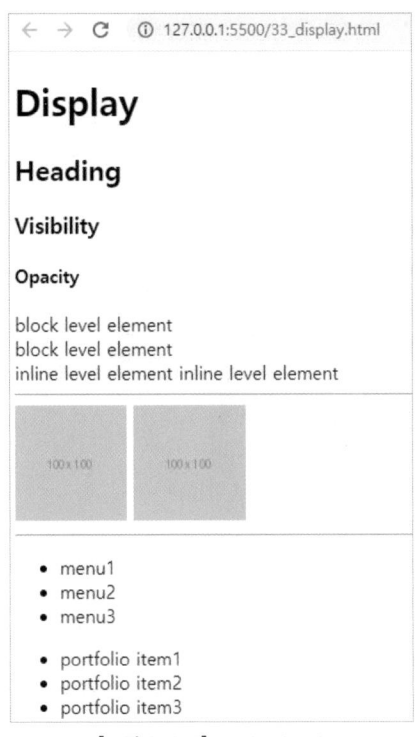

[그림 2-119] display.html

디스플레이 속성의 값으로는 다양한 값을 설정할 수 있습니다. 디스플레이 속성은 요소들이 화면에 어떻게 디스플레이(display) 될지를 결정하는 것입니다. 이후 웹페이지의 레이아웃을 설정할 때도 필수로 숙지해야 할 개념입니다.

7-1 display:block

block을 지정하면 설정한 크기대로 화면에 표시가 됩니다. style 태그에 코드 2-113과 같이 작성 후 브라우저를 확인합니다.

```
<style>
  span {
    width: 50%;
    background: green;
    color: #fff;
  }
</style>
```

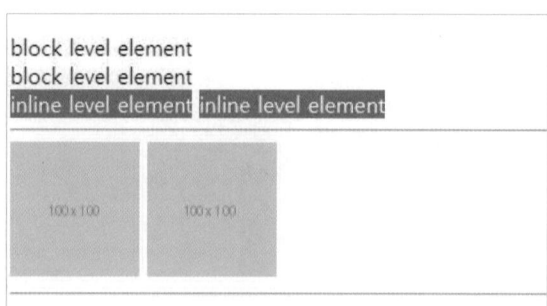

[그림 2-120] 인라인 요소에 너비 지정하기

브라우저 화면을 확인하면 span 태그의 너비가 지정한 대로 50%가 아니라 span 태그의 내용만큼만 공간을 차지하고 있는 것을 확인할 수 있습니다. 다시 말해 width:50%가 전혀 적용이 안되었다는 것입니다. 다시 style 태그에 코드 2-114 와 같이 작성하고 브라우저 화면을 확인합니다.

코드 2-114 PART _ 2/예제/A/33 _ display.html

```
span {
  width: 50%;
  background: green;
  color: #fff;
  display: block;
}
```

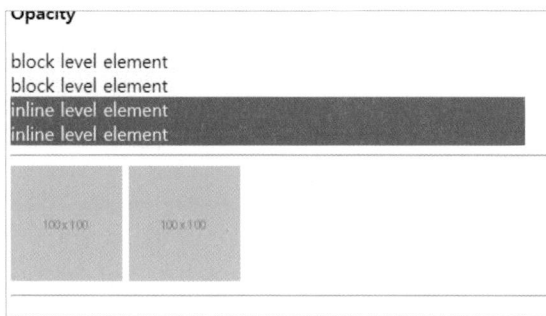

[그림 2-121] 인라인 요소에 너비 지정하기

브라우저 화면을 확인하면 이제 전체 브라우저 너비에서 50%를 정확하게 사용하고 span 태그들이 가로의 한 블록을 모두 사용하여 block 값을 지정하지 않았을 때는 글씨처럼 옆으로 나란히 배열되었지만 이제는 세로로 배치된 것을 확인할 수 있습니다. 이렇듯 display:block를 설정하면 크기가 인지되지 않았던 인라인 요소도 크기를 지정할 수 있습니다.

7-2 display:inline

앞서와 반대로 이번에는 블록 요소인 div 중 클래스 명 box의 너비를 지정하고 디스플레이 속성의 값을 inline으로 설정하고 브라우저를 확인해봅니다.

코드 2-115 PART _ 2/예제/A/33 _ display.html

```
.box{
    width: 50%;
    background: #3498db;
    color: #fff;
    display: inline;
}
```

적용 전	적용 후
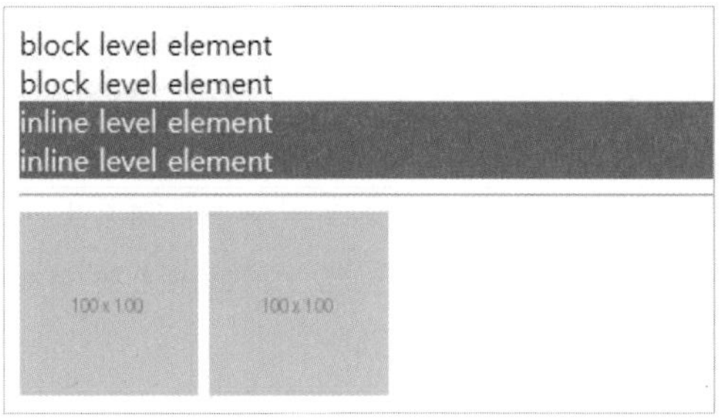 block level element block level element inline level element inline level element 100×100 100×100	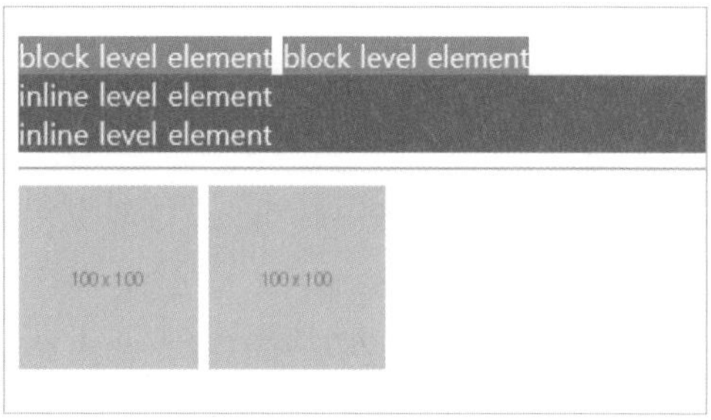 block level element block level element inline level element inline level element 100×100 100×100

[그림 2-122] inline 적용 전, 후

브라우저 화면을 확인하면 inline 값으로 지정하기 전에는 브라우저 화면의 가로 한 블록을 모두 사용했었지만 inline으로 지정한 후에는 너비가 표현이 되지 않고 있습니다.

7-3 display:inline-block

inline-block 속성은 앞서 언급한 block과 inline 두 가지 속성의 특징이 모두 적용되어야 할 때 사용합니다. 현재 브라우저 화면에서 클래스 명 menu의 리스트를 확인하면 현재 세로로 배치되어 있습니다. 해당 메뉴가 브라우저 전체 너비에서 가로로 가운데 배치되었으면 좋겠습니다. style 태그에서 코드 2-116 와 같이 작성해봅니다.

코드 2-116 **PART _ 2/예제/A/33 _ display.html**

```
.menu li{
    width: 150px;
    padding: 10px;
    background: #ebebeb;
    line-height: 40px;
    list-style: none;
    text-align: center;
}
```

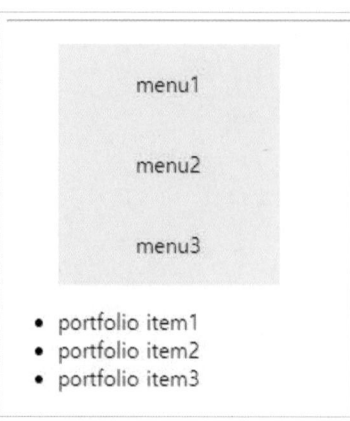

[그림 2-123] 인라인 속성이 없는 리스트

브라우저 화면을 확인하면 메뉴들이 너비와 높이가 모두 설정한 대로 잘 나오고 있습니다. 하지만 저는 메뉴들이 글씨처럼 가로로 배치도 되었으면 좋겠습니다. 그렇게 하려면 li 요소는 인라인 요소의 성격도 가져야 합니다. style에서 코드 2-117 과 같이 작성하고 브라우저를 확인합니다.

PART _ 2/예제/A/33 _ display.html

```css
.menu {
    text-align: center;
}
.menu li{
    width: 150px;
    padding: 10px;
    background: #ebebeb;
    line-height: 40px;
    list-style: none;
    display: inline-block;
}
```

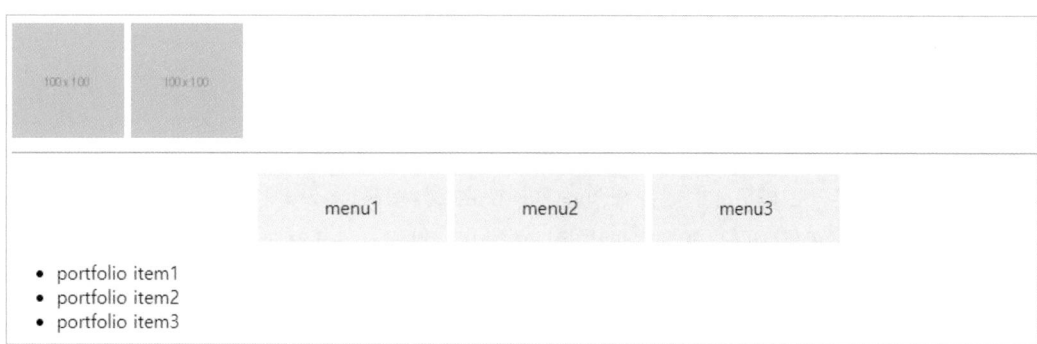

[그림 2-124] 인라인과 블록 속성이 모두 있는 리스트

브라우저를 확인하면 이제 인라인 요소처럼 가로 배열도 되어 있고 크기도 지정한 대로 표현되어 있는 것을 확인할 수 있습니다. 이때 주목할 점은 li 요소의 부모인 클래스 명 menu에서 해당 요소의 자식 요소 중 인라인 성격이 있는 요소를 가운데 배치하기 위해 text-align:center가 추가되었다는 것입니다. 이렇게 하면 이후에 학습할 float이나 flex 속성을 사용하지 않고도 블록 요소를 가로 배치할 수 있습니다.

img 요소는 태생적으로 인라인 블록 요소의 성격이 있어서 현재 가로 배치가 되어 있고 너비를 지정하면 너비도 제대로 반영해줍니다. 스타일을 지정하고 브라우저 화면을 확인합니다.

코드 2-118 PART _ 2/예제/A/33 _ display.html

```css
img{
    width: 200px;
    height: auto;
}
```

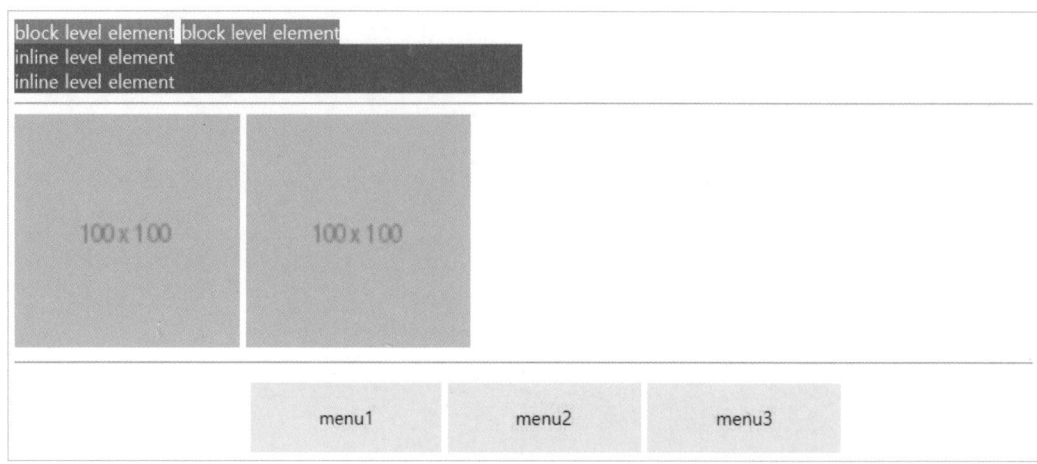

[그림 2-125] 크기가 제대로 반영되는 이미지

브라우저를 확인하면 지정한 크기가 제대로 반영된 것을 확인할 수 있습니다.

7-4 display:table, display:table-cell

요소를 정확하게 가로 배치하는 방법으로 table, table-cell을 사용할 수 있습니다. 현재 예제에서 클래스 명 portfolio 부분의 브라우저 화면을 확인합니다. li 요소는 블록 요소이기 때문에 각각 브라우저 화면의 가로 한 블록을 차지하면서 세로로 배치되어 있습니다. 해당 요소를 가로 배치하기 위해 앞서 배웠던 display:inline-block을 이용해보겠습니다.

코드 2-119 PART _ 2/예제/A/33 _ display.html

```
.portfolio {
    text-align: center;
}
.portfolio li{
    width: 33.3333%;
    line-height: 40px;
    background: #ebebeb;
    list-style: none;
    display: inline-block;
}
```

작성한 스타일을 살펴보면 너비를 정확하게 3등분하기 위해 33.3333%로 지정하고 나머지는 앞서 방법과 동일하게 지정해 보았습니다. 브라우저 화면을 확인합니다.

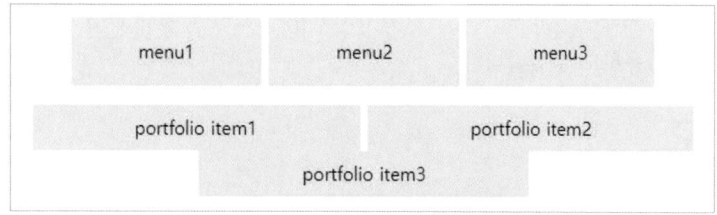

[그림 2-126] 넘쳐서 내려오는 리스트

브라우저를 확인해보면 portfolio 리스트가 정확하게 가로 배치된 것이 아니라 마지막 요소가 아래로 내려와 있습니다. 이는 포트폴리오 사이의 공백 즉 단어와 단어 사이의 공백이 있는 것처럼 공간이 생겨 있기 때문에 그렇습니다. 이 공간 없이 정확하게 가로 배치하는 방법이 바로 table입니다. 코드 2-120 과 같이 작성하고 브라우저 화면을 확인합니다.

코드 2-120 PART _ 2/예제/A/33 _ display.html

```
.portfolio {
    display: table;
    width: 100%;
    padding: 0;
}
.portfolio li{
    width: 33.3333%;
    line-height: 40px;
    background: #ebebeb;
    list-style: none;
    display: table-cell;
    text-align: center;
}
```

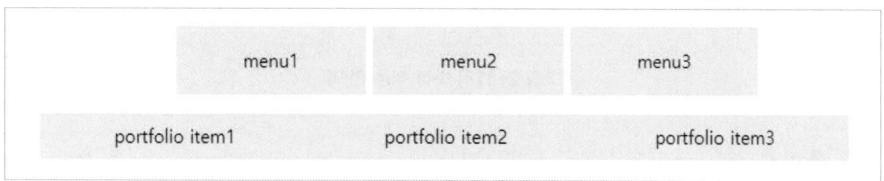

[그림 2-127] 3등분으로 가로 배치된 리스트

브라우저 화면을 확인하면 이제 리스트의 부모인 클래스 명 portfolio에서 만들어 준 100%의 공간 안에서 정확하게 3등분의 크기를 가지고 가로 배치가 되어 있는 것을 확인할 수 있습니다. 이때 스타일 작성한 것에서 주목할 것은 display:table은 부모 요소에, display:table-cell은 자식 요소에 지정한다는 것입니다. 또한 ul 태그에는 기본적으로 내부의 공간인 padding이 있어서 해당 값을 0으로 지정하여 브라우
저 너비 전체를 모두 사용하도록 했습니다

7-5 display:none

display:none은 요소를 화면에 표시하지 않는 것입니다. 요소를 화면에 보이지 않도록 하는 것은
display:none외에도 visibility와 opacity를 이용해서 구현할 수 있습니다. h2, h3, h4에 각각의 속성을
지정하여 비교해보겠습니다.

코드 2-121 PART _ 2/예제/A/33 _ display.html

```
h2{
    display: none;
}
h3{
    visibility: hidden;
}
h4{
    opacity: 0;
}
```

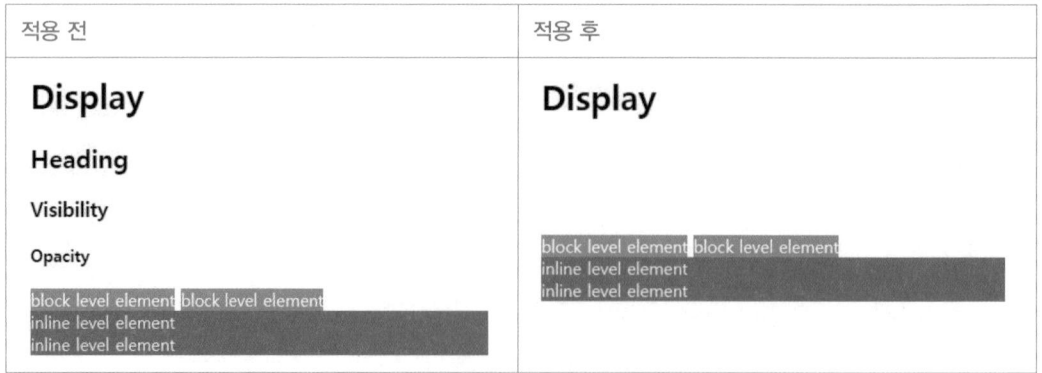

[그림 2-128] 속성 적용 전, 후

브라우저를 확인해보면, 스타일 설정 전에는 Heading의 h2 요소가 공간을 차지하고 있었지만
display:none 설정 후에는 해당 요소는 공간을 차지하지 않습니다. 하지만 visibility:hidden을 적용한
h3, opacity 투명도를 0으로 설정한 h4 요소는 공간을 차지하고 있습니다. 이때 브라우저 화면에서 h4
요소가 있었던 자리에 마우스 커서를 가져가면 커서가 포인터 즉 삼각형 모양이 아니라 세로선 즉 글자
를 선택할 수 있는 모양으로 변경됩니다. 이는 해당 부분에 글씨가 있는데 투명도만 낮춰서 안보이는 것
처럼 한 것이기 때문입니다. 그래서 해당 속성들은 상황에 따라 구분하여 사용해야 합니다.

스타일을 더 작성해서 h4 요소에는 마우스를 올렸을 때 다시 나타나도록 해봅니다.

코드 2-122 PART _ 2/예제/A/33 _ display.html

```
h4{
    opacity: 0;
}
h4:hover{
    opacity: 1;
}
```

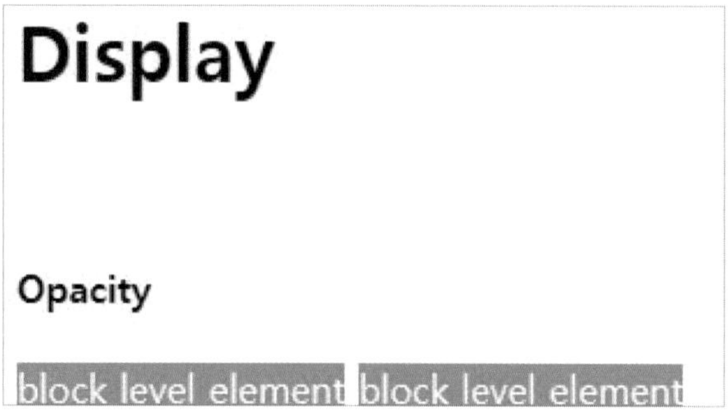

Display

Opacity

block level element block level element
[그림 2-129] 마우스 호버시 나타나는 글씨

브라우저 화면에서 안보이는 h4 요소에 마우스를 올리면 해당 요소가 다시 나타나는 것을 확인할 수 있습니다. 다른 안보이는 요소들은 h2:hover 또는 h3:hover 를 선택자로 display:block, visibility:visible로 해도 나타나지 않습니다. 해당 요소는 화면에 아예 없는 요소이기 때문에 hover를 할 수 없기 때문입니다. 물론 해당 요소들의 부모를 만들고 그 부모에 hover 했을 때 표시되도록 할 수는 있습니다. 현재는 해당 태그들의 부모가 header이므로 코드 2-123 과 같이 작성할 수 있겠습니다.

코드 2-123 PART _ 2/예제/A/33 _ display.html

```
header:hover h2{
    display: block;
}
header:hover h3{
    visibility: visible;
}
```

[그림 2-130] header에 hover시 나타나는 제목들

마지막으로 대표적인 태그들의 디스플레이 속성을 표로 정리하였습니다.

Inline level element	Block level element	Inline block level element
a span input, label I, b, em, strong,	h1, h2, h3, h4, h5, h6 p ul, ol, dl, li table, thead, tbody, tfoot, tr, td div header section article aside footer nav figure, figcaption	img video

[표 2-23] 대표적 요소의 디스플레이 속성

8. overflow

overflow 속성은 자식 요소의 크기가 부모 요소의 크기보다 클 경우 넘치는 부분을 어떻게 처리할 지를 설정할 수 있습니다. 예제에서 34_overflow.html을 오픈하고 브라우저를 확인합니다.

코드 2-124 PART _ 2/예제/A/34 _ overflow.html

```html
<!DOCTYPE html>
<html lang="en">
<head>
   <meta charset="UTF-8">
   <meta http-equiv="X-UA-Compatible" content="IE=edge">
   <meta name="viewport" content="width=device-width, initial-scale=1.0">
   <title>overflow</title>
   <style>
      div{
         width: 400px;
         border: 1px solid #ccc;
      }

   </style>
</head>
<body>
   <h1>overflow</h1>
   <div>
      <p>Lorem ipsum dolor sit amet consectetur adipisicing elit. Minus
      voluptate modi molestiae, recusandae ipsa maiores. Quaerat error explicabo
      qui libero, commodi a necessitatibus omnis ipsa, amet cumque velit quia
      laborum?</p>
   </div>
   <h2>auto</h2>
   <div class="auto">
      <p>Lorem ipsum dolor sit amet consectetur adipisicing elit. Minus
      voluptate modi molestiae, recusandae ipsa maiores. Quaerat error
      explicaboqui libero, commodi a necessitatibus omnis ipsa, amet cumque
      velit quia laborum?</p>
   </div>
   <h2>hidden</h2>
   <div class="hidden">
```

```
    <p>Lorem ipsum dolor sit amet consectetur adipisicing elit. Minus
    voluptate modi molestiae, recusandae ipsa maiores. Quaerat error
    explicabo qui libero, commodi a necessitatibus omnis ipsa, amet cumque
    velit quia laborum?</p>
</div>
<h2>scroll</h2>
<div class="scroll">
    <p>Lorem ipsum dolor sit amet consectetur adipisicing elit. Minus
    voluptate modi molestiae, recusandae ipsa maiores. Quaerat error
    explicabo qui libero, commodi a necessitatibus omnis ipsa, amet cumque
    velit quia laborum?</p>
</div>
<h2>overflow-x</h2>
<div class="xaxis">
    <p>Lorem ipsum dolor sit amet consectetur adipisicing elit. Minus
    voluptate modi molestiae, recusandae ipsa maiores. Quaerat error
    explicabo
    qui libero, commodi a necessitatibus omnis ipsa, amet cumque velit quia
    laborum?</p>
</div>
<h2>overflow-y</h2>
<div class="yaxis">
    <p>Lorem ipsum dolor sit amet consectetur adipisicing elit. Minus
    voluptate modi molestiae, recusandae ipsa maiores. Quaerat error
    explicabo qui libero, commodi a necessitatibus omnis ipsa, amet cumque
    velit quia laborum?</p>
</div>
</body>
</html>
```

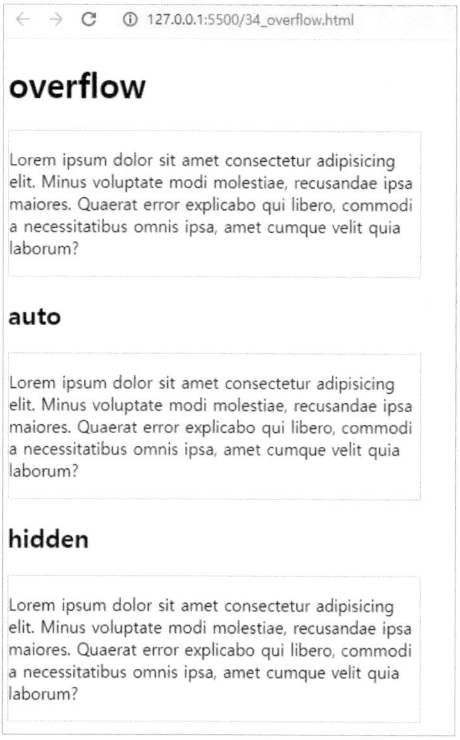

[그림 2-131] 오버플로우 속성이 없는 화면

브라우저를 확인하면 div 요소에서 지정한 너비 안에 문단들이 자연스럽게 배치되어 있는 상태입니다. 이 상태에서 div의 자식 요소인 p 요소의 너비를 부모보다 크게 지정해보겠습니다. 브라우저를 확인하면 부모 요소보다 자식 요소 p가 넓어서 넘쳐 있습니다.

코드 2-125 PART _ 2/예제/A/34 _ overflow.html

```
div p{
    width: 450px;
}
```

[그림 2-132] 부모 요소를 넘기는 p 요소

8-1 overflow:auto

이제 각각 구분되어 있는 클래스 명을 이용하여 overflow 속성을 변경해보겠습니다. 우선 클래스 명 auto에 overflow:auto를 지정합니다.

코드 2-126 PART _ 2/예제/A/34 _ overflow.html

```
.auto{
    overflow: auto;
}
```

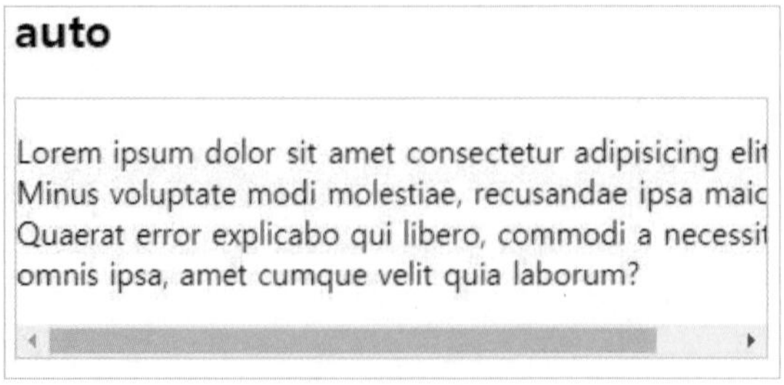

auto

Lorem ipsum dolor sit amet consectetur adipisicing elit
Minus voluptate modi molestiae, recusandae ipsa maic
Quaerat error explicabo qui libero, commodi a necessit
omnis ipsa, amet cumque velit quia laborum?

[그림 2-133] 넘치는 방향 쪽으로 스크롤바가 생김

브라우저를 확인하면 가로 방향으로 넘쳐 있고 스크롤바가 생겨서 스크롤바를 움직여야 내용을 확인할
수 있습니다.

8-2 overflow:hidden

클래스 명 hidden에는 overflow:hidden을 적용하고 브라우저 화면을 확인하면 넘치는 부분이 가려져
있는 것을 확인할 수 있습니다.

코드 2-127 PART _ 2/예제/A/34 _ overflow.html

```
.hidden{
    overflow: hidden;
}
```

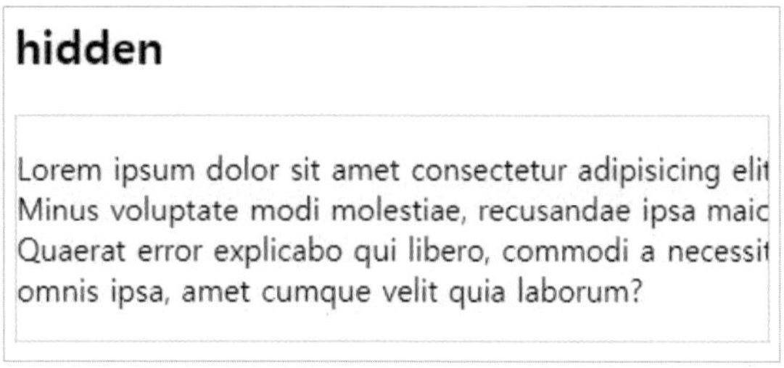

hidden

Lorem ipsum dolor sit amet consectetur adipisicing elit
Minus voluptate modi molestiae, recusandae ipsa maic
Quaerat error explicabo qui libero, commodi a necessit
omnis ipsa, amet cumque velit quia laborum?

[그림 2-134] 넘치는 부분이 가려짐.

8-3 overflow:scroll

클래스 명 scroll인 요소에 overflow:scroll을 설정하고 브라우저 화면을 확인합니다.

코드 2-128 PART _ 2/예제/A/34 _ overflow.html

```
.scroll{
    overflow: scroll;
}
```

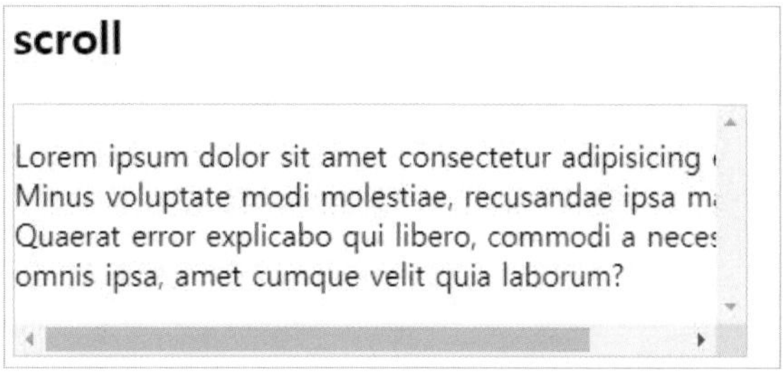

scroll

Lorem ipsum dolor sit amet consectetur adipisicing
Minus voluptate modi molestiae, recusandae ipsa m
Quaerat error explicabo qui libero, commodi a nece:
omnis ipsa, amet cumque velit quia laborum?

[그림 2-135] 넘치지 않는 부분도 스크롤 영역이 나타남

브라우저를 확인해보면 넘치는 방향인 가로 방향에 스크롤바가 생겨 있고, 세로 방향으로는 스크롤바 영역이 나타나 있는 것을 확인할 수 있습니다.

8-4 overflow-x, overflow-y

방향을 지정하고 해당 방향으로 넘치는 부분에 대해서만 overflow 속성을 지정할 수 있습니다. 스타일에서 가로 세로 모두 스크롤이 생길 수 있도록 클래스 명 yaxis에는 높이를 지정하고 overflow-x, overflow-y를 모두 설정해보겠습니다.

코드 2-129 PART _ 2/예제/A/34 _ overflow.html

```
.xaxis{
    overflow-x: hidden;
}
.yaxis {
    height: 60px;
    overflow-y: hidden;
}
```

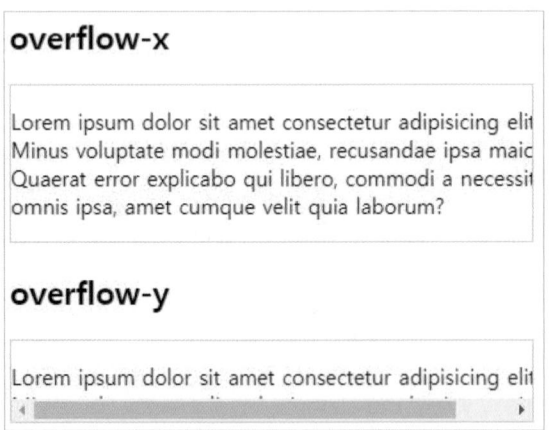

[그림 2-136] overflow-y:hidden

브라우저를 확인하면 클래스 명 xaxis에서 지정한 overflow-x:hidden으로 가로 방향으로 넘치는 요소만 보이지 않도록 했습니다. 클래스 명 yaxis에서 지정한 overflow-y:hidden으로 세로 방향으로 넘치는 부분을 가렸고 가로 방향으로는 여전히 넘치고 있기 때문에 가로 스크롤바가 생겨 있습니다. 이렇게 방향을 지정하여 오버플로우 속성을 별도로 지정할 수 있습니다.

9. background 스타일

9-1 background-color

배경색은 앞서 배웠던 색상과 단위에서 학습한 모든 방법을 사용할 수 있습니다. 예제 파일 35_background-color.html을 오픈하고 브라우저 화면을 확인합니다.

코드 2-130 PART _ 2/예제/A/35 _ background-color.html

```
<!DOCTYPE html>
<html lang="en">
<head>
   <meta charset="UTF-8">
   <meta http-equiv="X-UA-Compatible" content="IE=edge">
   <meta name="viewport" content="width=device-width, initial-scale=1.0">
   <title>background color</title>
<style>
   div {
      width: 400px;
      height: 100px;
      border: 1px solid;
      color: #000;
      font-weight: bold;
      font-size: 1.5em;
   }
</style>
</head>
<body>
   <h1>background color</h1>
   <div class="bg1">
      color name
   </div>
   <div class="bg2">
      RGB color
   </div>
   <div class="bg3">
      RGB color + alpha 50%
   </div>
   <div class="bg4">
      hex color
```

```
      </div>
   <div class="bg4 opacity">
      hex color + opacity 50%
   </div>

</body>
</html>
```

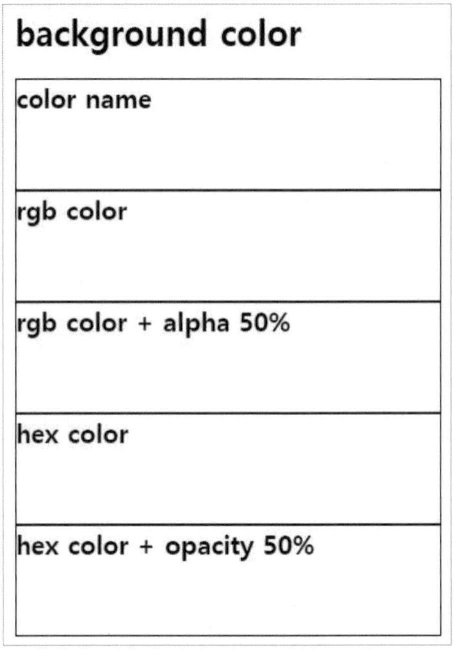

background color

color name
rgb color
rgb color + alpha 50%
hex color
hex color + opacity 50%

[그림 2-137] 배경 속성

스타일에서 클래스 명으로 구분된 요소의 배경색을 모두 같은 blue로 지정해보겠습니다. 코드 2-131 와 같이 스타일을 작성하고 브라우저 화면을 확인합니다.

코드 2-131 PART _ 2/예제/A/35 _ background-color.html

```
.bg1{
   background-color: blue;
}
.bg2{
   background-color:RGB(0, 0, 255);
}
.bg3 {
   background-color:rgba(0, 0, 255, .5);
```

```
    }
    .bg4 {
        background-color: #00f;
    }
    .opacity{
        opacity: 0.5;
    }
```

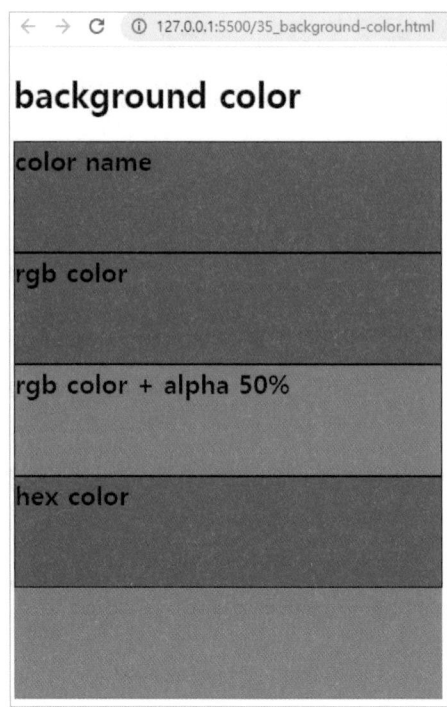

[그림 2-138] 배경색 지정

브라우저 화면에서 주목할 부분은 RGB color에 alpha값을 지정한 세 번째 부분과 마지막 부분의
opacity를 지정한 부분입니다. 세 번째 div 요소에는 배경색만 투명도를 지정했기 때문에 글자는 그대로
검은색으로 보입니다. 하지만 마지막 부분은 클래스 명 opacity에 투명도를 지정했기 때문에 해당 요소
전체의 투명도가 50%로 낮아져서 글씨도 흐리게 보이는 것입니다. 투명도를 지정할 때는 배경에 지정할
지 요소 자체에 지정할지 구분해야 합니다.

9-2 background-image, background-repeat

background-image 속성은 배경으로 사용할 이미지를 지정합니다. 예제 파일 36_background-image.
html을 오픈하고 브라우저 화면을 확인합니다.

```html
<!DOCTYPE html>
<html lang="en">

<head>
  <meta charset="UTF-8">
  <meta http-equiv="X-UA-Compatible" content="IE=edge">
  <meta name="viewport" content="width=device-width, initial-scale=1.0">
  <title>background image</title>
  <style>
    .bg {
      width: 400px;
      height: 300px;
      border: 1px solid;
    }
  </style>
</head>

<body>
  <h1>background image</h1>
  <div class="bg"></div>
  <h2>no-repeat</h2>
  <div class="bg no-repeat"></div>
  <h2>repeat-x</h2>
  <div class="bg repeat-x"></div>
  <h2>repeat-y</h2>
  <div class="bg repeat-y"></div>


</body>

</html>
```

[그림 2-139] 배경이미지 지정 전

클래스 명이 bg인 div 요소에 배경을 지정하겠습니다. 배경으로 지정할 이미지는 현재 예제 파일과 같은 폴더 안의 img 폴더의 bg.png입니다.

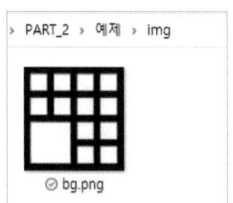

[그림 2-140] bg.png

문법

background-image: url(이미지경로);

style 태그에 스타일을 작성하고 브라우저를 확인합니다.

코드 2-133 PART _ 2/예제/A/36 _ background-image.html

```
.bg {
    width: 400px;
    height: 300px;
    border: 1px solid;
    background-image: url('img/bg.png');
}
```

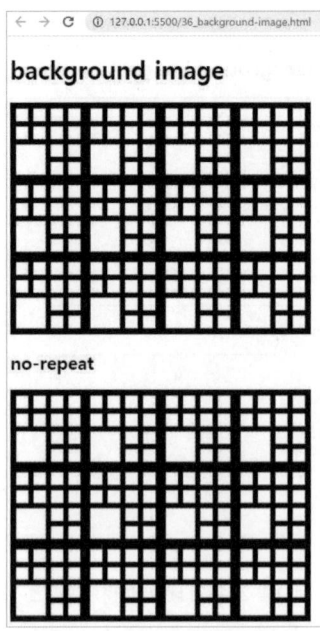

[그림 2-141] 반복되는 배경 이미지

브라우저를 확인하면 이미지들이 반복해서 나타나는 것을 확인할 수 있습니다. background-repeat 속성을 이용하여 반복 형식을 변경하겠습니다.

 문법

background-repeat: repeat | repeat-x | repeat-y | no-repeat | initial|inherit;

스타일에 클래스 명으로 구분하여 각각 값을 지정하고 브라우저 화면을 확인합니다.

코드 2-134 PART _ 2/예제/A/36 _ background-image.html

```
.no-repeat {
    background-repeat: no-repeat;
}

.repeat-x {
    background-repeat: repeat-x;
}

.repeat-y {
    background-repeat: repeat-y;
}
```

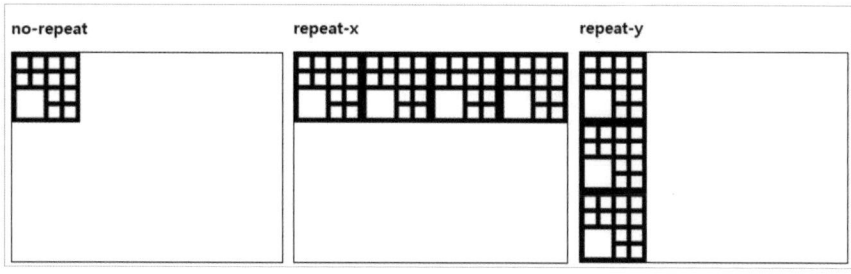

| no-repeat | repeat-x | repeat-y |

[그림 2-142] 배경 속성 변경

브라우저 화면을 확인하면 background-repeat 속성의 값으로 no-repeat를 지정한 div 요소에는 배경이 반복되지 않고, repeat-x는 x측인 가로 방향으로, repeat-y는 y측인 세로 방향으로 반복되는 것을 확인할 수 있습니다.

9-3 background-attachment

background-attachment 속성은 배경을 고정할 때 사용합니다. 가장 많이 사용하는 값은 scroll, fixed입니다. 스타일을 작성하여 두 값을 비교하겠습니다.

background-attachment: scroll | fixed;

코드 2-135 PART _ 2/예제/A/37 _ background-attachment.html

```
<!DOCTYPE html>
<html lang="en">

<head>
  <meta charset="UTF-8">
  <meta http-equiv="X-UA-Compatible" content="IE=edge">
  <meta name="viewport" content="width=device-width, initial-scale=1.0">
  <title>background attachment</title>
  <style>
    .height {
      height: 1500px;
    }
  </style>
</head>

<body>
```

```
<h1>background attachment</h1>
<section class="bg">
    <h2>section title</h2>
    <p>
        Lorem ipsum, dolor sit amet consectetur adipisicing elit. Velit
        commodi odit amet corrupti reiciendis suscipit minima cumque,
        omnis perferendis, cum fugiat eius qui dolorem temporibus facilis
        eligendi pariatur! Modi, magnam?
    </p>
    <p>
        Lorem ipsum, dolor sit amet consectetur adipisicing elit. Velit
        commodi odit amet corrupti reiciendis suscipit minima cumque, omnis
        perferendis, cum fugiat eius qui dolorem temporibus facilis eligendi
        pariatur! Modi, magnam?
    </p>
    <p>
        Lorem ipsum, dolor sit amet consectetur adipisicing elit. Velit
        commodi odit amet corrupti reiciendis suscipit minima cumque, omnis
        perferendis, cum fugiat eius qui dolorem temporibus facilis eligendi
        pariatur! Modi, magnam?
    </p>
</section>
<section class="height">
    <h2>dummy title</h2>
</section>
</body>

</html>
```

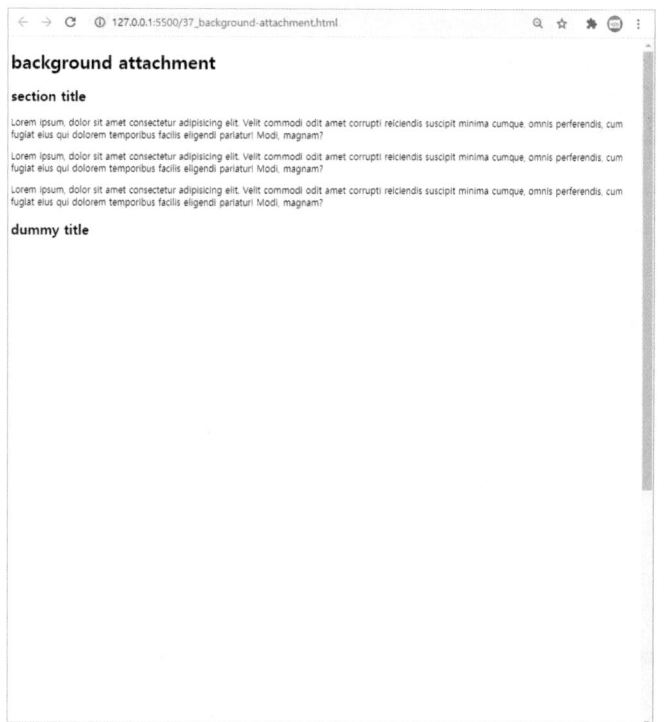

[그림 2-143] 세로로 긴 화면

예제 파일의 브라우저 화면을 확인하면 세로로 내용이 길어서 스크롤이 생기고 있습니다. 이 상태에서
클래스 명 bg에 배경을 지정하고 background-attachment 속성의 값을 기본값인 scroll로 지정합니다.

코드 2-136 | PART _ 2/예제/A/37 _ background-attachment.html

```
.bg {
    background-image: url('img/bg.png');
    background-repeat: no-repeat;
    background-attachment: scroll;
}
```

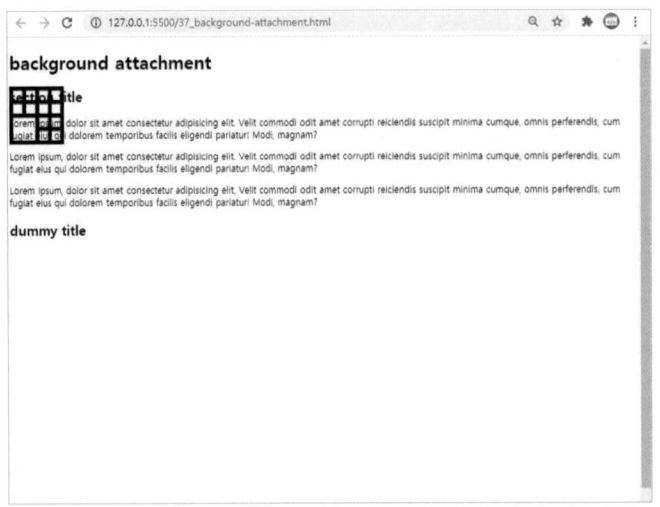

[그림 2-144] 페이지와 함께 스크롤 되는 배경

브라우저 화면을 확인하면 클래스 명 bg에 지정된 이미지가 스크롤을 하면 페이지와 함께 위로 스크롤 되고 있습니다. background-attachment 속성의 값을 fixed로 변경하고 화면을 확인합니다.

코드 2-137 PART _ 2/예제/A/37 _ background-attachment.html

```
.bg {
    background-image: url('img/bg.png');
    background-repeat: no-repeat;
    background-attachment: fixed;
}
```

[그림 2-145] 고정된 배경이미지

브라우저 화면에서 스크롤을 하면 클래스 명 bg의 배경은 스크롤을 해도 그 위치가 고정되어 있습니다.

9-4 background-position

background-position은 배경 이미지의 위치를 설정합니다. 문법은 background-position 속성의 값으로 수치를 입력합니다.

background-position: value;

예제 파일 38_background-position.html의 브라우저 화면을 확인합니다.

코드 2-138 PART _ 2/예제/A/38 _ background-position.html

```html
<!DOCTYPE html>
<html lang="en">

<head>
    <meta charset="UTF-8">
    <meta http-equiv="X-UA-Compatible" content="IE=edge">
    <meta name="viewport" content="width=device-width, initial-scale=1.0">
    <title>background position</title>
    <style>
        .bg {
            width: 400px;
            height: 300px;
            background-image: url('img/bg.png');
            background-repeat: no-repeat;
            border: 1px solid;
        }
    </style>
</head>

<body>
    <h1>background position</h1>

    <div class="bg"></div>

</body>

</html>
```

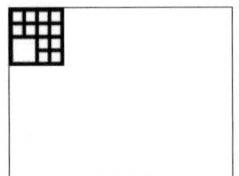

background position

[그림 2-146] 배경의 기본 위치

브라우저 화면을 확인하면 이미지가 왼쪽 상단에 배치된 것을 확인할 수 있습니다. background-position 속성의 값은 기본적으로 2개를 설정합니다. 기본값은 0 0으로 첫 번째 값은 가로축에서의 위치, 두 번째 값은 세로축에서의 위치를 말합니다.

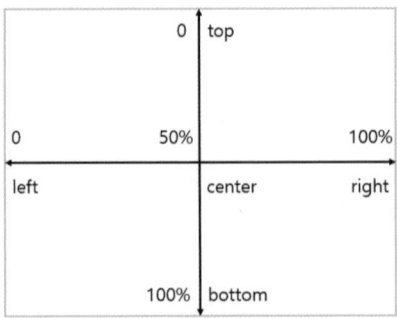

[그림 2-147] 배경의 위치

배경 위치를 변경해보겠습니다. 수치를 입력하여 우측 상단으로 변경해봅니다.

코드 2-139 PART _ 2/예제/A/38 _ background-position.html

```
.bg {
    width: 400px;
    height: 300px;
    background-image: url('img/bg.png');
    background-repeat: no-repeat;
    border: 1px solid;
    background-position: 100% 0;
}
```

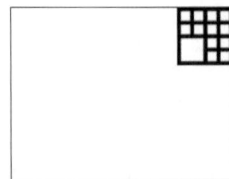

[그림 2-148] background-position: 100% 0;

X축에서 끝부분 100%, Y축에서 상단 0으로 입력하고 브라우저를 확인해보면 배경 이미지가 우측 상단에 있는 것을 확인할 수 있습니다. 수치를 이용하여 위치를 [그림 2-149]와 같이 변경해봅니다.

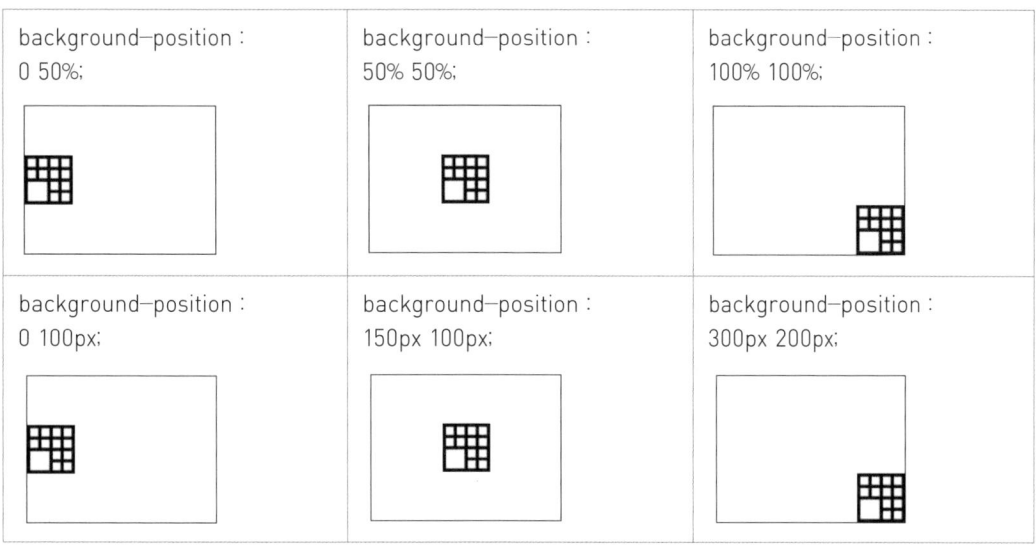

[그림 2-149] 배경 위치 변경

9-5 background-size

background-size 속성은 배경의 크기를 지정합니다.

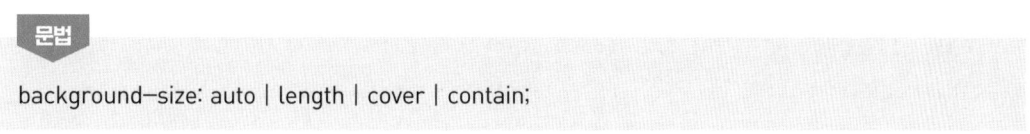

background-size: auto | length | cover | contain;

예제 파일 39_background-size.html을 오픈합니다. 기본적으로 배경이 지정되어 있고 아직 background-size 속성의 값은 지정하지 않았습니다. 값을 지정하지 않았을 때는 기본값이 auto로 화면에 표현이 됩니다.

코드 2-140 PART _ 2/예제/A/39 _ background-size.html

```
<!DOCTYPE html>
<html lang="en">

<head>
    <meta charset="UTF-8">
    <meta http-equiv="X-UA-Compatible" content="IE=edge">
    <meta name="viewport" content="width=device-width, initial-scale=1.0">
    <title>background size</title>
```

```
    <style>
      .bg {
         width: 400px;
         height: 300px;
         background-image: url('img/bg.png');
         background-repeat: no-repeat;
         border: 1px solid;
      }
    </style>
</head>

<body>
   <h1>background position</h1>
   <h2>default auto</h2>
   <div class="bg"></div>
   <h2>가로측 200px</h2>
   <div class="bg fluid size1"></div>
   <h2>가로측 100%</h2>
   <div class="bg fluid size2"></div>
   <hr>
   <h2>100% 100%</h2>
   <div class="bg fluid full"></div>
   <h2>contain</h2>
   <div class="bg fluid contain"></div>
   <h2>cover</h2>
   <div class="bg fluid cover"></div>

</body>

</html>
```

코드 2-139 와 같이 작성 후 브라우저 화면을 확인해보면, 배경의 크기가 어떻게 달라지는지 볼 수 있습니다.

```css
.size1 {
    background-size: 200px;
}

.size2 {
    background-size: 100%;
}

.full {
    background-size: 100% 100%;
}

.contain {
    background-size: contain;
}

.cover {
    background-size: cover;
}
```

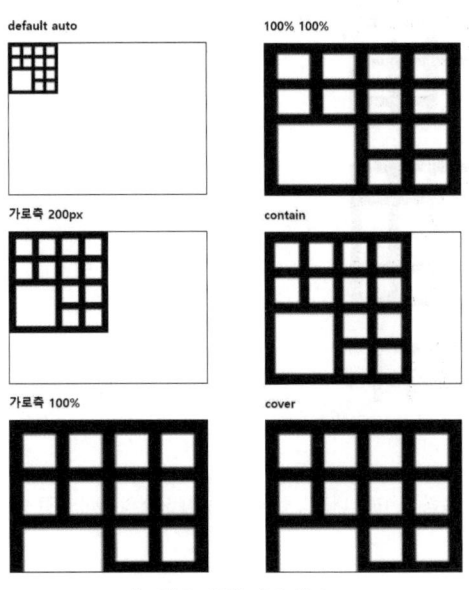

[그림 2-150] 배경 사이즈

브라우저 화면을 확인하면 기본값은 크기를 지정하지 않은 상태와 같습니다. 우선 수치를 200px 하나
를 입력하면 배경의 크기 중 가로의 크기를 지정한 것입니다. 그러면 세로 크기는 원래 이미지의 비율

을 유지하면서 자동으로 확대되어 나타납니다. 수치는 %로도 지정할 수 있습니다. 값을 100%로 지정하면 배경이 지정된 요소의 너비를 모두 채우고 세로는 자동으로 확대되어 나타납니다. 이때 주의점은 가로 방향 세로 방향 모두 100% 100%로 지정하면 이미지의 원래 비율을 무시하고 배경이 지정된 요소의 크기에 맞춰 이미지의 크기가 변형됩니다. contain은 배경이 지정된 요소의 세로 높에 맞춰 배경을 늘리고 가로는 이미지의 원래 비율을 유지하면서 자동으로 조절됩니다. cover는 배경이 지정된 요소의 가로 너비에 맞춰 배경을 늘리고 세로는 이미지의 비율에 맞춰 자동으로 조절됩니다. 이때 가로측 100%와 cover를 지정한 부분은 분명한 차이가 있습니다. 그 차이는 배경이 지정된 요소의 너비가 비율로 되어 있을 때 확연하게 드러납니다. style에서 fluid 클래스 명에 너비를 30%로 지정하고 가로만 100% 지정한 요소와 cover를 비교해 보겠습니다.

코드 2-142 PART _ 2/예제/A/39 _ background-size.html

```
.fluid {
    width: 30%;
}
```

우선 브라우저 너비를 900px정도로 줄인상태에서 먼저 확인하겠습니다. F12 개발자 도구를 켜고 브라우저 너비를 조절하면 우측 상단에 현재 브라우저 화면의 크기를 확인할 수 있습니다.

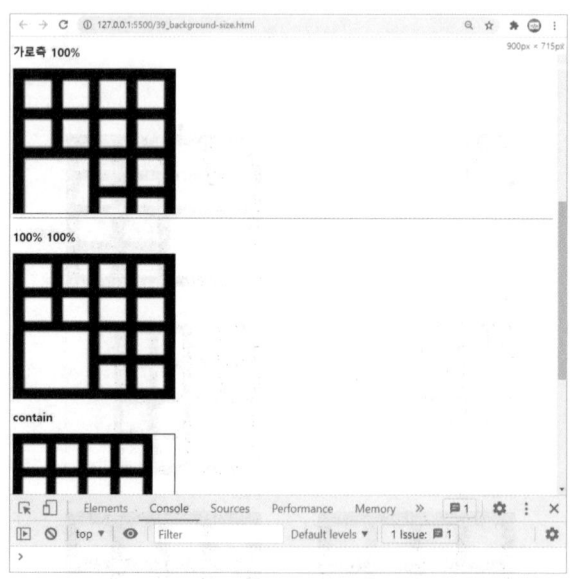

[그림 2-151] 배경의 실제 크기보다 요소의 너비가 클 때

브라우저 화면에서 가로측 100%로 지정한 부분을 확인하면 배경이 지정된 요소의 너비에 맞춰 배경 이미지의 크기가 확대되어 있고 이미지의 비율을 유지하고 있어 정사각형이 이미지의 아래 부분이 보이지 않는 상태입니다. 브라우저 너비를 더 줄여서 600px 정도의 너비로 축소 후 가로측 100%만 지정한 요소의 모양을 확인합니다.

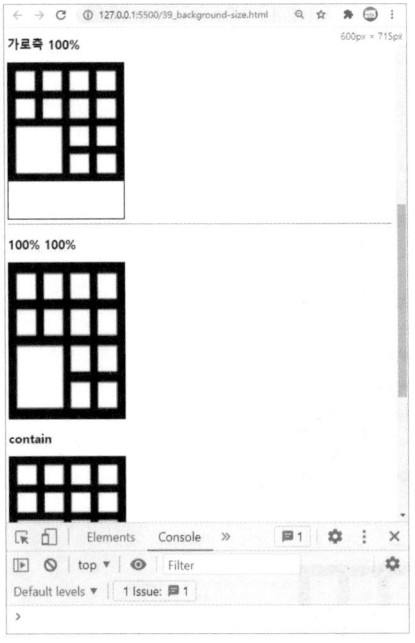

[그림 2-152] 배경의 실제 크기보다 요소의 너비가 작을 때

브라우저 화면을 확인하면 [그림 2-152]와 같이 배경이 지정된 요소의 너비에 배경 이미지를 맞추기 때문에 해당 요소의 아래 부분이 비어 있게 되는 것을 확인할 수 있습니다. 물론 100% 100%로 지정한 부분도 확인하면 이미지가 비율을 무시하고 찌그러져 있는 것을 확인할 수 있습니다. 둘 다 바람직한 상황은 아닙니다.

그러면 이제 다시 너비를 900px정도로 넓히고 contain과 cover로 값을 지정한 요소의 모양을 확인합니다.

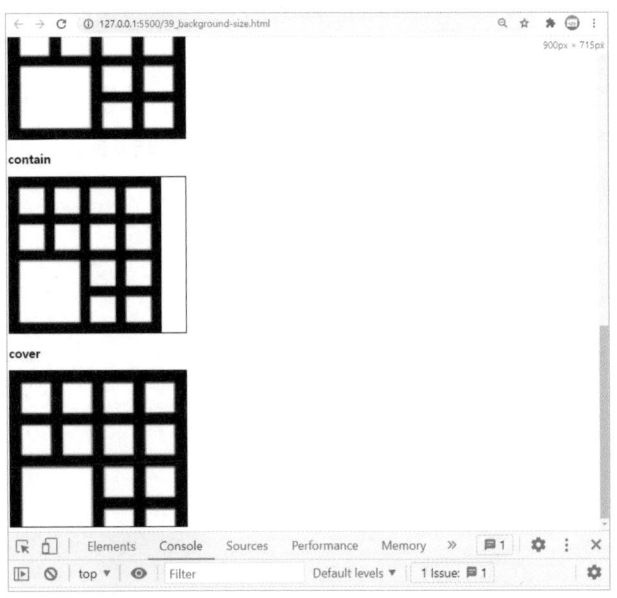

[그림 2-153] 배경의 실제 크기보다 요소의 높이가 작을 때

contain 값으로 지정한 부분은 세로 높이에 맞춰 이미지가 채워져 있고 가로는 이미지의 비율을 유지하고 있습니다. cover의 경우는 현재 모습은 너비만 100% 지정한 것과 같은 모양을 보여주고 있습니다. 이제 다시 너비를 600px정도로 축소해보겠습니다.

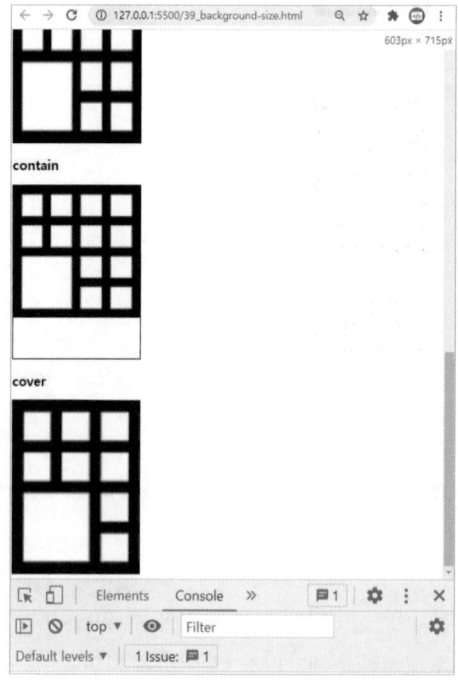

[그림 2-154] 배경의 실제 크기보다 요소의 높이가 클 때

너비 600px 너비에서는 이미지의 원래 크기 100px 보다 배경이 지정된 요소의 너비가 더 작은 상태입니다. 이 상태에서 contain은 이제 브라우저 너비에 맞춰 크기가 변경되고, cover의 경우는 이미지의 세로 높이 맞춰 크기가 변경되고 너비는 이미지의 비율에 맞춰 늘어나 있는 것을 확인할 수 있습니다. 그래서 보통 웹사이트 최상단에 슬라이드 이미지 같은 경우 브라우저 너비에 맞춰 전체를 모두 사용하되 브라우저 너비가 축소되었을 때는 세로 높이에 맞춰 변경되도록 코드 2-143 과 같이 background-position 값과 함께 사용하게 됩니다.

코드 2-143 PART _ 2/예제/A/39 _ background-size.html

```
.cover {
    background-size: cover;
    background-position: center top;
}
```

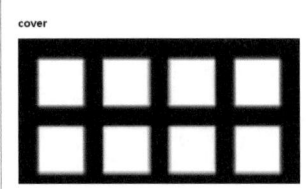

[그림 2-155] 배경보다 요소의 크기가 클 때 가로에 맞 춰지는 배경

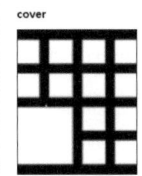

[그림 2-156] 배경보다 요소의 크기가 작을 때 세로에 맞춰지는 배경

9-6 background stack

배경 속성은 [표 2-24]와 같이 각각 지정할 수도 있고, 한 번에 지정할 수도 있습니다. 한 번에 지정할 때 주의점은 다른 속성들은 순서가 상관없지만 배경의 위치와 배경 사이즈는 반드시 배경 위치가 앞에 있어야 하고 슬래시(/)로 구분해야 합니다.

속성 각각 지정하기

```
background-color: #000;
background-image:url(img/bg.png);
background-repeat: no-repeat;
background-position: 50% 100%;
background-size: 100% 100%;
background-attachment: fixed;
```

한 번에 지정하기

```
background: url(img/bg.png) 50% 100% / 100% 100% no-repeat fixed #000;
```

[표 2-24] 배경 속성

---

10. box model 박스 모델

CSS에서 박스 모델은 요소들을 배치할 때 필수로 숙지해야할 개념입니다. 박스 모델에는 content, padding, border, margin이 있습니다. 우선 박스 모델은 [그림 2-157]과 같이 구성됩니다.

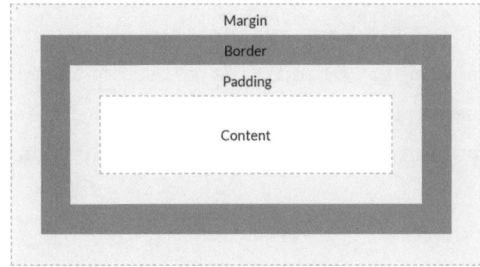

[그림 2-157] 박스 모델

구분	설명
content	실제 내용이 표시되는 영역으로 텍스트와 이미지가 위치합니다.
padding	Content 주변의 여백으로 기본적으로 투명합니다.
border	Padding 바깥영역의 테두리를 표시합니다.
magin	Border 바깥 영역의 여백을 표시하고 투명합니다.

[표 2-25] box-model

10-1 content

content 영역부터 확인하겠습니다. 예제 파일 40_box-model.html을 오픈합니다.

코드 2-144 PART _ 2/예제/A/40 _ box-model.html

```html
<!DOCTYPE html>
<html lang="en">

<head>
   <meta charset="UTF-8">
   <meta http-equiv="X-UA-Compatible" content="IE=edge">
   <meta name="viewport" content="width=device-width, initial-scale=1.0">
   <title>Box Model</title>
   <style>
      .box {
         width: 500px;
      }
   </style>
</head>

<body>
   <h1>Box Model</h1>
   <h2>content</h2>
   <div class="box content">
      <p>Lorem ipsum, dolor sit amet consectetur adipisicing elit. Sed "
      aspernatur reprehenderit blanditiis velit consectetur quibusdam,
      debitis similique earum cupiditate numquam! Enim, saepe. Aliquid
      veritatis ex eaque voluptatibus earum. Repellat, non.</p>
   </div>
   <div class="box padding">
      <p>Lorem ipsum, dolor sit amet consectetur adipisicing elit. Sed
```

aspernatur reprehenderit blanditiis velit consectetur quibusdam,
debitis similique earum cupiditate numquam! Enim, saepe. Aliquid
veritatis ex eaque voluptatibus earum. Repellat, non.</p>
      </div>
      <div class="box padding border">
         <p>Lorem ipsum, dolor sit amet consectetur adipisicing elit. Sed
aspernatur reprehenderit blanditiis velit consectetur quibusdam,
debitis similique earum cupiditate numquam! Enim, saepe. Aliquid
veritatis ex eaque voluptatibus earum. Repellat, non.</p>
      </div>
      <div class="box padding border margin">
         <p>Lorem ipsum, dolor sit amet consectetur adipisicing elit. Sed
aspernatur reprehenderit blanditiis velit consectetur quibusdam,
debitis similique earum cupiditate numquam! Enim, saepe. Aliquid
veritatis ex eaque
         voluptatibus earum. Repellat, non.</p>
      </div>
      <div class="box padding border margin bg">
         <p>Lorem ipsum, dolor sit amet consectetur adipisicing elit. Sed
aspernatur reprehenderit blanditiis velit consectetur quibusdam,
debitis similique earum cupiditate numquam! Enim, saepe. Aliquid
veritatis ex eaque voluptatibus earum. Repellat, non.</p>
      </div>
      <hr>
      <div class="box padding border margin content-box">
         <p>Lorem ipsum, dolor sit amet consectetur adipisicing elit. Sed
aspernatur reprehenderit blanditiis velit consectetur quibusdam,
debitis similique earum cupiditate numquam! Enim, saepe. Aliquid
veritatis ex eaque voluptatibus earum. Repellat, non.</p>
      </div>
      <div class="box padding border margin border-box">
         <p>Lorem ipsum, dolor sit amet consectetur adipisicing elit. Sed
aspernatur reprehenderit blanditiis velit consectetur quibusdam, debitis
similique earum cupiditate numquam! Enim, saepe. Aliquid veritatis ex eaque
voluptatibus earum. Repellat, non.</p>
      </div>

</body>

</html>

[그림 2-158] box model.html

현재 브라우저 화면을 확인하면 너비를 지정하지 않은 상태입니다. 그래서 블록 요소인 div가 브라우저의 전체 너비를 차지하고 있습니다. 스타일에서 클래스 명 box의 너비를 500px로 지정하고 브라우저 화면을 확인합니다.

코드 2-145 PART _ 2/예제/A/40 _ box-model.html

```
.box {
    width: 500px;
}
```

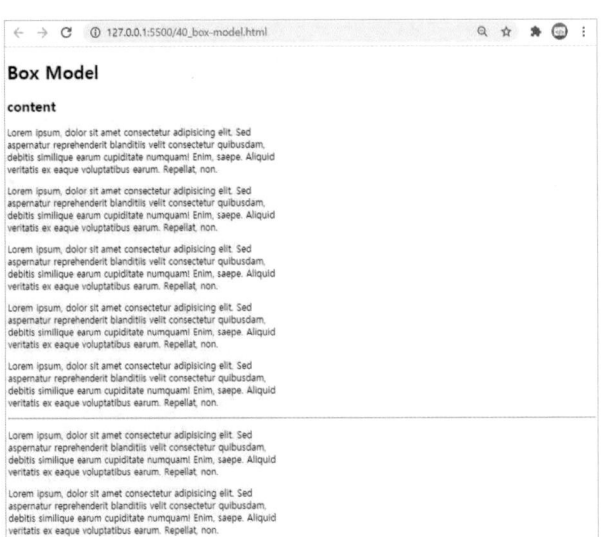

[그림 2-159] 너비 조정 후 화면

브라우저 화면을 확인하면 클래스 명 box인 요소들의 너비가 모두 500px로 화면에 표시되는 것을 확인할 수 있습니다. 개발자 도구에서 해당 요소의 크기를 확인해보겠습니다.

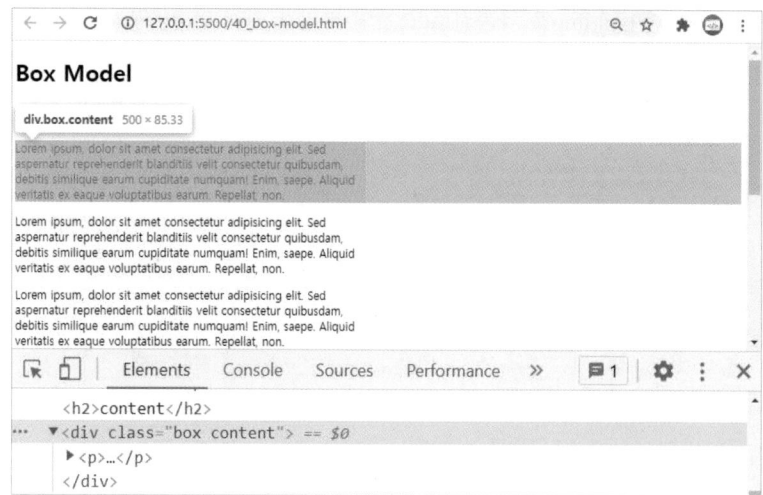
[그림 2-160] content의 크기

개발자 도구의 Elements 탭에서 클래스 명 box에 마우스를 올려보면 브라우저 화면에 현재 해당 요소의 크기가 표시됩니다. [그림 2-160]과 같이 500으로 확인되고 있습니다. width 값을 지정하면 그것은 해당 요소의 박스 모델에서 content의 너비를 지정한 것입니다.

10-2 padding

같은 예제에서 클래스 명 padding이 있는 요소에 padding 값을 20px 추가하고 브라우저에서 확인합니다.

코드 2-146 PART _ 2/예제/A/40 _ box-model.html

```
.padding {
    padding: 20px;
}
```

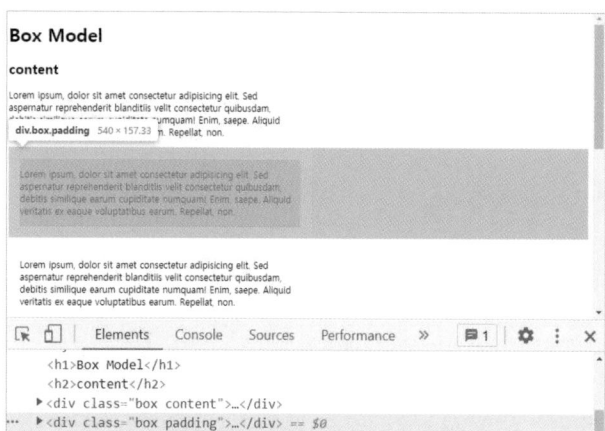
[그림 2-161] padding 포함 요소의 크기

브라우저 화면을 확인하면 padding을 추가한 요소들의 크기가 커져 있습니다. 개발자 도구에서 확인하면 클래스 명 padding이 있는 요소들은 모두 너비가 540으로 너비가 지정되었습니다.

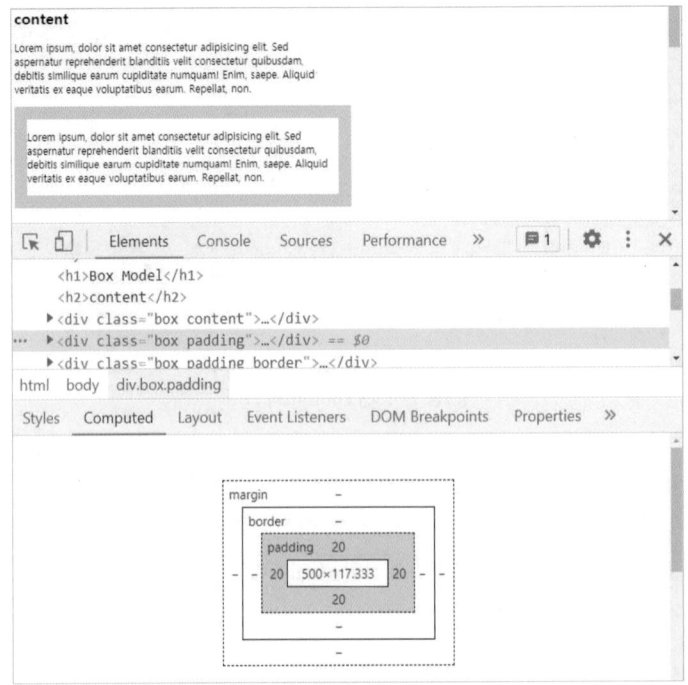

[그림 2-162] 개발자 도구에서 요소의 크기 확인

개발자 도구의 Computed 항목에서 padding 부분에 마우스를 올려보면 content에 지정했던 500px 바깥 영역에 투명한 여백이 20px 적용된 것을 확인할 수 있습니다.

10-3 border

클래스 명 border에 테두리를 지정하고 브라우저 화면을 확인하겠습니다. border 속성의 값으로 10px solid #ccc를 입력했습니다.

코드 2-147 PART _ 2/예제/A/40 _ box-model.html

```
.border {
    border: 10px solid #ccc;
}
```

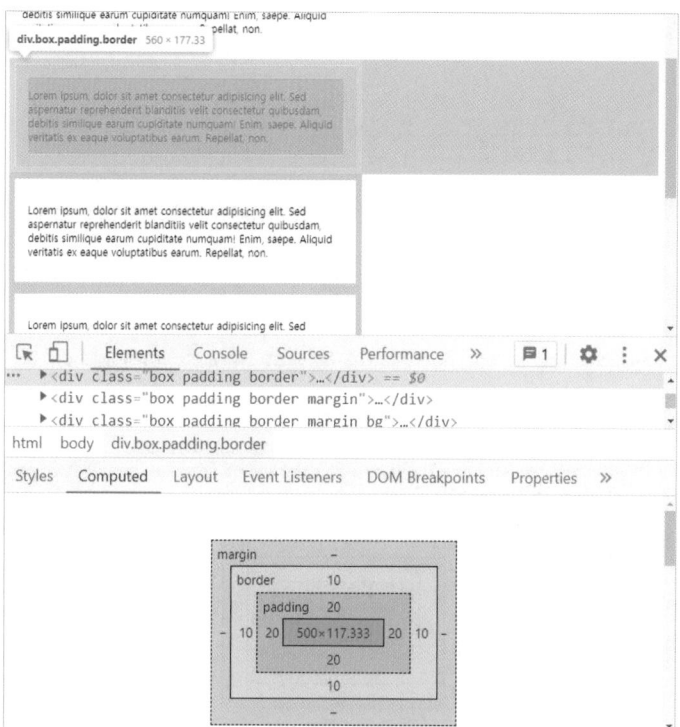

[그림 2-163] border포함 요소의 크기

브라우저 화면을 확인해보면 padding의 바깥 영역에 10px 두께 실선(solid)의 #ccc의 색상으로 테두리가 생성된 것을 볼 수 있습니다. 요소의 크기는 이제 560px이 되어 있습니다.

10-4 margin

margin을 추가하고 브라우저 화면을 확인합니다. margin 속성의 값으로 50px을 입력했습니다.

코드 2-148 PART _ 2/예제/A/40 _ box-model.html

```
.margin {
    margin: 50px;
}
```

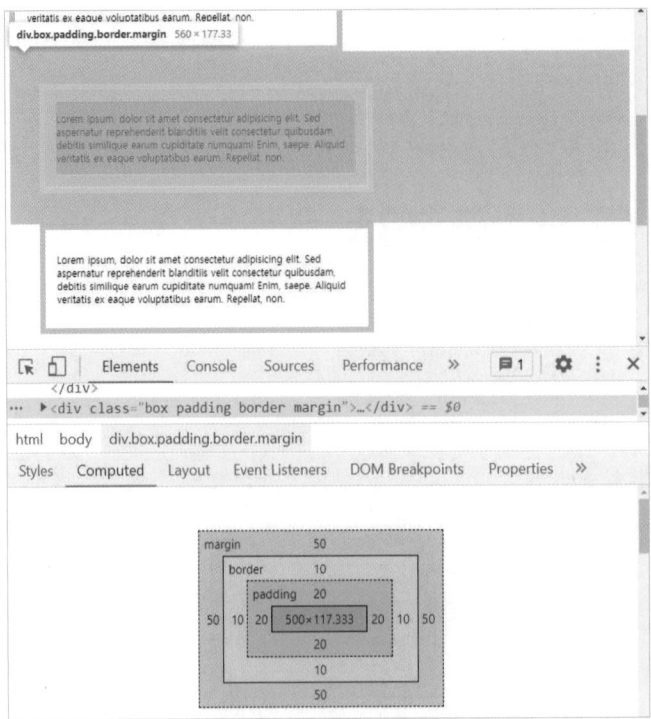

[그림 2-164] margin이 적용된 요소의 크기

브라우저 화면을 확인하면 border 바깥영역으로 여백 50px이 설정되었고 요소의 크기는 560px로 표현되고 있습니다.

10-5 box-sizing

앞서 content의 크기를 지정하고 순차적으로 padding, border, margin을 지정하고 여백 및 테두리의 위치와 크기를 확인했습니다. 더 자세히 보면 border를 지정했을 때와 margin을 지정했을 때 요소의 크기는 변함없이 560px이었습니다. 즉, margin은 요소의 크기에 포함되지 않고 있습니다. 현재처럼 요소의 크기가 content + padding + border로 점점 커지는 방식은 box-sizing의 값이 content-box이기 때문입니다.

속성:값	설명
box-sizing: content-box	width 값은 content의 크기를 지정한 것
box-sizing: border-box	width 값은 border까지의 크기를 지정한 것

[표 2 - 26] box-sizing

클래스 명 content-box와 border-box에 각각 box-sizing 값을 지정하고 브라우저 화면을 확인합니다.

코드 2-149 PART _ 2/예제/A/40 _ box-model.html

```
.content-box {
    box-sizing: content-box;
}


.border-box {
    box-sizing: border-box;
}
```

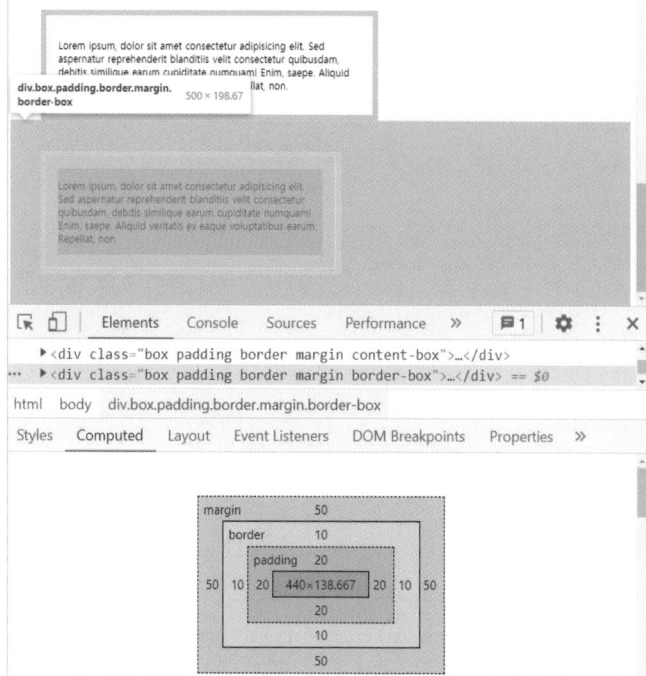

[그림 2-165] box-sizing:border-box

스타일을 설정하고 브라우저 화면에서 border-box로 값을 지정한 요소의 크기를 확인해보면 전체 크기는 500px이고 그 안쪽으로 border와 padding이 표현되어 있는 것을 확인할 수 있습니다. box-sizing을 추가하면 지정된 너비 안쪽으로 여백을 생성할 수 있어 레이아웃을 설정할 때 종종 활용하게 됩니다.

10-6 방향별 값 지정하기

padding

예제 파일 41_box-model-direction.html을 오픈하고 브라우저를 확인합니다.

```html
<!DOCTYPE html>
<html lang="en">

<head>
  <meta charset="UTF-8">
  <meta http-equiv="X-UA-Compatible" content="IE=edge">
  <meta name="viewport" content="width=device-width, initial-scale=1.0">
  <title>Box Model</title>
  <style>
    .box {
      width: 500px;
      padding: 20px;
      border: 1px solid;
    }
  </style>
</head>

<body>
  <h1>Box Model</h1>
  <h2>padding</h2>
  <div class="box">
    <p>Lorem ipsum, dolor sit amet consectetur adipisicing elit. Sed
    aspernatur reprehenderit blanditiis velit consectetur quibusdam,
    debitis similique earum cupiditate numquam! Enim, saepe. Aliquid
    veritatis ex eaque voluptatibus earum. Repellat, non.</p>
  </div>

</body>

</html>
```

[그림 2-166] 사방으로 표현된 padding

브라우저 화면을 확인하면 현재는 padding의 값으로 수치 1개를 입력했습니다. 수치는 1개에서 4개까지 입력할 수 있습니다. 각 수치별 위치는 [표 2-27]과 같습니다. 값은 px 뿐만 아니라 CSS에서 사용할 수 있는 모든 단위를 사용할 수 있습니다.

속성	값	설명
padding border margin	10px	상하좌우 모든 방향 10px
	10px 20px	상하 10px, 좌우 20px
	10px 20px 5px	상 10px, 좌우 20px, 하 5px
	10px 20px 5px 1px	상 10px, 우 20px, 하 5px, 좌1px

[표 2-27] 방향별 값 지정하기

우선 padding에서는 수치 2개를 입력하여 확인해보겠습니다.

코드 2-151 PART _ 2/예제/A/41 _ box-model-direction.html

```
.box {
    width: 500px;
    padding: 10px 20px;
    border: 1px solid;
}
```

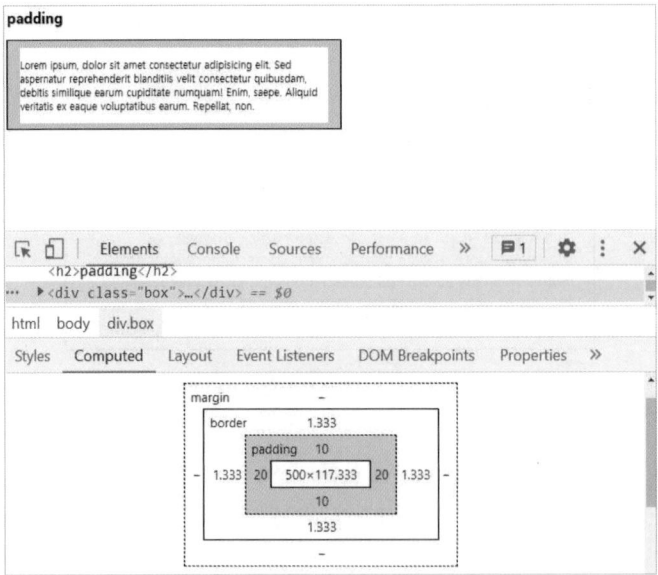

[그림 2-167] 상하, 좌우가 반영된 padding

브라우저 화면에서 개발자 도구를 확인해보면 상하, 좌우로 설정한 값이 표현된 것을 확인할 수 있습니다.
또한 방향을 지정하여 해당 방향에만 값을 적용할 수도 있습니다.

코드 2-152 PART _ 2/예제/A/41 _ box-model-direction.html

```
.box {
    width: 500px;
    padding-right: 50px;
    border: 1px solid;
}
```

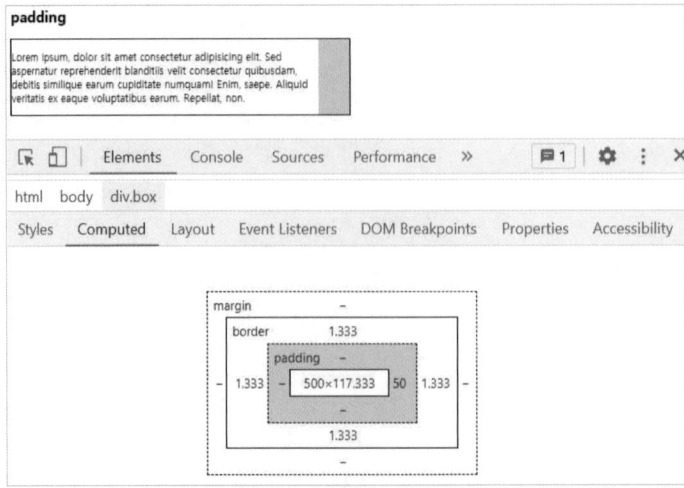

[그림 2-168] padding-right:50px

border

같은 예제 파일에서 이번에는 border를 설정하겠습니다. 코드 2-153 과 같이 border를 지정합니다.

코드 2-153   PART _ 2/예제/A/41 _ box-model-direction.html

```
.box {
    width: 500px;
    padding: 20px;
    border-width: 10px;
    border-style: solid;
    border-color: #ccc;
}
```

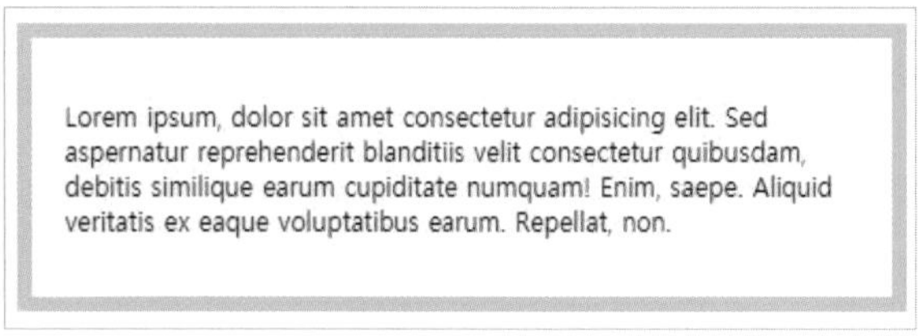

[그림 2-169] border

작성한 스타일은 border:10px solid #ccc를 풀어서 width, style, color로 분리한 상태입니다. 분리를 한 이유는 방향별로 두께, 스타일, 색상을 다르게 설정하기 위해서입니다. 스타일을 코드 2-154 와 같이 작성 후 브라우저 화면을 확인합니다.

코드 2-154   PART _ 2/예제/A/41 _ box-model-direction.html

```
.box {
    width: 500px;
    padding: 20px;
    border-width: 10px 20px 5px;
    border-style: solid dashed dotted;
    border-color: #ccc #000 #f00;
}
```

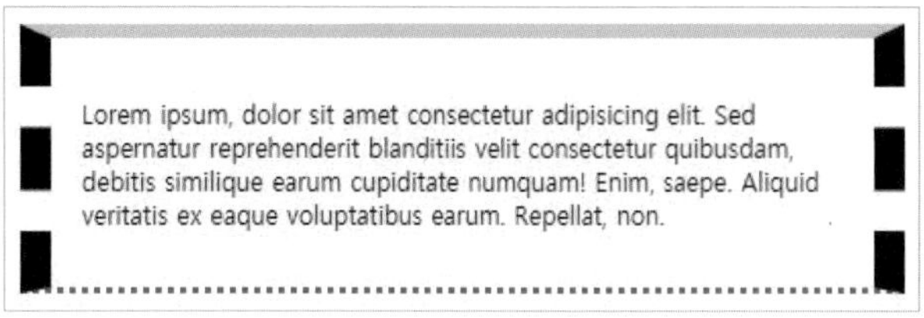

[그림 2-170] 방향별로 border 속성 지정

브라우저 화면을 확인해보면 두께를 상 10px, 좌우 20px, 하단 5px로 표현되어 있고, 스타일과 색상도 마찬가지로 상, 좌우, 하로 표현되어 있습니다. border-style에는 solid, dashed, dotted외에도 많이 있지만 3가지 속성을 가장 많이 활용합니다. border-color로 CSS에서 색상을 표현하는 방법 모두를 활용할 수 있습니다. border도 마찬가지로 방향을 지정하여 해당 방향으로만 설정할 수 있습니다.

코드 2-155 PART _ 2/예제/A/41 _ box-model-direction.html

```
.box {
    width: 500px;
    padding: 20px;
    /* border-width: 10px 20px 5px;
    border-style: solid dashed dotted;
    border-color: #ccc #000 #f00; */

    border-right: 10px solid red;
}
```

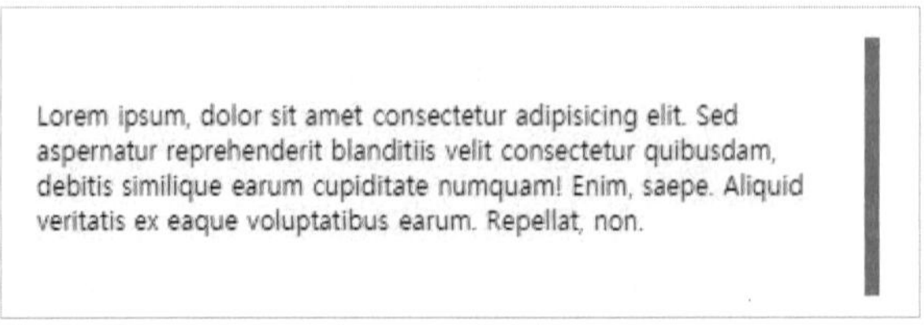

Lorem ipsum, dolor sit amet consectetur adipisicing elit. Sed aspernatur reprehenderit blanditiis velit consectetur quibusdam, debitis similique earum cupiditate numquam! Enim, saepe. Aliquid veritatis ex eaque voluptatibus earum. Repellat, non.

[그림 2-171] 방향을 지정하여 border 지정

◀ 혼자 정리하는 웹 퍼블리싱 ▶

border 속성을 활용한 삼각형 만들기

border의 색상을 방향별로 달리하면 말풍선 모양의 삼각형을 CSS로 구현할 수 있습니다. 다음과 같이 4방향으로 색상을 주되 마지막 값만 색상을 주면 오른쪽으로 뾰족한 삼각형을 생성할 수 있습니다. 이를 활용하여 tooltip모양을 완성할 수 있습니다. 완성본의 codepen 주소도 참고해보세요.

```
border-style: solid;
border-color: transparent transparent transparent #3498db;
border-width: 10px 15px;
```

참조 : https://codepen.io/alikerock/pen/bGaWmey

margin

같은 예제 파일에서 이번에는 마진을 확인하겠습니다. 앞서 작성했던 스타일은 주석 처리하고 마진을 설정합니다.

코드 2-156 PART _ 2/예제/A/41 _ `box-model-direction.html`

```
.box {
    width: 500px;
    padding: 20px;
    /*
    border-width: 10px 20px 5px;
    border-style: solid dashed dotted;
    border-color: #ccc #000 #f00;
    border-right: 10px solid red;
    */
    margin: 50px 100px;
}
```

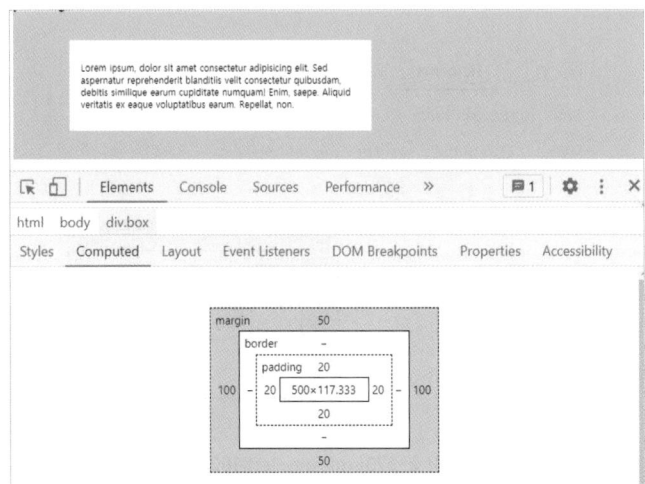

[그림 2-172] 상하, 좌우로 표현된 margin

브라우저 화면을 확인하면 상하 50px 좌우 100px의 여백이 표현되었습니다. 마진도 방향을 지정하여 해당 방향만 설정할 수 있습니다.

```
.box {
    width: 500px;
    padding: 20px;
    /*
    border-width: 10px 20px 5px;
    border-style: solid dashed dotted;
    border-color: #ccc #000 #f00;
    border-right: 10px solid red;
    margin-left: 50px 100px;
    */
    margin-left: 100px;
}
```

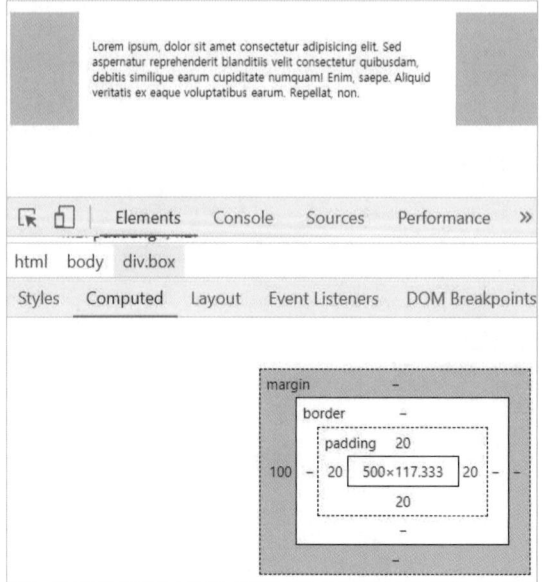

[그림 2-173] margin-left:100px

margin auto

마진을 이용하면 요소를 화면 중앙에 배치할 수 있습니다. 코드 2-157 과 같이 작성하고 브라우저를 확인합니다.

코드 2-158 **PART _ 2/예제/A/41 _ box-model-direction.html**

```
.box {
    width: 500px;
    padding: 20px;
    /*
    border-width: 10px 20px 5px;
    border-style: solid dashed dotted;
    border-color: #ccc #000 #f00;
    border-right: 10px solid red;
    margin-left: 50px 100px;
    margin-left: 100px;
    */
    margin: 0 auto;
}
```

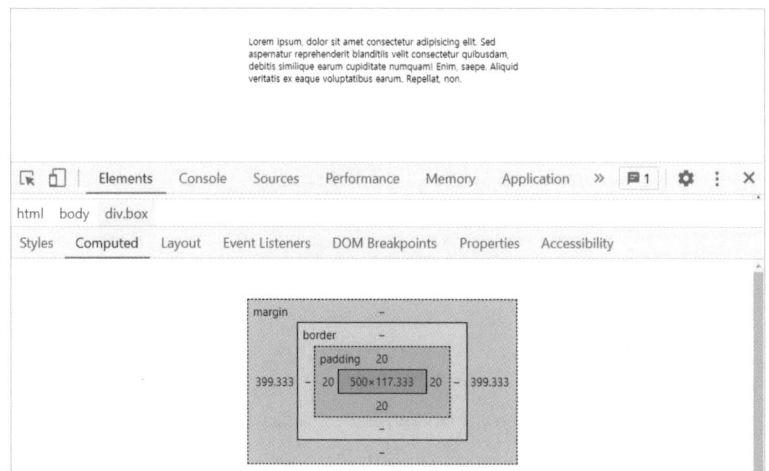

[그림 2-174] margin:0 auto;

마진을 상하 0, 좌우 auto를 지정하면 좌우 여백을 자동으로 배치하여 해당 요소를 가로측에서 화면 가운데 배치할 수 있습니다. margin: 0 auto는 margin: auto와 같이 줄여서 표현할 수 있습니다.

11. 레이아웃 positioning style

요소를 배치하기 위해 필요한 CSS 속성은 float, position, flexible layout입니다. 가장 최근에 새롭게 정의된 속성으로 display:grid도 있지만, 해당 속성은 지면관계상 생략하도록 하겠습니다.

11-1 플롯

우선 레이아웃을 설정하기 위한 가장 고전적인 방법인 float부터 살펴보겠습니다. 예제 42_float.html을 오픈하고 브라우저 화면을 확인합니다.

코드 2-159 **PART _ 2/예제/A/42 _ float.html**

```
<!DOCTYPE html>
<html lang="en">

<head>
  <meta charset="UTF-8">
  <meta http-equiv="X-UA-Compatible" content="IE=edge">
  <meta name="viewport" content="width=device-width, initial-scale=1.0">
  <title>Float</title>
  <style>

  </style>
</head>

<body>
  <h1>Float</h1>
  <hr>
  <span>inline element</span>
  <hr>
  <img src="http://placehold.it/100x100" alt="">
  <p>Lorem ipsum dolor sit amet, consectetur adipisicing elit. Saepe vitae
  reprehenderit exercitationem praesentium tempora placeat quod illo sunt
   maxime aut necessitatibus sint ea officia ab, quaerat assumenda odio iste
  fuga?</p>
  <p>Lorem ipsum dolor sit amet, consectetur adipisicing elit. Saepe vitae
  reprehenderit exercitationem praesentium tempora placeat quod illo sunt
  maxime aut necessitatibus sint ea officia ab, quaerat assumenda odio iste
  fuga?
  </p>
```

```
    </body>
    </html>
```

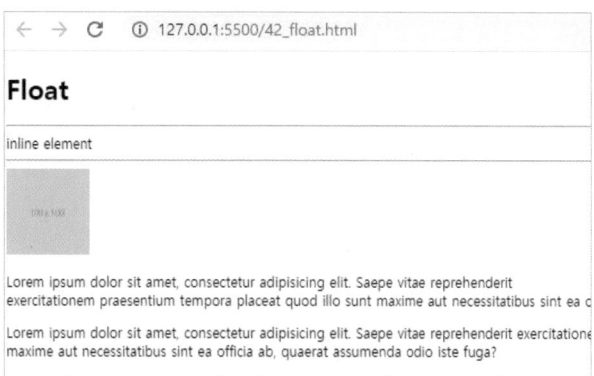

[그림 2-175] 플롯

브라우저 화면을 보면 제목, 인라인 요소, 이미지, 문단이 있습니다. 플롯의 특징을 살펴보기 전에 h1 태그 안의 글자를 우측으로 이동시켜보겠습니다.

코드 2-160 PART _ 2/예제/A/42 _ float.html

```
h1 {
    text-align: right;
}
```

[그림 2-176] text-align:right

[그림 2-177] 지정된 방향으로 이동하는 요소

브라우저 화면을 확인하면 제목이 우측으로 이동했습니다. 하지만 개발자 도구에서 h1의 크기를 확인해 보면 블록 요소인 h1은 공간을 그대로 유지하고 있습니다. 이제 플롯을 이용하여 h1을 우측으로 이동시켜 보겠습니다.

문법

float: none | left | right;

코드 2-161   PART _ 2/예제/A/42 _ float.html

```
h1 {
    float: right;
}
```

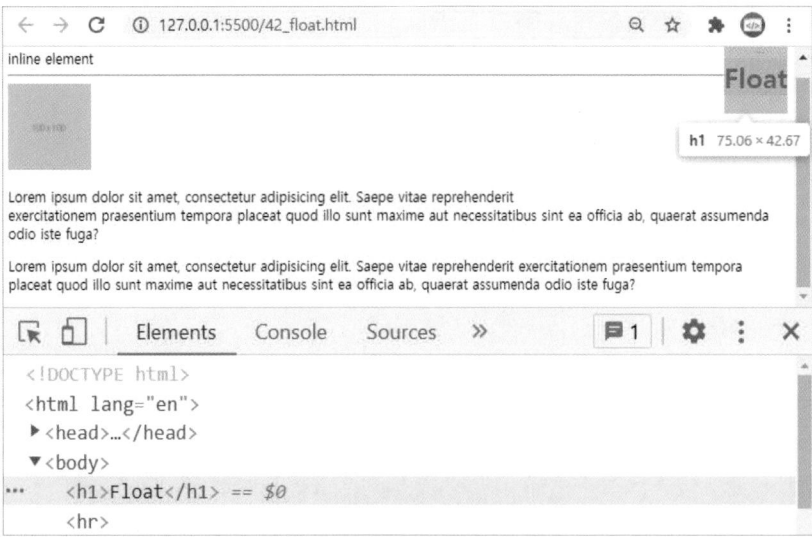

[그림 2-178] float:right

h1 요소에 플롯 속성의 값으로 right을 입력했습니다. 개발자 도구에서 h1 요소를 확인해보면 해당 요소 안의 텍스트를 text-align:right로 했던 화면과 다르게 h1 요소 자체가 오른쪽으로 이동했습니다. 플롯의 특징을 알아보겠습니다. 플롯은 요소를 좌측 또는 우측으로 배치할 때 사용합니다.

1. 플롯이 적용된 요소가 해당 방향으로 이동한다.
2. 플롯이 적용된 요소의 크기가 해당 요소 안의 콘텐츠(내용) 크기만큼 자동으로 인지된다.
    – 해당 요소가 인라인 요소라도 크기가 인지된다.
3. 플롯이 적용된 요소를 뒤따라오는 요소들이 달려든다.
4. 달려드는 속성을 해지해줘야만 뒤따라오는 요소들을 다시 배치할 수 있다.

[표 2-28] 플롯의 특징

[표 2-28]과 같이 첫 번째 특징인 플롯을 적용한 요소가 해당 방향으로 이동하는 것은 바로 확인했습니다. 두 번째 특징도 플롯을 적용하기 전에는 브라우저의 한 블록 전체를 사용하고 있었지만 플롯을 적용 후에는 해당 요소의 내용인 텍스트의 크기만큼만 공간을 차지하고 있었습니다. 두 번째 특징인 플롯이 적용된 요소가 인라인 요소라도 크기가 인지된다는 것을 스타일을 작성하면서 확인하겠습니다. h1 요소의 플롯 적용은 잠시 주석 처리하고 h1 요소 아래에 span 태그를 수정해서 해당 요소의 너비와 배경을 지정해보겠습니다.

```
/*
h1 {
    float: right;
}
*/
span {
    width: 300px;
    background: green;
    color: #fff;
}
```

[그림 2-179] width 값이 적용되지 않는 span

브라우저 화면을 확인하면 인라인 요소인 span 태그에 크기를 지정했기 때문에 인라인 요소의 특성상 크기가 표현되고 있지 않습니다. 이때 span 태그에 플롯을 적용해 보겠습니다.

코드 2-163 **PART _ 2/예제/A/42 _ float.html**

```
/*
h1 {
    float: right;
}
*/
span {
    width: 300px;
    background: green;
    color: #fff;
    float: left;
}
```

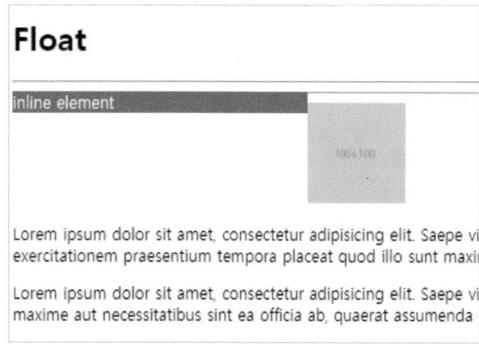

[그림 2-180] 플롯을 적용하여 크기가 인지되는 span 요소

브라우저 화면을 확인하면 span 태그에 크기가 적용되어 있는 것을 확인할 수 있습니다. 앞서 특징을 정리한 [표 2-28] float의 특징에서 3번 항목에서 기술한대로 현재 플롯이 적용된 span 태그 뒤 요소들이 플롯이 적용된 요소를 감싸려는 특징 때문에 hr과 이미지의 위치가 틀어진 상태입니다. span 적용했던 플롯도 주석 처리하고 특징 3번을 다시 살펴보겠습니다.

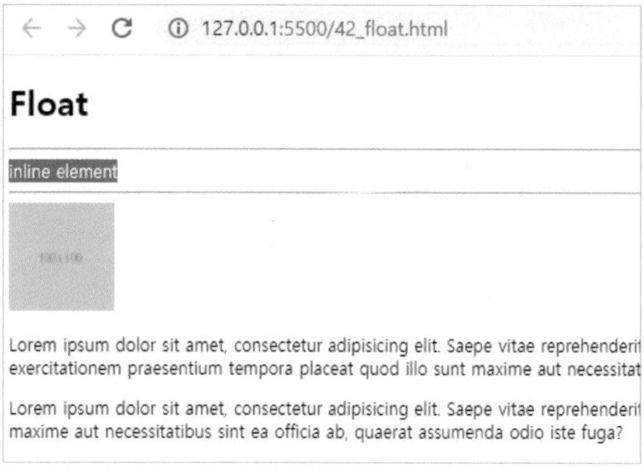

[그림 2-181] float 적용전의 요소의 크기와 위치

플롯을 적용했던 스타일을 모두 주석처리한 상태입니다. 이번에는 이미지에 플롯을 왼쪽으로 적용해보겠습니다.

코드 2-164 PART _ 2/예제/A/42 _ float.html

```
img{
    float: left;
}
```

[그림 2-182] 왼쪽으로 이동하는 이미지

브라우저 화면을 확인하면 이미지가 왼쪽으로 이동하고 있고, 뒤 따라오는 p 요소들이 이미지를 감싸고 있습니다. 두 번째 문단부터는 다시 정상적으로 배치되도록 클래스 명 clear에 스타일을 지정하겠습니다. 달러드는 속성을 해지하는 속성은 clear입니다. clear에는 left, right, both를 지정할 수 있습니다. 플롯이 적용되어 달러드는 속성이 작동하기 때문에 방향에 따라 값을 지정하면 되겠습니다. 방향에 상관없이 모든 방향의 속성을 해지하고 싶으면 both를 사용하면 됩니다.

코드 2-165 PART _ 2/예제/A/42 _ float.html

```
.clear{
    clear: both;
}
```

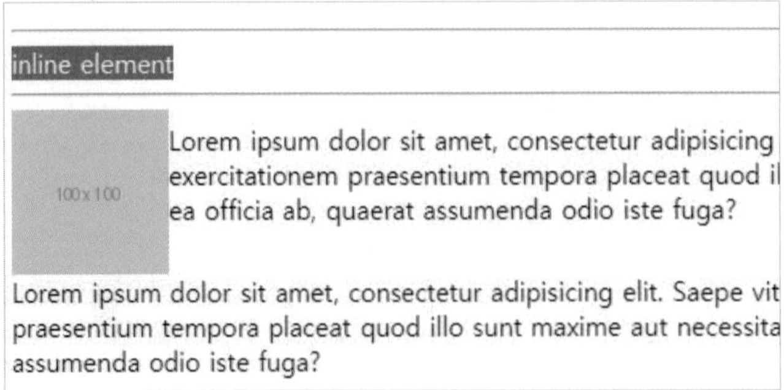

[그림 2-183] clear:both

브라우저를 확인해보면 이미지를 감싸던 두 번째 p 요소는 다시 원래의 블록 요소의 특성대로 다시 제자리로 돌아와 있는 것을 볼 수 있습니다.

플롯 응용

플롯을 활용하여 이미지가 가로로 정확한 간격을 유지하면서 배치되도록 하겠습니다. 예제 파일 43_float_ex1.html을 오픈하고 브라우저 화면을 확인합니다.

```html
<!DOCTYPE html>
<html lang="en">

<head>
    <meta charset="UTF-8">
    <meta http-equiv="X-UA-Compatible" content="IE=edge">
    <meta name="viewport" content="width=device-width, initial-scale=1.0">
    <title>Float exercise1</title>
    <style>
        .portfolio_list {
            width: 860px;
            margin: 0 auto;
            padding: 10px;
            background: #ebebeb;
        }
    </style>
</head>

<body>
    <h1>Portfolio List</h1>
    <ul class="portfolio_list">
        <li>
            <img src="http://placehold.it/200x200" alt="">
        </li>
        <li>
            <img src="http://placehold.it/200x200" alt="">
        </li>
        <li>
            <img src="http://placehold.it/200x200" alt="">
        </li>
        <li>
            <img src="http://placehold.it/200x200" alt="">
        </li>
    </ul>


</body>
</html>
```

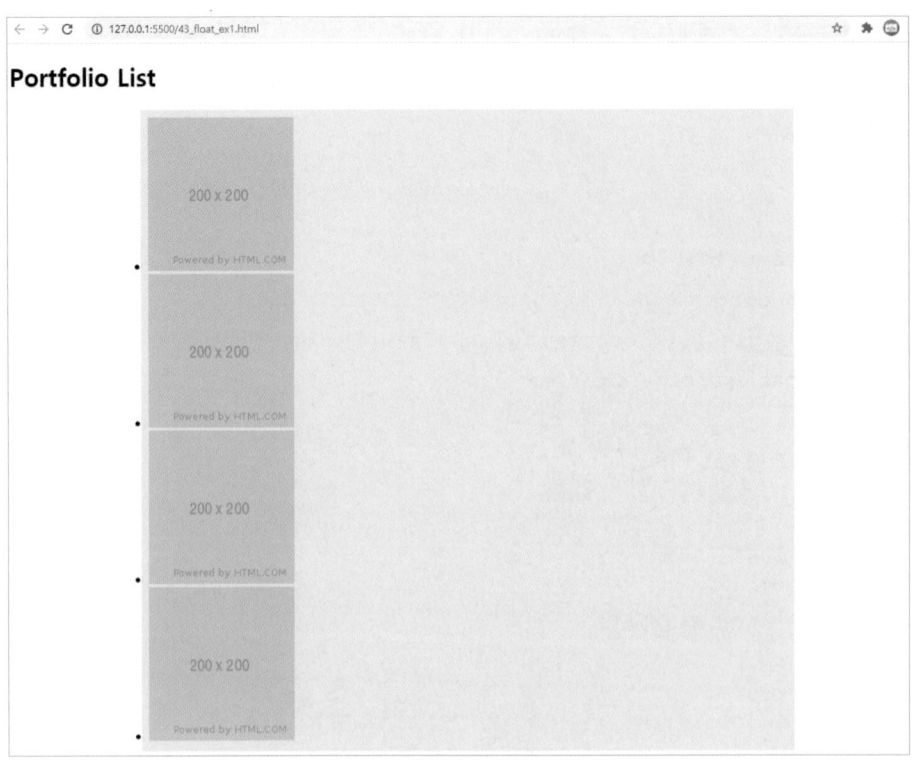

[그림 2-184] 프롯 전용전 리스트

우선 스타일을 확인하면 portfolio_list라는 클래스 명의 ul이 있고 자식 요소로 li가 4개 있습니다. portfolio_list에는 너비와 패딩이 설정된 상태이고, 마진을 이용하여 화면 가운데 있는 상태입니다. 이 상태에서 플롯을 이용하여 리스트 간격을 20px로 가로 배치하겠습니다. 코드 2-167 과 같이 li 요소에 float을 적용하고 요소마다 우측의 여백을 20px 설정합니다.

코드 2-167 PART _ 2/예제/A/43 _ float _ ex1.html

```
.portfolio_list li {
    float: left;
    margin-right: 20px;
    list-style: none;
}
```

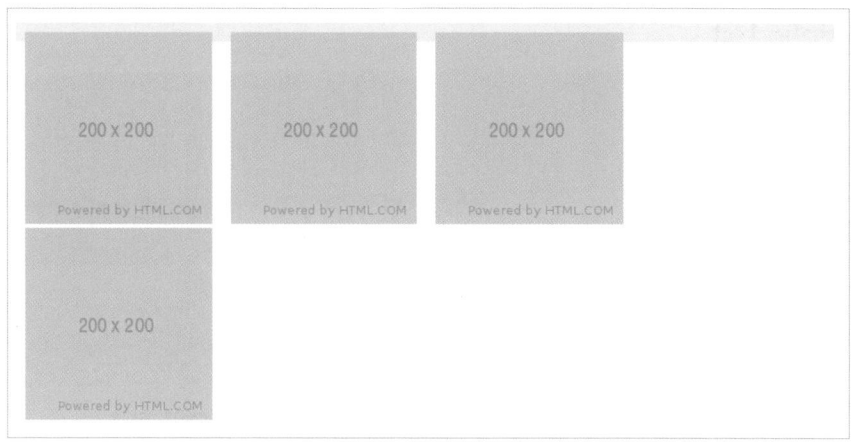

[그림 2-185] 넘치는 리스트 이미지

브라우저 화면을 확인하면 4번째 리스트가 아래로 내려와 있습니다. 마지막 li 요소에는 오른쪽 마진을 제거하여 4개의 리스트가 모두 가로로 배치되도록 합니다. 코드 2-168 과 같이 작성하고 브라우저 화면 확인합니다.

코드 2-168 PART _ 2/예제/A/43 _ float _ ex1.html

```
.portfolio_list li:last-child {
    margin-right: 0;
}
```

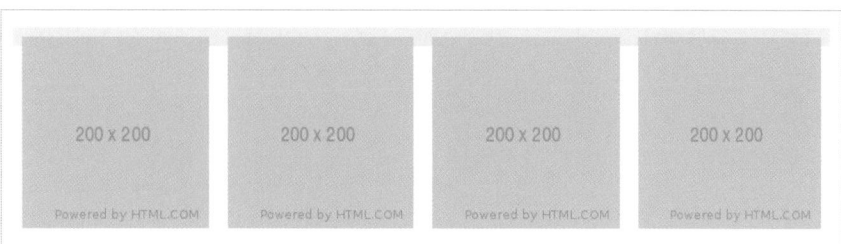

[그림 2-186] 가로로 배치된 리스트

브라우저 화면을 확인하면 li 요소들은 가로로 배치되어 있습니다. 하지만 자세히 보면 클래스 명 portfolio_list에 지정한 배경이 제대로 나타나지 않고 있습니다. 개발자 도구에서 ul 요소의 높이를 확인 해봅니다.

[그림 2-187] 20px로 잡히는 ul 요소

개발자 도구를 확인해보면 ul의 높이가 20px만 잡히고 있습니다. 그 이유는 li 요소에 플롯이 적용되면 뒤따라오는 요소들이 플롯이 적용된 요소에 달려드는 속성 때문에 높이가 인식되지 않기 때문입니다. 해결 방법은 li 요소의 뒤에 공간을 만들고 해당 공간에서 달려드는 속성을 clear하는 것입니다. 코드 2-169과 같이 작성하고 브라우저를 확인합니다.

코드 2-169 PART _ 2/예제/A/43 _ float _ ex1.html

```
.portfolio_list:after {
   content:'';
   display: block;
   clear: both;
}
```

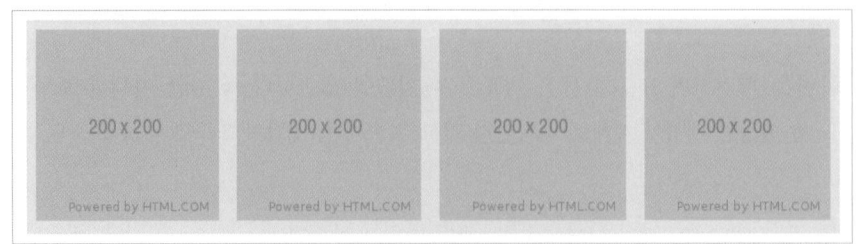
[그림 2-188] 높이가 제대로 표시된 UL 요소

이제 ul 요소의 높이가 제대로 표현되고 있습니다. :after 가상 선택자를 이용하여 portfolio_list 요소의 내용의 뒤에 빈 공간을 만들고, clear 속성의 값으로 both를 입력하여 플롯이 어느 방향으로 적용되었든 달려드는 속성을 해지해줍니다. 이때 display 속성은 block, 또는 table로 되어 있어야 clear 속성이 적용됩니다.

clear:both vs overflow:auto

플롯을 적용했을 때 달려드는 속성을 해지하기 위해 clear:both를 사용한다고 언급했습니다. 다른 방법으로 overflow:auto도 있습니다. 하지만 애초에 float의 해제(clearing)용으로 고안된 것은 clear 속성이 맞습니다. Overflow:auto는 만약 해당 요소에 높이가 지정되어 있으면 의도와 다르게 스크롤바가 생길수도 있기 때문에 정확한 해제(clearing) 방법은 아닙니다.

11-2 포지션

포지션은 요소들을 배치하여 레이아웃 작성할 때 필수로 필요한 속성입니다. 포지션에는 크게 [표 2-29]와 같이 5가지 종류가 있습니다.

position: static | absolute | fixed | relative | sticky

값	설명
static	기본값
relative	요소의 원래 위치를 기준으로 배치
absolute	가까운 부모 중 position 속성의 값이 static이 아닌 요소를 기준으로 배치
fixed	브라우저 윈도우를 기준으로 배치
sticky	스크롤이 생기면 지정한 위치에 고정됨.

[표 2-29] 포지션의 종류

relatitve

relative는 직역하면 상대적이란 뜻으로 position 속성의 값으로 relative를 지정하기 전 위치를 기준으로 상대값으로 위치를 설정한다는 뜻입니다. 우선 relative의 특징을 살펴보겠습니다.

1. 위치와 크기가 변하지 않는다.
2. 원래 위치를 기준으로 left, right, top, bottom 값으로 위치를 조정한다.
3. left, right, top, bottom값으로 움직이는 것은 가상으로 움직인 것으로 다른 요소들의 위치에 영향을 주지 않는다.

[표 2-30] relative의 특징

예제 파일 44_relative.html을 오픈하고 브라우저 화면을 확인합니다.

코드 2-169 PART _ 2/예제/A/44 _ relative.html

```html
<!DOCTYPE html>
<html lang="en">

<head>
  <meta charset="UTF-8">
  <meta http-equiv="X-UA-Compatible" content="IE=edge">
  <meta name="viewport" content="width=device-width, initial-scale=1.0">
  <title>Position relative</title>
  <style>
    .relative{
      position: relative;
    }
  </style>
</head>

<body>
  <h1>Position relative</h1>

  <figure class="relative">
    <img src="http://placehold.it/200x200" alt="">
    <figcaption>image description</figcaption>
  </figure>

  <figure>
    <img src="http://placehold.it/200x200" alt="">
    <figcaption>image description</figcaption>
  </figure>

</body>
</html>
```

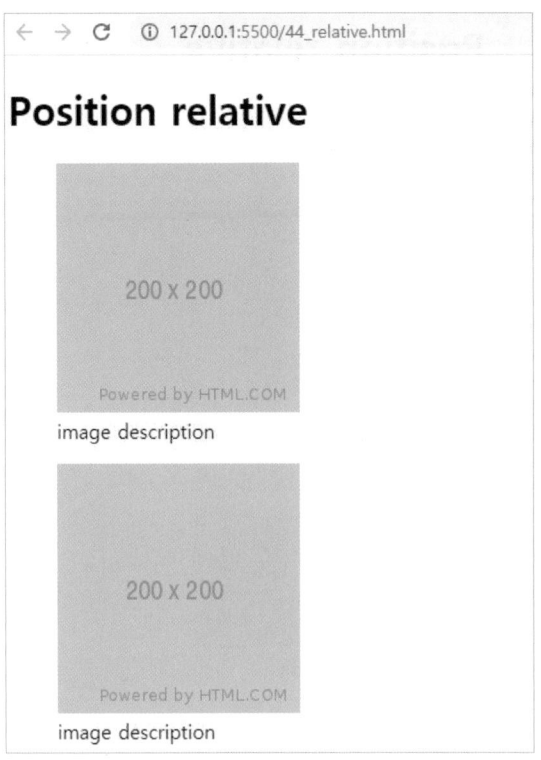

[그림 2-189]

코드 2-171 의 스타일을 확인하면 클래스 명 relative의 position 속성의 값으로 relative를 지정했습니다. 브라우저 화면을 확인하면 relative 값을 주지 않은 다른 figure 요소와 똑같이 화면에 배치되어 있는 것을 확인할 수 있습니다. 이제 style에서 relative 값을 지정한 첫 번째 figure에 top 값과 left 값을 지정하고 브라우저를 확인합니다.

코드 2-171 PART _ 2/예제/A/44 _ relative.html

```
.relative{
    position: relative;
    top: 50px;
    left: 50px;
}
```

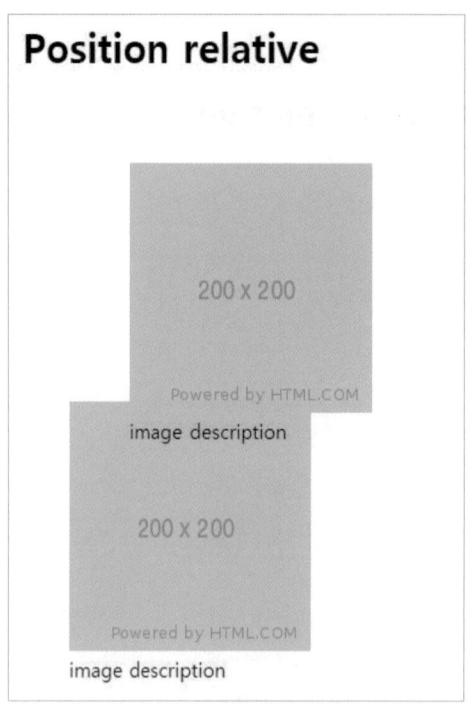

[그림 2-190] left:50px; top:50px

브라우저를 확인하면 요소가 원래자리를 기준으로 오른쪽과 아래쪽으로 50px씩 이동한 것을 확인할 수 있습니다. 이때 주목할 것은 해당 요소 밑의 figure 요소는 움직이지 않았다는 것입니다. 즉, 아래 요소는 위 요소가 움직인 것을 모르는 상태가 됩니다. 이렇듯 position:relative를 적용하고 left, top, right, bottom으로 위치를 조정하면 다른 요소의 위치에 영향을 주지 않고 요소의 위치를 변경할 수 있습니다.

absolute

absolute는 절댓값이라는 뜻이 있습니다. 즉 요소의 위치를 절댓값으로 설정하는 것입니다. 우선 absolute의 특징을 살펴보겠습니다.

1. 요소의 위치를 다른 요소들이 모르게 된다.
2. 요소의 크기가 내용의 크기로 축소된다.
3. 가까운 부모 중 position속성의 값이 기본값이 아닌 요소를 기준으로 배치된다.
4. 기준이 없다면 브라우저 화면이 기준이 된다.
5. left, right, top, bottom 값으로 위치를 설정한다.

[표 2-31] absolute의 특징

예제 파일 45_absolute.html을 오픈하고 브라우저 화면을 확인합니다.

```html
<!DOCTYPE html>
<html lang="en">

<head>
    <meta charset="UTF-8">
    <meta http-equiv="X-UA-Compatible" content="IE=edge">
    <meta name="viewport" content="width=device-width, initial-scale=1.0">
    <title>Position absolute</title>
    <style>
        .banner{
            border: 1px solid;
            padding: 20px;
        }
    </style>
</head>

<body>
    <h1>Position absolute</h1>
    <section>
        <div class="banner">
            <img src="http://placehold.it/200x200" alt="">
        </div>
        <h2>Main content</h2>
        <p>Lorem ipsum dolor sit amet consectetur adipisicing elit. Amet
        tempore laudantium eius. Nemo, eveniet. Quis dolorum fuga amet molestiae,
        iusto optio. Alias tempore tenetur similique beatae vero quae fuga mo-
        lestias?</p>
    </section>

</body>
</html>
```

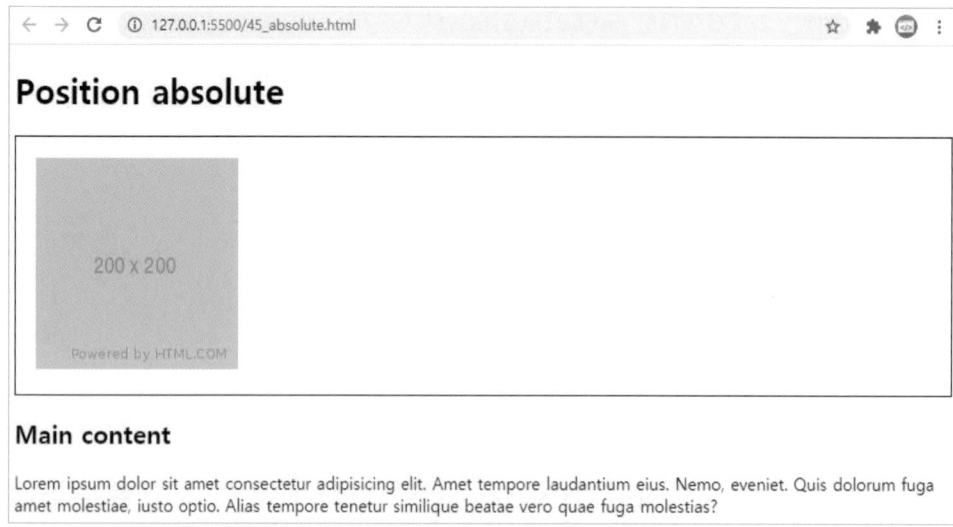

[그림 2-191] absolute

브라우저 화면을 확인하면 클래스 명 banner안에 이미지가 배치되어 있고 이미지의 크기도 제대로 인식되고 있습니다. 이 상태에서 클래스 명 banner에 position 속성의 값을 absolute로 지정해봅니다.

코드 2-173 PART _ 2/예제/A/45 _ absolute.html

```css
.banner{
    border: 1px solid;
    padding: 20px;
    position: absolute;
}
```

[그림 2-192] 다른 요소가 인지하지 못하는 img 요소

브라우저를 확인하면 img 요소를 다른 요소들이 인지하지 못하고 있습니다. 심지어 img의 부모 요소의 높이도 padding 값만 남아 있는 상태입니다. 이처럼 absolute로 지정하면, 앞서 [표 2-31]의 1번과 2번 규칙에 따라 화면에 표시된 상태입니다. 다음으로 우선 4번, 5번부터 확인하겠습니다. left, top 값을 지정하고 브라우저 화면을 확인합니다.

코드 2-174 PART _ 2/예제/A/45 _ absolute.html

```
.banner{
    border: 1px solid;
    padding: 20px;
    position: absolute;
    left: 200px;
    top: 200px;
}
```

[그림 2-193] 브라우저 화면 기준

브라우저를 확인하면 클래스 명 배너가 기준 위치에서 오른쪽으로 200px, 아래 방향으로 200px 위치에 배치되었습니다. 현재 화면을 해석하면 규칙 3번에서 기술한 대로 가까운 부모 중에 position 속성의 값이 기본값이 아닌 값 즉 relative, fixed, absolute, sticky 등으로 설정된 값이 없기 때문에 브라우저 화면을 기준으로 위치를 잡고 있는 것입니다.

이번에는 기준을 설정해보겠습니다. 코드 2-175 와 같이 클래스 명 banner의 부모인 section에 기준을 설정하고 브라우저 화면을 확인합니다.

```
.banner{
    border: 1px solid;
    padding: 20px;
    position: absolute;
    left: 200px;
    top: 200px;
}
section{
    position: relative;
}
```

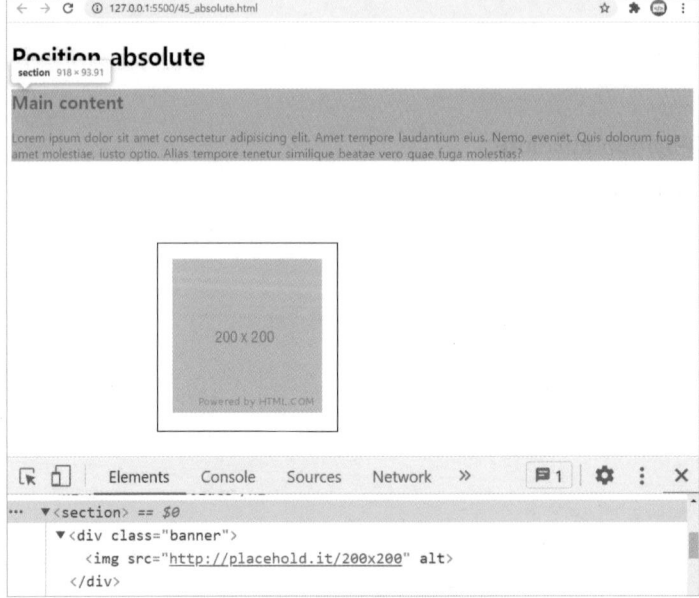

[그림 2-194] 기준 위치에서의 위치

브라우저를 확인하면 이제 브라우저 화면을 기준으로 위치가 설정되는 것이 아니라 section을 기준으로
위치가 잡히는 것을 볼 수 있습니다.

이때 left: 200px과 top: 200px은 [표 2-32]와 같이 해석해야 합니다.

값	설명
left:200px	클래스 명 banner의 왼쪽이 기준 위치의 왼쪽에서 200px 거리에 있다.
top:200px	클래스 명 banner의 위쪽이 기준 위치의 상단에서 200px 거리에 있다.

[표 2-32] absolute 절댓값의 해석

포지션 연습하기

예제 파일 46_position_ex.html을 오픈합니다.

코드 2-175 **PART _ 2/예제/A/46 _ position _ ex.html**

```html
<!DOCTYPE html>
<html lang="en">

<head>
    <meta charset="UTF-8">
    <meta http-equiv="X-UA-Compatible" content="IE=edge">
    <meta name="viewport" content="width=device-width, initial-scale=1.0">
    <title>Position exercise</title>
    <style>
        .slidewrapper{
            width: 600px;
            height: 400px;
            margin: 0 auto;
            background: #ebebeb;
        }
        .btn{
            padding: 0 20px;
            line-height: 50px;
            color: #fff;
            background: #000;
            text-decoration: none;
            display: inline-block;
        }
    </style>
</head>

<body>
    <h1>Position exercise</h1>

    <div class="slidewrapper">
        <h2>slide contents</h2>
        <a href="" class="btn prev">PREV</a>
        <a href="" class="btn next">NEXT</a>
    </div>
```

```
    </body>
    </html>
```

[그림 2-195] 포지션 연습

브라우저 화면을 확인하면 slide content 안에 좌우 링크가 있습니다. 해당 링크의 위치를 포지션을 이용하여 설정해보겠습니다. 우선 slidewrapper를 기준으로 링크들이 세로 중앙에 있도록 작성하겠습니다. 이 때 아직 학습하지 않은 transform을 사용하지 않고 스타일을 설정하겠습니다.

코드 2-176   PART _ 2/예제/A/46 _ position _ ex.html

```
.slidewrapper{
    width: 600px;
    height: 400px;
    margin: 0 auto;
    background: #ebebeb;
    position: relative;
}
.btn{
    padding: 0 20px;
    line-height: 50px;
    color: #fff;
    background: #000;
    text-decoration: none;
    display: inline-block;
    position: absolute;
    top: 50%;
}
```

작성한 스타일을 확인하면 클래스 명 slidewrapper에는 기준이 될 수 있도록 position 속성의 값을 relative로 설정했습니다. 다른 속성 absolute, fixed, sticky 등을 사용하면 slidewrapper도 누군가를 기준으로 절댓값으로 위치가 변경되기 때문에 원래 자리에 있으면서 position 속성의 값이 기본값이 아닌 것은 relative 밖에 없기 때문에 기준을 설정할 때 보통 relative를 사용하는 것입니다. 클래스 명 btn의 스타일을 보면 top 속성의 값을 50%로 했습니다. [그림 2-196]과 같이 세로 기준으로 중앙에 오는데, 클래스 명 btn의 top부분이 기준 위치 top에서 정확하게 50% 지점에 온 것입니다.

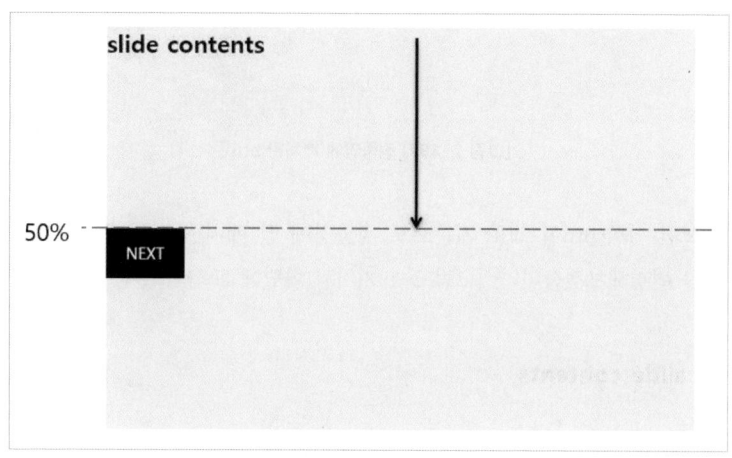

[그림 2-196] top: 50%

이렇게 하면 btn의 세로 크기가 50px이기 때문에 해당 크기의 반만큼 위로 올라가야 세로 기준으로 정중앙에 오게 되는 것입니다. 스타일에 위로 25px 올라가도록 margin-top:-25px을 추가합니다.

코드 2-178 PART _ 2/예제/A/46 _ position _ ex.html

```
.btn{
    padding: 0 20px;
    line-height: 50px;
    color: #fff;
    background: #000;
    text-decoration: none;
    display: inline-block;
    position: absolute;
    top: 50%;
    margin-top: -25px;
}
```

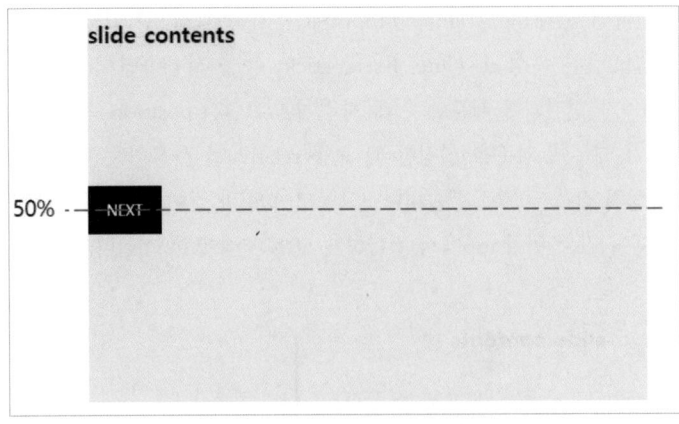

[그림 2-197] 정중앙에 배치된 btn

브라우저를 확인해보면 이제 btn이 세로 기준으로 정중앙에 잘 배치된 것을 볼 수 있습니다. 이제 본격적으로 btn의 위치를 변경해보겠습니다. [그림 2-198]처럼 화면에 표시되도록 위치를 설정합니다.

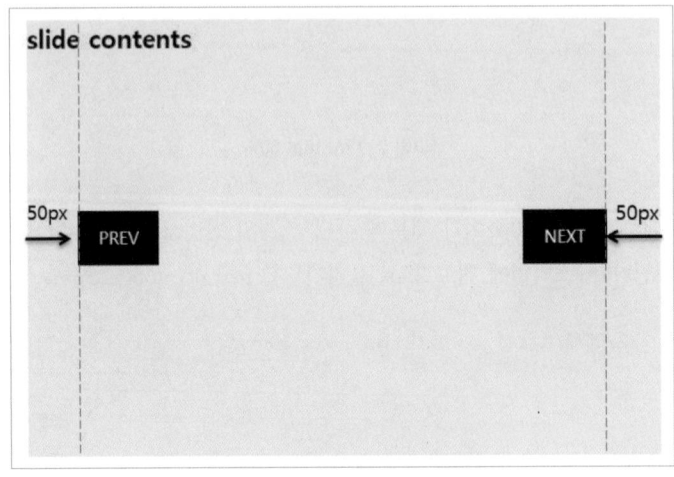

[그림 2-198] 좌우 링크의 위치

클래스 명 prev 요소의 왼쪽이 기준 위치 왼쪽에서 50px, 클래스 명 next 요소의 오른쪽이 기준 위치 오른쪽에서 50px 위치에 있는 것이기 때문에 스타일을 코드 2-179 과 같이 작성합니다.

코드 2-179 PART _ 2/예제/A/46 _ position _ ex.html

```
.prev{
    left: 50px;
}
.next{
    right: 50px;
}
```

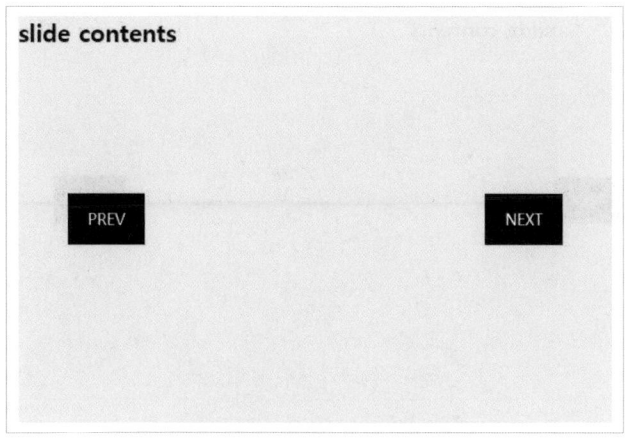

[그림 2-199] 좌우 위치 설정된 링크

브라우저 화면을 확인하면 [그림 2-199]와 같이 정확히 배치되었습니다. 다음으로 [그림 2-200]과 같이 배치되도록 스타일을 작성해보겠습니다.

[그림 2-200] slide contents 바깥에 배치되어야 할 링크 위치

[그림 2-200]처럼 좌우 링크를 배치하려면 클래스 명 prev의 경우 left 값을 음수로 하면 되겠다 생각할 수 있지만 링크의 크기가 px로 딱 떨어지지 않는 상황이거나, 이후 btn의 크기가 변경되더라도 현재 css 로 모두 커버할 수 있도록 작성하는 것이 필요합니다. 그렇게 하려면 left 값을 음수로 지정하는 것 보다는 해당 요소의 right 값이 기준 위치 오른쪽에서 얼만큼 거리에 있는 것인지 파악하여 지정하는 방법이 더 효율적입니다. 스타일을 코드 2-180 과 같이 작성하고 브라우저를 확인해봅니다.

코드 2-180 PART _ 2/예제/A/46 _ position _ ex.html

```
.prev{
    right: 600px;
}
```

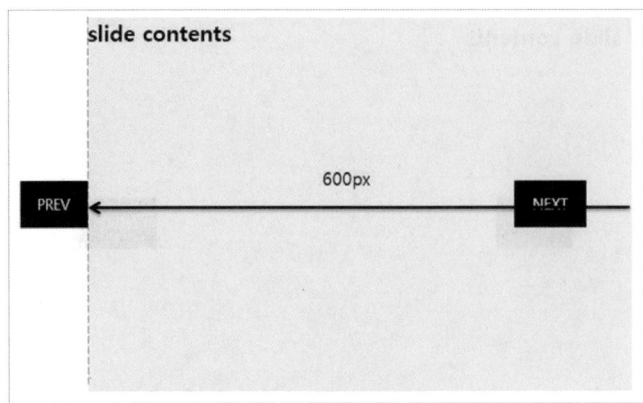

[그림 2-201] 클래스 prev의 right 값: 600px

클래스 명 prev에 right 값을 600px 지정했습니다. 즉 클래스 명 prev의 오른쪽이 기준 위치 오른쪽에서 600px 위치에 있다고 지정한 것입니다. 기준이 되는 slidewrapper의 너비 600px 전체크기를 지정한 것이기 때문에 600px은 100%로 변경해도 같은 효과가 있습니다. 같은 방법으로 next 링크의 위치도 설정합니다.

코드 2-181 PART _ 2/예제/A/46 _ position _ ex.html

```
.prev{
    right: 100%;
}
.next{
    left: 100%;
}
```

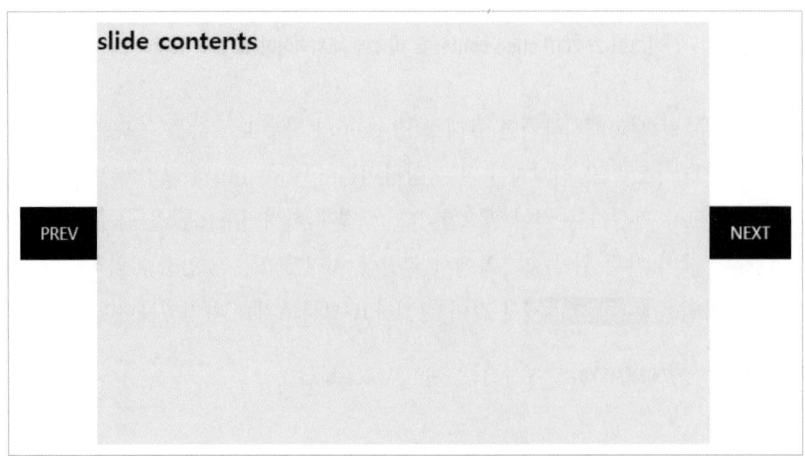

[그림 2-202] slide contents 바깥에 배치된 좌우 링크

브라우저를 확인해보면 좌우 링크가 정확히 붙어 있는 것을 볼 수 있습니다. 마지막으로 [그림 2-203]과 같이 좌우 20px의 여백을 지정해보겠습니다.

[그림 2-203] 좌우 링크 간격 설정하기

앞의 예제의 위치에서 20px 더 이동하면 되겠습니다. 이때 CSS3에서 새롭게 도입된 calc 함수를 이용하여 지정하면 쉽게 위치를 조정할 수 있습니다. 코드 2-182 와 같이 작성합니다.

코드 2-182 PART _ 2/예제/A/46 _ position _ ex.html

```
.prev{
    right:calc(100% + 20px);
}
.next{
    left:calc(100% + 20px);
}
```

[그림 2-204] 지정한 간격이 설정된 좌우 링크

브라우저 화면을 확인하면 지정한 공백이 잘 반영되어 있습니다. calc 함수의 주의점은 +, −, * / 등 사칙연산의 연산자 좌우에 반드시 공백이 있어야 한다는 것입니다.

정상	오류
right:calc(100% + 20px);	right:calc(100%+20px);

fixed

fixed는 absolute와 굉장히 비슷하게 위치가 잡히지만 기준이 무조건 브라우저 화면이라는 것이 다릅니다.

---

1. 요소의 위치를 다른 요소들이 모르게 된다.
2. 요소의 크기가 내용의 크기로 축소된다.
3. 브라우저 화면이 기준이 된다.
4. left, right, top, bottom 값으로 위치를 설정한다.

[표 2-33] fixed의 특징

예제 파일 47_fixed.html을 오픈하고 브라우저 화면을 확인합니다.

코드 2-183 PART _ 2/예제/A/47 _ fixed.html

```
<!DOCTYPE html>
<html lang="en">

<head>
  <meta charset="UTF-8">
  <meta http-equiv="X-UA-Compatible" content="IE=edge">
  <meta name="viewport" content="width=device-width, initial-scale=1.0">
  <title>Position fixed</title>
  <style>
    .wrapper{
      max-width: 900px;
      width: 90%;
      margin: 0 auto;
    }
    .back_to_top{
      padding: 10px 20px;
      background: #444;
```

```
      color: #fff;
      font-weight: bold;
      text-transform: uppercase;
      text-decoration: none;
    }
  </style>
</head>

<body>
  <div class="wrapper">
    <h1>Position fixed</h1>

    <section>
중략…
    </section>
    <hr>
    <a href="" class="back_to_top">Top</a>
  </div>
</body>
</html>
```

예제 코드를 살펴보면 제목과 문단으로 구성된 section이 여러 개 있고 하단에 클래스 명 back_to_top 으로 링크가 있는 상태입니다. 브라우저 화면을 확인하면 back_to_top 링크가 하단에 있습니다.

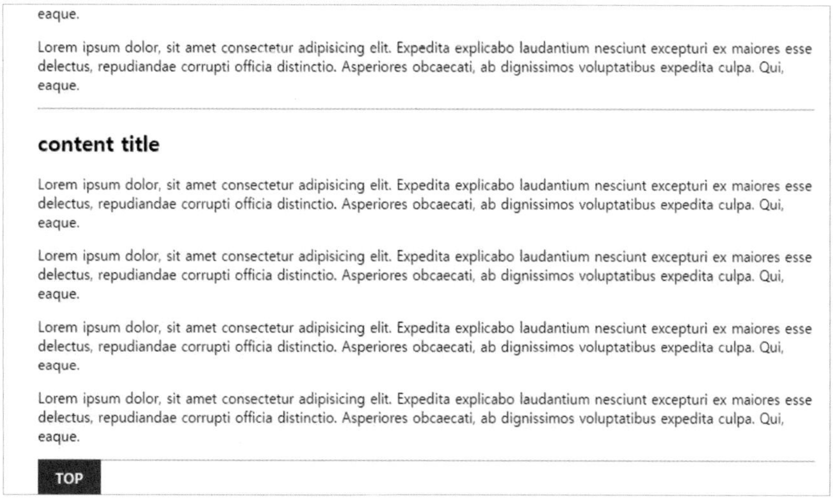

[그림 2-205] back_to_top 링크의 현재 위치

위로 이동할 수 있는 링크의 위치는 보통 우측 하단이고 스크롤과 상관없이 해당 위치에 고정되어 있습니다. 스타일을 코드 2-184 와 같이 작성 후 브라우저 화면을 확인해봅니다.

코드 2-184 PART _ 2/예제/A/47 _ fixed.html

```
.back_to_top{
    중략…
    position: fixed;
    bottom: 50px;
    right: 200px;
}
```

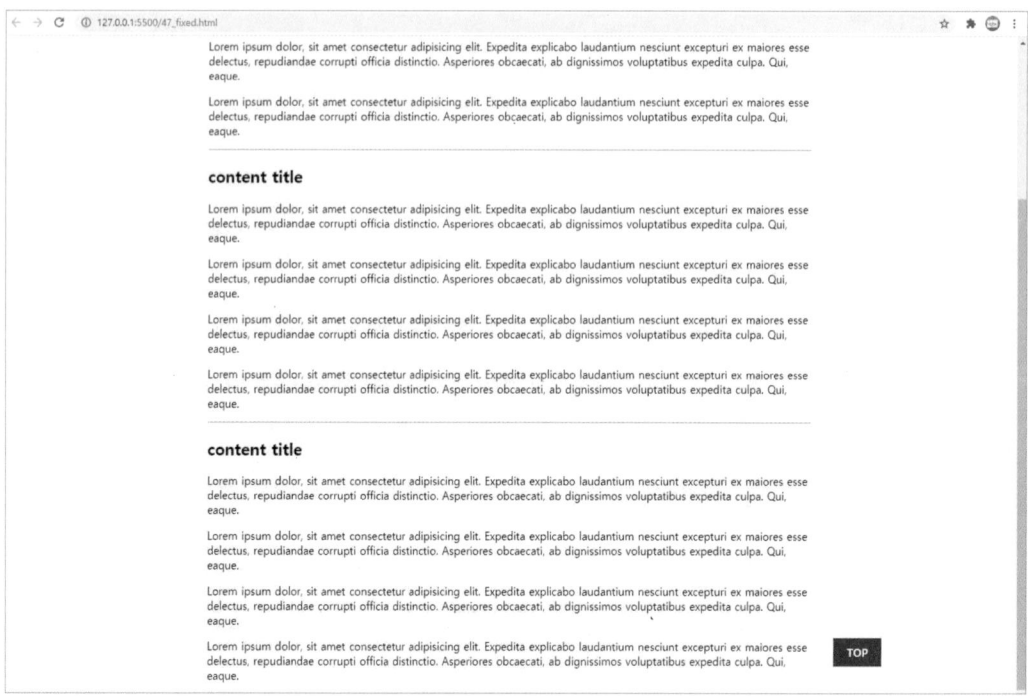

[그림 2-206] position:fixed

브라우저를 확인해보면 전체 화면을 기준으로 우측에서 200px, 하단에서 50px 위치에 배치되어 있습니다. 이렇듯 position:fixed로 설정한 요소의 위치는 무조건 브라우저 화면을 기준으로 위치 잡습니다.

sticky

sticky는 기본적으로는 스크롤이 컨텐츠와 같이 움직이다가 지정한 위치에 도달하면 fixed를 적용한 것처럼 화면에 고정됩니다. 예제 파일 48_sticky.html을 오픈하고 브라우저 화면을 확인합니다.

```html
<!DOCTYPE html>
<html lang="en">

<head>
  <meta charset="UTF-8">
  <meta http-equiv="X-UA-Compatible" content="IE=edge">
  <meta name="viewport" content="width=device-width, initial-scale=1.0">
  <title>Position sticky</title>
  <style>
    * {
      box-sizing: border-box;
    }

    .wrapper {
      width: 100%;
      max-width: 600px;
      margin: 60px auto 200px;
    }

    .content {
      padding: 0 15px;
      width: 380px;
    }

    .content h1 {
      margin-top: 0;
    }

    .sidebar {
      padding: 20px;
      width: 170px;
      background-color: #434A54;
      color: #fff;
    }

    .sidebar h3 {
      margin: 0;
```

```css
      }

      .content,
      .sidebar {
        float: left;
      }

      .cf:after {
        content: "";
        display: block;
        clear: both;
      }

      /* The sticky */
    </style>
</head>

<body>
    <div class="wrapper cf">
      <div class="content">
        <h1>Scroll Down!</h1>
        <p>Pellentesque habitant morbi tristique senectus et netus et male-
        suada fames ac turpis egestas. Vestibulum tortor quam, feugiat vitae,
        ultricies eget, tempor sit amet, ante. Donec eu libero sit amet quam
        egestas semper. Aenean ultricies mi vitae est. Mauris placerat
        eleifend leo.</p>
        중략…
      </div>
      <div class="sidebar">
        <h3>Sidebar</h3>
        <p>Lorem ipsum dolor sit amet, consectetur adipisicing elit. Ab maxime
        fugiat perspiciatis.</p>
      </div>
    </div>
</body>

</html>
```

[그림 2-207] 컨텐츠와 같이 움직이는 sidebar

브라우저 화면에서 스크롤을 해보면 현재는 모든 컨텐츠들이 위로 올라가는 상태입니다. 클래스 명 sidebar 요소는 스크롤이 되다가 상단에 도달하면 고정되도록 스타일을 작성합니다.

코드 2-185 PART _ 2/예제/A/48 _ sticky.html

```
.sidebar {
    position: sticky;
    top: 0;
}
```

클래스 명 slidebar에 postion:sticky를 추가하고 top 값을 0으로 지정했습니다. 이제 스크롤을 해서 sidebar가 상단에 도달하면 고정되는 것을 확인할 수 있습니다.

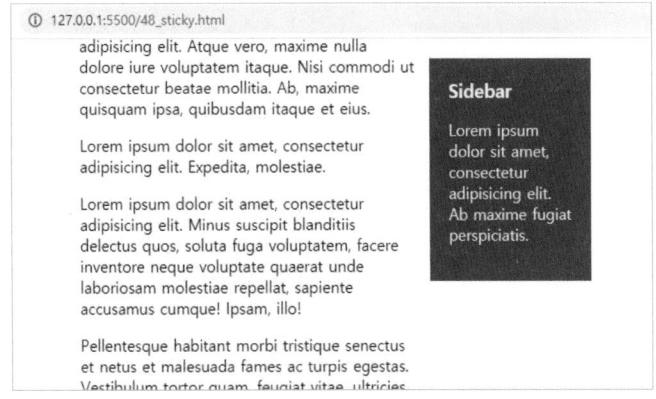

[그림 2-208] 지정한 위치에 고정되는 sidebar

top 값을 조절하면 고정되는 위치를 변경할 수 있습니다.

코드 2-186 **PART _ 2/예제/A/48 _ sticky.html**

```css
.sidebar{
    position: sticky;
    top: 20px;
}
```

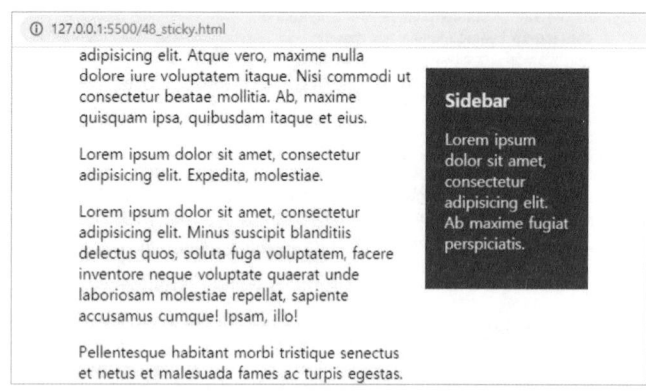

[그림 2-209] top에서 20px 위치에 고정되는 sidebar

z-index

z-index는 HTML 각 요소들이 얼마나 사용자의 눈에 가깝고 멀리 있는지를 설정할 수 있습니다. 웹페이지는 3D로 구성되어 있습니다. 즉 x축, y축 뿐만 아니라 Z축도 있어서 요소를 멀리 보이거나 가깝게 보이도록 할 수 있습니다. 예제 파일 49_z-index.html을 오픈합니다.

코드 2-188 **PART _ 2/예제/A/49 _ z-index.html**

```html
<!DOCTYPE html>
<html lang="en">

<head>
    <meta charset="UTF-8">
    <meta http-equiv="X-UA-Compatible" content="IE=edge">
    <meta name="viewport" content="width=device-width, initial-scale=1.0">
    <title>Z-index</title>
    <style>
        .parent{
            width: 200px;
            height: 200px;
            background: #ccc;
```

```
                position: relative;
            }
        .siblings{
            width: 200px;
            height: 100px;
            background: green;
            position: relative;
            top: -50px;
            left: 50px;
        }
        div [class^="child"]{
            width: 100px;
            height: 100px;
            border: 1px solid;
            text-transform: uppercase;
            font-weight: bold;
        }
        .child1{
            background: blue;
        }
        .child2{
            background: red;
        }
        .child3{
            background: #fff;
        }
    </style>
</head>

<body>
    <div class="parent">
        <div class="child1">child 1</div>
        <div class="child2">child 2</div>
    </div>
    <div class="siblings">
        <div class="child3">child 3</div>
    </div>
</body>
</html>
```

브라우저 화면을 확인하면 클래스 명 siblings가 parent보다 위에 있는 상태입니다. siblings에 position:relative를 주고 현재 위치에서 가상으로 위쪽으로, 오른쪽으로 50px 이동하라고 한 상태입니다. 이렇듯 기본적으로는 나중에 만들어진 요소가 이전 요소들 보다 사용자 눈에 가깝게 보입니다.

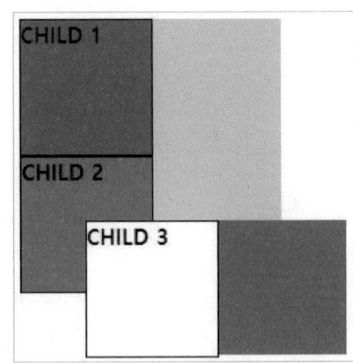

[그림 2-210] 마지막에 생성된 요소가 위쪽에 배치됨

우선 parent안의 div에 position을 설정하여 서로 겹치도록 하고 z-index를 이용하여 위 아래 순서를 변경해보겠습니다.

코드 2-189 PART _ 2/예제/A/49 _ z-index.html

```
.child1{
    background: blue;
    position: absolute;
    left: 25px;
    top: 75px;
    z-index: 10;
}
.child2{
    background: red;
    position: absolute;
    left: 0;
    top: 0;
    z-index: 5;
}
.child3{
    background: #fff;
}
```

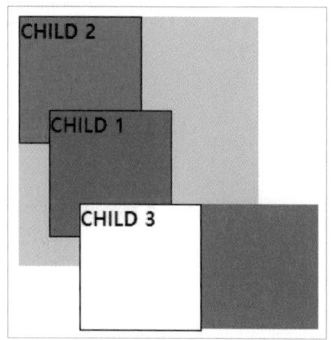

[그림 2-211] z-index가 높은 child 1이 위쪽에 배치됨

브라우저 화면을 확인해보면 z-index가 10으로 더 큰 요소인 child1이 가장 위로 올라와 있는 것을 볼 수 있습니다. 그러면 이번에는 child3에 z-index 값을 지정하고 위치를 확인해봅니다.

코드 2-190 PART _ 2/예제/A/49 _ z-index.html

```
.child3{
    background: #fff;
    z-index: 20;
}
```

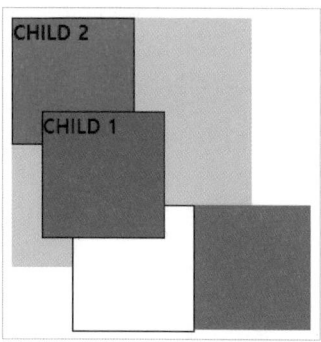

[그림 2-212] z-index 20보다 위쪽에 배치된 child1

브라우저를 확인해보면 child3 요소가 위로 올라와 있지 않습니다. 그 이유는 z-index가 적용되려면 position 속성이 반드시 있어야 합니다. 다시 코드 2-191 과 같이 position을 추가해봅니다.

```
.child3{
   background: #fff;
   z-index: 20;
   position: relative;
}
```

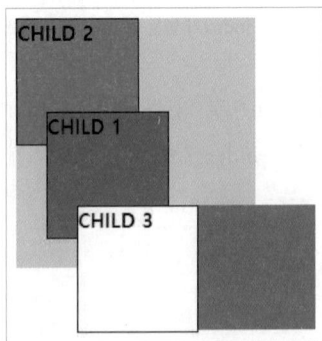

[그림 2-213] position 속성 추가로 위쪽에 배치된child3

브라우저 화면을 확인하면 이제 child3이 가장 위에 올라와 있습니다. 마지막으로 parent와 siblings에 z-index를 각각 1과 0으로 지정하고 브라우저를 확인해봅니다.

```
.parent{
   width: 200px;
   height: 200px;
   background: #ccc;
   position: relative;
   z-index: 1;
}
.siblings{
   width: 200px;
   height: 100px;
   background: green;
   position: relative;
   top: -50px;
   left: 50px;
   z-index: 0;
}
```

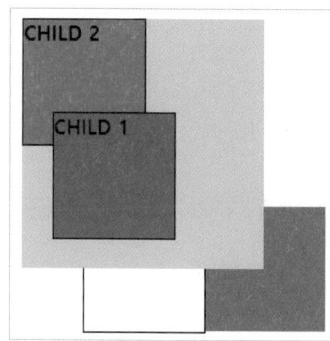

[그림 2-214] siblings보다 z-index가 높은 parent

브라우저를 확인해보면 #ccc 배경색의 parent가 siblings 보다 위에 올라와 있습니다. z-index 값만 비교해보면 child3의 값이 20으로 가장 높지만 부모 요소끼리의 비교에서 parent가 더 높기 때문에 child3의 z-index 값이 아무리 높아도 parent 요소 보다 위에 있을 수 없습니다. z-index 값을 줄 때는 항상 비교 대상이 누구인지 position 속성은 있는지 확인할 필요가 있습니다.

11-3 flexible layout

display:flex

마지막으로 살펴볼 레이아웃 설정 방법은 display:flex입니다. flex는 float의 한계를 넘어 다양한 레이아웃을 쉽게 설정할 수 있습니다. 본 개념부터 살펴보겠습니다. 우선 예제 폴더에서 50_flex_basic.html 예제 파일을 오픈합니다.

코드 2-193 PART _ 2/예제/A/50 _ flex _ basic.html

```
<!DOCTYPE html>
<html lang="en">

<head>
  <meta charset="UTF-8">
  <meta http-equiv="X-UA-Compatible" content="IE=edge">
  <meta name="viewport" content="width=device-width, initial-scale=1.0">
  <title>Flexible box basic</title>
  <style>
    .parent div {
      background: #ebebeb;
      border: #ccc 1px solid;
      padding: 10px;
    }
  </style>
```

```
</head>

<body>
  <div class="parent">
    <div>Flex-item</div>
    <div>Flex-item</div>
    <div>Flex-item</div>
  </div>

</body>

</html>
```

현재 브라우저 화면을 확인하면 블록 요소인 div는 세로로 배열되어 있습니다.

[그림 2-215] 플렉스를 설정하기 전

현 상태에서 div의 부모 요소인 클래스 명 parent에 display:flex를 설정합니다.

코드 2-194 PART _ 2/예제/A/50 _ flex _ basic.html

```
<style>
  .parent {
    display: flex;
  }

  .parent div {
    background: #ebebeb;
    border: #ccc 1px solid;
    padding: 10px;
  }
</style>
```

브라우저 화면을 확인하면 div 요소가 가로로 배치되어 있는 것을 볼 수 있습니다. 이때 부모 요소인 플렉스 박스는 블록 요소와 같이 브라우저의 가로 한 블록을 사용하고 있습니다.

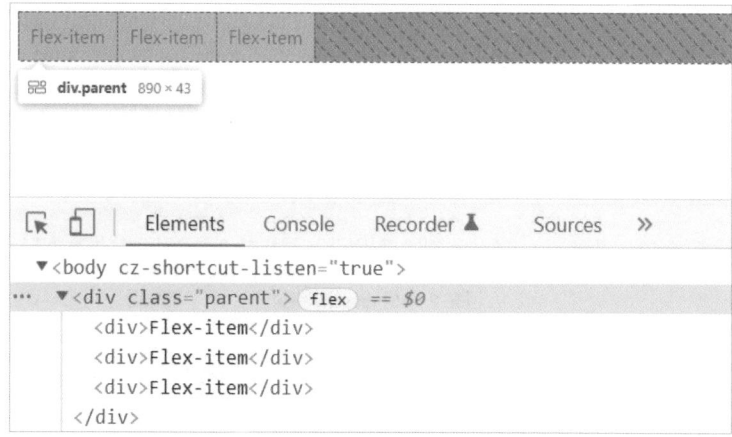

[그림 2-216] 플렉스를 통해 가로 배치된 div

코드 2-194 와 같이 부모 요소에 display:flex를 지정하면 자식 요소는 자동으로 가로 배치가 됩니다. 이 때 부모 요소를 플렉스 박스(flex-box), 자식 요소를 플렉스 아이템(flex-item)이라고 합니다.

구분	적용 가능 속성들
flex-box	flex-direction, justify-content, align-items, flex-wrap, flow-flow, align-content
flex-item	order, align-self, flex

[표 2-34] 블렉서블 레이아웃 속성들

위 표에서 flex-box는 display:flex가 적용된 요소를 말하며 flex-item의 부모 요소입니다. flex-item은 display:flex가 적용된 부모의 자식 요소입니다. 자식 요소 또한 display 속성의 값으로 flex를 적용하여 그 하위의 자식 요소들의 속성을 변경할 수 있습니다.

플렉스의 기본속성

플렉서블 박스에는 플렉스 아이템을 배치할 때 기준이 되는 주축과 교차축이 있습니다.

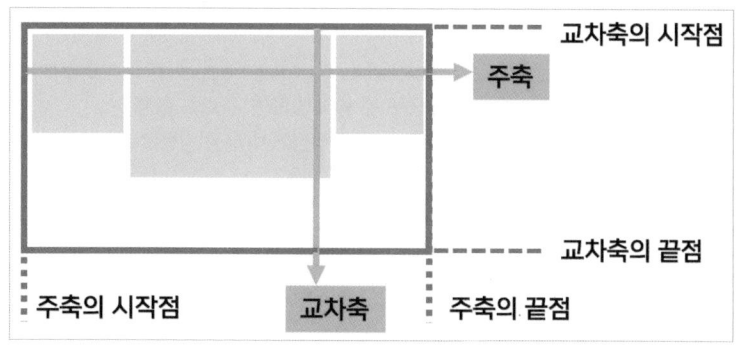

[그림 2-217] 주축과 교차축

플렉스 아이템은 기본적으로 주축의 시작점에서 끝점으로 배치되고, 교차축의 시작점에서 끝점으로 배치됩니다. 상황에 따라 주축과 교차축의 방향을 변경할 수 있고 배치되는 순서도 변경할 수 있습니다.

속성 명 : 값	설명
display: flex;	플렉스 박스를 블록 수준으로 작동하게 한다.
display: inline-flex;	플렉스 박스로 인라인 플렉스 수준으로 작동하게 한다.

[표 2-35] display 속성

앞서 작성한 예제에서 display 속성의 값을 inline-flex로 변경하고 브라우저를 확인하면 부모 요소인 플렉스 박스가 글씨 성격의 inline flex 요소로 변경되어 브라우저의 가로 한 블록 모두를 차지하는 것이 아니라 자식 요소의 너비 만큼만 인지되는 것을 볼 수 있습니다.

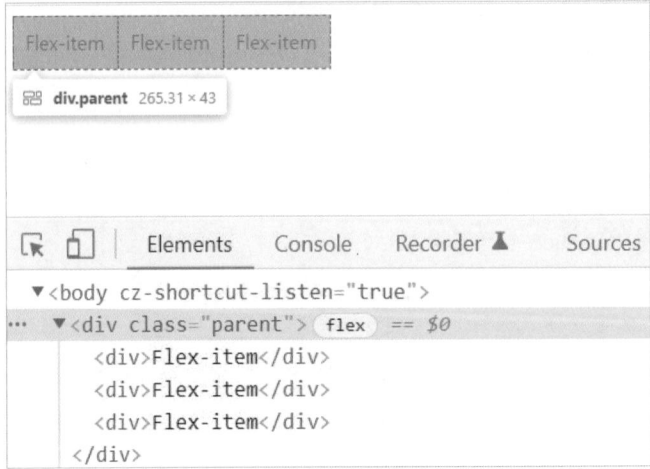

[그림 2-218] 인라인 수준으로 배치된 플렉스 아이템

flex-direction

flex-direction 속성의 값으로 주축과 교차축의 방향과 순서를 변경할 수 있습니다.

값	설명
row	기본값으로 주축의 방향을 가로로 설정 요소를 주축의 시작점에서 끝점 방향으로 배치
row-reverse	요소를 주축의 끝점에서 시작점 방향으로 배치
column	주축의 방향을 세로로 설정 요소를 주축의 시작점에서 끝점 방향으로 배치
column-reverse	주축의 방향을 세로로 설정 요소를 주축의 끝점에서 시작점 방향으로 배치

[표 2-36] Flex-direction

```
<!DOCTYPE html>
<html lang="en">

<head>
  <meta charset="UTF-8">
  <meta http-equiv="X-UA-Compatible" content="IE=edge">
  <meta name="viewport" content="width=device-width, initial-scale=1.0">
  <title>Flexible box basic</title>
  <style>
    .wrap {

      height: 500px;
      margin: 20px auto;
    }

    .wrap div {
      padding: 10px;
    }

    .wrap div:first-child {
      background: red;
    }

    .wrap div:nth-child (2) {
      background: blue;
      color: #fff;
    }

    .wrap div:nth-child (3) {
      background: yellow;
    }
  </style>
</head>

<body>
  <div class="wrap">
    <div>box1</div>
```

```
        <div>box2</div>
        <div>box3</div>
    </div>

</body>

</html>
```

현재 브라우저 화면을 보면 div 요소는 세로 배치되어 있습니다.

[그림 2-219] Flex-direction의 기본값

flex-direction의 기본값은 가로 방향인 row입니다. div의 부모 요소에 flex를 지정하고 방향을 row-reverse로 변경했습니다.

코드 2-196 PART _ 2/예제/A/51 _ flex _ direction.html

```
중략…
  <style>
    .wrap {
        height: 500px;
        margin: 20px auto;
        display: flex;
        flex-direction: row-reverse;
        border: 1px solid #ccc;
    }

중략…
```

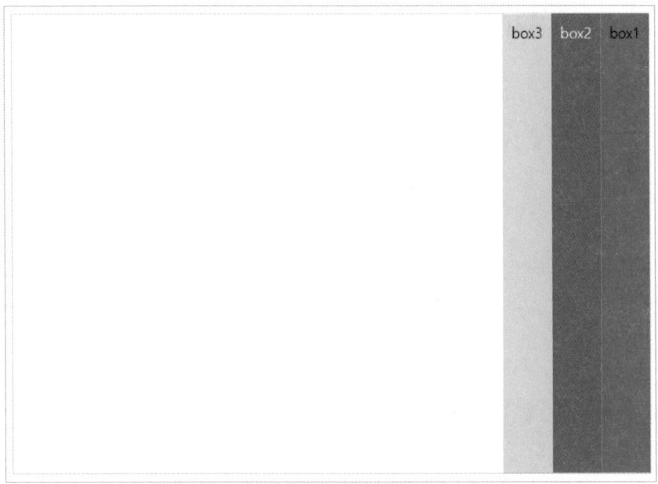

[그림 2-220] flex-direction:row-reverse

브라우저 화면을 확인하면 플렉스 아이템들이 주축의 끝점에서 시작점 방향으로 배치된 것을 볼수 있습니다. 이와 같이 정렬의 순서를 간단하게 반대로 설정할 수 있습니다. 다음으로 주축의 방향을 column으로 지정하고 정렬 순서를 반대로 배치해봅니다.

코드 2-197 PART _ 2/예제/A/51 _ flex _ direction.html

```
중략…
    .wrap {
        height: 500px;
        margin: 20px auto;
        display: flex;
        flex-direction: column-reverse;
        border: 1px solid #ccc;
    }


중략…
```

[그림 2-221] flex-direction:column-reverse

브라우저 화면을 확인해보면 세로 방향으로 변경된 주축에서 끝점부터 시작점 방향으로 요소들이 배치된 것을 볼수 있습니다.

flex-wrap

flex-wrap은 플렉스 아이템들의 너비가 부모 요소인 플렉스 박스보다 클 경우 넘치는 요소를 교차축 방향으로 쌓을지 결정하는 속성입니다. 우선 기본값으로 설정하고 화면을 확인해보도록 하겠습니다.

코드 2-198 PART _ 2/예제/A/52 _ flex _ wrap.html

```
중략…
  <style>
    .parent {
      width: 500px;
      margin: 20px;
      border: 1px solid;
    }

    .parent div {
      width: 300px;
      background: #ebebeb;
      border: 1px solid #ccc;
      padding: 10px;
    }
  </style>
</head>
```

```
<body>
  <h1>flex-wrap</h1>
  <h2>flex-wrap:wrap</h2>
  <div class="parent">
    <div>box1</div>
    <div>box2</div>
    <div>box3</div>
   </div>
  <h2>flex-wrap:nowrap</h2>
  <div class="parent nowrap">
    <div>box1</div>
    <div>box2</div>
    <div>box3</div>
   </div>

</body>

중략…
```

코드 2-198 을 확인해보면 클래스 명 wrap의 자식 요소의 너비가 부모 요소의 너비인 500px보다 큰 상태입니다. 현재는 자식 요소인 div는 블록 요소이기 때문에 브라우저의 가로 한 블록을 모두 사용하고 있습니다.

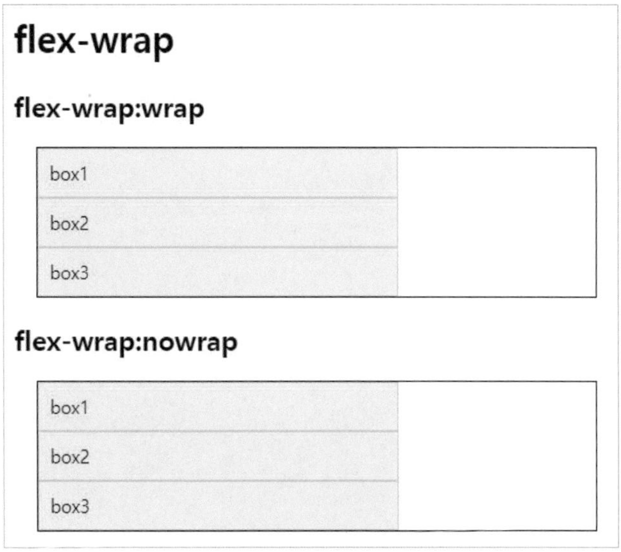

[그림 2-222] flex-wrap

그러면 부모 요소에 display:flex를 적용하고 브라우저를 확인해봅니다.

코드 2-199 PART _ 2/예제/A/52 _ flex _ wrap.html

```
중략…
    .parent {
        width: 500px;
        margin: 20px;
        border: 1px solid;
        display: flex;
    }

중략…
```

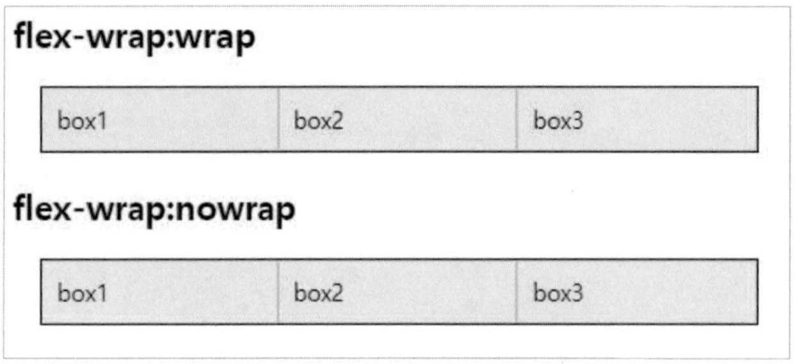

```
flex-wrap:wrap

| box1 | box2 | box3 |

flex-wrap:nowrap

| box1 | box2 | box3 |
```

[그림 2-223] flex-wrap의 기본값 wrap

브라우저를 확인하면 부모 요소의 너비보다 자식 요소 너비의 합이 크지만 아래로 쌓여서 배치되지 않고 가로로 여전히 배치된 것을 볼 수 있습니다. 마지막으로 flex-wrap 속성을 넣어보겠습니다.

코드 2-200 PART _ 2/예제/A/52 _ flex _ wrap.html

```
중략…
    .parent {
        width: 500px;
        margin: 20px;
        border: 1px solid;
        display: flex;
        flex-wrap: nowrap;
    }

    .parent div {
        width: 300px;
        background: #ebebeb;
```

```
        border: 1px solid #ccc;
        padding: 10px;
    }

    .nowrap {
        flex-wrap: wrap;
    }

중략…
```

부모 요소에는 flex–wrap의 기본값인 nowrap을 설정하고, 클래스 명 nowrap에는 flex–wrap 속성의
값으로 wrap을 설정했습니다. 브라우저 화면을 확인합니다.

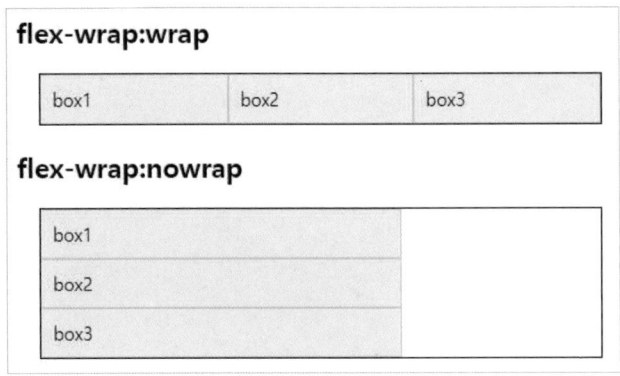

[그림 2–224] flex–wrap:wrap

flex–flow

flex–flow는 flex–direction과 flex–wrap 속성을 하나의 속성으로 설정할 수 있습니다.

코드 2–201 PART _ 2/예제/A/53 _ flex-flow.html

```
중략…
  <style>
    .parent {
        width: 500px;
        margin: 20px;
        border: 1px solid;
        display: flex;
        flex-direction: row;
        flex-wrap: wrap-reverse;
```

```
        }

      .parent div {
         width: 300px;
         background: #ebebeb;
         border: 1px solid #ccc;
         padding: 10px;
      }
   </style>
</head>

<body>
  <h1>flex-flow</h1>
  <div class="parent">
     <div>box1</div>
     <div>box2</div>
     <div>box3</div>
  </div>
</body>

중략…
```

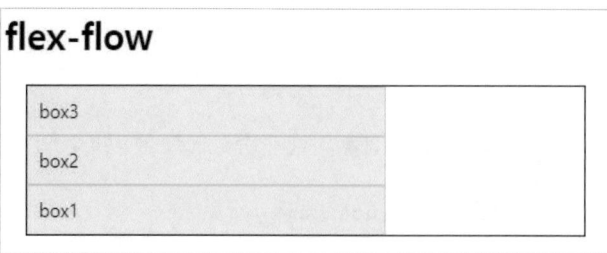

[그림 2-225] flex-direction: row; flex-wrap: wrap-reverse;

스타일을 보면 flex-direction을 기본값인 row로 설정하고 넘치는 요소를 교차축 방향의 역순으로 배치
했습니다. 두 개의 속성을 flex-flow로 설정하면 각 속성의 값을 연달아 작성하면 됩니다.

PART _ 2/예제/A/53 _ **flex-flow.html**

```
중략...
    .parent {
        width: 500px;
        margin: 20px;
        border: 1px solid;
        display: flex;
        flex-flow: row wrap-reverse;
    }

중략...
```

justify-content

justify-content는 주축에서 플렉스 아이템을 다양하게 배치할 수 있습니다.

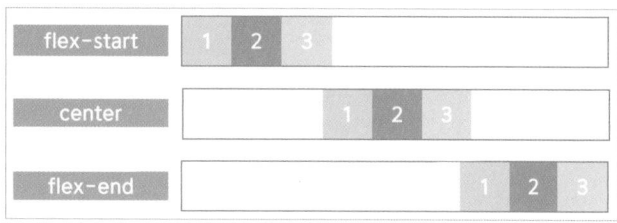

[그림 2-226] justify-content

예제 54_justify-content.html을 오픈하고 부모 요소에 display:flex를 설정하고, justify-content:flex-end를 추가하고 브라우저 화면을 확인해봅니다.

코드 2-203 PART _ 2/예제/A/54 _ **justify-content.html**

```
중략...
  <style>
    .parent {
        width: 500px;
        margin: 20px;
        border: 1px solid;
        display: flex;
        justify-content: flex-end;
    }

    .parent div {
```

```
            width: 50px;
            height: 50px;
            background: #ebebeb;
            border: 1px solid #ccc;
            padding: 10px;
            text-transform: uppercase;
        }
    </style>
</head>

<body>
    <h1>justify-content</h1>
    <div class="parent">
        <div>box1</div>
        <div>box2</div>
        <div>box3</div>
    </div>
</body>

중략…
```

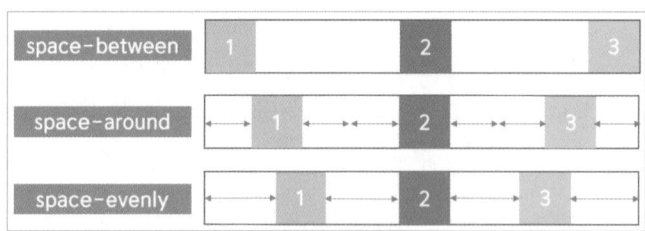

[그림 2-227] justify-content:flex-end

브라우저 화면을 확인해보면 주축의 방향에서 요소들이 주축의 끝점쪽에 배치된 것을 볼 수 있습니다. 마치 글씨를 정렬할 때 text-align을 사용한 것과 같은 효과가 나타나는 것입니다. 플렉서블 레이아웃의 핵심이라고도 할 수 있는 정렬도 가능합니다. space-로 시작하는 값들은 플렉스 아이템들을 주축 방향에서 다양한 간격으로 배치할 수 있습니다. 3가지 속성 중 대표로 space-between을 적용해보겠습니다.

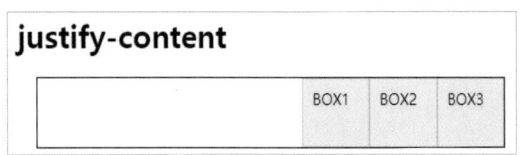

[그림 2-228] justify-content

코드 2-204 PART _ 2/예제/A/54 _ justify-content.html

```
중략…
    .parent {
      width: 500px;
      margin: 20px;
      border: 1px solid;
      display: flex;
      justify-content: space-between;
    }

중략…
```

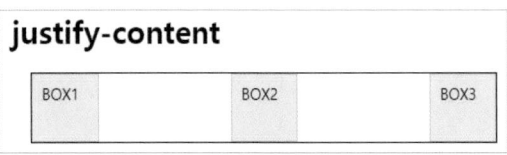

[그림 2-229] justify-content:space-between

space-between은 플렉스 아이템들을 좌우 끝부분에 배치하고 나머지 플렉스 아이템의 간격을 동일하게 배치합니다. space-around는 플렉스 아이템 하나당 좌우 공간을 동일하게 설정합니다. 마지막 space-evenly는 플렉스 아이템간의 여백을 모두 동일하게 설정합니다.

align-items

align-items는 교차축에서 플렉스 아이템을 배치하는 속성입니다. 기본값은 flex-stretch로서 부모 요소의 세로 길이가 지정되어 있다면 해당 높이에 맞춰 모든 요소들의 높이가 늘어나고(stretch), 높이가 지정되어 있지 않다면 플렉스 아이템 중 세로 높이가 가장 큰 요소에 맞춰 나머지 요소들의 높이가 늘어나게 됩니다. 대표적으로 center를 지정해보겠습니다.

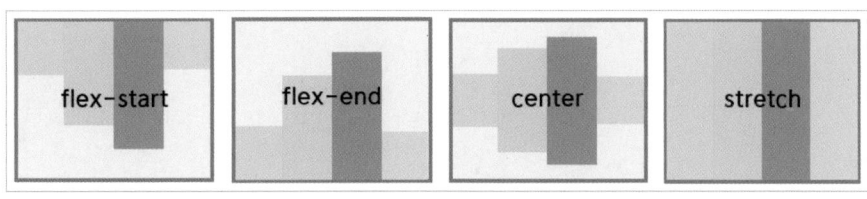

[그림 2-230] align-items

```
중략…
  <style>
    .parent {
      width: 500px;
      height: 400px;
      margin: 20px;
      border: 1px solid;
      display: flex;
      align-items: center;
    }

    .parent div {
      width: 50px;
      height: 50px;
      background: #ebebeb;
      border: 1px solid #ccc;
      padding: 10px;
      text-transform: uppercase;
    }
  </style>
</head>

<body>
  <h1>align-items</h1>
  <div class="parent">
    <div>box1</div>
    <div>box2</div>
    <div>box3</div>
  </div>
</body>

중략…
```

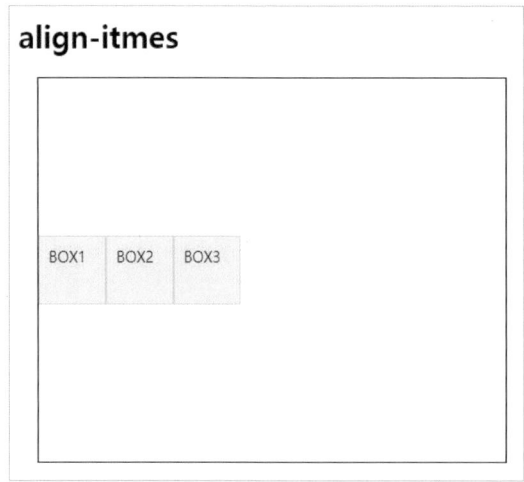

[그림 2-231] align-items:center

align-content

align-content는 교차축에서 플렉스 아이템을 배치하는 속성입니다. 쉽게 이해하는 방법은 justify-content의 세로 버전이라고 생각하는 것입니다. align-content의 값으로 적용할 수 있는 값은 stretch, flex-start, flex-end, center, space-between, space-around, space-evenly 등이 있으며 그림으로 나타내면 [그림2-232]와 같습니다.

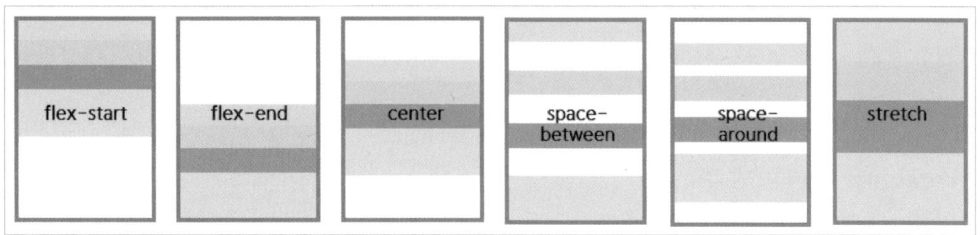

[그림 2-232] align-content

예제 파일을 확인하면 우선 자식 요소의 너비가 100%이지만 세로로 배치되지 않고 가로로 배치되어 있습니다.

```
중략…
  <style>
    .parent {
        width: 500px;
        height: 400px;
        margin: 20px;
        border: 1px solid;
        display: flex;
    }

    .parent div {
        width: 100%;
        height: 50px;
        background: #ebebeb;
        border: 1px solid #ccc;
        padding: 10px;
        text-transform: uppercase;
    }
  </style>
</head>

<body>
  <h1>align-content</h1>
  <div class="parent">
    <div>box1</div>
    <div>box2</div>
    <div>box3</div>
  </div>
</body>

중략…
```

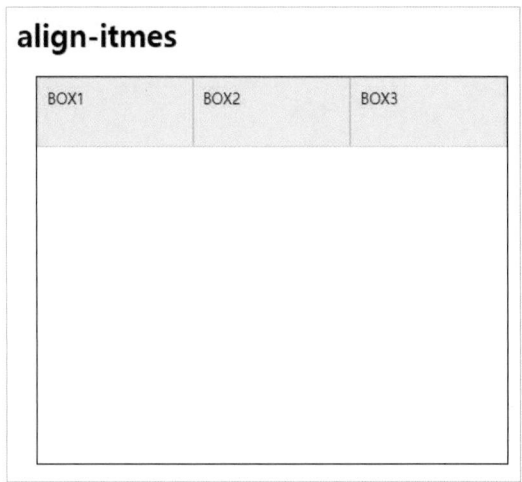

[그림 2-233] align-content

넘치는 요소를 아래로 쌓이도록 flex-wrap:wrap을 설정하고 align-content의 값을 space-between으로 설정하여 교차축의 시작점과 끝점에 플렉스 아이템을 배치하고 나머지 요소들의 간격은 동일하도록 합니다.

코드 2-207 PART _ 2/예제/A/56 _ align-content.html

```
중략…

    .parent {
        width: 500px;
        height: 400px;
        margin: 20px;
        border: 1px solid;
        display: flex;
    flex-wrap: wrap;
    align-content: space-between;
    }


중략…
```

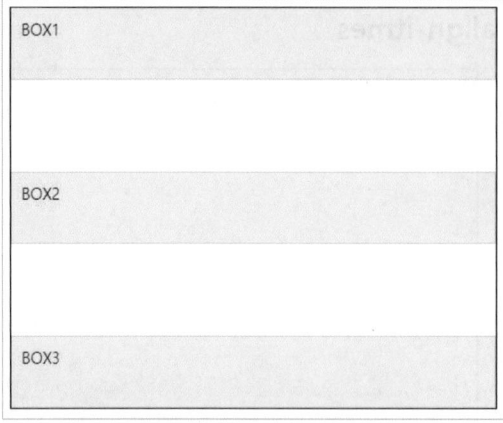

[그림 2-234] align-content:space-between

order

플렉스 아이템에 설정하는 속성으로 아이템이 화면이 나타나는 순서를 변경합니다. HTML 코드는 수정하지 않고 CSS만으로도 순서를 변경할 수 있어 반응형에서 특히 유용한 속성입니다. order 속성의 값은 양수, 음수 모두 적용할 수 있고, 같은 값을 지정하면 HTML 작성 순서로 화면에 표시되고, order 속성의 값이 작을수록 먼저 표시됩니다.

코드 2-208 PART _ 2/예제/A/57 _ order.html

```
중략…
  <style>
    .parent {
      width: 600px;
      display: flex;
    }

    .parent div {
      width: 200px;
      height: 50px;
      background: #ebebeb;
      border: 1px solid #ccc;
      padding: 10px;
      text-transform: uppercase;
    }
  </style>
</head>

<body>
```

```
    <h1>order</h1>
    <div class="parent">
        <div>box1</div>
        <div>box2</div>
        <div>box3</div>
    </div>
</body>

중략…
```

[그림 2-235] order 속성 설정 전

예제 파일에서 BOX3이 가장 먼저 나타나도록 순서를 설정해봅시다. 자식 요소 중 마지막 요소의 order 값을 1로 설정하여 다른 요소보다 값이 작도록 했습니다. 브라우저 화면을 확인하면 box3이 1번 순서로 표시된 것을 볼 수 있습니다.

코드 2-209 PART _ 2/예제/A/57 _ order.html

```
중략…
    .parent div:nth-child (1) {
        order: 2;
    }


    .parent div:nth-child (2) {
        order: 3;
    }


    .parent div:nth-child (3) {
        order: 1;
    }

중략…
```

[그림 2-236] order 속성의 값으로 순서 변경

스타일에서 이번에는 두 번째 요소의 값만 음수로 변경하면 이번에는 두 번째 요소가 가장 앞으로 배치됩니다.

코드 2-210 PART _ 2/예제/A/57 _ order.html

```
중략…
  <style>
    .parent {
      width: 600px;
      display: flex;
    }


    .parent div {
      width: 200px;
      height: 50px;
      background: #ebebeb;
      border: 1px solid #ccc;
      padding: 10px;
      text-transform: uppercase;
    }

    .parent div:nth-child (2) {
      order: -1;
    }
  </style>

중략…
```

[그림 2-237] 음수로 지정된 요소가 가장 앞에 배치됨

flex-grow, flex-shrink, flex-basis

플렉스 박스에 여백이 있을 때 플렉스 아이템의 크기를 어떻게 늘려서 빈 여백을 채울지를 결정하는 속성입니다.

코드 2-211 PART _ 2/예제/A/58 _ `flex.html`

```
중략…
  <style>
    .parent {
      width: 400px;
      display: flex;
      border: 1px solid
    }

    .parent div {
      width: 100px;
      height: 50px;
      background: #ebebeb;
      border: 1px solid #ccc;
      padding: 10px;
      box-sizing: border-box;
      text-transform: uppercase;
    }
    .shrink div {
      width: 200px;
    }

  </style>
</head>

<body>
  <h1>flex</h1>
  <h2>flex-grow</h2>
  <div class="parent">
    <div>box1</div>
    <div>box2</div>
    <div class="grow">box3</div>
  </div>
  <h2>flex-shrink</h2>
```

```
  <div class="parent shrink">
    <div>box1</div>
    <div>box2</div>
    <div>box3</div>
  </div>
  <h2>flex-basis</h2>
  <div class="parent">
    <div>box1</div>
    <div>box2</div>
    <div class="basis">box3</div>
  </div>
  <h2>flex</h2>
  <div class="parent all">
    <div>box1</div>
    <div>box2</div>
    <div>box3</div>
  </div>
</body>

중략…
```

예제 파일을 살펴보면 클래스 명 shrink는 너비를 300px로 설정하여 부모 요소 너비보다 넘치게 만든 상태입니다. 또한 마지막 요소 옆에는 공간이 비어있는 상태입니다.

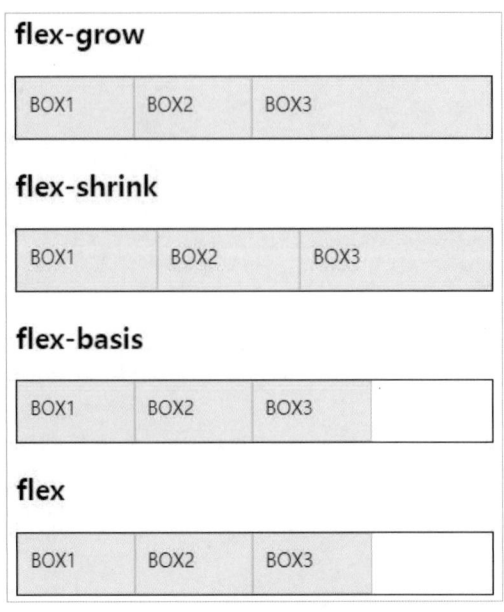

[그림 2-238] 빈 여백과 요소가 넘쳐있는 브라우저 화면

flex-grow

flex-grow 속성을 이용하여 빈 공간을 모두 채우도록 하겠습니다. flex-grow의 값은 기본적으로 비율로 설정할 수 있습니다. 1은 모자른 공간 모두를 채워서 배치합니다. 즉 1은 100%를 의미합니다. 0.5는 50%를 의미하는 것입니다. 클래스 명 grow 요소에 flex 속성의 값으로 0.5를 입력해봅니다.

코드 2-212 PART _ 2/예제/A/58 _ flex.html

```
중략…
    .parent div {
        width: 100px;
        height: 50px;
        background: #ebebeb;
        border: 1px solid #ccc;
        padding: 10px;
        box-sizing: border-box;
        text-transform: uppercase;
    }

    .parent .grow {
        flex-grow: 0.5;
    }

    .shrink div {
        width: 200px;
    }
    </style>
중략…
```

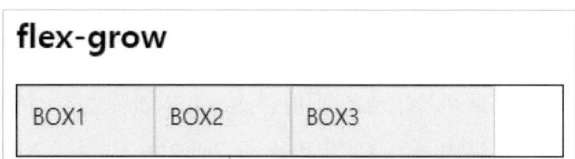

[그림 2-239] flex-glow:0.5 빈공간의 50%를 차지

다시 flex-grow의 값을 1로 변경하면 빈 공간의 100%를 모두 차지하여 배치됩니다.

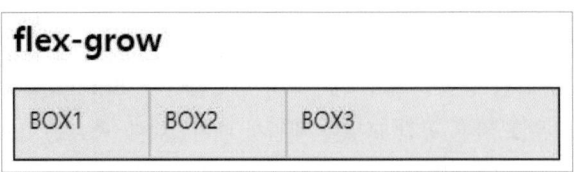

[그림 2-240] flex-glow: 1 빈 공간의 100%를 차지

flex-shrink

flex-shrink 속성은 넘치는 플렉스 아이템의 크기를 줄여줍니다. 예제 부분에서 클래스 명 shrink의 자식 요소는 너비가 200px로 설정되어 있어 3개 요소의 합은 부모 요소의 너비보다 큰 상태이고 현재는 flex-shrink 속성이 설정되어 있지 않지만 기본값인 1이 적용된 상태로 각각 조금씩 축소되어 넘치지 않고 배치되어 있는 상태입니다.

[그림 2-241] 각각 축소되어 있는 플렉스 아이템

현재 화면을 개발자 도구의 Elements 부분에서 box3에 마우스를 올려보면 해당 요소의 크기가 200px이 아니라 133.33px로 확인되고 있습니다. 각각의 플렉스 아이템은 부모의 너비 400px 자식 요소전체의 너비는 600px이기 때문에 총 200px이 넘쳐서 표현이 되어야 하지만 flex-shrink의 기본값인 1이 설정되어 있어 flex-shrink의 값이 1:1:1의 비율로 설정된 값에서 각각 1/3의 비율로 축소된 상태입니다. 즉 200px의 1/3인 33.333%의 값인 66.6666px이 축소되어 133.33px로 크기가 되어 있습니다.

클래스 명 shrink의 자식 요소중 마지막 요소에 flex-shrink의 값을 2로 설정합니다. 그러면 1:1:2의 비율이 되기 때문에 첫 번째와 두 번째는 1/4의 비율 즉 25%이며, 넘치는 200px의 값에서 25%인 즉 50px이 줄어서 150px의 너비로 보일 것입니다. 그리고 마지막 요소는 2/4의 비율 즉 50%이며 100px이 줄어서 100px로 보일 것입니다. CSS를 작성하고 브라우저 화면을 확인해봅니다.

```
중략…
    .shrink div {
      width: 200px;
    }


    .shrink div:last-child {
      flex-shrink: 2;
    }
  </style>


중략…
```

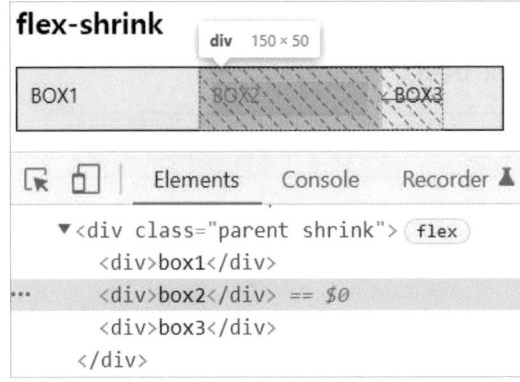

[그림 2-242] 200px의 25%가 축소된 플렉스 아이템

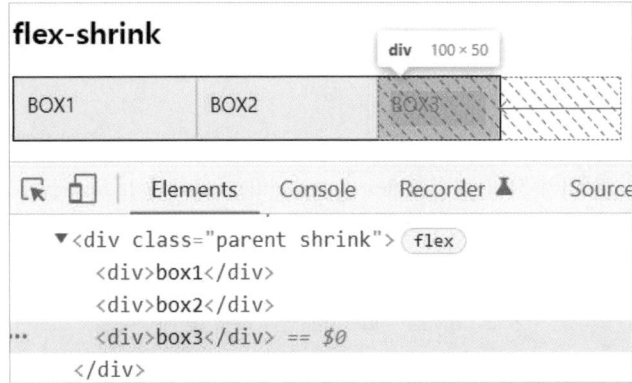

[그림 2-243] 200px의 20%가 축소된 플렉스 아이템

flex-basis

flex-basis는 플렉스 아이템의 크기를 지정합니다. 기본값은 0으로써 플렉스 아이템 내부의 컨텐츠의 크기만큼 인식이 되고 auto와도 같은 값입니다. flex-basis:200px이면 플렉스 아이템의 너비를 200px로 지정한 것이며, flex-basis:50%하면 부모 요소의 너비 대비 50%를 지정한 것입니다.

코드 2-213 PART _ 2/예제/A/58 _ flex.html

```
중략…
    .parent .basis {
       flex-basis: 180px;
    }
  </style>


중략…
```

[그림 2-244] flex-basis로 크기를 지정

flex

앞서 소개한 flex-grow, flex-shrink, flex-basis는 하나의 속성인 flex로 한꺼번에 지정할 수 있습니다. 예제 파일에서 클래스 명 all의 자식 요소에 flex-grow:1, flex-shrink:1, flex-basis:0으로 각 속성의 기본값을 지정한다고 하면 flex: 1 1 0이라고 입력하면 같은 결과를 볼 수 있습니다.

코드 2-214 PART _ 2/예제/A/58 _ flex.html

```
중략…
    .all div {
        flex: 1 1 0;
    }
  </style>

중략…
```

flex

| BOX1 | BOX2 | BOX3 |

[그림 2-245] flex:1 1 0으로 동일한 너비를 지정

flex 속성을 이용하여 플렉스 아이템의 크기를 1:1:2의 비율로 보이도록 해보겠습니다. 각 요소의 flex 속성을 각각 지정합니다.

코드 2-216 PART _ 2/예제/A/58 _ flex.html

```
중략…
    /*
    .all div {
        flex: 1 1 0;
    }
    */
    .all div:nth-child (1) {
        flex: 1 1 0;
    }

    .all div:nth-child (2) {
        flex: 1 1 0;
    }

    .all div:nth-child (3) {
        flex: 2 1 0;
    }
  </style>

중략…
```

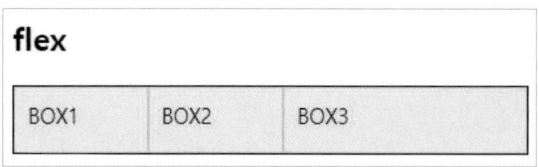

[그림 2-246] 1:1:2의 비율로 플렉스 아이템 크기 지정

브라우저 화면을 확인하면 1:1:2의 비율로 크기가 설정된 것을 확인할 수 있습니다. 앞서 작성한 CSS에서 flex:1 1 0의 값은 기본값을 제외하고 flex:1로 축약해서 쓸 수 있습니다.

코드 2-217   PART _ 2/예제/A/58 _ flex.html

```
중략…
    .all div:nth-child(1){
        flex: 1;
    }

    .all div:nth-child(2){
        flex: 1;
    }

    .all div:nth-child(3){
        flex: 2;
    }
  </style>

중략…
```

너비를 설정하는 flex 설정은 트랜지션 속성과 함께 설정하면 독특한 애니메이션을 설정할 수 있습니다. 클래스 명 all의 자식 요소에 작성했던 크기를 다시 1:1:1로 설정하고 마우스를 올린 요소만 2로 늘어나도록 스타일을 작성합니다.

```
중략…
    .all div {
        flex: 1;
        transition: 0.5s;
    }

    .all div:hover {
        flex: 2;
    }

    /*
    .all div:nth-child(1) {
        flex: 1;
    }

    .all div:nth-child(2) {
        flex: 1;
    }

    .all div:nth-child(3) {
        flex: 2;
    }
    */
</style>

중략…
```

기존의 스타일은 주석처리하고 div 요소에 마우스를 올렸을 때 flex 속성의 값을 2로 설정하고 flex 값이 전환되는 과정이 보이도록 트랜지션을 설정했습니다. 이제 브라우저에서 플렉스 아이템에 마우스를 올리면 그 요소의 너비가 늘어나고 나머지 요소들의 너비는 축소됩니다.

[그림 2-247] flex의 값이 변경되는 애니메이션

이번 장의 마무리

이번 장에서는 CSS 문법을 활용하여 HTML에서 요소를 선택하고 선택한 요소의 색상, 배치, 레이아웃을 설정하는 방법을 살펴보았습니다. 주요 항목별 내용을 표로 정리해보았습니다. 전체적으로 살펴보면 좋겠습니다.

표 - 색상

구분	예시
Color name	div {background-color:red}
Hex 값	div {background-color:#ff0000;}
RGB 값	div {background-color:rgb(255,0,0);}
RGB에 alpha 값	div {background-color:rgba(255,0,0,0.5);}
색조, 채도, 명도 값	div {background-color:hsl(0,100%,50%);}
색조, 채도, 명도 값, 알파 값	div {background-color:hsla(0,100%,50%,0.5);}

표 - 단위

구분	예시	설명
px	div {width:100px;}	-
percent	div {width:50%;}	부모 요소의 너비 대비 비율
em	div {font-size: 12px; width:10em;}	폰트 사이즈의 배수 (width:120px과 같음)
rem	div {font-size: 12px; width:10rem;}	문서 기본값의 배수(width: 160px과 같음)
vw, vh	div { width:50vw, height:50vh;}	Viewport 대비 너비와 높이의 비율

표 - 선택자

구분	예시	설명
전체 선택자	* div *	전체 요소 선택 Div 요소의 자식 요소중 모든 요소
태그 선택자	h1, li, a, p	태그명으로 선택
아이디 선택자	#logo	아이디명으로 선택
클래스 선택자	.list	클래스 명으로 선택
자손 선택자	.list p .list .btn	자식 요소 및 자손요소중에서 선택

자식 선택자	.list 〉 p	앞 선택자의 바로 밑 노드의 자식 요소 선택
인접 형제 선택자	.list + p	앞 선택자의 바로 뒤 형제 요소 선택
일반 형제 선택자	.list ~ p	앞 선택자의 바로 뒤 형제 요소 모두 선택
속성 선택자	a[target] a[target="_blank"]	속성 명이 있는 요소 선택 속성 명이 특정값과 일치하는 요소 선택
의사 클래스 선택자	:hover :focus	요소에 마우스를 올렸을 때 탭 키를 통해 a, input, button등의 요소에 포커스가 적용되었을 때
의사 요소 선택자	:before, :after	요소의 컨텐츠 앞 또는 뒤 공간 선택
일반 구조 선택자	:first-child :last-child :nth-child(3) :nth-child(2n)	선택자 중 첫 번째 요소 선택 선택자 중 마지막 요소 선택 선택자 중 세 번째의 요소 선택 선택자 중 짝수번째 요소 선택
형태 구조 선택자	:first-of-type :last-of-type :nth-of-type(수열)	형제 요소에서 같은 종류 중 첫 번째 요소 형제 요소에서 같은 종류 중 마지막 요소 형제 요소에서 같은 종류 중 수열 번째 요소
상태 선택자	input:disabled Input:checked :target	사용불가 상태인 input 요소를 선택 체크된 input 요소를 선택 클릭된 링크의 타겟을 받은 요소를 선택
부정 선택자	:not(선택자)	괄호안 선택자의 반대 요소 선택

표 – 글 스타일

구분	예시	설명
font-size	font-size: 20px;	글자의 크기를 지정 단위 px, %, em, rem, vw, vh등으로 지정
font-weight	font-weight:bold;	글자의 굵기를 지정 Light, bold, normal, 100,400,700등으로 지정
text-decoration	text-decoration:underline;	글자의 밑줄, 윗줄 가로줄등을 설정 overline, line-through
text-align	text-align:center	글씨 속성의 요소를 정렬 left, right, center
text-indent	text-indent: 20px;	글자 들여쓰기 또는 내어쓰기
text-transform	text-transform:uppercase;	대소문자 속성을 변경 Lowercase, capitalize 등으로 지정
vertical-align	vertical-align:top;	인라인요소의 높낮이를 조절 baseline,sub,top,middle,bottom,px(값) 등으로 지정

표 - display

예시	설명
display:block	블록 레벨로 화면에 표시, 크기 속성이 반영됨.
display:inline	인라인 레벨로 화면에 표시, 크기 속성이 무시되고, 글자 성격으로 변경
display:inline-block	인라인속성과 블록 속성이 둘다 반영됨.
display:table display: table-cell	요소를 테이블 레이아웃으로 배치 부모 요소에 table, 자식 요소에 table-cell 지정
display:none	요소를 화면에 표시하지 않음
display:flex	자식 요소를 플렉서블 아이템으로 배치
display:grid	자식 요소를 그리드에 맞춰 배치 (본서에서는 지면관계상 소개하지 못했습니다.)

표 - 레이아웃

구분	예시	설명
float	float:left; float:right;	요소를 좌 또는 우측으로 배치
position	position: static;	기본값, position 속성을 입력하지 않았을 때의 기본값
	position: relative;	현재 위치를 기준으로 상대적인 위치를 지정
	position: absolute;	부모 요소중 position 속성의 값이 기본값이 아닌 요소를 기준으로 위치 지정
	position: fixed;	브라우저 화면을 기준으로 위치 지정
	position:sticky; top:100px;	스크롤 시 설정한 값이 도달시 화면에 고정

연습 문제

1. CSS 기본 문법, 색상과 단위

01 HTML5 문서에서 외부 css 파일을 로드하는 올바른 방법은 무엇인가요?

① <style src="mystyle.css">

② <stylesheet>mystyle.css</stylesheet>

③ <link rel="stylesheet" href="mystyle.css">

④ <script src="mystyle.css" type="text/javascript"></scritp>

02 rgb 색상값 232, 192, 192의 헥사코드 값(6자리)을 입력하세요.

_____

03 다음 중 올바른 css 문법은?

① {body;color:black;}　　　　　　② body:color=black;

③ {body:color=black;}　　　　　　④ body {color: black;}

04 css에서 글씨의 색상을 바꾸는 css 속성은 무엇인가요?

① text-color　　　　　　② fgcolor

③ color　　　　　　④ font-color

05 body의 font-size를 12px이며 width:500px로 지정했을 때 div 요소의 크기를 가장 크게 지정한 것은 무엇인가요?

```
<body>
  <div>box</div>
</body>
```

① width:120px;　　　　　　② width:10em;

③width: 10rem;　　　　　　④ width:20%;

2. 선택자

01 아이디 demo를 선택하는 올바른 선택자는 무엇인가요?

① demo
② .demo
③ #demo
④ *demo

02 div 요소 안의 모든 p 태그를 선택하는 선택자를 무엇인가요?

① div p
② div.p
③ div+p
④ div~p

03 아래 예문에서 이메일을 입력하는 요소를 속성 선택자를 활용하여 선택하는 방법을 입력하세요.

```
<input type="text" name="username">
<input type="email" name="useremail">
<input type="date" name="userbirth">
```

04 링크에 마우스를 올렸을 때 글자색과 밑줄이 나타나도록 스타일을 완성하세요.

```
a {
  color: #666666;
  text-decoration: none;
}



[                    ]
{ color:blue;
  text-decoration: underline;
}
```

05 목록에서 첫째와 마지막 요소를 선택하여 밑줄이 나타나도록 스타일을 완성하세요.

```

[                    ]
{
  text-decoration: underline;
}

</style>
</head>
<body>
<ul>
  <li>Lorem ipsum dolor sit amet.</li>
  <li>Lorem ipsum dolor sit amet.</li>
  <li>Lorem ipsum dolor sit amet.</li>
  <li>Lorem ipsum dolor sit amet.</li>
  <li>Lorem ipsum dolor sit amet.</li>
  <li>Lorem ipsum dolor sit amet.</li>
</ul>
```

4. 선택자 우선순위, 서체, 글 스타일

01 다음의 스타일을 작성했을 때 제목의 색상은 최종적으로 무슨색인가요?

```
   <style>
      body #logo{color: red;}
      body h1{color: green;}
      #logo{color: yellow;}
      h1{color: blue;}
   </style>
</head>
<body>
   <h1 id="logo">Website Logo</h1>
</body>
```

02 웹 폰트를 적용하는 방법 중 CDN 방식이 아닌 것은 무엇인가요?

① `<link href="https://fonts.googleapis.com/css2?family=Nanum+Gothic&display=swap" rel="stylesheet">`

② `@font-face { font-family: 'Nanum Gothic'; src: url(fonts/NanumGothic.woff) format('woff');}`

③ `@import url('https://fonts.googleapis.com/css2?family=Nanum+Gothic&display=swap');`

03 텍스트 중 일부에 밑줄을 생성하고자 합니다. 빈칸을 완성해주세요.

```
.link {text-decoration:          ;}
```

04 글자와 글자사이 간격을 10px로 지정하고자 합니다. 빈칸을 완성해주세요.

```
H2 {                    }
```

05 웹페이지에서 이미지를 삽입하면 이미지 밑에 공백이 추가됩니다. 그 공백을 제거하는 속성은 무엇인가요?

```
img {                    :top; }
```

4. 목록 스타일, display, overflow

01 리스트 태그를 작성하면 불릿(bullet)이 표시됩니다. 해당 불릿을 제거하고자 합니다. 빈칸을 완성해주세요.

```
ul,ol{          :none;}
```

02 다음은 블록 레벨 요소, 인라인 레벨 요소중 어느 요소의 특징을 설명하고 있습니까?

- 크기를 지정해도 그 크기가 반영되지 않는다.
- 글씨처럼 옆으로 옆으로 이어진다.
- 크기가 반영되도록 하려면 display 속성의 값을 block, 또는 inline-block으로 변경해야 한다.
- 대표적인 태그는 a, span, b, input등이 있다.

03 다음과 같이 span 태그에 크기와 배경을 지정하고자 합니다. 그런데 화면에 지정한 크기가 반영되고 있지 않습니다. Display 속성을 활용하여 스타일을 작성해주세요.

```
span{
    width: 300px;
    background: #3498db;

    [                    ]
}
```

04 요소를 화면에 표시되지 않도록 하려고 합니다. 다음 중 화면에 해당 요소의 공간도 제거하는 것은 무엇인가요?

① visibility:hidden;

② display:none;

③ opacity:0;

05 부모 요소의 크기보다 넘치는 내용을 가리고자 합니다. 빈칸을 완성해주세요.

```
.hidden{          : hidden;}
```

5. background 스타일

01 요소에 배경 이미지를 지정하면 기본적으로 반복되어 표현이 됩니다. 반복되지 않도록 빈칸을 완성해주세요.

```
.bg{
    width: 600px;
    height: 400px;
    background-image:url(img/bg.png);

    ┌─────────────────────────────────┐
    │                                 │
    └─────────────────────────────────┘

}
```

02 요소에 배경을 지정하면 기본적으로 좌측 상단에 배치되어 있습니다. 우측 하단에 배치되도록 빈칸을 완성해주세요.

```
.bg{
    width: 600px;
    height: 400px;
    background-image:url(img/bg.png);
    ┌─────────────────────────────────┐:right botton;
    │                                 │
    └─────────────────────────────────┘

}
```

03 요소에 지정한 배경이 스크롤에 상관없이 그 자리에서 움직이지 않도록 고정하고자 합니다. 빈
칸을 완성해주세요.

```
.bg{
    width: 600px;
    height: 400px;
    background-image:url(img/bg.png);


}
```

04 요소에 지정한 배경이 부모 요소에 너비에 맞춰 확대되도록 합니다. 이때 배경 이미지의 비율을 유
지하고 있어야 합니다. 빈칸을 완성해주세요.

```
.bg{
    width: 600px;
    height: 400px;
    background-image:url(img/bg.png);



}
```

05 배경을 지정하는 속성을 주석으로 각각 작성했습니다. background 속성 명 하나에 모두 기술해 주세요.

```
.bg{
   width: 600px;
   height: 400px;
   /*
   background-image:url(img/bg.png);
   background-color: #000;
   background-repeat: no-repeat;
   background-position:50% 100%;
   background-size:cover;
   */
   Background:
}
```

6. box model 박스모델

01 박스 모델의 안쪽부터 바깥 영역까지의 내용을 순서대로 기술해보세요.

02 다음과 같이 스타일을 작성했을 때 요소의 크기는 몇으로 표현되는지 px로 기술해주세요.

```
div{
   width: 300px;
   padding: 20px;
   border: 5px solid red;
}
```

03 다음과 같이 스타일을 작성했을 때 요소의 크기는 몇으로 표현되는지 px로 기술해주세요.

```
div{
  width: 300px;
  padding: 20px;
  border: 5px solid red;
  box-sizing: border-box;
}
```

04 요소의 우측에 점선의 5px 두께의 green 색상 테두리를 생성하는 스타일을 완성해보세요.

```
div{
  width: 300px;
  padding: 20px;
  [                    ]
}
```

05 margin 속성을 이용하여 요소를 화면 가운데 배치하려고 합니다. 빈칸을 완성해주세요.

```
div{
  width: 300px;
  padding: 20px;
  border: 5px solid red;
  box-sizing: border-box;
  [                    ]
}
```

7. 레이아웃

01 float 속성을 사용하지 않고 자식 요소를 가로로 배치될 수 있도록 빈칸을 완성해주세요.

```
.wrap {
  width: 500px;

  ┌─────────────────────────────┐
  │                             │
  └─────────────────────────────┘

}
</style>
</head>

<body>
  <div class="wrap">
    <div>box1</div>
    <div>box2</div>
    <div>box3</div>
  </div>
</body>
```

02 플렉스 아이템을 주축을 기준으로 좌우 끝부분에 배치하고자 합니다. Display 속성을 포함하여 필요한 내용을 빈칸에 완성해주세요.

```
.wrap {
  width: 500px;
  ┌─────────────────────────────┐
  │                             │
  └─────────────────────────────┘

}
```

03 플렉스 아이템을 교차축을 기준으로 위아래로 늘어나지 않고 교차축의 끝부분에 배치되도록 빈 칸을 완성해주세요.

```
.wrap {
  width: 500px;
   height: 400px;
  display: flex;

  [                    ]

}
```

04 여러 개의 플렉스 아이템을 교차축을 기준으로 시작점과 끝점에 배치하고 아이템 사이 여백은 자동으로 되도록 빈칸을 완성하세요.

```
.parent {
  width: 500px;
  height: 400px;
  margin: 20px;
  border: 1px solid;
  display: flex;

  [                    ]

}

.parent div {
  width: 100%;
  height: 50px;
}
```

05 플렉스 아이템 중 마지막 요소가 화면에 가장 앞쪽에 배치되도록 스타일을 완성하세요.

```css
.parent {
  width: 500px;
  height: 400px;
  margin: 20px;
  border: 1px solid;
  display: flex;
}

.parent div {
  width: 100%;
  height: 50px;
}
.parent div:last-child {

  [                          ]

}
```

memo

3 PART

CSS
중급편

이 장의 내용

- shadow
- gradient
- transition
- animation
- transform
- responsive 반응형

3 CSS 중급편

중급에서는 CSS3에서 새롭게 생성된 대표적인 속성을 학습하고 더불어 transition, animation, transform 등을 활용하여 동적인 웹사이트 구현에 필요한 필수 테크닉과 다양한 모바일 디바이스에 맞춰 최적화하는 반응형에 대해 학습합니다.

1. shadow

그림자 속성에 대해 학습해보겠습니다. 예제 폴더 PART_3/예제/B 폴더의 01.shadow.html을 오픈합니다.

코드 3-1 PART _ 3/예제/B/01.shadow.html

```
<!DOCTYPE html>
<html lang="en">
<head>
    <meta charset="UTF-8">
    <meta http-equiv="X-UA-Compatible" content="IE=edge">
    <meta name="viewport" content="width=device-width, initial-scale=1.0">
    <title>shadow</title>
    <style>

    </style>
</head>
<body>
    <h1>shadow</h1>
    <h2 class="text">text-shadow</h2>
    <h2 class="box">box-shadow</h2>
    <hr>
    <input type="text">
    <hr>
    <div class="modal">
```

```
    modal content
  </div>
</body>
</html>
```

1-1 text-shadow

예제 코드를 살펴보면, 제목들과 입력 폼, 모달을 위한 태그가 작성되어 있습니다. 다양한 상황에서 그림자 속성의 활용법을 살펴보겠습니다. 우선 text-shadow 부터 설명하겠습니다.

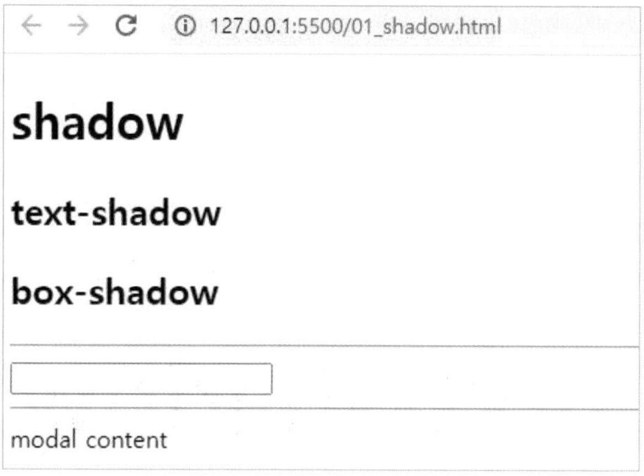

[그림 3-1] 그림자가 반영되지 않은 텍스트

기본 문법은 그림자가 본체에서 가로 방향(horizontal)으로 얼만큼, 세로 방향(vertical)으로 얼만큼 거리에 위치하는지, 그림자의 흐릿한 정도(blur-radius)는 몇인지, 그림자의 색상은 무엇인지 순서로 작성합니다.

문법

text-shadow: h-shadow v-shadow blur-radius color

클래스 명 text인 요소에 text-shadow를 적용합니다.

코드 3-2 PART _ 3/예제/B/01.shadow.html

```
.text{
    text-shadow: 10px 10px 0 rgba(0, 0, 0, 0.5);
}
```

브라우저를 확인해보면 본 글씨에서 오른쪽으로 10px, 아래쪽으로 10px 위치에 검은색의 투명도 50% 색상의 그림자가 생성되어 있습니다.

[그림 3-2] 그림자가 반영된 텍스트

방향을 변경해보겠습니다. 수치를 음수로 하면 반대방향으로 이동합니다.

코드 3-3　PART _ 3/예제/B/01.shadow.html

```
.text{
    text-shadow: -10px -10px 0 rgba(0, 0, 0, 0.5);
}
```

[그림 3-3] 그림자 방향을 반대로 지정

수치를 0으로 하면 사방으로 퍼지는 그림자를 만들 수 있습니다. 이때는 blur-radius를 추가해야 합니다.

코드 3-4　PART _ 3/예제/B/01.shadow.html

```
.text{
    text-shadow: 0 0 5px rgba(0, 0, 0, 0.5);
}
```

text-shadow

[그림 3-4] 사방으로 퍼지는 그림자

1-2 box-shadow

box-shadow를 살펴보겠습니다. 기본 문법은 text-shadow와 유사합니다.

```
box-shadow: h-offset v-offset blur spread color
```

text-shadow와 다른 점은 spread 값을 지정할 수 있다는 것입니다. spread는 그림자가 얼만큼 퍼져 있는지 즉, 그림자의 전체 크기를 설정할 수 있습니다. 스타일을 작성해보겠습니다.

코드 3-5 PART _ 3/예제/B/01.shadow.html

```
.box{
    width: 200px;
    border: 1px solid #ccc;
    box-shadow: 10px 10px rgba(0, 0, 0, .2);
```

box-shadow

[그림 3-5] 그림자가 반영된 요소

브라우저 화면을 확인해보면 그림자가 지정한 위치와 색상으로 정확히 구현되어 있습니다. 이번에는 blur 값(5px)을 추가해 보겠습니다.

코드 3-6 PART _ 3/예제/B/01.shadow.html

```
.box{
    width: 200px;
    border: 1px solid #ccc;
    box-shadow: 10px 10px 5px rgba(0, 0, 0, .2);
}
```

box-shadow

[그림 3-6] blur 값이 추가된 그림자

브라우저 화면을 확인하면 흐린 정도가 5px로 적용되어 나타나고 있습니다. 이 상태에서 spread 값(10px)을 추가해보겠습니다.

코드 3-7 **PART _ 3/예제/B/01.shadow.html**

```
.box{
    width: 200px;
    border: 1px solid #ccc;
    box-shadow: 10px 10px 5px 10px rgba(0, 0, 0, .2);
}
```

[그림 3-7] spread 값이 추가된 그림자

브라우저 화면을 보면 그림자가 전체적으로 10px 더 커진 것을 확인할 수 있습니다. box-shadow에는 text-shadow에는 없는 속성이 하나 더 있습니다. inset를 추가하여 그림자를 안쪽으로 지정할 수 있습니다. 코드 3-8과 같이 작성합니다.

코드 3-8 **PART _ 3/예제/B/01.shadow.html**

```
.box{
    width: 200px;
    border: 1px solid #ccc;
    box-shadow: inset 5px 5px rgba(0, 0, 0, .1);
}
```

box-shadow

[그림 3-8] 안쪽으로 생성된 그림자

이상으로 shadow 속성에 대해서 학습했습니다. 학습한 내용을 응용해서 input 요소와 클래스 명 modal에 적용해보겠습니다. 우선 input의 경우 사용자가 해당 입력창을 클릭하거나, 키보드 [Tab ⇆]을 통해 해당 input에 focus가 적용되었을 때 그림자를 이용하여 스타일을 지정할 수 있습니다. 현재 브라우저에서 input 부분을 클릭하면 브라우저 차원에서 해당 요소에 테두리를 추가하여 다른 요소보다 강조해서 보여주고 있습니다.

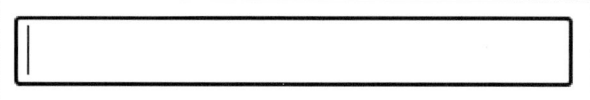

[그림 3-9] focus가 도착한 input

기본적으로 표시되는 outline 테두리 속성을 제거하고 초점이 이동하면 그림자가 생기도록 합니다.

코드 3-9 **PART** _ 3/예제/B/01.shadow.html

```
input{
  outline: none;
  border: 1px solid #ccc;
}
input:focus{
  box-shadow: inset 0 0 3px rgba(0, 0, 255, .5);
}
```

[그림 3-10] 포커스가 이동했을 때 그림자

브라우저 화면에서 input 요소를 클릭해보면 이제 검은색 테두리가 아니라 안쪽을 그림자가 적용된 것을 볼 수 있습니다. 다음으로 모달 창이 브라우저 정가운데에 배치되고 떠있는 느낌을 주기 위해 그림자를 적용해보겠습니다.

코드 3-10 **PART** _ 3/예제/B/01.shadow.html

```
.modal{
  width: 300px;
  height: 100px;
  border: 1px solid #ccc;
  background: #fff;
  position: fixed;
  left: 50%;
  top: 50%;
  margin-left: -150px;
  margin-top: -50px;
  box-shadow:3px 3px 5px rgba(0, 0, 0, .3);
}
```

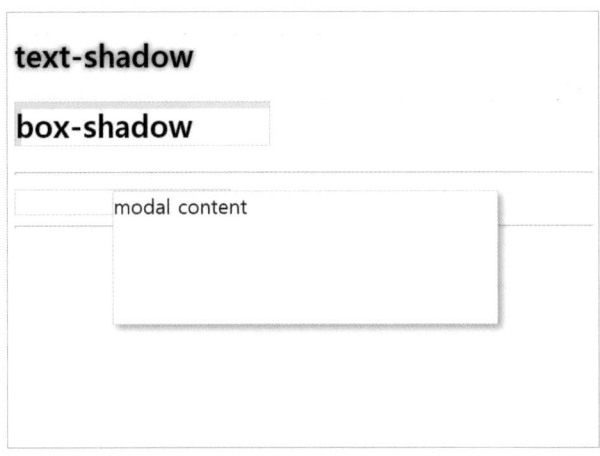

[그림 3-11] 모달창에 적용된 그림자

브라우저를 확인하면 클래스 명 modal의 화면 정중앙에 position:fixed를 통해 고정되어 있습니다. 그림자로 떠있는 느낌을 주고, 정가운데 오도록 left:50%, top:50%와 모달 크기의 반만큼 왼쪽과 위쪽으로 마진을 이용하여 이동했습니다.

2. gradient

2-1 linear-gradient

배경을 단색이 아니라 한가지 색상에서 다른 색상으로 부드럽게 변경할 수 있습니다. linear-gradient는 선형 그레디언트를 구현합니다. 기본적인 문법을 먼저 살펴봅니다.

문법

```
background-image: linear-gradient(direction, color-stop1, color-stop2, ...);
```

문법을 풀어서 설명하면 linear-gradient 함수의 변수로 방향, 색상 위치를 지정하는 것입니다.

문법

```
background-image: linear-gradient(방향, 색상 위치, 색상 위치, ...);
```

예제 파일 02.gradient.html을 오픈합니다.

```html
<!DOCTYPE html>
<html lang="en">

<head>
    <meta charset="UTF-8">
    <meta http-equiv="X-UA-Compatible" content="IE=edge">
    <meta name="viewport" content="width=device-width, initial-scale=1.0">
    <title>gradient</title>
    <style>
        .box {
            width: 300px;
            height: 300px;
            border: 1px solid;
            margin: 2rem auto;
        }

        .linear {}

        .radial {}
    </style>
</head>

<body>
    <h1>Gradient</h1>
    <div class="box linear">linear gradient</div>
    <div class="box radial">Radial gradient</div>
</body>

</html>
```

linear-gradient부터 적용해보겠습니다. 클래스 명 linear에 코드 3-12 와 같이 작성합니다.

코드 3-12   PART _ 3/예제/B/02.gradient.html

```css
.linear {
    background: linear-gradient(to bottom, #3498db 0%, #fff 100%);
}
```

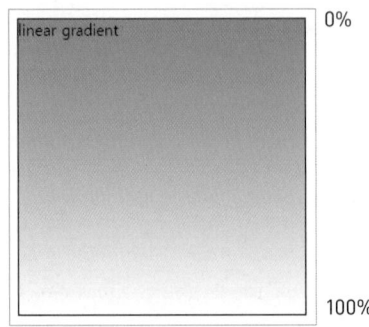

[그림 3-12] 위에서 아래로 반영된 gradient

브라우저 화면을 확인하면 [그림 3-12]와 같이 #3498db 색상이 0% 위치에서 아래 방향으로 #fff 색상 100% 지점까지 표현되었습니다. 이렇게 색상이 두 가지만 있는 경우와 기본값인 아래 방향일 때는 위치 값과 방향을 생략할 수 있어 코드 3-13 과 같이 작성할 수 있습니다.

코드 3-13 PART _ 3/예제/B/02.gradient.html

```
.linear {
    background: linear-gradient(#3498db, #fff);
}
```

[그림 3-13] 방향과 위치를 생략한 gradient

브라우저 화면을 확인하면 그레디언트 배경이 이상 없이 구현된 것을 볼 수 있습니다. 이번에는 색상을 더 추가하고 방향을 변경해보겠습니다.

코드 3-14 PART _ 3/예제/B/02.gradient.html

```
.linear {
    background: linear-gradient(to right, #3498db 0%, #fff 50%, #3498db 100%);
}
```

0%   50%   100%

[그림 3-14] 중간색을 추가한 gradient

다음으로 방향을 각도로 지정하겠습니다.

코드 3-15 PART _ 3/예제/B/02.gradient.html

```
.linear {
    background: linear-gradient(45deg, #3498db 0%, #fff 50%, #34495e 100%);
}
```

[그림 3-15] 각도를 변경한 gradient

브라우저 화면을 확인하면 색상이 왼쪽 하단에서 45도 방향으로 우측 상단으로 배경이 구현된 것을 볼
수 있습니다. 다음으로 색상의 경계가 분명한 배경을 지정하겠습니다. **코드 3-16** 과 같이 작성합니다.
이때 20%지점까지 같은 색인 경우 0% 지점의 색상은 생략 가능하고, 80%지점의 색상이 100%까지 진
행될 경우 100%의 색상을 생략할 수 있습니다.

코드 3-16 PART _ 3/예제/B/02.gradient.html

```
.linear {
    background: linear-gradient(to right, #3498db 20%, #fff 20%, #fff 80%, #3498db
    80%);
}
```

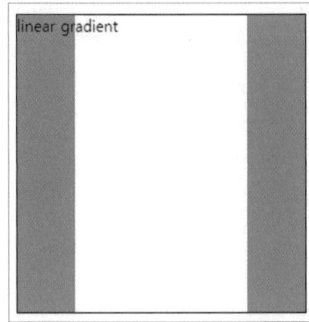

[그림 3-16] 시작위치와 끝 위치를 겹쳐서 생성한 gradient

2-2 radial-gradient

radial-gradient의 문법은 어느 지점에 원형 또는 타원형을 무슨 색상으로 배치할지를 지정하는 것입니다.

background-image: radial-gradient(shape size at position, start-color, ..., last-color);

이 문법을 풀어서 다시 정리하면 다음과 같습니다.

문법

background-image: radial-gradient(모양 크기 at 중심점, 색상 위치, 색상 위치…);

예제 파일에서 클래스 명 radial에 스타일을 작성하고 브라우저 화면에서 확인합니다.

코드 3-17 PART _ 3/예제/B/02.gradient.html

```
.radial {
    background:radial-gradient(circle at center, #3498db 0%, #fff 100%);
}
```

[그림 3-17] 정중앙에서 시작된 gradient

화면에 구현된 것을 더 분석해보겠습니다. 각 속성에 들어갈 값을 표로 정리해보았습니다.

값	설명
shape	Ellipse(타원형 – 기본값) Circle (정원)
size	Farthest-corner(기본값) Closest-side (가까운 면까지) Closest-corner (가까운 모서리까지) Farthest-side (먼 면까지)
position	Center (기본값) X축 Y축 (좌표)

[표 3 – 1] radial-gradient 속성

[표 3-1]에 따라 shape부터 변경해보겠습니다. 앞서 작성한 코드에서 사각형의 사이즈를 변경하고 타원형으로 변경할 수 있습니다.

코드 3-18 PART _ 3/예제/B/02.gradient.html

```
.radial {
    height:200px;
    background:radial-gradient(ellipse at center, #3498db 0%, #fff 100%);
}
```

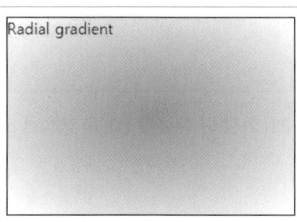
[그림 3-18] 타원형의 gradient

브라우저를 확인하면 타원형으로 배경이 설정되었습니다. 현재 작성한 코드에서 size 속성을 확인하기 위해 shape를 다시 원형으로 변경하고 가까운 면까지 배경을 만들기 위해 closest-side를 추가해봅니다.

코드 3-19 PART _ 3/예제/B/02.gradient.html

```
.radial {
    height: 200px;
    background:radial-gradient(circle closest-side at center, #3498db 0%, #fff
100%);
}
```

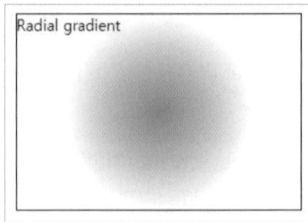

[그림 3-19] 가까운 면까지 정원을 생성한 gradient

브라우저를 확인하면 가까운 면인 위 아래 면에 맞춰 원형이 표현된 것을 볼 수 있습니다. 다음으로 중심점을 변경하고 크기도 가장 먼 쪽 모서리까지로 해봅니다.

코드 3-20 PART _ 3/예제/B/02.gradient.html

```
.radial {
    height: 200px;
    background:radial-gradient(circle farthest-corner at 50px 50px, #3498db 0%,
#fff 100%);
}
```

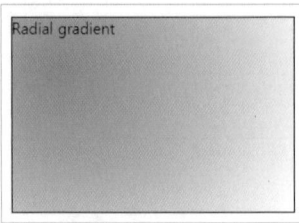

[그림 3-20] 가장 먼 쪽까지 정원을 생성한 gradient

현재 화면을 더 분석하면 [그림 3-21]과 같습니다. 중심점이 x축 50px, y축 50px에서 가장 먼 모서리까지 정원을 그리면서 배경이 구현된 것입니다.

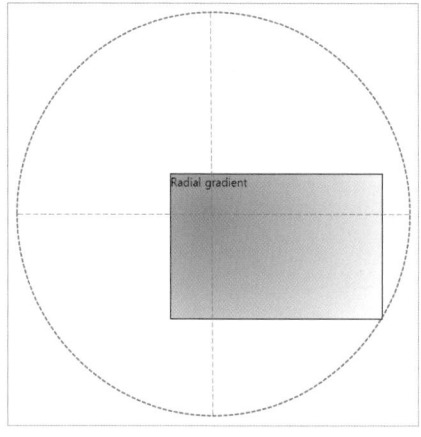

[그림 3-21] 정원의 크기

3. transition

트랜지션은 CSS에서 수치로 구현하는 속성들의 값이 전환(transition)되는 과정을 화면에 보여주는 애니메이션입니다. 예제 파일에서 03_transition.html 파일을 오픈합니다.

코드 3-21 PART _ 3/예제/B/03 _ transition.html

```
<!DOCTYPE html>
<html lang="en">

<head>
  <meta charset="UTF-8">
  <meta http-equiv="X-UA-Compatible" content="IE=edge">
  <meta name="viewport" content="width=device-width, initial-scale=1.0">
  <title>transition</title>
  <style>
    div img {
      width: 200px;
    }

    div img:hover {
      width: 400px;
```

```
      }
    </style>
  </head>


  <body>
    <div>
      <img src="imgs/sample1.jpg" alt="">
    </div>
  </body>


  </html>
```

예제 코드를 살펴보면 이미지에 마우스를 올리면 이미지의 크기를 400px로 늘려주고 있습니다. 하지만 브라우저 화면에서 확인해보면 이미지가 커지는 과정이 보이지 않고 한번에 400px로 늘어나고 있습니다. 우선 transition 속성을 하나하나 분리하여 작성한 후 다시 하나의 속성으로 합쳐서 커지는 과정이 보이도록 구현해보겠습니다. 설정 가능한 속성은 [표 3-2]와 같습니다.

속성	설명
transition-property	전환되는 속성을 지정
transition-duration	전환되는 전체 시간을 지정
transition-delay	전환되는 시점까지의 지연시간을 지정
transition-timing-function	전환되는 속도를 지정.

[표 3-2] transition 속성

코드 3-22 와 같이 transition-property, duration, delay, timing-function을 지정했습니다. 마우스를 올렸을 때 width 값이 전환되는 과정을 0.3초에 걸쳐서 지연시간 없이 바로 초반이 느린 속도로 보여준다고 작성한 것입니다.

```
div img {
    width: 200px;
    transition-property: width;
    transition-duration: 0.3s;
    transition-delay: 0s;
    transition-timing-function: ease-in;
}


div img:hover {
    width: 400px;
}
```

작성 후 브라우저 화면에서 마우스를 올려보면 이미지의 크기가 전환되는 과정이 지정한 속도 모델로 움직이는 것을 확인할 수 있습니다. 속성 중 transition-timing-function의 값으로는 기본적으로 ease, ease-in, ease-out, ease-in-out 값을 지정할 수 있습니다. 여기에 ease는 느리다는 뜻으로써 ease-out은 전환되는 과정에서 끝부분이 느린 즉, 초반에 빠르게 진행되는 속도를 말합니다. 이외에도 자신만의 속도 모델을 작성할 수도 있습니다. https://cubic-bezier.com/ 사이트에 접속하여 기울기를 조정하여 자신만의 속도 모델을 만들고 GO 버튼을 클릭하여 속도를 확인할 수 있고 상단의 COPY 버튼을 클릭하여 수치를 복사하여 반영할 수 있습니다.

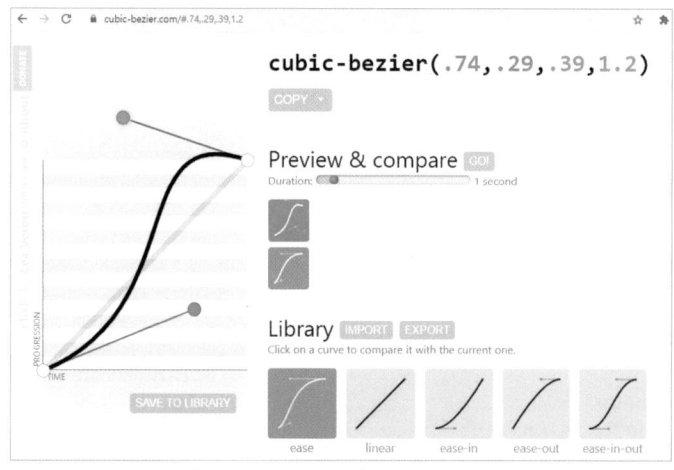

[그림 3-22] cubic-bezier 조정하기

필자는 기울기를 [그림 3-22]와 같이 변경했습니다. 초반은 느리다가 끝부분에서 지정한 수치를 넘었다가 다시 지정한 수치로 전환되는 속도 모델을 만들었습니다. cubic-bezier 밑에 COPY 버튼을 클릭하여 값을 복사해서 코드 3-23 과 같이 적용하고 브라우저 화면을 확인합니다.

코드 3-23 PART _ 3/예제/B/03 _ `transition.html`

```
div img {
    width: 200px;
    transition-property: width;
    transition-duration: 0.3s;
    transition-delay: 0s;
    transition-timing-function: cubic-bezier(.74, .29, .39, 1.2);
}
```

속도 모델은 그 외 많이 사용하는 값을 빌려와서 사용할 수도 있습니다. https://easings.net/ 에 접속하면 다양한 속도 모델을 확인하고 사용할 수 있습니다.

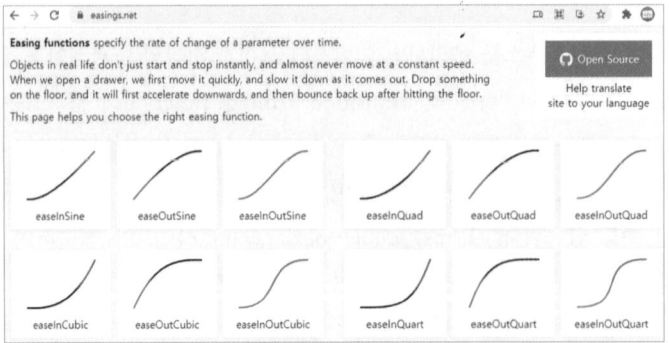

[그림 3-23] https://easings.net/

앞서 작성했던 속성들을 하나의 속성으로 합쳐서 구현하겠습니다.

코드 3-24 PART _ 3/예제/B/03 _ `transition.html`

```
div img {
    width: 200px;
    /*
    transition-property: width;
    transition-duration: 0.3s;
    transition-delay: 0s;
    transition-timing-function: cubic-bezier(.74, .29, .39, 1.2);
    */
    transition: width 0.3s 0s cubic-bezier(.74, .29, .39, 1.2);
}
```

이때 주의점은 transition-duration과 transition-delay 모두 시간을 입력하는 속성인데 순서가 반드시 transition-duration이 먼저 작성되어야 한다는 것입니다. 또한 전환되는 속성이 어떤 값이든 그 값이 변하는 과정을 보고 싶으면 width 대신에 all로 작성하면 됩니다.(all 0.35) 그리고 all은 생략할 수 있고, delay 값이 없다면 해당 값도 생략 가능하여 [코드 3-25]와 같이 작성할 수 있습니다.

코드 3-25 PART _ 3/예제/B/03 _ transition.html

```css
div img {
    width: 200px;
    transition: 0.3s cubic-bezier(.74, .29, .39, 1.2);
}
```

한 가지 주의할 점은 현재는 transition 속성을 :hover 선택자에만 작성하면 마우스를 올렸을 때 커지는 과정은 보이지만 마우스가 나가면 다시 200px로 줄어드는 과정이 보이지 않습니다.

4. animation

애니메이션은 기본적으로 해당 페이지가 로드되자마자 작동하는 애니메이션 효과를 만들 수 있습니다. 예제 파일 04_animation.html을 오픈합니다.

코드 3-26 PART _ 3/예제/B/04 _ animation.html

```html
<!DOCTYPE html>
<html lang="en">

<head>
    <meta charset="UTF-8">
    <meta http-equiv="X-UA-Compatible" content="IE=edge">
    <meta name="viewport" content="width=device-width, initial-scale=1.0">
    <title>Animation</title>
    <style>
        .box {
            width: 100px;
            height: 100px;
            background: green;
        }
    </style>
```

```
</head>

<body>
    <div class="box">box</div>
    <hr>
    <!--
        아래쪽으로 40px 내려가고 있고, 투명도 0
        순차적으로(0.1s간격) 위로(원래위치)올라오고 투명도 1
        조건: hr 움직이면 안된다.
        애니메이션의 이름 fadeUp, 시간 0.5초
    -->
    <header>
        <h2>Main title</h2>
        <p>
            description
        </p>
        <a href="">read more</a>
    </header>
    <hr>
</body>
</html>
```

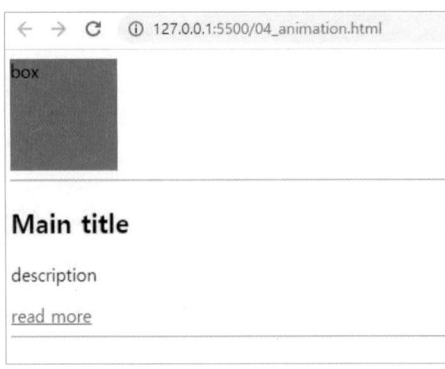

[그림 3-24] 스타일 지정 전 화면

우선 animation 작성 시 필요한 속성과 값에 대한 설명을 표에서 확인하겠습니다.

속성	설명
animation-name	애니메이션 이름
animation-duration	애니메이션 전체 시간
animation-delay	애니메이션 지연시간
animation-timing-function	애니메이션 속도
animation-iteration-count	애니메이션 회수 (숫자, infinite)
animation-fill-mode	애니메이션 시작 또는 종료 후의 위치 지정
animation-direction	애니메이션 진행 방향

[표 3-3] animation 속성

4-1 애니메이션 적용

브라우저 화면을 보면 녹색의 사각형이 있습니다. 브라우저에서 파일이 오픈 되자마자 green에서 blue로 변경되도록 스타일을 작성해보겠습니다.

코드 3-27 PART _ 3/예제/B/04 _ animation.html

```
.box {
    width: 100px;
    height: 100px;
    background: green;
    animation-name:changcolor;
    animation-duration: 2s;
    animation-delay: 1s;
}
@keyframes changecolor{
    0% {background-color: green; }
    100% {background-color: blue; }
}
```

애니메이션은 마치 javascript의 함수처럼 animation-name에서 지정한 이름이 어떤 속성의 값을 변경하는지 @keyframes 뒤에 앞서 지정한 animation-name을 입력하고 중괄호 안에서 구간을 퍼센트로 구분하여 작성하게 됩니다. 시작은 0% 또는 from, 끝은 100% 또는 to로 변경할 수 있습니다.

코드 3-27 과 같이 작성 후 브라우저 화면을 확인해보면 사각형의 색상이 blue로 변경되었다가 다시 green으로 돌아오는 것을 볼 수 있습니다. 마지막 keyframe에서 멈추도록 하려면 animation-fill-mode를 진행 방향에서 멈추라고 forwards로 지정해야 합니다.

```
.box {
    width: 100px;
    height: 100px;
    background: green;
    animation-name: changcolor;
    animation-duration: 2s;
    animation-delay: 1s;
    animation-fill-mode: forwards;
}
```

animation-fill-mode 값을 지정 후 다시 브라우저 화면을 확인하면 이제 blue에서 멈춰 있는 것을 볼 수 있습니다.

[그림 3-25] 진행 방향에서 멎춰있는 animation

4-2 구간 추가

다음으로 @keyframes 부분에서 중간 구간을 설정해보겠습니다. 이때 0%, 100%는 앞서 설명한 것처럼 from, to로 변경해보았습니다. 브라우저 화면에서 확인하면 사각형의 배경색이 green ▶ blue ▶ yellow 로 변경되는 것을 확인할 수 있습니다.

```
@keyframes changecolor {
  from {
    background-color: green;
  }

  50% {
    background-color: blue;
  }

  to {
    background-color: yellow;
  }
}
```

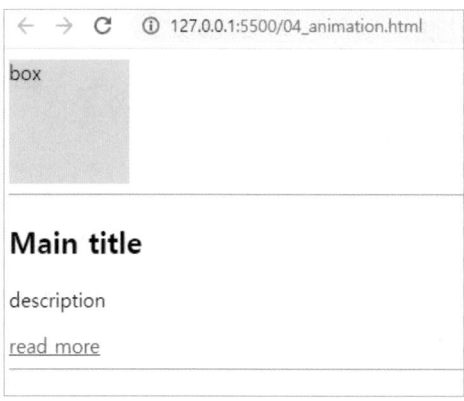

[그림 3-26] 중간 구간을 추가한 animation

4-3 반복 횟수 지정

transition과 다르게 animation에서는 반복 횟수를 animation-iteration-count 속성의 값으로 지정할 수 있습니다. 값으로는 숫자 또는 무한 반복의 경우 infinite를 지정할 수 있습니다.

```
.box {
    width: 100px;
    height: 100px;
    background: green;
    animation-name: changecolor;
    animation-duration: 2s;
    animation-delay: 1s;
    animation-fill-mode: forwards;
    animation-iteration-count: infinite;
}
```

animation-iteration-count의 값으로 infinite를 지정했습니다. 브라우저 화면을 보면 이제 색상변화가 계속해서 반복되고 있을 것입니다.

4-4 애니메이션 진행 방향

애니메이션의 진행 방향은 기본적으로 @keyframes 에서 지정한 구간의 순서대로 즉 0%에서 100% 순서로 진행됩니다. 그 진행 방향을 변경할 수 있습니다.

값	설명
normal	기본값으로 순방향으로 진행, 0% ▶ 100%
reverse	역방향, 100% ▶ 0%
alternate	순방향후 역방향, 0% ▶ 100% ▶ 0%
alternate-reverse	역방향후 순방향, 100% ▶ 0% ▶ 100%

[표 3-4] animation-direction 속성

코드 3-31 과 같이 animation-direction을 reverse로 변경하고 브라우저를 확인해보면 100% 구간에서 0%로 반대 방향으로 애니메이션이 진행되는 것을 확인할 수 있습니다.

```css
.box {
  width: 100px;
  height: 100px;
  background: green;
  animation-name: changecolor;
  animation-duration: 2s;
  animation-delay: 1s;
  animation-fill-mode: forwards;
  animation-iteration-count: infinite;
}
```

4-5 애니메이션 속성 축약

transition과 같이 애니메이션의 다양한 속성들을 animation 속성 하나의 값으로 축약할 수 있습니다. 코드 3-32 와 같이 작성 후 확인하면 애니메이션이 이상 없이 작동하는 것을 볼 수 있습니다.

코드 3-32 PART _ 3/예제/B/04 _ animation.html

```css
.box {
  width: 100px;
  height: 100px;
  background: green;
  /*
  animation-name: changecolor;
  animation-duration: 2s;
  animation-delay: 1s;
  animation-fill-mode: forwards;
  animation-iteration-count: infinite;
  animation-direction:reverse;
  */
  animation: changecolor 2s 1s forwards infinite reverse;
}
```

축약 시 주의점은 다른 속성들의 값은 순서와 상관없이 입력해도 되지만 animation-duration과 animation-delay는 반드시 animation-duration을 먼저 기술하는 순서로 작성해야 합니다.

4-6 애니메이션을 transition 처럼 활용하기

애니메이션은 페이지가 열리자마자 작동하는 것이 기본이지만 transition과 같이 hover와 같은 마우스 이벤트가 일어나거나 또는 특정 클래스 명이 있을 때 작동하도록 응용할 수 있습니다. 코드 3-33 과 같이 수정하고 브라우저 화면을 확인하면 이제 페이지가 열리자마자가 아니라 클래스 명 box에 마우스를 올렸을 때만 해당 애니메이션이 작동합니다.

코드 3-33   **PART _ 3/예제/B/04 _ animation.html**

```
.box {
    width: 100px;
    height: 100px;
    background: green;
    /*
    animation-name: changecolor;
    animation-duration: 2s;
    animation-delay: 1s;
    animation-fill-mode: forwards;
    animation-iteration-count: infinite;
    animation-direction:reverse;
    */
}
.box:hover{
    animation: changecolor 2s 1s forwards infinite reverse;
}
```

또는 이후 javascript를 통해 특정 이벤트 발생 시 클래스 명 box에 active와 같은 클래스 명을 추가 또는 제거하도록 하고 해당 클래스 명이 있을 때만 작동하도록 .box.active를 선택자로 사용하고 그 안에 애니메이션을 작성하는 방법도 있습니다.

코드 3-34   **PART _ 3/예제/B/04 _ animation.html**

```
.box.active{
    animation: changcolor 2s 1s forwards infinite reverse;
}
```

4-7 타이틀 애니메이션

학습한 애니메이션 속성을 이용하여 페이지가 열리면 제목, 설명, 링크 등이 자연스럽게 아래쪽에서 위로 올라오면서 나타나는 애니메이션을 만들어 보겠습니다. 예제파일 04_animation.html의 하단을 보면 주석으로 지시시항이 있고, header 태그의 자식 요소로 h2, p, a 요소가 있습니다. header의 자식 요소들 모두가 안보이다가 위쪽으로 순차적으로 나타나야 합니다.

코드 3-35 PART _ 3/예제/B/04 _ animation.html

```
<body>
  <div class="box">box</div>
  <hr>
  <!--
    아래쪽으로 40px 내려가 있고, 투명도 0
    순차적으로(0.1s간격) 위로(원래위치)올라오고 투명도 1
    조건: hr 움직이면 안된다.
    애니메이션의 이름 fadeUp, 시간 0.5초
  -->
  <header>
    <h2>Main title</h2>
    <p>
      description
    </p>
    <a href="">read more</a>
  </header>
  <hr>
</body>
```

이때 주의사항은 header 요소 뒤 hr 태그는 움직이면 안되는 것입니다. 즉, h2, p, a 요소가 위로 올라와도 다른 요소들의 현 위치가 변경되면 안됩니다. h2, p, a가 현위치에서 위로 올라갈 수 있는 방법은 크게 3가지 방법이 있습니다. 첫 번째는 마진으로 위 공간을 빼서 올라오기, 두 번째는 position을 활용하여 top 값으로 위로 올라오기, 세 번째는 바로 뒤에 설명할 transform을 이용하는 방법이 있습니다. 마진은 실제 공간을 없애면서 위로 올라오는 방법이기 때문에 제외하고 여기에서는 position 속성을 이용하여 구현해보겠습니다.

코드 3-36 PART _ 3/예제/B/04 _ animation.html

```
header > * {
  position: relative;
  opacity: 0;
  top: 40px;
  animation:fadeUp 0.5s forwards;
}
header h1{
  animation-delay:0.1s;
}
header p{
  animation-delay: 0.2s;
}
header a{
  animation-delay: 0.3s;
}
@keyframes fadeUp {
  from{opacity: 0; top: 40px}
  to{opacity: 1; top: 0}
}
```

작성한 코드를 살펴보면 header 태그의 모든 자식 요소를 선택하여 opacity, top, animation을 지정했습니다. 그리고 순차적으로 나타나도록 각 요소에 animation-delay를 추가했습니다. 마지막으로 fadeUp 이라는 애니메이션은 opacity를 0에서 1로, top 값을 40px에서 0으로 변경되도록 작성했습니다. 브라우저를 확인하면 각 요소들이 순차적으로 나타나는 것을 볼 수 있습니다.

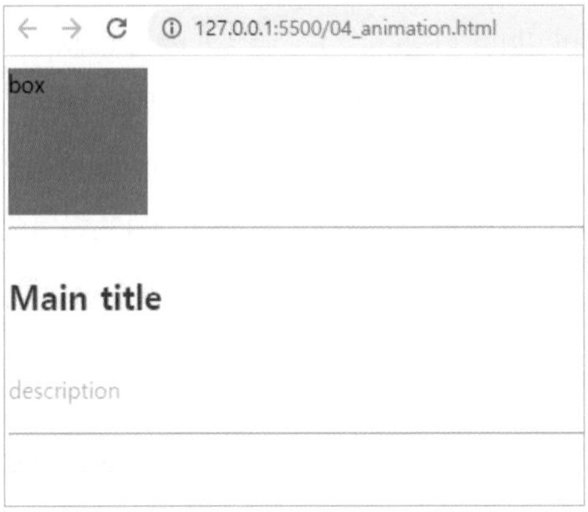

[그림 3-27] 순차적으로 나타나는 제목과 링크

5. transform

transform 속성은 가상으로 즉 다른 요소들의 위치에 영향을 주지 않고 이동, 축소, 확대, 회전, 비틀기 등을 적용할 수 있습니다. 우선 transform을 살펴보기 전에 웹페이지는 3차원이라는 것을 먼저 이해해야 합니다. 웹페이지는 [그림 3-28]과 같이 요소를 기준으로 x축, y축, z축이 있습니다.

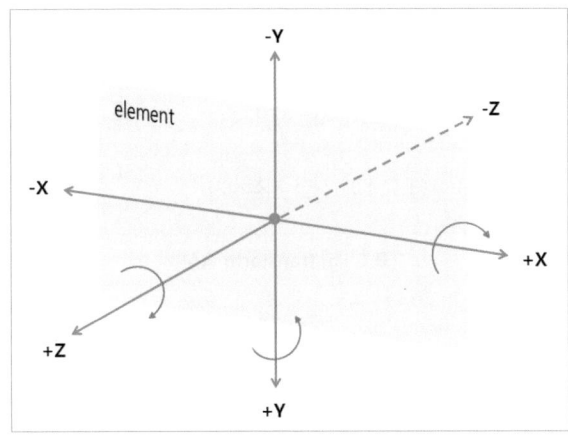

[그림 3-28] transform의 축

transform 속성의 종류와 간략한 설명을 표로 정리해보았습니다. 각 요소들의 특징을 이제 살펴보겠습니다.

속성	설명	예시
translateX(수치)	가로 방향(x) 으로 이동	transform:translateX(30px);
translateY(수치)	세로 방향(y)으로 이동	transform:translateY(30px);
translateZ(수치)	앞뒤로(z)으로 이동 (원근감 perspective값 필요)	transform:translateZ(30px);
translate(x, y)	가로 방향(x), 세로 방향(y)으로 이동	transform:translate(30px, 30px);
translate3d(x, y, z)	가로 방향(x), 세로 방향(y), 앞뒤로(z)으로 이동(원근감 perspective값 필요)	transform:translate3d (10px, 10px, 50px);
scale(수치)	가로(x), 세로(y) 동일하게 크기를 변환	transform:scale(1.5);
scale(x, y)	가로(x), 세로(y) 크기를 변환	transform:scale(1.5, 2);
scaleX(x)	가로(x) 크기를 변환	transform:scaleX(2);
scaleY(y)	세로(y) 크기를 변환	transform:scaleY(1.5);
scaleZ(z)	앞뒤(z) 크기를 변환 (원근감 perspective와 translateZ필요)	transform:scaleZ(2);
rotate(angle)	지정한 각도로 회전	transform:rotate(30deg);

rotateX(angle)	x 축을 기준으로 회전 (원근감 perspective값 필요)	transform: perspective(500px) rotateX(30deg);
rotateY(angle)	y 축을 기준으로 회전	transform: perspective(500px) rotateY(30deg);
skewX(angle)	x 축을 기준으로 비틀기	transform: skewX(30deg);
skewY(angle)	y 축을 기준으로 비틀기	transform: skewY(30deg);
skew(x-angle,y-angle)	x, y 축을 기준으로 비틀기	transform: skew(30deg, 45deg);
perspective(n)	원근감을 부모 요소에 지정하기	perspective: 1000px;
	원근감을 해당 요소에 직접 지정하기	transform: perspective(1000px) rotateX(45deg);

[표 3-5] transform 속성

5-1 translate

translate는 요소의 위치를 x축, y축, z축 으로 이동을 합니다. 각 축에서 양수는 오른쪽, 또는 아래쪽, 또는 앞쪽으로 이동하는 것입니다. 음수는 왼쪽, 위쪽, 뒤쪽으로 이동합니다. 가장 먼저 x축 즉, 가로 방향으로 이동하는 것을 보겠습니다. 예제 파일 05_transform.html을 오픈합니다.

코드 3-37 PART _ 3/예제/B/05 _ transform.html

```
<!DOCTYPE html>
<html lang="en">

<head>
  <meta charset="UTF-8">
  <meta http-equiv="X-UA-Compatible" content="IE=edge">
  <meta name="viewport" content="width=device-width, initial-scale=1.0">
  <title>transform</title>
  <style>

  </style>
</head>

<body>
  <h1>transform</h1>
  <h2>translate</h2>
  <figure class="translate">
```

```
    <img src="imgs/sample1.jpg">
    <figcaption>
       photo description
    </figcaption>
  </figure>
  <hr>
중략…
```

translateX

예제 파일을 확인하면 figure 태그 안에 img와 figcaption 설명이 있습니다. transform을 이용하여 이미지의 위치를 변경했을 때 다른 요소들은 원래 자리에 있는지를 파악하기 위해 figcaption을 넣었습니다. translateX를 이용하여 figure에 마우스를 올렸을 때 img가 우측으로 이동하도록 하겠습니다.

코드 3-38 PART _ 3/예제/B/05 _ `transform.html`

```
img{
   transition: 0.4s;
}
.translate:hover img{
   transform:translateX(50px);
}
```

[그림 3-29] 수평으로 이동하는 translateX

translateY

마우스를 figure 태그에 올리면 이미지가 현 위치에서 우측으로 50px 이동하는 것이 transition 속성 때문에 화면에 보이고 있습니다. 이번에는 위로 이동해봅니다. 값이 양수면 아래로 이동하고 음수면 반대 방향이기 때문에 −50px을 입력해야 합니다.

코드 3-39 PART _ 3/예제/B/05 _ `transform.html`

```
.translate:hover img{
    transform:translateY(-50px);
}
```

[그림 3-30] 수직으로 이동하는 translate

마우스를 올리면 이미지가 현 위치에서 위쪽으로 50px 이동합니다. 이때 이미지 위에 있는 제목과 이미지의 설명부분은 전혀 움직이지 않는다는 것입니다. transform의 효과는 모두 가상으로 움직이는 것이기 때문입니다.

translate(x, y)

이번에는 한번에 가로 방향, 세로 방향 둘다 지정해보겠습니다.

코드 3-40 PART _ 3/예제/B/05 _ `transform.html`

```
.translate:hover img{
    /*
    transform:translateX(50px)
    transform:translateY(-50px);
    */
    transform:translate(50px, -50px);
}
```

[그림 3-31] 사선으로 이동하는 translate(x, y)

스타일 작성 후 마우스를 올려보면 이제 이미지가 우측 상단으로 즉 사선으로 이동하는 것을 볼 수 있습니다.

translateZ

마지막으로 마우스를 올리면 현위치에서 앞쪽으로 100px 다가오도록 작성합니다. z축으로 움직이는 것은 반드시 원근감이 세팅되어 있어야합니다. 원근감은 perspective 속성으로 지정합니다. 원근감은 대상 element와 가상의 카메라와의 거리를 지정한다고 생각하면 됩니다. perspective 속성이 없다면 가상의 카메라와 대상 element와의 거리가 없이 같이 움직인다고 상상하면 되겠습니다.

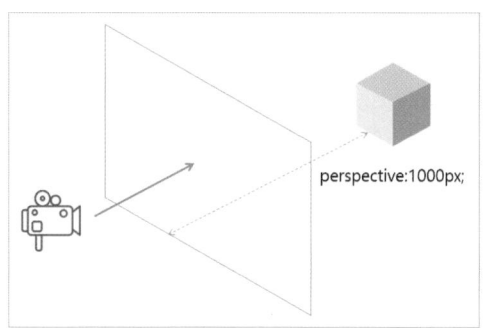

[그림 3-32] perspective로 원근감 설정

코드 3-41   PART _ 3/예제/B/05 _ transform.html

```
.translate {
    perspective: 1000px;
}

.translate:hover img {
    /*
    transform:translateX(50px)
```

```
    transform:translateY(-50px);

    transform:translate(50px, -50px);

    */

    transform:translateZ(100px);

}
```

코드를 살펴보면 클래스 명 translate인 figure에 원근감을 1000px을 지정하고 translate 클래스 명에 마우스를 올렸을 때 img를 앞쪽으로 100px 이동하도록 작성했습니다.

[그림 3-33] 원근감이 설정되어 더 가까이 보이는 이미지

현재 브라우저 화면에서 figure에 원근감을 설정했고 기본적으로 가상의 카메라는 figure 요소의 정가운데 위치에 있습니다. 정가운데를 응시하고 있는데 왼쪽에 있는 이미지가 앞으로 오는 모양이기 때문에 figure 요소에 마우스를 올렸을 때 이미지는 앞으로 나오지만 화면에서는 커지면서 왼쪽으로 이동하는 모양이 되는 것입니다.

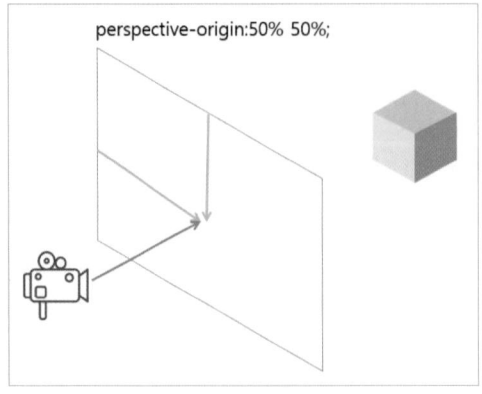

[그림 3-34] perspective-origin

원근감을 설정했을 때 가상의 카메라 위치는 기본값이 정가운데입니다. 속성으로 설명하면 pers

pective-origin:50% 50%이기 때문입니다. 브라우저 화면에서 perspective-origin을 확인하면 [그림 3-35]에서 화면 가운데입니다.

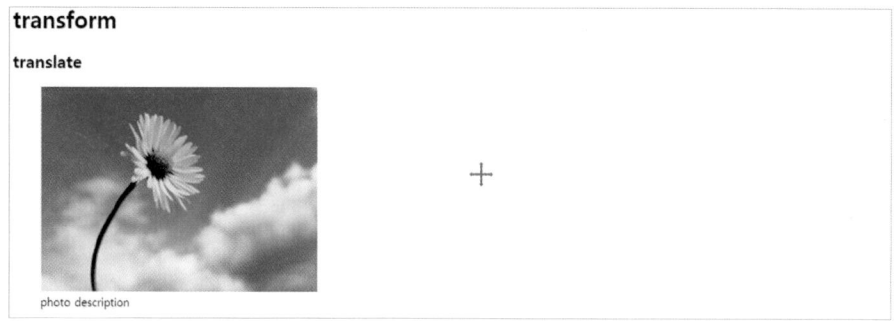

[그림 3-35] 원근감의 기준점 perspective-origin

원근감의 중심점(가상의 카메라의 위치)을 왼쪽 상단으로 이동해보겠습니다.

코드 3-42 PART _ 3/예제/B/05 _ transform.html

```
.translate {
   perspective: 1000px;
   perspective-origin: 0 0;
}

.translate:hover img {
   /*
   transform:translateX(50px)
   transform:translateY(-50px);
   transform:translate(50px, -50px);
   */
   transform: translateZ(100px);
}
```

[그림 3-36] 왼쪽 상단으로 이동한 원근감의 기준점

브라우저 화면을 확인해보면 이제 마우스를 올렸을 이미지가 이동하는 translateZ 값은 변동이 없지만 카메라가 왼쪽 상단을 보고 있기 때문에 우측 하단으로 커지는 모양이 된 상태입니다.

translate3d(x, y, z)

translate3d를 이용하며 x, y, z축을 한꺼번에 이동할 수 있습니다. 코드 3-43과 같이 작성하고 브라우저를 확인하면 지정한 위치로 이동하는 것을 볼 수 있습니다.

코드 3-43 PART _ 3/예제/B/05 _ transform.html

```
.translate {
  perspective: 1000px;
  perspective-origin: 0 0;
}

.translate:hover img {
  /*
  transform:translateX(50px)
  transform:translateY(-50px);
  transform:translate(50px, -50px);
  transform: translateZ(100px);
  */
  transform:translate3d(50px, 50px, 100px);
}
```

[그림 3-37] x, y, z 축으로 동시에 이동하는 이미지

5-2 **scale**

scale은 요소의 크기를 조절하는 속성입니다. 예제 파일에서 클래스 명 scale 요소에 마우스를 올렸을 때 이미지가 1.5배 확대되도록 하겠습니다.

코드 3-44 PART _ 3/예제/B/05 _ transform.html

```
.scale:hover img{
    transform:scale(1.5);
}
```

[그림 3-38] 1.5배 확대되는 이미지

마우스를 올리면 이미지가 1.5배 확대되는 것을 볼 수 있습니다. 이때 주목할 것은 scale 값이 변경되는 기준점이 이미지의 정가운데로 되어있다는 것입니다. 속성으로 말씀드리면 transform-origin 속성의 값은 50% 50%가 기본값입니다. transform-origin의 값을 왼쪽 하단으로 변경하고 브라우저 화면을 확인 해보겠습니다.

코드 3-45 PART _ 3/예제/B/05 _ transform.html

```
.scale img{
    transform-origin: 0 100%;
}
.scale:hover img {
    transform: scale(1.5);
}
```

[그림 3-39] 왼쪽 상단으로 변경한 기준점

그 외 scale에서 가로 방향만 확대 축소한다면 scaleX, 세로 방향은 scaleY 등으로 지정할 수 있습니다. 또한 가로 방향, 세로 방향을 다른 배율을 확대 축소한다면 scale(x, y)로 지정하면 되겠습니다.

scaleZ(z)

scaleZ는 translateZ 값으로 이동한 거리를 확대 축소하는 속성입니다. 코드 3-46과 같이 작성합니다.

코드 3-46 PART _ 3/예제/B/05 _ transform.html

```
.scale img {
    transform-origin: 0 100%;
    transform:perspective(500px) scaleZ(1) translateZ(100px);
}

.scale:hover img {
    /* transform: scale(1.5); */
    transform:perspective(500px) scaleZ(2) translateZ(100px);
}
```

코드를 살펴보면 원근감을 img 자체에 적용해서 앞서 이미지의 부모인 figure에 원근감을 적용했을 때 생기는 왜곡을 피하고 있습니다. 또한 transform 속성에 scaleZ와 translateZ를 같이 지정했습니다.

[그림 3-40] 앞으로 이동한 거리를 2배 확대

브라우저를 확인해보면, 이동하는 거리는 앞으로 100px이지만 scaleZ(2) 때문에 200px 앞으로 나온 것 같이 표현되고 있습니다.

5-3 rotate

rotate는 회전을 적용합니다. 코드 3-47 과 같이 작성합니다.

코드 3-47 PART _ 3/예제/B/05 _ transform.html

```
.rotate:hover img{
    transform:rotate(45deg);
}
```

[그림 3-41] 회전하는 이미지

브라우저 화면에서 마우스를 올리면 이미지가 45도 회전하고 있습니다.

rotateX, rotateY

rotateX는 가로 축으로 rotateY는 세로 축으로 회전을 합니다. 회전할 때 원근감을 추가하면 회전해서 멀어지는 부분이 작아지고 가까워지는 부분이 크게 보일 수 있겠습니다.

코드 3-48 PART _ 3/예제/B/05 _ transform.html

``css
.rotate:hover img {
    transform: perspective(500px) ro-
tateX(45deg);
}
``
	``css
	.rotate:hover img {
	    transform: perspective(500px) ro-
	tateY(45deg);
	}
	``

5-4 skew

skew는 가로 또는 세로로 요소를 비틀어줍니다. 코드를 작성하고 브라우저 화면을 확인합니다.

코드 3-49 PART _ 3/예제/B/05 _ transform.html

``css
.skew:hover img {
    transform: skewX(20deg);
}
``
	``css
	.rotate:hover img {
	    transform: skewY(20deg);
	}
	``

6. responsive 반응형

PC용으로 완성된 HTML을 유지한 채 CSS만으로 다양한 기기의 너비에 맞춰 컨텐츠의 너비와 배치를 조절하여 최적화하는 것을 반응형이라고 합니다. HTML을 유지하고 있기 때문에 관리가 용이하다는 장점이 있습니다. 반응형과 구분해야 할 개념은 적응형입니다. 적응형은 태블릿, 또는 모바일용으로 HTML, CSS, javascript를 별도로 작성하는 것을 말합니다. 주로 주소 표시줄에 m.으로 시작하거나 마지막에 /mobile/ 또는 /m/으로 끝나는 경우는 적응형으로 구현되었다고 보면 되겠습니다.

6-1 media query

반응형은 @media로 시작하는 미디어 쿼리를 이용하여 설정할 수 있습니다. 하지만 그전에 HTML의 head 태그에 반드시 viewport 설정이 있어야 합니다. viewport 설명은 PART1 HTML파트에서 이미 설명했으니 해당 부분을 참조해주세요.

코드 3-50 PART _ 3/예제/B/06 _ responsive _ 01.html

```
<meta name="viewport" content="width=device-width, initial-scale=1">
```

간단한 예제를 이용하여 기본적인 문법을 확인하고 응용을 해보도록 하겠습니다.

```html
<!DOCTYPE html>
<html lang="en">

<head>
    <meta charset="UTF-8">
    <meta http-equiv="X-UA-Compatible" content="IE=edge">
    <meta name="viewport" content="width=device-width, initial-scale=1.0">
    <title>Responsive Basic</title>
    <style>
        #wrapper {
            background: silver;
        }
    </style>
</head>

<body>
    <div id="wrapper">
        <header>
            <h1>header</h1>
        </header>
        <section>
            <h1>section</h1>
        </section>
        <footer>
            <h1>footer</h1>
        </footer>
    </div>
</body>

</html>
```

예제 파일을 살펴보면 전체 내용이 아이디 wrapper 요소 안에 있습니다. 미디어 쿼리를 이용하여 브라우저 너비가 변경되는 기점을 만들고 그 기점 이하에서 아이디 wrapper의 배경색을 변경해보겠습니다.

구현할 내용

- 브라우저 너비가 769px 이상 일때는 아이디 wrapper의 배경을 silver로 변경한다.
- 브라우저 너비가 768px 이하 일때는 아이디 wrapper의 배경을 blue로 변경한다.
- 브라우저 너비가 480px 이하 일때는 아이디 wrapper의 배경을 green으로 변경한다.

코드 3-52 PART _ 3/예제/B/06 _ responsive _ 01.html

```
@media screen and (min-width: 769px) {
   #wrapper {
      background: silver;
   }
}


@media screen and (max-width: 768px) {
   #wrapper {
      background: blue;
      color: #fff;
   }
}


@media screen and (max-width: 480px) {
   #wrapper {
      background: green;
      color: #fff;
   }
}
```

코드를 살펴보면 @media 다음에 screen을 입력했습니다. media 속성의 값으로는 [표 3-6]과 같습니다. 속성에서 print는 프린트를 했을 때 원하는 부분만 출력할 수 있게 스타일을 작성할 수 있습니다.

Media 속성	설명
screen	화면(컴퓨터 모니터)용 스타일시트를 정의한다.
print	프린트(인쇄)용 화면의 스타일시트를 정의한다.
all	화면과 인쇄 출판용 스타일시트를 정의한다.

[표 3-6] media 속성

media 다음으로 min-width, max-width 등으로 구간을 설정했습니다. min-width:769px는 중괄호{ } 안에 기술하는 스타일은 브라우저 너비가 최소 769px까지 해당한다는 것입니다. 다시 말해서 769px 이상의 브라우저 화면용 스타일이라는 것입니다. max-width:768px는 반대로 768px 이하의 스타일을 지정한 것입니다.

코드 3-52 와 같이 작성한 후 브라우저 화면을 확인해보면 지정한 구간에서 지정한 배경색으로 변경되는 것을 확인할 수 있습니다.

[그림 3-42] 769px 이상의 화면

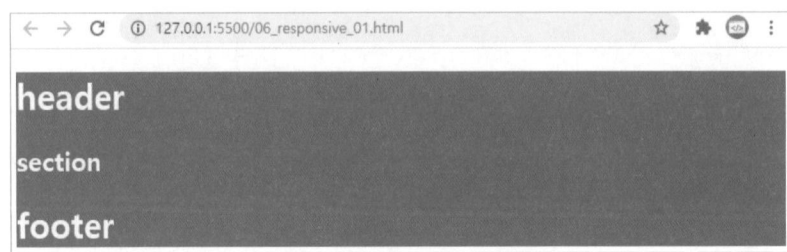

[그림 3-43] 768px 이하의 화면

크롬의 경우 브라우저 너비의 크기를 500px까지만 줄일 수 있습니다. 480px 이하의 화면을 확인하기 위해서는 F12 개발자 도구를 실행하고 toggle device toolbar를 클릭하여 모바일 화면으로 변경해야 합니다.

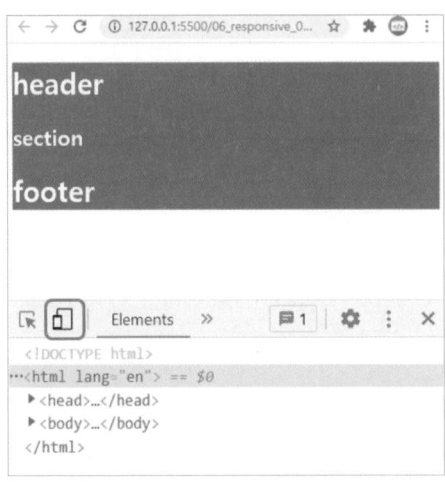

[그림 3-44] 개발자 도구(F12)

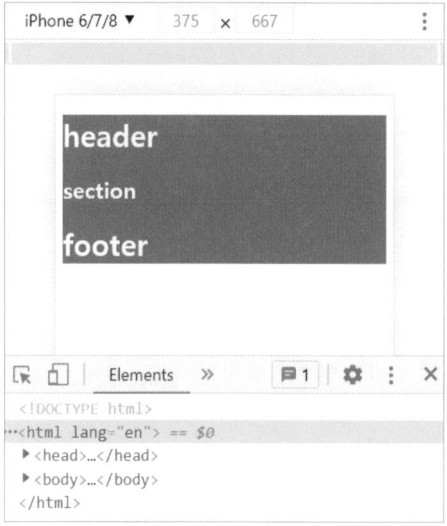

[그림 3-45] toggle device toolbar 활성

브라우저 화면을 확인하면 480px 이하에서 설정한 배경이 정상적으로 나타나는 것을 확인할 수 있습니다.

6-2 기본 응용

예제 파일 06_responsive_02.html을 오픈합니다. 이번에는 PC화면의 레이아웃을 구현할 때 사용했던 px을 미디어 쿼리에서 설정한 구간에서 비율대로 축소되도록 %로 변경하려고 합니다.

`코드 3-53` **PART _ 3/예제/B/06 _ responsive _ 02.html**

```html
<!DOCTYPE html>
<html lang="en">

<head>
  <meta charset="UTF-8">
  <meta http-equiv="X-UA-Compatible" content="IE=edge">
  <meta name="viewport" content="width=device-width, initial-scale=1.0">
  <title>Responsive exercise1</title>
  <style>
    #wrapper{
      background: #ebebeb;
      width: 960px;
      margin: auto;
    }
```

```css
    section:after {
      content: '';
      display: block;
      clear: both;
    }

    aside {
      width: 350px;
      background: green;
      height: 200px;
      float: left;
      margin-bottom: 20px;
      color: #fff;
    }

    article {
      width: 550px;
      background: green;
      height: 200px;
      float: right;
      color: #fff;
    }
  </style>
</head>

<body>
  <div id="wrapper">
    <header>
      <h1>header</h1>
    </header>
    <section>
      <h1>section</h1>
      <aside>
        <h1>snb</h1>
      </aside>
      <article>
        <h1>article</h1>
      </article>
```

```
      </section>
      <footer>
        <h1>footer</h1>
      </footer>
    </div>
  </body>
</html>
```

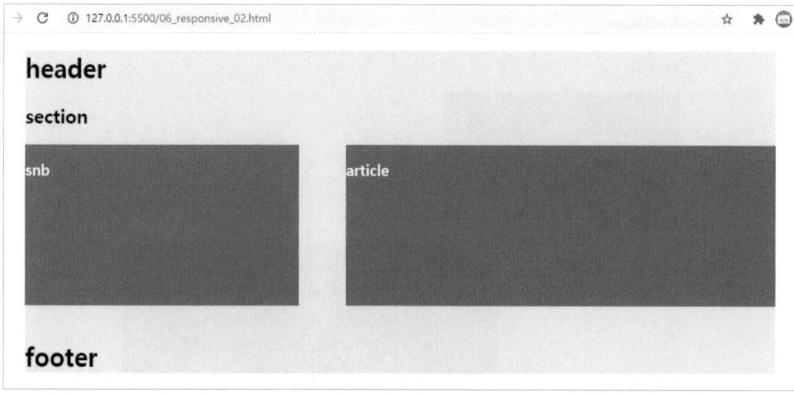

[그림 3-46] 반응형 설정 전 화면

현재 화면을 확인하면 전체 너비 960px의 wrapper 요소 안에 snb와 article이 float을 이용하여 배치되어 있습니다. 브라우저 화면의 너비를 축소하면 당연히 가로 스크롤이 생깁니다. 그것은 wrapper의 너비가 브라우저 너비보다 크기 때문입니다. 그래서 반응형에서 가장 먼저 변경해야 하는 요소의 크기는 wrapper입니다. 스타일에서 코드 3-54 와 같이 작성하고 브라우저 화면을 축소해봅니다.

코드 3-54 PART _ 3/예제/B/06 _ responsive _ 02.html

```
중략…
    article{
      width: 550px;
      background: green;
      height: 200px;
      float: right;
      color: #fff;
    }


    /* 반응형 */
```

```
    @media screen and (max-width: 960px){
        #wrapper{
            width: 100%;
        }
    }
    </style>
중략…
```

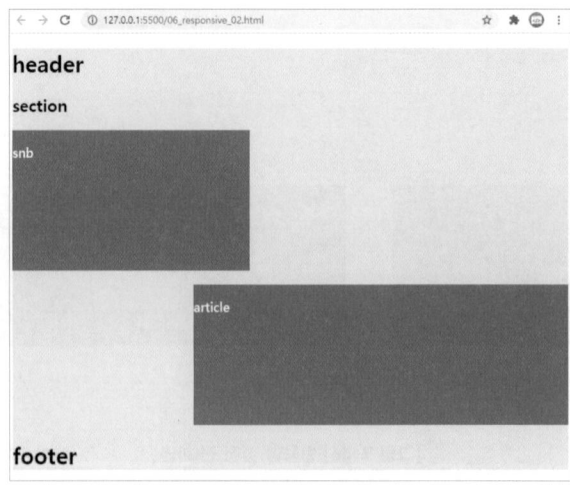

[그림 3-47] 부모의 너비가 좁아 아래로 내려온 article

브라우저의 가로 너비를 줄여보면 wrapper는 줄어든 화면 너비를 모두 사용하라고 100%로 되어 있기 때문에 브라우저 화면 하단에 가로 스크롤이 생기지는 않습니다. 하지만 snb와 article의 너비는 여전히 px로 되어 있기 때문에 좁은 너비에 배치될 수 없어 아래로 내려온 상태입니다. snb와 article의 너비를 %로 변경해줘야 합니다. [표 3-7]과 같이 계산합니다.

계산	결과
작은 값/큰 값(기준 값) * 100	960/960 x 100 = 100%
	350/960 x 100 = 36.45%
	550/960 x 100 = 57.29%

[표 3-7] 반응형에서 요소의 비율 계산

스타일에 snb와 article의 너비를 각각 36.45%, 57.29%로 지정하고 브라우저 화면을 확인합니다.

```
중략…
    /* 반응형 */
    @media screen and (max-width: 960px){
      #wrapper {
        width: 100%;
      }

      aside {
        width: 36.45%;
      }

      article {
        width: 57.29%;
      }
    }
  </style>
중략…
```

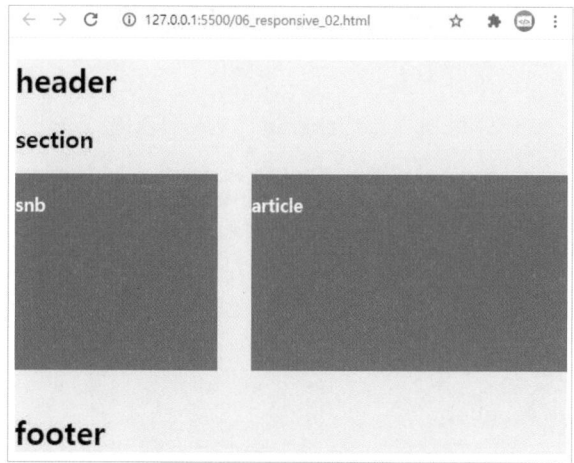

[그림 3-48] 비율대로 축소되는 요소들

6-3 구현 시 주요 내용

반응형 구현 시 수정해야 할 주요 내용을 설명합니다.

• 고정값으로 되어 있는 px, rem, em 등의 수치를 %, vw, vh등의 비율의 단위로 변경해야 합니다.

• float을 이용하여 가로 배치했던 것을 해제할 때는 float:none을 설정합니다.

• 해당 구간에서만 나타나거나 안보이도록 할 요소에 display:block 또는 display:none을 설정합니다.

- 배경지정을 해제할 때는 background:none을 설정합니다.
- 크기를 내용의 크기만큼 자연스럽게 설정되도록 할 때는 width:auto 또는 height:auto로 설정합니다.

6-4 헤더 반응형

웹사이트의 상단의 로고와 메뉴가 배치되는 전형적인 사이트의 반응형을 구현하면서 앞서 정리한 주요
내용을 살펴보겠습니다.

코드 3-56 **PART _ 3/예제/B/06 _ responsive _ 03.html**

```html
<!DOCTYPE html>
<html lang="en">

<head>
    <meta charset="UTF-8">
    <meta http-equiv="X-UA-Compatible" content="IE=edge">
    <meta name="viewport" content="width=device-width, initial-scale=1.0">
    <title>Responsive exercise2</title>
    <style>
        * {
            margin: 0;
            padding: 0;
        }

        .clearfix:after {
            content: '';
            display: block;
            clear: both;
        }

        header {
            background: #ebebeb;
        }

        .container {
            width: 960px;
            margin: 0 auto;
        }

        header h1 {
            float: left;
        }
```

```css
    header h1 a {
        line-height: 60px;
        text-decoration: none;
    }

    header nav {
        float: right;
    }

    header nav ul li {
        float: left;
        list-style: none;
        margin-left: 20px;
    }

    header nav ul li a {
        text-decoration: none;
        line-height: 60px;
    }
    </style>
</head>

<body>
    <header>
        <div class="container clearfix">
            <h1><a href="#">Logo</a></h1>
            <nav>
                <ul class="clearfix">
                    <li><a href="#">Login</a></li>
                    <li><a href="#">Member Join</a></li>
                    <li><a href="#">Site map</a></li>
                    <li><a href="#">Location</a></li>
                </ul>
            </nav>
        </div>
    </header>
</body>

</html>
```

[그림 3-49] 반응형 구현 전 메뉴

브라우저 화면을 확인하면 클래스 명 container의 너비가 960px이고 h1은 왼쪽, nav 오른쪽에 배치된 상태입니다. 구현해야 할 내용을 아래와 같습니다.

1. 960px 이하에서는 좌우 여백을 15px이 생기고 로고 왼쪽, 메뉴 오른쪽을 유지한다.
2. 640px 이하에서는 로고를 가운데로, 메뉴는 로고 밑으로 배치한다.
3. 640px 이하에서는 메뉴 사이 간격은 40px을 유지하고 가운데 배치한다.

첫 번째 항목부터 구현합니다. 스타일을 작성하고 브라우저를 확인합니다.

코드 3-57 PART _ 3/예제/B/06 _ responsive _ 03.html

```
/* 반응형 */
@media screen and (max-width: 960px) {
    .container {
        width: 100%;
        padding: 0 15px;
    }
}

</style>
```

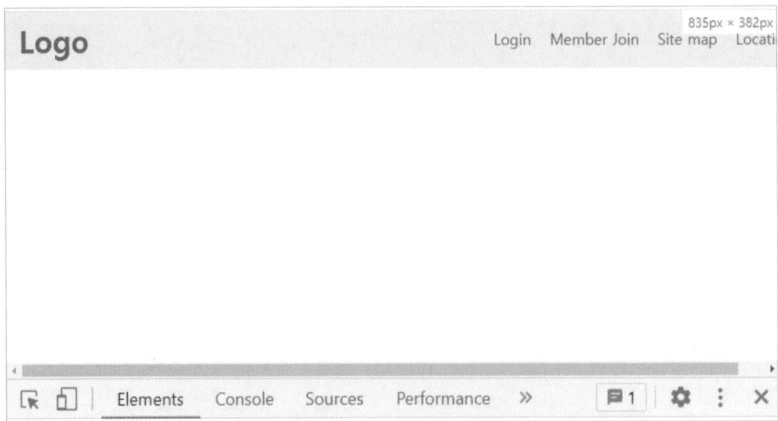

[그림 3-50] 960px 이하 너비의 container 설정

브라우저에서 F12 개발자 도구를 켜고 브라우저의 너비를 줄여보면 우측 상단의 현재 브라우저의 너비를 확인할 수 있습니다. 현재 835px인데 브라우저 하단을 보면 가로 스크롤이 생겨 있습니다. 스타일에서

분명 width:100%로 브라우저 너비를 모두 사용하라고 했는데 이상하게 넘쳐 있습니다. 이것은 width 값 100%에 padding:0 15px로 지정한 패딩이 더해져서 전체 크기가 100% + 30px이 되었기 때문입니다. 이것을 해결하기 위해 너비의 계산방식을 요소의 보더까지를 100%로 구현하라고 box-sizing:border-box를 추가합니다. 그러면 100% 안쪽으로 패딩을 반영하게 됩니다.

코드 3-58 PART _ 3/예제/B/06 _ responsive _ 03.html

```
@media screen and(max-width: 960px){
  .container{
    width: 100%;
    padding: 0 15px;
    box-sizing: border-box;
  }
}
```

[그림 3-51] 요소의 너비가 넘치지 않는 container

두 번째 항목을 구현하기 위해서 미디어 쿼리 구간을 설정하고 스타일을 작성합니다. 우선 플롯을 이용하여 좌우 배치했던 속성을 해제하고 로고를 가운데로 배치하기 위해서 h1 요소에 text-align:center를 추가합니다.

코드 3-59 PART _ 3/예제/B/06 _ responsive _ 03.html

```
header h1,
header nav{
  float: none;
  text-align: center;
}
```

[그림 3-52] float 해지로 세로 배치되는 로고와 메뉴

h1 요소 안의 a 요소는 인라인 요소이기 때문에 text-align:center의 영향을 받아 가운데로 배치된 상태입니다. 하지만 메뉴인 ul은 왼쪽에 있는 상태입니다. 앞서 코드 3-59 에서 header nav에도 text-align:center를 했기 때문에 해당 요소의 자식 요소 중 글씨 성격 즉 인라인 요소를 가운데 둘 수 있습니다. nav의 자식 요소인 ul을 인라인 블록으로 설정하고 가운데로 배치할 수 있겠습니다. 이때 간격도 조절하겠습니다.

코드 3-60 PART _ 3/예제/B/06 _ responsive _ 03.html

```
@media screen and (max-width: 640px) {
    header h1,
    header nav {
        float: none;
        text-align: center;
    }

    header nav ul {
        display: inline-block;
    }

    header nav ul li {
        margin-right: 20px;
    }
}
```

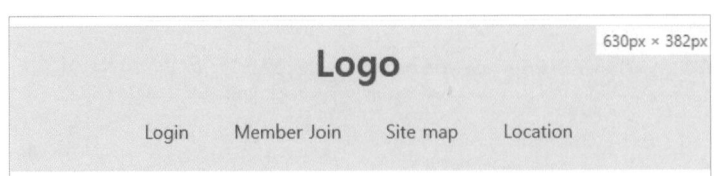

[그림 3-53] text-align 속성의 값으로 가운데 정렬되는 메뉴

6-5 반응형 주의사항

반응형 작성 시 주의사항은 반응형에서 작성하는 CSS가 기존의 CSS를 대체할 수 있도록 우선순위가 높아야 한다는 것입니다. 예를 들어 앞서 header의 반응형 구현에서 미디어 쿼리에서 작성한 스타일을 기존 스타일 위로 변경해보겠습니다.

코드 3-61 PART _ 3/예제/B/06 _ responsive _ 03.html

```css
.clearfix:after {
  content: '';
  display: block;
  clear: both;
}


/* 반응형 */
@media screen and (max-width: 960px) {
  .container {
    width: 100%;
    padding: 0 15px;
    box-sizing: border-box;
  }
}


@media screen and (max-width: 640px) {

  header h1,
  header nav {
    float: none;
    text-align: center;
  }

  header nav ul {
    display: inline-block;
  }

  header nav ul li {
    margin-right: 20px;
  }
}
```

```
    /* 기존 PC 구간 스타일 */


  header {
    background: #ebebeb;



  }

중략…
```

[그림 3-54] 반응형이 적용되지 않은 화면

브라우저 화면을 확인하면 반응형 스타일이 전혀 반영되어 있지 않은 것을 볼 수 있습니다. 다시 원래 위치로 내려줍니다. 아래에 있을 때 작동하는 이유는 같은 선택자를 사용한 경우 스타일에서 하단에 있을수록 우선순위가 높아지기 때문입니다. 현재 예제 파일에서는 HTML 태그에 style 태그 안에 스타일 작성했지만 만약에 반응형 CSS가 별도의 파일로 구분되어 있다면 로드 순서가 코드 3-62와 같이 되어 있어야 합니다.

코드 3-62 **PART _ 3/예제/B/06 _ responsive _ 03.html**

```
<head>
  <meta charset="UTF-8">
  <meta http-equiv="X-UA-Compatible" content="IE=edge">
  <meta name="viewport" content="width=device-width, initial-scale=1.0">
  <title>Responsive exercise2</title>
  <link rel="stylesheet" href="css/main.css">
  <link rel="stylesheet" href="css/responsive.css">
중략…
```

6-6 레티나 이미지

마지막으로 반응형에서 신경 써야 할 또 한 가지는 중요한 사항은 레티나 이미지 구현입니다. PC 모니터와 다르게 고해상도 픽셀 레티오를 가지고 있는 기기에 맞춰 이미지의 해상도를 유지하며 화면에 표시하는 것은 지면 관계상 본서에 수록하지 못한 점 양해 부탁드립니다. 해당 내용은 필자의 유튜브 채널에서 확인 부탁드립니다.

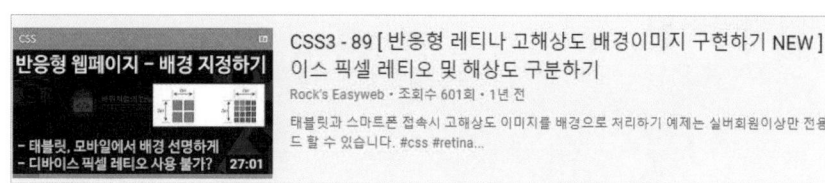

[그림 3-55] https://youtu.be/GLLrgN04al4

해당 영상의 예제 파일도 깃허브나 영진닷컴에서 다운로드한 예제 폴더에서 확인하실 수 있습니다.

이번 장의 마무리

CSS 중급편에서는 그림자, 그레디언트를 비롯하여 요소에 애니메이션을 추가할 수 있는 transition, animation 속성을 학습하고, 다양한 방법으로 요소의 위치, 크기, 회전등을 조정할 수 있는 transform 속성까지 학습했습니다. 이번에는 연습 문제를 풀어보고 앞서 학습한 내용을 종합하여 실전 예제를 구현해보면서 마무리하겠습니다.

연습 문제

1. shadow, gradient, transition, animation, transform, responsive

01 글자에 그림자를 설정하고자 합니다. 글자 위치에서 오른쪽으로 10px, 아래쪽으로 10px, 그림자의 blur 정도는 0으로 그림자의 색상은 투명도 50%의 검은색으로 지정하는 코드를 완성하세요.

```
.text {                                      }
```

02 input 요소에 초점에 이동했을 때 그림자를 안쪽으로 설정하고자 합니다. 코드에서 밑줄친 부분을 완성하세요.

```
input:focus{
    box-shadow: _____ 0 0 3px rgba(0, 0, 255, .5);
}
```

03 요소에 선형 그레디언트 배경을 위쪽에서 아래쪽으로 검은색에서 흰색으로 구현하고자 합니다. 가장 축약하여 작성한다고 했을 때 아래 코드를 완성해주세요.

```
.linear {
   background: linear-gradient(                    );
}
```

04 다수의 트랜지션 속성을 각각 입력한 부분을 하나의 속성으로 축약하여 작성하고자합니다. 다음 코드를 완성해주세요.

```
div img {
   width: 200px;
   /*
   transition-property: width;
   transition-delay: 0s;
   transition-duration: 0.3s;
   transition-timing-function: ease-out);
   */
   transition: (                    ) ;
}
```

05 웹페이지가 오픈되자마자 요소의 색상이 green에서 blue로 변경되도록 하고 싶습니다. 아래에서 빈칸을 완성하세요.

```
.box {
    width: 100px;
    height: 100px;
    background: green;
    animation: changcolor 2s forwards;
}
@ (              ){
    0% {background-color: green; }
    100% {background-color: blue; }
}
```

06 이미지에 마우스를 올렸을 때 기존 대비 150% 확대되도록 작성하고자 합니다. 빈칸을 완성해주세요.

```
.scale img{
    transition: all 0.5s;
}
.scale:hover img {
    (              )
}
```

07 미디어 쿼리를 이용하여 반응형 구간을 설정하고자 합니다. 브라우저 너비가 480px 이상 768px 이하일 때 아래 구문을 완성해주세요.

```
@media screen and(          ) and(              ){


}
```

실전 예제

1. Image Caption Animation

지금까지 학습한 내용을 바탕으로 이미지에 마우스를 올리면 설명과 링크가 나타나는 애니메이션을 구현해보겠습니다.

[그림 3-56] 스타일 작성 전   [그림 3-57] 스타일 작성 후

코드 3-63 PART _ 3/예제/B/07 _ image _ caption.html

```html
<!DOCTYPE html>
<html lang="en">


<head>
  <meta charset="UTF-8">
  <meta http-equiv="X-UA-Compatible" content="IE=edge">
```

```
    <meta name="viewport" content="width=device-width, initial-scale=1.0">
    <title> Image Caption Animation</title>
    <link rel="stylesheet" href="css/07.css">
</head>
<body>
    <ul class="latest_works">
        <li>
            <figure>
                <img src="imgs/07_img.jpg" alt="nature">
                <figcaption>
                    <p>image description</p>
                    <a href="">read more</a>
                </figcaption>
            </figure>
        </li>
        <li>
            <figure>
                <img src="imgs/07_img.jpg" alt="nature">
                <figcaption>
                    <p>image description</p>
                    <a href="">read more</a>
                </figcaption>
            </figure>
        </li>
    </ul>
</body>

</html>
```

코드를 살펴보면 figure 태그 안에 img 태그와 figcaption이 있습니다. 구현해야 할 사항을 정리해보겠습니다.

1. 마우스를 올렸을 때 나타날 검은색을 figure:before 선택자로 생성하고 figure 우측에 배치한다.

2. figcaption은 절댓값으로 figure를 기준으로 정가운데 있도록 하고 글씨들은 가운데 정렬한다.

3. figcaption의 자식 요소 p 요소의 색상과 간격, a 요소의 테두리 여백 등 스타일을 설정한다.

4. figcaption의 자식 요소들을 모두 안보이도록 하고 우측으로 살짝 이동시켜 놓는다.

5. figure 요소에 마우스를 올렸을 때 작동할 애니메이션 fadeLeftIn을 작성한다.

6. 애니메이션 fadeLeftIn에서 투명도와 위치를 변경하는 스타일을 작성한다.

7. figure에 마우스를 올렸을 때 우측에 배치했던 검은색이 들어오도록 한다.

1번부터 순서대로 스타일을 작성해보겠습니다.

코드 3-64 **PART _ 3/예제/B/07 _ image _ caption.html**

```
li figure:before{
 content:'';
 position: absolute;
 left: 0; right: 0; bottom: 0; top: 0;
 background: rgba(0, 0, 0, .8);
 transform:translateX(100%);
 transition: 0.35s cubic-bezier(0.65, 0, 0.35, 1);
}
```

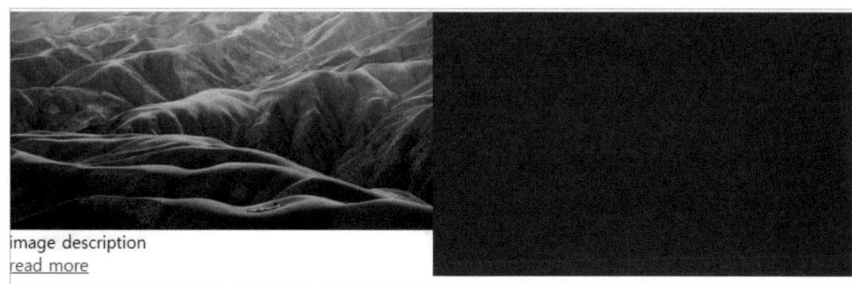

[그림 3-58] 그림 우측에 배치된 가상요소

소스 코드가 있는 07.css 파일에 스타일을 작성하고 브라우저를 확인해봅니다. 2번 항목의 스타일로 figcaption의 자식 요소를 정가운데 배치합니다.

코드 3-65 **PART _ 3/예제/B/07 _ image _ caption.html**

```
li figure figcaption{
 position: absolute;
 left: 50%; top: 50%;
 transform:translate(-50%, -50%);
 text-align: center;
}
```

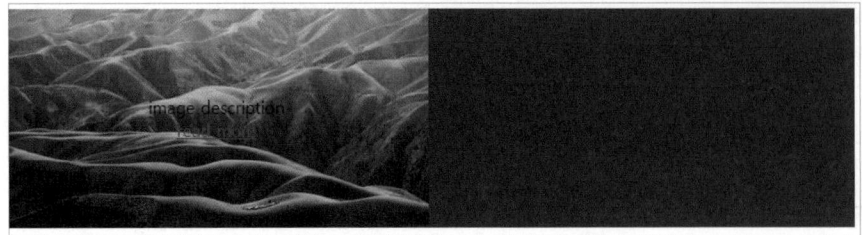

[그림 3-59] 중앙에 배치된 설명과 링크

다음으로 3번 항목의 스타일을 작성합니다.

코드 3-66 PART _ 3/예제/B/07 _ image _ caption.html

```
li figure figcaption p{
  color: #fff;
  margin-bottom: 20px;
}
li figure figcaption a{
  padding: 5px 20px;
  text-decoration: none;
  border: 1px solid rgba(255, 255, 255, .5);
  color: #fff;
}
```

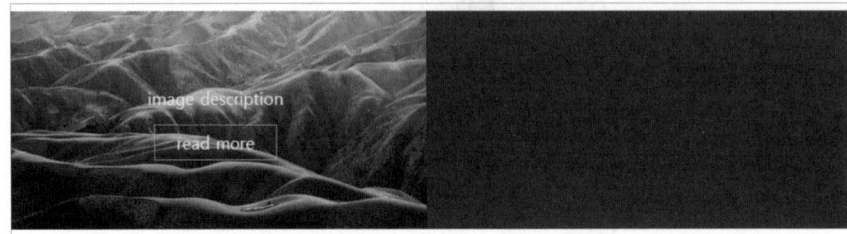

[그림 3-60] 설명과 링크 스타일

p 태그와 a 태그의 스타일을 적용했습니다. 다음으로 4번 항목의 스타일을 작성합니다.

코드 3-67 PART _ 3/예제/B/07 _ image _ caption.html

```
li figure figcaption > * {
    opacity: 0;
    margin-left: 50px;
}
```

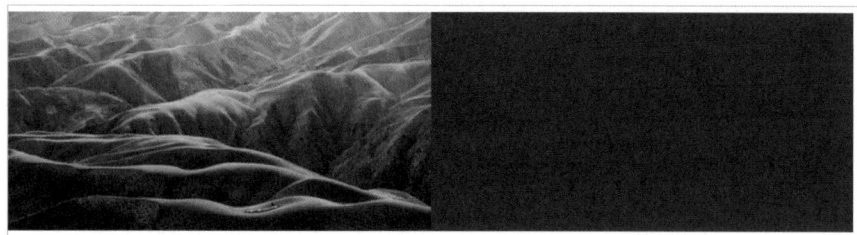

[그림 3-61] 마우스 올리기 전 보이지 않는 설명과 링크

브라우저를 확인하면 이제 설명과 링크는 사라져서 안보이고 있습니다. 다음으로 5번 항목의 figure 요소에 마우스를 올렸을 때 작동할 애니메이션 fadeLeftIn을 작성하겠습니다.

코드 3-68 PART _ 3/예제/B/07 _ image _ caption.html

```
li figure:hover figcaption > * {
    animation:fadeLeftIn 0.5s cubic-bezier(0.65, 0, 0.35, 1) forwards;
}
```

코드를 다시 살펴보면, 애니메이션 이름을 fadeLeftIn이라고 하고 속도는 easings.net에서 easeInOutCubic 속도 모델을 사용했습니다. animation-fill-mode:forwards를 추가하여 @keyframes에서 지정한 마지막 구간에서 멈춰 있도록 즉 진행 방향(forwards)에서 멈춰 있도록 했습니다.

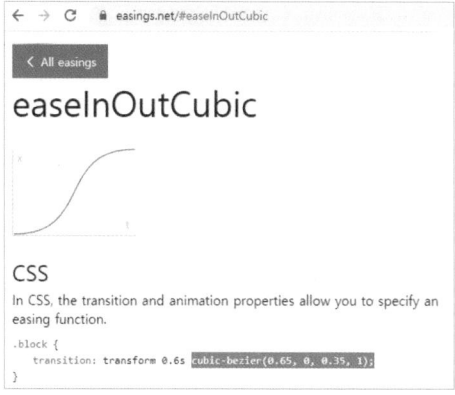

[그림 3-62] easings.net의 이징 모델 확인

마지막으로 6번과 7번 항목의 스타일을 작성하겠습니다.

6. 애니메이션 fadeLeftIn에서 투명도와 위치를 변경하는 스타일을 작성한다.

7. figure에 마우스를 올렸을 때 우측에 배치했던 검은색이 들어오도록 한다.

코드 3-69 **PART _ 3/예제/B/07 _ image _ caption.html**

```
@keyframes fadeLeftIn{
  from {opacity:0; margin-left:50px;}
  to{opacity:1; margin-left:0;}
}


li figure:hover:before{
  transform:none;
}
```

[그림 3-63] 마우스 올리기 전후 위치

마우스를 올려보면 이제 옆에 있던 검은색으로 좌측으로 들어오고, 안보이면 설명과 링크가 나타나고 있습니다. 마지막으로 옆에 배치되어 있는 검은색이 안보이도록 figure에 가서 다시 overflow:hidden을 적용합니다.

코드 3-70 **PART _ 3/예제/B/07 _ image _ caption.html**

```
li figure{
  position: relative;
  overflow: hidden;
}
```

[그림 3-64] 이미지 캡션 애니메이션 완성

이제 마우스를 올리기 전에 검은색이 보이지 않고 마우스를 올리면 설명과 링크가 검은색 위에 잘 나타나 있습니다.

2. Aside Navigation Animation

이번에는 순수하게 CSS만 작성하여 버튼을 클릭 시 안보이면 메뉴가 왼쪽에서 스윽 들어오는 애니메이션을 구현해보겠습니다. 예제 파일 08_aside_animation.html을 오픈합니다.

코드 3-71 PART _ 3/예제/B/08 _ aside _ animation.html

```
<!DOCTYPE html>
<html lang="en">

<head>
    <meta charset="UTF-8">
    <meta http-equiv="X-UA-Compatible" content="IE=edge">
    <meta name="viewport" content="width=device-width, initial-scale=1.0">
    <title>Aside Menu Animation</title>
    <link rel="stylesheet" href="https://cdnjs.cloudflare.com/ajax/libs/font-awesome
awesome/5.15.4/css/all.min.css" integrity="sha512-1ycn6IcaQQ40/MKBW2W4Rhis/
DbILU74C1vSrLJxCq57o941Ym01SwNsOMqvEBFlcgUa6xLiPY/NS5R+E6ztJQ==" crossorigin
="anonymous" referrerpolicy="no-referrer" />
    <link rel="stylesheet" href="css/08.css">
```

```
</head>

<body>
  <input type="checkbox" id="toggle">
  <header>
    <label for="toggle">
      <i class="fas fa-bars"></i>
      <i class="fas fa-times"></i>
    </label>
  </header>
  <aside>
    <h2>Navigation</h2>
    <ul>
      <li><a href="">About us</a></li>
      <li><a href="">Works</a></li>
      <li><a href="">Location</a></li>
      <li><a href="">Contact</a></li>
    </ul>
  </aside>
  <main>
    <h2>About us</h2>
    <section>
중략…
```

예제의 HTML을 살펴보면 fontawesome으로 열고 닫는 버튼을 구현하기 위한 CSS가 로드되어 있고, 본문에는 input 태그와 label 태그, 메뉴를 구성할 aside, 본문은 제목과 문단으로 구성된 section들이 있습니다. 현재 브라우저 화면은 [그림 3-65]와 같습니다.

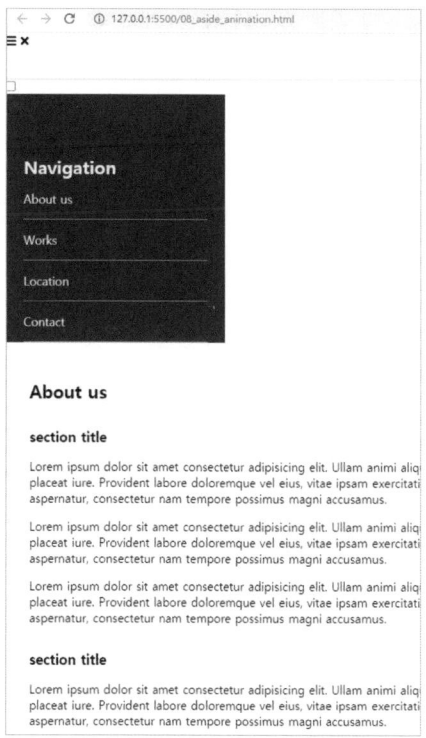

[그림 3-65] 스타일 지정전 브라우저

CSS에서 스타일을 완성하면 기본적으로 [그림 3-66]과 같고 왼쪽 상단의 열고 닫는 버튼(토글 버튼)을 클릭하면 숨어있던 aside가 [그림 3-67]과 같이 들어오도록 하겠습니다.

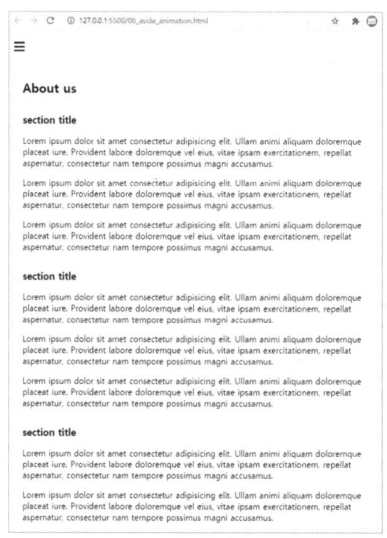

[그림 3-66] 토글 버튼 클릭 전

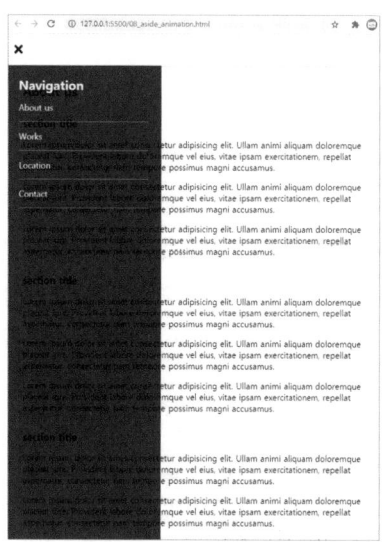

[그림 3-67] 토글 버튼 클릭 후

현재 CSS는 헤더를 고정하고 aside의 기본 크기와 배경, 제목과 메뉴의 스타일이 설정된 상태입니다. 구현해야 할 사항을 정리하고 순서대로 구현해보겠습니다.

1. label을 header를 기준으로 왼쪽 중앙에 배치하고, 토글 버튼 중 닫기 버튼이 나오지 않도록 합니다.

2. label을 클릭할 때 토글 버튼이 열고 닫는 아이콘으로 변경되도록 합니다.

3. aside를 화면을 기준으로 세로 전체를 쓰도록 하고 화면 왼쪽 바깥으로 나가도록 합니다.

4. label을 클릭할 때 나가 있던 aside가 다시 들어오도록 하고 화면에 표시될 필요가 없는 input은 보이지 않도록 합니다.

첫 번째 항목부터 스타일을 설정합니다.

1. label을 header를 기준으로 왼쪽 중앙에 배치하고, 토글 버튼 중 닫기 버튼이 나오지 않도록 합니다.

코드 3-72 PART _ 3/예제/B/css/08.css

```
label{
    position: absolute;
    left: 15px;
    top: 50%;
    transform:translateY(-50%);
    color: #000;
    font-size: 1.5rem;
    cursor: pointer;
}
label i:last-child{
    display: none;
}
```

label 요소를 절댓값으로 header를 기준으로 왼쪽에서 15px 위치 세로를 기준으로는 중앙에 배치했습니다. 이때 마우스를 올렸을 때 링크와 같이 커서를 변경하기 위해서 cursor:pointer로 설정했습니다. 이렇게 하면 마우스 포인터가 손가락 모양으로 변경됩니다.

[그림 3-68] 토글 버튼(label) 스타일

두 번째 항목의 스타일을 설정합니다.

2. label을 클릭할 때 토글 버튼이 열고 닫는 아이콘으로 변경되도록 합니다

현재 HTML에서 label 요소를 확인하면 자식 요소로 i 태그가 2개 있습니다. 이때 label을 클릭하면 label과 연결되어 있는 input이 체크가 됩니다. 이것은 두 요소가 for 속성의 값과 id 값으로 연결되어 있기 때문입니다.

코드 3-73 PART _ 3/예제/B/08 _ aside _ animation.html

```
중략…
  <input type="checkbox" id="toggle">
  <header>
    <label for="toggle">
      <i class="fas fa-bars"></i>
      <i class="fas fa-times"></i>
    </label>
  </header>
중략…
```

현재 label을 클릭해보면 input이 체크되는 것을 확인할 수 있습니다.

[그림 3-69] label 클릭시 체크되는 input

input이 체크되면 체크된 input은 #toggle:checked로 선택할 수 있습니다. #toggle:checked로 선택한 요소의 형제 요소인 header를 선택하기 위해서는 인접형제 선택자인 + 또는 ~를 사용하면 됩니다. 바로 뒤 요소를 선택하고 그 자식 요소중 i를 보이거나 안보이도록 하는 것이기 때문에 코드 3-74 와 같이 작성할 수 있습니다.

코드 3-74 **PART _ 3/예제/B/css/08.css**

```css
#toggle:checked + header label i:last-child{
    display: block;
}
#toggle:checked + header label i:first-child{
    display: none;
}
```

작성하고 브라우저에서 label을 클릭해보면 아이콘이 변경되는 것을 볼 수 있습니다.

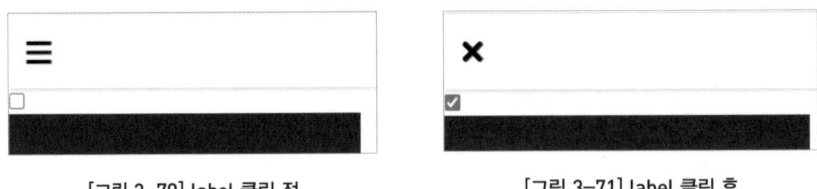

[그림 3-70] label 클릭 전   [그림 3-71] label 클릭 후

주의사항은 이렇게 input 요소가 체크되었을 때 그 뒤의 요소들의 스타일을 변경하려면 HTML 작성할 때 반드시 input 요소가 가장 앞에 있어야 하는 것입니다. 만약 순서가 바뀌어 있으면 input 요소 이전의 요소는 스타일을 변경할 방법이 없게 됩니다.

세 번째 항목의 스타일을 설정합니다.

3. aside를 화면을 기준으로 세로 전체를 쓰도록 하고 화면 왼쪽 바깥으로 나가도록 합니다.

코드 3-75 **PART _ 3/예제/B/css/08.css**

```css
section p{
    margin:1rem 0;
}

aside{
    background: rgba(0, 0, 0, .8);
    padding: 5rem 1.5rem 0;
    width: 250px;
```

```
    position:fixed;
    background: rgba(0, 0, 0, .8);
    transform:translateX(-100%);
    top: 0;
    bottom: 0;
    transition:transform 0.5s;
}
aside h2 {
    color:#fff;
    margin-bottom: 1rem;
}
```

코드 3-75 와 같이 기존 aside 선택자의 스타일에 position부터 배경을 설정하고 transform을 이용하여
현재 위치에서 100%왼쪽으로 이동하도록 하고 이후 transform 값이 변경되는 것이 보이도록 transition
을 추가했습니다. 브라우저 화면을 보면 이제 aside는 보이지 않을 것입니다.

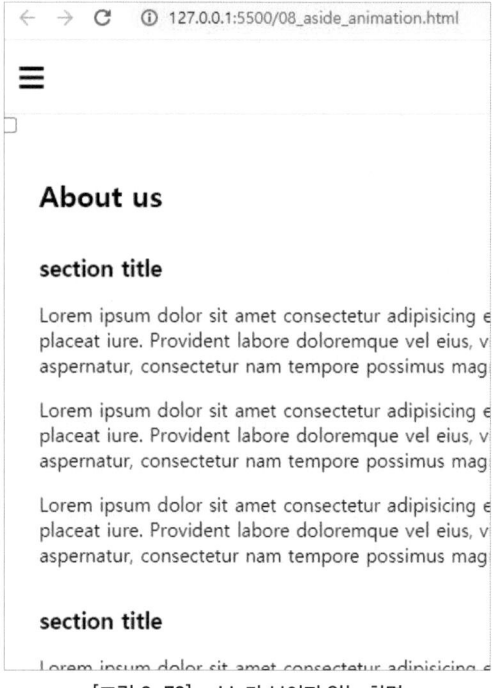

[그림 3-72] aside가 보이지 않는 화면

네 번째 항목의 스타일을 설정합니다.

4. label을 클릭할 때 나가 있던 aside가 다시 들어오도록 하고 화면에 표시될 필요가 없는 input은 보이지 않도록 합니다.

코드 3-76 PART _ 3/예제/B/css/08.css

```css
#toggle:checked ~ aside{
    transform: none;
}
input{
    display: none;
}
```

label을 클릭해서 #toggle이 check가 되면 형제 요소 중 aside를 모두 선택하는 선택자 ~(틸드, 물결)을 사용하여 기존의 transform 값을 없었던 값으로 지정했습니다. input은 화면에 표시되지 않으면 되기 때문에 display:none으로 합니다. 브라우저에서 이제 토글 버튼을 클릭하면 숨어 있던 aside가 스윽 잘 들어오고 있을 것입니다.

PART **4**

javascript
기초

이 장의 내용

- 변수
- 함수
- 객체
- 배열
- 연산자
- 조건문
- 반복문
- 문자열
- 타이머
- 수학 연산

4 javascript 기초

javascript 파트에서는 javascript 문법을 이용하여 웹페이지의 다양한 UI/UX 효과를 구현하는 것에 중점을 두고자 합니다. 우선 변수, 함수, 연산자, 조건문 등 기초 문법을 먼저 학습하고, 그 이후 본격적으로 HTML에서 원하는 요소를 선택하고 선택한 요소의 CSS 속성을 변경하거나 이벤트를 적용하는 방법을 학습합니다.

1. 기본 용어

1-1 표현식과 문장

표현식은 값을 만들어내는 것을 말합니다.

> 예: 346, 10 + 44 /3, "Test"

문장은 하나 이상의 표현식이 모인 것을 말합니다. 문장을 끝맺을 때는 세미콜론(;)을 기술합니다.

> 예: 346; 10 + 44 /3; var test = "Test", alert('hello world');

1-2 식별자

식별자는 변수 명과 함수 명과 같은 이름을 붙일 때 사용하는 단어를 말합니다. 한글, 한자, 일본어 같은 모든 언어를 사용할 수 있습니다. 식별자는 숫자로 시작할 수 없고, 특수문자는 밑줄(_) 또는 달러기호($)로 시작해야 합니다. 숫자를 사용하려면 변수 명 뒤에 사용할 수 있습니다.

사용 가능	사용 불가능
beta	break
beta10	22beta
_beta	Beta test
$beta	
BETA	

[표 4-1] 사용 가능한 식별자

사용 불가능한 변수 명에서 break는 앞서 설명한 규칙에는 부합하지만 사용할 수 없습니다. 그 이유는 해당 변수 명은 javascript에서 사용하는 예약어이기 때문입니다.

abstract	arguments	await*	boolean
break	byte	case	catch
char	class*	const	continue
debugger	default	delete	do
double	else	enum*	eval
export*	extends*	false	final
finally	float	for	function
goto	if	implements	import*
in	instanceof	int	interface
let*	long	native	new
null	package	private	protected
public	return	short	static
super*	switch	synchronized	this
throw	throws	transient	true
try	typeof	var	void
volatile	while	with	yield

[표 4-2] 예약어
(*표는 ECMAScript 5, 6에서 새롭게 추가됨)
출처 : https://www.w3schools.com/js/js_reserved.asp

◀ 혼자 정리하는 웹 퍼블리싱 ▶

예약어를 피하는 방법

예약어를 피하는 가장 쉬운 방법은 특수문자를 활용하는 것입니다. 식별자 앞에 $ 또는 _를 붙여줍니다.

예시) $break, _new

1-3 식별자의 종류

구분	단독으로 사용	다른 식별자와 사용
식별자 뒤에 괄호 없음	변수 (예 output)	속성 (예 Array.prototype)
식별자 뒤에 괄호 있음	함수 (예 alert('hello world')	메서드 (Math.round())

[표 4-3] 식별자의 종류

식별자는 단독으로 사용하는 경우에 식별자 뒤에 괄호가 있으면 함수이고, 괄호가 없으면 변수입니다. 다른 식별자와 같이 사용하는 경우 식별자 뒤에 괄호가 있으면 메서드, 없으면 속성이라고 합니다.

1-4 주석

javascript에서 주석 처리 방법은 아래와 같습니다. 주석 처리에서 주의할 점은 주석을 중첩해서 사용할 수 없다는 것입니다.

가능한 주석	불가능한 주석
// 한 줄 주석	
/* 여러 줄 주석입니다. */	/* 주석 /* 중첩된 주석은 쓸 수 없습니다 */ */
/* // 주석 여러 줄 주석입니다. */	

[표 4-4] 주석

1-5 스크립트 실행

javascript를 웹페이지에서 실행하는 방법은 크게 3가지 방법이 있습니다. HTML 태그 요소에 직접 스크립트를 작성하거나, script 영역에 작성하거나, 별도의 파일로 작성 후 로드하는 방법이 있습니다. 첫 번째로 태그에 직접 작성하는 방법을 보겠습니다. Part 4 예제 폴더 내 A 폴더에서 00_basic.html을 오픈합니다.

태그에 script 작성

코드 4-1   PART _ 4/예제/A/00 _ basic.html

```html
<!DOCTYPE html>
<html lang="en">
  <head>
    <meta charset="utf-8">
    <meta http-equiv="X-UA-Compatible" content="IE=edge,chrome=1">

    <title>자바스크립트 기초</title>
    <meta name="description" content="">
    <meta name="author" content="user1">
    <meta name="viewport" content="width=device-width, initial-scale=1.0">

  </head>
  <body>

  </body>
</html>
```

현재 파일을 보면 body 태그 안에 내용이 없습니다. 코드 4-2 와 같이 body 태그 안에 버튼을 생성하고 스크립트를 작성합니다.

코드 4-2   PART _ 4/예제/A/00 _ basic.html

```html
<button onclick="alert('hello world');" >클릭하세요.</button>
```

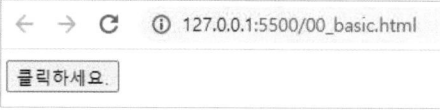

[그림 4-1] 버튼 생성

생성된 버튼을 클릭해보면 [그림 4-2]와 같이 경고창이 나타나는 것을 확인할 수 있습니다.

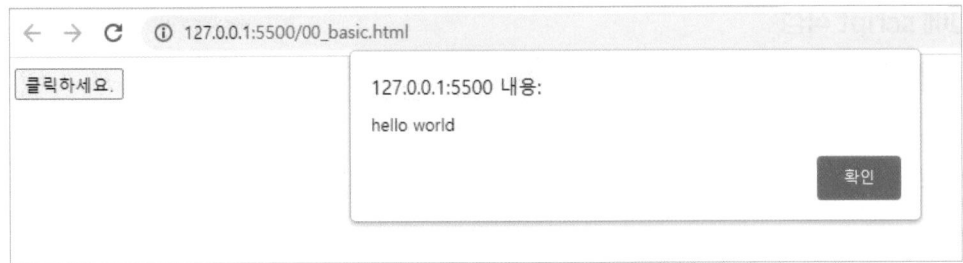

[그림 4-2] 경고창

버튼 태그에 onclick 속성의 값으로 alert이라는 자바스크립트 내장 함수를 이용하여 경고 문구를 작성해봤습니다.

<script> 태그에 작성

다음으로 script 태그 내에 코드를 작성하여 구현해보겠습니다. script 태그는 head 태그 또는 body 태그 등 어느 곳이든 추가할 수 있습니다. 코드 4-3 과 같이 코드를 작성하고 브라우저 화면을 확인해봅니다.

코드 4-3   PART _ 4/예제/A/00 _ basic.html

```
중략…
    <meta name="author" content="user1">
    <meta name="viewport" content="width=device-width, initial-scale=1.0">

    <script>
      alert('hello world');
    </script>
  </head>
```

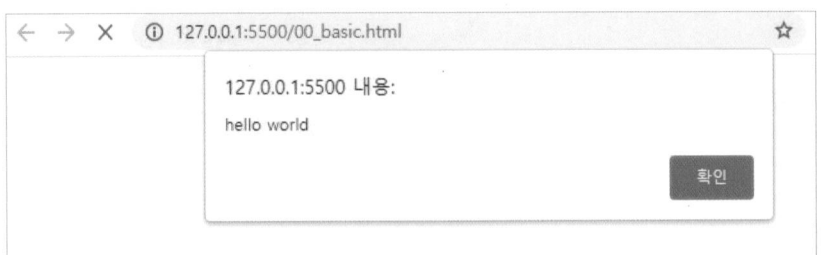

[그림 4-3] 경고창 실행

브라우저를 확인해보면 웹페이지가 열리자마자 경고창이 뜨는 것을 볼 수 있습니다. 다음으로 현재 스크립트를 주석 처리하고 이번에는 같은 코드를 body 태그 안에 위치로 옮겨 놓고 브라우저 화면을 확인해봅니다.

```html
    <meta name="viewport" content="width=device-width, initial-scale=1.0">

    <!--
    <script>
      alert('hello world');
    </script>
    -->
</head>
<body>

    <button onclick="alert('hello world');" >클릭하세요.</button>

    <script>
      alert('hello world');
    </script>
</body>
```

브라우저 화면을 확인해보면 마찬가지로 경고창이 이상 없이 작동하고 있습니다.

[그림 4-4] 경고창 실행

별도의 파일을 로드하기

별도의 파일을 작성하고 로드하는 방법으로 스크립트를 실행할 수 있습니다. 기존의 스크립트는 모두 주석 처리하고 [그림 4-5]와 같이 00_basic.js를 생성하고 기존 스크립트를 작성하여 저장합니다.

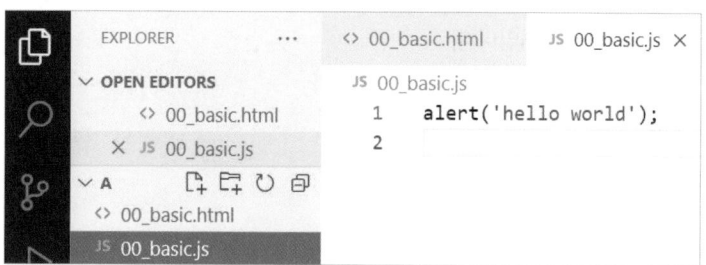

[그림 4-5] 00_basic.js 생성

코드 4-5 와 같이 script 태그의 src 속성의 값으로 로드하고자 하는 스크립트 파일의 경로를 작성하고
브라우저 화면에서 확인합니다.

코드 4-5 **PART _ 4/예제/A/00 _ basic.html**

```
<!--
<script>
    alert('hello world');
</script>
-->
<script src="00_basic.js"></script>
</head>
<body>

    <button onclick="alert('hello world');" >클릭하세요. </button>

    <script>
        //alert('hello world');
    </script>
</body>
```

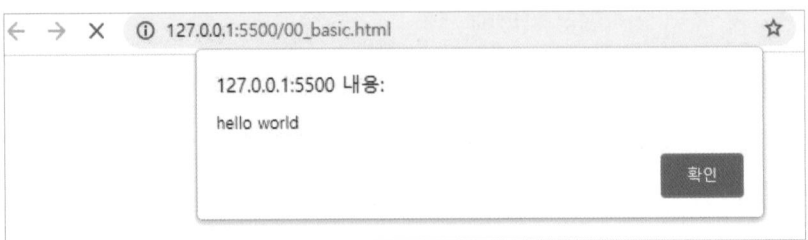

[그림 4-6] 경고창

브라우저를 확인하면 경고창이 이상 없이 작동하는 것을 볼 수 있습니다. 작성한 스크립트가 해당 파일
에만 적용된다면 별도의 파일로 작성할 필요없이 해당 페이지내에 작성할 수 있지만, 작성한 스크립트가
여러 페이지에서 공통으로 구현되어야 할 공통의 기능이라면 별도의 스크립트 파일로 분리하고 필요한
페이지에서 로드하는 방식이 효율적입니다.

2. 변수

javascript에서 변수를 선언하는 방법은 3가지가 있습니다. ECMAScript 6 이후부터는 let 및 const를 이용한 변수 작성이 일반적입니다.

키워드	설명
var	변수를 선언하고 동시에 값을 초기화 합니다.
let	블록범위의 지역변수를 선언하고 동시에 값을 초기화 합니다.
const	블록범위의 상수를 선언합니다.

[표 4-5] 변수선언

◀ 혼자 정리하는 웹 퍼블리싱 ▶

ECMAScript란?

ECMAScript는 표준화된 스크립트 프로그래밍 언어로서, 자바스크립트를 표준화하기 위해 만들어졌습니다. ECMAScript는 웹의 클라이언트 사이드 스크립트로 많이 사용되며 Node.js를 사용한 서버 응용 프로그램 및 서비스에도 점차 많이 쓰이고 있습니다. ECMAScript는 여러 버전이 있으며 많이 사용하는 버전은 2015년 6월에 개정된 ES2015라 불리는 버전과 ES2016 버전이 있습니다. 계속 업데이트되고 버전별로 새롭게 생성된 함수 및 속성들이 존재합니다.

출처 및 참조 : https://www.ecma-international.org/

2-1 변수 생성

프로그래밍을 할 때 변수를 잡는 이유는 프로그래밍을 하면서 지속적으로 사용해야 하는 값들을 저장해 놓고 필요할 때 재사용하거나, 지정한 값을 수정하면서 프로그램을 효율적으로 작성할 수 있기 때문입니다.

문법

let 변수 명 = 값;

변수를 생성하는 기본 문법은 var 키워드 다음에 변수 명을 입력하고 등호(equal sign) 뒤에 해당 변수 명에 저장할 값을 지정합니다. 이때 변수 명은 앞서 [표 4-1] 식별자에서 설명한 규칙에 따라서 작성해야 합니다. 간단하게 문자를 변수에 담고 그 문자를 웹페이지에 출력해보겠습니다. PART_4/A 예제 폴더에서 01_variant1.html 파일을 오픈하고 과 같이 작성 후 브라우저 화면을 확인해봅니다.

```html
<!DOCTYPE html>
<html lang="en">

<head>
    <meta charset="utf-8">
    <meta http-equiv="X-UA-Compatible" content="IE=edge,chrome=1">

    <title>변수 - 자바스크립트 기초</title>
    <meta name="description" content="">
    <meta name="author" content="user1">
    <meta name="viewport" content="width=device-width, initial-scale=1.0">
</head>

<body>
    <h1>변수</h1>

    <script>
        let basicLanguage = "자바스크립트";
        document.write(basicLanguage);
    </script>

</body>
</html>
```

[그림 4-7] 출력되는 변수

입력한 스크립트에서 document는 웹페이지를 선택한 것이고 write 함수를 이용하여 변수 명 basicLanguage의 값을 출력한 것입니다. 변수 명 basicLanguage에 문자를 저장하고 그 문자를 다시 다음 줄에서 사용할때는 변수 명을 입력하여 화면에 출력해주고 있습니다. document.write("자바스크립트");와 같이 입력해도 브라우저 화면에는 이상없이 출력되지만, 변수로 활용하면 자바스크립트라는 문자를 이후에도 변수 명으로 불러와 재사용이 가능하게 되는 것입니다.

2-2 변수 타입

변수에는 [표 4-6]과 같이 기본 타입과 참조 타입으로 구분됩니다. 전체적으로는 변수 명에 값을 저장하는 것이지만 저장되는 값이 종류에 따라서 크게 두 가지로 구분할 수 있습니다. 자바스크립트는 엄격하게 타입을 체크하는 C언어, java와는 다르게 변수에 어떤 값이 저장되느냐에 따라 해당 변수의 타입이 결정됩니다.

구분	기본 타입	참조 타입
정의	원시 데이터로 더 이상 단순화 할 수 없는 값 데이터 및 정보의 가장 단순한 형태	다른 여러 값으로 구성된 복합 값. 기본 타입외의 모든 타입으로 객체
종류	숫자, 문자열, 불리언, null, undefined	배열, 함수, 정규표현식

[표 4-6] 기본 타입과 참조 타입

기본 타입의 종류를 좀더 살펴보면 [표 4-7]과 같습니다.

종류	설명	사용 예
숫자	숫자를 저장	let x = 60;
문자	문자는 따옴표 안에 저장	let str = "javascript"
불리언 값(Boolean)	참(true), 거짓(false) 값을 저장	let bool = true;
Null	아무런 값도 가지지 않는 값	let n = null;
undefined	값을 할당(저장)하지 않았을 때	let u;

[표 4-7] 기본 타입의 종류

종류	설명	사용 예
객체(Object)	변수와 메서드를 한 곳에 모아주는 꾸러미 역할을 한다.	let obj = New Object();
배열(Array)	여러 개의 데이터를 원소로 가질 수 있는 데이터 집합	let arr = new Array();
함수(Function)	실행할 구문을 미리 정의해 놓고 호출하여 사용하는 실행부	function sum(a,b){ let c = a + b;

[표 4-8] 참조 타입의 종류

3. 산술 연산자

다음으로 변수의 기본 타입 중 숫자를 설명하면서 산술 연산자를 같이 설명하겠습니다. 산술 연산자는 [표 4-9] 산술 연산자의 종류를 통해 살펴보겠습니다.

연산자	설명
+, −, *, /	더하기, 빼기, 곱하기, 나누기
+	문자 이후에 문자 또는 숫자는 이어서 붙여준다.
%	나누기 연산 후 나머지 값
++	1씩 증가
───	1씩 감소
+=, −+, *=, /=, %=	연산과 동시에 값을 할당

[표 4-9] 산술 연산자의 종류

연산자 종류별로 간단히 코드를 작성하고 값을 확인해보겠습니다.

3-1 표준 산술 연산자

표준 산술 연산자는 더하기(+), 빼기(−), 곱하기(*), 나누기(/)입니다. 예제 파일에서 01_variant2.html을 오픈하고 스크립트를 작성합니다.

코드 4-7 PART _ 4/예제/A/01 _ variant2.html

```
<!DOCTYPE html>
<html lang="en">

<head>
  <meta charset="utf-8">
  <meta http-equiv="X-UA-Compatible" content="IE=edge, chrome=1">

  <title>산술 연산자 - 자바스크립트 기초</title>
  <meta name="description" content="">
  <meta name="author" content="user1">
  <meta name="viewport" content="width=device-width, initial-scale=1.0">
</head>

<body>
```

```
    <h1>연산자</h1>
    <h2>산술 연산자</h2>
    <script>
      //+. -. *. /
      let num1 = 100;
      let num2 = 30;
      console.log(num1+num2);
      console.log(num1-num2);
      console.log(num1*num2);
      console.log(num1/num2);
      console.log(num1%num2);
    </script>


</body>


</html>
```

이번에는 작성한 값들을 확인하기 위해 console.log 함수를 이용하여 웹페이지가 아니라 개발자 도구의 콘솔창에서 값을 확인하도록 하겠습니다. 이 방법은 이후 스크립트를 작성하면서 오류를 확인하거나, 미리 지정한 값들이 정상적으로 출력되는지 확인할 때 자주 사용하게 됩니다. 웹페이지에서 F12를 눌러 개발자 도구를 켜고 Console 탭 부분을 확인하면 연산의 결과를 볼 수 있습니다.

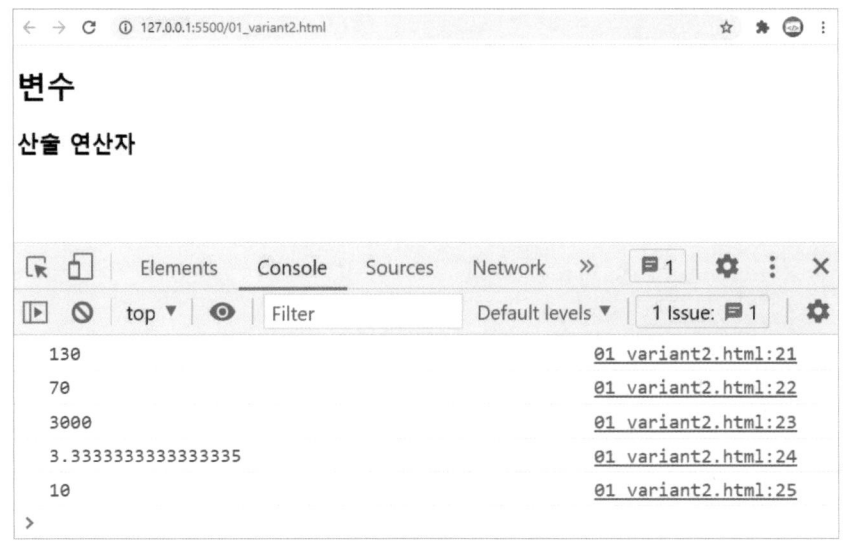

[그림 4-8] 사칙 연산의 값 확인

콘솔창을 확인하면 더하기, 빼기, 곱하기, 나누기까지 값이 여러분이 예상한 것과 같이 출력된 것을 확인할 수 있습니다. 마지막 num1%num2는 100을 30으로 나누면 나오는 나머지 값으로 10이 된 것입니다.

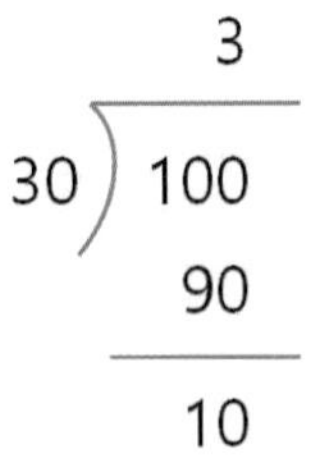

$$\begin{array}{r} 3 \\ 30\overline{)100} \\ 90 \\ \hline 10 \end{array}$$

[그림 4-9] 나누기 후 나머지

3-2 문자열의 더하기

+ 연산자에서 숫자의 경우는 연산 후 결과를 알려주지만, 연산에 사용되는 값에 문자열이 있는 경우 연산을 하지 않고 글자처럼 옆으로 이어서 출력을 하게 됩니다. 코드 4-8 과 같이 스크립트를 작성하고 브라우저의 콘솔창을 확인합니다.

코드 4-8   PART _ 4/예제/A/01 _ variant2.html

```
중략…
    <h3>문자열 더하기</h3>
    <script>
        console.log(10+20);
        console.log('문자'+20);
        console.log('10'+20);
        console.log(10+'20');

        console.log('10'*20);
        console.log(10-'20');
        console.log(10/'20');
    </script>

</body>

</html>
```

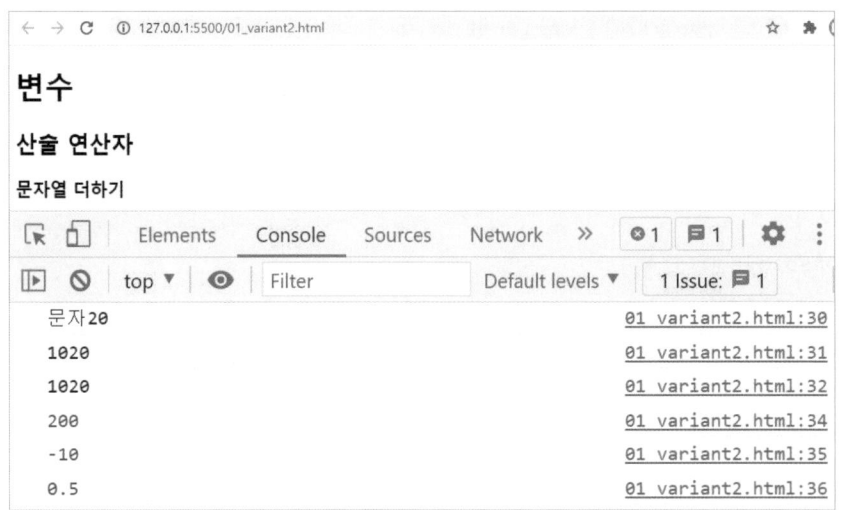

[그림 4-10] 문자와 숫자의 연산

콘솔창을 확인해보면 10+'20'과 '10'+20의 경우 값 중에 따옴표로 작성한 문자로 인해서 연산이 되지 않고 문자처럼 이어져서 출력이 되었습니다. 하지만 더하기를 제외한 빼기, 곱하기, 나누기 등은 숫자이지만 따옴표로 묶여 있어도 연산을 하여 결과를 보여줍니다.

◀ 혼자 정리하는 웹 퍼블리싱 ▶

자동 자료형 변환 시 우선순위

연산자에 따라 자동으로 자료형이 변경될 때 우선순위는 더하기 연산자일 경우는 문자열이 우선되고, 더하기를 제외한 나머지 사칙 연산자에서는 숫자가 우선시됩니다.

console.log('10'+20); //결과 1020
console.log(10-'20'); // 결과 -10

3-3 증감 연산자

증감 연산자에는 전위(++n)와 후위(n++)가 있습니다. 전위 (++n)는 연산자 ++가 피연산자 n보다 앞에 위치할 때를 전위라 하고 1증가된 값이 연산 결과값입니다. 후위 (n++)는 반대로 연산자 ++가 피연산자 n보다 뒤에 위치할 때를 후위라 하고 1증가하기 전 값이 연산 결과값이 됩니다. 코드 4-9 와 같이 스크립트 작성 후 브라우저의 콘솔창을 확인합니다.

```
중략…
  <h3>증감 연산자</h3>
  <script>
    let i = 1;
    console.log(i++);
    console.log(i);
    let x = 1;
    console.log(++x);
    console.log(x);
  </script>
```

브라우저의 콘솔에 출력된 값을 주석으로 처리하여 확인해보면 코드 4-10 과 같습니다. 코드를 살펴보면 i++가 실행된 시점에서는 아직 i 변수의 값은 1이고 그 다음줄에서 확인할 때는 값이 2로 변경되어 있습니다. ++x가 실행된 라인에서는 x 변수의 값이 2로 변경되어 있고 그 이후에는 변경된 값이 유지되고 있습니다.

코드 4-10 PART _ 4/예제/A/01 _ variant2.html

```
  <script>
    let i = 1;
    console.log(i++);   //1
    console.log(i);    //2
    let x = 1;
    console.log(++x);   //2
    console.log(x);    //2
  </script>
```

3-4 복합 대입 연산자

복합·대입 연산자는 +=, −=, *=, /=, %= 의 형태로 작성합니다. 복합 대입 연산자는 연산과 동시에 값을 할당합니다. 코드 4-11 과 같이 작성하고 값을 확인해봅니다. 값을 확인해보면 변수 a의 값은 20입니다. a=a+10는 a+=10으로 변경할 수 있습니다.

PART _ 4/예제/A/01 _ variant2.html

```
<script>
   let a = 10;
   // a = a + 10;
   a += 10;
   console.log(a);
</script>
```

4. 함수

함수는 어떤 작업을 수행하거나 값을 계산하는 문장 집합을 말하며, 필요에 따라 재사용하고자 할 때 생성합니다.

문법

function 함수 명(){   }

함수는 function 키워드 다음에 함수 명을 작성하고 해당 함수가 수행할 일을 중괄호 ({ }) 안에 기술합니다. 간단한 함수를 작성하여 함수의 구조와 작동 원리를 살펴보겠습니다.

코드 4-12 **PART _ 4/예제/A/02 _ function.html**

```
<body>
   <h1>함수</h1>
   <script>
      function send(){
         alert('경고');
      }
   </script>
</body>
```

작성한 코드를 살펴보면 send()라는 함수가 수행할 작업으로 alert()이라는 javascript 내장 함수를 이용하여 경고 메시지를 띄우려 합니다. 브라우저에서 확인해보면 아무 변화가 없는 것을 볼 수 있습니다. 그 이유는 send()라는 함수가 할 일을 정의하고 해당 함수를 실행하지 않았기 때문입니다. 다시 **코드 4-13** 과 같이 작성하고 브라우저 화면을 확인합니다.

```
<script>
  function send() {
    alert('경고');
  }
  send();
</script>
```

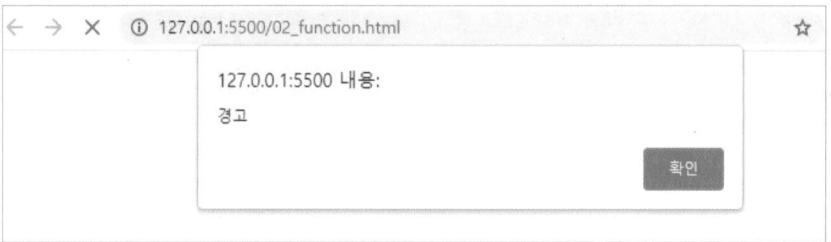

[그림 4-11] 함수 실행으로 경고창 띄우기

◀ 혼자 정리하는 웹 퍼블리싱 ▶

내장 함수

내장 함수는 자바스크립트 엔진에 내장된 함수를 말합니다. 함수는 개발자가 함수를 선언하고 호출 해야만 함수 내 실행문을 실행할 수 있지만, 내장 함수는 함수 선언 없이 단지 호출만으로 함수를 사용할 수 있습니다.

내장 함수의 예시

parseInt(): 문자형 데이터를 정수형 데이터로 변경

parseFloat(): 문자형 데이터를 실수형 데이터로 변경

string(): 문자형 데이터로 변경

number(): 숫자형 데이터로 변경

boolean(): 논리형 데이터로 변경

4-1 함수의 구조

함수의 구조는 크게 입력, 할 일, 출력 3가지로 구성됩니다. 입력 값은 여러 개가 될 수 있고, 없을 수도 있습니다. 입력되는 값은 매개변수(parameter)라고 하며 전달인자(argument)는 함수를 실행할 때 넘겨 지는 값을 말합니다.

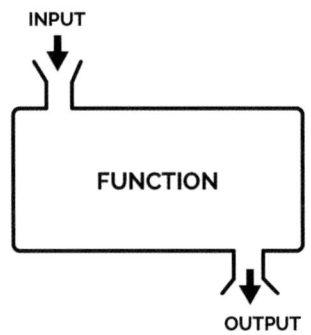

[그림 4-12] 함수의 구조

간단한 덧셈을 수행하는 함수를 작성하고 값이 출력되는 것을 확인해보겠습니다.

코드 4-14   PART _ 4/예제/A/02 _ function.html

```
중략…
  <h2>함수의 구조</h2>
  <script>
    function add(a, b) {
      let sum = a + b;
      return sum;
    }
    let result = add(10, 30);
    document.write(result);
  </script>
</body>
```

[그림 4-13] add 함수의 출력

작성한 코드에서 다시 구조를 설명하면 코드 4-14 와 같습니다. add라는 함수에 들어오는 값 a, b를 매개변수라고 하고, add 함수에 값을 전달할 때 10, 30은 전달인자라고 합니다. add라는 함수는 매개변수로 들어오는 두 값을 a, b 라는 변수 명으로 함수 내에서 변수 sum에 저장한 다음에 그 결과는 return을 이용하여 함수의 결과로 출력하고 있습니다.

```
중략…
  <h2>함수의 구조</h2>
  <script>
    function add(a, b) {  //a,b  매개변수(parameter)
      let sum = a + b;
      return sum;
    }
    let result = add(10, 30); //10, 30 전달 인자(argument)
    document.write(result);
  </script>
</body>
```

함수가 공장이라고 생각하면 매개변수는 공장에 입고되는 자재이고, 공장은 입고된 자재를 가지고 뭔가를 생산한 후 출력, 즉 납품을 하게 되는 것입니다. 함수를 작성할 때 주의사항은 전역변수와 지역변수를 구분하여 사용해야 한다는 것입니다. 앞서 작성했던 함수를 수정하여 설명하겠습니다. 코드 4-16 과 같이 작성 후 결과를 확인합니다.

코드 4-16   PART _ 4/예제/A/02 _ function.html

```
  <h2>함수의 구조</h2>
  <script>
    function add(a, b) {
      let sum = a + b;
      return sum;
    }
    let result = add(10, 30);
    // document.write(result);
    document.write(sum);
  </script>
```

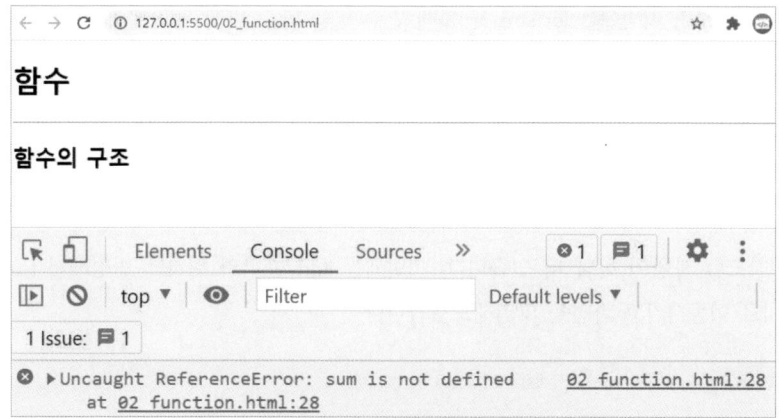

[그림 4-14] sum 변수가 지정되지 않았다는 오류

브라우저 화면을 확인하면 아무것도 출력되지 않고 개발자 도구에서 Console을 확인하면 sum is not defined 즉, sum 변수는 지정되어 있지 않다고 에러를 출력하고 있습니다. 다시 코드를 살펴보면 add 함수 안에서 생성한 변수 sum은 함수안에서만 사용가능한 지역변수입니다. 그래서 함수 바깥 영역에서는 sum이라는 변수를 사용할 수 없는 것입니다.

코드 4-17 PART _ 4/예제/A/02 _ function.html

```
function add(a, b) { //변수 명 sum의 범위
    let sum = a + b;
    return sum;
}
```

그러면 코드를 수정하여 sum이라는 변수를 전역변수로 변경해보겠습니다. **코드 4-18** 과 같이 함수 바깥 영역에서 sum 변수를 먼저 지정하고 함수 안에서는 초기화 즉, let으로 변수 명의 값을 새롭게 지정하여 초기화하지 않고 바깥 영역에서 만든 이름을 그대로 활용합니다.

코드 4-18 PART _ 4/예제/A/02 _ function.html

```
<script>
    let sum;
    function add(a, b) {
        sum = a + b;
        // return sum;
    }
    add(10, 30);
    // document.write(result);
    document.write(sum);
</script>
```

작성한 코드를 살펴보면 이번에는 let sum을 통해 변수 명을 함수 바깥 영역에서 미리 생성하고, 함수에서는 return을 쓰지 않았고, add 함수의 결과를 result에 담지도 않았습니다. add 함수가 실행되면 변수 명 sum에 매개변수로 넘어온 값을 더한값으로 저장되고 document.write(sum)을 통해 sum 변수를 출력하고 있습니다. 이렇게 미리 지정한 변수 명 sum은 이제 코드 어디에서나 활용할 수 있는 전역변수가 된 것입니다.

함수 작성 시 참고할 사항이 하나 더 있습니다. 이번에는 add 함수의 위치를 변경해서 function을 지정하기 이전 위치로 이동시키고 화면을 확인해보겠습니다.

코드 4-19 PART _ 4/예제/A/02 _ function.html

```
<script>
   let sum;

   add(10, 30);

   function add(a, b) {
      sum = a + b;
   }

   document.write(sum);
</script>
```

코드를 살펴보면 add(10, 30); 코드가 function을 지정하는 코드 앞에 있습니다. 이렇게 되면 아직 함수 add가 어떤 일을 수행하는지 지정하지 않은 상태에서 add(10, 30)을 실행한 것이라서 에러가 나야 하지만 브라우저 화면을 확인하면 이상없이 출력되어 있습니다.

[그림 4-15] 정상적으로 작동하는 add 함수

현재 add 함수는 add라는 이름이 있는 함수입니다. 이름이 있는 함수는 스크립트 코드 어디에서는 호출하여 실행할 수 있게 됩니다. 다른 말로는 호이스팅(hoisting)이라고 함수 지정 전이라도 위쪽으로 끌어올려져서 실행 가능합니다.

호이스팅

호이스팅이란 javascript 코드를 해석하는 인터프리터가 변수와 함수의 메모리 공간을 선언전에 미리 할당하는 것을 말합니다. var로 선언한 변수의 경우 호이스팅 시 undefined로 변수를 초기화합니다. 하지만 let과 const로 선언한 변수의 경우는 변수를 초기화하지 않습니다.

```
console.log(num0); //선언이 없기 때문에 ReferenceError
num0 = 5; // 초기화
console.log(num); // 호이스팅한 var 선언으로 인해 undefined 출력
var num1; // 선언
num1 = 5; // 초기화
console.log(num); // num 선언 전으로 ReferenceError
let num2; // 선언
num2 = 6; // 초기화

console.log(num); // num3 선언 전으로 SyntaxError
const num3; // 선언
num3 = 6; // 초기화
```

4-2 함수의 종류

함수는 크게 일반 함수, 이름이 없는 익명 함수, 함수를 정의함과 동시에 실행하는 즉시 실행 함수가 있습니다. 각 함수의 특징을 살펴보겠습니다.

일반 함수

일반 함수는 function 키워드로 함수 명을 기술하는 방식입니다. 앞서 작성했던 add 함수가 이에 해당합니다. 일반 함수는 스크립트 어디에서는 다시 호출하여 실행이 가능합니다.

익명 함수

익명 함수는 이름이 없는 함수를 말합니다. 앞서 작성했던 코드를 이름이 없는 함수로 변경해보겠습니다.

```
<hr>
<h3>익명함수</h3>
<script>
   var sum = function (x,y){
      let z = x+y;
      return z;
   }
   document.write(sum(10, 20));
</script>
```

코드를 살펴보면 function 키워드 뒤에 함수 명이 없이 바로 매개변수를 기술했습니다. 이렇게 이름이 없는 함수를 만들면 해당 함수를 호출할 수가 없습니다. 그래서 함수 자체를 변수 명에 문자 그대로 할당하면 함수를 호출할 수 있게 되는 것입니다. 그래서 함수를 호출하는 문장을 보면 변수 명 sum에 전달인자를 기술하는 것입니다.

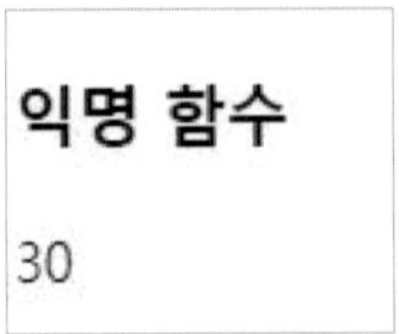

익명 함수

30

[그림 4-16] 정상 작동하는 익명함수

브라우저 화면을 확인하면 sum 함수가 정상적으로 작동하여 출력된 것을 볼 수 있습니다. 하지만 익명 함수의 경우는 일반 함수와 달리 함수가 지정되기 전에 호출하면 에러가 출력됩니다. 코드 4-21 과 같이 순서를 변경하고 브라우저를 확인해봅니다.

코드 4-21   PART _ 4/예제/A/02 _ function.html

```
<h3>익명함수</h3>
<script>
   document.write(sum(10, 20));

   var sum = function (x,y){
      var z = x+y;
      return z;
   }

</script>
```

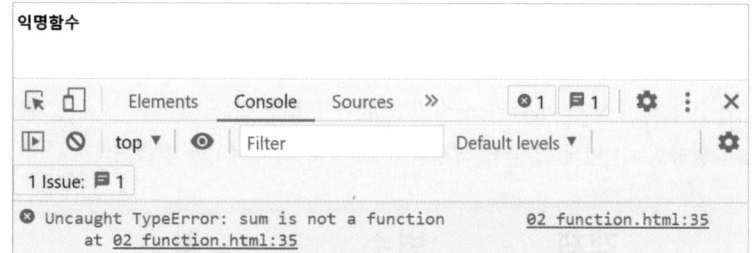

[그림 4-17] 정의되어 있지 않은 sum 변수

브라우저를 확인하면 document.write(sum(10,20)); 구문에서 sum이 정의되어 있지 않다고 에러가 나고 있습니다.

즉시 실행 함수

즉시 실행 함수는 말그대로 함수를 작성함과 동시에 바로 실행되는 함수입니다.

문법

```
(function() {

})();
//또는
(function() {

})();
```

코드 4-22 와 같이 덧셈이 되는 즉시 실행 함수를 만들고 그 결과를 변수 명 result에 할당하고 그 값을 출력했습니다. 작성 후 브라우저에서 확인해보면 30이 정상적으로 출력되는 것을 볼 수 있습니다.

코드 4-22 PART4/예제/A/02 _ function.html

```
<h3>즉시 실행 함수</h3>
<script>
    let result = (function (a, b) {
        return a + b;
    })(10, 20);
    document.write(result);
</script>
```

즉시 실행 함수

30

[그림 4-18] 즉시 실행되는 result에 할당된 함수

5. 객체

객체는 변수와 함수가 모여 만든 하나의 꾸러미로써 함수보다 더 복잡하고 정교한 데이터들을 하나의
객체 안에 담아서 활용할 수 있게 됩니다. 객체의 구조는 [그림 4-19]와 같습니다.

$$\textbf{객체} \atop \textbf{(Object)} = \textbf{변수} \atop \textbf{(property)} + \textbf{함수} \atop \textbf{(method)}$$

[그림 4-19] 객체의 구조

객체는 object라고 하고 객체 안에 변수는 property, 함수는 method라고 부릅니다. 새로운 객체를 만드
는 문법은 다음과 같습니다.

문법

```
let 객체명 = new Object()
let 객체명 = {};
```

새로운 객체를 생성하고 객체의 값을 추가하고 그 값을 출력해보도록 하겠습니다. 예제 폴더에서 03_
object.html을 오픈하고 코드 4-23 과 같이 작성합니다.

코드 4-23 PART _ 4/예제/A/03 _ object.html

```
<h1>Object</h1>
<script>
    let s1 = {}; //빈 객체 생성
    s1.kor = 100;
    s1.eng = 90;
    s1.math = 80;
    document.write(s1.math);
</script>
```

객체명 s1에 새로운 객체를 생성하고, s1 객체에 kor 프로퍼티의 값으로 100을 지정했습니다. 같은 방법
으로 eng, math라는 프로퍼티의 값을 지정하고 s1 객체에서 math 프로퍼티의 값을 출력해보았습니다.
브라우저를 확인해봅니다.

[그림 4-20] 객체의 프로퍼티 출력

객체를 생성하는 다른 방법은 빈 객체를 만들고 값을 추가하는 것이 아니라 처음부터 값을 생성하는 방법이 있습니다. 기존 코드를 주석 처리하고 코드 4-24 와 같이 수정하고 브라우저를 확인하면 결과가 동일하게 출력될 것입니다.

코드 4-24 PART_4/예제/A/03_object.html

```html
<script>
  /*
  let s1 = {}; //빈 객체 생성
  s1.kor = 100;
  s1.eng = 90;
  s1.math = 80;
  */
  let s1 = {
    kor: 100,
    eng: 90,
    math: 80
  }
  document.write(s1.math);
</script>
```

프로퍼티 값은 콜론(:)을 이용하여 입력하고 각 프로퍼티는 콤마(,)로 구분합니다. 현재 생성한 객체를 보면 프로퍼티만 나열을 했습니다. 이제 함수도 추가해보겠습니다. 함수는 각 과목의 총점을 계산하는 기능을 작성하겠습니다. 코드 4-25 와 같이 작성하고 브라우저 화면을 확인합니다.

```
      let s1 = {
         kor: 100,
         eng: 90,
         math: 80,
         total: function () {
            let sum = this.kor + this.eng + this.math;
            return sum;
         }
      }
      document.write(s2.total());
   </script>
```

[그림 4-21] 함수가 할당된 total 프로퍼티 출력

작성한 코드를 보면 total이라는 프로퍼티의 값으로 함수를 작성하고 함수 안에서 변수 명 sum에 s1 객체의 각 프로퍼티의 값을 더하여 저장합니다. 변수 명 sum에 저장된 값을 return으로 출력하고 있습니다. 이때 this.kor의 의미는 함수 안에서 s1 객체 자체를 this로 선택하고 선택한 객체에서 kor이라는 프로퍼티의 값을 추출한 것입니다. 그리고 객체 내 함수를 실행할 때 단순히 프로퍼티를 확인할 때와 다르게 total이라는 프로퍼티는 함수가 저장되어 있기 때문에 s2.total()이라고 함수를 실행하듯이 뒤에 괄호()를 입력한 것을 볼 수 있습니다.

6. 배열

배열은 비슷한 성격의 여러 데이터들을 한 저장소에 저장해 놓고 필요할 때 데이터를 꺼내서 사용할 때 생성합니다.

6-1 배열 생성

새 배열을 만드는 방법은 비어있는 배열을 만들고 값을 추가하는 방법이 있고, 배열을 만들면서 값을 추가하는 방법이 있습니다.

```
let 배열명 = new Array();
let 배열명 =[];
```

우선 빈 배열을 만들고 생성한 배열에 값을 추가해보도록 하겠습니다. 예제 폴더에서 파일 04_array. html을 오픈하고 배열을 생성하는 코드를 작성하고 브라우저에서 값을 확인해봅니다. 새로운 배열을 만들 때 일반적인 방법은 new Array()보다는 let 배열명 =[]; 와 같이 대괄호로 지정하는 것입니다.

코드 4-26 PART _ 4/예제/A/04 _ array.html

```html
<h1>Array</h1>
<script>
let frontLangs = [];
   frontLangs[0] = 'HTML';
   frontLangs[1] = 'CSS';
   frontLangs[2] = 'Javascript';

document.write(frontLangs);
</script>
```

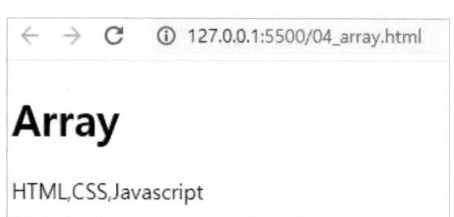

[그림 4-22] 배열 출력

작성한 코드를 살펴보겠습니다. frontLangs라는 배열명에 [ ]로 빈 배열을 만들고 해당 배열에 값을 추가할 때는 frontLangs[0]으로 대괄호 안에 숫자를 입력하고 값을 지정해주었습니다. 이렇게 배열에 값을 추가할 때는 배열의 인덱스 번호를 이용하여 값을 추가해야 합니다.

이번에는 배열을 만듦과 동시에 값을 추가해보겠습니다. **코드 4-27** 과 같이 코드를 작성하고 브라우저를 확인합니다.

코드 4-27 PART_4/예제/A/04_array.html

```
중략…
    document.write(frontLangs);
</script>
<hr>
<script>
    let backLangs = ['php', 'asp', 'jsp'];
    document.write(backLangs);
</script>
```

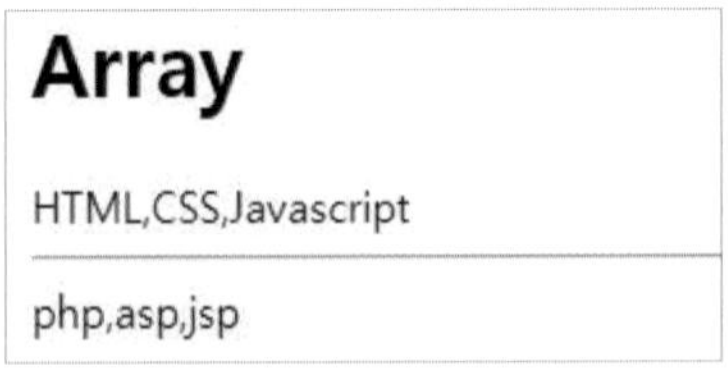
Array
HTML,CSS,Javascript
php,asp,jsp

[그림 4-23] 배열의 값 출력

브라우저를 확인하면 배열의 값이 정상적으로 출력된 것을 확인할 수 있습니다.

6-2 배열의 값 확인

배열을 생성하고 값을 출력해보았습니다. 이제 인덱스 번호를 이용하여 특정 순번의 값을 출력해보겠습니다.

코드 4-28 PART_4/예제/A/04_array.html

```
중략…
<hr>
<script>
    document.write(frontLangs[1]);
</script>
```

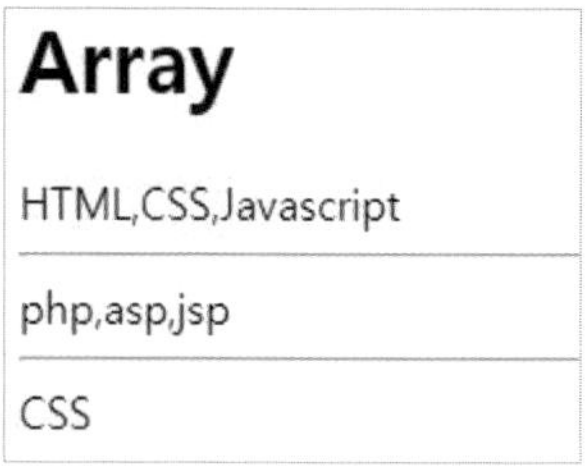
Array
HTML,CSS,Javascript
php,asp,jsp
CSS

[그림 4-24] 인덱스 번호로 배열의 값 출력

브라우저를 확인하면 CSS가 출력된 것을 확인할 수 있습니다. [그림 4-25]를 보면 배열 frontLangs에서 인덱스 번호 1번에 해당하는 값이 CSS이기 때문입니다. 이때 배열의 각 값들은 원소라고 합니다.

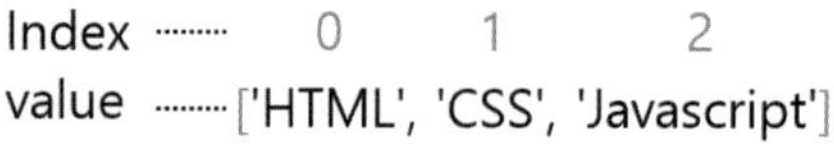
Index
0
1
2
value
['HTML', 'CSS', 'Javascript']

[그림 4-25] 배열의 인덱스 번호

6-3 배열 원소의 개수

배열 안의 원소의 개수를 확인할 때는 length를 사용합니다. 코드를 작성하고 브라우저 화면에서 확인합니다.

코드 4-29 PART_4/예제/A/04_array.html

```
<h2>length</h2>
<script>
  document.write(frontLangs.length);
</script>
```

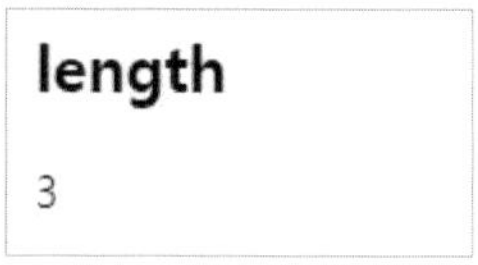
length
3

[그림 4-26] 배열의 개수 출력

브라우저를 확인하면 개수가 3이라고 출력됩니다. 배열의 개수는 이후 반복문과 함께 쓰여서 배열의 값들을 출력할 때 자주 사용됩니다. 이후 반복문 학습할 때 다시 설명하겠습니다.

6-4 배열 원소의 추출

join()을 이용하여 배열의 원소들을 연결하여 하나의 값으로 만들 수 있습니다. 코드를 작성하고 값을 출력해보도록 하겠습니다.

코드 4-30 PART _ 4/예제/A/04 _ array.html

```
<script>
  let fronts = frontLangs.join();
  let fronts2 = frontLangs.join('-');
  document.write(fronts + '<br>' + fronts2 + '<br>' + frontLangs);
</script>
```

join

HTML,CSS,Javascript
HTML-CSS-Javascript
HTML,CSS,Javascript

[그림 4-27] join을 통한 배열 출력

변수 명 fronts에는 join 함수를 이용하여 배열의 원소들을 하나의 문자열로 합쳐서 저장했습니다. join 함수에 매개변수가 없으면 기본적으로 콤마로 원소들을 구분하여 하나로 합쳐줍니다. 두 번째로 fronts2 변수에는 join 함수의 매개 변수로 하이픈(-)을 사용했습니다. 그러면 브라우저에 출력된 것처럼 배열 frontLangs의 원소들을 하이픈(-)으로 연결한 것을 확인할 수 있습니다. 이때 유념할 것은 세 번째로 출력한 원래 배열 frontLangs의 값은 join 함수를 사용해도 변하지 않는다는 것입니다.

6-5 배열 원소의 정렬

reverse

reverse 함수를 사용하여 원소의 순서를 반대로 정렬할 수 있습니다. 스크립트를 작성하고 브라우저를 확인해보겠습니다.

코드 4-31 PART _ 4/예제/A/04 _ array.html

```
<h2>reverse</h2>
<script>
  let reverseLangs = frontLangs.reverse();
  document.write(reverseLangs + '<br>' + frontLangs);
</script>
```

변수 명 reverseLangs에 frontLangs의 원소들의 값을 반대로 추출하여 저장하고 출력했습니다. 그리고 원본의 변화가 있는지 확인하기 위해 frontLangs도 같이 출력해보았습니다.

reverse

Javascript,CSS,HTML
Javascript,CSS,HTML

[그림 4-28] 역순으로 정렬하는 reverse

브라우저 화면을 확인하면 원소들이 반대로 저장되고 출력되었으며, 원본 frontLangs의 순서도 변경된 것을 확인할 수 있습니다.

sort

sort 메서드는 원소의 정렬을 오름차순, 내림차순, 알파벳순, 가나다순 등으로 변경할 수 있습니다. sort 메서드는 원본의 배열을 수정하게 됩니다. 스크립트를 작성하고 브라우저에서 확인해봅니다.

코드 4-32 PART _ 4/예제/A/04 _ array.html

```
<h2>sort</h2>
<script>
  let fruits = ['apple', 'orange', 'mango'];
  let numbers = [10, 50, 20, 40];

  fruits.sort();
  numbers.sort();

  document.write(fruits);
  document.write(numbers);
</script>
```

sort

apple,mango,orange10,20,40,50

[그림 4-29] 알파벳, 오름차순 정렬

브라우저 화면을 보면 과일 이름은 알파벳 순서로 정렬되고, 숫자들은 작은 수에서 큰 수로 오름차순으로 정렬되어 있습니다. sort 메서드는 이렇게 함수에 매개변수가 없을 때는 기본적으로 알파벳순, 숫자는 오름차순으로 정렬됩니다. 그러면 다음으로는 sort의 매개변수를 입력하여 역순 또는 알파벳순의 반대, 숫자는 내림차순 등으로 변경해보겠습니다.

코드 4-33 PART_4/예제/A/04_array.html

```
<script>
   let fruits = ['apple', 'orange', 'mango'];
   let numbers = [10, 50, 20, 40];

   //fruits.sort();//apple,mango,orange
   //numbers.sort();//10,20,40,50

   fruits.sort(function (){
      return -1;
   });
   numbers.sort(function (){
      return -1;
   });

   document.write(fruits);
   document.write(numbers);
</script>
```

기존 코드는 주석 처리하고 sort 메서드에 함수를 작성하고 결과값으로 -1이 출력되도록 했습니다. 브라우저에서 확인하면 원소들의 기존에 순서를 그대로 역순으로 변경된 것을 볼 수 있습니다. 이때 return의 값을 0이나 1로 변경하면 원소의 배열을 변경하지 않게 됩니다.

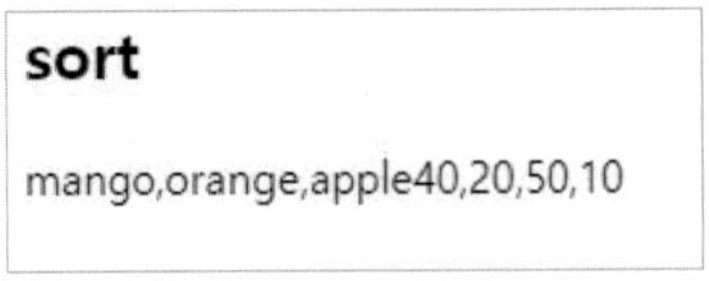
sort
mango,orange,apple40,20,50,10

[그림 4-30] 역순으로 출력되는 배열

다음으로는 알파벳 역순, 숫자의 내림차순을 살펴보겠습니다. 기존 코드는 주석 처리하고 다시 코드를 작성 후 브라우저 화면에서 확인합니다.

```
let fruits = ['apple', 'orange', 'mango'];
let numbers = [10, 50, 20, 40];

/*
//fruits.sort();//apple,mango,orange
//numbers.sort();//10,20,40,50

fruits.sort(function(){
    return -1; //mango,orange,apple
});
numbers.sort(function(){
    return -1; //40,20,50,10

});
*/

fruits.sort(function(a,b){
    return b-a;
});
numbers.sort(function (a,b){
    return b-a;
});

document.write(fruits);
document.write(numbers);
</script>
```

sort

apple,orange,mango50,40,20,10

[그림 4-31] 역순, 내림차순으로 출력되는 배열

코드를 살펴보면 매개변수로 a, b를 입력하고 return으로 b-a를 출력했습니다. 이렇게 하면 fruits 배열의 원소들은 그대로 있고, 숫자로 된 numbers 배열의 원소들은 큰 수에서 작은 수로 내림차순으로 정렬된 것을 볼 수 있습니다.

6-6 배열의 값 추가 및 제거

push

push 메서드를 이용하여 기존 배열의 마지막에 값을 추가할 수 있습니다. 코드를 작성하고 브라우저를 확인하면 배열의 값이 추가되어 있습니다.

코드 4-35 PART _ 4/예제/A/04 _ array.html

```
<h2>push</h2>
<script>
    fruits.push('grape');
    document.write(fruits);
</script>
```

push

apple,orange,mango,grape

[그림 4-32] 배열의 마지막에 값 추가

pop

pop 메서드를 이용하면 기존 배열의 마지막 원소를 제거할 수 있습니다. 코드를 작성하고 브라우저를 확인해봅니다.

코드 4-36 PART _ 4/예제/A/04 _ array.htm

```
<h2>pop</h2>
<script>
    fruits.pop();
    document.write(fruits);
</script>
```

pop

apple,orange,mango

[그림 4-33] 배열의 마지막 값 제거

unshift

unshift 메서드를 이용하여 기존 배열의 원소의 가장 앞에 새 값을 추가할 수 있습니다. 코드를 작성하고 브라우저를 확인해봅니다.

코드 4-37 **PART _ 4/예제/A/04 _ array.html**

```
<h2>unshift</h2>
<script>
   fruits.unshift('grape');
   document.write(fruits);
</script>
```

unshift

grape,apple,orange,mango

[그림 4-34] 배열의 첫번째에 값 추가

shift

shift 메서드를 이용하여 배열의 첫 원소를 제거할 수 있습니다. 코드를 작성하고 브라우저를 확인하면 unshift로 추가한 값이 다시 제거된 것을 볼 수 있습니다.

코드 4-38 **PART _ 4/예제/A/04 _ array.html**

```
<h2>shift</h2>
<script>
   fruits.shift();
   document.write(fruits);
</script>
```

shift

apple,orange,mango

[그림 4-35] 배열의 첫번째 원소 제거

slice

slice 메서드를 이용하면 기존 배열에서 지정한 범위의 원소를 추출할 수 있습니다. 이때 slice 매개변수로 시작번호와 끝 번호 입력하면 끝 번호 이전 요소까지의 요소를 추출하게 됩니다. 주의할 것은 slice 함수는 원본 배열을 수정하지 않는다는 것입니다. 코드를 작성하고 확인해봅니다.

```
<h2>slice</h2>
<script>
    let orgArr = [0, 1, 2, 3, 4, 5];
    let newArr = orgArr.slice(0, 3);
    document.write(orgArr + '|' + newArr);
</script>
```

slice

0,1,2,3,4,5 | 0,1,2

[그림 4-36] 인덱스 번호를 통한 값 복사

브라우저 화면을 확인하면 orgArr 배열은 그대로 있고 새로운 배열 newArr에는 인덱스 번호 0번부터 3번 이전까지의 값이 저장된 것을 볼 수 있습니다.

splice

splice 메서드를 이용하면 기존 배열에서 지정한 범위의 원소를 오려내어 추출할 수 있습니다. splice 메서드는 원본 배열을 수정합니다. 코드를 작성하고 확인해보겠습니다.

코드 4-40 | PART _ 4/예제/A/04 _ array.html

```
<h2>splice</h2>
<script>
    let orgArr2 = [0, 1, 2, 3, 4, 5];
    let newArr2 = orgArr2.splice(0, 3);
    document.write(orgArr2 + '|' + newArr2);
</script>
```

splice

3,4,5 | 0,1,2

[그림 4-37] 원소를 오려내어 추출

브라우저를 확인해보면 orgArr2의 원소들 중 첫 번째부터 3번째 이전 요소까지가 추출되어 사라지고 3, 4, 5만 남아 있는 것을 볼 수 있습니다.

6-7 배열 병합

두 배열을 병합할 때는 concat 함수를 쓸 수 있습니다. 배열을 두 개 생성하고 병합해보겠습니다.

코드 4-41 **PART _ 4/예제/A/04 _ array.html**

```
<h2>concat</h2>
<script>
    let arr1 = ['HTML', 'CSS', 'Javascript'];
    let arr2 = ['php', 'asp', 'jsp'];
    let arr3 = arr1.concat(arr2);

    document.write(arr3 + ' / ' + arr1);
</script>
```

concat

HTML,CSS,Javascript,php,asp,jsp / HTML,CSS,Javascript

[그림 4-38] 배열 병합

변수를 arr1, arr2를 생성하고 arr3는 arr1 배열과 arr2 배열을 병합해서 생성했습니다. 브라우저 화면을 확인하면 arr3에 두 배열이 병합되어 있고, arr1은 변함없이 원래 배열을 유지하고 있습니다.

6-8 filter

filter() 메서드는 주어진 함수의 조건을 통과하는 모든 원소를 모아 새로운 배열로 만들어줍니다. 간단히 숫자로 된 배열을 만들어 조건에 맞는 요소를 추출하여 새 배열을 생성해보겠습니다.

코드 4-42 **PART _ 4/예제/A/04 _ array.html**

```
<h2>filter</h2>
<script>
    var nums = [10, 7, 25, 22, 30];
    var mynums = nums.filter(function (item) {
        return item % 5 == 0;
    });
    document.write(mynums);
</script>
```

코드를 살펴보면 nums의 배열에서 filter 메서드를 이용하여 nums 배열의 각 원소를 매개변수 item으로 할당하여 함수안에서 해당 값이 5로 나누었을 때 나머지가 0인 요소만 추출했습니다. 그래서 브라우저 화면을 확인하면 10, 25, 30의 값이 출력된 것을 볼 수 있습니다.

[그림 4-39] 조건에 부합하는 원소들을 배열로 생성

7. 조건문

조건문은 주어진 조건이 참인지 거짓인지 판별하여 다음 일을 처리합니다. 조건문의 기본 구조를 살펴보겠습니다. 조건문의 기본 구조는 if 문장 다음에 조건을 기술하고 그 조건이 참일 때 처리할 내용이 다음 중괄호 안에 기술합니다. 해당 조건이 거짓일 때 처리할 내용은 else 다음 중괄호 안에 기술합니다.

문법

```
If(조건){
  참일 때 할 일;
} else {
  거짓일 때 할 일;
}
```

간단한 조건문을 작성하고 기본 구조를 확인하겠습니다.

7-1 기본 조건문 if

코드 4-43 과 같이 작성하고 브라우저 화면을 보면 'a가 b보다 작다.'가 출력된 것을 확인할 수 있습니다.

코드 4-43 PART _ 4/예제/A/05 _ conditions.html

```
<!DOCTYPE html>
<html lang="en">

<head>
    <meta charset="UTF-8">
    <meta http-equiv="X-UA-Compatible" content="IE=edge">
```

```
      <title>conditions</title>
  </head>

  <body>
    <h1>조건문</h1>
    <script>
      let a = 10;
      let b = 20;
      if (a < b) {
          document.write('a가 b보다 작다.')
      }
    </script>
  </body>

</html>
```

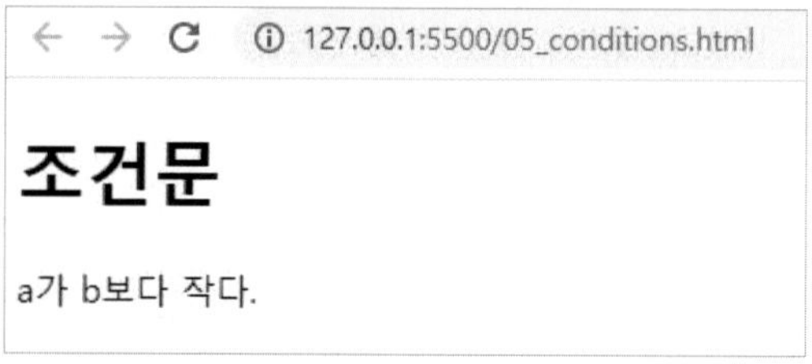

[그림 4-40] 기본 조건문

코드에서 조건을 변경하고 어떻게 출력되는지 확인하겠습니다.

코드 4-44 PART _ 4/예제/A/05 _ conditions.html

```
<script>
  let a = 10;
  let b = 20;
  if (a > b) {
      document.write('a가 b보다 작다.')
  }
</script>
```

조건을 변경하고 브라우저 화면을 확인하면 화면에 아무것도 출력이 되지 않는 것을 확인할 수 있습니다.

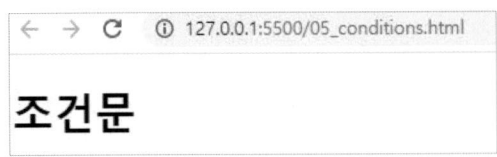

[그림 4-41] 조건이 거짓일 때

7-2 else

이번에는 else 다음에 조건문이 거짓일 때 수행될 내용을 기술하고 브라우저 화면에서 확인합니다.

코드 4-45 PART _ 4/예제/A/05 _ conditions.html

```
<script>
  let a = 10;
  let b = 20;
  if (a > b) {
    document.write('a가 b보다 크다.');
  } else{
    document.write('a가 b보다 작다.');
  }
</script>
```

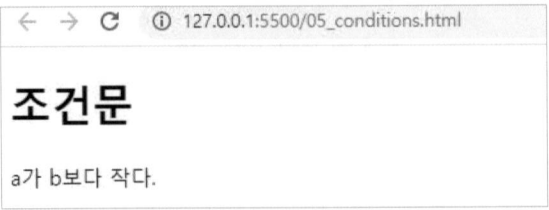

[그림 4-42] 조건문의 else

브라우저 화면을 확인하면 else 다음 중괄호 안의 구문이 출력된 것을 볼 수 있습니다. 조건을 더 세부적으로 작성하여 결과를 보도록 하겠습니다.

7-3 else if

코드 4-46 PART _ 4/예제/A/05 _ conditions.html

```
<script>
  let a = 10;
  let b = 20;
  if (a > b) {
```

```
        document.write('a가 b보다 크다.');
    } else if(a == b){
        document.write('a가 b와 같다.');
    } else{
        document.write('a가 b보다 작다.');
    }
</script>
```

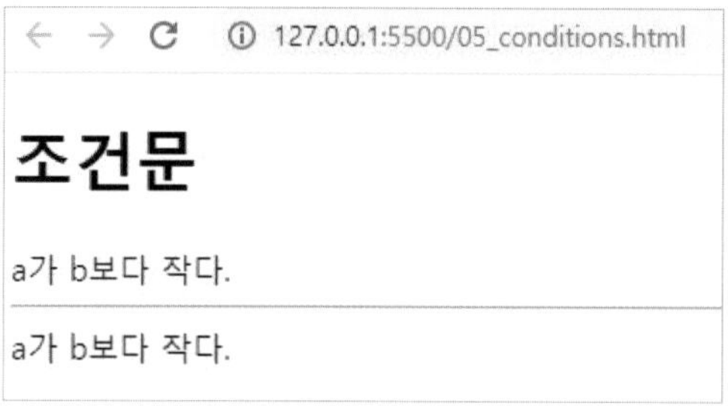

[그림 4-43] else if(조건)

스크립트 작성한 것을 보면 두 번째 조건으로 else if 다음에 a == b를 작성했습니다. else if를 이용하여 거짓일 때의 조건을 계속 연결할 수 있습니다. 부등호(equal sign) 두 개는 비교 연산자로써 앞 값과 뒤 값이 같다라는 것을 의미합니다. 조건문에서는 비교 연산자로 조건을 작성해야 하기 때문에 필수로 숙지해야 합니다. 비교 연산자를 학습하도록 하겠습니다. 우선 용어부터 설명하면 비교 연산자 앞 뒤의 값들을 피연산자라고 합니다.

연산자	설명
⟨	왼쪽 피연산자의 값이 오른쪽 피연산자의 값보다 작으면 참을 반환함.
⟩	왼쪽 피연산자의 값이 오른쪽 피연산자의 값보다 크면 참을 반환함.
⟨=	왼쪽 피연산자의 값이 오른쪽 피연산자의 값보다 작거나 같으면 참을 반환함.
⟩=	왼쪽 피연산자의 값이 오른쪽 피연산자의 값보다 크거나 같으면 참을 반환함.
!=	왼쪽 피연산자와 오른쪽 피연산자의 값이 같지 않으면 참을 반환함.
==	왼쪽 피연산자와 오른쪽 피연산자의 값이 같으면 참을 반환함.
===	왼쪽 피연산자와 오른쪽 피연산자의 값이 같고, 같은 타입이면 참을 반환함.
!==	왼쪽 피연산자와 오른쪽 피연산자의 값이 같지 않거나, 타입이 다르면 참을 반환함.

[표 4-10] 비교 연산자

7-4 != 와 !==

비교 연산자에서 주의를 요하는 연산자 몇 가지만 확인하겠습니다. !=와 !==를 비교해보겠습니다. 코드 4-47 와 같이 != 와 !==를 이용하여 조건문을 작성했습니다. 작성 후 결과를 확인해봅니다.

코드 4-47 PART _ 4/예제/A/05 _ conditions.html

```
<script>
  if (1 != '1') {
    document.write('두 값은 같지 않다');
  } else {
    document.write('두 값은 같다');
  }

  document.write('<hr>');

  if (2 !== '2') {
    document.write('두 값은 같지 않다');
  } else {
    document.write('두 값은 같다');
  }
</script>
```

스크립트를 작성하고 브라우저 화면을 보면 1을 비교한 조건문은 결과에서 두 값이 같다고 나오고, 2를 비교한 조건문의 결과는 같지 않다고 출력된 것을 볼 수 있습니다. 첫 번째 조건문이 같다고 나온 이유는 둘 다 값만 따지고 보았을 때 1을 나타내고 있기 때문입니다. 하지만 두 번째 조건문의 값이 다른 이유는 좌우 피연산자가 같은 2를 나타내고 있지만 두 값의 데이터 타입이 다르기 때문입니다. 코드 4-48 과 같이 작성 후 다시 결과를 확인하겠습니다. 타입을 확인하기 위해 typeof 연산자를 사용합니다. typeof 피연산자 또는 typeof(피연산자)를 써서 연산자의 타입을 확인할 수 있습니다.

코드 4-48 PART _ 4/예제/A/05 _ conditions.html

```
<h2>타입 비교</h2>
<script>
  if(typeof 1 !== typeof '1'){
    document.write('두 값의 타입은 같지 않다');
  } else {
    document.write('두 값의 타입은 같다');
  }
  console.log(typeof(1), typeof('1'));
</script>
```

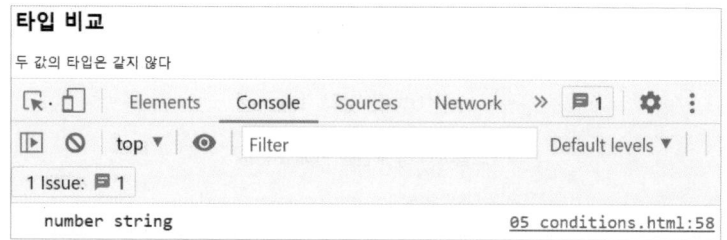

[그림 4-44] 다르게 출력되는 타입

브라우저를 확인하면 '두 값의 타입은 같지 않다' 라는 값이 추출된 것을 볼 수 있습니다. 1의 데이터 타입은 number이며 따옴표로 감싸 있는 '1'은 string 문자로 인식 되었습니다. 두 값의 타입이 다르기 때문에 첫 번째 조건의 기술된 문장이 출력된 것입니다. 타입에 대한 것은 앞서 변수 학습할 때 기본 타입과 참조 타입에 대해 언급했으니 다시 참조 바랍니다.

7-5 중첩 조건문

조건문 안에 조건문을 작성하고 값을 확인해보겠습니다. 조건문을 작성할 때는 다음과 같은 순서로 작성하는 것이 바람직합니다.

코드 4-49 PART _ 4/예제/A/05 _ conditions.html

```
if(a != b){

} else{

}
```

조건문을 작성할 때는 조건이 참일 때와 거짓일 때 조건문의 구조를 먼저 작성합니다. 그 다음 내부의 조건문을 작성하는 것입니다.

코드 4-50 PART _ 4/예제/A/05 _ conditions.html

```
if (a != b){
   if (a > b){
      document.write('a가 b보다 크다');
   } else{
      document.write('a가 b보다 작다');
   }
} else{
   document.write('a가 b와 같다');
}
```

중첩 조건문

a가 b보다 작다

[그림 4-45] 조건문 안에 조건문

브라우저 화면을 확인하면 'a가 b보다 작다'가 출력된 것을 확인할 수 있습니다.

7-6 조건문의 축약

조건문을 축약하여 간략하게 표현하는 방법을 보겠습니다.

기본 조건문	중괄호 생략

``
if(a<b){
   document.write('a가 b보다 작다');
} else{
   document.write('a가 b보다 크다');
}
``
	``
	if (a<b)
	   document.write('a가 b보다 작다');
	else
	   document.write('a가 b보다 크다');
	``

[표 4-11] 조건문의 축약 – 중괄호 생략

if와 else로 구분된 조건문은 [표 4-11]과 같이 조건문 다음에 중괄호를 생략할 수 있습니다. [표 4-12]와 같이 if, else로만 구성된 조건문은 if, else를 생략하고 조건 다음에 물음표가 오고, 참일 때 수행할 내용 뒤에 세미콜론(;) 대신에 콜론(:)을 사용해야 합니다.

기본 조건문	if, else 생략

``
if(a<b){
   document.write('a가 b보다 작다');
} else{
   document.write('a가 b보다 크다');
}
``
	``
	(a<b)?
	   document.write('a가 b보다 작다'):
	   document.write('a가 b보다 크다');
	``

[표 4-12] 조건문의 축약 – if, else 생략

7-7 논리 연산자

논리 연산자를 이용하여 조건문을 좀더 구체적으로 작성할 수 있습니다. 우선 논리 연산자의 종류를 살펴보고 조건문을 작성해보겠습니다.

연산자	사용 예시	설명
&&	a ==b && a == c	a와 b가 같고 a와 c가 같다면, 즉 조건을 모두 만족하면 참을 반환
||	a ==b || a == c	a와 b가 같거나 a와 c가 같다면, 즉 조건 중 하나라도 만족하면 참을 반환

[표 4-13] 논리 연산자

코드 4-51 PART _ 4/예제/A/05 _ conditions.html

```
let a = 10;
let b = 20;
let c = 30;

if(a < b && b < c){
   document.write('두 조건이 모두 참이다.');
} else{
   document.write('두 조건 모두 거짓이거나, 둘중 하나는 거짓이다.');
}


document.write('<hr>');

if(a < b || b < c){
   document.write('두 조건중 하나는 참이다.');
} else{
   document.write('두 조건 모두 거짓이다.');
}
```

코드 4-51 과 같이 엠퍼센트(&) 두 개는 앞 조건과 뒤 조건이 모두 참일 때 참을 반환합니다. 버티컬바 (|) 두 개는 앞 조건과 뒤 조건 중 하나라도 참이면 참을 반환합니다.

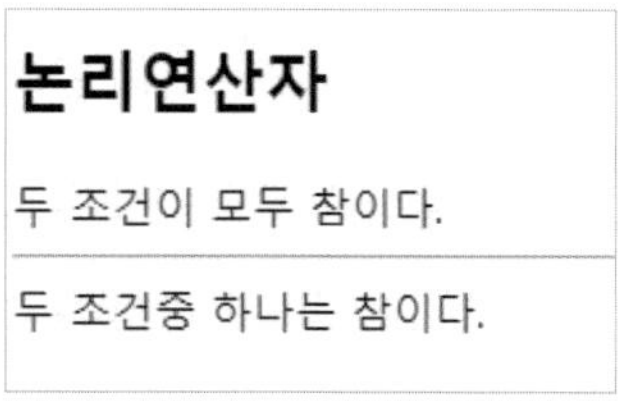

논리연산자

두 조건이 모두 참이다.

두 조건중 하나는 참이다.

[그림 4-46] 논리 연산자를 이용한 조건문

7-8 switch

switch 문은 여러 개의 코드 블록 중에서 하나를 선택해야 할 때 사용합니다. 스위치문도 조건식을 작성하고 그 조건의 값에 매칭되는 케이스가 있다면 해당 블록의 코드가 실행됩니다.

코드 4-52 PART _ 4/예제/A/05 _ conditions.html

```
<h2>switch</h2>
<script>
let number = prompt('숫자를 입력해주세요', '0');

switch(number %2){
  case 0:
    alert('짝수');
    break;
  case 1:
    alert('홀수');
    break;
  default:
    alert('숫자가 아니다');
    break;
}
</script>
```

코드 4-52 에서 prompt라는 내장 함수를 이용하여 경고창을 띄우고 사용자의 입력 값을 받아서 그 값을 변수 명 number에 저장했습니다. 그리고 switch문에 입력되는 표현식으로 number % 2를 입력했습니다. 즉, number를 숫자 2로 나눈 나머지를 구하고 있습니다. 그 결과가 0인 경우에는 짝수를, 1인 경우에는 홀수를, 그 외의 값일 경우에는 '숫자가 아니다'라는 문구가 출력되겠습니다. 코드를 작성하고 브라우저 화면을 확인합니다.

[그림 4-47] 사용자의 값을 입력 받는 prompt 함수

브라우저를 확인하면 입력창이 나오고 기본값으로 0이 나타나 있습니다. 여기서 숫자 3을 입력하고 결과를 확인해보겠습니다.

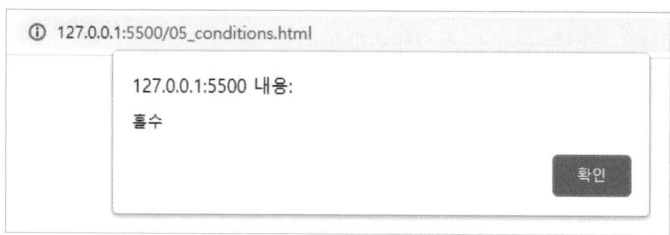

[그림 4-48] 연산의 결과를 출력

그러면 경고창에 홀수가 나타난 것을 확인할 수 있습니다. 이번에는 숫자가 아닌 문자열을 입력해보겠습니다.

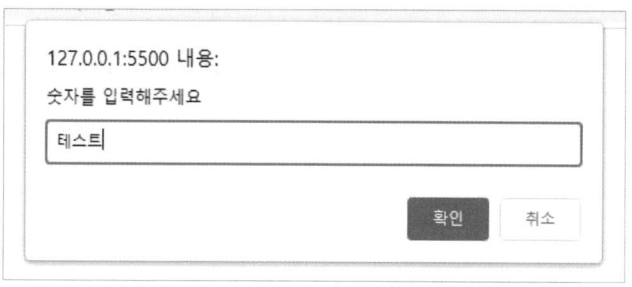

[그림 4-49] 숫자가 아닌 문자열 입력

테스트라는 문구를 입력하면 숫자가 아니기 때문에 경고창에 '숫자가 아니다'가 출력된 것을 볼 수 있습니다.

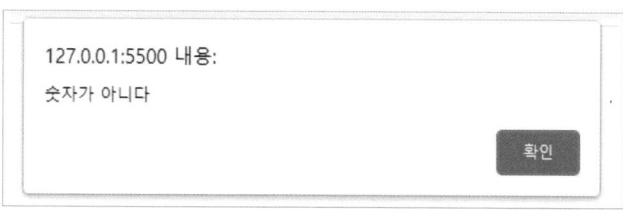

[그림 4-50] 타입을 구분하고 값을 출력

8. 반복문

반복문을 이용하면 반복적으로 실행해야 할 구문을 줄여서 효율적으로 코드를 작성할 수 있습니다. 지정한 숫자까지 일정값을 더하는 구문을 작성해보겠습니다.

코드 4-53 PART _ 4/예제/A/06 _ loop.html

```html
<h1>Loop</h1>
<script>
  let i = 0;
  document.write(i + '<br>');
  let i = i +2;
  document.write(i + '<br>');
  let i = i +2;
  document.write(i + '<br>');
  let i = i +2;
  document.write(i + '<br>');
  let i = i +2;
  document.write(i + '<br>');
  let i = i +2;
  document.write(i + '<br>');
</script>
```

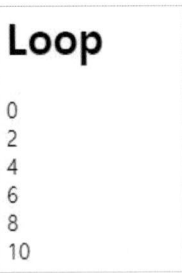

[그림 4-51] 0에서 2씩 더한 값을 출력

8-1 for 반복문

코드를 살펴보면, 변수 명 i를 0으로 초기화하고 i를 출력합니다. 그후 그 값에 2를 더한 후 다시 출력하여 0에서 10까지 출력했습니다. 이때 "document.write(i + '<br>');" 구문이 반복되는 것을 볼 수 있습니다. 해당 구문의 반복을 피하기 위해 for 반복문을 작성해 보겠습니다. for 반복문의 기본 구조를 먼저 살펴보겠습니다.

```
for(초기문; 조건문; 증감문){
    //반복될 구문
}
```

- **초기문** : 초깃값을 설정합니다.
- **조건문** : 언제까지 반복할지 조건문을 설정합니다.
- **증감문** : 반복문을 수행하고 초깃값을 늘리거나 줄이는 문장을 설정합니다.

앞서 반복문을 작성하지 않고 작성했던 코드를 다시 for 반복문으로 작성합니다.

코드 4-54 PART _ 4/예제/A/06 _ loop.html

```
for(var i = 0; i <= 10; i+=2){
    document.write(i + '<br>');
}
```

코드 4-54와 같이 작성하고 브라우저 화면을 확인합니다.

for 반복문

```
0
2
4
6
8
10
```

[그림 4-52] for 반복문 출력

코드 4-54에서 작성한 코드를 실행되는 순서에 맞춰 설명하겠습니다.

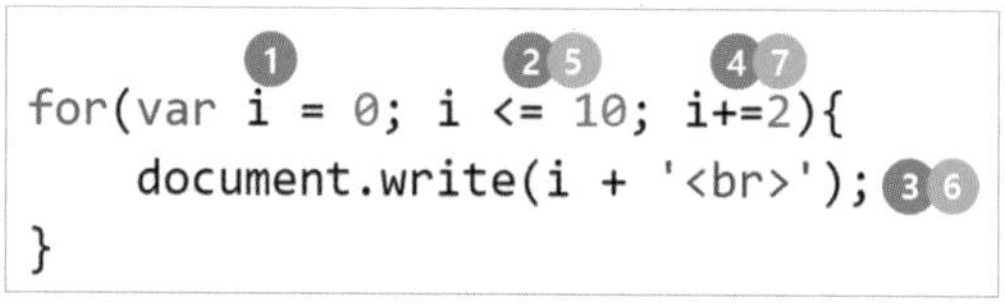

```
for(var i = 0; i <= 10; i+=2){
    document.write(i + '<br>');
}
```

[그림 4-53] for 반복문 작동 순서

❶ 초기문으로 변수 명 i = 0으로 변수 i값을 초기화했습니다.

❷ 변수 i가 10이하인지 검사합니다. 조건이 참이면 3번의 구문이 실행됩니다.

❸ 화면에 i를 출력하고 ❹ 증감문이 실행됩니다.

❹ 증감문에서는 i+=2 구문으로 초기값으로 지정한 i의 값에 2를 더합니다.

다시 ❺의 조건문에서 변수 i의 값이 10이하인지 검사합니다. 조건이 참이면 다시 ❻의 구문이 실행됩니다.

❻ 구문 실행 후, ❼의 증감문이 실행 되고 다시 그 값이 조건문의 조건을 참이 안될 때까지 초기문을 제외하고 2, 3, 4번 항목이 계속 반복되는 것입니다.

8-2 while 반복문

while문을 이용하여 앞서 작성한 코드와 같은 결과를 만들어보겠습니다.

문법

```
초기문;
while(조건문){
    //반복될 구문
    증감문;
}
```

초기문으로 변수를 초기화하고 while문의 괄호에 조건문을 작성하고 중괄호 안에 반복될 구문을 실행합니다. 마지막으로 초기화 했던 변수의 값을 증감하는 증감문이 실행됩니다. 한번 실행 후에는 다시 조건문의 조건을 검사하고 중괄호안의 구문을 반복 실행하게 됩니다. 코드를 작성하고 브라우저 화면을 확인합니다.

코드 4-55 PART _ 4/예제/A/06 _ loop.html

```
let i = 0;
while (i <= 10){
    document.write(i + '<br>');
    i+=2;
}
```

while 반복문

0
2
4
6
8
10

[그림 4-54] while 반복문 출력

8-3 do while 반복문

do while문을 활용하여 반복문을 작성해보겠습니다. do while문은 do가 먼저 있어 일단 실행하라는 의미이기 때문에 최소한 한번은 반복될 구문이 실행됩니다.

문법

```
초기문;
  do{
      //반복될 구문
      증감문;
  } while(조건문);
```

코드 4-56 과 같이 작성하고 브라우저 화면을 확인해봅니다.

코드 4-56 PART4/예제/A/06 _ loop.html

```javascript
let i = 0;
do {
    document.write(i + '<br>');
    i+=2;
} while(i <= 10);
```

do while 반복문

```
0
2
4
6
8
10
```

[그림 4-55] do while 반복문 출력

8-4 forEach 반복문

forEach 반복문은 배열의 요소에서만 가능합니다. 간단한 배열을 만들고 배열의 값을 화면에 출력해보겠습니다.

```
<h2>forEach 반복문</h2>
<script>
    let arr = ['a', 'b', 'c', 'd', 'e'];
    arr.forEach(function (item, index, all) {
        document.write(item + '는 전체 배열 ' + all + '에서 ' + index + '번째 값입니다' + '<br>');
    });
</script>
```

코드 4-57 과 같이 작성하고 브라우저 화면을 확인해봅니다.

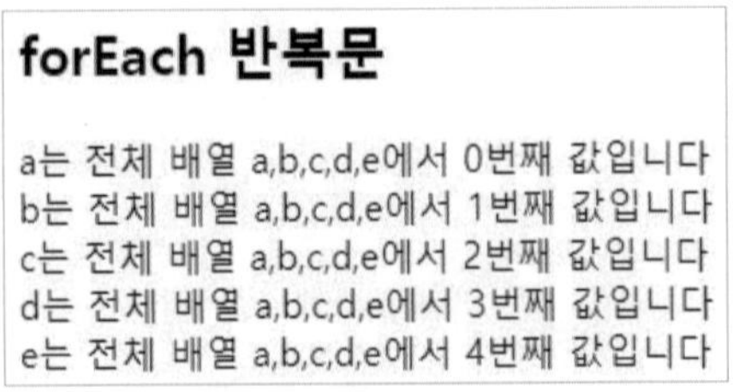

forEach 반복문

a는 전체 배열 a,b,c,d,e에서 0번째 값입니다
b는 전체 배열 a,b,c,d,e에서 1번째 값입니다
c는 전체 배열 a,b,c,d,e에서 2번째 값입니다
d는 전체 배열 a,b,c,d,e에서 3번째 값입니다
e는 전체 배열 a,b,c,d,e에서 4번째 값입니다

[그림 4-56] forEach 활용 반복문 출력

arr이라는 배열의 값에서 forEach 반복문으로 이용하여 값들을 출력했습니다. forEach 함수의 매개변수로 입력되는 item, index, all은 다음을 의미합니다.

❶ item은 배열의 각 요소를 말합니다.

❷ index는 배열의 각 요소의 인덱스 번호를 말합니다.

❸ all은 배열의 전체의 값을 말합니다.

8-5 for in 반복문

for in 반복문은 객체의 값들을 반복문을 이용하여 출력할 수 있습니다. 간단히 객체를 생성하고 그 값들을 출력해보겠습니다.

PART _ 4/예제/A/06 _ loop.html

```html
<h2>for in 반복문</h2>
<script>
    let student = {
        eng: 80,
        kor: 100,
        math: 95
    }
    for (item in student) {
        document.write(item + ':' + student[item] + '<br/>');
    }
</script>
```

코드 4-58과 같이 student라는 객체안에 eng, kor, math라는 property를 생성하고 각 property의 값들을 할당했습니다. for in 반복문에는 in 뒤에 객체 명을 입력하고 객체 안의 각각의 속성(property)을 item으로 지정하여 출력하고 객체에서 각 속성의 값은 객체 명[속성 명]의 문법으로 출력했습니다. 브라우저를 확인하면 [그림 4-57]과 같습니다.

for in 반복문

eng:80
kor:100
math:95

[그림 4-57] for in 반복문으로 객체명 값 출력

8-6 for of 반복문

for 반복문보다 훨씬 간결하게 반복문을 수행할 수 있습니다. 코드 4-59와 같이 배열의 값을 item 변수로 할당 받아 해당 값을 출력했습니다.

코드 4-59 **PART _ 4/예제/A/06 _ loop.html**

```html
<h2>for of 반복문</h2>
<script>
    let arr = ['a', 'b', 'c', 'd', 'e'];
    for (item of arr) {
        document.write(item + '<br/>');
    }
</script>
```

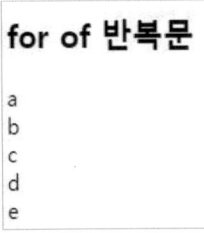

[그림 4-58] for of 반복문 출력

이상으로 자바스크립트의 주요 반복문을 살펴보았습니다. 반복문은 다음 파트에서 HTML 요소의 스타일을 변경하거나 이벤트를 적용할 때 다시 활용하도록 하겠습니다.

9. 문자열

문자열에서는 문자를 변수로 지정하고 지정한 변수를 합치거나 특정 문자열을 찾아서 변경하는 등의 함수를 살펴보도록 하겠습니다. 우선 간단한 문자열을 생성하고 각 함수의 사용법을 알아보겠습니다.

9-1 charAt

예제 파일 07.string.html에서 **코드 4-60** 과 같이 작성하고 브라우저에서 확인합니다. 변수 명 str에 'hello world'라는 문자를 할당했습니다. charAt은 문자열에서 특정 인덱스 번호에 해당하는 문자가 무엇인지 반환해줍니다.

코드 4-60 PART _ 4/예제/A/07 _ string.html

```
<h2>chartAt</h2>
<script>
   var str = 'hello world';
   document.write(str.charAt(4));
</script>
```

[그림 4-59] 인덱스번호에 해당하는 문자열 출력

브라우저 화면을 확인하면 'h'가 0번의 인덱스 번호를 가지고 있기 때문에 4번은 'o'라고 출력이 되고 있습니다.

9-2 IndexOf, search

IndexOf와 search는 두 함수는 모두 문자열에서 특정 문자가 있다면 해당 문자의 인덱스 번호를 반환해줍니다. 코드를 작성하여 사용법을 살펴보겠습니다.

코드 4-61 PART _ 4/예제/A/07 _ string.html

```
<h2>IndexOf, Search</h2>
<script>
   var str = 'hello world';
   document.write(str.indexOf('world'), str.search('world'));
</script>
```

'Hello world'라는 문자열에서 world라는 문자가 몇번째에 있는지 IndexOf와 search를 이용하여 출력해보았습니다. 브라우저를 확인해보면 두 함수 모두 6을 출력하고 있습니다.

IndexOf, Search

66

[그림 4-60] 일치하는 문자열의 인덱스 번호 출력

이때 [그림 4-61]과 같이 문자열에서 빈공간도 인덱스 번호가 있다는 것입니다. 그래서 'world'라는 문자열은 인덱스 번호 6번째에 있습니다.

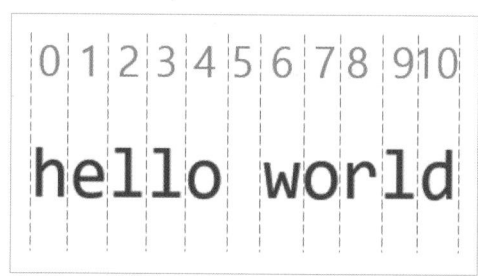

[그림 4-61] 인덱스 번호 6번째의 world 문자열

만약에 확인하고자 하는 문자열이 없다면 −1를 출력하게 됩니다. **코드 4-62** 와 같이 수정하고 브라우저 화면에서 확인해볼 수 있습니다. 코드를 보면 search 함수의 값으로 'worlds'라고 입력했습니다. 문자열에서 'worlds'라는 문자열이 없기 때문에 −1이 출력된 것입니다.

코드 4-62 **PART _ 4/예제/A/07 _ string.html**

```
<script>
   let str = 'hello world';
   document.write(str.indexOf('world'), str.search('worlds'));
</script>
```

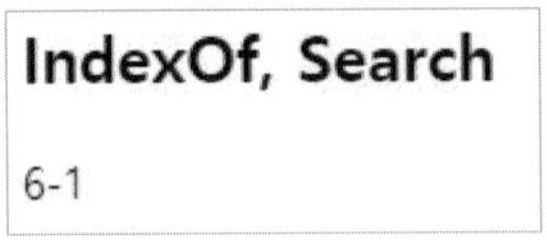

IndexOf, Search

6-1

[그림 4-62] 일치하는 문자열의 인덱스 번호 6 출력, 일치하지 않을 경우 -1 출력

9-3 concat

앞서 배열을 병합할 때 concat 함수는 사용했습니다. concat 함수는 문자열을 병합할 때도 사용가능합니다. 변수 명 str2에 새로운 문자열을 할당하고, 변수 명 str3에는 str 변수에 str2를 합쳐서 저장했습니다. 브라우저 화면을 확인하면 하나의 문장으로 출력된 것을 볼 수 있습니다.

코드 4-63 **PART _ 4/예제/A/07 _ string.html**

```
<h2>concat</h2>
<script>
   let str = 'hello world';
   let str2 = 'welcome universe';
   let str3 = str.concat(str2);
   document.write(str3);
</script>
```

concat

hello worldwelcome universe

[그림 4-63] 문자열을 병합하여 출력

9-4 replace

replace 함수는 문자열에서 특정 문자를 다른 문자로 변경할 때 사용합니다. 코드를 작성하고 확인해보겠습니다.

PART _ 4/예제/A/07 _ string.html

```
<h2>replace</h2>
<script>
   let str = 'hello world';
   let str2 = 'welcome universe';
   let str3 = str2.replace('welcome', 'bye');
   document.write(str2 + '<br>');
   document.write(str3 + '<br>');
</script>
```

코드를 살펴보면 str2의 값에서 'welcome' 이라는 문자를 'bye'로 변경하여 변수 명 str3에 저장했습니다. 이때 변수 명 str2의 값은 변동이 없고 str3에는 변경된 값이 저장된 것을 볼 수 있습니다.

replace

welcome universe
bye universe

[그림 4-64] 문자열 교체

9-5 slice

slice 함수는 인덱스 번호에 해당하는 문자열을 추출해줍니다. 이때 숫자를 두 개 입력하는데 첫 숫자부터 두 번째 숫자까지 값을 추출한다는 것입니다. 코드를 살펴보면 변수 명 str의 값에서 인덱스 번호에 해당하는 값을 추출하여 변수 명 str4에 할당하고 변수 명 str과 str4의 값을 출력했습니다.

PART _ 4/예제/A/07 _ string.html

```
<h2>slice</h2>
<script>
   let str = 'hello world';
   let str4 = str.slice(0, 5);
   document.write(str + '<br>');
   document.write(str4 + '<br>');
</script>
```

브라우저 화면을 확인하면 [그림 4-65]와 같습니다.

slice

[그림 4-65] 인덱스번호를 통한 문자열 복사

이때 유의할 점은 str.slice(0, 5); 에서 두 번째 번호 5는 5번 인덱스 번호까지가 아니라 그 앞 번호까지의 값을 추출합니다.

[그림 4-66] 0번째부터 5번 앞자리까지 복사

9-6 split

split 함수는 분리되어 있지 않은 문자열에서 특정 문자열의 패턴을 이용하여 문자열을 분리하여 배열로 생성해줍니다. 코드를 작성하고 함수의 사용법을 확인하겠습니다.

코드 4-66 PART _ 4/예제/A/07 _ string.html

```
<h2>split</h2>
<script>
    let org = 'html/css/javascript';
    let new1 = org.split('/');
    document.write(new1);
    console.log(org, new1);
</script>
```

코드를 살펴보면 org 변수 명에는 하나의 문자열로 값을 지정했고, 변수 명 new1에는 org 변수의 문자열을 슬래시(/)로 구분하여 배열로 생성했습니다. 브라우저를 확인해보면 배열의 값들이 출력된 것을 볼 수 있습니다.

[그림 4-67] 문자열에서 배열 추출

개발자 도구의 콘솔도 확인해보면 org 변수는 문자로 출력되고 있고, 변수 명 new1은 배열(Array)로 출력된 것을 볼 수 있습니다.

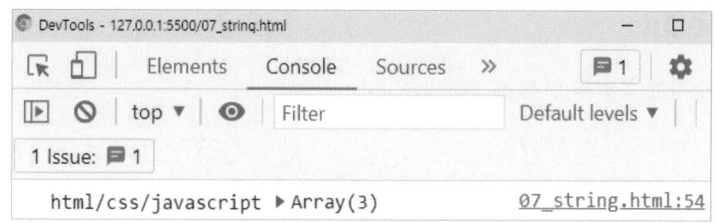

[그림 4-68] 배열로 출력되는 변수 명 new1

9-7 length

length 함수는 변수 안에 값의 길이 즉 문자의 개수를 알려줍니다. 간단히 스크립트를 작성하고 확인합니다.

코드 4-67 PART _ 4/예제/A/07 _ string.html

```
<h2>length</h2>
<script>
  let str = 'hello world';
  document.write(str.length);
</script>
```

length

11

[그림 4-69] 문자열의 개수 출력

브라우저를 확인하면 공백까지 포함해서 총 11개가 출력되고 있습니다.

10. 타이머

자바스크립트에서 시간을 이용하여 효과를 구현하려면 두 가지 함수를 숙지해야 합니다. 하나는 시간을 한번 세팅하고 그 시간이 소모되면 특정 작업을 수행하는 것이고, 다른 하나는 일정시간을 세팅하고 그 시간이 소모될 때마다 특정 작업을 수행하는 것입니다. 그럼 먼저 시간을 한번 세팅하는 것을 살펴보겠습니다.

10-1 setTimeout

setTimeout함수의 기본 문법을 먼저 설명하겠습니다.

setTimout(할 일, 시간);

- 할 일 = 함수 = function(){}
- 시간은 millisecond 천분의 1초, 1000 = 1초

예제 파일 08.timer.html을 오픈하고 스크립트를 작성해보겠습니다. 구현하고자 하는 기능은 웹페이지가 오픈 되고 지정한 시간이 지나면 경고창을 띄우는 것입니다.

코드 4-68 PART _ 4/예제/A/08 _ timer.html

```
<h2>setTimeout</h2>
<script>
   setTimeout(function(){
      alert('반갑습니다');
   }, 4000);
</script>
```

코드 4-68 과 같이 코드를 작성합니다. 이때 작성 순서는 다음과 같이 하는 것이 바람직합니다.

1. 코드의 큰 구조부터 작성한다.

```
setTimeout(할 일, 시간)
```

2. 할 일 자리에 function(){ }과 시간 자리에 4000을 입력한다.

```
setTimeout(function(){},4000);
```

3. 실제로 수행할 코드를 function 함수에 중괄호({ }) 다음에 엔터를 입력하고 기술한다.

```
setTimeout(function(){
    alert('반갑습니다.');
},4000);
```

위와 같은 식으로 작성하면 아무리 복잡한 코드라도 오류 및 실수를 줄일 수 있습니다. 작성 후 브라우저 화면을 확인해봅니다.

[그림 4-70] 일정 시간 후 작동하는 함수

브라우저 화면을 확인하면 웹페이지가 오픈 되고 4초 후에 경고창이 뜨는 것을 볼 수 있습니다. 이렇게 시간을 지정하고 그 시간이 지나면 지정한 작업을 한번 실행하는 것이 setTimout입니다.

10-2 clearTimeout

setTimeout 함수로 지정한 할일을 특정 상황에 따라 멈춰야 할 경우가 있습니다. 이때 사용하는 함수가 clearTimeout입니다. 기본 문법을 먼저 살펴봅니다.

문법

clearTimeout(대상);

clearTimeout 함수의 들어가는 매개변수로는 멈추고자 하는 대상의 이름이 있어야 합니다. 앞서 4초가 지나면 경고창을 띄웠던 코드를 다시 살펴보겠습니다.

코드 4-69 PART _ 4/예제/A/08 _ timer.html

```
<h2>setTimeout</h2>
<script>
  setTimeout(function(){
      alert('반갑습니다');
  }, 4000);
</script>
```

코드 4-69 에서 작성한 코드를 보면 setTimeout 함수의 내용은 스크립트가 로드되어 실행되면 다시 실행할 수 없는 상태입니다. 그 이유는 해당 함수가 이름이 없기 때문입니다. setTimout 함수에 이름을 지정하는 방법은 변수에 할당하는 것입니다. 코드 4-70 과 같이 변수 명 timer에 setTimout 함수를 할당합니다.

코드 4-70 PART _ 4/예제/A/08 _ timer.html

```
let timer = setTimeout(function(){
    alert('반갑습니다.');
},4000);
```

이렇게 변수 명 timer에 할당하면 이제 setTimeout으로 지정했던 작업을 clearTimout(timer)라는 식으로 작성하여 멈출 수 있습니다. 코드 4-71 과 같이 작성 후 브라우저 화면을 확인하면 4초가 지나기 전에 이미 clearTimeout을 실행했기 때문에 더 이상 경고창이 뜨지 않습니다.

코드 4-71 PART _ 4/예제/A/08 _ timer.html

```
let timer = setTimeout(function(){
    alert('반갑습니다.');
},4000);

clearTimeout(timer);
```

10-3 setInterval

setInterval 함수는 setTimeout이 시간을 한 번 세팅하고 그 시간이 소진되면 지정한 코드를 실행하는 반면에 일정 시간마다 반복적으로 지정한 코드를 실행할 수 있습니다. 4초가 지날 때마다 경고창이 뜨는 것으로 스크립트를 작성해봅니다.

코드 4-72 PART _ 4/예제/A/08 _ timer.html

```
<h2>setInterval</h2>
<script>
    setInterval(function(){
        alert('반갑습니다.');
    }, 4000);
</script>
```

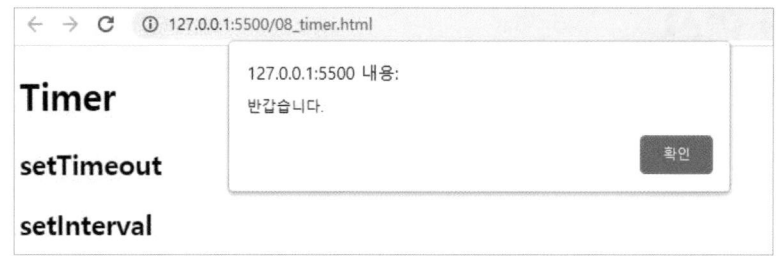
[그림 4-71] 일정 시간마다 작동하는 함수

스크립트를 작성하고 브라우저를 확인하면 경고창이 뜨게 됩니다. 이때 확인 버튼을 누르면 다시 4 초 후 경고창이 뜨는 것을 볼 수 있습니다. 일정 시간마다 반복적인 일을 수행하고자 할 때 자주 사용하는 함수입니다. 쉽게 설명해서 웹페이지에서 자동으로 슬라이드가 넘어가는 효과는 이 함수로 작성하는 것입니다. 그러면 이렇게 반복되는 작업을 멈추려면 어떻게 해야 할까요? setTimeout을 멈출 때 clearTimeout한 것처럼 clearInterval 함수를 사용하면 되겠습니다.

10-4 clearInterval

clearInterval 함수도 clearTimeout 함수와 마찬가지로 멈추려는 대상의 이름을 매개변수로 지정하면 됩니다. 코드를 작성하고 브라우저를 확인해봅니다. 그러면 경고창이 뜨지 않는 것을 볼 수 있습니다. 아직 버튼을 클릭해서 효과를 멈추는 등의 이벤트를 학습하기 전이라서 멈춤 버튼을 클릭했을 때 반복적인 작업이 멈추는 것까지 설명하는 것은 이번 파트에는 넘어가겠습니다. 이벤트와 연결하여 응용하는 방법은 응용 파트의 실전 예제에서 설명하겠습니다.

코드 4-73   PART _ 4/예제/A/08 _ timer.html

```
let interval = setInterval(function(){
    alert('반갑습니다.');
  }, 4000);


clearInterval(interval);
```

11. 수학 연산

자바스크립트에서 숫자를 다룰 때 필수적인 함수 Math에 대해 살펴보겠습니다. 대표적인 함수는 [표 4-14]와 같습니다.

함수	설명	예시
Math.abs	숫자를 절댓값(양수)으로 반환	Math.abs(-7.5); 결과: 7.5
Math.ceil	소수점을 무조건 올려서 반환	Math.ceil(7.1); 결과:8
Math.floor	소수점을 무조건 내려서 반환	Math.floor(7.6); 결과: 7
Math.round	소수점을 반올림하여 반환	Math.round(7.6); 결과: 8 Math.round(7.4); 결과: 7
Math.random	0에서 1사이의 난수를 반환	

[표 4-14] Math 함수

예제 파일에서 스크립트를 작성하여 대표적인 함수를 확인하겠습니다.

코드 4-74 PART _ 4/예제/A/09 _ math.html

```
<h1>Math</h1>
<script>
   console.log(Math.abs(-7.5));
   console.log(Math.ceil(7.1));
   console.log(Math.floor(7.6));
   console.log(Math.round(7.6));
</script>
```

코드 4-74 와 같이 작성 후 브라우저의 개발자 도구에서 값을 확인해봅니다.

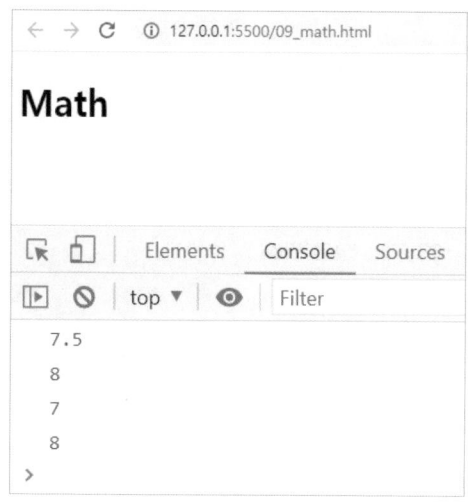

[그림 4-72] Math 함수로 값 출력

개발자 도구를 확인해보면 앞서 [표 4-14]의 예시에서 보여준 값과 동일하게 결과가 나타난 것을 볼 수 있습니다. 이번에는 난수를 생성하는 코드를 작성하고 값을 확인해보겠습니다. 코드 4-75 와 같이 변수에 랜덤으로 숫자가 할당되도록 하고 화면에 출력했습니다. 브라우저를 확인해보면 새로 고칠 때마다 값이 다르게 출력되는 것을 볼 수 있습니다.

코드 4-75 PART _ 4/예제/A/09 _ math.html

```html
<hr>
<h2>Math.random</h2>
<script>
    let randomNum = Math.random();
    document.write(randomNum);
</script>
```

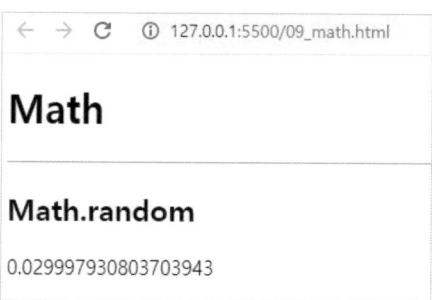

[그림 4-73] 새로고침할 때마다 변경되는 숫자

11-1 난수 생성하기

숫자 0에서 7사이의 난수를 생성하는 코드를 작성하면서 Math 함수를 연습해보겠습니다. 앞서 난수는 0에서 1사이의 소수점으로 생성된 것을 확인했습니다. 우선 10을 곱하여 한자리의 숫자로 올리고 소수점을 무조건 올려서 소수점을 버리도록 하겠습니다.

코드 4-76 PART _ 4/예제/A/09 _ math.html

```
<h2>난수 생성하기</h2>
<script>
    let ranNum = Math.random() * 10;
    let ranNum2 = Math.floor(ranNum);
    document.write(ranNum2);
</script>
```

코드 4-76 과 같이 작성 후 브라우저에 확인하면 랜덤으로 ranNum2 변수의 값이 생성되는 것을 볼 수 있습니다. 하지만 9까지도 생성되는 것을 볼 수 있습니다. 숫자 0에서 7사이의 값만 출력되도록 조금 더 코드를 작성해보겠습니다.

코드 4-77 PART _ 4/예제/A/09 _ math.html

```
let ranNum = Math.random() * 10;
let ranNum2 = Math.floor(ranNum);
let ranNum3 = ranNum2 % 8;
document.write(ranNum3);
```

난수 생성하기

7

[그림 4-74] 정수로 출력되는 난수

변수 명 ranNum3에 저장되는 값을 분석해보면 ranNum2에 저장된 값을 8로 나눈 나머지가 저장됩니다. 그래도 최댓값을 산정해보면 8%8은 0이며, 7%8은 7이 그대로 남아서 7이 되는 것입니다. 이렇게 하면 특정 범위내의 숫자를 랜덤으로 출력할 수 있게 됩니다. 이는 이후 웹페이지에서 페이지에 접속했을 때 슬라이드, 상품, 기사 등을 랜덤으로 출력하는 것에 응용할 수 있겠습니다.

이번 장의 마무리

이번 파트에서는 javascript에서 가장 기초가 되는 변수, 함수, 객체, 배열 등 값을 저장하고 저장된 값을 활용하는 방법과 조건문, 반복문 등을 활용하여 더 정교하고 효율적인 스크립트를 작성하는 방법에 대해 학습했습니다. 다음 파트에서는 본격적으로 웹페이지에서 어떻게 활용되는지 살펴보도록 하겠습니다.

연습 문제

1. 기본 용어, 변수, 산술 연산자, 함수

01 다음 중 식별자(변수 명, 함수 명)로 사용할 수 없는 것을 모두 고르세요.

① beta

② beta 10

③ $beta

④ beta test

02 index.html과 같은 폴더의 main.js를 로드하는 문장입니다. 빈칸을 완성하세요.

```
<script src="_____"></script>
```

03 산술 연산자에서 다음식의 결과는 무엇인지 빈칸에 입력하세요.

```
7%2
```

정답 : _____

04 문자와 숫자를 다음과 연산했을 때의 결과를 각각 기술하세요.

```
console.log('문자' + 20);
console.log(10 + '20');
console.log(10 * '20');
```

정답 : _____

05 아래 함수의 결과는 무엇인지 기술하세요.

```
function add(a, b) {
  let result = a + b;
  return result;
}
console.log(add(10, 30));
```

정답 : _____

2. 객체, 배열

01 객체는 단순한 저장하는 것에서 더 나아가 변수와 함수를 하나의 객체에 저장하여 활용하게됩니다. 이때 변수와 함수는 각각 다른 이름으로 불립니다. 빈칸을 작성해주세요.

```
객체 = 변수 + 함수이다.
Object = _____ + _____이다.
```

02 아래 객체에서 프로퍼티 명 title의 값을 콘솔에 출력하는 문장을 완성하세요.

```
let data = {
  title: '반응형 포트폴리오',
  skill: 'bootstrap',
  desc: '그리드 시스템 활용 반응형 포트폴리오 템플릿'
}

console.log(_____);
```

정답 : _____

03 비슷한 성격의 값들을 하나의 변수에 할당하여 활용할 때 배열을 활용합니다. 배열에서 인덱스 번호 두 번째를 출력하고 있습니다. 출력되는 값을 답안에 입력하세요.

```
let basicLangs = ['html', 'css', 'javascript'];
document.write(basicLangs[2]);
```

정답 : _____

04 배열에 값을 추가하고자 합니다. 빈칸에 들어갈 문구를 작성하세요.

```
fruits._____( 'grape');
```

정답 : _____

05 두 개의 배열에 병합하는 문장을 완성해주세요.

```
let arr1 = ['HTML', 'CSS', 'Javascript'];
let arr2 = ['php', 'asp', 'jsp'];
let arr3 = arr1._____(arr2);
```

정답 : _____

3. 조건문, 반복문

01 if 조건문의 기본적인 구조를 작성했습니다. 조건이 거짓일 때 수행할 작업을 기술할 때 빈칸을 완성하세요.

```
If(조건){
  참일 때 할일;
} _____ {
  거짓일 때 할일;
}
```

정답 : _____

02 다음 조건문의 결과는 무엇이 출력되는지 선택해주세요

```
if(2 !== '2') {
    document.write('두 값은 같지 않다');
} else{
    document.write('두 값은 같다');
}
```

① 두 값은 같지 않다   ② 두 값은 같다

03 논리 연산자에서 아래의 빈칸에 들어갈수 있는 연산자를 답안에 작성하세요.

```
if(a < b _____ b < c){
    document.write('두 조건이 모두 참이다.');
} else{
    document.write('두 조건 모두 거짓이거나, 둘 중 하나는 거짓이다');
}
```

정답 : _____

04 for 반복문을 통해 2씩 합산되다가 10까지 출력하는 코드의 빈칸을 작성해주세요.

```
for (var i = 2; _____ ; i += 2) {
    document.write(i + '<br>');
}
```

정답 : _____

05 forEach 반복문을 활용하여 각 아이템의 인덱스 번호를 활용하여 문구를 결과와 같이 출력하고자 할 때 ①, ②, ③ 칸에 들어갈 값을 나열하세요.

```
arr.forEach(function (item, index, all) {
    document.write(① + '는 전체 배열 ' + ② + '에서 ' + ③ + '번째 값입니다' + '<br>');
});
```

정답 : _____

결과

```
a는 전체 배열 a, b, c, d, e에서 0번째 값입니다.
b는 전체 배열 a, b, c, d, e에서 1번째 값입니다.
c는 전체 배열 a, b, c, d, e에서 2번째 값입니다.
d는 전체 배열 a, b, c, d, e에서 3번째 값입니다.
e는 전체 배열 a, b, c, d, e에서 4번째 값입니다.
```

4. 문자열, 타이머, 수학 연산

01 문자열에서 특정 문자의 포함 여부를 확인하는 함수는 두 가지 있습니다. 두 가지 모두를 기술해주세요.

정답 : _____

02 문자열에서 특정 패턴을 이용하여 배열로 생성하고자 합니다. 다음 코드에서 빈칸을 완성하세요.

```
let org = 'html-css-javascript';
  let new1 = org.split('_____');
```

정답 : ───────────────────

03 4초의 시간이 소진되면 경고 문구가 나타나는 구문을 빈칸을 채워서 완성해주세요.

```
_____(function(){
   alert('반갑습니다.');
 },4000);
```

정답 : ───────────────────

04 연산의 결과로 출력되는 값이 소수점일 경우 무조건 올림하여 값을 생성하고자 합니다. 빈칸을 완성해주세요.

```
console.log(Math._____(7.1)); //결과 8
```

memo

5 PART

javascript 응용

이 장의 내용

- DOM 조작
- 선택자
- 이벤트
- ECMA Script 6
- 실전 예제(tab, accordion, modal, lightbox, scrollanimaion, slideshow)

5 javascript 응용

웹사이트에서 자주 구현하게 되는 UI/UX 효과인 tab, accordion, modal, back to top 등의 기능을 구현하고, 실전 프로젝트로는 자동 슬라이드 기능이 있는 슬라이드 쇼를 구현하여 학습한 내용을 종합적으로 복습하는 것으로 진행하겠습니다.

1. DOM 조작

1-1 DOM이란?

DOM이란 Document Object Model의 약어로 웹 문서에 접근하기 위한 W3C에서 정의한 표준입니다. HTML DOM은 HTML 구성 요소들을 획득, 변경, 추가, 삭제하기 위한 표준으로 HTML 문서를 브라우저에서 로드할 때 각 구성 요소들을 객체화하여 객체 트리구조를 만들게 됩니다.

```html
<html>
<head>
    <title>Document Title</title>
</head>
<body>
    <h1>Heading 1</h1>
    <h2>Heading 2</h2>
</body>
</html>
```

[그림 5-1] HTML

[그림 5-1]과 같은 HTML 문서가 있다고 하면 HTML DOM은 [그림 5-2]와 같이 생성됩니다.

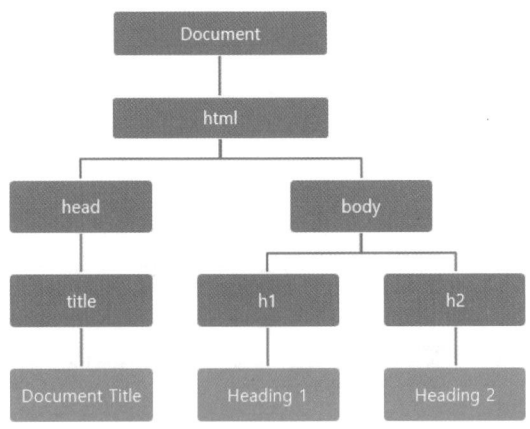

[그림 5-2] HTML 문서 객체 모델

document 객체는 HTML 문서 객체 접근의 시발점이 됩니다. document 아래 html부터 h2 태그까지를 노드라고 합니다. 노드는 요소 노드와 텍스트 노드로 구분됩니다.

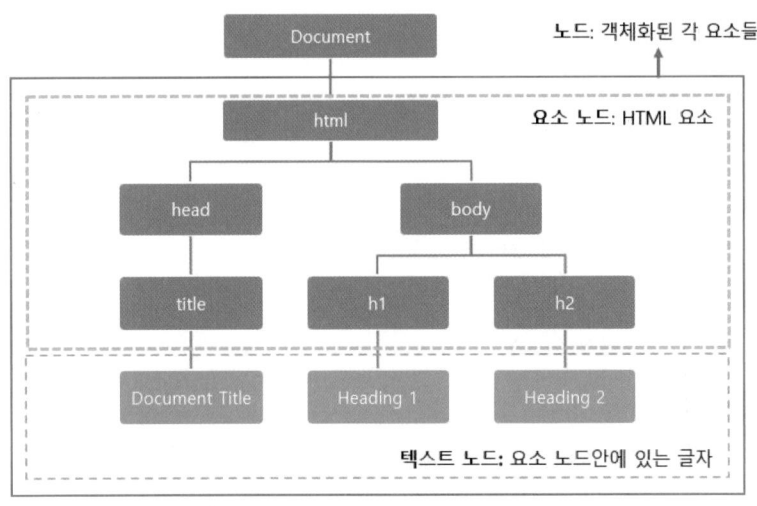

[그림 5-3] HTML 문서 객체 모델

HTML 요소(Element)는 여는 태그, 닫는 태그 안에 내부 콘텐트 즉, 텍스트 노드로 구성됩니다. 요소와 문서 객체, 노드 등은 모두 같은 대상을 다르게 호칭하는 것이라고 보면 될 정도로 비슷한 의미로 사용하게 됩니다.

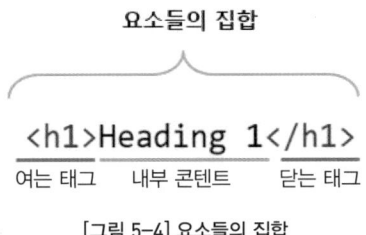

[그림 5-4] 요소들의 집합

1-2 HTML DOM TREE

DOM은 트리구조를 가지고 있어서 부모 노드, 자식 노드, 형제 노드로 구분할 수 있습니다.

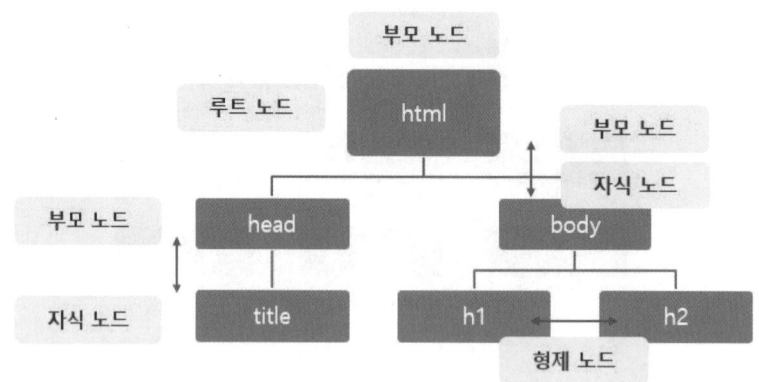

[그림 5-5] 요소들의 관계

- **루트 노드** : 트리구조에서 가장 상위에 위치한 노드로서, 부모 노드가 없다.
- **부모 노드** : 트리구조에서 상위에 위치하는 노드
- **자식 노드** : 트리구조에서 하위에 위치하는 노드
- **형제 노드** : 같은 부모를 가지는 노드

간략하게 HTML DOM에 대해 살펴보았습니다. 다음으로는 본격적으로 자바스크립트에서 객체에 접근하여 조작하는 방법에 대해 학습하겠습니다.

2. 선택자

자바스크립트에서 요소를 선택하는 방법에 대해서 알아보겠습니다. 요소를 선택하는 방법은 크게 5가지로 볼 수 있습니다. 정리된 표로 먼저 살펴보겠습니다.

선택자	예시	비고
태그 명	document.getElementsByTagName('h2');	유사배열로 반환 (HTML Collection)
아이디 명	document.getElementById('logo');	단일 값으로 반환
클래스 명	document.getElementsByClassName('link');	유사배열로 반환 (HTML Collection)
CSS 선택자	document.querySelector('header #logo');	단일 값으로 반환
CSS 선택자	document.querySelectorAll('nav a');	유사배열로 반환 (NodeList)

[표 5-1] 자바스크립트에서 요소 선택하기

반복문의 활용

선택 후 스타일을 변경하거나, 이벤트를 적용할 때 반복문과 함께 사용하게 됩니다. 이때 유사배열
의 형식으로 반환되는 요소에는 for 반복문, for of 반복문을 사용할 수 있지만, 각 원소의 인덱스
를 활용하는 forEeach 반복문은 NodeList로 반환되는 QuerySelectorAll로 저장한 요소에만 가
능합니다.

요소를 선택하고 선택한 요소의 CSS 속성을 변경해보겠습니다. CSS 속성을 변경하는 문법은 다음과 같
습니다.

대상.style.속성 명 = 값;

속성 명 자리에 변경하고자 하는 속성 명을 입력하고 값에 변경할 값을 기술합니다. 그럼 샘플 파일에서
요소를 선택하여 변경해보도록 하겠습니다. PART_5/예제/A/01_selector/01_selector.html 파일을 오픈
합니다.

코드 5-1 PART _ 5/예제/A/01 _ selector/01 _ selector.html

```
<!DOCTYPE html>
<html lang="en">

<head>
  <meta charset="UTF-8">
  <title>Javascript Basic Selector</title>

</head>

<body>
  <h1>Basic Selector</h1>
  <section class="container">
    <h2>Section title</h2>
중략…
```

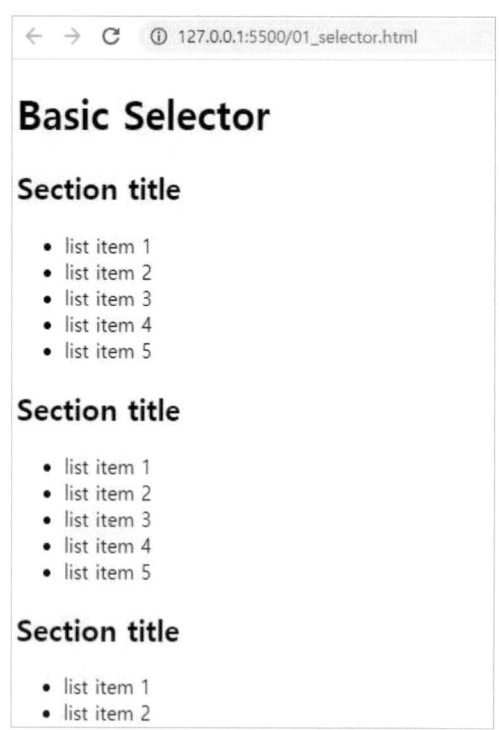

[그림 5-6] Basic Selector.html

2-1 태그 명으로 선택하기

오픈한 파일에서 script 태그를 생성하고 요소를 선택하여 글자 색상을 변경해보겠습니다. 우선 h1 태그를 태그 명으로 선택하여 색상을 blue로 변경해보겠습니다.

코드 5-2   PART _ 5/예제/A/01 _ selector/01 _ selector.html

```
<head>
  <meta charset="UTF-8">
  <title>Javascript Basic Selector</title>
  <script>
    document.getElementsByTagName('h1').style.color = 'blue';
  </script>
</head>
중략…
```

코드 5-2 와 같이 head 태그 내에 스크립트를 작성하고 브라우저에서 확인해봅니다. 그러면 색상이 변경되어 있지 않다는 것을 확인할 수 있고 개발자 도구를 확인하면 [그림 5-7]과 같이 에러가 출력되어 있습니다.

[그림 5-7] 스타일 지정되지 않는 에러

에러의 원인은 h1 태그를 제대로 선택하지 못했기 때문입니다. HTML 문서의 내용을 해석하는 브라우 저는 상단에서 하단으로 코드를 해석하고 실행하게 되어 있습니다. 8번 라인에서 h1 태그를 선택하고 색 상을 변경하라고 했지만 아직 브라우저는 body 태그안의 어떤 태그가 있는지 로드하지 못한 상태입니 다. 이것을 해결하기 위해서는 총 3가지 방법이 있습니다.

첫 번째 방법은 script 태그를 body 태그가 닫히기 바로 전 위치로 옮기는 것입니다.

두 번째 방법은 이벤트를 적용하여 DOM의 컨텐츠가 모두 로드되면 그때 스크립트를 실행하라는 것입니다.

세 번째 방법은 별도의 파일로 스크립트를 분리하고 defer라는 속성을 추가하는 것입니다.

먼저 첫 번째 방법으로 시도해보겠습니다. script 태그를 body 태그 바로 전 위치로 옮깁니다.

코드 5-3 PART _ 5/예제/A/01 _ selector/01 _ selector.html

```
중략…
        eum impedit harum consequuntur aspernatur ratione nostrum vel cul-
pa fuga! Dolore quibusdam nisi temporibus!
    </p>
  </article>
  <script>
    document.getElementsByTagName('h1').style.color = 'blue';
  </script>
</body>
```

브라우저 화면을 확인해봅니다. 그런데 아직 에러가 사라지지 않고 있습니다.

[그림 5-8] 스타일 지정되지 않는 에러

선택자를 잘못 작성했는지 여부를 판단하기 위해서 선택자를 변수로 저장하고 변수의 값을 console에서 확인해보겠습니다. 이때 변수는 const를 이용하여 할당하겠습니다. const는 상수로써 한번 값을 저장하면 더 이상 변경될 일이 없거나, 변경되어서는 안 되는 변수를 생성할 때 사용할 수 있습니다. 기존 코드는 주석 처리하고 콘솔에서 변수 명 title을 확인합니다.

코드 5-4 PART _ 5/예제/A/01 _ selector/01 _ selector.html

```
<script>
  // document.getElementsByTagName('h1').style.color = 'blue';
  const title = document.getElementsByTagName('h1');
  console.log(title);
</script>
</body>
```

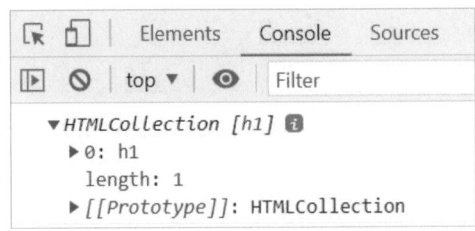

[그림 5-9] HTMLCollection으로 출력되는 변수

콘솔창을 확인해보면 변수 명 title에는 값이 제대로 저장되어 있습니다. 하지만 자세히 보면 HTML Collection이라고 되어 있고 대괄호안에 값이 저장되어 있습니다. 마치 배열처럼 값의 길이(length)가 1로 되어 있습니다. 이는 순수 배열은 아니지만 배열처럼 인덱스 번호를 통해 요소를 선택해야 합니다. 이

러한 배열을 유사배열이라고 합니다. 배열에서 값을 선택하기 위해서는 배열 명 뒤에 대괄호 안에 인덱스 번호를 입력하는 것입니다.

코드 5-5   PART _ 5/예제/A/01 _ selector/01 _ selector.html

```
// document.getElementsByTagName('h1').style.color = 'blue';
const title = document.getElementsByTagName('h1');


title[0].style.color = 'blue';
```

코드 5-5 와 같이 title[0]로 선택자를 변경하고 브라우저에서 확인해봅니다. 그러면 이제 정상적으로 blue의 색상으로 변경되어 나타납니다.

[그림 5-10] 정상적으로 스타일이 반영되는 제목

이제 두 번째 방법으로 스타일이 구현되는 것을 확인해보겠습니다. 이벤트를 설정하여 head 태그 사이에 있어도 작동하도록 변경해보겠습니다. 이 부분은 바로 다음 이벤트 파트에서 설명할 내용이지만 미리 잠깐 작성해보겠습니다. 다시 script 태그를 head 태그 사이로 옮기고 **코드 5-6** 과 같이 작성합니다.

코드 5-6   PART _ 5/예제/A/01 _ selector/01 _ selector.html

```
    <script>
      document.addEventListener('DOMContentLoaded', function () {
        // document.getElementsByTagName('h1').style.color = 'blue';
        const title = document.getElementsByTagName('h1');

        title[0].style.color = 'blue';
      });
    </script>
  </head>
```

document에 이벤트를 연결하고 있습니다. addEventListener 함수의 매개변수로 이벤트의 종류 중 DOMContentLoaded라는 이벤트를 설정하고 해당 이벤트가 실행되면 function 함수 안의 내용을 실행하라는 뜻입니다. 브라우저에서 확인해보면 이상없이 색상이 blue로 변경된 것을 확인할 수 있습니다. 브라우저 내부적으로 body 안의 모든 태그들을 로드했다는 이벤트가 뜨면 그때 비로소 h1 태그를 찾아 선택하고 색상을 변경한 것입니다.

이번에는 01_selector.js 파일을 생성하고 해당 파일을 로드합니다. 01_selector.js 파일에 기존의 스크립트를 옮겨 저장합니다.

```
EXPLORER                    ...    JS 01_selector.js  ✕
∨ OPEN EDITORS                     JS 01_selector.js > ...
   ✕  JS 01_selector.js           1 ∨ document.addEventListener('DOMContentLoaded', function () {
∨ 01 SELE...  ⊡ ⊡ ↻ ⊡          2         // document.getElementsByTagName('h1').style.color = 'blue';
   <> 00_dom.html                 3         var title = document.getElementsByTagName('h1');
   <> 01_selector.html            4
   JS 01_selector.js              5         title[0].style.color = 'blue';
                                  6     });
```

[그림 5-11] DOM의 컨텐츠를 모두 로드 하면 작동하는 스크립트

코드 5-7 PART _ 5/예제/A/01 _ selector/01 _ selector.html

```
<head>
  <meta charset="UTF-8">
  <title>Javascript Basic Selector</title>
  <script src="01_selector.js"></script>
</head>
```

코드 5-7 과 같이 01_selector.js 파일을 로드하고 브라우저 화면을 확인하면 이상없이 스타일이 변경된 것을 볼수 있습니다.

[그림 5-12] 이상 없이 적용되는 스타일

이번에는 01_selector.js 파일에서 이벤트 적용하는 부분을 주석 처리합니다. 그러면 당연히 다시 에러를 출력하면서 스타일이 적용되지 않을 것입니다.

PART _ 5/예제/A/01 _ selector/01 _ selector.js

```javascript
//document.addEventListener('DOMContentLoaded', function () {
  // document.getElementsByTagName('h1').style.color = 'blue';

  const title = document.getElementsByTagName('h1');

  title[0].style.color = 'blue';

//});
```

[그림 5-13] 에러 출력

이제 다시 원점으로 돌아왔습니다. 마지막 세 번째 방법으로 스크립트를 로드하면서 defer라는 속성을 추가하고 브라우저 화면을 확인해봅니다.

PART _ 5/예제/A/01 _ selector/01 _ selector.html

```html
<head>
  <meta charset="UTF-8">
  <title>Javascript Basic Selector</title>
  <script defer src="01_selector.js"></script>
</head>
```

브라우저 화면을 확인해보면 다시 에러가 사라지고 스타일이 제대로 구현된 것을 볼 수 있습니다. defer라는 속성과 DOMContentLoaded와는 엄밀히 따지면 순서의 차이가 조금 있지만 그냥 편하게 둘다 비슷한 역할을 한다 정도로만 이해해도 현 상태에서는 크게 문제없습니다. 다시 본론으로 돌아와서 선택자의 종류별 특징을 살펴보겠습니다.

2-2 아이디 명으로 선택하기

아이디 명으로 요소를 선택하고 스타일을 변경해보겠습니다. 샘플에서 아이디 list1을 선택하여 배경색을 #ebebeb로 변경해봅니다.

코드 5-10 PART _ 5/예제/A/01 _ selector/01 _ selector.js

```
document.getElementById('list1').style.backgroundColor = '#ebebeb';
```

작성한 코드를 먼저 살펴보면 getElement에서 앞서 태그 이름을 선택할 때는 getElements처럼 복수형을 사용했습니다. 즉, html 태그 명은 하나 이상이 있을 것이기 때문입니다. 하지만 id 명은 body 안에서 유일무이한 존재로서 두 군데 이상 있을 수 없기 때문에 getElement처럼 단수형으로 작성한 것입니다. 또한 값으로 적은 #ebebeb는 문자이기 때문에 앞뒤로 따옴표를 입력해야 합니다. 이때 큰따옴표(쌍따옴표)를 사용해도 문제없습니다만, 하나로 통일하는 것이 좋습니다. 또 한가지 스타일 속성의 이름이 background-color가 아니라 하이픈(-)이 없이 대문자로 온 것을 볼 수 있습니다. 자바스크립트에서는 CSS 속성을 기술할 때 하이픈(-)이 포함된 속성 명은 하이픈을 없애고 그 다음 문자를 대문자로 입력해야 합니다. 예를 들어 fontSize, borderColor 등이 되겠습니다.

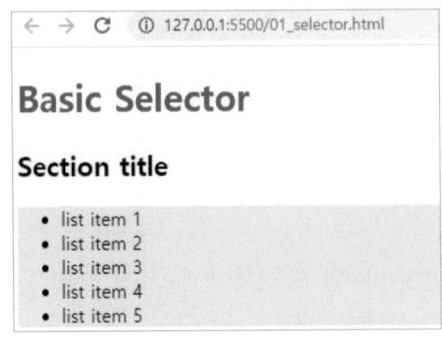

[그림 5-14] 배경색이 반영되는 리스트

2-3 클래스 명으로 선택하기

예제 파일에서 클래스 명 list를 선택하여 목록 표시를 없애도록 하겠습니다. CSS에서 목록 표시를 없애는 속성은 list-style:none 입니다. 그러면 스크립트를 작성하고 브라우저 화면을 확인합니다.

코드 5-11 PART _ 5/예제/A/01 _ selector/01 _ selector.js

```
const list = document.getElementsByClassName('list');
list.style.listStyle = 'none';
```

변수 명 list에서 선택한 요소를 저장하고 listStyle을 none으로 설정했습니다. 브라우저 화면을 확인해보면 스타일이 적용이 되지 않고 에러가 나타나 있습니다.

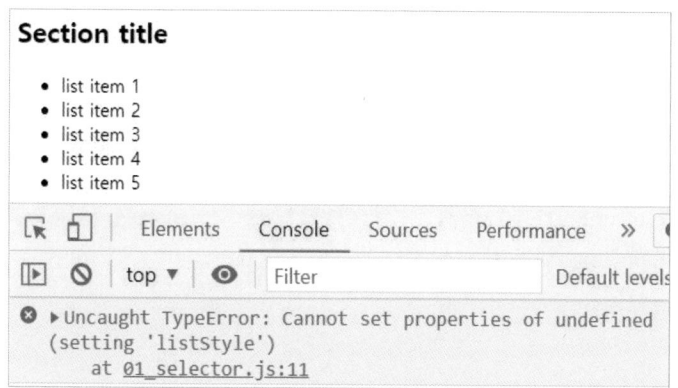

[그림 5-15] 스타일이 적용되지 않는 에러

이유를 살펴보기 위해 콘솔창에 변수 명 list를 확인해봅니다.

코드 5-12 PART _ 5/예제/A/01 _ selector/01 _ selector.js

```
const list = document.getElementsByClassName('list');
console.log(list);


list.style.listStyle = 'none';
```

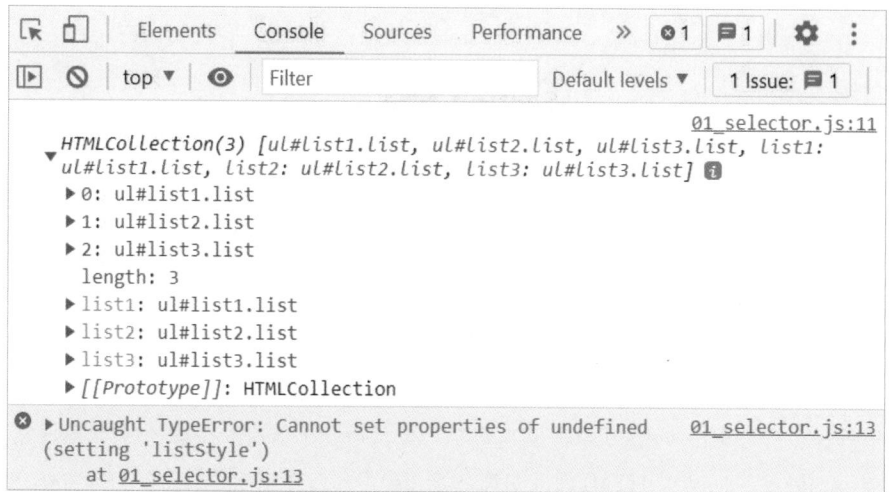

[그림 5-16] 유사배열로 저장되어 있는 변수 list

개발자 도구의 콘솔창을 확인하면 변수 명 list에는 유사배열로 값이 3개가 정상적으로 저장되어 있습니다. 그러면 배열의 값을 선택하는 방법을 이용하여 리스트 중 첫 번째, 두 번째, 세 번째의 list-style을 변경하기 위해 코드를 작성합니다.

```javascript
const list = document.getElementsByClassName('list');
console.log(list);

list[0].style.listStyle = 'none';
list[1].style.listStyle = 'none';
list[2].style.listStyle = 'none';
```

[그림 5-17] 배열의 첫 번째 선택시 제대로 반영되는 스타일

브라우저 화면을 확인하면 에러없이 모든 리스트의 목록 스타일이 없어진 것을 볼 수 있습니다. 하지만 조금 전에 작성한 코드는 만약 HTML에서 클래스 명 list인 요소가 더 많이 늘어난다고 하면 비효율적인 방법이며 추가된 리스트의 스타일을 변경하기 위해서는 스크립트를 다시 작성해야 하는 불편함이 생깁니다. 이를 막기 위해서는 반복문을 활용하여 대상이 몇 개가 되었든 스타일을 한꺼번에 처리할 수 있어야 합니다. 앞서 작성한 코드에서 list[숫자]부분에서 숫자 부분이 0에서 목록의 개수만큼 하나씩 늘어나도록 구현하면 되겠습니다.

코드 5-14 PART _ 5/예제/A/01 _ selector/01 _ selector.js

```
/*
list[0].style.listStyle = 'none';
list[1].style.listStyle = 'none';
list[2].style.listStyle = 'none';
*/
for(let i=0; i<list.length; i++){
    list[i].style.listStyle = 'none';
}
```

코드 5-14와 같이 기존 코드는 주석 처리하고 변수 명 i가 0에서 list.length 즉 3개 보다 작을 때 중괄호 안의 코드를 실행하고 i의 값을 i++를 통해 하나 증가시키면서 반복이 되도록 했습니다. 브라우저를 확인하면 에러없이 스타일이 적용된 것을 볼 수 있을 것입니다. 반복문에서는 for of, forEach 등 앞서 반복문 파트에서 학습한 것을 활용할 수 있겠습니다. 이제 for of 반복문으로 변경해보겠습니다.

코드 5-15 PART _ 5/예제/A/01 _ selector/01 _ selector.js

```
/*
list[0].style.listStyle = 'none';
list[1].style.listStyle = 'none';
list[2].style.listStyle = 'none';

for(var i=0; i<list.length; i++){
    list[i].style.listStyle = 'none';
}
*/
for(item of list){
    item.style.listStyle = 'none';
}
```

코드 5-15를 보면 기존 코드는 주석 처리하고 변수 명 list의 값들 하나하나를 item 변수에 할당하고 스타일을 변경한 것입니다. for 반복문보다 훨씬 간결하게 작성된 것을 볼 수 있습니다.

2-4 CSS 선택자로 선택하기

예제 파일에서 아이디 box의 자식 요소중 level3의 내용을 품고 있는 div를 선택하여 배경색을 변경하고자 합니다. CSS 선택자는 #box 〉 div 〉 div로 선택할 수 있겠습니다. 그럼 스크립트에서 해당 요소를 선택하고 스타일을 변경해보겠습니다.

코드 5-16 PART _ 5/예제/A/01 _ selector/01 _ selector.html

```
중략…
   <section class="container">
     <h2>Section title</h2>
     <div id="box">
       box level 1
       <div>
         box level 2
         <div>
           box level 3
         </div>
       </div>
     </div>
   </section>
중략…
```

코드 5-17 PART _ 5/예제/A/01 _ selector/01 _ selector.js

```
const target = document.querySelector('#box > div > div');
target.style.backgroundColor = '#3498db';
```

querySelector 함수의 매개변수로는 CSS 선택자를 그대로 적을 수 있습니다. 브라우저를 확인해보면 선택한 요소의 배경색이 변경되어 있습니다.

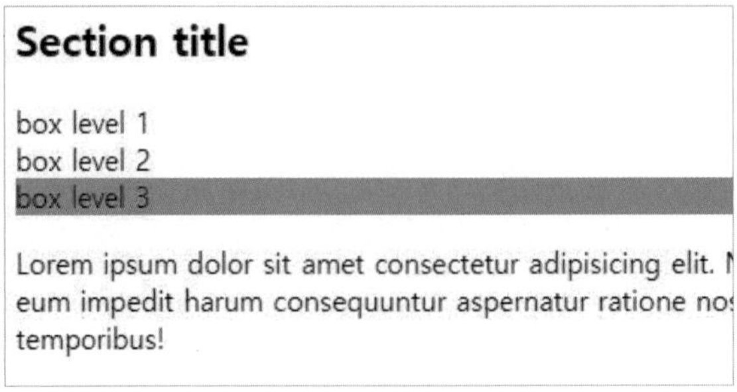

[그림 5-18] css 선택자를 활용한 요소 선택하기

이번에는 문단을 선택하여 글자 색상을 변경해보겠습니다. 스크립트를 작성하고 브라우저 화면을 확인해봅니다.

코드 5-18 PART _ 5/예제/A/01 _ selector/01 _ selector.js

```
const paragraph = document.querySelector('article p');
paragraph.style.color = '#3498db';
```

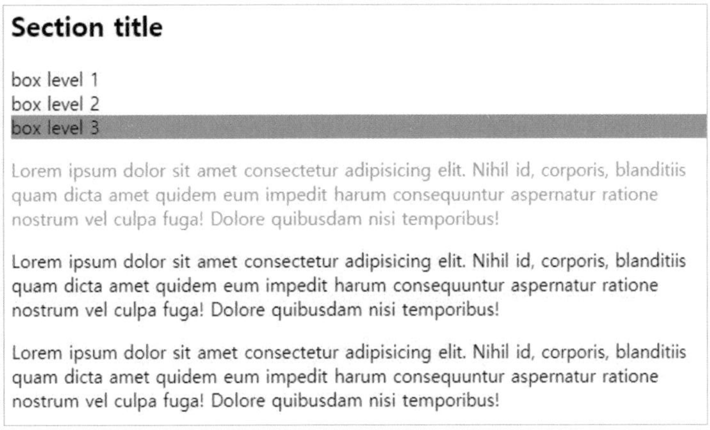

[그림 5-19] css 선택자를 활용한 요소 선택하기

브라우저 화면을 확인해보면 기대와 다르게 첫 번째 p 태그의 색상만 변경되어 있는 것을 볼 수 있습니다. querySelector는 문서에서 첫 번째 요소만 선택하여 단일 값으로 반환하여 줍니다. 모든 문단을 선택하기 위해서는 querySelelectorAll 함수를 사용해야 합니다. 그러면 앞서, 태그 명 또는 클래스 명으로 요소를 선택했을 때 유사배열의 형태로 값이 저장되기 때문에 스타일을 변경하기 위해서는 반복문이 필요합니다. 이번에는 forEach 반복문으로 작성해 보겠습니다.

코드 5-19 PART _ 5/예제/A/01 _ selector/01 _ selector.js

```
// var paragraph = document.querySelector('article p');
// paragraph.style.color = '#3498db';

const paragraph = document.querySelectorAll('article p');

paragraph.forEach(function(item){
    item.style.color = '#3498db';
});
```

작성 후 브라우저를 확인하면 이제 모든 문단의 색상이 변경된 것을 볼 수 있습니다.

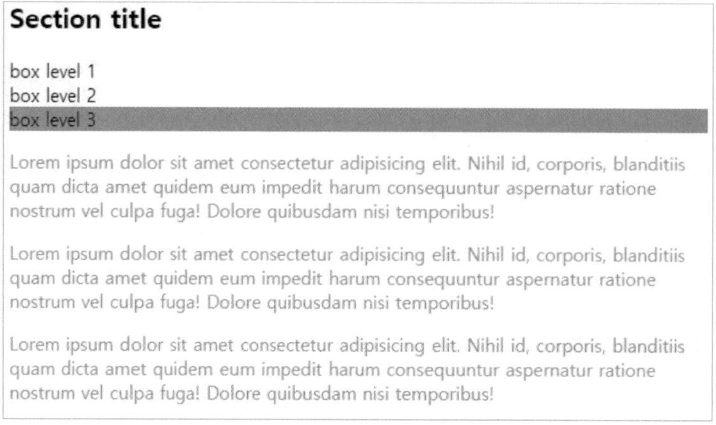

Section title

box level 1
box level 2
box level 3

Lorem ipsum dolor sit amet consectetur adipisicing elit. Nihil id, corporis, blanditiis quam dicta amet quidem eum impedit harum consequuntur aspernatur ratione nostrum vel culpa fuga! Dolore quibusdam nisi temporibus!

Lorem ipsum dolor sit amet consectetur adipisicing elit. Nihil id, corporis, blanditiis quam dicta amet quidem eum impedit harum consequuntur aspernatur ratione nostrum vel culpa fuga! Dolore quibusdam nisi temporibus!

Lorem ipsum dolor sit amet consectetur adipisicing elit. Nihil id, corporis, blanditiis quam dicta amet quidem eum impedit harum consequuntur aspernatur ratione nostrum vel culpa fuga! Dolore quibusdam nisi temporibus!

[그림 5-20] forEach 함수를 통한 스타일 적용

그래서 요소를 선택할 때 하나 밖에 없는 요소를 선택하는 것인지, 여러 개인 요소를 선택하는 것인지에 따라 선택자를 다르게 사용해야 하고 선택한 값들이 유사배열의 형태로 단일 요소가 아니라면 CSS 속성을 변경하기 위해서는 반복문은 필수로 작성해야 합니다.

3. 이벤트

자바스크립트에서 이벤트를 적용하는 문법은 [그림 5-21]과 같습니다.

```
document.getElementById("target").addEventListener('click',function(){

   //이벤트 발생시 수행할 코드 ❸

});
```

[그림 5-21] 이벤트 적용 순서

❶ 이벤트를 적용할 대상을 지정합니다.
❷ 이벤트의 종류를 입력합니다.
❸ 이벤트가 발생했을 때 수행할 코드를 기술합니다.

addEventListener 함수를 이용하여 이벤트를 적용하고자 하는 대상에 이벤트가 일어나는지 확인하고 ❷의 이벤트가 발생하면 function 함수 안의 내용이 실행되는 것입니다. 예제 폴더 PART_5/예제/A/02_event/폴더를 VS Code에서 폴더 열기로 오픈합니다.

```html
<!DOCTYPE html>
<html lang="en">

<head>
 <meta charset="UTF-8">
 <title>Javascript Basic Event</title>
</head>
~

<body>
 <div class="container">
  <p>Lorem ipsum dolor sit amet, consectetur adipisicing elit. Aliquid tenetur
sapiente commodi aut a distinctio
    quaerat minima ducimus? Eaque ad ipsa dolorem saepe facilis in suscipit
commodi minima, odio omnis. </p>
  <button id="submit">Click me</button>
 </div>
 <hr>
 <h2>select</h2>
 <select name="" id="color">
  <option value="">색상을 선택하세요. </option>
  <option value="#ccc">silver</option>
  <option value="#ebebeb">Light gray</option>
  <option value="green">green</option>
 </select>

 <script src="js/script.js"></script>

</body>

</html>
```

오픈한 예제 파일을 보면 스크립트 파일은 js 폴더의 script.js와 연결되어 있습니다. script.js 파일은 body의 내용이 모두 로드된 뒤쪽에 로드되어 있기 때문에 'DOMContentLoaded 이벤트가 실행되면 스크립트를 실행해' 라고 작성할 필요가 없는 상태입니다.

3-1 click 이벤트

이제 아이디 submit 버튼을 클릭하면 경고창을 띄우는 간단한 스크립트를 작성해보면서 기본 문법을 확인하겠습니다.

코드 5-21 PART _ 5/예제/A/02 _ event/js/script.js

```
const btn = document.getElementById('submit');

btn.addEventListener('click', function(){
    alert('버튼이 클릭되었습니다.');
});
```

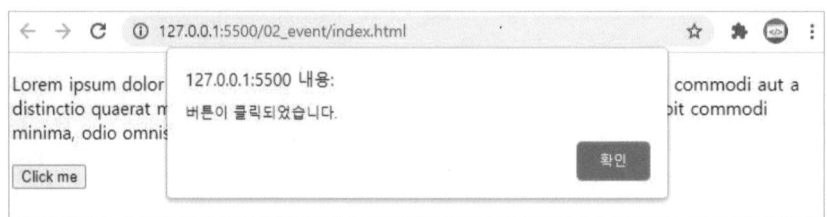

[그림 5-22] 버튼을 클릭하면 뜨는 경고창

웹페이지에서 click me 버튼을 클릭하면 경고창이 뜨는 것을 볼 수 있습니다.

3-2 mouseover, mouseout 이벤트

대표적인 이벤트의 종류는 [표 5-2]와 같습니다. 그 중에서 예제 파일에 mouseover, mouseout 이벤트를 적용해보겠습니다.

이벤트 명	설명
click	클릭할 때
mouseover	마우스가 특정 객체 위로 올려졌을 때
mouseout	마우스가 특정 객체 밖으로 나갔을 때
mouseenter	마우스가 특정 객체 안에 들어왔을 때
mouseleave	마우스가 특정 객체에서 떠났을 때
mousedown	마우스를 클릭했을 때
mouseup	마우스에서 손을 뗏을 때
scroll	문서에서 스크롤을 할 때
change	input 요소의 변동이 있을 때

focus	링크, input 등의 요소에 초점이 이동했을 때
keydown	키를 눌렀을 때
keyup	키에서 손을 뗏을 때

[표 5-2] 이벤트의 종류

코드 5-22   PART _ 5/예제/A/02 _ event/js/script.js

```
const container = document.querySelector('.container');

container.addEventListener('mouseover', function(){
    container.style.backgroundColor = '#ccc';
});
container.addEventListener('mouseout', function(){
    container.style.backgroundColor = '';
});
```

이번에는 container를 변수로 지정할 때 querySelector로 선택하고 변수 명 container에 마우스를 올렸을 때 해당 요소의 배경색을 변경하고, 마우스가 나가면 다시 원래 배경색으로 되돌아가도록 작성했습니다. 작성 후 브라우저 화면에서 container에 마우스를 올려보면 배경색이 변경되는 것을 볼 수 있습니다.

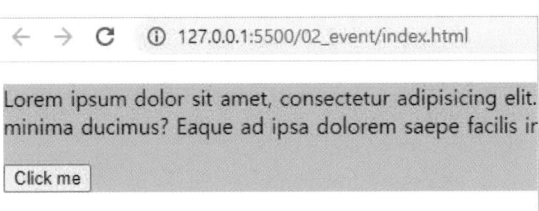

[그림 5-23] 마우스가 올라가면 변경되는 배경색

코드 5-22 의 코드를 더 효율적으로 변경해보겠습니다. 변수 명 container에 mouseover 또는 mouseout 이벤트가 발생하면 다시 변수 명 container의 배경색을 변경했습니다. 이때 이벤트가 일어난 요소를 자체적으로 더 빠르게 선택하는 방법으로 this 키워드를 사용하는 것입니다. this는 이벤트가 발생한 객체를 참조할 수 있습니다. 코드를 수정하고 브라우저 화면을 확인해봅니다.

```
const container = document.querySelector('.container');

container.addEventListener('mouseover', function(){
    this.style.backgroundColor = '#ccc';
});
container.addEventListener('mouseout', function(){
    this.style.backgroundColor = '';
});
```

이렇게 this를 사용하면 이벤트가 발생한 바로 그 요소를 참조해서 스타일을 변경할 수 있습니다.

3-3 change 이벤트

예제 파일에 셀렉트 메뉴를 생성하고 값을 선택했을 때 body의 배경색을 변경해보겠습니다. 예제 파일에 코드 5-24 와 같이 작성합니다.

코드 5-24 PART _ 5/예제/A/02 _ event/index.html

```
<hr>
<h2>select</h2>
<select name="" id="color">
 <option value="">색상을 선택하세요. </option>
 <option value="#ccc">silver</option>
 <option value="#ebebeb">Light gray</option>
 <option value="green">green</option>
</select>

<script src="js/script.js"></script>
```

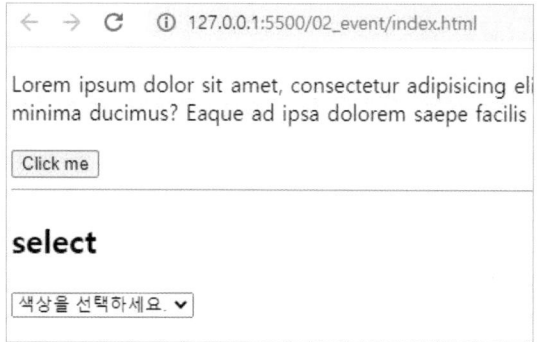

[그림 5-24] 코드 5-24 브라우저 화면

코드를 작성하고 브라우저를 보면 셀렉트 메뉴가 나타납니다. 이제 스크립트를 작성하여 해당 select의 색상을 선택하면 body의 배경색이 바뀌도록 만들겠습니다.

코드 5-25 **PART _ 5/예제/A/02 _ event/js/script.js**

```
const colorSelect = document.getElementById('color');
const target = document.body;

colorSelect.addEventListener('change', function(){
    const selectedValue = this.value;
    target.style.backgroundColor = selectedValue;
});
```

코드 5-25 를 살펴보면 아이디 color를 변수로 지정하고, change 이벤트가 발생하면 이벤트가 발생한 그 요소의 값을 selectedValue 함수에 할당하고 해당 값으로 body의 배경색을 변경한 것입니다. 작성 후 웹페이지에서 색상을 선택하면 배경색이 변경되는 것을 확인할 수 있습니다.

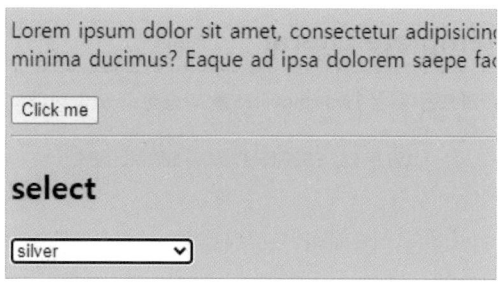

[그림 5-25] 셀렉트 메뉴를 선택하면 변경되는 배경색

이상으로 대표적인 이벤트의 종류와 사용법을 확인했습니다. 더 다양한 이벤트의 활용은 뒤에 실전 예제를 구현하면서 학습해보겠습니다.

4. ECMAScript 6

ECMAScript 6는 ECMA-262 표준의 제 6판이며, ECMAScript 사양의 주요 변경 사항 및 개선 사항을 명세합니다. 짧게는 'ES6'라고도 부릅니다. ES6에서 새롭게 추가된 사항이 많이 있지만 주요 사항 4가지 정도만 살펴보겠습니다.

4-1 템플릿 리터럴(Template Literal)

템플릿 리터럴은 변수와 문자열을 연결할 때 유용하게 사용할 수 있습니다. ES6이전 문법으로 먼저 기술하고 다시 ES6 문법으로 변경해보겠습니다. 예제 파일 PART_5/예제/A/03_ES6/에서 index.html을 오픈합니다.

코드 5-26 PART _ 5/예제/A/03 _ ES6/index.html

```
<h1>ECMAScript 6</h1>
<h2>Template Literal</h2>
<script>
    let str1 = 'javascript';
    let str2 = '기초';
    let msg = '여러분은 지금 ' + str1 + str2 + '를 학습하고 있습니다';
    document.write(msg);
</script>
```

코드 5-26 과 같이 변수를 지정하고 msg를 출력했습니다. 브라우저 화면을 확인합니다.

ECMAScript 6

Template Literal

여러분은 지금 javascript기초를 학습하고 있습니다

[그림 5-26] ES2015문법으로 출력하는 변수

이제 해당 코드를 템플릿 리터럴을 이용하여 구현해보겠습니다. 템플릿 리터럴은 키보드에서 [Tab⇆] 키 위에 있는 '(backtick, 백틱)으로 감싸고 변수 명은 ${ }안에 기술합니다. 기존 코드를 주석 처리하고 코드 5-27 과 같이 작성합니다.

```
<script>
  var str1 = 'javascript';
  var str2 = '기초';
  //var msg = '여러분은 지금 ' + str1 + str2 + '를 학습하고 있습니다';
  var msg = `여러분은 지금 ${str1 + str2}를 학습하고 있습니다`;
  document.write(msg);
</script>
```

ECMAScript 6

Template Literal

여러분은 지금 javascript기초를 학습하고 있습니다

[그림 5-27] ES6 백틱을 이용한 변수와 문자 병합

4-2 가변 변수와 불변 변수

var와 let

ES6이전에 변수를 지정하는 방법은 var이였습니다. var는 전역 변수와 함수 내에서만 사용할 수 있는 지역 변수로 구분되었습니다. 하지만 블록 스코프밖에서도 변수를 참조할 수 있는데 이때 문제를 일으키는 경우가 있습니다. 스코프는 변수에 접근 가능한 영역을 의미합니다. 간단한 예제를 만들고 var와 let의 차이를 살펴보겠습니다.

코드 5-28 PART _ 5/예제/A/03 _ es6/index.html

```
<h2>var vs. let</h2>
<script>
  var a = 0;
  if (true) {
    var a = 2;
    console.log(a);
  }
  console.log(a);
</script>
```

작성한 코드를 살펴보면 변수 명 a의 값으로 0을 할당하고 함수 내에서 조건이 참일 때 변수 명 a의 값을 2로 변경했습니다. 개발자 도구의 콘솔에서 값을 확인해봅니다.

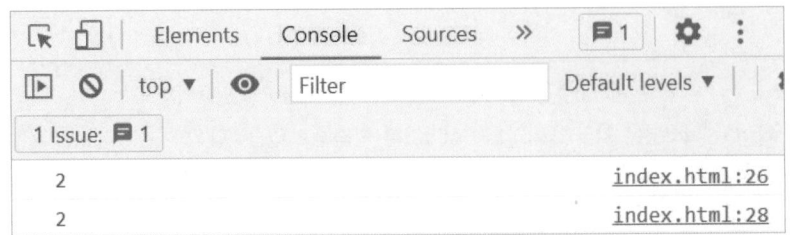

[그림 5-28] 변수의 값이 의도치 않게 변경되는 변수 명 a

콘솔창을 확인하면 두 값 모두 2를 보여주고 있습니다. 마지막의 변수 명 a의 값도 함수에서 지정한 2의 값으로 변경되어 있습니다. 만약에 함수 내에서만 변수값이 변경되어야 했다면 var로 변수를 지정하면 의도치 않은 결과가 발생하는 것입니다. 이제 let을 이용하여 작성하겠습니다. let은 블록 스코프의 범위에서만 값을 유지할 수 있습니다. hr 태그로 구분하고 스크립트를 코드 5-29 와 같이 작성하고 콘솔창을 확인합니다.

코드 5-29 PART _ 5/예제/A/03 _ es6/index.html

```
<h2>var vs. let</h2>
<script>
  var a = 0;
  if (true) {
    var a = 2;
    console.log(a);
  }
  console.log(a);
</script>
<hr>
<script>
  let b = 0;
  if (true) {
    let b = 2;
    console.log(b);
  }
  console.log(b);
</script>
```

```
2                                        index.html:35
0                                        index.html:37
```

[그림 5-29] 조건문 범위(scope)안에서만 유지되는 변수 b

콘솔창을 확인하면 함수안의 변수 명 b는 2가 출력되지만, 함수 바깥 영역은 처음 설정한 0이 출력되는 것을 확인할 수 있습니다.

const

한번 지정하면 절대 변경되지 않는 불변 변수는 const를 이용하여 생성할 수 있습니다. 앞서 var, let은 변수의 값을 언제든 변경할 수 있지만 const는 불가합니다. 간단히 스크립트를 작성하여 비교해보겠습니다.

코드 5-30 PART _ 5/예제/A/03 _ es6/index.html

```
<h2>const</h2>
<script>
    let c = 100;
    c = 200;
    console.log(c);

    const d = 100;
    d = 200;
    console.log(d);
</script>
```

[그림 5-30]과 같이 스크립트를 작성하고 콘솔창을 확인합니다. let으로 지정한 변수 명 c의 출력에는 에러가 없지만 const로 지정한 d의 경우 200을 지정하는 라인에서 에러가 출력됩니다.

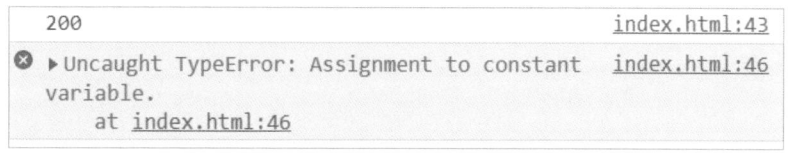

```
200                                        index.html:43
❌ ▶ Uncaught TypeError: Assignment to constant   index.html:46
   variable.
       at index.html:46
```

[그림 5-30] 이미 지정한 변수에 새로운 값을 지정할 수 없다는 에러

콘솔에서 확인한 것과 같이 const로 지정한 변수 명에 다른 값을 재할당할 수 없습니다. 이때 변수를 재할당할 수 없지만 값의 객체나 배열의 경우 값을 변경할 수는 있습니다.

코드 5-31 PART _ 5/예제/A/03 _ es6/index.html

```
<hr>
<h2>const 변수 값의 수정</h2>
<script>
  const student = {
    eng: 90,
    kor: 100
  }
  student.eng = 80;
  console.log(student.eng);
  const backends = ['asp', 'jsp', 'php'];
  backends.pop();
  console.log(backends);
</script>
```

작성한 코드를 살펴보면, student를 생성하고 student 객체의 eng 프로퍼티의 값을 80으로 변경했습니다. 그리고 backends라는 배열을 생성하고 마지막 값을 제거했습니다. 콘솔을 확인하면 둘 다 이상 없이 값이 출력된 것을 볼 수 있습니다.

```
80                          index.html:57
▶ (2) ['asp', 'jsp']        index.html:60
```

[그림 5-31] 변경 가능한 객체나 배열의 값

하지만 값의 일부를 변경, 추가, 제거를 할 수 있지만 객체나 배열을 다시 지정할 수는 없습니다. 코드 5-32 와 같이 작성하고 콘솔을 확인해봅니다.

코드 5-32 PART _ 5/예제/A/03 _ es6/index.html

```
<h2>const 변수 재할당</h2>
<script>
  const student = {
    math: 80
  }
</script>
```

```
✖ Uncaught SyntaxError: Identifier 'student' has   index.html:63
  already been declared
```

[그림 5-32] const로 설정한 값 자체는 변경 불가

변수 명 student는 이미 선언된 변수라고 하면서 에러를 출력하게 됩니다.

4-3 화살표 함수

기존의 function()을 화살표 함수로 축약해서 사용할 수 있습니다. 먼저 표로 간략히 기술하고 예제 파일에 작성해보겠습니다.

As–is	To–Be

function(){
 	
}//이름이 없는 함수
	()=>{}

function add(first, second) {
  return first + second;
}//이름이 있는 함수
	let add = (first, second) => {
	  return first + second;
	}

let add = function (first, second) {
  return first + second;
};//이름이 없는 함수를 변수에 할당
	let add = (first, second) => first + second;

[표 5 – 3] 화살표 함수

예제에서 즉시 실행 함수를 작성하고 function(){}부분을 화살표 함수로 변경해봅니다. 작성 후 개발자 도구를 확인하면 이상없이 콘솔에 메시지가 출력된 것을 볼 수 있습니다.

코드 5-33 PART _ 5/예제/A/03 _ es6/index.html

```html
<h2>Arrow function 화살표 함수</h2>
<script>
   (function () {
      console.log('즉시 실행 함수 실행됨');
      //이름이 없는 즉시 실행 함수
   })()
</script>
<hr>
<script>
   (() => {
      console.log('즉시 실행 함수 실행됨');
      //이름이 없는 즉시 실행 함수
   })()
</script>
```

[그림 5-33] 화살표 함수 출력

다음으로 간단한 덧셈을 수행하는 함수를 만들고 화살표 함수로 변경해보겠습니다. 이름이 있는 함수는 화살표 함수로 변경할 때 반드시 변수에 할당해야 합니다.

코드 5-34 PART _ 5/예제/A/03 _ es6/index.html

```
<script>
   function add(a, b) {
      return a + b;
   }
   document.write(add(10, 20));
</script>
<hr>
<script>
   //ES6
   var add = (a, b) => {
      return a + b;
   }
   document.write(add(20, 30));
</script>
```

Arrow function 화살표 함수

30
50

[그림 5-34] 이름이 있는 함수의 화살표 함수로의 변경

코드 5-34 에서 화살표 함수로 작성한 것을 보면 add 함수를 실행할 수 있도록 변수 add에 할당하고 add 변수를 함수처럼 실행하여 결과를 확인했습니다.

코드 5-35   PART _ 5/예제/A/03 _ es6/index.html

```
<script>
   //ES6
   var add = (a, b) => {
      return a + b;
   }
   document.write(add(20, 30));
</script>
<hr>
<script>
   var add2 = (x, y) => x + y;

   document.write(add2(30, 30));
</script>
```

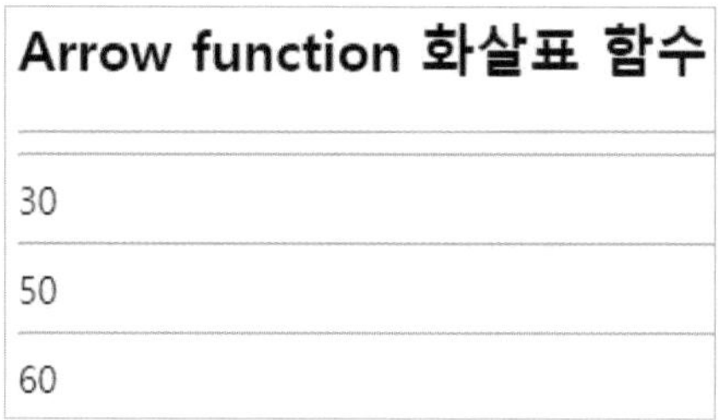

Arrow function 화살표 함수

30
50
60

[그림 5-35] 화살표 함수의 축약

마지막으로 매개변수가 2개 이상일때는 매개변수를 괄호로 감싸줘야 하지만, 매개변수가 하나인 함수의 경우는 괄호를 생략하고, 함수 내에서 별도의 추가 변수없이 바로 값을 출력하는 경우는 중괄호도 생략할 수 있습니다.

코드 5-36   PART _ 5/예제/A/03 _ es6/index.html

```
<script>
   //1 기존 문법
   function multiply(x) {
      return x * 2;
   }
   document.write(multiply(5));
   document.write('<hr>');
```

```
    //2 매개변수가 하나일 때는 괄호 생략 가능
    let multiply = x => {
        return x * 2;
    }
    document.write(multiply(5));
    document.write('<hr>');

    //3 함수내에서 바로 리턴만 있을 때 중괄호 생략 가능
    let multiply = x => x * 2;
    document.write(multiply(10));
</script>
```

코드를 살펴보면 multiply 함수에 숫자가 들어오면 2를 곱하여 반환해주는 함수입니다. 두 번째에서는 매개변수 x를 괄호없이 작성하고, 세 번째에서는 중괄호도 생략했습니다.

4-4 전개 연산자

전개 연산자는 객체 혹은 배열을 펼칠 수 있습니다. 전개 연산자는 유사배열을 배열로 변환할 때도 사용할 수 있습니다. 전개 연산자를 이용하여 배열을 병합해보겠습니다. 우선 기존 문법으로 작성해보겠습니다.

코드 5-37 PART _ 5/예제/A/03 _ es6/index.html

```
<h2>Spread Operator 전개 연산자</h2>
<script>
    let array1 = ['one', 'two'];
    let array2 = ['three', 'four'];
    let combined = [array1[0], array1[1], array2[0], array2[1]]; //1번 방법
    let combined = array1.concat(array2); //2번 방법
    let combined = [].concat(array1, array2); //3번 방법
</script>
```

코드 5-37 에서 작성한 코드를 살펴보겠습니다. 1번 방법에서는 array1과 array2의 값들을 하나 하나 불러와서 combined 배열에 다시 할당했습니다. 2번 방법으로는 concat 함수를 이용하여 병합했고, 3번 방법은 빈배열에 concat 함수를 이용하여 배열 2개를 한꺼번에 병합했습니다. 위 코드를 전개 연산자를 이용하여 병합해보겠습니다.

코드 5-38 PART _ 5/예제/A/03 _ es6/index.html

```
<hr>
<script>
    // ES6 문법
    var array1 = ['one', 'two'];
    var array2 = ['three', 'four'];
    const combined = [...array1, ...array2]; // 전개 연산자로 합치기
</script>
```

코드 5-38 의 코드를 보면 '…배열 명'을 통해 기존 배열의 값들을 모두 불러와서 새로운 배열에 할당했습니다.

객체에서의 사용법도 기존 문법과 ES6의 문법으로 사용하겠습니다. **코드 5-39** 와 같이 작성하고 비교해보겠습니다.

코드 5-39 PART _ 5/예제/A/03 _ es6/index.html

```
var objectOne = { one: 1, two: 2, other: 0 };
var objectTwo = { three: 3, four: 4, other: -1 };

// ES5 예제
var combined = {
  one: objectOne.one,
  two: objectOne.two,
  three: objectTwo.three,
  four: objectTwo.four,
};

// ES6 예제
var combined = {
  ...objectOne,
  ...objectTwo,
};
```

작성한 코드를 살펴보면 객체 두 개를 병합할 때 객체의 값들을 히나하니 다시 불러와서 새로운 객체의 값으로 저장했습니다. 하지만 ES6에서는 기존 객체의 값들을 하나하나 불러올 필요없이 '…객체 명'을 통해 값들을 모두 불러와 저장할 수 있습니다.

이상으로 ES6에서 새롭게 추가된 문법을 간략하게 살펴보았습니다. 앞에서 언급한 내용들을 다음 파트 실전 프로젝트에서 다시 활용할 예정입니다.

이번장의마무리

javascript 문법을 활용하여 DOM의 요소를 선택하고 선택된 요소의 스타일을 변경하는 방법과 다양한 이벤트에 따라 요소를 조작하는 방법을 학습했습니다. 학습한 내용을 바탕으로 실전 예제에서 웹페이지에서 가장 많이 활용하게 되는 tab, accordion, modal, slideshow 등을 구현해보겠습니다.

연습 문제

1. DOM조작, 선택자, 이벤트, ECMAScript 6

01 자바스크립트에서 DOM 요소 중 아이디 logo를 선택하는 구문입니다. 빈칸을 작성해주세요.

```
document.getElementById('    ');
document.querySelector('    ');
```

02 변수 명 리스트에 저장되어 있는 모든 요소의 색상을 blue로 변경하는 구문을 반복문을 통해 작성하고 있습니다. 빈칸을 작성하여 완성해주세요.

```
/*
list[0].style.color = 'blue';
list[1].style.color = 'blue';
list[2].style.color = 'blue';
*/
for(let i=0; i<list.length; i++){
    (                    )
}
```

03 전송 버튼을 클릭했을 때 메시지가 출력되도록 빈칸을 완성해주세요.

```
const btn = document.getElementById('submit');

btn. (          ) (' (    ) ', function (){
    alert('버튼이 클릭되었습니다.');
});
```

04 ECMAScript 6의 문법을 활용하여 변수와 문자열을 쉽게 출력하고자 합니다. 빈칸을 완성해주세요.

```
var str1 = 'Javascript';
var str2 = '핵심';
//var msg = '여러분은 지금 ' + str1 + str2 + '을 학습하고 있습니다';
var msg = '여러분은 지금 (          )을 학습하고 있습니다';

document.write(msg);
```

05 이름이 없는 함수를 화살표 함수로 축약하고자 합니다. To-be 부분의 구문을 작성하세요.

As-is	To-Be
function(){ }	

 **실전 예제**

학습한 내용을 기초로 웹사이트에서 가장 많이 활용되는 주요 UI 중 탭, 아코디언, 모달, 슬라이드쇼를 만들어보도록 하겠습니다. 요소를 선택하고, css 속성을 변경하고, 이벤트에 따라 요소들을 스타일을 조작하면서 다양한 효과를 구현해보도록 하겠습니다.

1. tab

탭은 한 페이지안에서 공간을 효율적으로 사용하면서 다양한 내용을 보여줄 때 많이 활용하는 UI입니다.

학습 내용

- 클릭 이벤트가 일어난 요소의 인덱스 번호 확인하기
- 요소의 너비와 높이 변경하기
- 요소의 위치 파악하기

예제 폴더를 스크립트를 작성해보도록 하겠습니다. 예제 파일 PART_5/예제/B/01_tab 폴더에 있습니다. 01_tab 폴더를 VS Code에서 폴더열기로 오픈합니다.

코드 5-40 PART_5/예제/B/01_tab/index.html

```
<!DOCTYPE html>
<html lang="en">
<head>
  <meta charset="UTF-8">
  <title>javascript tab_highight_base</title>
  <link rel="stylesheet" href="./style.css">

</head>
<body>

<div class="tab-wrapper">
  <div class="nav">
    <ul class="tab-menu">
      <li><a href="#tabs-1">basic</a></li>
      <li><a href="#tabs-2">advanced</a></li>
      <li><a href="#tabs-3">expert</a></li>
    </ul>
    <span class="highlight"></span>
```

```
    </div>
<div id="tab-content">
 <div id="tabs-1">
  중략…
 </div>
 <div id="tabs-2">
  중략…
 </div>
 <div id="tabs-3">
  중략…
 </div>
</div>
</div>

 <script src="script.js"></script>
</body>
</html>
```

코드 5-40 의 구조를 살펴보면 tab-menu 안의 a 태그의 href의 값으로 #tabs-1과 같이 링크가 아이디 tab-content안에 각각의 id 명과 일치되도록 작성되어 있습니다. 이렇게 작성되면 기본적으로 스크립트가 작동하지 않아도 해당 링크를 클릭하면 target이 되는 id가 있는 요소 위치로 화면이 이동합니다. 스크립트가 작동하면 아이디 tab-content 안의 내용들을 모두 안보이도록 하고 tab-menu안의 링크를 클릭하면 링크와 연결된 내용이 보이도록 작성할 예정입니다. 링크를 작성할 때 href 속성에 아무것도 넣지 않고도 탭 UI를 구현할 수 있지만 그렇게 하는 것은 바람직하지 않습니다. 항상 가장 기본은 HTML만으로도 내용들을 이해하고 작동하는데 문제가 없도록 하는 것이 웹 표준이기 때문입니다.

HTML에서 주목할 것은 클래스 명 highlight입니다. span 태그로 만든 highlight는 css를 확인해보면 highlight의 부모 요소인 클래스 명 nav를 기준으로 절댓값으로 배치가 되어 있습니다. 절댓값으로 배치되어 있고 클래스 명 tab-menu에 z-index가 1로 적용되어 highlight보다 메뉴 리스트가 위에 오도록 설정되어 있습니다.

```css
.nav {
    position: relative;
}
.highlight{
    position: absolute;
    width: 98px;
    top: 0;
    left: 0;
    bottom: 0;
    background:#000;
    transition: 0.4s cubic-bezier(0.65, 0, 0.35, 1);
}
```

이렇게 절댓값으로 설정되어 있는 이유는 tab-menu의 메뉴를 클릭하면 클릭된 그 요소의 위치로 high light의 left를 변경하여 이동시키기 위함입니다. 그래서 highlight에는 transition 적용되어 있습니다.

현재 브라우저 화면을 확인하면 [그림 5-36]과 같습니다.

[그림 5-36] 탭 예제 브라우저 화면

그러면 본격적으로 스크립트를 작성하여 탭 UI를 구현해보겠습니다. script.js 파일을 열고 변수부터 지정하겠습니다. 변수를 지정할 대상을 생각해보면 메뉴를 클릭하기 때문에 .tab-menu li를 선택하고, 클릭했을 때 #tab-content의 자식 요소인 div 중 링크와 맞는 내용을 보이도록 해야 하니 #tab-content > div도 선택하고 마지막으로 메뉴를 클릭했을 때 움직일 highlight도 변수로 지정합니다. 변수를 지정할 때 주의점은 해당 요소가 하나의 요소인가 아니면 여러 개가 있어 배열로 지정되어야 할 요소인지 구분하는 것입니다. 코드 5-42 와 같이 변수를 지정합니다.

코드 5-42 PART _ 5/예제/B/01 _ tab/script.js

```javascript
//변수 지정
const tabMenu = document.querySelectorAll('.tab-menu li');
const tabContent = document.querySelectorAll('#tab-content > div');
const highLight = document.querySelector('.highlight')
```

변수는 한번 지정하면 변경될 일이 없기 때문에 const를 이용하여 생성했습니다. 이때 메뉴와 내용들은 모두 querySelectorAll을 이용하여 배열로 지정되도록 변수를 설정했습니다.

구현해야 할 사항을 정리해 보겠습니다.

1. 함수 showContent를 작성하고 메뉴를 클릭하면 모든 요소를 안보이도록 하고 클릭한 그 메뉴의 순번(index)을 확인하여 해당 숫자에 맞는 내용을 보이도록 한다.
2. 페이지가 열리자마자 첫 번째가 보이도록 함수 showContent에 첫 번째가 보이도록 실행한다.
3. 메뉴를 클릭하면 클릭된 그 요소의 인덱스 번호를 확인하여 함수 showContent에 넘겨준다.
4. 클릭된 링크의 위치와 너비를 확인하여 highlight의 left 값과 width 값으로 설정해준다.

첫 번째 사항부터 작성해보겠습니다. 함수 showContent를 작성해보겠습니다. showContent 함수에는 숫자가 입력되면 모든 탭의 내용을 안보이도록 하고 입력된 숫자를 이용하여 그 숫자에 맞는 요소만 보이도록 하겠습니다.

코드 5-43 PART _ 5/예제/B/01 _ tab/script.js

```javascript
//변수 지정
const tabMenu = document.querySelectorAll('.tab-menu li');
const tabContent = document.querySelectorAll('#tab-content > div');
const highLight = document.querySelector('.highlight');

//showContent 함수
function showContent(num){
    tabContent.forEach(function(item){
        item.style.display = 'none';
    });
    tabContent[num].style.display = 'block';
}
//첫 번째 내용 활성화
showContent(0);
```

함수 showContent에 입력되는 숫자는 num이라는 매개변수에 담고 forEach 반복문을 이용하여 tabContent의 모든 내용을 보이지 않도록 했습니다. 그리고 tabContent 배열에서 인덱스 번호 num에 해당하는 원소를 보이도록 했습니다.

그리고 함수 showContent에 숫자 0을 넘겨서 스크립트가 작동하면 첫 번째 내용이 보이도록 합니다. 브라우저 화면을 확인하면 [그림 5-37]과 같이 이제 탭 내용은 하나만 보이게 됩니다.

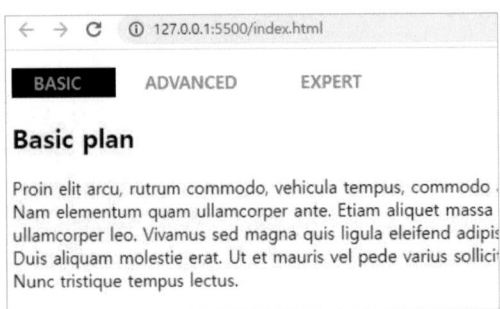

[그림 5-37] 첫 번째 내용만 보이고 있는 상태

3. 메뉴를 클릭하면 클릭된 그 요소의 인덱스 번호를 확인하여 함수 showContent에 넘겨준다.

세 번째 항목을 구현하겠습니다. 메뉴를 클릭하면 클릭된 그 요소의 인덱스 번호를 확인해야 합니다. 우선 전통적인 javascript에서는 클릭 이벤트가 일어난 요소의 인덱스 번호를 확인하는 것이 쉽지 않습니다. 하지만 forEach 반복문을 활용하면 더 수월하게 작성할 수 있습니다. 코드 5-44 와 같이 작성하고 메뉴를 클릭해봅니다.

코드 5-44 PART _ 5/예제/B/01 _ tab/script.js

```
//메뉴 클릭 이벤트
tabMenu.forEach(function(item, idx){
    item.addEventListener('click', function(e){
        e.preventDefault();
        showContent(idx);
    });
});
```

작성한 코드를 살펴보면 forEach를 통해 tabMenu의 어느 li를 클릭하든 설정한 함수가 작동하도록 했고, e.preventDefault() 함수를 이용하여 HTML상에서 클릭하면 해당 위치로 이동하는 링크 본연의 기능을 작동하지 않도록 막았습니다. 링크의 기본 속성을 막기 위해서는 클릭된 그 요소의 기본속성을 함수안으로 가지고 와야 하기 때문에 function 함수의 매개변수로 e를 입력했습니다. 이때 e는 event, ev 등 다양하게 명명할 수 있습니다. 그리고 forEach 반복문에서 변수 tabMenu에 저장되어 있는 각각의 메뉴는 item에, 그 각 메뉴의 고유의 인덱스 번호는 idx에 할당했습니다. 그래서 함수 showContent에

idx를 넣어 일을 시킬 수 있는 것입니다. 작성 후 메뉴를 클릭해봅니다.

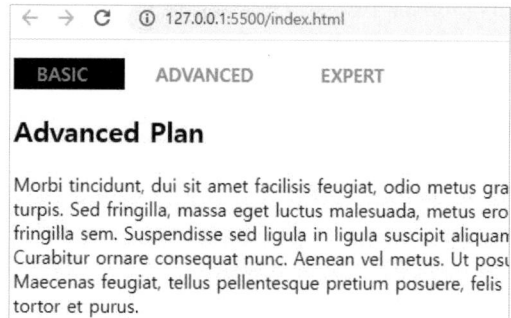

[그림 5-38] Advanced 내용으로 변경되는 화면

브라우저 화면에서 Advanced 메뉴를 클릭했습니다. 그러면 탭 내용중 인덱스 번호 1번인 Advanced Plan 내용이 나타난 것을 확인할 수 있습니다. 배열은 인덱스 번호가 0부터 시작하기 때문에 인덱스 번호 1번인 두 번째 요소를 선택하게 되는 것입니다.

4. 클릭된 링크의 위치와 너비를 확인하여 highlight의 left 값과 width 값으로 설정해준다.

마지막 네 번째 항목을 구현해보겠습니다. 네 번째 항목을 구현하려면 우선 클릭 이벤트가 일어난 요소가 기준 위치에서 어느 위치에 있는지 그 요소의 left 값과 너비를 확인할 수 있어야 합니다. 이때 사용할 수 있는 함수는 offsetLeft와 offsetWidth입니다.

offsetLeft	가까운 부모 중 position 속성이 기본값(static)이 아닌 요소의 좌측에서부터의 거리를 반환. 본 예제에서는 클래스 명 tab-menu가 기준
offsetWidth	요소의 보더까지의 크기를 반환

[표 5-4] offsetLeft와 offsetWidth

우선 클릭했을 때 실행할 함수로 moveHighLight를 추가합니다.

코드 5-45 PART _ 5/예제/B/01 _ tab/script.js

```
//메뉴 클릭 이벤트
tabMenu.forEach(function(item, idx){
    item.addEventListener('click', function(e){
        e.preventDefault();
        showContent(idx);
        moveHighlight(idx); //추가
    });
});
```

이제 moveHighlight 함수가 할 일을 작성해보겠습니다. 이 함수는 숫자가 들어오면 해당 숫자에 맞는 메뉴를 찾아서 그 메뉴가 기준 위치에서 어느 거리에 있는지 파악하고 너비도 확인합니다. 스크립트를 작성하고 콘솔에서 그 값을 확인해보겠습니다.

코드 5-46 PART _ 5/예제/B/01 _ tab/script.js

```
//moveHighlight 함수
function moveHighlight(num){
    const newLeft = tabMenu[num].offsetLeft;
    const newWidth = tabMenu[num].offsetWidth;
    console.log(newLeft, newWidth);

}
```

코드 5-46 과 같이 작성 후 브라우저에서 메뉴를 클릭합니다. 클릭 후 개발자 도구의 콘솔창을 확인합니다. 저는 두 번째 advanced 링크를 클릭해보겠습니다.

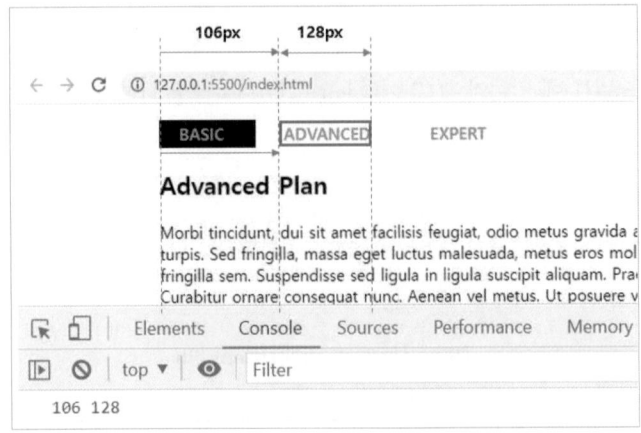

[그림 5-39] 링크의 너비와 위치 확인

콘솔창을 확인하면 106과 128이 출력되었습니다. 즉, 클릭된 두번째 메뉴는 기준 위치 tab-menu의 왼쪽에서 106px 떨어져 있고, 메뉴의 너비는 128px이라는 것입니다. 그러면 이제 해당 수치를 이용하여 highlight를 움직이도록 코드를 작성합니다.

코드 5-47 PART _ 5/예제/B/01 _ tab/script.js

```
//moveHighlight 함수
function moveHighlight(num){
   const newLeft = tabMenu[num].offsetLeft;
   const newWidth = tabMenu[num].offsetWidth;
   console.log(newLeft, newWidth);
   highLight.style.left = newLeft + 'px';
   highLight.style.width = newWidth + 'px';
}
```

변수 명 highLight의 style 속성 중 left 값과 width 값을 변경했습니다. 이제 브라우저에서 메뉴를 클릭하면 검은색 배경의 highlight가 메뉴 위치로 이동하는 것을 볼 수 있습니다. 이렇게 하면 탭 UI는 완성되겠습니다.

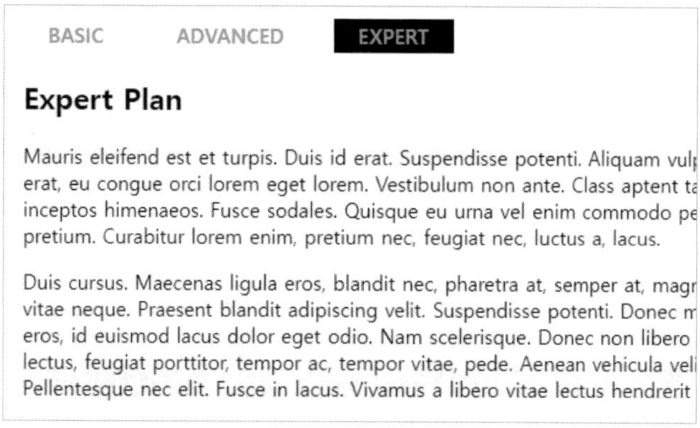

[그림 5-40] 메뉴 클릭 시 이동하는 hightLight

2. accordion

아코디언은 아코디언 악기처럼 펴고 줄이면서 내용을 보여주는 UI입니다. 화면에 표시할 항목이 많을 경우 내용을 접어서 공간을 효율적으로 사용하는 방법입니다.

학습 내용

- 클래스 명 추가 및 삭제하기
- 함수 생성 및 실행하기

우선 완성본의 화면을 그림으로 확인하겠습니다.

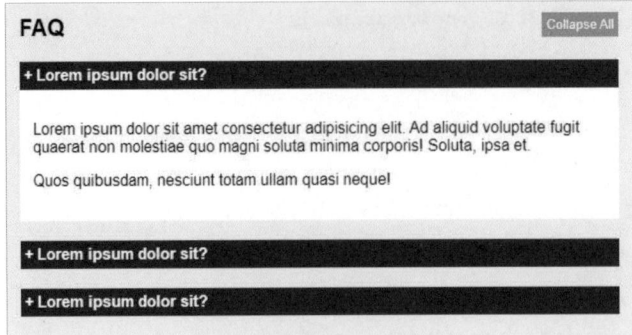

[그림 5-41] 완성본의 첫 화면

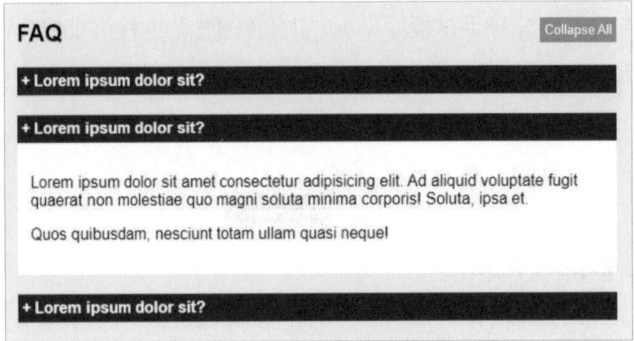

[그림 5-42] 두 번째 메뉴를 클릭했을 때

[그림 5-43] Collapse All 버튼 클릭했을 때

[그림 5-41]부터 확인하면 첫 화면에서는 첫 번째 질문을 클릭했을 때 답변이 보이도록 하고, 각 질문을 클릭했을 경우에는 그 외 다른 글의 답변이 안보이고 클릭한 그 질문의 답변만 보입니다. 마지막으로 우측 상단의 Collapse All 버튼을 클릭하면 모든 답변이 보이지 않도록 하는 것입니다.

우선 예제 폴더 PART_5/예제/B/02_accordion 폴더를 VS Code에서 열고 HTML 구조부터 확인해보겠습니다. HTML에서 질문과 답변 부분만 보도록 하겠습니다.

```html
<section id="faq">
  <div class="panel-question active">
    <div class="panel-heading">
      + Lorem ipsum dolor sit?
    </div>
    <div class="panel-body">
      <p>Lorem ipsum dolor sit amet consectetur adipisicing elit. Ad aliquid
voluptate fugit quaerat non molestiae quo magni soluta minima corporis! Solu-
ta, ipsa et. </p>
      <p>Quos quibusdam, nesciunt totam ullam quasi neque! </p>
    </div>
  </div>

  <div class="panel-question">
      중략…
  </div>

  <div class="panel-question">
      중략…
  </div>
</section>
```

HTML 구조를 살펴보면 아이디 faq 안에 panel-question 클래스 명이 3개 있습니다. 첫 번째 panel-question에는 클래스 명 active가 있는 상황입니다. 하나의 panel-question 안에는 질문 제목인 panel-heading과 답변은 panel-body가 있습니다. 그러면 구현해야 할 사항을 목록으로 정리한 후 스크립트를 작성해보겠습니다. 아코디언을 더 수월하게 구현하기 위해서 CSS에서도 active 클래스 명이 있을 때 답변이 보이도록 설정합니다.

구현해야 할 사항을 정리해보겠습니다.

1. 클래스 명 active가 있을 때 답변이 보이도록 스타일을 설정한다.
2. 주요 요소를 변수로 생성한다. 생성할 변수는 클릭이 되는 요소들과 답변 요소이다.
3. 질문을 클릭하면 클릭된 요소에 active를 추가한다. 다른 요소에서는 active를 제거한다.
4. Collapse All 버튼을 클릭하면 모든 답변이 안보이도록 클래스 명 active를 모두 제거한다.

우선 현재 브라우저 화면을 확인합니다. 브라우저를 확인하면 모든 답변들이 보이고 있는 상황입니다.

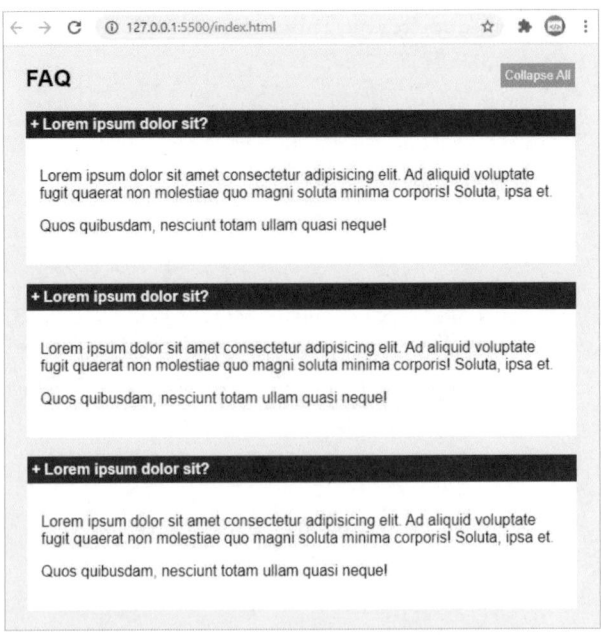

[그림 5-44] 스타일과 스크립트 작성 전 브라우저 화면

첫 번째로는 CSS에서 모든 답변들이 안보이도록 하고 클래스 명 active가 있을 때 답변이 보이도록 설정합니다.

코드 5-49 PART _ 5/예제/B/02 _ accordion/style.css

```
.panel-body {
 padding: 15px;
 display:none;
}
.active .panel-body{
 display:block;
}
```

클래스 명 panel-body에 display:none으로 모든 답변이 보이지 않도록 했습니다. 그리고 그 부모 요소에 active 클래스 명이 있으면 panel-body가 보이도록 설정했습니다. CSS에서 우리가 할 일은 모두 끝났고 스크립트로 넘어가 보겠습니다.

두 번째로 스크립트에서는 우선 변수를 지정합니다. 변수로 지정할 요소는 클릭이 되는 요소입니다. HTML 태그에서 클릭이 되는 요소는 클래스 명 panel-heading 또는 클래스 명 panel-question을 지정할 수 있겠습니다. 이때 클래스 명 panel-heading을 변수로 설정하면 스크립트로 할 일이 많아집니다. 즉 우리는 panel-question 요소에 active를 추가하거나 제거해야 하는데 변수를 panel-heading으로 지정하면 클릭된 부모 요소를 찾아서 클래스 명을 제거하고 또 그 요소의 형제 요소들에서 클래스 명을 제거하거나 추가해야 하기 때문에 스크립트로 작성할 코드가 많아집니다. 그래서 변수는 panel-question을 지정하고 Collapse All 버튼만 지정하면 되겠습니다. script.js 파일을 오픈하고 변수를 지정합니다. 이때 배열로 지정될 요소와 단일 요소로 지정될 변수를 구분하여 작성합니다.

코드 5-50 PART _ 5/예제/B/02 _ accordion/script.js

```
const panelQuestion = document.querySelectorAll('.panel-question'),
    btnCollapse = document.getElementById('btn-collapse');
```

클래스 명 panel-question은 3개 요소 모두를 변수로 담아야 하기 때문에 querySelectorAll로 선택하고 아이디 명 btn-collapse는 getElementById로 선택하여 변수에 지정했습니다. 세 번째로 클릭 이벤트가 생기면 변수 명 panelQuestion의 모든 원소에서 클래스 명 active를 제거하고 클릭 이벤트가 일어난 그 요소에 active 클래스 명을 추가합니다. 이때 panelQuestion 변수에 저장된 값들은 배열의 형식으로 저장되어 있기 때문에 반복문을 사용하여 클래스 명을 제거합니다. 이때 panelQuestion의 모든 원소들에서 active를 제거하는 작업은 변수 명 btnCollapse를 클릭했을 때도 수행되어야할 작업입니다. 그렇기 때문에 panelQuestion의 모든 원소들에서 active를 제거하는 작업은 함수 hideAll로 생성하여 기술합니다.

코드 5-51 PART _ 5/예제/B/02 _ accordion/script.js

```
for(let q of panelQuestion){
    q.addEventListener('click', function (){
      hideAll();
      this.classList.add('active');
    });
}
```

반복문은 for of 문법을 이용하여 작성했습니다. 즉 변수 명 panelQueston의 각각의 원소들을 변수 명 q에 저장하고 q 변수 명에 클릭 이벤트가 생기면 함수 명 hideAll이 실행되고 클릭된 그 요소를 this로 반환 받고 해당요소에 active를 추가했습니다. 그러면 hideAll 함수가 할 일은 반복문을 이용하여 panelQuestion의 모든 원소들에서 active를 제거하는 것입니다. **코드 5-52** 와 같이 작성합니다.

코드 5-52 PART _ 5/예제/B/02 _ accordion/script.js

```
function hideAll(){
  for(let q of panelQuestion){
      q.classList.remove('active');
  }
}
```

마찬가지로 for of 반복문을 이용하여 클래스 명 active를 제거했습니다. 이제 마지막으로 btnCollapse 변수 명을 클릭했을 때 hideAll 함수가 실행되도록 작성합니다.

코드 5-53 PART _ 5/예제/B/02 _ accordion/script.js

```
btnCollapse.addEventListener('click', function(){
    hideAll();
});
```

스크립트를 모두 작성하고 브라우저 화면을 확인하면 앞서 완성본과 같이 질문을 클릭하면 클릭한 질문의 답변만 이상없이 출력되고 Collapse All 버튼을 클릭하면 모든 답변이 안 보이는 것을 볼 수 있습니다. 전체 코드는 **코드 5-54** 와 같습니다.

코드 5-54 PART _ 5/예제/B/02 _ accordion/script.js

```
const panelQuestion = document.querySelectorAll('.panel-question'),
    btnCollapse = document.getElementById('btn-collapse');

for(let q of panelQuestion){
  q.addEventListener('click', function(){
    hideAll();
    this.classList.add('active');
  });
}

function hideAll(){
  for(let q of panelQuestion){
    q.classList.remove('active');
  }
}

btnCollapse.addEventListener('click', function(){
    hideAll();
});
```

3. modal

모달은 일명 라이트 박스 효과라고도 부릅니다. 링크, 버튼, 이미지 등을 클릭하면 화면 전체가 검게 변하고 내용만 밝게 부각되어 표시되는 효과입니다.

학습 내용

- 사용자 속성 data 활용하기
- 속성(Attribute)의 값 확인하기
- 속성(Attribute)의 값 변경하기

우선 스크립트로 모달을 구현했을 때 완성본을 먼저 그림을 확인하겠습니다.

[그림 5-45] 완성본 – 이미지 클릭 전 화면

[그림 5-46] 완성본 – 이미지 클릭 후 화면

[그림 5-46]을 보면 큰 이미지가 가운데 나타나고 주변이 검은색으로 되어 있습니다. 예제 폴더 PART_5/예제/B/03_modal를 오픈하고 HTML 구조부터 살펴보겠습니다.

```html
<div class="gallery-container">
  <ul class="gallery">
    <li><a href="#" alt="Gallery image"><img src="images/img-01-thumb.jpg"
data-lightbox="images/img-01-large.jpg" alt="Gallery image"></a></li>
    <li><a href="#" alt="Gallery image"><img src="images/img-02-thumb.jpg"
data-lightbox="images/img-02-large.jpg" alt="Gallery image"></a></li>
    <li><a href="#" alt="Gallery image"><img src="images/img-03-thumb.jpg"
data-lightbox="images/img-03-large.jpg" alt="Gallery image"></a></li>
    <li><a href="#" alt="Gallery image"><img src="images/img-04-thumb.jpg"
data-lightbox="images/img-04-large.jpg" alt="Gallery image"></a></li>
  </ul>
</div> <!-- end gallery-container -->


<div id="lightbox-overlay">
  <img src="" alt="Lightbox image" title="Click anywhere to close" id="lightbox
-image" />
</div> <!-- end lightbox-overlay -->
```

HTML 코드를 보면 리스트 안에 anchor 태그가 있고 하단에는 아이디 lightbox-overlay가 src 속성이 비어 있는 img 태그를 감싸고 있습니다. 여기에서 유심히 볼 곳은 두 군데입니다. 첫 번째는 a 태그 안의 img 속성 중 data-lightbox입니다. data로 시작하는 속성은 사용자 속성이라고 하여 W3C 컨소시엄에서 표준으로 정한 속성은 아니지만 사용자가 필요에 의해서 속성을 추가하고자 할 때 사용합니다. 만약에 data없이 속성 명을 lightbox라고만 입력하면 웹 표준 검사에서 바로 오류가 발생합니다. 다시 data-lightbox 속성의 값으로 큰이미지의 경로가 있는 것을 볼 수 있습니다. 두 번째는 이미지가 구현될 src의 값이 비어 있다는 것입니다. 현재 구현하려는 모달의 기능을 보면 작은 이미지를 클릭하면 큰 이미지가 화면 중앙에 나타나는 것입니다. 화면 중앙에 나타날 이미지의 경로를 data-lightbox에 넣어 놓고 그 이미지 주소를 src 속성이 비어 있던 아이디 lightbox-image의 속성의 주소로 생성해주는 것입니다. 그림으로 다시 정리하면 [그림 5-47]과 같습니다.

```
<div class="gallery-container">
    <ul class="gallery">
        <li>
            <a href="#" alt="Gallery image">
                <img src="images/img-01-thumb.jpg" data-lightbox="images/img-01-large.jpg"
            </a>
        </li>
        <li><a href="#" alt="Gallery image"><img src="images/img-02-thumb.jpg" data-lightb
        jpg" alt="Gallery image"></a></li>
        <li><a href="#" alt="Gallery image"><img src="images/img-03-thumb.jpg" data-lightb
        jpg" lt="Gallery image"></a></li>
        <li><a href="#" alt="Gallery image"><img src="images/img-04-thumb.jpg" data-lightb
        jpg" alt="Gallery image"></a></li>
    </ul>
</div> <!-- end gallery-container -->

<div id="lightbox-overlay">
    <img src="" alt="Lightbox image" title="Click anywhere to close" id="lightbox-image" /
</div> <!-- end lightbox-overlay -->
```

[그림 5-47] 클릭시 src의 값으로 전달되어야 할 data-lightbox 속성

◀ 혼자 정리하는 웹 퍼블리싱 ▶

사용자 속성 data-

data-로 시작하는 속성 명은 표준 명세에는 없지만 사용자가 필요의 의해 생성하는 속성입니다. data- 라는 접두사를 붙여서 생성하게 되며 html 속성의 값을 활용하여 웹페이지의 숫자, 문구, 이미지 등의 주소를 넣어서 활용할 수 있습니다. 대표적으로 장바구니 아이콘 상단에 숫자나, 숫자 애니메이션에 필요한 숫자 등에 사용합니다.

예)

〈span data-count="3"〉〈i class="fa-solid fa-cart-shopping"〉〈/i〉〈/span〉

〈div data-progress="80"〉진행률〈/div〉

CSS 스타일을 확인하겠습니다. 확인할 부분은 아이디 lightbox-overlay 부분입니다.

코드 5-56 **PART _ 5/예제/B/03 _ modal/style.css**

```
#lightbox-overlay{
  opacity: 0;
  pointer-events: none;
  position: fixed;
  width: 100%;
  height: 100%;
  top: 0;
  left: 0;
  background-color: rgba(29, 31, 33, .95);
  transition: opacity .3s ease-in;
}
```

#lightbox-overlay는 position:fixed로 브라우저 화면을 기준으로 고정되어 있고 화면 전체를 사용하도록 width, height가 100%로 지정되어 있습니다. 배경색이 어둡게 처리되어있고 투명도 95%로 뒤요소가 비치도록 되어 있습니다. 그리고 결정적으로 opacity가 0으로 되어 있습니다. 이렇게 스타일이 작성되었으면 현재 화면에서 리스트안의 링크를 클릭할 수 없습니다. 그 이유는 fixed로 되어 있는 lightbox-overlay가 모든 내용 위에 올라와 있는 상황으로 밑에 배치되어 있는 링크를 막고 있기 때문입니다. fixed로 모든 요소위에 올라와 있는 lightbox-overlay에 pointer-events 속성의 값을 none으로 설정했습니다. 이렇게 하면 lightbox-overlay 요소 및 lightbox-overlay 요소의 자식 요소까지 모든 링크는 작동하지 않게 됩니다. 위에 올라와 있던 요소에 링크가 작동하지 않게 되므로 아래에 배치되어 있는 링크를 클릭할 수 있게 되는 것입니다.

auto	모든 요소에 적용되어 있는 기본값. 요소에 링크가 있으면 클릭 이벤트가 작동하고, 링크가 없다면 이벤트가 작동하지 않는다.
none	요소에 링크가 있어도 클릭 이벤트가 작동하지 않는다.

[표 5-5] pointer-events

#lightbox-overlay의 CSS 스타일을 더 살펴보면 #lightbox-overlay에 클래스 명 visible을 추가하고 opacity를 1로 변경하면서 #lightbox-overlay와 #lightbox-overlay의 자식 요소까지 다시 링크 이벤트가 작동하도록 pointer-events를 auto로 되돌려 놓았습니다.

622 코딩은 처음이라 **with 웹 퍼블리싱**

```css
#lightbox-overlay.visible {
  opacity: 1;
  pointer-events: auto;
}
```

마지막으로 아이디 lightbox-image가 부모인 #lightbox-overlay를 기준으로position이 absolute로 되어 있고 이미지 크기의 반만큼 왼쪽과 오른쪽으로 이동하여 정가운데 있도록 되어 있습니다.

코드 5-58 PART _ 5/예제/B/03 _ modal/style.css

```css
#lightbox-image {
  max-height: 90%;
  position: absolute;
  left: 50%;
  top: 50%;
  transform: translate(-50%, -50%);
  max-width: 90%;
  text-indent: -99999px;
}
```

이제 스크립트를 작성하여 모달을 완성해보겠습니다. 구현해야 할 사항을 정리해보겠습니다.

1. 이미지를 클릭하면 클릭된 이미지의 data-lightbox 안에 이미지 경로를 확인한다.
2. 확인된 이미지 경로를 아이디 lightbox-image의 속성의 값으로 지정한다.
3. 아이디 lightbox-overlay에 visible 클래스 명을 추가하여 모달이 보이도록 한다.
4. 아이디 lightbox-overlay를 클릭하면 다시 사라지도록 visible 클래스 명을 제거한다.

변수부터 지정합니다. 변수는 클릭되는 요소인 클래스 명 gallery 안의 img, 클래스 명 visible이 추가될 #lightbox-overlay, 마지막으로 src의 값이 변경될 아이디 lightbox-image입니다.

코드 5-59 PART _ 5/예제/B/03 _ modal/script.js

```javascript
const img = document.querySelectorAll('.gallery img'),
    lightbox = document.querySelector('#lightbox-overlay'),
    lightboxImg = document.querySelector('#lightbox-image');
```

변수를 지정했으면 이제 클릭 이벤트를 적용합니다. 변수 명 img를 클릭하면 클릭된 이미지의 속성 명 data-lightbox의 값을 확인할 수 있어야 합니다. 이때 필요한 함수는 getAttribute입니다.

함수 명	설명	예시
getAttribute('속성 명')	속성 명의 값을 반환한다.	target.getAttribute('href');
setAttribute('속성 명','새 값')	속성 명의 값을 새 값으로 변경한다.	target.setAttribute('href','#top');

[표 5-6] 속성값 확인과 변경

스크립트를 작성하겠습니다. img를 클릭하면 클릭된 이미지의 data-lightbox의 값을 변수 명 targetSrc 에 저장하고 그 값으로 대상인 lighboxImg의 src의 값으로 지정합니다. 더불어 모달이 보이도록 lightbox에 클래스 명 visible을 추가합니다. 변수 명 img는 유사배열로 단일 요소가 아니기 때문에 반 복문으로 작성합니다. 이번에는 전통적인 for 반복문을 이용해 작성해봅니다.

코드 5-60 PART _ 5/예제/B/03 _ modal/script.js

```
for(i=0; i<img.length; i++){
   img[i].addEventListener('click', function(e){
      e.preventDefault();
      let target = this.getAttribute('data-lightbox');

      lightboxImg.setAttribute('src',target);
      lightbox.classList.add('visible');
   });
}
```

작성 후 브라우저 화면에서 이미지를 클릭해보면 모달이 작동할 겁니다.

[그림 5-48] 나타나는 lightbox

마지막으로 lightbox를 클릭하면 추가되었던 visible을 제거하여 모달 창이 닫히도록 합니다. 완성된 코드는 코드 5-61 과 같습니다.

코드 5-61 PART _ 5/예제/B/03 _ modal/script.js

```javascript
const img = document.querySelectorAll('.gallery img'),
    lightbox = document.querySelector('#lightbox-overlay'),
    lightboxImg = document.querySelector('#lightbox-image');

for(i=0; i<img.length; i++){
    img[i].addEventListener('click', function(e){
        e.preventDefault();
        let target = this.getAttribute('data-lightbox');

        lightboxImg.setAttribute('src',target);
        lightbox.classList.add('visible');
    });
}

lightbox.addEventListener('click', function(){
    lightbox.classList.remove('visible');
});
```

4. back to Top

back to Top 예제에서는 문서의 길이가 세로로 긴 경우 화살표 버튼을 생성하고 그 버튼을 클릭하면 화면 상단으로 이동하는 효과를 구현하겠습니다.

학습 내용

· 문서의 스크롤 양 확인하기

· 스크롤 양을 지정하여 이동하기

예제 폴더 PART_5/예제/B/04_back_to_top를 오픈하고 HTML 구조부터 살펴보겠습니다.

코드 실전-23 PART _ 5/예제/B/04 _ back _ to _ top/script.js

```
<head>
   <meta charset="UTF-8">
   <meta http-equiv="X-UA-Compatible" content="IE=edge">
   <meta name="viewport" content="width=device-width, initial-scale=1.0">
   <title>Back to Top</title>
   <link rel="stylesheet" href="css/normalize.css">
   <link rel="stylesheet" href="css/all.min.css">
   <link rel="stylesheet" href="css/main.css">
   <script src="js/main.js"></script>
</head>

<body>
   <div class="wrapper">
      <h1>Back to Top Animation</h1>
      <main>
         <h2>Main content</h2>
         <article>
         </article>
         <article>
         </article>
         <article>
         </article>
         <article>
         </article>
      </main>
   </div>
   <a href="#" id="go-top" title="Back to Top"><i class="fas fa-arrow-up"></i></a>
```

우선 최상단에 normalize.css가 로드되어 있어서 css reset을 해주고 있습니다. normalize.css의 포커스는 HTML5의 모든 태그들이 모든 브라우저에 똑같이 구현되고, 구형 브라우저에서도 신속성들이 이상 없이 표현되도록 하는데 있습니다. 다음으로 all.min.css가 로드되어 있는데 fontawesome 아이콘을 구현하는 css입니다. 본문의 태그를 살펴보면 wrapper 안에 article이 나열되어 있고, 마지막에 아이디 go-top의 a 태그가 있습니다. CSS 스타일을 확인하겠습니다.

코드 5-63 PART _ 5/예제/B/04 _ back _ to _ top/css/main.css

```
.wrapper {
  max-width: 960px;
  width: 85%;
  margin: 0 auto;
}
article{
  margin: 4rem auto;
}
/* GOTOP BTN */
#go-top{
  width: 48px;
  height: 48px;
  position: fixed;
  bottom: 48px;
  right: 48px;
  line-height: 48px;
  text-align: center;
  background-color: #444;
  color: #fff;
}
```

주요 스타일을 확인하면 모든 요소들을 감싸고 있는 wrapper는 최대 너비가 960px이고 브라우저의 너비가 960px 이하로 축소되면 그 너비의 85% 크기를 차지하도록 되어 있습니다. 아이디 go-top은 우측 하단에 고정되어 있는 상태입니다. 브라우저 화면을 확인합니다.

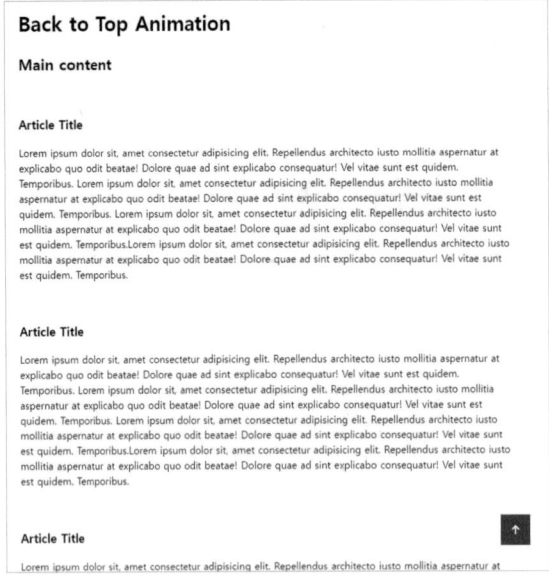

[그림 5-49] 우측 하단에 고정된 #go-top

화면을 확인하면 우측 하단에 버튼을 볼 수 있습니다. 우선 CSS에서 해당 요소가 보이지 않도록 opacity와 visibility를 설정합니다.

코드 5-64 PART _ 5/예제/B/04 _ back _ to _ top/css/main.css

```css
#go-top {
  width: 48px;
  height: 48px;
  position: fixed;
  bottom: 48px;
  right: 48px;
  line-height: 48px;
  text-align: center;
  background-color: #444;
  color: #fff;
  opacity: 0;
  visibility: hidden;
  transition:opacity 0.5s;
}

#go-top.active{
  opacity: 1;
  visibility: visible;
}
```

아이디 go-top에 opacity:0 으로 visibility:hidden을 추가했습니다. opacity만 낮추면 보이지는 않지만 그 자리에 커서가 가면 링크가 작동할 수 있습니다. 그래서 visibility를 hidden으로 하여 안보이도록 한 것입니다. transition 속성을 추가하여 opacity가 변경되는 과정이 보이도록 했습니다. 그리고 active라는 클래스 명이 생기면 opacity:1, visibility:visible로 변경하여 버튼이 보이도록 했습니다. 이제 스크립트를 작성하여 스크롤이 생기면 버튼이 나타나고 그 버튼을 클릭하면 화면 상단으로 이동하도록 작성하겠습니다.

구현할 내용을 정리해보겠습니다.

1. 스크롤이 생기면 스크롤 양을 확인한다.
2. 스크롤 양이 지정한 값보다 많으면 버튼에 클래스 명 active를 추가한다. 지정한 값보다 적으면 다시 클래스 명을 제거한다.
3. 버튼을 클릭하면 스크롤 양을 0으로 변경하여 상단으로 이동한다.

스크립트를 작성하겠습니다. index.html을 보면 main.js를 로드하는 문장이 body 태그 이전에 기술되어 있습니다. main.js에 작성하는 스크립트가 이상없이 작동하려면 HTML의 요소들을 모두 로드한 다음에 실행하라는 함수가 필요합니다. 스크립트를 코드 5-65 와 같이 작성합니다.

코드 5-65 **PART _ 5/예제/B/04 _ back _ to _ top/js/main.js**

```
document.addEventListener('DOMContentLoaded', function(){


});
```

document에 DOMContentLoaded라는 이벤트가 발생하면 function(){ }에 지정한 코드를 실행하라는 의미입니다. 이제 변수를 생성합니다. 변수는 버튼과 스크롤 양을 확인할 문서, 그리고 스크롤 양을 저장할 변수 명을 생성합니다.

코드 5-66 **PART _ 5/예제/B/04 _ back _ to _ top/js/main.js**

```
document.addEventListener('DOMContentLoaded', function (){

  let btt = document.querySelector('#go-top'),
      docElem = document.documentElement,
      scrollAmount;


});
```

함수 명	설명
document.documentElement.scrollTop	문서에 발생한 세로 방향의 스크롤 양을 확인
window.pageYOffset	윈도우에 발생한 세로 방향의 스크롤 양을 확인
window.scrollY	window.pageYOffset의 다른 이름으로 윈도우에 세로 방향의 스크롤 양을 확인

[표 5-7] 스크롤 양 확인

javascript에서 스크롤 양을 확인하는 것은 두 가지 방법이 있습니다. 문서의 스크롤 양과 윈도우의 스크롤 양입니다. 두 가지는 스크롤 양을 확인할 때는 차이가 없지만 반대로 스크롤 양을 특정값으로 지정할 때는 차이가 있습니다.

함수 명	설명
document.documentElement.scrollTop = 0	문서의 스크롤 양을 0으로 지정
window.pageYOffset = 0	해당 구문은 작동하지 않음
window.scrollTo(x, y)	x축(가로), y축(세로)방향 스크롤 양을 지정
window.scrollTo(0, 0)	윈도우의 스크롤 양을 0으로 지정
window.scrollBy(0, -50)	세로 방향 스크롤 양을 -50px 축소

[표 5-8] 스크롤 양 지정하기

스크롤 양을 지정할 때 사용가능한 함수는 scrollTo가 있습니다. scrollTo의 매개변수로 가로축, 세로축의 스크롤 양을 지정합니다. scrollBy는 지정한 숫자만큼 스크롤 양을 더하거나 뺄 수 있습니다. 이번 예제에서 스크롤 양을 documentElement.scrollTop 함수로 확인하고 문서의 스크롤 양을 0으로 지정하는 것은 scrollTo 함수를 사용하겠습니다.

첫 번째 구현사항 스크롤 양에 따라 버튼을 보이거나 보이지 않도록 하겠습니다.

코드 5-67 PART _ 5/예제/B/04 _ back _ to _ top/js/main.js

```
document.addEventListener('DOMContentLoaded', function(){

  let btt = document.querySelector('#go-top'),
     docElem = document.documentElement,
     scrollAmount;

  window.addEventListener('scroll', function(){
     scrollAmount = docElem.scrollTop;

    if(scrollAmount > 100){
       btt.className = 'active';
     } else{
       btt.classList.remove('active');
     }
  });

});
```

윈도우에 scroll 이벤트가 발생하면 문서의 스크롤 양을 변수 명 scrollAmount에 저장하고 그 값이 100보다 많으면 변수 명 btt에 active를 추가하고, 스크롤 양이 100보다 적으면 btt에서 active를 제거합니다. 작성 후 브라우저 화면에서 스크롤을 내리면 버튼이 나타나는 것을 확인할 수 있습니다.

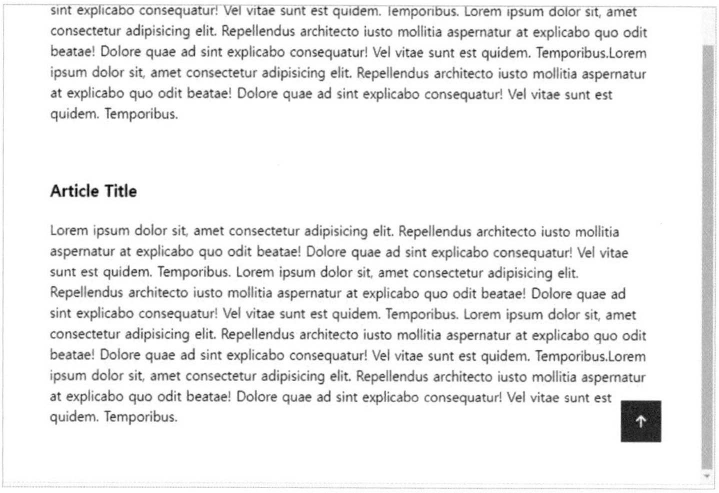

[그림 5-50] 스크롤을 내릴 때 나타나는 버튼

이제 버튼을 클릭하면 상단으로 이동하도록 스크롤 양을 0으로 지정합니다.

코드 5-68 PART _ 5/예제/B/04 _ back _ to _ top/js/main.js

```
btt.addEventListener('click', function(e){
  e.preventDefault();
  window.scrollTo(0, 0);
});
```

변수 명 btt를 클릭하면 클릭된 요소의 기본속성을 매개변수 e로 저장하고 preventDefault() 함수를 이용하여 링크의 기본속성 즉 HTML 상에서 링크를 클릭하면 지정한 페이지나 위치로 이동하는 기능이 작동하지 않도록 막았습니다. 이렇게 하면 링크를 클릭해도 페이지의 변화가 없습니다. 클릭하면 수행할 일에 window.scrollTo(0,0)으로 발생했던 스크롤 양을 0으로 만들었습니다. 스크립트 작성 후 브라우저 화면에서 링크를 클릭해봅니다.

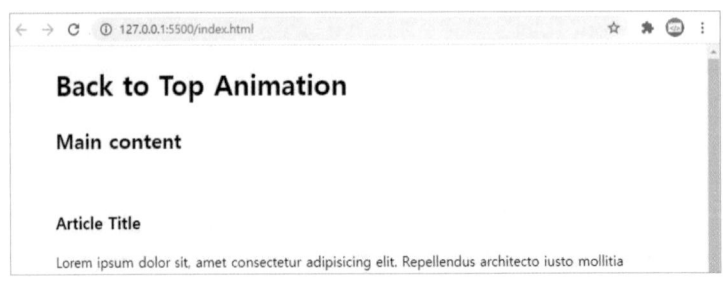

[그림 5-51] 클릭하면 화면상단으로 바로 이동하는 화면

브라우저 화면에서 버튼을 클릭해보면 [그림 5-51]과 같이 화면 상단으로 한 번에 이동하고 주소표시줄을 확인하면 index.html 뒤에 아무것도 없는 상태입니다. 그러면 시험삼아 e.preventDefault 부분을 주석 처리하고 브라우저를 확인해봅니다.

코드 5-69 PART _ 5/예제/B/04 _ back _ to _ top/js/main.js

```
btt.addEventListener('click', function(e){
//    e.preventDefault();
//    window.scrollTo(0, 0);
});
```

[그림 5-52] 링크가 작동하는 화면

브라우저를 열어서 버튼을 클릭하면 상단으로 이동합니다. 하지만 주소표시줄을 보면 마지막에 #이 붙어 있는 것을 볼 수 있습니다. 그 이유는 HTML에서 <a href="#" id="go-top" title="Back to Top">와 같이 href 속성의 값으로 #이 설정되어 있기 때문입니다. 주소표시줄에 #이 있다는 것은 링크가 작동했다는 것입니다. 본 예제에서 구현하고자 하는 것은 버튼을 클릭했을 때 HTML의 링크의 기능을 이용하는 것이 아니라 javascript를 통해 부드럽게 상단으로 이동하는 것입니다. 다시 주석을 풀고 scrollTo의 옵션을 이용하여 부드럽게 이동하도록 하겠습니다. 코드 5-70 과 같이 작성하고 브라우저에서 확인합니다.

코드 5-70 PART _ 5/예제/B/04 _ back _ to _ top/js/main.js

```
btt.addEventListener('click', function(e){
    e.preventDefault();
    window.scrollTo({
        top: 0,
        left: 0,
        behavior: 'smooth'
    });
});
```

브라우저에서 확인하면 이제 버튼을 클릭했을 때 상단으로 부드럽게 이동하는 것을 볼 수 있습니다. 하지만 여기서 유념할 것은 옵션을 이용하여 부드럽게 이동하는 기능은 IE(internet explorer)에서는 작동하지 않는다는 것입니다. 만약에 IE에서도 스크롤을 부드럽게 이동하도록 하고자 한다면 scrollBy를 이용하여 스크롤을 일정시간마다 지속적으로 차감하다가 0이 되면 멈추도록 작성해야 합니다. 코드 5-71 과 같이 작성 후 브라우저에서 확인해봅니다.

```javascript
btt.addEventListener('click', function(e){
  e.preventDefault();

  /* IE 불가
  window.scrollTo({
    top: 0,
    left: 0,
    behavior: 'smooth'
  });
  */
  let scrollInterval = setInterval(function(){
    if(scrollAmount != 0){
      window.scrollBy(0,-55);
    }else{
      clearInterval(scrollInterval);
    }
  }, 10);

});
```

작성한 코드를 살펴보면 setInverval 함수를 이용하여 일정시간 마다 할 일을 작성했습니다. 스크롤 양을 -55씩 차감하는 구문은 스크롤 양이 0이 아닐 때 실행되고 차감하다가 0이 되면 clearInterval을 이용하여 setInterval에 지정했던 일을 멈추고 있습니다. clearInterval 함수가 작동하려면 멈추려는 대상이 있어야 하기 때문에 setInterval에 작성한 구문을 변수 명 scrollInterval에 저장한 것입니다. 이렇게 해서 back To Top 기능도 구현을 완료했습니다.

5. slideshow

이번에는 외부 라이브러리의 도움없이 순수 javascript만을 이용하여 슬라이드쇼를 구현해보겠습니다. 완성본의 화면과 구현해야할 사항 주요 기능 4가지를 살펴보겠습니다. 여기서 참고해야되는 요소는 기능 구현할 때 ES6의 문법을 사용하기 때문에 IE에서는 정상적으로 작동하지 않습니다.

[그림 5-53] 예제 화면

1. 좌우 버튼으로 슬라이드 이동하기

2. 페이저를 생성하고 페이저를 통해 슬라이드 이동하기

3. 자동으로 슬라이드 이동시키기

4. 슬라이드 내용 애니메이션 구현하기

그러면 우선 예제 폴더 PART_5/예제/B/05_slideshow를 오픈하고 HTML 구조부터 살펴보겠습니다.

코드 5-72 PART _ 5/예제/B/05 _ slideshow/index.html

```html
<div class="slide-wrapper">
  <ul class="slide-container">
    <li class="slide1">
      <div class="contents">
        <h2>Slide 01 title</h2>
        <p>Lorem ipsum dolor sit amet consectetur adipisicing elit.</p>
        <a href="">Visit now</a>
      </div>
    </li>
    <li class="slide2"> 중략… </li>
    <li class="slide3"> 중략… </li>
    <li class="slide4"> 중략… </li>
    <li class="slide5"> 중략… </li>
  </ul>
  <a href="#" id="prev" class="controls"><i class="fas fa-chevron-left"></i></a>
  <a href="#" id="next" class="controls"><i class="fas fa-chevron-right"></i></a>
  <p class="pager">
    <!--
      <a href="">0</a>
      <a href="" class="active">1</a>
```

```
        <a href="">2</a>
        <a href="">3</a>
        <a href="">4</a>
        -->
    </p>
</div> <!-- end container -->
```

HTML 구조를 살펴보면 슬라이드 하나하나는 li 태그로 구성되어 있고 각각 클래스 명이 slide 1~5 까지 지정되어 있습니다. 클래스 명에는 배경이 지정되어 있는 상황입니다. 그리고 ul 태그에 slide-container가 있고 이 요소 전체가 좌우로 이동하는 것이 슬라이드의 기본 구조입니다. slide-wrapper 에서는 자식 요소인 slide-container가 길게 배치되어 좌우로 움직여도 가로 스크롤이 생기지 않도록 overflow:hidden이 적용되어 있습니다. 주목할 곳은 클래스 명 pager의 자식 요소에 태그가 주석처리 되어 있다는 것입니다. 이 부분은 스크립트를 통해 슬라이드 개수에 따라 a 태그를 생성해서 넣어줄 예정입니다.

예제 파일에서 CSS 스타일을 확인해보겠습니다.

코드 5-73 **PART _ 5/예제/B/05 _ slideshow/css/main.css**

```
.slide-wrapper {
  position: relative;
  width: 100%;
  overflow: hidden;
  height: 600px;
}

.slide-container {
  position: absolute;
  width: 100%;
  height: 100%;
  margin: 0;
  padding: 0;
  transition: left .3s ease-in;
  left: 0;
}
```

클래스 명 slide-wrapper에 기준이 설정되어 있고, 이 요소를 넘치는 요소는 보이지 않도록 overflow:

hidden이 설정되어 있습니다. 그리고 클래스 명 slide-container는 절댓값으로 부모 요소를 기준으로 전체 너비와 높이를 차지하도록 되어있고 left 값이 0입니다. 이후 스크립트를 통해 left 값이 변경되면 변경되는 과정이 보이도록 transition이 설정되어 있습니다.

코드 5-74 PART _ 5/예제/B/05 _ slideshow/css/main.css

```css
.slide-container>li {
  position: absolute;
  top: 0%;
  height: 100%;
  width: 100%;
  text-align: center;
  background-repeat: no-repeat;
  background-position: center center;
  background-size: cover;
  list-style: none;
}
```

다음으로 확인할 스타일은 slide-container안의 li가 절댓값으로 부모 요소인 slide-container를 기준으로 위치를 잡고 있습니다. 그리고 각 슬라이드 배경은 반복되지 않고 슬라이드의 가운데에 배치되도록 설정되어 있습니다.

코드 5-75 PART _ 5/예제/B/05 _ slideshow/css/main.css

```css
#prev.disabled,
#next.disabled {
  display: none;
}

중략…

.pager a.active {
  background: #000;
}
```

코드 5-75 의 스타일을 더 확인하면 좌우 버튼에 disabled라는 클래스 명이 있을 때 화면이 보이지 않도록 되어 있습니다. 또한 클래스 명 pager 안의 a 태그에 active가 있을 때 배경색을 검은색으로 표현해서 현재 활성화되어 있는 슬라이드가 몇 번째인지 표시하게 되어 있습니다.

현재의 브라우저 화면을 확인합니다.

[그림 5-54] 예제 화면

현재는 모든 슬라이드가 한군데 겹쳐있는데 간단히 설명하자면 [그림 5-55]와 같습니다.

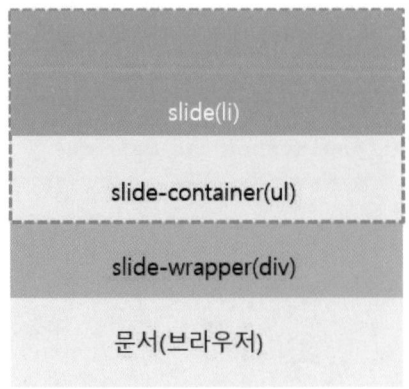

[그림 5-55] 슬라이드의 구조

좌우로 넘어가는 슬라이드를 구현하려면 슬라이드 하나 즉 li가 가로로 길게 배치되어야 합니다. 가로로 슬라이드를 배치하는 방법은 2가지가 있습니다. 첫 번째는 각 슬라이드를 float이나 flex를 이용하여 배치하고 슬라이드의 부모인 ul의 너비가 슬라이드 모두를 포함할 수 있도록 너비를 지정하는 것입니다. 그 후 슬라이드 이동은 slide-wrapper를 기준으로 절댓값으로 위치를 잡고 있는 slide-container(ul)를 좌우로 움직이는 것입니다. 두 번째는 각각의 슬라이드를 모두 position:absolute로 겹쳐 있도록 하고, 가로 배치하기 위해 각 슬라이드의 left 값을 지정하는 것입니다. 저는 두 번째 방법으로 구현하고자 합니다. 각 슬라이드의 left 값은 스크립트를 통해 지정하게 됩니다. left 값을 0, 100%, 200%식으로 지정하면 [그림 5-56]과 같이 배치가 됩니다.

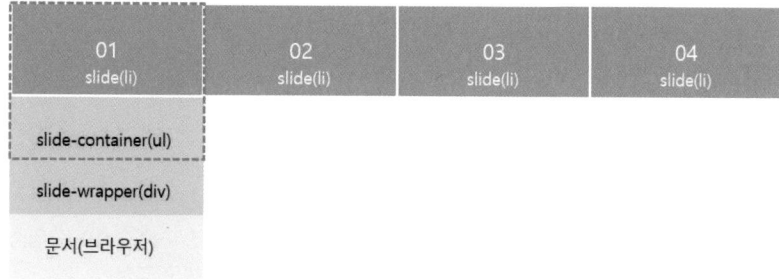

[그림 5-56] 각 슬라이드 배치

슬라이드가 이동하도록 하려면 슬라이드들이 모두 기준으로 삼고 있는 점선의 slide—container 즉, ul 요소를 좌우 이동시키면 되는 것입니다. js 폴더 내의 script.js를 오픈하면 코드 5-76 과 같이 주석으로 구현해야 할 주요 기능이 표시되어 있습니다. 하나씩 따라해 보면서 구현해 보시기 바랍니다.

코드 5-76 PART _ 5/예제/B/05 _ slideshow/js/main.js

```
// 변수 지정

// 슬라이드가 있으면 가로로 배열하기. 페이저 생성하기

// 슬라이드 이동 함수(이동, 페이저 업데이트, 슬라이드 활성화)

// 좌우 버튼 클릭으로 슬라이드 이동시키기

// 페이저로 슬라이드 이동하기

// 자동 슬라이드
```

변수 지정

변수부터 지정하겠습니다. 변수로 지정할 요소와 그 변수의 역할을 표로 정리했습니다.

변수	역할
.slide-wrapper	해당 요소에서 마우스가 벗어나면 자동 슬라이드 시작 다시 요소 안으로 마우스가 들어오면 자동 슬라이드 멈춤 자식 요소들을 변수로 지정할 때의 부모 역할
.slide-container	좌우로 이동할 요소
li	슬라이드 개수에 따라 각 슬라이드 left값을 지정하기 위해
슬라이드 개수	슬라이드 개수에 따라 페이저를 생성 슬라이드의 마지막을 파악하기 위해 개수 필요
현재 슬라이드 번호	슬라이드 이동시 현재 활성화되어 있는 슬라이드의 고유 번호
pager 생성용 변수	클래스 명 pager에 생성할 a 태그를 담을 변수
타이머	자동 슬라이드를 멈출 때 setInterval을 저장할 변수
이전 버튼	슬라이드를 이전으로 이동
다음 버튼	슬라이드를 다음으로 이동

[표 5-9] 변수의 역할

[표 5-9]에서 설명한 변수들을 생성합니다.

코드 5-77 PART _ 5/예제/B/05 _ slideshow/js/main.js

```
// 변수 지정
let slideWrapper = document.querySelector('.slide-wrapper'),
slideContainer = slideWrapper.querySelector('.slide-container'),
slides = slideContainer.querySelectorAll('li'),
slideCount = slides.length,
currentIndex = 0,
pager = slideWrapper.querySelector('.pager'),
pagerHTML = '',
timer,
navPrev = slideWrapper.querySelector('#prev'),
navNext = slideWrapper.querySelector('#next');
```

생성한 변수에서 pagetHTML은 아직 비어있는 상태로 슬라이드 개수에 따라 a 태그를 생성할 예정이고, 변수 명 timer 또한 이름만 지정하여 이후 자동 슬라이드 함수를 멈출 때 사용하게 됩니다.

슬라이드 가로 배치

슬라이드는 변수 명 slides에 배열의 형태로 저장되어 있습니다. 각 요소의 left 값을 0, 100%, 200%, 300%식으로 지정해야 합니다.

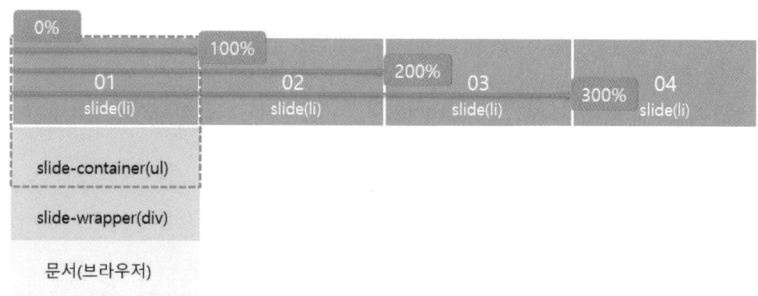

[그림 실전-22] left값으로 슬라이드 배치

배열 형식으로 저장되어 있으니 반복문을 통해 각 요소의 left 값을 변경합니다.

코드 5-78 PPART _ 5/예제/B/05 _ slideshow/js/main.js

```javascript
// 슬라이드가 있으면 가로로 배열하기, 페이저 생성하기

if(slideCount > 0){
    slides.forEach(function (item, index){
        item.style.left= `${index*100}%`;
    });
}
```

스크립트 작성 후 브라우저를 확인해보고 개발자 도구에서 element 탭을 확인하여 스크립트를 통해 left 값이 지정되어 있는지도 확인합니다.

[그림 5-58] 슬라이드의 left 값 확인

브라우저를 확인해보면 각 슬라이드 left 값이 0%에서 400%까지 제대로 반영된 것을 볼 수 있습니다. 슬라이드를 가로 배치하면 수행해야할 것은 클래스 명 pager 안에 들어갈 a 태그를 생성하는 것입니다.

코드 5-79 PART _ 5/예제/B/05 _ slideshow/js/main.js

```javascript
// 슬라이드가 있으면 가로로 배열하기, 페이저 생성하기
if(slideCount > 0){
    slides.forEach(function (item,index){
        item.style.left = `${index*100}%`;
        pagerHTML += `<a href="">${index}</a>`;
    });
    console.log(pagerHTML);
}
```

반복문 안에서 pagerHTML 변수에 a 태그를 생성해주었습니다. 이때 ES6의 템플릿 리터럴 문법으로 백틱 안에 변수 명은 ${변수 명}식으로 기술했습니다. 만약은 ES6 이전 문법으로 작성했다면 **코드 5-80** 과 같을 것입니다.

코드 5-80 PART _ 5/예제/B/05 _ slideshow/js/main.js

```javascript
pagerHTML += '<a href="">' + index + '</a>';
```

pagerHTML에 a 태그를 저장할 때 +=을 사용했습니다. +=는 더한 결과를 나타내는 것으로 풀어서 작성하면 pagerHTML = pagerHTML + 〈a href=""〉${index}〈/a〉; 와 같습니다. 반복문을 통해 변수 명 pagerHTML에 a 태그를 생성했습니다. console.log를 통해 저장된 값을 확인해보겠습니다.

코드 5-81 PART _ 5/예제/B/05 _ slideshow/js/main.js

```javascript
// 슬라이드가 있으면 가로로 배열하기, 페이저 생성하기
if(slideCount > 0){
    slides.forEach(function (item, index){
        item.style.left = `${index*100}%`;
        pagerHTML += `<a href="">${index}</a>`;
    });
    console.log(pagerHTML);
}
```

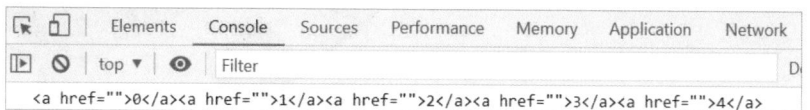

[그림 5-59] 슬라이드 개수만큼 생성된 a 태그

콘솔창을 확인하면 a 태그들이 생성된 것을 볼 수 있습니다. 이제 변수 명 pagerHTML에 저장된 a 태그들을 클래스 명 a 태그의 내용으로 생성해줄 차례입니다. javascript를 통해 HTML 요소에 없던 콘텐츠를 생성하는 방법은 두 가지가 있습니다.

구분	설명
let c = A.innerHTML	A 요소의 내용을 HTML 태그 형식으로 추출하여 변수 명 C에 저장
A.innerHTML(B)	A 요소의 내용으로 B를 HTML 태그 형식으로 생성
let c = A.innerText	A 요소의 내용을 글자 형식으로 추출하여 변수 명 C에 저장
A. innerText (B)	A 요소의 내용으로 B를 글자 형식으로 생성

[표 5-10] innerHTML과 innerText

변수 명 pagerHTML은 태그 형식으로 클래스 명 pager의 내용으로 생성되어야 하기 때문에 innerHTML 함수를 사용합니다.

코드 5-82 PART _ 5/예제/B/05 _ slideshow/js/main.js

```
// 슬라이드가 있으면 가로로 배열하기, 페이저 생성하기
if(slideCount > 0){
    slides. forEach (function (item,index){
        item. style. left = `${index*100}%`;
        pagerHTML += `<a href="">${index}</a>`;
    });
    console. log(pagerHTML);
}


pager.innerHTML = pagerHTML;
```

코드를 작성 후 브라우저 화면을 확인하면 슬라이드 하단에 점 모양의 페이저가 생성된 것을 볼 수 있습니다.

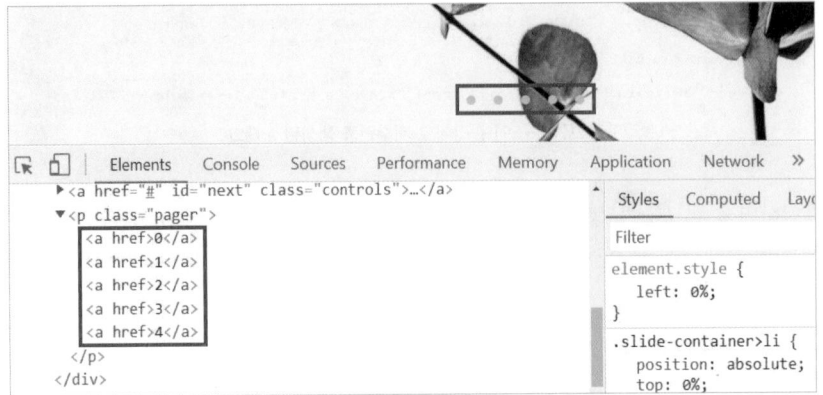

[그림 5-60] 생성된 페이저

이제 페이저가 생성되었으니 페이저도 변수를 지정하여 이후 클릭 이벤트와 활성화되어 있는 슬라이드를 구분할 수 있도록 합니다.

코드 5-83 | PART _ 5/예제/B/05 _ slideshow/js/main.js

```
// 슬라이드가 있으면 가로로 배열하기, 페이저 생성하기
if(slideCount > 0){
    slides. forEach (function (item,index){
        item. style. left = `${index*100}%`;
        pagerHTML += `<a href="">${index}</a>`;
    });
    console. log(pagerHTML);
}
pager. innerHTML = pagerHTML;


let pagerBtn = pager.querySelectorAll('a');
```

슬라이드 이동 함수

슬라이드 이동 함수를 생성하겠습니다. 이동 함수는 좌우 버튼을 클릭하거나, 페이저를 클릭하거나, 또는 자동 슬라이드 함수를 통해서 주문이 들어오면 슬라이드를 이동해야 합니다. 주문은 몇 번째 슬라이드가 보이도록 이동할지 숫자로 넘어오게 됩니다. 즉, 매개변수로 입력되는 그 숫자에 맞는 슬라이드가 보이도록 변수 명 slideContainer의 left 값을 변경하는 것입니다. 함수의 이름은 goToSlide이고 매개변수는 idx로 지정한다고 할 때 goToSlide(1)을 실행하면 [그림 5-61]과 같이 slideContainer의 left 값을 변경하는 것입니다.

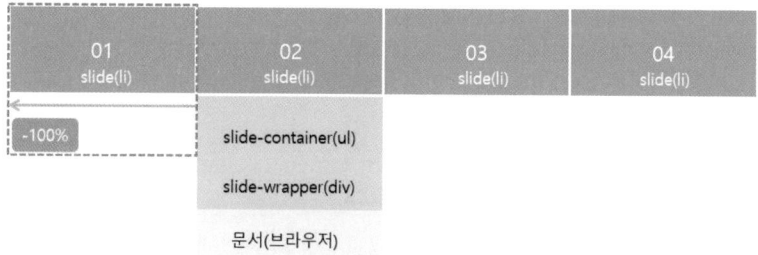

[그림 5-61] left값으로 슬라이드 이동

슬라이드 전체가 왼쪽으로 이동하려면 slideContainer의 left 값이 기준 위치에서 왼쪽으로 100%만큼 이동해야 하는 것입니다. 그리고 이제 활성화된 슬라이드가 1번으로 변경되어야 하는 것입니다. 스크립트를 작성해보겠습니다.

코드 5-84 PART _ 5/예제/B/05 _ slideshow/js/main.js

```
// 슬라이드 이동 함수(이동, 페이저 업데이트, 슬라이드 활성화)
function goToSlide(idx){
  //이동
  slideContainer.style.left = `${idx*-100}%`;
  currentIndex = idx;

  //페이저 업데이트


  //현재 슬라이드 활성화

}
```

goToSlide함수에 숫자를 넘겨주면서 일을 시키면 함수 goToSlide는 그 숫자를 idx로 받아서 slideContainer의 left 값을 −100%, −200% 식으로 변경합니다. 변경 후 currentIndex라는 변수의 값을 매개변수 idx의 값으로 변경하여 현재 보고 있는 슬라이드 번호를 업데이트 합니다. 슬라이드가 이동된 후에는 페이저에 현재 슬라이드 번호에 맞는 a 태그에 active를 추가합니다. 이때 구현방법은 슬라이드가 이동하면 일단 모든 페이저에서 active를 제거하고 현재 슬라이드 번호에 맞는 a 태그에만 active를 추가하는 것입니다. 마찬가지로 앞서 변수로 지정한 pagerBtn의 값도 배열로 저장되어 있기 때문에 반복문을 이용하여 구현합니다. 이번에는 for of 문법을 이용하겠습니다.

코드 5-85 PART _ 5/예제/B/05 _ slideshow/js/main.js

```javascript
// 슬라이드 이동 함수(이동, 페이저 업데이트, 슬라이드 활성화)
function goToSlide(idx){
  //이동
  slideContainer.style.left = `${idx*-100}%`;
  currentIndex = idx;

  //페이저 업데이트
  for(pb of pagerBtn){
    pb.classList.remove('active');
  }
  pagerBtn[currentIndex].classList.add('active');

  //현재 슬라이드 활성화

}
```

이동 함수에서 마지막으로 할 일은 현재 활성화된 슬라이드에도 active를 추가하는 것입니다. 이렇게 active를 추가하면 코드 5-86 과 같이 style.css에서 슬라이드에 active가 있을 때 그 내부의 제목과 설명 등의 내용을 opacity: 1로 변경하여 보이게 되어 있기 때문입니다.

코드 5-86 PART _ 5/예제/B/05 _ slideshow/css/style.css

```css
.slide-container>li.active .contents>* {
  color: #fff;
  opacity: 1;
}
```

이번에도 for of 문법으로 작성하겠습니다. 변수 명 slides의 각각의 값을 변수 명 sl로 지정하고 그 sl에서 active를 제거하고 현재 슬라이드 번호에 맞는 슬라이드 리스트에 active를 추가했습니다.

코드 5-87 PART _ 5/예제/B/05 _ slideshow/js/script.js

```javascript
//현재 슬라이드 활성화
for(sl of slides){
  sl.classList.remove('active');
}
slides[currentIndex].classList.add('active');
```

아직 좌우 버튼이나 페이저를 클릭할 때 슬라이드가 작동하도록 구현하기 이전이기 때문에 슬라이드 작동이 이상 없이 되는지 확인하기 위해서 임시로 goToSlide(1)를 실행해보고 브라우저와 개발자 도구를 확인해봅니다.

[그림 5-62] slide-container의 left 값이 -100%로 변경됨

브라우저를 확인해보면 슬라이드는 slide-container의 left 값이 -100%로 되어 있어 해바라기 그림의 두 번째 슬라이드도 보이고 있고, 페이저에도 두 번째에 active가 추가되어 검은색으로 표시되어 있습니다. 또한 두 번째 li 요소에 active 추가되어 슬라이드 제목, 설명, 링크 등이 화면에 나타나 있습니다. 이제 goToSlide 함수는 이상 없이 작동하는 것을 확인했습니다.

좌우 버튼 클릭으로 슬라이드 이동하기

이제 좌우 컨트롤 버튼을 클릭하여 슬라이드를 작동시켜 보겠습니다. 우선 다음 버튼을 클릭하면 할 일을 생각해보겠습니다. 다음 버튼을 클릭하면 현재 슬라이드 번호에 1을 더한 값을 goToSlide 함수에 넘겨주어야 합니다. 그러면 다음 버튼을 클릭할 때마다 무조건 1씩 올린 값을 goToSlide 함수에 넘기면 슬라이드가 모두 왼쪽으로 이동하고도 멈추지 않고 계속해서 슬라이드를 왼쪽으로 이동하여 빈 화면이 나오게 됩니다. 즉, 다음 버튼을 클릭하여 슬라이드가 이동하는 것은 슬라이드가 마지막이 아닐 때만 작동해야 하고 마지막이라면 다음 버튼이 사라지도록 disabled라는 클래스 명을 추가해야 합니다. 스크립트를 작성해봅니다.

코드 5-88 PART _ 5/예제/B/05 _ slideshow/js/script.js

```javascript
// 좌우 버튼 클릭으로 슬라이드 이동시키기
navNext. addEventListener ('click',(e) =>{
  e. preventDefault ();
  if(currentIndex != slideCount − 1){
    goToSlide (currentIndex + 1);
  }
});
```

스크립트를 보면 마지막이 아닌 경우를 구분하기 위해 현재 슬라이드 번호가 갱신되는 currentIndex의 값이 'slideCount에서 1차감한 값과 같지 않으면' 이라고 작성했습니다. slideCount에는 슬라이드 개수인 5개가 저장되어 있습니다. 현재 슬라이드는 5개이고 currentIndex는 0부터 시작했기 때문에 4번이 마지막이 됩니다. 그래서 'slideCount에서 1차감한 값과 같지 않으면' 이라고 작성한 것입니다. 버튼을 클릭해서 current 인덱스 번호가 4와 같아지면 마지막 슬라이드에 도달한 것이기 때문에 다음 버튼이 보이지 않도록 disabled라는 클래스 명을 추가합니다. 다음 버튼이 보이지 않도록 하는 것은 슬라이드가 이동한 다음에 작동해야 하기 때문에 goToSlide 함수에 기능을 추가합니다.

코드 5-89 PART _ 5/예제/B/05 _ slideshow/js/script.js

```javascript
//현재 슬라이드 활성화
for(sl of slides){
  sl.classList.remove('active');
}
slides[currentIndex].classList.add('active');
//좌우 버튼 업데이트
if(currentIndex == slideCount −1){
  navNext.classList.add('disabled');
}else{
  navNext.classList.remove('disabled');
}
}//goToSlide
```

스크립트 작성한 것을 보면 슬라이드가 마지막에 도달하면 다음 버튼이 사라지고, 만약 슬라이드 이동 후 마지막 슬라이드가 아니라면 disabled 클래스 명을 다시 제거하여 다음 버튼이 나타나도록 작성했습니다. 이전 버튼을 클릭하면 할 일도 작성해봅니다. 이전 슬라이드로 이동시키려면 현재 슬라이드 번호에서 1차감한 값을 goToSlide 함수에 전달하면 됩니다.

PART _ 5/예제/B/05 _ slideshow/js/script.js

```javascript
// 좌우 버튼 클릭으로 슬라이드 이동시키기
navNext.addEventListener('click', (e)=>{

    e.preventDefault();

    if(currentIndex != slideCount -1){
        goToSlide(currentIndex + 1);
    }
});
navPrev.addEventListener('click', (e)=>{
    e.preventDefault();

    if(currentIndex > 0){
        goToSlide(currentIndex - 1);
    }
});
```

마찬가지로 슬라이드가 이동한 이후 첫 번째 슬라이드라고 한다면 이전 버튼이 사라지도록 disabled 클래스 명을 추가합니다.

코드 5-91 **PART _ 5/예제/B/05 _ slideshow/js/script.js**

```javascript
//좌우 버튼 업데이트
if(currentIndex == slideCount -1){
    navNext.classList.add('disabled');
}else{
    navNext.classList.remove('disabled');
}
if(currentIndex == 0){
    navPrev.classList.add('disabled');
}else{
    navPrev.classList.remove('disabled');
}
}//goToSlide
```

슬라이드가 첫 번째라면 이전 버튼이 보이지 않고 첫 번째가 아니라면 다시 이전 버튼이 나타나도록 했습니다. 브라우저 화면에서 확인합니다.

[그림 5-63] 첫 번째 슬라이드에서 보이지 않는 이전 버튼

브라우저를 확인해보면 첫 번째 슬라이드에 도달했을 때 이전 버튼이 사라집니다. 하지만 여기에서 문제가 조금 있습니다. 만약에 좌우 버튼을 클릭하지 않은 상태 즉 페이지가 처음 열렸을 때는 이전 버튼도 사라져 있지 않고 pager에도 현재 슬라이드를 구분하여 주지 않는다는 것입니다. 그 이유는 이전 슬라이드를 사라지고 pager를 업데이트하는 기능은 goToSlide 함수가 실행되어야 구현되는 기능이기 때문입니다. 그래서 스크립트가 실행되자마자 일단 goToSlide(0)함수를 실행시키면 문제를 해결할 수 있습니다. goToSlide(0) 함수 실행 코드를 goToslide 함수 밑에 추가합니다.

코드 5-92 PART _ 5/예제/B/05 _ slideshow/js/script.js

```
중략…

    navPrev.classList.add('disabled');
  }else{
    navPrev.classList.remove('disabled');
  }
}//goToSlide

goToSlide(0);

// 좌우 버튼 클릭으로 슬라이드 이동시키기
중략…
```

페이저로 슬라이드 이동하기

페이저를 클릭했을 때 슬라이드를 이동하도록 하겠습니다. 페이저를 클릭했을 때 슬라이드 이동을 하려면 클릭 이벤트가 일어난 페이저가 몇번째 페이저인지 숫자를 확인하고 그 숫자를 goToSlide 함수에 전달하면 됩니다. 이때 forEach 반복문을 사용하면 쉽게 이벤트가 일어난 그 요소의 index(순번)를 확인할 수 있습니다. 스크립트를 작성합니다.

```
// 페이저로 슬라이드 이동하기
pagerBtn. forEach ((item,index)=>{
    item. addEventListener ('click', e)=>{
        e. preventDefault ();
        goToSlide (index);
    });
});
```

스크립트를 보면 forEach 반복문을 이용하여 pagerBtn의 각각의 값들을 item으로 받아와서 그 item에 클릭 이벤트가 생기면 해당 요소의 인덱스 번호를 goToSlide에 전달했습니다. 이때 a 태그를 클릭할 때 빈 링크가 작동하여 웹페이지 상단으로 이동하기 때문에 그 기능을 막기 위해 preventDefault 함수를 실행했습니다. 브라우저에서 페이저를 클릭하여 슬라이드가 작동하는 것을 볼 수 있습니다. 참고로 forEach의 function도 arrow function으로 조금 더 축약했습니다.

자동 슬라이드

슬라이드가 자동으로 작동하려면 좌우 버튼이나 페이저를 클릭하지 않아도 일정 시간이 지나면 goToSlide 함수에 현재 슬라이드 번호에서 1씩 증가된 값을 전달하면 됩니다. 하지만 무조건 값을 올려서 전달하면 안되고 슬라이드 개수가 5개이기 때문에 전달되는 숫자는 0, 1, 2, 3, 4에서 반복되어야 합니다. 자동 슬라이드 함수를 생성하고 스크립트를 작성하겠습니다.

코드 5-94 PART _ 5/예제/B/05 _ slideshow/js/script.js

```
// 자동 슬라이드
function startAutoSlide(){
    timer = setInterval(()=>{
        let nextIndex = (currentIndex + 1) % slideCount;
        goToSlide(nextIndex);
    }, 4000);
}
```

4초마다 반복할 일을 작성하는 것이기 때문에 setInterval 함수를 사용합니다. 이때 setInterval를 멈추려면 clearInterval 함수에 멈추려는 대상의 이름을 입력해야 하기때문에 setInterval에 앞서 변수에서 지정했던 timer에 저장합니다. 현재 슬라이드 번호에서 1씩 증가할 때 %를 사용하여 나눈 나머지를 nextIndex 에 저장했습니다. 해당 코드를 분석하면 [표 5-11]과 같습니다.

currentIndex	계산	nextIndex
0	(0 + 1) % 5	1
1	(1 + 1) % 5	2
2	(2 + 1) % 5	3
3	(3 + 1) % 5	4
4	(4 + 1) % 5	0

[표 5 – 11] (currentIndex + 1) % slideCount

표에서 하나만 설명하면 (2 + 1) % 5일 때 3을 5로 나눈 나머지는 3을 5로 온전히 못 나누기 때문에 3이 고스란히 남는 것입니다. 자동 슬라이드를 위해 startAutoSlide() 함수를 생성했습니다. 그러면 slidewrapper 요소에 마우스가 들어오면 멈추고 나가면 슬라이드 되도록 스크립트를 작성합니다. 자동 슬라이드는 기본적으로 웹페이지가 열리면 자동으로 이동하도록합니다.

코드 5-95 PART _ 5/예제/B/05 _ slideshow/js/script.js

```
// 자동 슬라이드
function startAutoSlide(){
    timer = setInterval(()=>{
        let nextIndex = (currentIndex + 1) % slideCount;
        goToSlide(nextIndex);
    }, 4000);
}
startAutoSlide();

slideWrapper.addEventListener('mouseover', ()=>{
    clearInterval(timer);
});
slideWrapper.addEventListener('mouseout', ()=>{
    startAutoSlide();
});
```

브라우저를 확인해보면 화면을 열자마자 자동으로 슬라이드가 실행되고 마우스가 슬라이드 위에 올라오면 멈추고 나가면 다시 시작하는 것을 볼 수 있습니다. 이상으로 슬라이드 구현을 마칩니다.

PART 6

실전 프로젝트

이 장의 내용

6 실전 프로젝트

PART1에서 학습한 내용을 바탕으로 이제 완성된 디자인을 참조하여 웹페이지를 구현하겠습니다. 그리고 PART1에서 작성했던 스타벅스의 코리아의 상단 메뉴 구조부분을 CSS와 스크립트를 작성하여 메뉴에 마우스를 올렸을 때 서브 메뉴가 아래로 스윽 나타나도록 완성해보도록 하겠습니다.

실전 프로젝트1 웹페이지 구현하기

1. 준비하기

HTML 태그의 개별적인 사용법과 CSS 속성들을 대부분 이해하고 있지만, 완성된 디자인을 참조하여 전체적인 레이아웃을 제대로 잡지 못하는 경우가 많습니다. 랜딩 페이지 형식의 완성된 디자인을 참조하여 스타일을 완성하는 것을 바탕으로 학습한 내용을 종합적으로 리뷰하겠습니다. 랜딩 페이지는 본격적인 서비스에 앞서 간략하게 웹사이트의 목적을 설명하고 미리 회원 모집 및 뉴스레터의 구독자를 모집하는 페이지입니다. 페이지의 구현을 통해 디자인을 참조하여 HTML를 작성할 때의 순서와 이후 CSS와 javascript를 통해 구현 시 용이하도록 HTML 작성 단계에서 필요한 주요 내용을 먼저 학습하겠습니다.

여기서 필요한 것이 디자인 틀인데 디자인 완성본에서 코딩에 필요한 항목을 확인하고 이미지를 저장할 수 있고, 구현에 필요한 색상, 위치, 간격 및 기타 속성들을 파악할 수 있다면 디자인 프로그램은 photoshop, illustrator, Figma, Adobe XD, sketch 등 어떤 프로그램이든 전혀 상관없습니다. 완성된 디자인에서 확인해야 할 주요 사항으로는 크게 4가지로 정리할 수 있겠습니다.

1-1 레이아웃 구조 파악

디자인의 파일에서 본문 전체의 너비와 실제 콘텐츠들의 너비가 일정한 규칙을 가지고 작성되었는지, 규칙이 있다면 브라우저 너비에 상관없이 실제 콘텐츠들의 너비가 몇 px인지 파악합니다. 이때 그리드 시스템을 사용했다면 해당 그리드의 전체 너비, 개수, 간격 등을 파악합니다.

1-2 레이어와 그룹 파악

코딩하기 편하도록 내용들이 HTML5의 시맨틱 태그 명으로 구분되어 있는지, 즉, header, footer, aside, address, nav, article, section 등 해당 내용의 의미에 따라 분류가 되어 있다면 해당 태그 명을 참조하여 디자인하기가 수월해집니다. 또한 레이어와 그룹의 이름을 보고 이후 코딩을 할 때 클래스 명과 아이디 명으로 활용하기 쉽도록 영문으로 되어 있으면 더욱 편하게 코딩을 할 수 있겠습니다.

1-3 폰트, 텍스트, 아이콘 파악

코딩에 친화적인 디자인은 사용한 글씨들이 웹에 친화적인 웹 폰트를 사용한 것입니다. 대표적인 웹 폰트는 google과 adobe가 있습니다. 만약 웹 폰트를 사용하지 않았다면 코딩 시에 웹 폰트로 변환하는 과정을 거쳐야합니다. 이때 한글 폰트는 웹 폰트로 변환하면 크기가 지나치게 커지는 경향이 있기 때문에 주의해야합니다. 특별한 케이스가 아니라면 한글은 모두 웹 폰트를 사용하고, 웹 폰트를 사용하지 못하는 경우, 즉 클라이언트의 요구가 있는 경우에는 해당 폰트를 구현하되 해당 폰트가 웹페이지에 사용하는 부분이 적다면 이미지로 저장하는 것도 방법이 되겠습니다.

1-4 이미지 준비하기

완성된 이미지를 참조하여 필요한 이미지를 저장해야 합니다. 이때 디자인에서 표현된 크기를 그대로 사용할지 아니면 별도의 다른 사이즈로 변환할지를 판단해야 합니다. 이 판단은 이후 구현 시, 해당 이미지가 어떻게 표현되는지에 따라 달라지겠습니다. 자세한 사항은 다음 내용에서 설명하겠습니다. 이때 파악된 상황에 맞춰 저장을 할 때 현재 디자인에 적용된 이미지가 해상도가 적절한지 파악하고 만약 맞지 않는 부분이 있다면 해당 이미지를 새롭게 만들거나 디자이너에게 별도로 요청해야 합니다.

2. 기본 웹 생성하기

PART_6 예제 폴더의 psd_to_html 폴더에서 파일을 확인합니다. 예제 폴더에는 포토샵 디자인 파일과 fonts 폴더가 있습니다. fonts 폴더에는 psd 디자인에서 사용한 폰트가 있습니다.

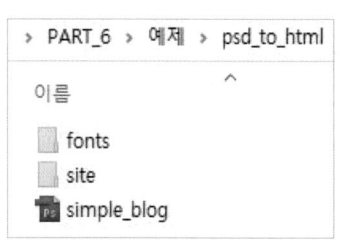

[그림 6-1] 예제 파일 확인

2-1 폰트 설치

우선 Fonts 폴더의 폰트를 모두 선택하고 마우스 우클릭 후 설치를 클릭하여 폰트를 설치해주세요.

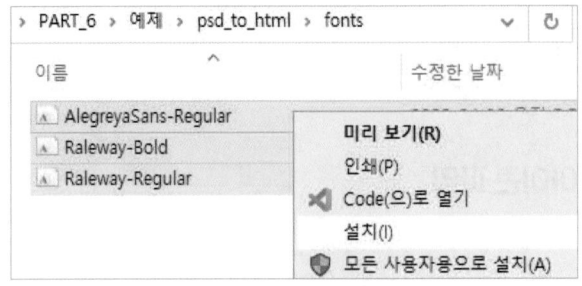

[그림 6-2] 폰트 설치

2-2 폴더 및 파일 생성

코딩을 위한 기본 파일 및 폴더 세팅을 하겠습니다. 이 부분은 웹퍼블리셔, 웹프론트엔드 개발자마다 개인적인 성향이 있을 수 있으니 참고해주시기 바랍니다. 보통의 웹사이트에서 가장 기본이 되는 구조로 폴더 생성을 하겠습니다.

웹사이트 코딩을 완료하고 HTML 버전의 웹사이트를 웹호스팅 계정에 업로드할 때 업로드할 파일들만 있을 폴더를 'site'라는 이름으로 생성합니다. 해당 폴더의 하위 폴더로 images, css, js 폴더를 순서대로 생성합니다. site의 폴더에는 index.html 파일을 생성하겠습니다.

1. [그림 6-3]과 같이 생성된 폴더를 확인할 수 있습니다.

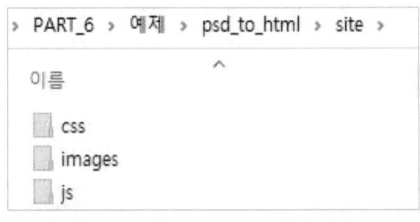

[그림 6-3] site 폴더 및 파일 생성

2. 이제 탐색기에서 site 폴더 위치로 이동한 후 site 폴더에서 마우스 우클릭 후 Code(으)로 열기를 클릭하여 Visual Studio Code를 실행합니다. 그러면 [그림 6-5]와 같이 프로그램이 실행됩니다.

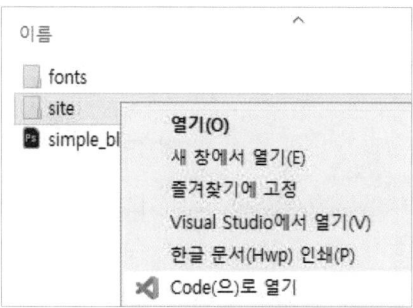
[그림 6-4] VS code 로 열기

VS Code로 site 폴더를 오픈했습니다.

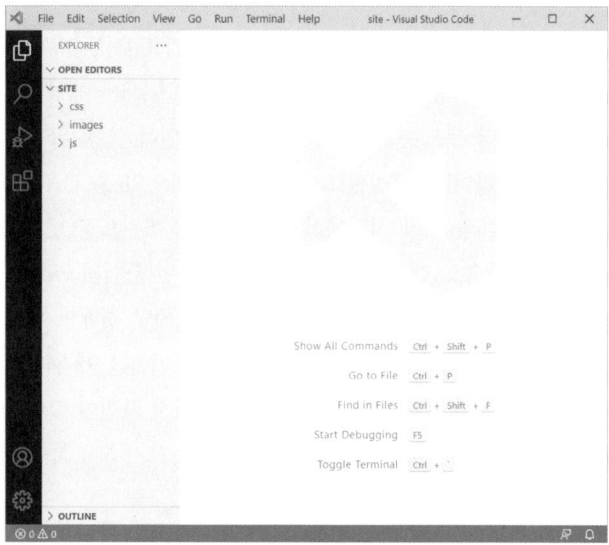
[그림 6-5] 폴더 열기한 화면

3. 새 파일을 만들겠습니다. File/New File할 수도 있고, 단축키 Ctrl+N할 수도 있고, [그림 6-6]과 같이 site 폴더에 마우스를 올렸을 때 나오는 아이콘을 활용해서 만들 수도 있습니다.

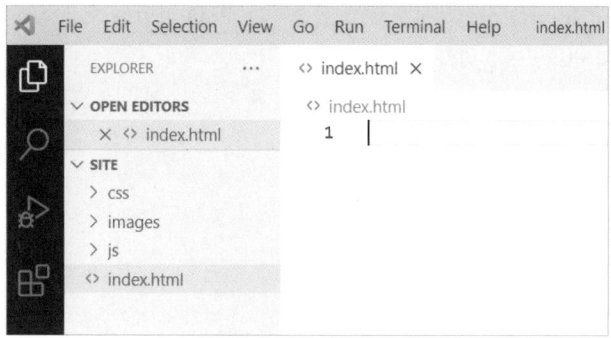
[그림 6-6] 새 파일 생성하기

4. 새 파일 아이콘을 클릭하고 이름을 index.html이라고 입력합니다.

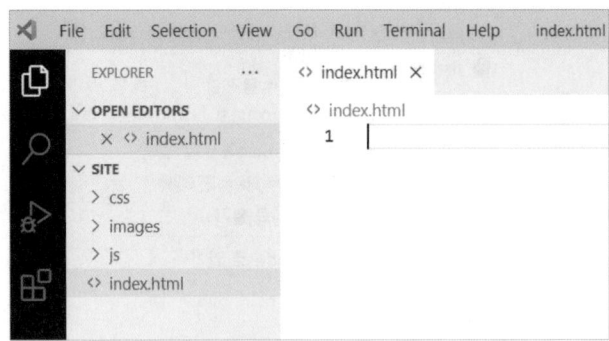

[그림 6-7] index.html 생성

우측 index.html에서 커서가 깜박거리고 있습니다. 이때 느낌표(!)를 입력합니다. 그러면 Emmet Abbreviation이라고 나옵니다. 그 상태에서 키보드의 Tab을 눌러 약어를 활성화합니다. 그러면 HTML 태그를 생성해줍니다. 해당 코드는 HTML의 문서선언, 언어 설정, 글자집합 설정, 뷰포트 설정, 제목설정, body 태그 등을 의미합니다. 생성된 코드에서 6번 라인의 X-UA-Compatible과 IE=edge 는 Internet Explorer의 경우 호환성 보기 설정에서 억지로 하위 버전으로 낮춰서 렌더링 하지 말고 최신 버전 Internet Explorer 11버전으로 렌더링하라는 뜻입니다. 7번 라인의 viewport는 웹페이지를 해석해서 화면에 표현하는 기기가 모니터이든, 태블릿, 스마트폰이든 해당 웹페이지를 보여주는 화면 영역을 말합니다. width=device-width, initial-scale=1.0는 웹페이지의 너비를 기기의 너비에 맞춰 100%로 맞춰 보여주라는 뜻입니다. 해당 설정이 없으면 PC 모니터의 웹페이지 화면이 그대로 축소되거나 확대되어 스마트 기기에 보이게 되고, viewport 속성이 있으면 스마트 기기 크기에 맞춰 화면을 보여줍니다.

이렇게 기본 폴더와 파일은 생성했습니다.

3. 디자인 확인 및 HTML 작성하기

이제 디자인을 확인하고 html을 작성해보도록 하겠습니다. PSD 파일을 오픈하겠습니다. 오픈하면 [그림 6-8]과 같이 그룹이 지정되어 있습니다.

[그림 6-8] 디자인 파일의 구조 파악

3-1 이미지 저장하기

코딩에 앞서 필요한 이미지를 저장해야 합니다. 포토샵 디자인에서 이미지를 저장할 때 주의사항이 있습니다. 이미지를 저장할 때의 원칙은 빠른 웹사이트 로딩을 위해 이미지를 최적화해야 한다는 것입니다. 해상도를 유지하며 파일 크기가 작을 때 최적화 하기에 적합합니다. 다음 [표 6-1]의 내용을 참조하여 적절한 확장자를 선택합니다.

확장자	특징
.gif	16컬러 이하 이미지(투명, 불투명) 이미지 주변에 찌꺼기가 생긴다.
.png	16컬러 이상 투명 이미지
.jpg	16컬러 이상의 고해상도 이미지 가장 압축률이 높은 만큼 이미지 손상이 있을 수 있다.
.svg	확대 축소 시에도 깨지지 않는 벡터 이미지

[표 6 - 1] 확장자에 따른 파일 특징

포토샵 디자인을 다시 확인하고 이미지를 저장하겠습니다. 헤더의 배경부터 시작해서 각 이미지를 저장하겠습니다. 현재 디자인에서 png로 저장할 부분은 없습니다. 모두 jpg로 저장하면 되겠습니다. 헤더의 배경 이미지부터 저장해보겠습니다.

1. 수많은 레이어 중에 헤더 이미지를 바로 찾기 위해 포토샵에서 이동 툴이 선택된 상태에서 Auto-Select의 체크가 해제된 상태에서 배경 이미지 위에서 [Ctrl]+클릭을 합니다.

[그림 6-9] 레이어 선택하기

2. 선택한 레이어를 자세히 보면 아래쪽으로 화살표 표시가 있습니다. 이는 아래 사각형 모양에 맞춰 마스크가 적용되었다는 것입니다. 즉, 빨간색 사각형의 크기만큼만 이미지가 보이는 상태입니다. 이러한 경우에는 header bg레이어와 아래 레이어까지 모두 선택을 합니다. 다중선택은 [Ctrl]을 누른 상태에서 아래 레이어를 선택하면 됩니다.

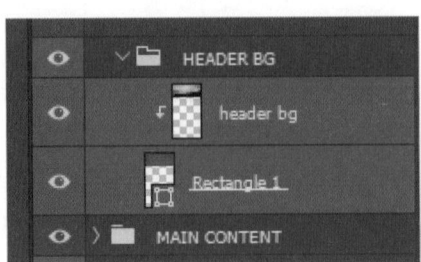
[그림 6-10] 레이어 선택하기

3. 두 개의 레이어가 선택된 상태에서 마우스 우클릭합니다. 그러면 [그림 6-11]과 같이 Export As...를 클릭합니다.

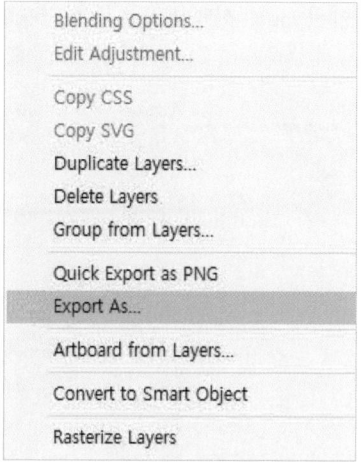

[그림 6-11] Export As

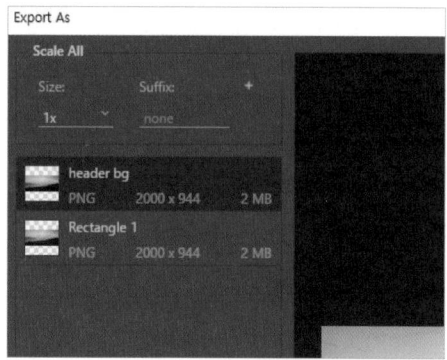

[그림 6-12] Export As 화면

저장 화면을 보면 별도의 이미지로 2개가 보입니다.

4. 이런 경우에는 해당 레이어의 부모 그룹을 선택하고 저장해야 하나의 이미지로 저장됩니다. 다시 header BG 그룹을 선택하고 Export As...를 클릭합니다.

[그림 6-13] Export As 화면

5. header bg 레이어를 file setting에서 jpg로 선택하고 우측 하단에 Export All을 클릭합니다.

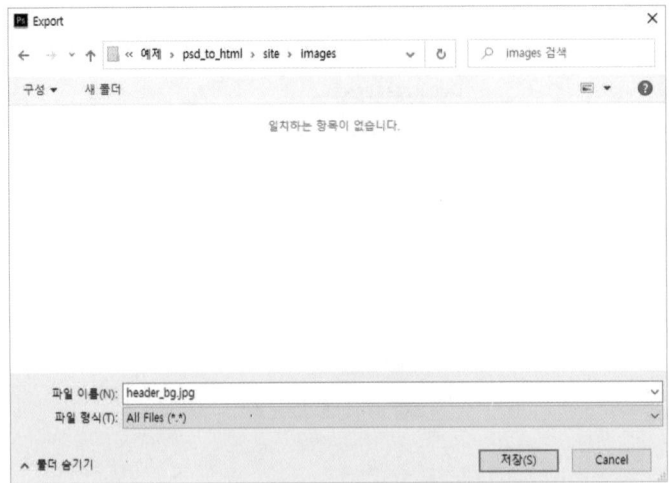

[그림 6-14] 헤더 배경 저장하기

파일 이름은 되도록이면 소문자로 입력하고 공백없이 저장합니다.

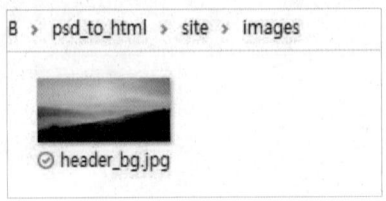

[그림 6-15] 헤더 배경 저장하기

6. 다음으로 About me 부분의 이미지를 저장하겠습니다. 해당 이미지는 자세히 보면 layer Style 중 drop shadow로 그림자가 표현되어 있습니다. 그림자는 CSS에서 구현하는 것이 좋습니다. 그림자까 지 포함하여 이미지를 저장하면 이미지 파일의 크기가 커지기 때문입니다.

[그림 6-16] photo의 drop shadow 확인

7. layer style에서 drop shadow 앞 부분에 눈 모양 아이콘을 클릭하여 해당 효과를 해제합니다.

[그림 6-17] photo의 drop shadow 해제

8. photo 그룹을 선택하고 마우스 우클릭 후 Export As를 통해 about_me.jpg로 저장합니다.

[그림 6-18] photo 그룹의 export As

[그림 6-19] about_me.jpg

포토샵 CC 부터는 이미지를 저장할 때 바로 Export As를 통해 저장할 수 있도록 업데이트 되었습니다. 또한 여러 개의 레이어를 선택하고 한꺼번에 저장할 수도 있습니다. 이제 디자인에서 latest articles부분의 이미지들은 레이어를 다중으로 선택하고 한꺼번에 저장하겠습니다.

9. 레이어에서 [그림 6-20]과 같이 photo 그룹을 3개 선택합니다.

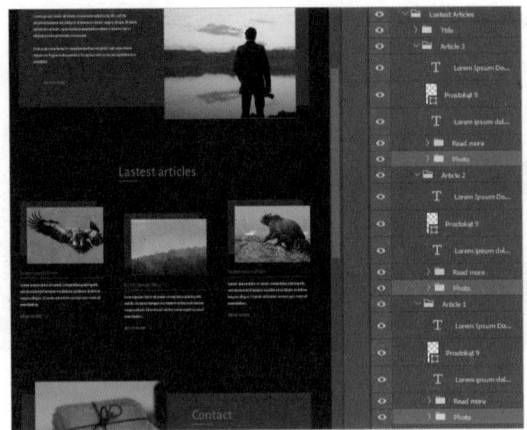

[그림 6-20] 그룹 선택하기

10. 그룹을 선택했으면 마우스 우클릭 후 Export As를 클릭합니다. 이때 각 이미지를 클릭한 후 File Settings에서 png 포맷으로 변경합니다.

[그림 6-21] png 선택하기

이번에는 png를 선택하여 이미지의 모서리 부분이 투명하도록 하겠습니다.

11. 우측 하단의 export All 버튼을 클릭합니다. 그러면 폴더를 지정할 수 있습니다. images 폴더를 지정하고 Export를 클릭합니다.

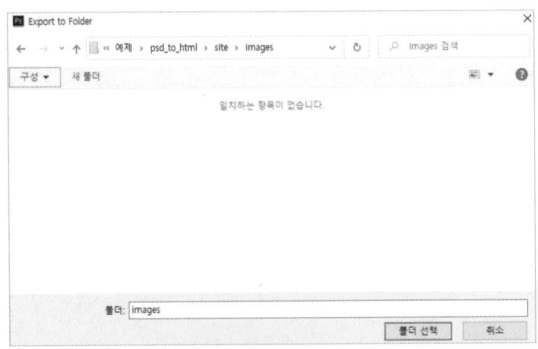

[그림 6-22] 폴더 지정하기

[그림 6-23] 그룹명을 기반으로 저장된 이미지

12. 저장된 이미지를 확인하면 그룹명을 기반으로 자동으로 이름이 만들어진 것을 확인할 수 있습니다. 이미지의 이름을 latest_articles_01.png에서 연번으로 변경됩니다.

[그림 6-24] 파일명 변경

13. 마지막으로 contact 부분의 photo 그룹을 선택하고 contact.jpg로 저장합니다.

[그림 6-25] contact 이미지 저장

필요한 이미지가 모두 저장되었습니다. 이제 본격적으로 HTML을 작성해보겠습니다.

[그림 6-26] 저장된 이미지들

3-2 레이아웃 구조 작성하기

디자인에서 그룹을 확인하면 header, main content, footer로 크게 세부분으로 나뉘어 있는 것을 확인할 수 있습니다. 상단 그림 부분과 로고 설명부분이 헤더를 구성하고 있고, about me, latest articles, contact가 본문을, 하단의 social link들이 footer를 구성하고 있습니다.

1. 파악한 구조에 따라 우선 index.html에서 header, main, footer 태그를 생성합니다.

코드 6-1 PART_6/예제/psd _ to _ html/site/index.html

```html
<!DOCTYPE html>
<html lang="en">

<head>
  <meta charset="UTF-8">
  <meta http-equiv="X-UA-Compatible" content="IE=edge">
  <meta name="viewport" content="width=device-width, initial-scale=1.0">
  <title>Travel</title>
</head>

<body>
  <header></header>
  <main></main>
  <footer></footer>
</body>

</html>
```

큰 구조를 작성한 다음으로 파악해야 하는 것은 콘텐츠 너비를 잡아줄 공통의 클래스 명을 추가하는 것입니다. 현재 작성한 header, main, footer는 모두 블록 레벨 요소로써 너비를 모두 사용합니다. 이 상태에서 각 요소에 배경색이나 콘텐츠를 추가하면 전체 너비를 모두 사용하게 됩니다. 디자인을 참조하여 일정 너비를 유지하는 부분을 파악하고 공통의 클래스 명 container를 추가하겠습니다. 포토샵에서 Ctrl +;으로 가이드를 확인합니다

가이드를 확인하면 main content 부분이 모두 동일한 너비 안에 있는 것을 확인할 수 있습니다.

[그림 6-27] 공통의 너비를 가지고 있는 Main content

2. main 태그의 자식 요소로 section 태그를 생성하고 각 section 태그에 클래스 명을 이용하여 이름을 지정합니다. 이때 주의할 점은 section 태그는 반드시 제목을 포함하고 있어야 한다는 것입니다. 만약 제목이 없으면 이후 웹 표준 검사 시 경고가 나타납니다. 코드 6-2 와 같이 작성합니다.

코드 6-2 PART_6/예제/psd _ to _ html/site/index.html

```
<body>
  <header></header>
  <main class="container">
    <section class="about_us">
      <h2>About me</h2>
    </section>
    <section class="latest_articles">
      <h2>Latest Articles</h2>
    </section>
    <section class="contact">
      <h2>Contact</h2>
    </section>
  </main>
  <footer></footer>
</body>
```

작성한 코드를 살펴보면 main 태그에 클래스 명 container를 추가했습니다. 이 클래스 명의 역할은 이후 CSS에서 너비를 지정하고 화면에 가운데 오도록 하는 것입니다.

3. 큰 구조를 작성했으니 이제 header부터 세부적으로 HTML을 작성하겠습니다. 가이드는 잠시 보이지 않도록 단축키 Ctrl+;를 실행합니다.

[그림 6-28] 헤더의 구성요소 파악

헤더의 구성 요소를 파악합니다. 헤더에는 Travel이라는 제목과 그 제목 위의 부제, 제목 밑에 설명이 있습니다. 마지막으로 산모양의 배경 이미지가 있습니다. 헤더에서 추가적으로 파악해야 할 것은 배경 이미지를 어떻게 넣을지 생각을 해봐야 합니다. 배경은 브라우저 너비에 따라 자연스럽게 지정한 높이를 유지하며 전체 너비를 사용할 수 있는 방법은 CSS에서 header 태그의 배경으로 처리하는 것입니다. 만약 img 태그로 작성하면 지정한 높이를 유지하면서 전체 너비를 표현하기가 쉽지 않습니다. 즉, 현 단계에서는 배경 이미지는 html 상에 표현할 필요가 없다는 것입니다.

4. header 태그의 자식 요소로 코드 6-3 과 같이 작성합니다.

코드 6-3 PART_6/예제/psd _ to _ html/site/index.html

```
<body>
  <header>
    <div class="slogan">
      <h2>LOREM IPSUM</h2>
      <h1>Travel</h1>
      <p>The inspirational adventures around the world</p>
    </div>
  </header>
중략…
```

포토샵을 참조하여 코딩할 때 텍스트는 포토샵의 레이어에서 복사하여 구현할 수 있습니다. 포토샵 디자인에서 header 폴더의 설명부분의 썸네일 부분을 더블 클릭하면 캔버스에서 해당 텍스트가 선택됩니다. 그때 복사하여 코드에 적용하면 됩니다.

[그림 6-29] 썸네일 더블클릭하여 텍스트 선택하기

코드 6-3 에서 유심히 볼 부분은 header 태그 안에 class명 slogan의 div를 만들었다는 것입니다. 해당 div가 있어야 디자인에서의 빨간색 사각형을 구현할 수 있습니다. 전체 너비를 모두 사용하게 될 header에는 이후 CSS에서 배경을 지정하게 됩니다.

다음으로 About me 부분의 코드를 작성하겠습니다.

[그림 6-30] About me 내용 확인

5. About me 부분은 제목, 설명, 링크, 이미지로 구분되어 있습니다. 코드 6-4 와 같이 작성합니다.

코드 6-4 PART_6/예제/psd _ to _ html/site/index.html

```
중략…
<section class="about_us">
    <h2>About me</h2>
    <p>
```

```
        Lorem ipsum dolor sit amet, consectetur adipisicing elit, sed do eiusmod
        tempor incididunt ut labore et dolore magna aliqua. Ut enim ad minim
        veniam, quis nostrud exercitation ullamco laboris nisi ut aliquip ex ea
        commodo consequat.
    </p>
    <p>
        Duis aute irure dolor in reprehenderit in voluptate velit esse cillum
        dolore eu fugiat nulla pariatur. Excepteur sint occaecat cupidatat non
        proident.
    </p>
    <p>
        <a href="" class="more">Read more</a>
    </p>
    <img src="images/about_me.jpg" alt="">
</section>
중략…
```

코드 6-4 에서 주목할 부분은 READ MORE 링크입니다. 디자인에서 READ MORE 링크의 스타일은 모두 동일한 테두리, 크기, 색상을 가지고 있습니다. 나중에 CSS에서 동일하게 스타일을 잡기 위해서 클래스 명 more를 추가한 것입니다.

다음으로 Latest Articles 부분의 read more 화살표를 선택하고 저장합니다.

[그림 6-31] 화살표 선택

6. 해당 아이콘은 more.png로 저장하겠습니다. 저는 여기에서 gif로 저장하지 않고 png로 저장했습니다. 워낙 작은 파일이라 파일 용량이 차이가 크지 않아 png로 저장합니다.

[그림 6-32] 화살표 이미지 저장

7. Latest articles 부분을 작성하겠습니다. 디자인을 살펴보면 동일한 내용이 3개 나열되어 있습니다. 리스트로 작성하면 되겠습니다. 하나의 리스트를 생성하고 3개로 복사 후 이미지의 경로만 수정하겠습니다. 리스트 항목 하나의 구성은 이미지, 제목, 설명, 링크의 구조입니다. 코드 6-5 와 같이 작성합니다.

코드 6-5 PART_6/예제/psd _ to _ html/site/index.html

```
중략…
<section class="latest_articles">
  <h2>Latest Articles</h2>
  <ul>
    <li>
      <img src="images/latest_articles_01.png" alt="">
      <h3>Lorem Ipsum Dolor</h3>
      <p>
        Lorem ipsum dolor sit amet, consectetur pisicing elit, sed do eiusmod
        tempor incididunt ut labore et dolore magna aliqua. Ut enim ad minim
        veniam quis nostrud exercitation.
      </p>
      <a href="">read more <img src="images/more_arrow.png" alt=""></a>
    </li>
    <li>
      <img src="images/latest_articles_02.png" alt="">
      <h3>Lorem Ipsum Dolor</h3>
      <p>
        Lorem ipsum dolor sit amet, consectetur pisicing elit, sed do eiusmod
        tempor incididunt ut labore et dolore magna aliqua. Ut enim ad minim
        veniam quis nostrud exercitation.
      </p>
```

```
            <a href="">read more <img src="images/more_arrow.png" alt=""></a>
        </li>
        <li>
            <img src="images/latest_articles_03.png" alt="">
            <h3>Lorem Ipsum Dolor</h3>
            <p>
                Lorem ipsum dolor sit amet, consectetur pisicing elit, sed do eiusmod
                tempor incididunt ut labore et dolore magna aliqua. Ut enim ad minim
                veniam quis nostrud exercitation.
            </p>
            <a href="">read more <img src="images/more_arrow.png" alt=""></a>
        </li>
    </ul>
</section>

중략…
```

다음으로 Contact 부분의 html을 작성하겠습니다. 이 부분은 이미지와 폼 양식으로 이루어져 있습니다.

8. **코드 6-6** 과 같이 폼 태그를 생성합니다.

코드 6-6 PART_6/예제/**psd _ to _ html/site/index.html**

```
중략…
<section class="contact">
    <img src="images/contact.jpg" alt="">
    <form action="">
        <h2>Contact</h2>
        <div class="field">
            <label for="username">name</label>
            <input type="text" id="username" placeholder="Your name">
            <label for="useremail">email</label>
            <input type="text" id="useremail" placeholder="Your email">
        </div>
        <div class="field">
            <label for="message">Message</label>
            <textarea name="" id="message" cols="30" rows="10"></textarea>
        </div>
```

```
      <button>Send Message</button>
    </form>
  </section>

중략...
```

Contact에서는 제목과 이름, 이메일, 메시지를 입력하는 부분이 하나의 그룹으로 묶여있습니다. 이렇게 그룹으로 묶기 위해서 form 태그 안으로 제목과 입력 양식을 작성해야 합니다. 또 한가지 주목할 것은 이름과 이메일을 입력하는 칸은 가로로 배치되어 있기 때문에 해당 태그는 클래스 명, field 명의 div로 묶어주고 있는 것입니다. 이렇게 묶여있어야 이후 CSS에서 float, flex 등을 이용하여 가로로 배치할 수 있습니다.

마지막으로 footer 부분을 작성하겠습니다. footer는 sns 링크들로 이루어져 있습니다. 리스트 태그로 구현하면 되겠습니다. 일단 디자인을 살펴보면 아이콘이 그림이 아니라 텍스트 레이어로 되어 있습니다. 해당 아이콘은 iconic font의 종류인 폰트 어썸으로 구현된 것입니다.

[그림 6-33] 폰트 어썸으로 구현된 아이콘

폰트 어썸으로 구현된 아이콘을 코딩으로 구현하려면 fontawesome.com 사이트에 접속하여 폰트를 설치해야 합니다.

9. fontawesome.com에 접속하여 화면 중앙의 download 버튼을 클릭합니다.

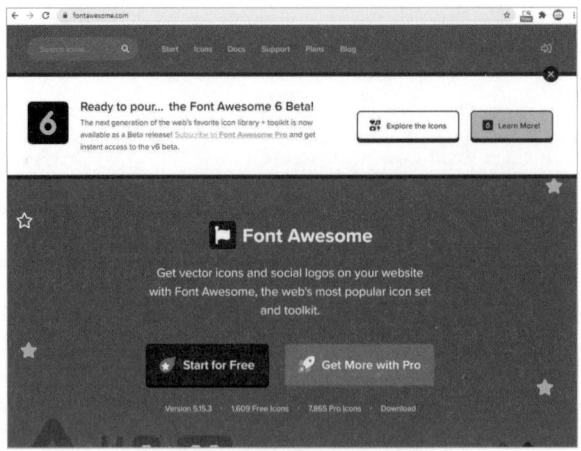

[그림 6-34] 폰트 어썸 download

10. 화면 중앙에 free for Web 버튼을 클릭하여 폰트를 다운로드 합니다. 참고로 free for Desktop 버튼은 디자인용 폰트를 다운로드 하는 것입니다. 지금은 코딩용 폰트를 다운로드 하는 것입니다.

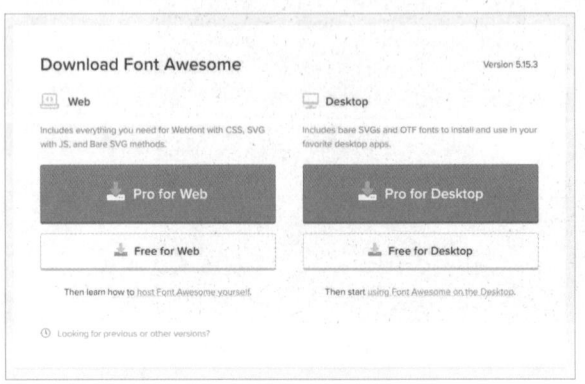

[그림 6-35] 폰트 어썸 free for web

11. 다운로드 한 파일을 압축을 해제합니다. 폰트 어썸을 코딩으로 구현하는 방법은 크게 unicode 방식의 css를 로드하는 방법과 스크립트를 통해 svg 아이콘으로 생성하는 방법이 있습니다. 여기에서는 css 폴더의 파일과 webfonts 폴더의 파일을 활용하여 구현하는 unicode 방식을 사용하겠습니다.

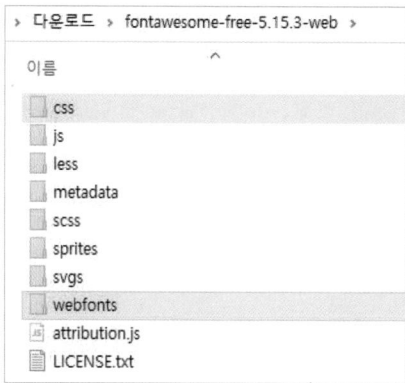
[그림 6-36] 압축 해제한 fontawesome

12. css 폴더에서 all.min.css를 복사하여 현재 작업 중이던 site 폴더의 css 폴더로 복사합니다.

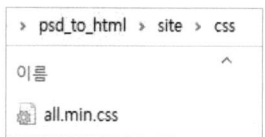
[그림 6-37] all.min.css를 css 폴더로 복사

13. 다음으로는 fontawesome 압축 해제한 폴더에서 webfonts를 복사해서 site 폴더로 복사합니다.

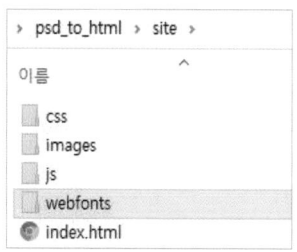
[그림 6-38] webfonts 복사

14. 이제 복사해온 all.min.css를 html과 연결해야 합니다. index.html의 title 태그 아래에서 link를 입력하고 탭 키를 입력하면 코드 6-7 과 같이 코드가 생성됩니다.

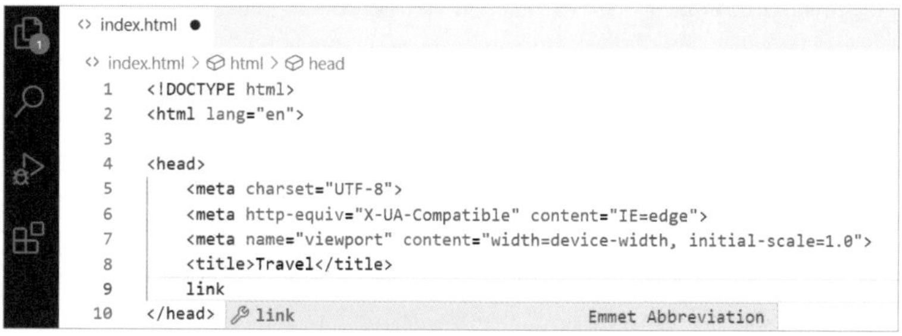

```
<> index.html ●
<> index.html > ⬡ html > ⬡ head
 1    <!DOCTYPE html>
 2    <html lang="en">
 3
 4    <head>
 5        <meta charset="UTF-8">
 6        <meta http-equiv="X-UA-Compatible" content="IE=edge">
 7        <meta name="viewport" content="width=device-width, initial-scale=1.0">
 8        <title>Travel</title>
 9        link
10    </head>    🔧 link                         Emmet Abbreviation
```
[그림 6-39] link 약어로 css 로드하기

```
중략…
<head>
    <meta charset="UTF-8">
    <meta http-equiv="X-UA-Compatible" content="IE=edge">
    <meta name="viewport" content="width=device-width, initial-scale=1.0">
    <title>Travel</title>
    <link rel="stylesheet" href="">
</head>

중략…
```

15. href의 값으로 css 폴더 내에 있는 all.min.css를 연결합니다. 이렇게 하면 all.min.css에는 webfonts 폴더 내의 웹 폰트들을 로드하는 코드가 있어 폰트 어썸이 없는 웹사이트 접속자에게도 해당 폰트의 아이콘이 표시될 수 있는 것입니다.

코드 6-8   PART_6/예제/psd _ to _ html/site/index.html

```
중략…
<head>
    <meta charset="UTF-8">
    <meta http-equiv="X-UA-Compatible" content="IE=edge">
    <meta name="viewport" content="width=device-width, initial-scale=1.0">
    <title>Travel</title>
    <link rel="stylesheet" href="css/all.min.css">
</head>

중략…
```

다시 footer 부분으로 이동하여 리스트를 작성하고 아이콘을 추가하겠습니다. 폰트 어썸 아이콘을 태그로 구현하려면 fontawesome.com에 접속하여 키워드로 facebook, twitter, instragram, pinterest를 입력하면 됩니다. facebook을 검색하여 사용법을 보도록 하겠습니다.

16. fontawesome.com에 접속하고 facebook을 키워드로 입력하고 검색합니다.

[그림 6-40] facebook 검색

17. 검색된 아이콘에서 디자인과 같은 아이콘을 클릭합니다.

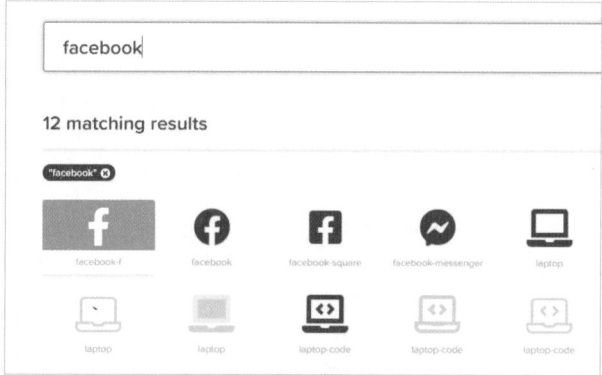

[그림 6-41] facebook 아이콘 클릭

18. ⟨i class="fab 부분의 코드를 클릭하여 해당 태그를 복사합니다.

[그림 6-42] 태그를 클릭하여 복사(Copy HTML)

19. footer 부분으로 이동하여 리스트를 작성합니다. 위 facebook 아이콘의 코드를 복사한 방법으로 모든 sns 아이콘의 코드를 적용합니다.

```
중략…
  <footer>
    <ul class="sns_links">
      <li><a href=""><i class="fab fa-facebook-f"></i></a></li>
      <li><a href=""><i class="fab fa-twitter"></i></a></li>
      <li><a href=""><i class="fab fa-instagram"></i></a></li>
      <li><a href=""><i class="fab fa-instagram"></i></a></li>
    </ul>
  </footer>
중략…
```

현재 상태에서 브라우저 화면을 확인하여 이미지와 링크, 아이콘 등이 이상없이 나타나는지 확인합니다.

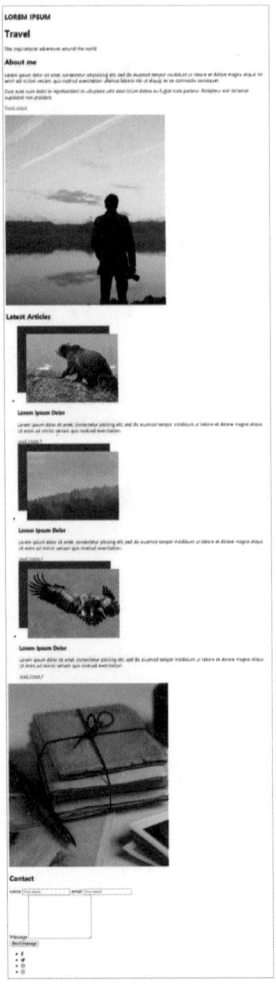

[그림 6-43] index.html의 브라우저 화면

이상으로 디자인을 참조하여 HTML을 작성해봄으로써 PART1에서 학습한 HTML을 리뷰해보았습니다. 현재 작성한 HTML을 다음 내용에서 학습하는 CSS를 이용하여 샘플디자인과 똑같이 나오도록 구현할 것입니다.

4. 디자인 참조하여 CSS 작성하기

학습한 CSS 기초를 바탕으로 앞부분에서 작성했던 HTML의 CSS를 완성해보겠습니다. 예제 폴더에서 simple_blog.psd 파일을 포토샵으로 오픈하고, site 폴더를 VS Code로 오픈합니다.

[그림 6-44] 포토샵 디자인

index.html 파일을 브라우저 화면에서 확인합니다.

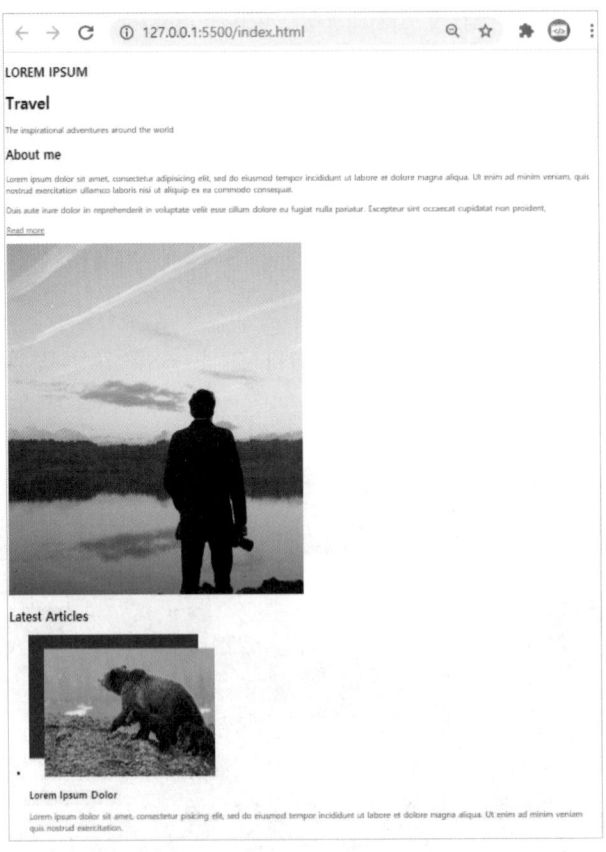

[그림 6-45] CSS 작성 전 브라우저 화면

디자인을 참조하여 CSS를 작성하는 순서를 정리해보겠습니다.

1. CSS reset
2. font 확인 및 변환
3. 공통 요소 CSS 스타일
4. 주요 파트별 CSS 작성

4-1 CSS RESET

우선 현재 브라우저 화면을 보면 지정하지 않았지만 기본적으로 구현되어 표현되는 margin, padding, font-size 등이 있습니다. 해당 속성들을 초기화를 해야 디자인의 속성을 그대로 반영할 수 있습니다. CSS reset은 직접 태그들의 속성을 일일이 초기화하는 방법도 있지만 보통 많이 사용하는 CSS reset 세트가 있습니다. 많이 사용하는 CSS reset의 종류는 크게 2가지입니다. 특징을 간단히 정리하겠습니다.

구분	설명
meyerweb.com/eric/tools/ CSS/reset/index.html	20110126생성된 저작권 프리 소스 거의 모든 태그들의 CSS 속성을 초기화한다. 특히, margin, padding, font-size, line-height, border 등을 초기화
https://necolas.github.io/ normalize.css/ normalize.css	크로스 브라우징에 초점을 두고 최근 표준에 맞춰 CSS를 초기화한다. meyerweb의 css reset 보다는 느슨하게 초기화를 진행하여 margin, padding, font-size 등이 대부분 그대로 유지된다.

[표 6-2] 대표적 CSS reset

필자는 normalize.css와 meyerweb css를 둘 다 적용하겠습니다. index.html 상단에서 css 파일을 로드하는 문장을 작성합니다.

코드 6-10 PART_6/예제/**psd _ to _ html/site/index.html**

```html
<head>
<meta charset="UTF-8">
  <meta http-equiv="X-UA-Compatible" content="IE=edge">
  <meta name="viewport" content="width=device-width, initial-scale=1.0">
  <title>Travel</title>
  <link rel="stylesheet" href="css/all.min.css">
  <link rel="stylesheet" href="css/main.css">
</head>
```

CSS 폴더에 main.css, reset.css를 생성합니다.

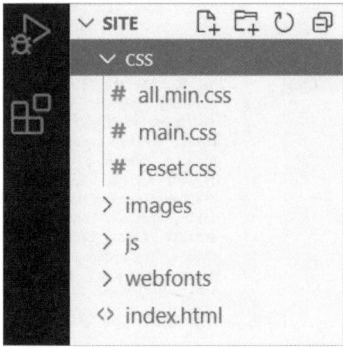

[그림 6-46] main.css, reset.css 생성

다음으로 meyerweb.com의 CSS reset 부분을 복사하여 reset.css로 저장합니다.

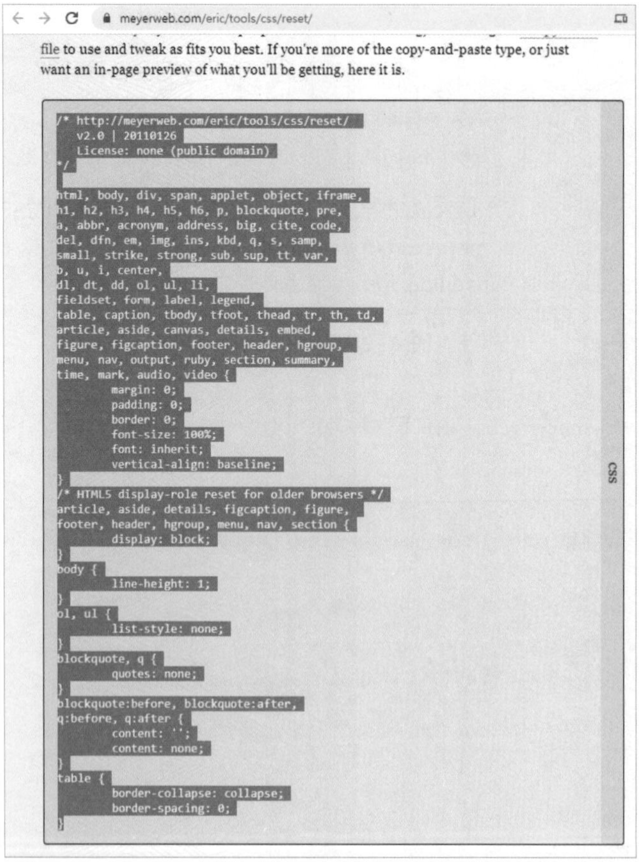

[그림 6-47] CSS reset 복사

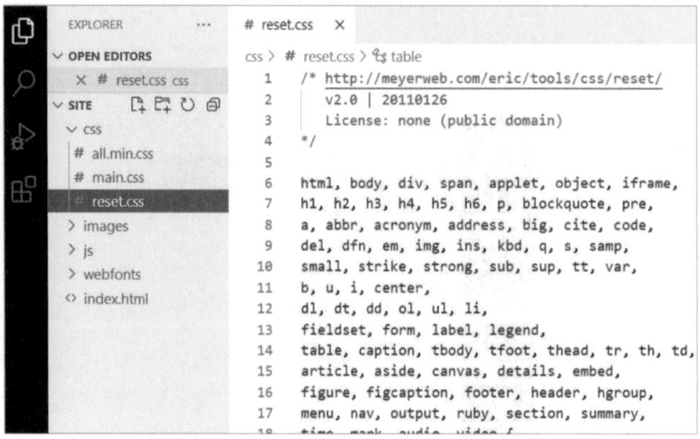

[그림 6-48] reset.css 생성

normalize.css를 구글 검색하고 해당 사이트로 이동합니다.

[그림 6-49] normalize.css

[그림 6-50]과 같이 사이트에 접속하고 Download 버튼에서 마우스 우클릭 후 다른 이름으로 링크 저장을 클릭하여 css 파일을 다운로드하고 해당 파일을 예제 파일의 css 폴더로 이동합니다.

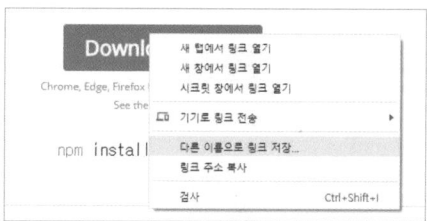
[그림 6-50] normalize.css 다운로드

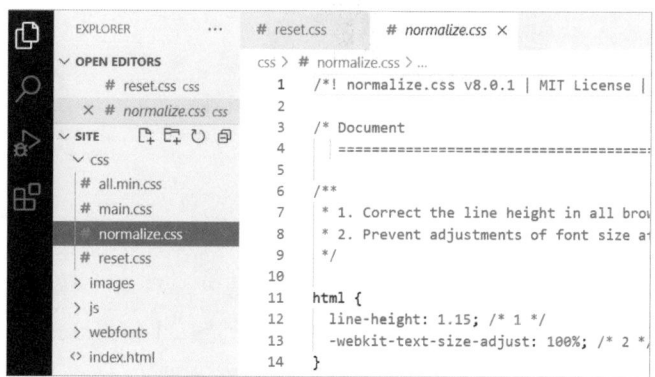
[그림 6-51] normalize.css 생성

reset.css와 normalize.css를 저장했습니다. 다음으로 main.css에서 해당 파일들을 로드하겠습니다.

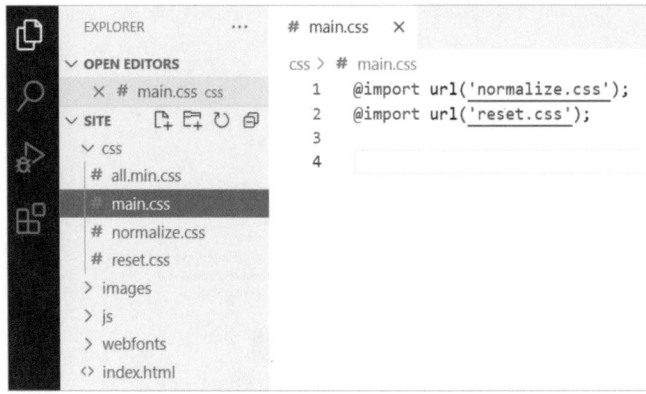
[그림 6-52] normalize.css와 reset.css 로드하기

@import url css 함수를 이용하여 normalize.css와 reset.css를 main.css 상단으로 불러왔습니다. 현재 상태에서 브라우저 화면을 확인합니다.

[그림 6-53] 초기화된 브라우저 화면

4-2 layout과 typography

브라우저 화면을 확인하면 모든 요소들의 margin, padding 등이 모두 초기화되어 있는 것을 확인할 수 있습니다. 다음 단계는 디자인에 사용된 폰트를 확인하고 해당 폰트가 웹 폰트가 아니라면 웹 폰트로 변환하고, 웹 폰트라면 해당 폰트를 로드해야 합니다. 포토샵에서 각각의 글씨들을 확인해보면 폰트는 아래와 같습니다.

Alegreya sans Regular
Raleway Regular
Raleway Bold

[표 6 - 3] 디자인에 사용된 폰트

확인된 폰트들은 모두 구글의 웹 폰트입니다. Fonts.google.com 사이트에 접속하여 각 폰트를 검색하고 결과에서 디자인에 사용한 폰트 두께를 선택합니다.

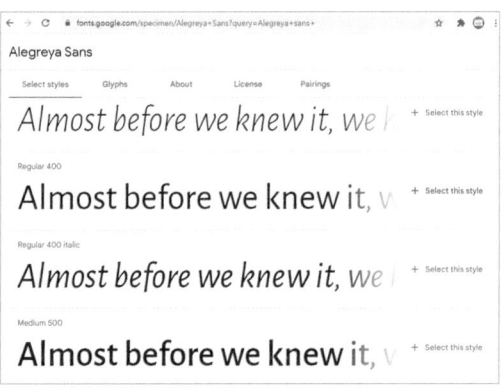

[그림 6-54] 웹폰트 선택

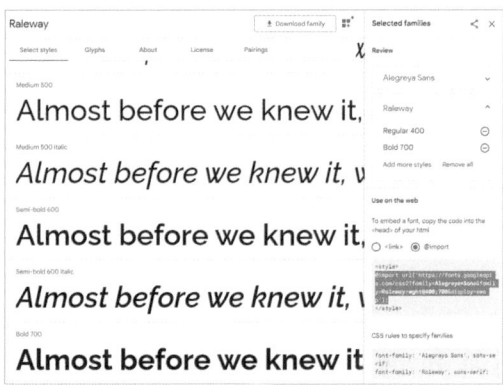

[그림 6-55] 웹폰트 코드 복사

웹 폰트를 모두 선택했으면 @import 부분의 코드를 복사하여 main.css 상단에 추가합니다.

코드 6-11 PART_6/예제/psd _ to _ html/site/css/main.css

```
@import url('normalize.css');
@import url('reset.css');

@import url('https://fonts.googleapis.com/css2?family=Alegreya+Sans&family=Raleway:wght@400;700&display=swap');
```

다음으로 로드한 웹 폰트를 적용하도록 하겠습니다. 디자인을 참조하여 본문(문단)의 폰트 속성과 제목들의 속성을 확인 후 적용합니다. 이때 폰트 적용을 쉽게 할 수 있도록 구글 웹 폰트에서 제시해준 CSS rule을 복사하여 붙여넣기하고 일단 주석 처리합니다.

PART_6/예제/psd _ to _ html/site/css/main.css

```css
@import url('normalize.css');
@import url('reset.css');

@import url('https://fonts.googleapis.com/css2?family=Alegreya+Sans&family=Raleway:wght@400;700&display=swap');

/*
font-family: 'Alegreya Sans', sans-serif;
font-family: 'Raleway', sans-serif;
*/
```

본격적인 CSS 작성에 앞서 우선 레이아웃, 폰트, 링크와 버튼, 폼의 공통적인 스타일을 확인하고 해당 스타일을 먼저 작성하려고 합니다. 이렇게 하면 CSS 작성 시 중복을 피할 수 있고, 이후 유지 보수할 때는 공통의 스타일을 수정하면 동일한 속성을 모두 편하게 수정할 수 있습니다.

코드 6-13 **PART_6/예제/psd _ to _ html/site/css/main.css**

```css
@import url('normalize.css');
@import url('reset.css');

@import url('https://fonts.googleapis.com/css2?family=Alegreya+Sans&family=Raleway:wght@400;700&display=swap');

/*
font-family: 'Alegreya Sans', sans-serif;
font-family: 'Raleway', sans-serif;
*/

/* ----------------- LAYOUT ----------------- */

/* ----------------- TYPOGRAPHY ----------------- */

/* ----------------- LINK & BUTTON ----------------- */

/* ----------------- FORM ----------------- */
```

```
/* ————————————————— HEADER ————————————————— */



/* ————————————— MAIN CONTENT ————————————— */



/* ————————————————— FOOTER ————————————————— */
```

코드 6-13 과 같이 주석으로 작성할 CSS를 구분했습니다. 디자인에서 우선 전체 본문의 가로 너비를 확인하고 레이아웃을 설정하겠습니다. 포토샵에서 Ctrl+; 으로 가이드를 활성화하면 디자인 시 설정되어 있던 가이드를 확인할 수 있습니다. 가이드를 이용하여 본문의 너비를 파악할 수도 있고, About me 의 배경인 사각형을 선택해도 너비를 파악할 수 있습니다. 둘 다 rectangular marquee툴을 이용하여 선택 영역을 만들고 info(F8)창에서 크기를 확인합니다. Move(M)툴이 선택된 상태에서 Ctrl를 누른 상태에서 About me 부분의 사각형 요소를 클릭합니다. 그렇게 하면 해당 레이어만 선택할 수 있습니다. 이때 [그림 6-56]과 같이 group이 아니라 layer로 되어 있어야 합니다.

[그림 6-56] Auto-Select에서 layer 선택

[그림 6-57] 클릭 시 확인되는 레이어

layer 패널을 확인하면 사각형 배경 요소가 선택된 것을 확인할 수 있습니다. 이때 Ctrl를 누른 상태에서 레이어 썸네일 부분을 클릭하면 선택 영역이 만들어집니다.

[그림 6-58] 레이어 썸네일 클릭 1

[그림 6-59] 레이어 썸네일 클릭 2

선택 영역이 만들어졌으면 F8 을 눌러 정보 창을 열어 너비를 확인합니다.

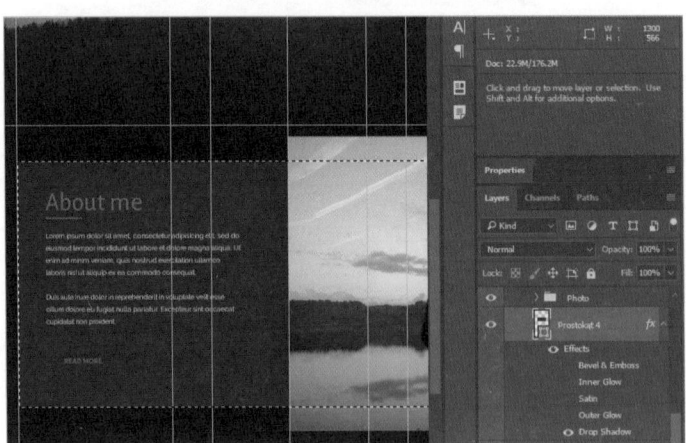

[그림 6-60] 선택 영역의 크기 확인

본문의 너비가 확인되었습니다. main.css에서 레이아웃 부분에 너비를 설정하고 margin을 이용하여 클래스 명 container를 가운데로 배치합니다.

코드 6-14 **PART_6/예제/psd _ to _ html/site/css/main.css**

```
/* ————————————— LAYOUT ————————————— */
.container{
    width: 1300px;
    margin: 0 auto;
}
```

브라우저를 확인하면 본문이 화면 가운데 있는 것을 확인할 수 있습니다.

[그림 6-61] 가운데 배치된 본문 영역

레이아웃 설정으로 전체 배경색을 확인하고 body에 지정합니다. 포토샵의 레이어 패널에서 가장 하단에
BG 레이어가 있습니다. 해당 레이어는 shape tool로 만든 것이 아니므로 툴 박스에 eye dropper로 배경
부분을 클릭한 후 color picker에서 색상을 확인합니다.

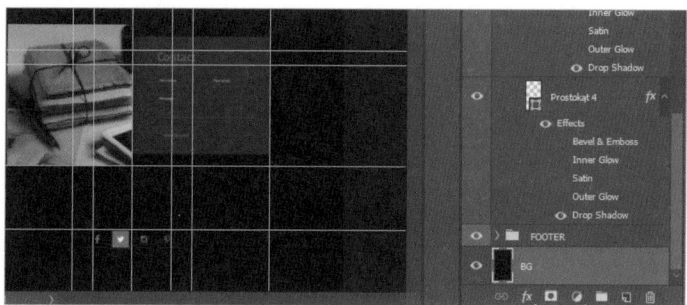

[그림 6-62] eye dropper로 색상 확인

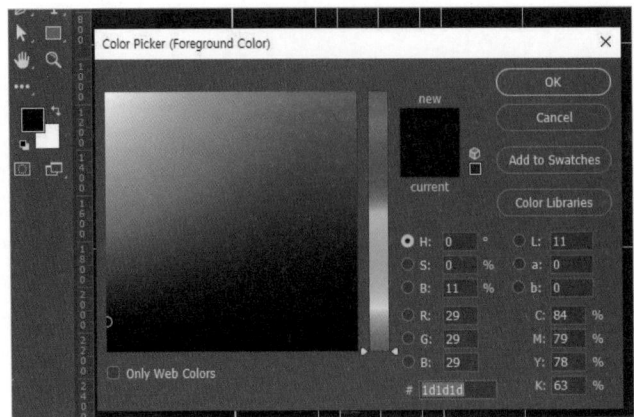
[그림 6-63] 컬러 피커에서 색상 확인

배경색을 확인했습니다. 1d1d1d를 배경색으로 지정합니다.

코드 6-15 **PART_6/예제/psd _ to _ html/site/css/main.css**

```css
/* ————————————————— LAYOUT ————————————————— */
.container{
    width: 1300px;
    margin: 0 auto;
}
body{
    background: #1d1d1d;
}
```

추가로 본문 글씨의 색상도 확인합니다. type tool로 텍스트 부분을 클릭하고 Ctrl+T로 캐릭터 패널을 오픈하고 color 부분을 클릭하여 색상을 확인합니다.

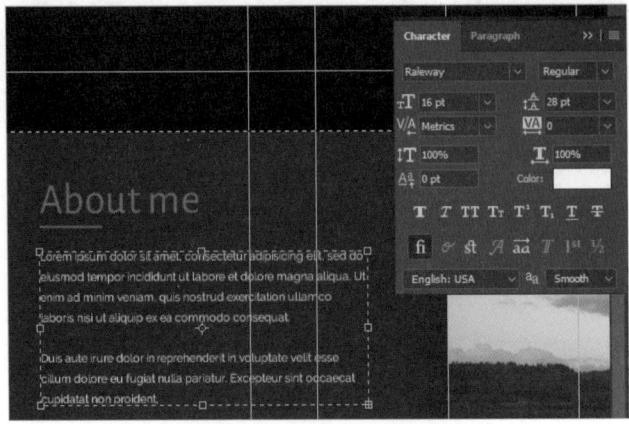
[그림 6-64] 텍스트의 색상 확인

코드 6-16 PART_6/예제/psd _ to _ html/site/css/main.css

```
body{
    background: #1d1d1d;
    color: #fff;
}
```

[그림 6-65] 배경이 반영된 브라우저 화면

본문의 폰트와 제목의 폰트를 확인하여 작성하겠습니다. 우선 디자인에서 본문으로 파악되는 부분의 폰트를 확인합니다. About me 부분의 문단을 type tool로 클릭하고 Ctrl+T 단축키로 Character 패널을 오픈합니다.

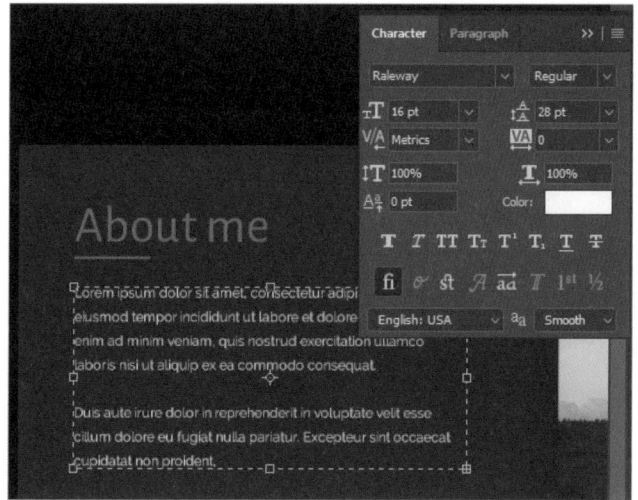

[그림 6-66] 캐릭터 패널에서 font-size와 line-height 확인

폰트는 Raleway regular이고, font-size 16px, line-height는 28px입니다. body를 선택자로 폰트 크기와 행 높이를 지정합니다. 제목들의 폰트도 같은 방법으로 확인하면 제목들은 모두 'Alegreya Sans' 입니다.

PART_6/예제/psd _ to _ html/site/css/main.css

```css
/* ———————————— TYPOGRAPHY ———————————— */
body{
    font: 16px/28px 'Raleway', sans-serif;
}
h1, h2, h3, h4, h5, h6{
    font-family: 'Alegreya Sans', sans-serif;
}
```

폰트를 지정하고 브라우저 화면을 확인하면 모든 텍스트들이 스타일이 변경된 것을 볼 수 있습니다.

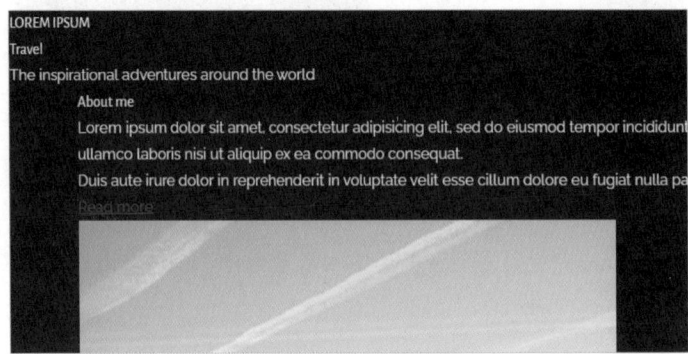

[그림 6-67] 폰트가 적용된 문단

제목과 링크의 색상을 확인하여 설정합니다.

코드 6-18 PART_6/예제/psd _ to _ html/site/css/main.css

```css
h1, h2, h3, h4, h5, h6{
    font-family: 'Alegreya Sans', sans-serif;
    color: #ad7835;
}
a{
    text-decoration: none;
    color: #ad7835;
}
```

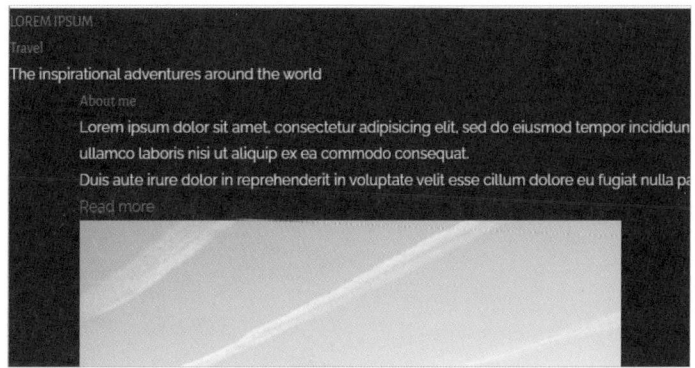
[그림 6-68] 제목과 링크의 속성 반영

4-3 link와 button

디자인에서 링크와 버튼 중 동일한 스타일을 지닌 요소를 확인하고 동일한 클래스 명이 있는지 확인하고 없다면 추가하여 해당 클래스 명의 스타일을 지정합니다. 디자인을 확인하면 read more와 send message 부분이 동일한 스타일을 보이고 있습니다.

[그림 6-69] 같은 속성이 반영된 링크와 버튼

우선 index.html을 확인하면 해당 요소 부분이 공통의 클래스 명이 없습니다. 클래스 명 btn을 각각 추가합니다.

```
        <p>
            <a href="" class="more btn">Read more</a>
        </p>
        <img src="images/about_me.jpg" alt="" class="shadow">
    </section>
중략…

        <div class="field">
            <label for="message">Message</label>
            <textarea name="" id="message" cols="30" rows="10" placeholder="Mes-
sage"></textarea>
        </div>
        <button class="btn">Send Message</button>
    </form>
```

클래스 명 btn의 스타일을 포토샵에서 확인합니다. 이때 확인할 사항은 테두리 두께, 색상, 글자 양옆 공간을 확인하여 내부의 글자수와 상관없이 글자 옆 공간이 동일하게 스타일을 설정하는 것이 중요합니다.

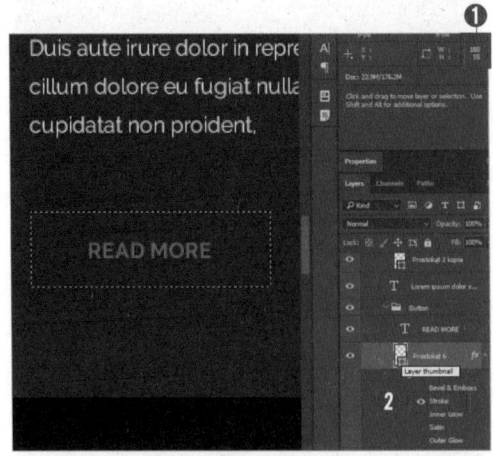

[그림 6-70] 클래스 명 btn 스타일 확인

디자인에서 read more 요소의 사각형 레이어의 레이어 썸네일 부분을 Ctrl+클릭하여 선택 영역을 만들어 보면 [그림 6-70]의 ❶과 같이 가로 180px, 세로 55px로 확인이 됩니다. 테두리 부분까지 55px인지 아닌지 정확히 확인하기 위해서는 ❷의 stroke 부분을 더블 클릭하여 선의 위치를 확인합니다.

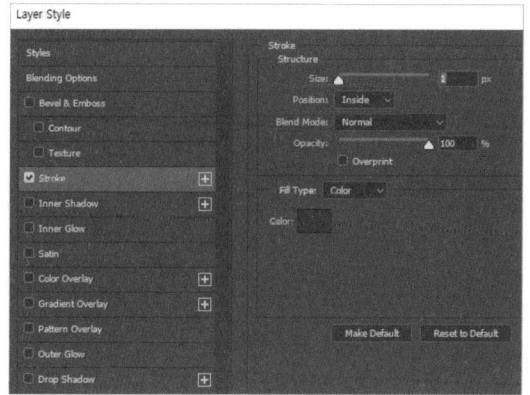

[그림 6-71] 테두리 속성 확인

Layer Style에서 stroke의 position 부분을 확인하면 선이 55px 안쪽으로 만들어진 것을 확인할 수 있습니다. Color 부분도 클릭하여 테두리의 색상을 확인하면 #6b4922입니다.

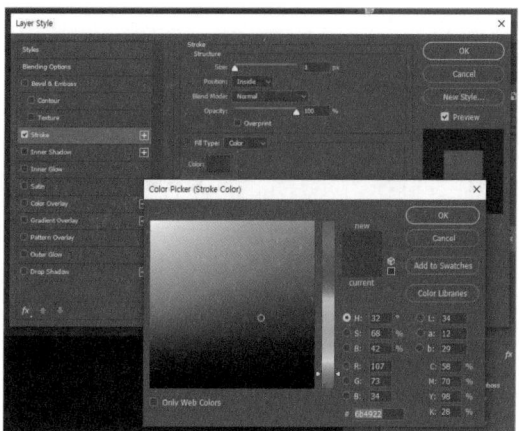

[그림 6-72] 테두리 색상 확인

다음으로 글자 양 옆의 공간은 rectangular marquee 툴로 선택 영역을 만들어서 확인합니다. 이때 테두리 안쪽부터 글자까지의 공간을 확인합니다.

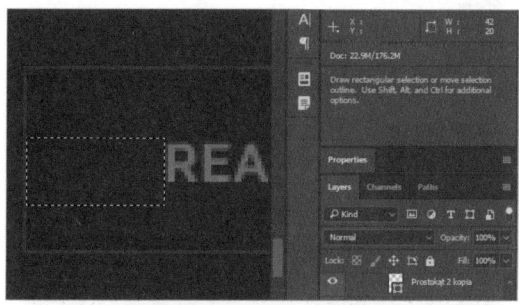

[그림 6-73] 링크 내부 공간 확인

선택 영역을 확인하면 가로 42px로 확인됩니다. 링크와 버튼의 스타일이 모두 확인되었습니다. 스타일을 작성하겠습니다.

코드 6-20 `PART_6/예제/psd _ to _ html/site/css/main.css`

```
/* ———————————————— LINK & BUTTON ———————————————— */
.btn {
    border: 1px solid #6b4922;
    padding: 0 42px;
    line-height: 54px;
    display: inline-block;
    background: none;
    color: #ad7835;
    text-transform: uppercase;
    font-family: 'Raleway', sans-serif;
    font-weight: bold;
}
```

코드 6-20과 같이 작성하고 브라우저를 확인합니다. 이때 주목할 부분은 클래스 명 btn의 총 높이가 55px 이기 때문에 line-height는 54px을 지정했습니다. 그러면 링크의 content인 글자가 54px을 사용하고 그 content 바깥영역에 1px 두께의 테두리가 생성되어 총 높이가 55px이 되는 것입니다. 그 외 폰트 종류, 두께를 지정하고 대문자로 설정했습니다.

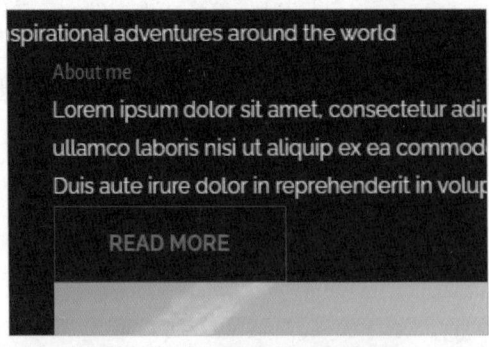

[그림 6-74] 공통의 속성이 반영된 링크

[그림 6-75] 공통의 속성이 반영된 버튼

브라우저를 확인하면 디자인과 정확히 일치하는 링크와 버튼이 구현되어 있습니다.

4-4 form

form 부분에서 input의 스타일도 공통으로 설정하겠습니다. 디자인에서 입력 창의 크기를 확인하기 위해 글씨를 기준으로 높이를 rectangular marquee 툴을 이용하여 사각형을 그려봅니다. 그렇게 하면 높이 55px에 맞춰 있는 것을 알 수 있습니다.

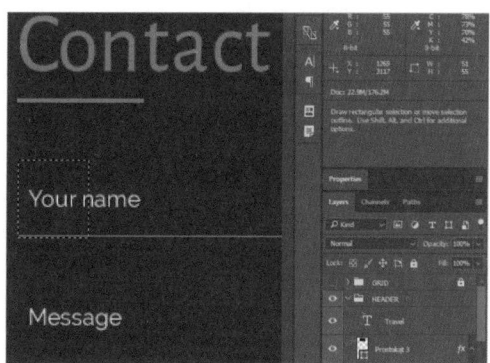

[그림 6-76] 입력 창의 높이 확인

내부의 여백, 높이, 선 색상 등을 확인하여 스타일을 지정합니다.

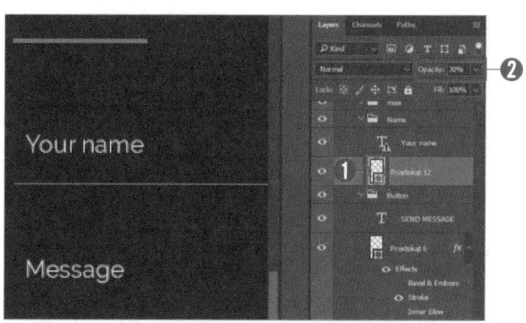

[그림 6-77] 입력 창 선 속성 확인

우선 선 스타일을 확인하기 위해 [그림 6-77]의 선 레이어를 선택하고 해당 레이어의 썸네일 부분을 더블 클릭하면 선의 색상은 흰색인 것을 확인할 수 있습니다. 하지만 2번 부분의 opacity가 30%로 되어 있어서 투명도가 적용되어 있습니다. input의 스타일을 코드 6-21과 같이 작성합니다.

```css
/* ———————————————— FORM ————————————————— */
label{
    display: none;
}
input{
    border: none;
    line-height: 54px;
    border-bottom: 1px solid rgba(255, 255, 255, .3);
    display: inline-block;
    padding: 0 8px;
    background: none;
}
textarea{
    border: none;
    border-bottom: 1px solid rgba(255, 255, 255, .3);
    display: inline-block;
    padding: 0 8px;
    background: none;
    min-height: 110px;
}
```

작성한 코드를 살펴보면 일단 label은 화면에 보이지 않도록 하고, input, textarea 두 요소 모두 인라인 요소이기 때문에 padding, line-height 등이 제대로 반영되지 않아 display:inline-block을 적용한 것을 볼 수 있습니다. 브라우저 화면을 확인합니다.

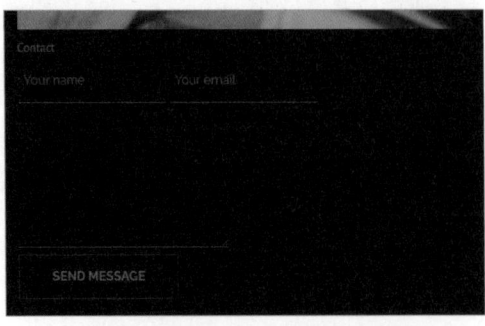

[그림 6-78] 공통 요소의 스타일이 반영된 화면

이렇게 해서 공통 요소들의 스타일이 모두 설정되었습니다.

4-5 header 영역 스타일

이제 본격적으로 CSS를 작성하겠습니다. header 부분은 브라우저 화면 전체를 사용하는 배경이 있고, 빨간색 테두리 안에 제목 설명이 있습니다. index.html에서 header 부분의 태그를 확인합니다.

코드 6-22 PART_6/예제/psd _ to _ html/site/index.html

```html
<header>
   <div class="slogan">
      <h2>LOREM IPSUM</h2>
      <h1>Travel</h1>
      <p>The inspirational adventures around the world</p>
   </div>
</header>
```

header 태그에 배경을 지정하고 그 배경을 기준으로 클래스 명 slogan을 가운데로 절댓값을 적용하여 배치하겠습니다. 배경은 높이를 지정하고, 가로 너비는 모두 사용하되 지정한 높이보다는 작아지면 안됩니다. 스타일을 **코드 6-23** 과 같이 작성하여 배경 지정 후 slogan을 가운데로 배치합니다.

코드 6-23 PART_6/예제/psd _ to _ html/site/index.html

```html
<header>
   <div class="slogan">
      <h2>LOREM IPSUM</h2>
      <h1>Travel</h1>
      <p>The inspirational adventures around the world</p>
   </div>
</header>
```

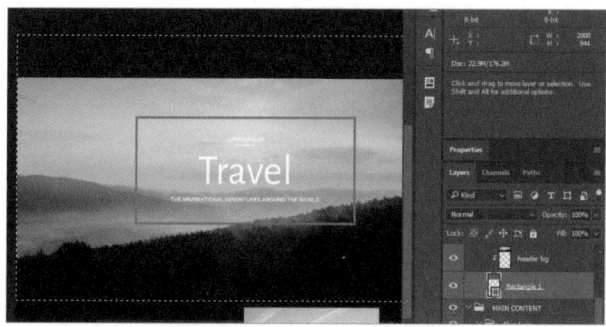

[그림 6-79] header bg의 높이 확인

포토샵에서 header bg에 적용된 클리핑 마스크가 적용되어 있습니다. 사각형의 크기를 확인하면 세로 높이가 944px인 것을 확인할 수 있습니다. 944px을 높이로 지정하지 않고 사용자 브라우저 화면 세로 높이를 사용할 때는 100vh로 지정하면 됩니다.

코드 6-24 **PART_6/예제/psd_to_html/site/css/main.css**

```css
/* ———————————————— HEADER ———————————————— */
header{
    background: url('../images/header_bg.jpg') no-repeat center top/cover;
    height: 100vh;
    position: relative;
}
header .slogan{
    position: absolute;
    top: 50%;
    left: 50%;
    transform:translate(-50%,-50%);
    width: 964px;
}
```

[그림 6-80] 중앙에 배치된 slogan

브라우저 화면을 확인하면 slogan이 화면 가운데 정확히 배치되어 있습니다. 클래스 명 slogan을 정가운데 두기 위해서 transform을 사용했습니다. 이제 slogan의 스타일을 작성하겠습니다. 테두리, 내부 여백, 제목, 설명의 스타일을 작성합니다.

[그림 6-81] 슬로건 테두리 속성 확인

slogan의 테두리를 확인하기 위해 ❶의 레이어 패널을 확인해보면 stroke의 스타일이 없습니다. 해당 shape 레이어는 레이어 스타일로 테두리를 만든 것이 아니라 생성을 할 때부터 테두리를 지정한 것입니다. 이런 경우에는 2번 항목의 shape tool을 선택하고 상단의 stroke 속성에서 색상과 두께를 확인합니다.

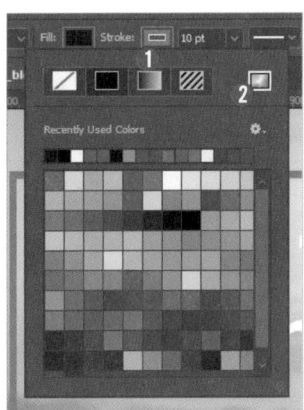
[그림 6-82] 슬로건 테두리 속성 확인

[그림 6-82]의 상단 옵션 바에서 ❶ 위치를 클릭하고 ❷의 컬러 피커를 클릭합니다.

[그림 6-83] 테두리 색상 확인

컬러 피커를 클릭하면 색상을 확인할 수 있습니다. 이제 스타일을 작성합니다.

코드 6-25 `PART_6/예제/psd _ to _ html/site/css/main.css`

```
header .slogan{
   position: absolute;
   top:50%;
   left: 50%;
   transform:translate(-50%,-50%);
   width: 964px;
   border: 10px solid #ad7835;
   padding: 77px 0 90px;
   text-align: center;
}
```

[그림 6-84] 테두리가 반영된 slogan

제목의 스타일과 간격을 지정합니다.

```
header .slogan h2{
    font-size: 20px;
    color: #fff;
    text-transform: uppercase;
    position: relative;
    margin-bottom: 97px;
}
header .slogan h2:after{
    content: '';
    position: absolute;
    height: 3px;
    width: 91px;
    left: 50%;
    top: 32px;
    transform: translateX(-50%);
    background: #fff;
}
```

h2 요소를 기준으로 선을 만들기 위해 기준으로 설정하고 아래 여백을 추가합니다. h2 요소를 기준으로 가상으로 공간을 만들고 높이가 배경을 지정하고 가운데로 오도록 transform의 translateX 즉, 가로측으로 자신의 크기의 50%만큼 왼쪽(음수)으로 이동시켜 정중앙에 배치합니다.

[그림 6-85] 제목 밑 선 스타일

```css
header .slogan h1{
    font-size: 180px;
    line-height: 126px;
    margin-bottom: 56px;
    color: #fff;
}
header .slogan p{
    font-weight: bold;
    font-size: 24px;
    text-transform: uppercase;
}
```

h1 태그의 높이가 디자인과 똑같이 나오도록 font-size와 line-height를 확인하고, 설명 문구의 스타일을 지정했습니다.

[그림 6-86] 제목과 문단 스타일

브라우저 화면을 확인하면 이제 헤더의 스타일이 완성되었습니다.

4-6 About me 영역 스타일

About me 영역은 클래스 명 about_us의 배경과 내부의 여백을 먼저 설정하고 제목, 본문, 링크의 스타일 순서를 작성하겠습니다. 우선 배경과 여백 확인 후 적용합니다. 이동 툴 선택 후 ❶ About me의 배경을 클릭하면 ❷ 해당 shape가 있는 레이어가 선택됩니다.

[그림 6-87] About me 배경 속성 확인

확인된 레이어의 썸네일 부분을 더블 클릭하여 배경색을 확인합니다.

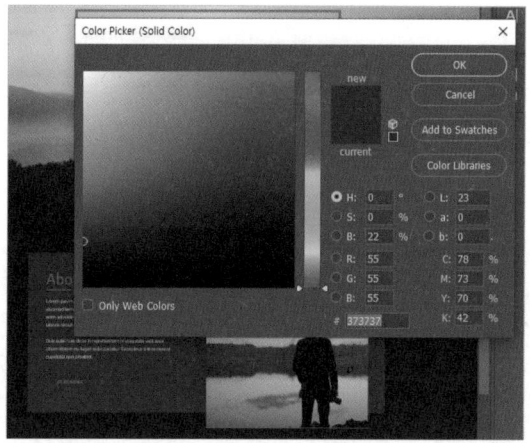

[그림 6-88] 배경 색상 확인

배경색을 확인했으면 내부의 여백을 확인합니다. 이때 해당 레이어의 높이를 확인하여 주는 것보다는 내부의 콘텐츠 공간이 확인되면 자연스럽게 높이가 반영되도록 하는 것이 좋습니다. 그래야 이후 내용이 늘어나도, 또는 반응형으로 구현할 때 너비가 줄어도 높이가 자연스럽게 변경되도록 할 수 있기 때문입니다.

내부 공간은 rectangular marquee 툴을 이용하여 선택 영역을 만들어 보면서 확인할 수 있습니다. 이때 About me 제목의 공간을 있는 그대로 확인하면 안됩니다. 왜냐면 About me의 폰트 사이즈를 확인하고 그 폰트 사이즈에 맞춰 line-height를 그대로 반영할 것이기 때문에 해당 제목의 높이는 폰트 사이즈와 동일하게 잡히기 때문에 font-size를 확인하고 그 수치만큼 제목이 차지할 공간을 확인하고 그 위 공간이 내부의 여백이 되는 것입니다. 우선 제목의 폰트 사이즈 type tool을 선택 후 제목 부분을 클릭하여 확인하면 60px입니다. 그러면 선택 툴로 60px을 만들고 가이드를 생성한 후 여백을 확인하겠습니다.

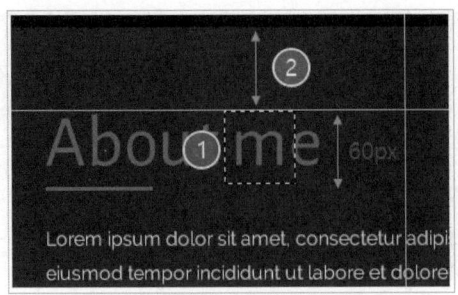
[그림 6-89] 제목의 높이와 간격 확인

[그림 6-89]의 1번처럼 60px 높이의 선택 영역을 글자 가운데로 배치하고, CSS에서 line-height를 60px로 지정하면 해당 타이틀이 차지할 공간이 1번의 공간이 되는 것입니다. 해당 공간 위쪽이 About me 요소의 내부 여백이 되는 것입니다. 2번의 높이를 확인하기 위해 선택 영역에 맞춰 가이드를 생성했습니다. 가이드는 Ctrl+R로 눈금자를 보이도록 하고 눈금자에서 마우스를 아래로 드래그하면 생성할 수 있습니다. 높이를 확인하기 위해 선택 영역을 만들고 선택 영역의 크기를 확인하기 위해 F8을 누르면 정보 창에서 수치를 확인할 수 있습니다.

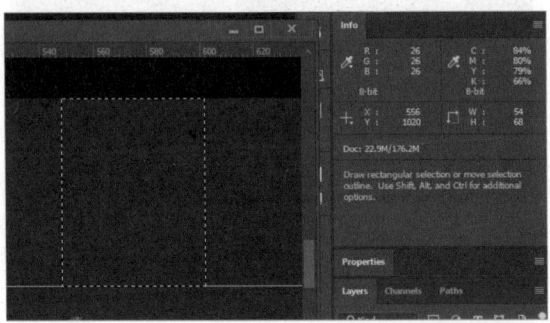
[그림 6-90] 간격 확인

[그림 6-91] 링크밑 여백 확인

배경색과 내부의 여백의 확인되었습니다. CSS를 작성해보겠습니다. 이때 클래스 명 about_us 부분이 상단에서 떨어진 거리도 확인하고 이미지는 클래스 명 about_us를 기준으로 절댓값으로 배치할 것이기 때문에 기준을 설정합니다.

코드 6-28 PART_6/예제/psd _ to _ html/site/css/main.css

```css
/* ——————————————— MAIN CONTENT ——————————————— */

.about_us{
    background: #373737;
    padding: 70px 67px 80px;
    position: relative;
    margin-bottom: 257px;
}
```

[그림 6-92] 여백이 반영된 about me

다음으로 제목의 스타일을 설정해보겠습니다. 제목을 보면 폰트 크기, 폰트 종류, 제목 밑에 선의 스타일도 모두 동일합니다. 제목들을 모두 같은 스타일로 설정하기 편하도록 index.html에서 각 제목에 동일한 클래스 명 main-tt를 추가합니다.

코드 6-29 PART_6/예제/psd _ to _ html/site/css/main.css

```html
<main class="container">
    <section class="about_us shadow">
        <h2 class="main-tt">About me</h2>
        중략…
        <img src="images/about_me.jpg" alt="" class="shadow">
    </section>
    <section class="latest_articles">
        <h2 class="main-tt">Latest Articles</h2>
        <ul class="clearfix">
        중략…
```

```
        </ul>
      </section>
      <section class="contact shadow">
        <img src="images/contact.jpg" alt="" class="shadow">
        <form action="">
          <h2 class="main-tt">Contact</h2>
          중략…
```

코드 6-30 **PART_6/예제/psd _ to _ html/site/css/main.css**

```css
/* ————————————————— TYPOGRAPHY ————————————————— */
body{
    font:16px/28px 'Raleway', sans-serif;
}
h1,h2,h3,h4,h5,h6{
    font-family: 'Alegreya Sans', sans-serif;
    color:#ad7835;
}
a{
    text-decoration: none;
    color:#ad7835;
}
.main-tt{
    font-size: 60px;
    color: #ad7835;
    line-height: 1;
    position: relative;
    margin-bottom: 32px;
}
.main-tt:after{
    content: '';
    position: absolute;
    width: 91px;
    height: 3px;
    background: #ad7835;
    top:calc(100% + 17px);
    left: 0;
}
```

h2 제목을 기준으로 :after 선택자를 이용하여 가상의 공간을 만들고 크기를 지정하고 배경색을 지정하여 선을 생성했습니다. 위치는 제목 기준으로 60px 보다 17px 더 아래에 있도록 top 값을 지정했습니다. 제목의 스타일은 공통의 스타일로 생각해서 CSS 상단의 typography 부분에 작성했습니다.

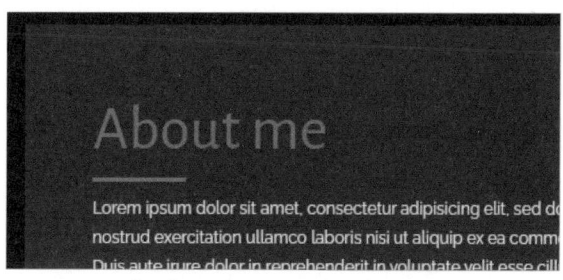

[그림 6-93] 공통의 제목 스타일 반영

브라우저를 확인하면 about me 제목뿐만 아니라 다른 섹션의 제목들도 같은 스타일로 구현된 것을 볼 수 있습니다. About_us 내부의 문단의 너비를 확인하고 문단들의 간격을 확인하고 지정합니다. 이때도 문단의 line-height가 28px이기 때문에 감안해서 간격을 확인해줘야 합니다. 문단의 너비는 type tool 로 문단을 클릭하면 info 창에서 확인할 수 있습니다.

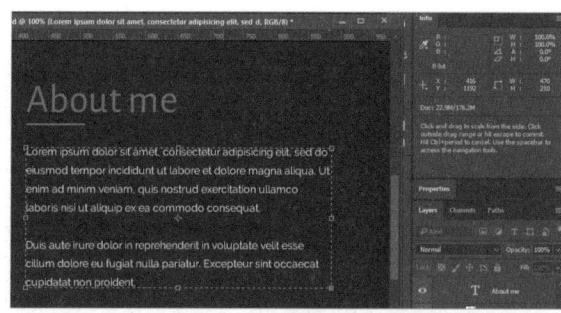

[그림 6-94] 문단의 너비 확인

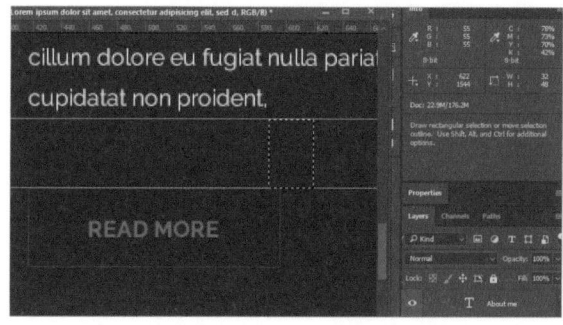

[그림 6-95] 문단 아래 여백 확인

이미지의 위치도 확인하여 기준 위치에서 어느 거리에 있는지 확인하고 지정했습니다. 기준 위치 오른쪽에서 안쪽으로 63px, 기준 위치 상단에서 바깥으로 54px이 나가 있습니다. 스타일을 작성하고 브라우저에서 확인합니다.

```
.about_us p{
   width: 470px;
   margin-bottom: 28px;
}
.about_us p:nth-of-type (2){
   margin-bottom: 47px;
}
.about_us p:last-of-type{
   margin-bottom: 0;
}
.about_us img{
   position: absolute;
   right: 63px;
   top: -54px;
}
```

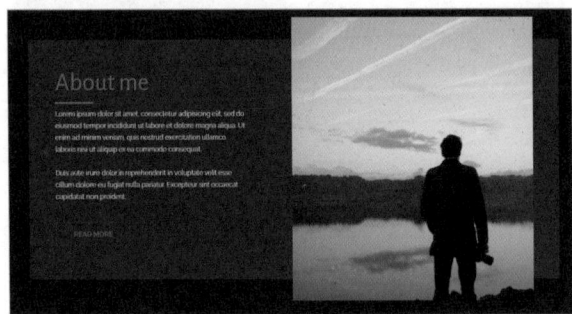

[그림 6-96] 위쪽으로 배치된 이미지

디자인을 살펴보면 About me의 배경을 구성하는 사각형 shape와 img의 그림자가 적용되어 있으면 같은 스타일의 그림자가 contact의 배경과 img에도 적용되어 있습니다. 이런 경우 동일한 클래스 명을 추가하여 스타일을 설정하면 이후 동일한 스타일을 변경할 때도 용이하게 됩니다. 그래서 클래스 명 shadow를 index.html에서 각 요소에 추가하겠습니다.

```
<main class="container">
  <section class="about_us shadow">
    <h2 class="main-tt">About me</h2>

     중략…

    <img src="images/about_me.jpg" alt="" class="shadow">
  </section>
  <section class="latest_articles">
    <h2 class="main-tt">Latest Articles</h2>
    <ul class="clearfix">

     중략…

    </ul>
  </section>
  <section class="contact shadow">
    <img src="images/contact.jpg" alt="" class="shadow">
    <form action="">

     중략…
```

코드 6-32 와 같이 shadow 클래스 명을 추가했으면 main.css파일에 스타일을 작성합니다. 이때 포토샵에서 drop shadow 속성을 확인후 적용해야 합니다. 포토샵에서 해당 레이어의 스타일을 확인하기 위해서는 fx 부분에 drop shadow 항목을 더블 클릭합니다.

[그림 6-97] 그림자 속성 확인

포토샵에서 drop shadow를 확인하면 120도, distance 0, spread 0, size 80으로 되어 있습니다. 포토샵의 drop shadow를 속성을 CSS 속성으로 100% 매치해서 변환할 수 있는 것이 없습니다. CSS에서 drop shadow를 적용하려면 그림자가 원본에서 x축, y축으로 얼만큼 거리에 있는지 거리를 확인하고 blur 값과 size 값을 지정해야 합니다.

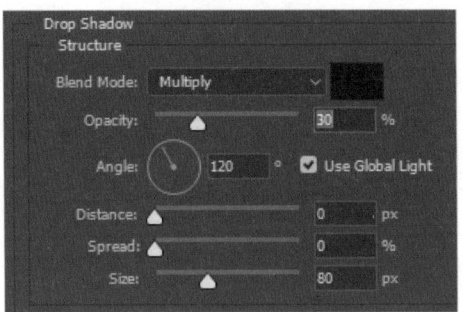

[그림 6-98] 그림자 속성 확인

더 쉽게 shadow 속성을 확인하려면 웹사이트의 도움을 빌리는 방법도 있습니다. http://psd-to-css-shadows.com/ 에 접속하여 포토샵의 수치를 그대로 입력하면 css값을 알려줍니다.

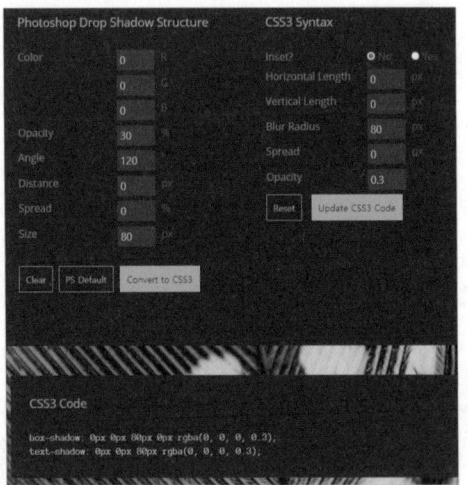

[그림 6-99] psd-to-css-shadow.com에서 그림자 속성 확인

main.css에서 공통의 스타일 영역에 클래스 명 shadow의 속성을 추가합니다.

```
/* ―――――――――――――――― LAYOUT ―――――――――――――――― */
.container {
    width: 1300px;
    margin:0 auto;
}
body{
    background:#1d1d1d;
    color:#fff;
}


.shadow {
    box-shadow: 0px 0px 80px 0px rgba(0, 0, 0, 0.3);


}
중략…
```

body의 배경색이 짙어서 설정한 그림자가 잘 확인이 안되지만 개발자 도구에서 임시로 body의 배경색을 지워보면 생성한 그림자를 확인할 수 있습니다.

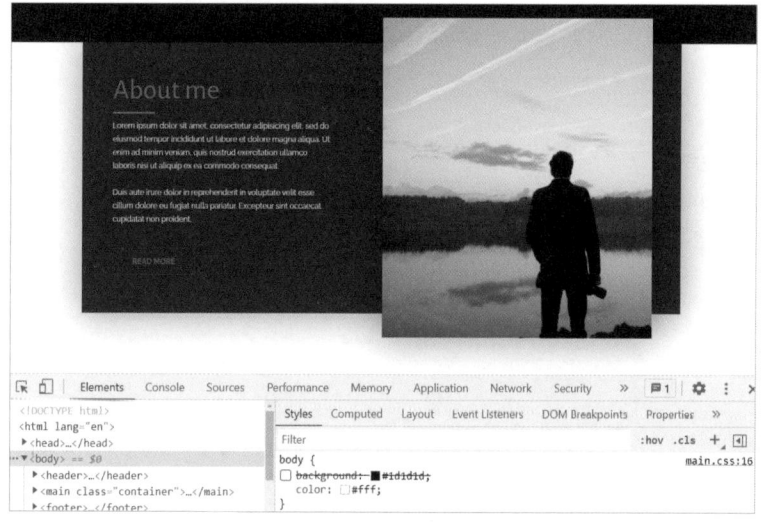

[그림 6-100] 그림자 확인

4-7 Latest articles 영역 스타일

Latest articles 영역의 스타일을 작성하겠습니다. 디자인을 살펴보면 제목이 가운데 있고 리스트가 가로로 배치되어 있습니다. 제목은 단순하게 생각해서 h2에 text-align:center하면 글씨를 가운데 배치하기 쉽겠다 생각할 수 있지만, 글씨는 가운데로 올 수 있지만 h2 요소를 기준으로 위치를 잡고 있는 선은 절댓값으로 되어 있기 때문에 Latest의 L 밑에 정확히 배치할 수가 없습니다. 그래서 부득이 h2 요소 자체를 절댓값으로 가운데로 배치하는 수밖에 없습니다.

[그림 6-101] 제목의 밑줄 확인

클래스 명 latest_articles를 기준으로 클래스 명 main-tt를 절댓값으로 배치합니다.

코드 6-34 `PART_6/예제/psd _ to _ html/site/css/main.css`

```
중략…
.latest_articles{
    position: relative;
    padding: 150px 0 0;
}
.latest_articles h2{
    position: absolute;
    top: 0;
    left: 50%;
    transform:translateX(-50%);
}
```

[그림 6-102] 밑줄이 반영된 제목

Latest articles 부분의 리스트 하나의 너비와 간격을 확인하고 float을 이용하여 배치합니다. 이때 가운데 요소는 아래로 조금 내려와 있어서 해당 요소의 position과 top 값을 지정했습니다.

코드 6-35 PART_6/예제/psd _ to _ html/site/css/main.css

```css
.latest_articles ul{
    margin-bottom: 325px;
}
.latest_articles ul li{
    width: 370px;
    float: left;
    margin-right: 95px;
}
.latest_articles ul li:last-child{
    margin-right: 0;
}
.latest_articles ul li:nth-child (2){
    position: relative;
    top: 56px;
}
```

[그림 6-103] 리스트 디자인

다음으로 li 요소의 자식 요소들의 스타일을 설정합니다. 이미지 아래 여백을 지정하고 제목의 스타일을 작성합니다. 이때 제목의 밑 선은 절댓값으로 공간을 만들고 지정했습니다. 필자는 선이 공간을 차지하지 않도록 하고 h3의 line-height로 만들어지는 공간을 그대로 유지하고 밑의 설명과 간격을 지정하고 싶어서 선을 절댓값으로 만들었습니다. h3의 보더 속성을 추가해도 무방합니다. 문단의 아래 여백과 링크의 속성을 지정하고 링크 옆의 화살표 이미지와의 간격도 추가했습니다.

코드 6-36 PART_6/예제/psd _ to _ html/site/css/main.css

```css
.latest_articles ul li > img{
    margin-bottom: 28px;
}
.latest_articles ul li h3{
    font-size: 22px;
    position: relative;
    margin-bottom: 28px;
}
.latest_articles ul li h3:after{
    content: '';
    position: absolute;
    left: 0;
    right: 0;
    top: 39px;
    border:1px solid #ad7835;
}
.latest_articles ul li p{
    margin-bottom: 28px;
}
.latest_articles ul li a{
    font-weight: bold;
    text-transform: uppercase;
}
.latest_articles ul li a img{
    margin-left: 18px;
}
```

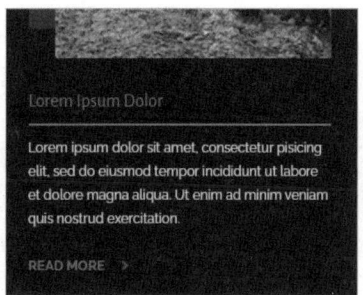

[그림 6-104] 리스트 링크 스타일 반영

4-8 Contact 영역 스타일

Contact 영역도 배경색과 내부의 여백을 확인하고, 클래스 명 contact를 기준으로 절댓값으로 배치할 img 요소의 위치를 확인하여 적용합니다. 추가로 form 요소의 너비를 확인 후 오른쪽으로 배치하기 위해 왼쪽에 마진을 auto로 설정합니다.

코드 6-37 PART_6/예제/psd _ to _ html/site/css/main.css

```
.contact{
    background: #373737;
    padding: 65px 65px 55px;
    position: relative;
}
.contact form{
    width: 470px;
    margin-left: auto;
}


.contact > img{
    position: absolute;
    top: -54px;
    left: 63px;
}
```

[그림 6-105] Contact 부분 이미지 배치

이제 폼의 input, textarea의 스타일을 설정하겠습니다. 기본적인 스타일은 앞서 공통 요소의 스타일 작성할 때 구현했기 때문에 여기에서는 너비, 간격, 높이 등을 지정하면 되겠습니다.

코드 6-38 PART_6/예제/psd _ to _ html/site/css/main.css

```
.contact form h2{
    margin-bottom: 54px;
}
.contact form .field:first-of-type{
    margin-bottom: 30px;
}
.contact form input{
    width: 214px;
    box-sizing: border-box;
    color: #fff;
}
.contact form input:first-of-type{
    float: left;
}
.contact form input:last-of-type{
    float: right;
}

.contact form textarea{
    width: 100%;
    color: #fff;
    display: block;
    height: 110px;
}
.contact form button{
    margin-top: 59px;
```

```
    }
    .contact form ::placeholder{
        color: #fff;
    }
```

코드를 살펴보면 input의 너비를 지정했고 플롯을 이용하여 첫 번째 input은 왼쪽, 마지막 input은 오른쪽으로 배치했습니다. 같은 타입들 중 첫 번째와 두 번째를 선택하기 위해 first-of-type, last-of-type을 사용했습니다. 다음으로 textarea의 높이를 지정하고 크기가 반영되도록 display:block을 추가했습니다.

[그림 6-106] 입력 창 스타일 반영

1-9 footer 영역 스타일

마지막으로 footer 영역의 스타일을 설정합니다. 현재는 li가 블록 요소로서 브라우저의 한 블록을 쓰고 있기 때문에 세로로 나열된 상태입니다.

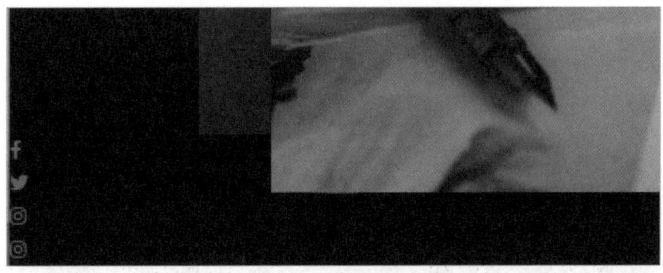

[그림 6-107] 세로로 배치되어 있는 링크

[그림 6-108] 링크 사이 간격 확인

포토샵의 sns 리스트의 간격을 확인하면 32px로 확인됩니다. 이번에는 플롯을 이용하지 않고 display 속성을 이용하여 li 요소를 글씨 취급하고 그 부모에서 text-align:center를 이용하여 가로로 배치하겠습니다. 글씨로 취급하면 마진을 적용하지 않아도 단어와 단어 사이의 간격이 약 2-3px 있기 때문에 li 요소의 간격을 좌우로 15px을 적용하여 사이 간격인 32px 정도가 되도록 하겠습니다.

코드 6-39 PART_6/예제/psd _ to _ html/site/css/main.css

```
footer{
   margin-top: 351px;
   margin-bottom: 193px;
}
footer ul{
   text-align: center;
}
.sns_links li{
   display: inline-block;
   margin: 0 15px;
}
```

[그림 6-109] 가운데 배치된 리스트

li 요소의 a 태그의 스타일을 작성하고, 마우스 올렸을 때의 색상이 구현되어 있는 twitter Hover 부분에서 배경색을 확인하여 적용합니다.

[그림 6-110] 호버 시 디자인 확인

코드 6-40 PART_6/예제/psd _ to _ html/site/css/main.css

```
.sns_links li a{
    width: 80px;
    height: 80px;
    border: 1px solid #6b4922;
    display: block;
    text-align: center;
    line-height: 78px;
    box-sizing: border-box;
    font-size: 28px;
}
.sns_links li a:hover{
    background: #ad7835;
    color: #fff;
}
```

[그림 6-111] 호버 시 색상이 변하는 링크

브라우저 화면을 확인해보면 지정한 크기, 배경, 간격이 정확히 반영되어 있고 마우스 올렸을 때 색상도 구현이 되어 있습니다.

CSS에서는 flex를 이용하여 레이아웃을 완성하고 스크립트에서는 javascript ES6버전으로 작성하도록 하겠습니다. PART_6/예제/starbucks 폴더를 VS Code로 오픈합니다.

5. CSS 작성

본격적인 CSS 작성에 앞서 css reset을 합니다. 스타벅스의 CSS 폴더에는 이미 앞선 part1 프로젝트에서 작성했던 css reset 파일이 있습니다. html에서 css를 로드하기 위해 HTML에서 head 태그 내에서 normalize, reset, main css 파일을 코드 6-41 과 같이 작성합니다.

코드 6-41   PART_6/예제/**starbucks/index.html**

```html
<!DOCTYPE html>
<html lang="ko">

<head>
  <meta charset="UTF-8">
  <meta http-equiv="X-UA-Compatible" content="IE=edge">
  <meta name="viewport" content="width=device-width, initial-scale=1.0">
  <title>Starbucks Korea</title>
  <link rel="stylesheet" href="css/normalize.css">
  <link rel="stylesheet" href="css/reset.css">
  <link rel="stylesheet" href="css/main.css">
</head>

<body>
중략…
```

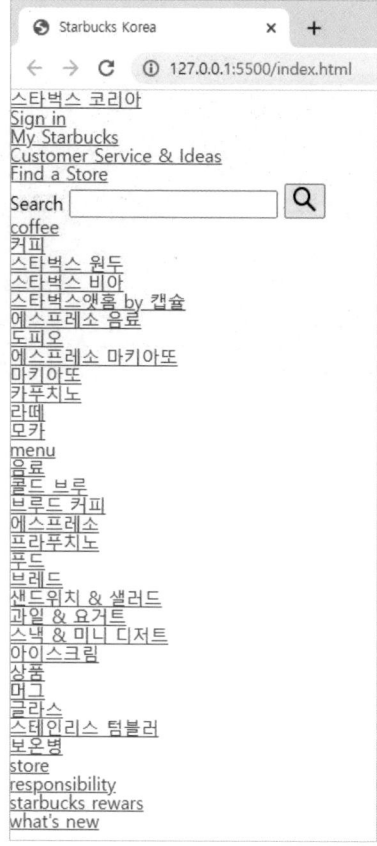

[그림 6-112] CSS reset후 브라우저 화면

이제 배경을 지정하겠습니다. 필자는 1depth 메뉴에 마우스를 올리면 서브 메뉴들을 짙은 색상 배경색 위에 나타나도록 할 예정입니다. header의 배경색을 linear-gradient를 이용하여 배경색을 두 색으로 지정하고 마우스를 올리면 보이지 않던 서브 메뉴가 나타나고 배경색이 나타나도록 할 것입니다.

코드 6-42 PART_6/예제/starbucks/css/main.css

```
header{
  background:linear-gradient(to bottom, #f6f5ef 120px, #2C2A29 120px);
}
```

코드 6-42 와 같이 배경색을 0px 부터 120px까지는 #6f5ef, 120px 부터 끝까지는 #2c2a29 색상을 지정했습니다. 브라우저를 보면 [그림 6-113]과 같이 배경색이 반영된 것을 볼 수 있습니다.

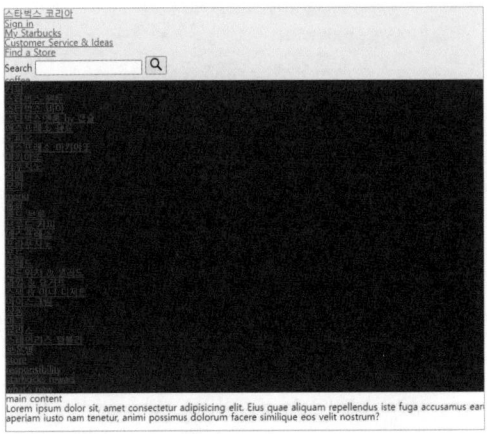

[그림 6-113] 배경색이 지정된 header

이 상태에서 우선 클래스 명 container의 너비를 지정하고 로고와 메뉴를 좌우측으로 배치합니다.

코드 6-43 PART_6/예제/starbucks/css/main.css

```
.container{
  width: 1100px;
  margin: 0 auto;
}
header{
  background:linear-gradient(to bottom, #f6f5ef 120px, #2C2A29 120px);
}
```

[그림 6-114] 1110의 너비를 유지하는 container

이제 로고를 좌우로 배치하고 메뉴를 가로로 배치하기 위해 flex를 이용합니다. h1 태그와 nav 태그를 좌우측으로 배치하기 위해 justify-content:space-between을 적용하고 nav의 자식 요소중 메뉴 li를 가로 배치하기 위해 ul을 선택하여 display:flex를 지정합니다.

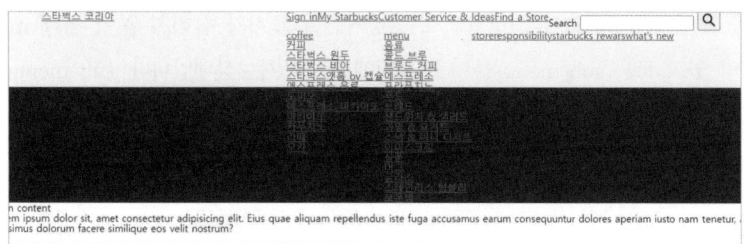

[그림 6-115] 가로 배치된 nav의 메뉴들

헤더 부분에 내부 공간을 추가하고 서브 메뉴들도 스타벅스 코리아와 유사하도록 배치하겠습니다. 각각의 서브 메뉴들은 클래스 명 sub_menu로 묶여 있습니다. 클래스 명인 sub_menu를 1100px 너비를 유지하고 있는 header의 바로 밑 div를 기준으로 절댓값으로 배치하겠습니다.

코드 6-44   PART_6/예제/starbucks/css/main.css

```css
header > div {
  display: flex;
  justify-content: space-between;
  position: relative;
}
header nav ul {
  display: flex;
}

.sub_menu {
  position: absolute;
  left: 0;
  right: 0;
  top: 100%;
}
```

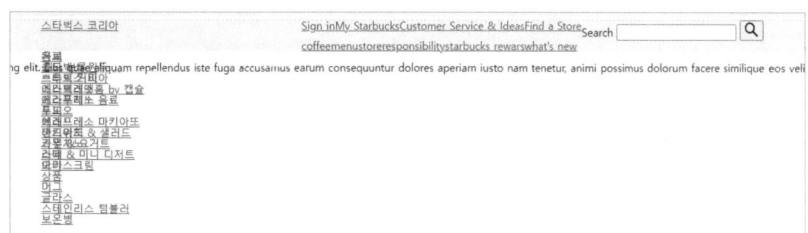

[그림 6-116] 절댓값으로 위치를 잡은 sub_menu

브라우저 화면을 보면 sub_menu가 절댓값으로 변경되면서 크기가 잡히지 않아 아래 main content 부분이 위로 올라와 있고 모든 sub_menu 들이 한자리에 겹쳐 있는 상태입니다. sub_menu의 자식 요소들을 가로 배치하기 위해 display:flex를 적용합니다.

코드 6-45 PART_6/예제/starbucks/css/main.css

```css
.sub_menu {
  position: absolute;
  left: 0;
  right:0;
  top: 100%;
  display: flex;
  gap: 50px;
}
```

코드 6-45 와 같이 작성하면 sub_menu의 자식 요소인 dl 요소가 가로배치되어 [그림 6-117]과 같이 배치됩니다.

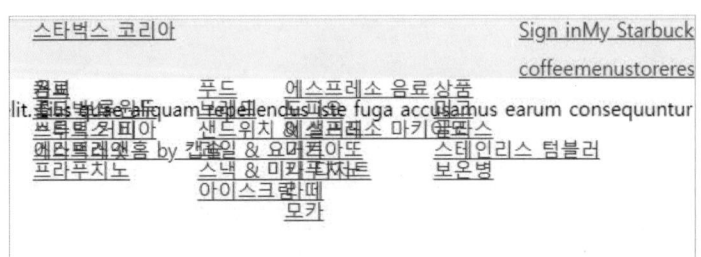

[그림 6-117] 가로 배치된 dl 요소

이제 기본적으로 sub_menu는 보이지 않도록 display:none을 설정하고 sub_menu의 부모인 li에 마우스를 올렸을 때만 나타나도록 css를 작성합니다.

코드 6-46 PART_6/예제/starbucks/css/main.css

```css
.sub_menu {
  position: absolute;
  left: 0;
  right:0;
  top: 100%;
  /* display: flex; */
  gap: 50px;
  display: none;
}
.main_menu > li:hover .sub_menu{
  display: flex;
}
```

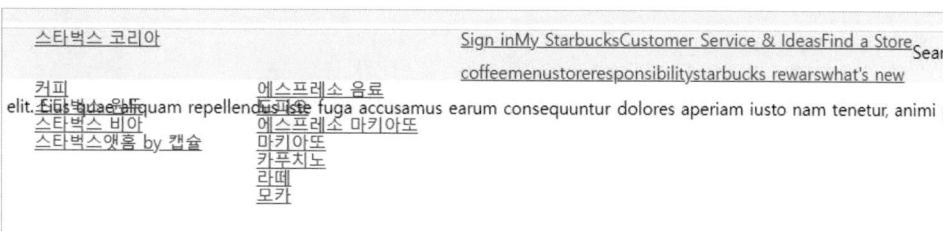

[그림 6-118] li에 마우스를 올리면 나타나는 서브 메뉴

브라우저를 확인하면 coffee 메뉴에 마우스를 올리면 그 하위 메뉴가 나타나는 것을 볼 수 있습니다. 이번 예제에서는 스타벅스 코리아 사이트와 완벽하게 일치하도록 세세하게 스타일 설정하지는 않고 핵심 기능을 구현하는데 집중하겠습니다. 먼저 간단히 링크들의 스타일만 조금만 더 정리하겠습니다. 헤더 상단에 여백을 추가하고 h1과 nav가 교차축에서 가운데 있도록 합니다.

코드 6-47 PART_6/예제/starbucks/css/main.css

```css
header{
  padding-top: 20px;
  background:linear-gradient(to bottom, #f6f5ef 120px, #2C2A29 120px);
}

header > div {
  display: flex;
  justify-content: space-between;
```

```
        align-items: center;
        position: relative;
}
```

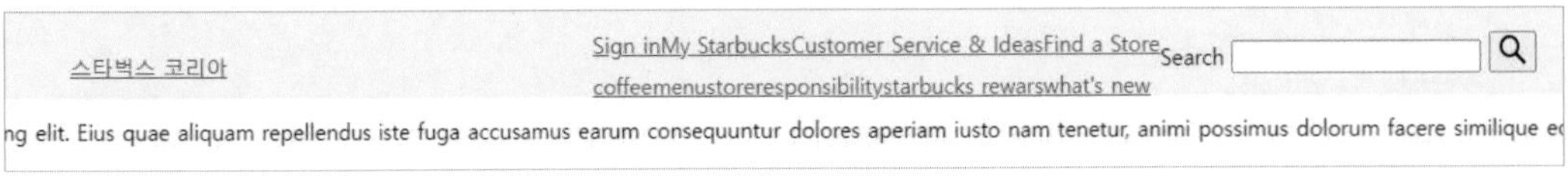

[그림 6-119] h1과 nav를 교차축에 중앙으로

링크들의 밑줄을 없애고 top_menu의 메뉴 간격과 main_menu의 메뉴 간격을 gap을 이용하여 설정하고 top_menu 하단에 여백을 추가합니다. main_menu의 메뉴는 기본 높이가 40px이 되도록 line-height 를 추가합니다.

코드 6-48 **PART_6/예제/starbucks/css/main.css**

```
header nav a{
  text-decoration: none;
  color: #333;
}
.top_menu{
  gap: 20px;
}
.main_menu > li {
  line-height: 40px;
}
.main_menu > li> a{
  text-transform: uppercase;
}
```

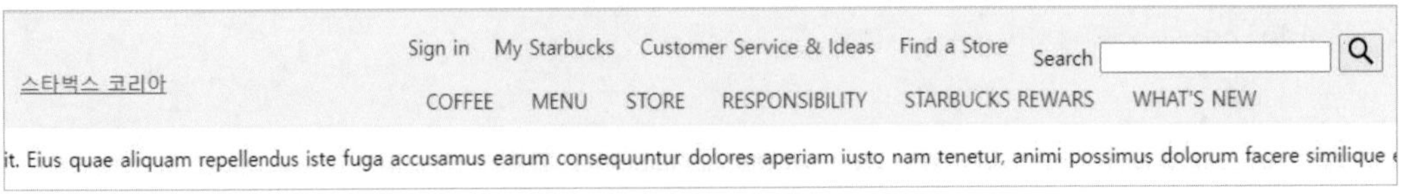

[그림 6-120] 링크와 메뉴 스타일 변경

현재 main_menu를 보면 왼쪽으로 치우쳐 있습니다. 메뉴들이 우측부터 채워지도록 justify-content:flex-end를 추가합니다.

PART_6/예제/starbucks/css/main.css

```css
.top_menu{
   gap:20px;
}
.main_menu{
   justify-content: flex-end;
}
```

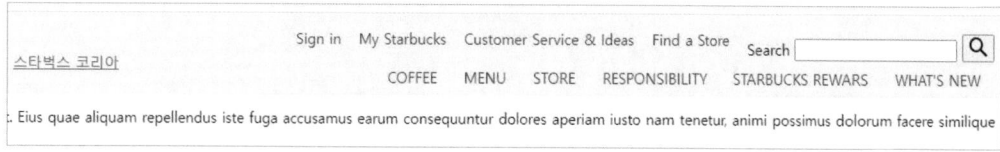

[그림 6-121] 주축에 끝점으로 이동한 메뉴들

이제 main_menu의 메뉴에 마우스를 올리면 배경색과 글자색을 변경합니다. 이때 a 태그 양옆에 padding을 추가하여 링크 영역이 더 넓게 되도록 합니다.

코드 6-50 **PART_6/예제/starbucks/css/main.css**

```css
.main_menu > li > a{
   text-transform: uppercase;
   display: block;
   padding: 0 15px;
}
.main_menu > li > a:hover{
   background: #2C2A29;
   color: #669900;
}
```

[그림 6-122] 메뉴에 마우스 호버 시 배경과 글자색 변경

메인 메뉴에 마우스를 올리면 이제 스크립트를 이용하여 헤더의 높이를 서브 메뉴가 나타날 수 있을 정도 늘릴 예정입니다. 스크립트를 작성하기 전에 스타일을 설정하기 위해 임시로 헤더의 높이를 대략 늘려주고 서브 메뉴의 색상을 변경하겠습니다.

코드 6-51 **PART_6/예제/starbucks/css/main.css**

```css
header{
  padding-top: 20px;
  background:linear-gradient(to bottom, #f6f5ef 120px, #2C2A29 120px);
  height: 500px; /* 임시 */
  box-sizing: border-box;
}
```

코드 6-51을 보면 padding-top의 값과 height의 값이 더해지면 전체 크기가 520px이 되는 것을 방지하기 위해 box-sizing을 추가했습니다. 브라우저 화면에서 coffee 메뉴에 마우스를 올리면 서브 메뉴가 나타나는데 메뉴의 색상이 잘 보이지 않고 header에 지정했던 그레디언트 배경의 위치도 살짝 올려줘야겠습니다.

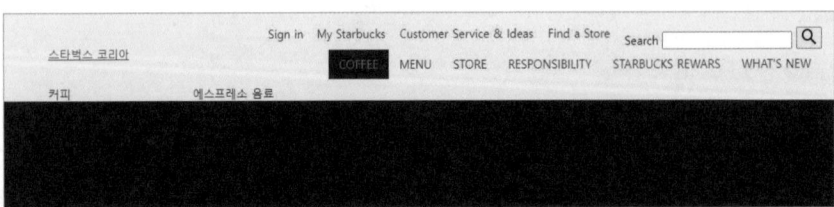

[그림 6-123] 잘 보이지 않는 서브 메뉴와 메뉴 밑 간격 확인

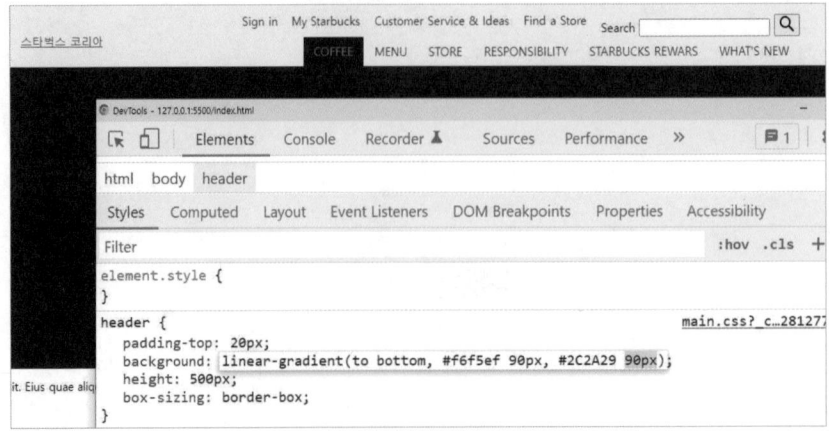

[그림 6-124] 개발자 도구에서 그레디언트 값 임시 변경

```
header{
  padding-top: 20px;
  background:linear-gradient(to bottom, #f6f5ef 90px, #2C2A29 90px);
  height:500px; /* 임시 */
  box-sizing:border-box;
}
```

서브 메뉴의 제목 색상과 리스트 색상을 각각 변경하고 브라우저 화면에서 확인합니다.

```
.sub_menu dt a{
  color: #fff;
}
.sub_menu dd a{
  color: #999;
}
```

coffee 메뉴에 마우스를 올리면 이제 메뉴들의 색상이 제대로 나오는 것을 확인할 수 있습니다.

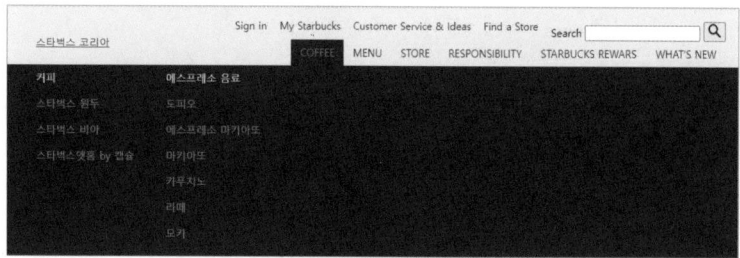

[그림 6-125] 서브 메뉴 색상 확인

여기까지 스타일을 작성하면 기본적인 사항은 완료한 상태입니다. 하지만 다시 브라우저 화면을 보면 헤더의 높이가 늘어 났을 때 헤더 밑의 콘텐츠가 밀려있는 것을 볼 수 있습니다.

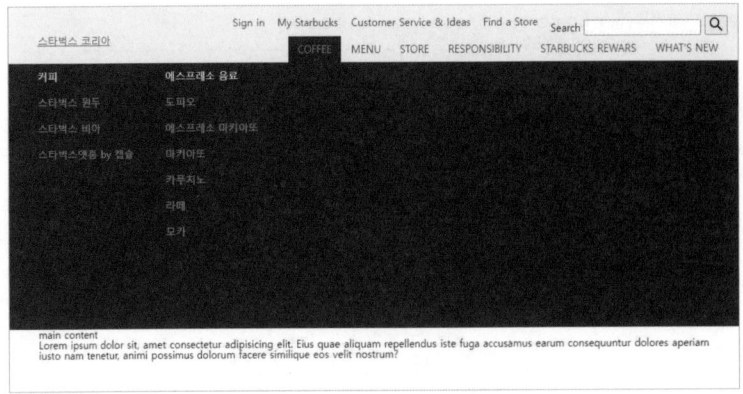

[그림 6-126] 내려온 main content

main content가 밀리지 않으려면 헤더의 높이가 변경되는 것을 main content가 모르게 해야 합니다. 그렇게 하기 위해서는 헤더에 position을 주어 절댓값으로 띄어줍니다. 헤더에 절댓값을 주면 헤더 내용의 크기만큼 즉 자식 요소 div의 너비인 1100px로 폭이 줄어들게 됩니다. 그래서 left:0; right:0을 추가합니다. 헤더를 또한 position:absolute를 적용하면 main content는 헤더를 못 알아보기 때문에 헤더의 위치까지 올라오게 됩니다. 그 공간은 body의 내부여백으로 설정하면 됩니다. 마지막으로 임시로 주었던 높이도 주석처리합니다. overflow:hidden을 추가하여 높이 90px보다 넘치는 요소는 보이지 않도록 합니다. 이는 현재 main_menu의 li에 마우스를 올렸을 때 바로 나타나는 서브 메뉴를 가릴 용도이기도 합니다.

코드 6-54 PART_6/예제/starbucks/css/main.css

```
body{
  padding-top: 90px;
}
header{
  padding-top: 20px;
  background:linear-gradient(to bottom, #f6f5ef 90px, #2C2A29 90px);
  height: 90px;
  box-sizing:border-box;
  position: absolute;
  top: 0;
  left: 0;
  right: 0;
  overflow: hidden;
}
```

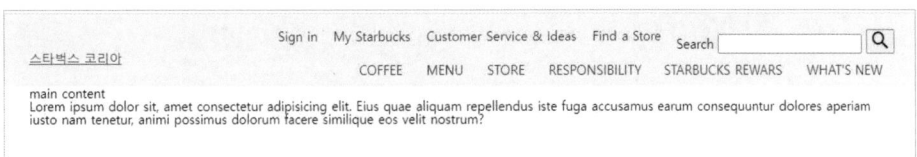

[그림 6-127] 헤더 밑에 배치된 main content

브라우저 화면에서 메뉴에 마우스를 올려도 기본적으로 이제 서브 메뉴는 나타나지 않습니다.

[그림 6-128] 메뉴에 마우스 호버 시 나타나지 않는 서브 메뉴

이제 마지막으로 css에 추가할 내용은 헤더에 transition을 추가하는 것입니다. 스크립트를 통해 변경될 헤더의 높이를 변경하면 그 과정이 보이도록 하는 것입니다.

코드 6-55 PART5/예제/starbucks/css/main.css

```
header{
    padding-top: 20px;
    background:linear-gradient(to bottom, #f6f5ef 90px, #2C2A29 90px);
    height:90px;
    box-sizing:border-box;
    position:absolute;
    top:0;
    left: 0;
    right: 0;
    overflow:hidden;
    transition:height 0.5s ease-out;
}
```

transition은 height 속성의 값이 변경되는 과정을 0.5초에 걸쳐서 끝부분이 느린 속도 모델로 움직이라고 했습니다.

6. script 작성

스크립트에서 구현할 사항은 한 가지밖에 없습니다. main_menu의 li에 마우스를 올리면 헤더의 높이를 변경하는 것입니다. 실제 구현된 스타벅스 코리아처럼 마우스를 올렸을 때 서브 메뉴의 높이만큼 헤더의 높이가 변경되고 마우스가 나가면 다시 원래 높이로 변경이 되는 것입니다. 그러려면 우선 변수부터 작성해야 합니다. 마우스가 올라갈 메뉴와 높이가 변경될 헤더의 변수를 설정합니다.

우선 index.html에서 body 태그 바로 앞에 script를 불러오는 코드를 작성합니다.

코드 6-56 **PART5/예제/starbucks/index.html**

```
중략…
    </section>
  </main>
  <script src="js/main.js"></script>
</body>
```

그러면 js 폴더내 main.js를 생성하고 변수를 작성합니다. 메뉴는 복수이기 때문에 querySelectorAll로 변수에 할당합니다.

코드 6-57 **PART5/예제/starbucks/js/main.js**

```
let mainMenu = document.querySelectorAll('.main_menu > li'),
    header = document.querySelector('body > header');
```

mainMenu에 이벤트를 적용하는 큰 구조부터 작성합니다. forEach 반복문으로 작성하겠습니다.

코드 6-58 **PART5/예제/starbucks/js/main.js**

```
let mainMenu = document.querySelectorAll('.main_menu > li'),
    header = document.querySelector('body > header');

  mainMenu.forEach((item) =>{
    item.addEventListener('mouseover', function (){

    });
    item.addEventListener('mouseout', function (){

    });
  });
```

mainMenu에 할당되어 있는 각 원소 즉 li를 매개변수 item으로 설정하고 이벤트를 적용했습니다. 이제 마우스를 올리면 마우스가 올라간 그 li 요소를 this로 받고 해당요소의 자식 요소인 클래스 명 sub_menu의 높이를 구하고 그 높이를 헤더의 높이로 지정합니다. 이때 요소의 높이는 offsetHeight로 구할수 있습니다. 서브 메뉴의 높이와 기존 헤더의 높이 90px과 더한 값을 헤더의 최종 높이를 지정하는 것입니다.

코드 6-59 PART5/예제/starbucks/js/main.js

```
mainMenu.forEach((item) =>{
    item.addEventListener('mouseover', function (){
        let submenuHeight = this.querySelector('.sub_menu').offsetHeight;
        header.style.height = `${submenuHeight+90}px`
    });
    item.addEventListener('mouseout', function (){
        header.style.height = '90px';
    });
});
```

코드 6-59 를 확인하면 변수와 문자를 연결하기 위해 백틱[`]을 활용했습니다. 마우스가 나가면 다시 원래 높이인 90px로 변경되도록 합니다. 작성 후 브라우저에서 메뉴에 마우스를 올리면 이제 서브 메뉴 높이에 따라 헤더의 높이가 변경되는 것을 확인할 수 있습니다.

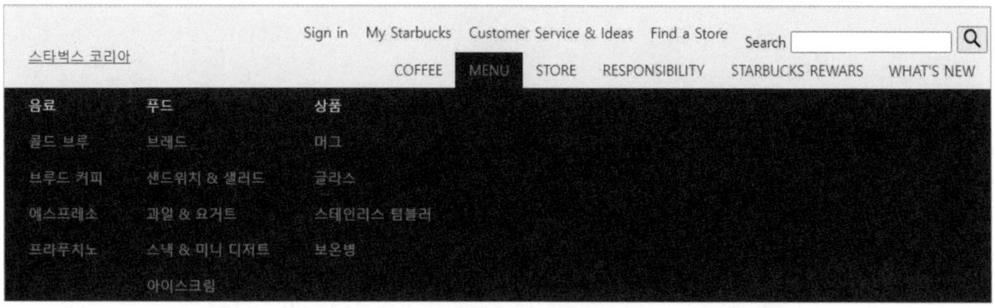

[그림 6-129] 서브 메뉴 높이를 반영하여 변경되는 header의 높이

프로젝트 마무리

프로젝트 1에서 디자인을 참조하여 이미지 생성하고 내용의 성격에 맞춰 HTML을 작성하고, 디자인에서 레이아웃, 색상, 폰트의 크기, 간격 등 CSS로 구현해야 할 다양한 속성들을 확인하여 웹페이지를 구현하는 방법에 대해 학습했습니다. 또한 프로젝트 2에서는 스타벅스 코리아 사이트의 메뉴를 javascript를 활용하여 동적으로 구현하면서 HTML, CSS, javascript가 어떻게 연계되는지 학습했습니다.

연습 문제 정답

HTML

Part 1

1. HTML의 구조

01 ③ 〈!DOCTYPE HTML5〉

02 〈meta name="viewport" content="width=device-width, initial-scale=1.0"〉

03 ③ name="viewport"
viewport는 태블릿과 모바일 접속시 화면의 너비를 최적화하는 속성입니다.

04 ② 〈h1〉

2. 블록/인라인 레벨 요소 ~ 섹셔닝

01 블록

02 인라인

03 ③〈em〉, ④〈strong〉
〈b〉〈i〉는 모양만 굵고, 이탤릭일 뿐 강조의 의미가 없습니다.

04 ①, ②, ③
4번을 제외하고 모두 올바른 태그입니다. 기본 원칙은 블록 요소는 인라인 요소를 묶어줄 수 있으며, a 태그의 경우는 예외적으로 인라인 요소이지만 블록 요소를 묶어줄 수 있습니다.

05 ④
nav 태그는 사이트의 주메뉴를 구성할 때 주로 사용됩니다.

3. 목록을 표현하는 요소

01 〈ul〉

02 〈dl〉, 〈dt〉, 〈dd〉
〈dl〉정의 목록 태그를 작성한다고 선언하고, 〈dt〉는 용어 명으로 제목의 성격이 있으며, 〈dd〉는 설명을 나열합니다.

03 ①〈h2〉, ②〈div〉, ④〈dl〉
바로 아래 자식 요소는 li 태그만 사용할 수 있습니다.

4. 표를 만드는 테이블 요소

테이블 활용 문제 1

[HTML 부분]

```
<table>
 <thead>
   <tr>
     <th scope="col">번호</th>
     <th scope="col">제목</th>
     <th scope="col">글쓴이</th>
     <th scope="col">등록일</th>
     <th scope="col">조회수</th>
   </tr>
 </thead>
 <tbody>
  <tr>
    <th scope="row">1</th>
    <td>Lorem ipsum, dolor sit amet consectetur adipisicing elit. </td>
    <td>홍길동</td>
    <td>2100.07.29</td>
    <td>2</td>
  </tr>
   <tr>
    <th scope="row">2</th>
    <td>Lorem ipsum, dolor sit amet consectetur adipisicing elit. </td>
    <td>홍길동</td>
    <td>2100.07.29</td>
    <td>2</td>
  </tr>
   <tr>
    <th scope="row">3</th>
    <td>Lorem ipsum, dolor sit amet consectetur adipisicing elit. </td>
    <td>홍길동</td>
    <td>2100.07.29</td>
    <td>2</td>
  </tr>
   <tr>
    <th scope="row">4</th>
    <td>Lorem ipsum, dolor sit amet consectetur adipisicing elit. </td>
    <td>홍길동</td>
```

```
    <td>2100.07.29</td>
    <td>2</td>
  </tr>
  <tr>
    <th scope="row">5</th>
    <td>Lorem ipsum, dolor sit amet consectetur adipisicing elit. </td>
    <td>홍길동</td>
    <td>2100.07.29</td>
    <td>2</td>
  </tr>
 </tbody>
</table>
```

[CSS 부분]

```
table{
    border: 2px solid #666;
    border-collapse: collapse;
}
th, td {
  text-align: center;
  line-height: 40px;
  padding: 0 5px;
  border: 1px solid #666;
}
```

테이블 활용 문제 2

[HTML 부분]

```
<table>
 <thead>
  <tr>
   <th colspan="3">title heading</th>
  </tr>
 </thead>
 <tbody>
  <tr>
   <td rowspan="3">data</td>
   <td>data</td>
```

```
        <td>data</td>
      </tr>
      <tr>
        <td>data</td>
        <td>data</td>
      </tr>
      <tr>
        <td>data</td>
        <td>data</td>
      </tr>
    </tbody>
  </table>
```

5. 앵커(Anchor)의 표현

01 http://www.google.com

절대경로로 작성해야 하기 때문에 http://www.google.com입니다.

02 about.us.html

같은 폴더에 있는 경우 연결하고자 하는 파일명을 경로로 작성합니다.

03 ① ⟨a href="url" target="_blank"⟩

나머지는 모두 같은 창에서 링크를 오픈합니다.

04 mailto:master@abc.com

05 #top

같은 페이지에서 링크를 걸되 아이디 명앞에 #을 입력하여 지정합니다.

6. 이미지와 관련된 요소들, 폼 요소의 종류

01 alt

alt는 alternatives의 약어로 이미지가 표현되지 않을 때를 대비하여 대신 표현될 텍스트이며, 이 텍스트가 검색엔진에서 검색할 때 이용되기도 합니다.

02 ② post

03 id="userId"

label 태그의 for 속성의 값과 input의 id 속성의 값을 일치시켜야 합니다.

04 type="radio"

05 value="회원가입"

value 속성의 값으로 버튼에 표시될 문구를 입력합니다.

CSS

Part 2

1. CSS 기본 문법, 색상과 단위

01 ③ 〈link rel="stylesheet" href="mystyle.css"〉

외부 CSS 파일을 로드하는 올바른 문법은 ③입니다.

02 #e8c0c0

포토샵의 color picker에서 확인하면 #e8c0c0입니다.

03 ④ body {color: black;}

선택자를 입력하고 color 속성의 값을 입력합니다.

04 ③ color

05 ④ width:20%;

②는 div 요소의 폰트 사이즈에 배수입니다. 즉 12px×10=120이고, ③은 rem은 문서의 기본값 16px의 10배수이기 때문에 160px, ④는 부모인 body의 너비 500px의 20%이기 때문에 100px입니다.

2. 선택자

01 ③ #demo

02 ① div p

공백을 포함하는 앞 선택자의 자손 중 p 태그를 선택하는 것입니다.

03 input[type="email"] 또는 input[name="useremail"]

input 태그 중 속성 명 type의 값이 email과 같은 요소를 선택합니다.

04 a:hover

05 li:firtst-child, li:last-child 또는 li:nth-child(1), li:nth-chile(6) 또는 li:nth-of-type(1), li:nth-of-type(6) 또는 li:first-of-type, li:last-of-type

3. 선택자 우선순위, 서체, 글 스타일

01 red

우선순위의 가장 큰 원칙은 얼마나 구체적으로 선택했는가입니다. 우선순위 점수를 태그 명 1, 클래스 명 10, 아이디 명 100점으로 볼 때 body #logo 선택자가 101점으로 가장 높은 점수이기 때문에 red로 적용됩니다.

02 ②

@font-face는 웹 서버에 웹 폰트를 업로드하고 웹페이지에 로드하는 방식입니다.

03 underline;

04 letter-spacing:10px;

05 vertical-align

4. 목록 스타일, display, visibility, overflow

01 list-style

02 인라인 레벨 요소

03 display:inline-block 또는 display:block;

크기 속성이 반영되도록 하려면 display 속성의 값을 inline-block 또는 block으로 지정해야 합니다.

04 display:none

visibility와 opacity는 화면에 표시는 되지 않지만 해당 요소가 차지하는 공간은 그대로 표현되어 그 자리가 비어있게 됩니다.

05 overflow

5. background 스타일

01 background-repeat

02 background-position

03 background-attachment:fixed;

04 background-size:100%;

background-size 속성의 값으로 100%를 입력하면 배경 이미지의 가로를 부모 너비에 맞춰 확대하고 이미지의 세로 크기는 이미지의 비율을 유지하면서 자동으로 확대됩니다.

05 background:url(img/bg.png) #000 no-repeat 50% 100%/cover;

다른 속성들은 순서와 상관없이 나열하면 되지만 background-position과 background-size는 반드시 슬래시(/)로 구분하여 앞부분에 background-position을 먼저 기술해야 합니다.

6. box model

01 content, padding, border, margin

02 350px;

03 300px;
box-sizing속성의 값을 border-box로 지정했기 때문에 border까지의 전체 크기가 300px로 지정됩니다.

04 border-right:5px solid green;

05 margin: 0 auto; 또는 margin:auto;
좌우 여백을 자동으로 설정하면 요소를 가운데 배치할 수 있습니다.

7. 레이아웃

01 display:flex

02 display:flex; justify-content:space-between

03 align-items:flex-end

04 flex-wrap:wrap; align-content:space-between;
현재 자식 요소의 너비가 100%이지만 아래로 쌓이지 않는 상태이기 때문에 쌓이도록 flex-wrap:wrap을 지정하고 align-content:space-between을 지정해줘야 합니다.

05 order:-1;
플렉스 아이템의 순서를 변경할 수 있는flex 속성의 값을 -1로 지정하여 다른 요소들 보다 값이 작도록 한다.

Part 3

1. shadow, gradient, transition, animation, transform, responsive

01 text-shadow:10px 10px 0 rgba(0,0,0,0.5);

02 inset
box-shadow는 기본적으로 그림자가 외부에 생성되지만 inset 값을 추가하면 안쪽으로 생성합니다.

03 #000, #fff
축약하지 않는다면 to bottom, #000 0%, #fff 100%이지만 아래 방향이 기본값이 때문에 생략가능하고, 색상이 두 가지 경우는 해당 색상의 위치를 생략할 수 있습니다.

04 transition: width 0.3s 0s ease-out;

다른 속성의 순서는 상관이 없지만 duration이 delay보다 앞서 기술되어 있어야 합니다.

05 keyframes changecolor

06 transform: scale(1.5);

또는 x축 y축 모두 1.5배 확대되는 것이기 때문에 scale(1.5, 1.5)와 같이 작성할 필요없이 수치를 하나만 작성합니다.

07 min-width:480px, max-width:768px

Javascript

Part 4

1.기본 용어, 변수, 산술 연산자, 함수

01 ④ beta test

식별자에는 공백은 불가하고, 숫자를 시작할 수 없고 예약어 또한 사용할 수 없습니다.

02 src="main.js"

src 속성의 값으로 연결하고자 파일의 경로와 파일명을 기술합니다.

03 7을 2로 나눈 나머지이기 때문에 답은 **1**입니다.

04 문자20, 1020, 200

첫 번째 문장은 문자와 숫자를 연산할 수 없기 때문에 뒤 20도 문자로 인식하여 문자20과 같이 이어서 출력하고, 두 번째 '10'+20은 앞 숫자에 따옴표가 있어 문자로 인식되고 덧셈일 경우는 문자와 숫자는 둘 다 문자로 인식하여 이어서 출력합니다. 마지막 '10'*20과 같이 따옴표로 문자와 같이 보이지만 곱셈의 경우는 숫자로 인식하여 200이 출력됩니다.

05 40

add 함수는 두 개의 매개변수를 합산하여 그 결과를 출력하고 출력된 값은 변수 result에 할당되어 화면에 출력됩니다.

2.객체, 배열

01 property, method

02 data.title

03 javascript
배열에서 인덱스 번호는 0부터 시작하기 때문에 2번은 javascript입니다.

04 push
push는 배열의 마지막에 값을 추가합니다.

05 concat

3.조건문, 반복문

01 else
조건이 거짓일 때는 else로 구분하여 작성합니다.

02 두 값은 같지 않다.
!== 두 값의 데이터 타입까지 같은지 다른지를 구분합니다. 2는 타입의 number이며 '2'의 타입은 string으로 서로 같지 않은 것입니다.

03 &&
두 조건이 모두 참일 때 구분하는 논리연산자는 &&입니다.

04 i<=10

05 function, all, index

4.문자열, 타이머, 수학 연산

01 indexOf, search

02 split('-');
-(하이픈)으로 구분됨으로 split 함수를 이용하여 배열을 생성할 수 있습니다.

03 setTimeout

04 ceil

Part 5

1. DOM조작, 선택자, 이벤트, ECMAScript 6

01   logo, #logo

02   list[i].style.color = 'blue';
반복문을 통해 변수명i의 값이 0에서 2까지 변경되면서 리스트의 각 값의 색상을 변경하는 것입니다.

03   addEventListener, click

04 ${str1 + str2}
출력될 문자열 전체를 '(백틱)으로 감싸 변수가 출력될 부분에 ${ }로 작성합니다.

05   ()=>{}

▶▶ 찾아보기

코딩은 처음이라
with
웹 퍼블리싱

1판 1쇄 발행 2022년 8월 25일

저 자 | 김동주
발 행 인 | 김길수
발 행 처 | (주)영진닷컴
주 소 | (우)08507 서울특별시 금천구 가산디지털1로 128
         STX-V 타워 4층 401호
등 록 | 2007. 4. 27. 제16-4189호

©2022. (주)영진닷컴

ISBN | 978-89-314-6732-1

YoungJin.com **Y.**
영진닷컴